老庄新解

LAO-ZHUANG XINJIE

盛忠中【著】

湘潭大學出版社
XIANGTAN UNIVERSITY PRESS

目　录

序

毛泽东同志在《中国共产党在民族战争中的地位》中指出，今天的中国是历史的中国的一个发展，我们是马克思主义的历史主义者，不应当割断历史。从孔夫子到孙中山，我们应当给以总结，承继这一份珍贵的遗产。2013年11月26日，习近平总书记在山东考察时指出：“中华民族伟大复兴需要以中华文化发展繁荣为条件。”

运用马克思主义的立场、观点和方法，研读《老子》和《庄子》后发现，老子《道德经》及庄子《齐物论》等著作中的思想，与马克思主义辩证唯物论和唯物辩证法确有诸多相似之处，与毛泽东思想的“实事求是”和矛盾法则也有几多神似。

老子的《道德经》，是探讨人的本性和人类社会发展终极目标“德”的，也是研究根本自然规律，以及实现社会终极发展目标的思想路线“道”的，属于观念文化范畴，即价值观和世界观范畴。老子的“道”神似唯物辩证法，是依据“道”的如下特征（每个特征都有多个观点支撑）作出的判断：①客观性。老子在第二十五章把“道”称为大道，并肯定了大道的客观真实性。“有物混成，先天地生。寂兮寥兮，独立而不改，周行而不殆，可以为天地母。吾不知其名，字之曰道，强为之名曰大。”②抽象性。第一章“玄之又玄”。第四章“道冲而用之”。③矛盾性。第二章“天下皆知美之为美，斯恶已。皆知善之为善，斯不善已。故有无相生，难易相成，长短相形，高下相倾，音声相和，前后相随”。④适度性。第四十四章“知足不辱，知止不殆，可以长久”。⑤变化性。第七十六章“人之生也柔弱，其死也坚强。万物草木之生也柔脆，其死也枯槁。故坚强者死之徒，柔弱者生之徒。是以兵强则灭，木强则折。强大处下，柔弱处上”。⑥功用性。第一章“有名万物之母”“众妙之门”。第四章“渊兮，似万物之宗”。⑦向善性。第八章“上善若水。水善利万物而不争，处众人之所恶，故几于道”。根据老子“道”的这些特征，可以将其称为老子辩证法。当然，老子辩证法与唯物辩证法也有不同之处。

庄子继承发展了老子相关辩证法观点，并独创了自己的“齐物论”，《齐物论》等著作的观点与辩证唯物论的部分内容有相通之处。庄子的著作中有以下观点：①世界是物质的，物质是永恒的。庄子在《大宗师》中提到，把天下具体的物质形态放到天下抽象的物质之中是不会发生质量的增减变化的。“若夫藏天下于天下而不得所遁，是恒物之大情也。”②人的自然意识和认识能力是天生的。庄子在《列御寇》中提到，造物主赋予人们的不是人的社会性而是人的自然性。“夫造物者之报人也，不报其人而报其人之天，彼故使彼。”③意识是对存在的反映。庄子在《秋水》中提到，客观时空的局限性必然导致主观意识的局限性。“井蛙不可以语于海者，拘于虚也；夏虫不可以语于冰者，笃于时也；曲士不可以语于道者，束于教也。”庄子在《德充符》中提到，人对客观事物的认识，是这个人在心气平静的状态下对客观事物的反映。“人莫鉴于流水而鉴于止水，唯止能止众止。”④认识对存在的反映是在实践过程中产生的。庄子在《知北游》中提到，要正确认识事物性质和规律，必须深入事物细节，多作调查研究。“正获之问于监市履狶也，‘每下愈况’。”⑤认识的发展是一个辩证过程。庄子在《天地》中提到，治道、修德关键在发挥人的主观能动作用。“有治在人。”庄子在《齐物论》中提到，人们对道的认识是一个从无到有、由浅入深的复杂的过程，如果把其中某个阶段对道的认识简单化和绝对化都是错误的。“故知止其所不知，至矣。”⑥反对唯心认识论。庄子在《应帝王》中提到，要坚持反映论，摈弃唯心论。“用心若镜，不将不逆，应而不藏，故能胜物而不伤。”⑦认识论的方法论意义。庄子在《德充符》中提到，其认识论是一把打开各种知识之门的钥匙，这把钥匙能够独立存在，不会因为发明者死亡而消失。“而况官天地，府万物，直寓六骸，象耳目，一知之所知，而心未尝死者乎！”庄子在《天下》中提到，实事求是为最重要的认识论方法。“齐万物以为首。”庄子唯物论几乎具有辩证唯物论的所有特征，尚未发现庄子认识论的结构性缺陷。

根据老子辩证法与唯物辩证法、庄子唯物论与辩证唯物论的相似度，又考虑到二者之间两千多年的时间差，很难让人不将它们联系起来进行考察。我们今天运用马克思主义哲学观点，深入细致地解读老庄哲学著作，对于继承和发展我国优秀的传统的观念文化，增强中华民族的文化自信，对于加深理解和正确运用马克思主义哲学思想，坚定理论自信，都具有重要意义。笔者使用马克思主义哲学工具研究老庄哲学，这是一种全新的尝试。由于笔者的马克思主义理论水平有限，而老庄哲学思想博大精深，所以《老庄新解》或不尽如人意。在此谨提供一份批判性材料，欢迎大家批评指正。

上编 《老子》新解

《老子》新解引言

《老子》又称《道德经》或《道德真经》，传为老子所著。老子姓李名耳，字聃，又字伯阳，东周春秋人，生卒年约为公元前571至前471年。籍贯今河南省鹿邑县。曾任东周守藏史，辞官途经函谷关时，应关令尹喜之请，写下五千余言，为道家主要经典。后被编为《老子》，有多种版本。现存《老子》最早版本，当数长沙马王堆汉墓出土帛书《老子》甲、乙本，上篇言德，下篇言道。甲本文字，不避汉高祖刘邦讳，可证其在刘邦称帝以前抄写成书。乙本避刘邦讳，但不避惠帝刘盈、文帝刘恒讳，可知其在刘盈、刘恒为帝以前抄写成书。甲、乙本皆分二篇，乙本篇末标出上篇德经3041字，下篇道经2426字，合计5467字。两种版本皆不分章节。东汉时期，齐地琅琊隐士河上公编成《老子河上公章句》，分81章，上篇道经37章，下篇德经44章。笔者试图运用马克思主义哲学工具，新解《老子河上公章句》。

《老子》原文及译解

【原文一】道可道，非常道；名可名，非常名。无名天地之始；有名万物之母。故常无，欲以观其妙（事物内部微妙——译者注，下同）；常有，欲以观其徼（事物边际联系）。此两者，同出而异名，同谓之玄（抽象）。玄之又玄，众妙之门。

【译解一】 道①是可以说清楚的，但肯定不是人们通常说的道；道是可以给它明确下定义的，但肯定不是人们通常理解的道的定义。道在天地形成时就已经存在了，那时人们还没有给它下定义；在人们给道下定义时，承认了它是天地万物产生的源头。因此，人们经常在对事物无定义时，想观察到具体事物的特殊规律；在对事物有定义时，人们又想观察到事物的一般规律。任何事物的特殊规律和一般规律都是同一事物相反相成的两个侧面，这两个侧面都说得很抽象。很抽象的对立统一规律，是认识各种事物的根本方法和途径。

【原文二】 天下皆知美之为美，斯恶已。皆知善之为善，斯不善已。故有无相生，难易相成，长短相形，高下相倾，音声相和，前后相随。是以圣人处无为之事，行不言之教；万物作焉而不辞，生而不有，为而不恃，功成而弗居。夫唯弗居，是以不去。

【译解二】 大家都明白美好之所以美好，这是与丑恶相对而言的。善良之所以善良，这是与恶劣相对而言的。所以无谓有就不说无、无谓难就不说易、无谓长就不说短、无谓高就不说低、无谓音就不说声、无谓前就不说后。所以，明白人不做违反客观规律的事，不搞违反辩证法则的说教。不要阻止各种事物的产生，产生了也不对其施加影响，有所帮助不可主观强制，成功了也不要据为己有。因为不占有，就不会失去。

【原文三】 不尚贤，使民不争；不贵难得之货，使民不为盗；不见可欲，使心不乱。是以圣人之治，虚其心，实其腹，弱其志，强其骨。常使民无知无欲，使夫智者不敢为也。为无为，则无不治。

【译解三】 不崇尚贤能之士，就避免了民众的竞争；不提高难得商品的价格，就打消了人们的盗窃意图；看不到可以满足贪欲的东西，就避免了人心

---

① 本书“道”的译解在不同语境中有别，不影响整体的理解，特此说明。

的浮躁。根据这样的辩证法则，明白人统治老百姓，要减少老百姓心中的欲望，要填饱他们的肚子，降低他们的追求，增强他们的筋骨。如果经常使老百姓处于没有知识和追求的状态，就会使那些精明的野心家因没有社会基础而不敢胡作非为。常做这些使老百姓能够温饱但没有过多追求的事，就没有治不好的国家。

【原文四】道冲而用之，或不盈。渊兮，似万物之宗。挫其锐，解其纷，和其光，同其尘，湛兮，似或存。吾不知其谁之子，象帝之先。

【译解四】道是抽象的玄而又玄的最普遍存在的对立统一规律和辩证法则，世界上任何具体事物都没有超出它的适用范围。它深广无边，是天地万物生生不息的根本原因。它超越了具体事物的个性，透视到事物之间的共性，它与事物的伟大和平凡同在，通透空灵的道似乎围绕在我的身边，却看不到它的有形存在。我不明白道是谁的孩子，它生于天地之先。

【原文五】天地不仁，以万物为刍狗；圣人不仁，以百姓为刍狗。天地之间，其犹橐龠乎？虚而不屈，动而愈出。多言数穷，不如守中。

【译解五】天地之间客观存在的道是没有仁爱之心的，它将各种事物当作表现自己意志的草制祭物狗；这与那些没有仁爱之心的所谓的圣人一样，把老百姓当作草制的祭物狗，表面上很重视，其实用完就扔掉了。存在于天地万物中的道，难道不像鼓风机？它内部空虚但不倒吸空气，动得越多输出的空气越多。话说多了没有意义，不如尊重事物客观规律，不带主观立场。

【原文六】谷神不死，是谓玄牝。玄牝之门，是谓天地之根。绵绵若存，用之不勤。

【译解六】生养天地万物的道是永恒长存的，这叫作玄妙的母性。玄妙母体的生育之产门，这就是天地的根本。它如丝如缕、连绵不绝又难觅行迹，其作用却无穷无尽。

【原文七】天长地久。天地所以能长且久者，以其不自生，故能长生。是以圣人后其身而身先，外其身而身存。非以其无私耶？故能成其私。

【译解七】天地能够长久地存在。天地之所以能够空间长时间久地存在，是因为它不能够再生，所以就不会死亡，生和死是遵守对立统一规律的。同样的道理，明白人往往先退人后一步，结果反而领先他人一步；先置身事外，反而能够置身其中。这样做不正是他的无私吗？结果反而实现了他的愿望。

【原文八】上善若水。水善利万物而不争，处众人之所恶，故几于道。居善地，心善渊，与善人，言善信，政善治，事善能，动善时。夫唯不争，故无尤。

【译解八】最善良者莫如水。水善于滋润万物而与世无争，善于去别人都不喜欢的低位，所以水的本性近于道。善于选择与世无争的地方居住，善于深入思考问题，善于结交同自己一样与世无争的朋友，善于说话让人觉得真实可信，善于找到管理国家的好方法，善于发挥处理问题的能力，善于选准采取行动的时机。总之，上善若水的人与世无争，所以没有过失和忧患。

【原文九】持而盈之，不如其已；揣而锐之，不可长保。金玉满堂，莫之能守；富贵而骄，自遗其咎。功成名遂身退，天之道。

【译解九】手里持盈则溢，不如适度而止；过分张扬锋芒毕露，就有遭受挫折的时候。金玉满堂财富太多，是不可能长期守住的；因为财富权贵而骄傲自满，自己就会留下后患。功成名遂后隐身而退，这才符合适度而止的自然规律。

【原文十】载营魄抱一，能无离乎？专气致柔，能如婴儿乎？涤除玄览，能无疵乎？爱国治民，能无为乎？天门开阖，能为雌乎？明白四达，能无知乎？生之畜之，生而不有，为而不恃，长而不宰，是谓玄德。

【译解十】人的身体和魂魄是统一的，能够无故分离吗？婴儿睡觉呼吸非常轻柔，人们能够像婴儿睡觉那样平静吗？人们清除各种杂念，能够做到没有一点瑕疵吗？人们爱国治民，能够懂得无为而治的道理吗？雌鸟下蛋开合自然，人们做事能够像雌鸟下蛋一样顺其自然吗？人们明白事理通达四海，能够证明没有知识吗？让事物自然发生和长大。让事物自生自灭而不占有它，有所为也不自恃有功，长成了也不去主宰它的命运，这就是自然之德。

【原文十一】三十辐共一毂，当其无，有车之用。埏埴以为器，当其无，有器之用。凿户牖以为室，当其无，有室之用。故有之以为利，无之以为用。

【译解十一】三十根辐条安装在同一车毂上，车毂中空，才可插入车轴使车轮转动。黏土泥烧制成陶器，虽然中空无形，却有器皿盛物的作用。修房子要凿开门窗，虽然门窗都是中空无形的，却可当作房屋使用。所以有形的东西往往只是起辅助作用，真正起功能作用的则是无形的东西。

【原文十二】五色令人目盲，五音令人耳聋，五味令人口爽，驰骋畋猎令人心发狂，难得之货令人行妨。是以圣人为腹不为目，故去彼取此。

【译解十二】青、黄、赤、白、黑等五色令人眼花缭乱，宫、角、商、徵、羽五音令人听不清楚，酸、甜、辛、苦、咸五味令人口感混乱，驰骋狩猎令人心情发狂，稀有的货物令人行为不轨。根据这个道理，明白人只要求温饱不追求淫欲，所以摒弃物欲的诱惑而保持安定知足的生活方式。

【原文十三】宠辱若惊，贵大患若身。何谓宠辱若惊？宠为上，辱为下，得之若惊，失之若惊，是谓宠辱若惊。何谓贵大患若身？吾所以有大患者，为吾有身，及吾无身，吾有何患？故贵以身为天下者，则可以寄于天下；爱以身为天下者，乃可以托于天下。

【译解十三】得到宠爱或受到侮辱如同受惊，把荣辱这样的大患看得如同身体一样重要。为什么说宠辱若惊呢？因为得宠是上好的感受，受辱是低劣的感受，得到如同受惊，失去如同受惊，所以说宠辱得失都会如同受惊。为什么说把荣辱这样的大患看得如同身体一样重要呢？我之所以担心有大灾患降临，是因为我有身体，如果哪天我的身体不存在了，我还担心什么灾患呢？因此，如同看重自己身体一样看重天下苍生的人，就可以依靠他管理天下苍生；如同爱护自己身体一样爱护天下苍生的人，也可以将天下苍生托付给他。

【原文十四】视之不见，名曰夷；听之不闻，名曰希；抟之不得，名曰微。此三者不可致诘，故混而为一。其上不皦，其下不昧。绳绳不可名，复归于无物。是谓无状之状、无物之象，是谓惚恍。迎之不见其首，随之不见其后。执古之道，以御今之有。能知古始，是谓道纪。

【译解十四】有一种东西想看但看不到，它的名字叫夷；想听但听不到，它的名字叫希；想抓但抓不到，它的名字叫微。不可以对这种东西打破砂锅问到底，它们有一个共同特征就是客观上存在，可以意会。它既不明亮，也不昏暗。它实际上绵绵无限，但人们又感觉不到其形象。可以说没有状态就是它的状态，没有具体实物就是它的形象，可以说它的存在就是恍恍惚惚，若有若无。你与它迎面走时看不到它的头，跟随它在后面走时看不到它的尾。这些就是天地产生之始就存在的辩证法则，根据这个辩证法则，就可以治理好当下的所有社会问题。如果能够掌握这个最原始的辩证法则，可以说就抓住了所有方法中的方法论。

【原文十五】古之善为士者，微妙玄通，深不可识。夫唯不可识，故强为之容：豫兮，若冬涉川；犹兮，若畏四邻；俨兮，其若客；涣兮，若冰之将释；敦兮，其若朴；旷兮，其若谷；浑兮，其若浊。孰能浊以止，静之徐清？孰能安以久，动之徐生？保此道者不欲盈。夫唯不盈，故能弊不新成。

【译解十五】历来善于按辩证法办事的人，微妙空灵，深不可测。这种深不可测的人，可以勉强描述一下他的样子：如野兽豫一样如履薄冰，如野兽犹一样四下张望，恭敬如刚进门的客人，活泛如冰雪融化的样子，敦厚如未加工的木头，空旷如山谷，浑然如泥水。是什么道理能使浑浊的水在静止中慢慢变清？是什么道理能使安定的事物在长久过程中慢慢生变？掌握辩证法的人，肯定不想追求圆满。正因为不想求得圆满，所以能安于不完美的现状而不更新。

【原文十六】致虚极，守静笃。万物并作，吾以观其复。夫物芸芸，各复归其根。归根曰静，静曰复命。复命曰常，知常曰明。不知常，妄作凶。知常容，容乃公，公乃全，全乃天，天乃道，道乃久，没身不殆。

【译解十六】排除干扰进入虚无（道）的终极，笃定地守住内心的宁静。天下万物同时发生，我观察他们循环往复的变化。芸芸众生，各自循环回复到原点。回到原点就是守静笃状态，守静笃是回归生命的虚无终极。回复到生命的虚无终极就是自然之道，了解它就具有了智慧。不掌握它，就会乱作为。掌握了它就可以宽容，能够宽容就可以保持公正，能够公正就可以周全，能够周全就能够符合自然，能够符合自然就通达了客观规律，通达客观规律可以保持永久，终身免除祸患。

【原文十七】太上，不知有之；其次，亲而誉之；其次，畏之；其次，侮之。信不足焉，有不信焉。犹兮其贵言。功成事遂，百姓皆谓：我自然。

【译解十七】最好的统治者，民众不知道他的存在；其次的统治者，民众亲近并赞扬他；又其次的统治者，民众畏惧他；最次的统治者，民众轻蔑他。统治者威信不足，民众不相信他。最好的统治者是多么悠闲，很少发号施令。事情办好后，百姓都说，我们自己的事是自觉办成的。

【原文十八】大道废，有仁义；智慧出，有大伪；六亲不和，有孝慈；国家昏乱，有忠臣。

【译解十八】有人把支配天地万物运作的大道（辩证法则）废弃了，才有了仁义治国的方法；聪明智巧的现象出现了，伪诈才盛行一时；人们六亲不认，才有父慈子孝；国家治理混乱，才有忠臣出现。

【原文十九】绝圣弃智，民利百倍；绝仁弃义，民复孝慈；绝巧弃利，盗贼无有。此三者以为文不足，故令有所属：见素抱朴，少思寡欲，绝学无忧。

【译解十九】放弃所谓圣贤智慧，民众自然增加百倍好处；放弃所谓仁义思想，民众自然恢复慈孝天性；放弃所谓工巧货利，大盗小偷自然绝迹。举此三例如果还以为论证不足，因此将其归类为：信守自然真实，少思虑寡欲求，拒绝圣智仁义的学说，就没有忧患。

【原文二十】唯之与阿，相去几何？美之与恶，相去何若？人之所畏，不可不畏。荒兮，其未央哉！众人熙熙，如享太牢，如春登台。我独泊兮，其未兆，如婴儿之未孩；儽儽兮，若无所归。众人皆有余，而我独若遗。我愚人之心也哉！沌沌兮。俗人昭昭，我独昏昏。俗人察察，我独闷闷。澹兮，其若海，漂兮若无所止。众人皆有以，而我独顽似鄙。我独异于人，而贵食母。

【译解二十】唯唯与呵呵，相差有几多？美善与丑恶，区别又如何？人人都害怕的东西，我不可能不害怕。兵荒马乱的世道，它还没有尽头啊！众人满面春光，如同分享了高级祭品，又如同春天登上高台。我独自淡泊恬静似乎还没有发现什么预兆，像一个没有长成孩童的婴儿；颓丧失意啊，好像无家可归。众人生活有余，而我独自感到被遗弃。我有一颗愚人之心呢！沌然无知犹醉也。众人似乎都明白，而我似乎很昏暗。众人似乎都清楚，而我似乎很呆闷。社会好像波浪起伏的大海，我在海上漂泊没有止境。众人都有所长，而我独自顽劣鄙薄。我一个人与所有人都不同，只重视逐步蚕食天地万物的本源。

【原文二十一】孔德之容，惟道是从。道之为物，惟恍惟惚。惚兮恍兮，其中有象；恍兮惚兮，其中有物；窈兮冥兮，其中有精；其精甚真，其中有信。自古及今，其名不去，以阅众甫。吾何以知众甫之状哉？以此。

【译解二十一】大德的模样，是由辩证法则决定的。辩证法则又是什么呢，其特点是空灵恍惚。恍恍惚惚，其中有形象；惚惚恍恍，其中有实物。深远而幽冥啊，其中却有精粹；精粹很纯真，其中有诚信。自今天到远古，辩证法则的名义都没有被废除，需要用它解读天地万物是如何发源的。我是怎么了解各种事物来源的呢？是从辩证法则开始的。

【原文二十二】曲则全，枉则直，洼则盈，敝则新，少则多，多则惑。是以圣人抱一为天下式。不自见，故明；不自是，故彰；不自伐，故有功；不自矜，故长。夫唯不争，故天下莫能与之争。古之所谓曲则全者，岂虚言哉！诚全而归之。

【译解二十二】主动的暂时委曲可以保全长远目标，主动的暂时冤枉最终将会达到伸直的本意，处在洼地则收获盈满，手持旧敝而意图更新，持有虽少但其意必多，拥有太多迷惑于道。因此，明白人坚持用对立统一规律作为认识天下的方式。不自我张扬，反而能表明；不自以为是，反而能彰显；不自我夸耀，反而能成功；不自我矜持，反而能长久。总之，坚持与世无争，天下就不可能与之相争。古人说的曲则全的道理，还真是那么回事呢！诚心地按照对立统一规律去做，就能够实现自己的目的。

【原文二十三】希言自然。飘风不终朝，骤雨不终日。孰为此者？天地。天地尚不能久，而况于人乎？故从事于道者，道者同于道，德者同于德，失者同于失。同于道者，道亦乐得之；同于德者，德亦乐得之；同于失者，失亦乐得之。信不足焉，有不信焉。

【译解二十三】少发号施令是符合自然规律的。狂风刮不到早晨，骤雨下不了一整天。谁能做到这样？肯定是天和地。天地所作且不能持久，何况是人呢？所以只有坚持追求道的人，会成为有道之人，坚持尊崇德的人，会成为有德的人，失去对道德追求的人，就肯定失去道德。求道成功的人，道也乐于接受他；修德成功的人，德也乐于接受他；失去追求的人，失败也乐于接受他。诚信不足的人，别人也就不信任他。

【原文二十四】企者不立，跨者不行，自见者不明，自是者不彰，自伐者无功，自矜者不长。其在道也，曰余食赘形。物或恶之，故有道者不处。

【译解二十四】踮起脚想站高点反而立不稳，迈开大步想走快点反而行不远，自我张扬的人反而容易被别人抹黑，自以为是的人反而容易被别人否定，自我夸耀者反而是那些没有取得功名的人，自我骄矜者反而是那些没有坚持操守的人。这些例子按照辩证法则来说，说他是吃剩饭长的赘肉不为过。这些多余的东西可能令人厌恶，所以遵循辩证法则的人不会这样做。

【原文二十五】有物混成，先天地生。寂兮寥兮，独立而不改，周行而不殆，可以为天地母。吾不知其名，字之曰道，强为之名曰大。大曰逝，逝曰远，远曰反。故道大，天大，地大，王亦大。域中有四大，而王居其一焉。人法地，地法天，天法道，道法自然。

【译解二十五】有物质在世界混然一体的时候它就存在了，所以说它是先于天地而生的。寂寞啊寥廓啊，它独立存在从不改变，它周济天地、运行万物从不懈怠，可以说它是天地降生的产门。我不知道如何给它下定义，用一个道字给它命名，因为这个道的支配力很强大，所以道也可以称之为大。因为大象无形，所以道是抽象的，抽象的道感觉遥不可及，遥不可及的道返身一看又近在眼前。所以道最大，依次是天大、地大、王也大。国内有四大，而王只是其中之一。人依从地利，地依从天时，天依从大道，道依从自然而然。

【原文二十六】重为轻根，静为躁君。是以君子终日行，不离辎重。虽有荣观，燕处超然。奈何万乘之主，而以身轻天下？轻则失臣，躁则失君。

【译解二十六】重与轻是一对矛盾的两个方面，重是这对矛盾的主导方面。静与躁又是一对矛盾的两个方面，静是这对矛盾的主导方面。根据这个道理，得道的君子终日赶路，他都能抓住重点，不离开载有生活必需品的车辆。虽然沿途有很多繁荣的景观，他都不为所动安然处之。无可奈何的是万乘大国的君主，难道以为我却比天下臣民还轻？看轻臣民就会失去臣民，自身浮躁就会失去君主的尊严。

【原文二十七】善行无辙迹，善言无瑕谪，善计不用筹策，善闭无关楗而不可开，善结无绳约而不可解。是以圣人常善救人，故无弃人；常善救物，故无弃物。是谓袭明。故善人者，不善人之师；不善人者，善人之资。不贵其师，不爱其资，虽智大迷，是谓要妙。

【译解二十七】真正善意的行为是不图回报且无须留下痕迹的，真正善意的言论是无须挑剔他人瑕疵的，真正善意的筹谋是不用迂回的策略手段打掩护的，真正善意的闭锁是预留设置可以开关自如的，真正善意的结缘是虽无绳索捆绑也不能分开的。根据这个道理，圣贤之人经常善意救人而不图回报也不管这个人有无瑕疵，所以在圣人心里没有可以抛弃的人；经常善意救物而不管这个物有无用处，所以在圣人心里没有可以抛弃的物。这就是深藏不露的聪明。所以善良的人，可以当不善良者的老师；不善良的人，可以作为善良者的镜鉴。如果不尊重老师，不爱惜镜鉴，不论你善与不善，都是小聪明大糊涂。这就是深奥巧妙的辩证法则。

【原文二十八】知其雄，守其雌，为天下溪。为天下溪，常德不离，复归于婴儿。知其白，守其黑，为天下式。为天下式，常德不忒，复归于无极。知其荣，守其辱，为天下谷。为天下谷，常德乃足，复归于朴。朴散则为器，圣人用之，则为官长，故大制不割。

【译解二十八】深知什么是雄强，却安守雌柔的地位，甘为天下的溪流低处。甘为天下溪流低处，逐步积累力量，符合自然之德，使自己的治国之道回复到婴儿的单纯状态。深知什么是明亮，却安于暗昧的位置，遵守日月运行的方式。遵守日月运行方式，保持心中的定力，不会错过自然之德，使自己的治国之道回到天地混沌的无极状态。深知什么是尊荣，但要安守卑辱的地位，甘作天下的川谷。甘作天下川谷，自然之德必将修得圆满，使自己的治国之道回复到原木般的朴实状态。把朴（道）剖开做成器具（国家），贤能者用它，可以当百官之长。总之，国家是用辩证法则大制而成的，不可任意分割。

【原文二十九】将欲取天下而为之，吾见其不得已。天下神器，不可为也。为者败之，执者失之。故物或行或随；或嘘或吹；或强或羸；或载或隳。是以圣人去甚，去奢，去泰。

【译解二十九】如果有人想强取天下进行统治，我看他不能达到目的。因为天下公器归属民众，个人不可违反民意强取。强取必然失败，强占必然丢失。所以，包括神器在内的事物，或独立而行，或跟随而行，或轻轻发声，或猛烈发声，或强大无敌，或羸弱无比；或稳载而行，或危险而行（各有其道）。因此，圣贤之人自觉地除去极端，除去骄奢，除去高傲。

【原文三十】以道佐人主者，不以兵强天下。其事好还。师之所处，荆棘生焉。大军之后，必有凶年。善者果而已，不敢以取强。果而勿矜，果而勿伐，果而勿骄，果而不得已，果而勿强。物壮则老，是谓不道，不道早已。

【译解三十】用辩证法则辅佐君主的人，不用武力逞强于天下。因为炫耀武力，必然招致对等报复。军队所到之处，荆棘丛生。大战之后，必有荒年。出于善良的目的使用武力的人，仅以成功地保护正当利益为目的，不敢以获取不当利益而逞强。成功了不自负，成功了不夸耀，成功了不骄傲，取得成功是不得已而为之，取得成功后不可恃强凌弱。事物壮大后必然衰老，恃强必弱，这就是人们常说的不遵守辩证法则的结果，不遵守辩证法则会很快死亡。

【原文三十一】夫佳兵者，不祥之器，物或恶之，故有道者不处。君子居则贵左，用兵则贵右。兵者不祥之器，非君子之器，不得已而用之，恬淡为上。胜而不美，而美之者，是乐杀人。夫乐杀人者，则不可得志于天下矣。故吉事尚左，凶事尚右。偏将军处左，上将军处右，言以丧礼处之。杀人之众，以悲哀泣之；战胜，以丧礼处之。

【译解三十一】再好的兵器，也是不祥之物，是一种让人害怕的东西，所以懂辩证法则的人不用它。君子平日以左边为贵，而用兵打仗时以右边为贵。兵器是不吉祥的工具，不应该是君子使用的器具，形势所迫不得已而用它，对它保持冷静态度为上策。胜利了也不要太高兴，太高兴的人，乐于杀人。乐于杀人的人，是不配有远大志向的啊。所以把吉祥的事放在左边，把不吉祥的事放在右边。偏将军站在左边，上将军站在右边，意思是说要以丧礼仪式来处理用兵的事。战场上杀人太多，要以悲悯的情怀对待；战斗胜利了，要以丧礼处理后事。

【原文三十二】道常无名，朴虽小，天下莫能臣。侯王若能守之，万物将自宾。天地相合，以降甘露，民莫之令而自均。始制有名，名亦既有，天亦将知止。知止可以不殆。譬道之在天下，犹川谷之于江海。

【译解三十二】客观规律在自然状态下是无名及名下定义的，（其实客观规律基本特性有三）客观真实（朴）、抽象无形（小——小字从八从1，八者别也，1为见也，合义无形可见）、主宰天下（天下莫能臣）。君主如果能够掌握客观规律，天下万物将不请自来。天气与地气相融合，可以降下甘露，人们是没有办法改变它按自己的运行规律均匀分布的。人们根据天地运行的客观规律，开始制定国家管理体系的名称和定义，既然符合天地运行客观规律的名义都有了，当然会得到上天的认可。既然上天认可了，所以不会出现危险。譬如客观规律可主宰天下，犹如溪谷决定于江海。

【原文三十三】知人者智，自知者明。胜人者有力，自胜者强。知足者富。强行者有志。不失其所者久。死而不亡者寿。

【译解三十三】认识他人取决于智力，认识自己取决于心态。战胜他人取决于身体的实力，战胜自己取决于坚强的意志。富有精神的人容易满足，富有志向的人能够坚持。不丢失精神的人能够持久。即使生命停止了但思想风范不会在人间消失的人才是真正的长寿。

【原文三十四】大道泛兮，其可左右。万物恃之以生而不辞，功成而不名有。衣养万物而不为主，可名于小；万物归焉而不为主，可名于大。是以圣人之能成大也，以其不为大也，故能成其大。

【译解三十四】辩证法则弥漫天地，它可以让你左右逢源。各种事物都遵循道辩证法则生长它也不推辞，功劳也不计入它的名下。它保护每一个事物而不主宰事物，它的作用可以说很小呢；万物都归属于它也不主宰万物，它的作用可以说很大呢。所以掌握辩证法则的圣人始终不愿追求大成功，但最终却能获得大成功。

【原文三十五】执大象，天下往。往而不害，安平泰。乐与饵，过客止。道之出口，淡乎其无味，视之不足见，听之不足闻，用之不可既。

【译解三十五】谁掌握了宇宙中的辩证法则，天下万事就会向往谁。万物汇集互不妨害，大家都能够平安相处。道乐于给予万物提供帮助，万物便会像过客一样停下脚步等待。辩证法则的明显特征是，尝之淡然无味，视之不见其形，听之不闻其声，用之不尽其能。

【原文三十六】将欲歙之，必固张之；将欲弱之，必固强之；将欲废之，必固兴之；将欲取之，必固与之。是谓微明，柔弱胜刚强。鱼不可脱于渊，国之利器不可以示人。

【译解三十六】想要收敛它，必先张开它；想要削弱它，必先加强它；想要废除它，必先抬举它；想要夺取它，必先给予它。就是说要隐匿真实意图，才是柔弱战胜刚强的正确策略。大鱼离不开深渊，（同理）国家真实战略不可以轻示于人（治国之道效法自然之道，策略手段是隐匿战略目标的）。

【原文三十七】道常无为而无不为。侯王若能守之，万物将自化。化而欲作，吾将镇之以无名之朴。无名之朴，亦将不欲。不欲以静，天下将自正。

【译解三十七】辩证法则通常是自然无为而达到无所不为的。君主们如果能遵守辩证法则，天下万物必将自然化育。如果在自然化育中有人私欲作怪，我就以自然法则制止他。客观真实的辩证法则，是没有私欲的。没有私欲就会回归平静，国家发展方向就会自主修正。

【原文三十八】上德不德，是以有德；下德不失德，是以无德。上德无为而无以为，下德无为而有以为。上仁为之而无以为，上义为之而有以为。上礼为之而莫之应，则攘臂而扔之。故失道而后德，失德而后仁，失仁而后义，失义而后礼。夫礼者，忠信之薄，而乱之首。前识者，道之华，而愚之始。是以大丈夫处其厚，不处其薄；居其实，不居其华。故去彼取此。

【译解三十八】赞同民众政治理想的君主是不会将自己的政治理想强加于人的，这就是遵守自然法则的君主所具有的政治理想；有政治理想的民众能够坚持自己的政治理想，是无须接受君主强加的政治理想的。赞同民众政治理想的君主能够坚持无为而治的自然法则就无须对民众的政治理想作出干预，有政治理想的民众认为君主不干涉他们就是有为而治。君主以仁治国还不一定有干预行为，君主以义治国就肯定有干预行为了。君主以礼治国没有理由，完全可以甩手扔掉。因此，君主丢掉了自然法则后才提出了自己的政治理想，丢掉了民众的政治理想后方才提出了所谓的仁爱主张，丢掉了真正的仁爱后才提出了所谓的公义，丢掉了真正的公义后才提出了所谓的礼制。这个丢掉了实质内容的礼制形式，其忠实和可信程度很低，必然成为祸乱的首要原因。前面已经说过了，在朴实的辩证法则上搞花架子，其实是愚蠢的源头。所以有担当的人要重视忠信内容，不重视礼制形式；要追求真实性，不追求花架子。总之有所舍取。

【原文三十九】昔之得一者：天得一以清，地得一以宁，神得一以灵，谷得一以盈，万物得一以生，侯王得一以为天下正。其致之，天无以清，将恐裂；地无以宁，将恐发；神无以灵，将恐歇；谷无以盈，将恐竭；万物无以生，将恐灭；侯王无以贵高，将恐蹶。故贵必以贱为本，高必以下为基。是以侯王自谓孤、寡、不穀。此非以贱为本邪？非乎？故致数舆无舆。不欲琭琭如玉，珞珞如石。

【译解三十九】自古以来凡遵守辩证法则的结果是：天遵守道变得清明，地遵守道变得安宁，神遵守道变得显灵，空谷遵守道变得充盈，万物遵守道能够生成，侯王遵守道能够匡正天下。以此推论不遵守道的结果是：天无清明将会开裂，地无宁静将会崩塌，神无显灵将会歇祀，谷无充盈将会枯竭，万物无由生存将会毁灭，侯王无由匡正天下将会一蹶不振。因此，当认识到卑贱与高贵的道后应视卑贱是高贵的根本，当认识到高位与低位的道后应视低位为高位的基础。所以侯王自称孤家、寡人、不穀（有负辐条之托）是遵守了贵与贱的道。这里的例证难道不是以贱为本吗？是不是？车箱因为空虚方能载物，如果在大车箱里装满小车箱，原车箱就失去了虚无和载物功能。聪明人不愿意把自己当美玉炫耀，而愿意谦称顽石。这些都是自觉遵守道的典型事例。

【原文四十】反者道之动，弱者道之用。天下万物生于有，有生于无。

【译解四十】（辩证法则认为，事物内部矛盾双方的对立和斗争，推动双方地位的转化和事物性质的变化，这种变化开始是微弱的数量变化，当数量变化达到一定的临界值时就会引起事物强烈的性质变化）根据物极必反的辩证规律，人们应该同弱者站在一起更为有用。天下万物生于有形物质，有形物质生于无形的客观规律。

【原文四十一】上士闻道，勤而行之；中士闻道，若存若亡；下士闻道，大笑之。不笑，不足以为道。故建言有之：明道若昧，进道若退，夷道若类，上德若谷，大白若辱，广德若不足，建德若偷，质真若渝，大方无隅，大器晚成，大音希声，大象无形，道隐无名。夫唯道，善贷且成。

【译解四十一】悟性强的人理解了辩证法则后，勤勤恳恳地去施行；悟性一般的人理解了辩证法则后，有时实行了有时忘记了；悟性差的人听说后，莫名其妙地大声嘲笑。嘲笑说明他领悟不到辩证法则的无形和奥妙，无人嘲笑反而说明辩证法则太浅陋。因此，给有志于辩证法则的人建言如下：明白了辩证法则的深奥还要保持昏昧般的谨慎，按辩证法则的要求积极进取还要懂得必要时以退为进，按辩证法则的要求做事是平顺的但也要保持不平顺时的小心，具有上乘德性之人一定虚怀若谷，名满天下之人一定担心名不副实，德怀宽广则忧虑有所不足，被树为道德模范则不敢理直气壮，品质纯真则警惕变得混浊，面积太大而找不到角落，器具太大造成时间必然相对较晚，音量很大则需要能量也大、发声必少，物象太大就看不到完整的形态，辩证法则是隐形的抽象的并且未明确的定义。世界上唯有懂得辩证法则的人乐于付出且有成效。

【原文四十二】道生一，一生二，二生三，三生万物。万物负阴而抱阳，冲气以为和。人之所恶，唯孤、寡、不榖，而王公以为称。故物或损之而益，或益之而损。人之所教，我亦教之。强梁者不得其死，吾将以为教父。

【译解四十二】在抽象无形的道（无极）的支配下，产生了混沌统一的物质世界（太极），混沌统一的物质世界内部存在着对立的两个方面（两仪），这就是太阳和太阴的交替变化，太阳和太阴的交会产生了大地之子，大地之子养育了万事万物。各种事物都有阴阳之分，阴阳之间建立了交流通道就能够实现和谐相处。人们都厌恶孤家、寡人、不穀的状态，而王公君主却以此自谦。所以这就是事物愿意损失点反而能够增益，企图增益点却偏偏受损的道理。大家都这么认为，我也认为是这样的。好逞强横的人不得好死，我将这个辩证法则作为座右铭。

【原文四十三】天下之至柔，驰骋天下之至坚。无有入无间。吾是以知无为之有益。不言之教，无为之益，天下希及之。

【译解四十三】天下最柔弱的无形之道，纵马指挥天下最坚硬的有形之物。无形的道能够进入没有间隙的物体之中。因为自然之道是无处不在的，所以我认为坚持无为而治是有益的。不言反而能够达到教育目的，无为反而能够增加好处，世上还没有几个人认识到这个辩证道理。

【原文四十四】名与身孰亲？身与货孰多？得与亡孰病？甚爱必大费，多藏必厚亡。知足不辱，知止不殆，可以长久。

【译解四十四】名誉与生命哪个更亲近？生命与货利哪个更重要？得到与失掉哪个问题更突出？爱得深必定付出多，藏得多必定失去多。知道满足就不会自取其辱，知道止步就不会遇到危险，可以让生命自然长久。

【原文四十五】大成若缺，其用不弊。大盈若冲，其用不穷。大直若屈，大巧若拙，大辩若讷。躁胜寒，静胜热。清静以为天下正。

【译解四十五】很好的器物如果存在美中不足，不会影响它的正常使用。装得很满的器物如果放弃一些，就不会影响它的继续使用。太直爽反而像委屈的样子，太机巧反而像笨拙的样子，太雄辩反而像木讷的样子。躁动可以抵御寒冷，静止可以降低燥热。清静安宁是天下万物的正常状态。

【原文四十六】天下有道，却走马以粪。天下无道，戎马生于郊。罪莫大于可欲，祸莫大于不知足，咎莫大于欲得。故知足之足，常足矣。

【译解四十六】君主遵循辩证法则治国时，马是用来种田运粪的，君主违反了辩证法则，京城郊外成了养战马的场所。罪恶没有大于放纵贪欲的，祸患没有大于不知满足的，过失没有大于追求权势的。所以知道满足的辩证法则后，就能够保持满足感。

【原文四十七】不出户，知天下；不窥牖，见天道。其出弥远，其知弥少。是以圣人不行而知，不见而名，不为而成。

【译解四十七】掌握了辩证法则的人足不出户，能知天下事；不从窗口向外张望，也知道天气的变化。没有掌握辩证法则的人，虽然外出很远，但了解天下的事却很少。所以有道之人不出门远行而知天下事，不看见事物也可以了解它的特性给出定义，不需要特别努力也可以把事办成。

【原文四十八】为学日益，为道日损。损之又损，以至于无为。无为而无不为。取天下常以无事，及其有事，不足以取天下。

【译解四十八】在学习具体知识（特殊规律）的阶段，其学识是与日俱增的，当掌握特殊规律达到一定程度时就会进入领悟一般规律的境界，而在领悟道的阶段需要学习的内容又是日益减少的。领悟一般规律越深，需要学习的特殊规律就越少，以至于学透一切和领悟一切后，就达到了无所作为的状态，其实这种无所作为的状态是无所不能的最高境界。如果一个人能达到这样的境界，就会很自然地赢得天下而不会出问题，如果出问题，就说明还没有掌握辩证法则，不足以取得天下人的信任。

【原文四十九】圣人无常心，以百姓心为心。善者吾善之，不善者吾亦善之，德善。信者吾信之，不信者吾亦信之，德信。圣人在天下怵怵，为天下浑其心。百姓皆注其耳目，圣人皆孩之。

【译解四十九】贤明的人自然是没有私心的，以老百姓的意志和利益作为自己的价值目标。对善良的人我善待他，对不够善良的人我也同样善待他，这就是圣人的价值目标的向善性。对信实的人我相信他，对不信实的人我也同样相信他，这就是圣人价值目标的信实性。圣人活着的时候，天下民众都敬畏他，他与天下民众一心一意。老百姓都倾其耳目对圣人寄予厚望，圣人把他们看成自己的孩子。

【原文五十】出生入死。生之徒，十有三；死之徒，十有三；人之生，动之死地，十有三。夫何故？以其生生之厚。盖闻善摄生者，陆行不遇兕虎，入军不被甲兵。兕无所投其角，虎无所措其爪，兵无所容其刃。夫何故？以其无死地。

【译解五十】出生到死亡是一个客观过程。寿命长的人占三成，寿命短的人占三成，想寿命长而作死的人占三成。这是什么道理呢？是因为想长生不老而拥有优厚的养生条件反而折寿了。都知道善于养生的人，走路时不会遇到犀牛和老虎，从军后不会被兵器所伤害。犀牛没有机会用其角，老虎没有机会用其爪，兵器没有机会用其刃。这是什么道理呢？因为回避了危险的地方。

【原文五十一】道生之，德畜之，物形之，势成之。是以万物莫不尊道而贵德。道之尊，德之贵，夫莫之命而常自然。故道生之，德畜之；长之育之，成之熟之，养之覆之。生而不有，为而不恃，长而不宰。是谓玄德。

【译解五十一】遵循道产生万物，依靠有利的自然条件养育万物，万物都有自己的特殊性以区别于其他事物，在万物共同作用的态势中取得成就。所以万物没有不尊崇自然规律和自然品德的。自然之道和自然之德的尊贵，就在于它不干涉万物而顺其自然。所以道生万物，德育万物；万物生长和发育，成长和成熟，养育和繁殖。生育万物而不占有，帮助万物而不居功，长成万物而不支配。这就是建立在自然之道的基础上的根本之德。

【原文五十二】天下有始，以为天下母。既知其母，复知其子。既知其子，复守其母，没身不殆。塞其兑，闭其门，终身不勤。开其兑，济其事，终身不救。见小曰明，守柔曰强。用其光，复归其明，无遗身殃，是谓习常。

【译解五十二】天下万物都产生于自然法则，这个自然法则就是万物产生的原因。既然知道了万物产生的自然法则，就能够知道万物的性质特征。既然知道了万物的性质特征，就必须遵守自然法则，这样就可以保证终身没有危险。塞住嘴，闭上眼，终身不生疾病。祸从口出，爱管闲事，终身不可救药。观察入微是聪明，坚持柔弱是强大。借助外在的光芒，启发内心的明亮，就不会给自身带来祸殃，这就是人们奉行的常理。

【原文五十三】使我介然有知，行于大道，唯施是畏。大道甚夷，而民好径。朝甚除，田甚芜，仓甚虚；服文采，带利剑，厌饮食，财货有余；是谓盗夸。非道也哉！

【译解五十三】假使我有点知识，一定要按辩证法则办事，最怕偏离和违反辩证法则。自然规律和平坦的大路一样是很好用的，而民众却喜欢偏离大道走捷径。朝廷很腐败，田野很荒芜，仓库很空虚；而少数人穿着华丽服饰，带着锋利的宝剑，精美的食品都吃厌了，还有用不完的财物；这些人就是人们常说的强盗头子。强盗头子是不讲辩证法则的啊！

【原文五十四】善建者不拔，善抱者不脱，子孙以祭祀不辍。修之于身，其德乃真；修之于家，其德乃余；修之于乡，其德乃长；修之于国，其德乃丰；修之于天下，其德乃普。故以身观身，以家观家，以乡观乡，以国观国，以天下观天下。吾何以知天下之然哉？以此。

【译解五十四】善于理解辩证法则的人是不会被消灭的，善于坚持辩证法则的人是不会被扔掉的，子孙都能够实践道理，祭祀祖宗的烟火就不会熄灭。个人掌握了辩证法则，个人的品德就会纯真朴实；家族掌握了辩证法则，家族的品德就会长年有余；乡里掌握了辩证法则，全乡的品德就会大幅增长；国家掌握了辩证法则，全国的品德就会逐步丰沛；天下掌握了辩证法则，天下的品德就会得到全面普及。因此，以其身之道观其身之德，以其家之道观其家之德，以其乡之道观其乡之德，以其国之道观其国之德，以天下之道观其天下之德。我为什么知晓天下到底怎么样呢？就是以道观德。

【原文五十五】含德之厚，比于赤子。毒虫不螫，猛兽不据，攫鸟不搏。骨弱筋柔而握固，未知牝牡之合而朘作，精之至也。终日号而不嗄，和之至也。知和曰常，知常曰明。益生曰祥，心使气曰强。物壮则老，谓之不道，不道早已。

【译解五十五】含德敦厚的人，好比初生的婴儿，毒虫不螫他，猛兽不抓他，凶禽不搏击他。他的筋骨柔弱，但拳头握得很牢。他虽然不知道男女交合之事，但他的生殖器却能够勃起，这是因为阴阳对立精气充沛。他终日号哭但声音并不沙哑，这是因为他体内阴阳统一相处和谐。认识到阴阳对立统一道理的叫作常（自然规律），知道自然规律（常）的叫作明。矛盾的统一有益于生命叫作安详，矛盾的对立使心气不顺叫作逞强。事物发展壮大到一定程度必然走向衰老，追求发展壮大和逞强是不符合辩证法则的，不遵循辩证法则必然早衰。

【原文五十六】知者不言，言者不知。塞其兑，闭其门，挫其锐，解具纷，和其光，同其尘，是谓玄同。故不可得而亲，亦不可得而疏；不可得而利，亦不可得而害；不可得而贵，亦不可得而贱。故为天下贵。

【译解五十六】真有智慧者不随便发言，随便发言者不是真有智慧。堵住自己的嘴巴，闭上自己的眼睛；磨掉自己内在的个性，解除自己外在的纠纷；和日月齐辉，同凡尘为伍，这就是建立在差异基础上的抽象的同一。所以没有绝对的亲，也没有绝对的疏；没有绝对的利，也没有绝对的害；没有绝对的贵，也没有绝对的贱。这些辩证关系范畴是天下最重要的道理。

【原文五十七】以正治国，以奇用兵，以无事取天下。吾何以知其然哉？以此：天下多忌讳，而民弥贫；民多利器，国家滋昏；人多伎巧，奇物滋起；法物滋彰，盗贼多有。故圣人云：我无为而民自化，我好静而民自正，我无事而民自富，我无欲而民自朴，我无情而民自清。

【译解五十七】以尊重民意的方法治国，以奇袭敌人的方法用兵，以不增加负担的办法取得民心。我为何知道这些方法好呢？我的依据是：天下禁令越多的地方，民众越贫困；民众手里利器越多，国家越混乱；人们的技巧越多，奇怪的事物越层出不穷；法律越彰明，盗贼越猖狂。所以圣人说过，我不干涉而民众将自觉教化，我喜欢平静而民众将自我纠偏，我不增加负担而民众将自给自足，我没有私心而民众将自守朴实，我不讲私情而民众将自守清廉。

【原文五十八】其政闷闷，其民淳淳；其政察察，其民缺缺。祸兮福之所倚，福兮祸之所伏。孰知其极？其无正。正复为奇，善复为妖。人之迷，其日固久。是以圣人方而不割，廉而不刿，直而不肆，光而不耀。

【译解五十八】如果你的政治宽厚，你的民众就淳朴；如果你的政治苛刻，你的民众就狡诈。灾祸的背后就倚托着福分，福分背后就隐藏着灾祸。哪里知道最终结果是什么呢？它是不确定的。正常变为奇异，善良变为妖孽。人们迷惑于这个对立统一关系，时间已经很久了。所以圣人独立一方而不与他方划清界限，锋利而不伤人，直率而不放肆，光明而不刺眼。

【原文五十九】治人事天，莫若啬。夫唯啬，是谓早服。早服谓之重积德。重积德则无不克。无不克则莫知其极。莫知其极，可以有国。有国之母，可以长久。是谓深根固蒂，长生久视之道。

【译解五十九】治理社会或对待自然，宁可谨慎保守一点。只有谨慎稳妥，才是自觉遵守辩证法则，遵守辩证法则以说是为积德打基础。以道为基础的德，必然是无往而不胜的。无往而不胜的力量是不可估量的。这种不可估量的力量，可以有效地治理国家。有了治理国家的辩证法则，国家就可以长治久安了。这就是人们常言的深根固蒂、长生久视的好方法。

【原文五十九】治大国，若烹小鲜。以道莅天下，其鬼不神。非其鬼不神，其神不伤人；非其神不伤人，圣人亦不伤人。夫两不相伤，故德交归焉。

【译解五十九】治理大国的方法和烹调小鲜的方法是相似的。用辩证法则治理天下，人们崇拜的鬼就不会有神的作用。不仅鬼丧失神的作用，人们崇拜的神也不会伤害人；不仅鬼神不会伤害人，圣人也不会伤害人。统治者和被统治者互不伤害，双方的美德交会回归。

【原文六十一】大国者下流，天下之交，天下之牝。牝常以静胜牡，以静为下。故大国以下小国，则取小国；小国以下大国，则取大国。故或下以取，或下而取。大国不过欲兼畜人，小国不过欲入事人。夫两者各得其所欲，大者宜为下。

【译解六十一】大国主动放低姿态，与天下各国交往，甘愿处于雌伏状态。雌性常以静胜过雄性，而静就是放低姿态。所以大国放低姿态与小国交往，可以取得小国的信任；同样的道理，小国放低姿态与大国交往，也能够取得大国的信任。所以，或者诚意放低姿态以取得，或者策略放低姿态而取得。大国欲望不能过分兼能容人，小国欲望不能过分去为大国服务。大国和小国二者各自得到想得到的东西，大国首先应该放低姿态。

【原文六十二】道者万物之奥。善人之宝，不善人之所保。美言可以市，尊行可以加人。人之不善，何弃之有？故立天子，置三公，虽有拱璧以先驷马，不如坐进此道。古之所以贵此道者何？不曰：求以得，有罪以免耶？故为天下贵。

【译解六十二】辩证法则是天下万物都具有的不易理解的道理。辩证法则是善人行善的法宝，也是不愿行善之人自我保护的工具。虽然美丽动听的言论可以得到人们的好感，但只有按辩证法办事才能够赢得他人的认同。虽然有不善的人，但哪里有抛弃他们的理由？所以设立天子，设置三公官职管理天下民众。虽然有人先送碧玉后送车马给他们，不如给他们进献辩证法则。古代圣贤之所以重视辩证法则是为什么呢？不是说：求道就能得到，有罪可以赦免吗？所以辩证法则是天下最重要的方法。

【原文六十三】为无为，事无事，味无味。大小多少，报怨以德。图难于其易，为大于其细。天下难事，必作于易；天下大事，必作于细。是以圣人终不为大，故能成其大。夫轻诺必寡信，多易必多难。是以圣人犹难之，故终无难矣。

【译解六十三】顺道而行，有为就是无为，有事就是无事，有味就是无味。不论大小和多少怨恨，都要以德相报。想解决难题先从容易处着手，想做成大事先从小事做起。天下难事必定是从简易处发生的；天下大事必定是从细节产生的。因此，圣人做事始终重视细节处理，所以圣人能做成大事。轻易承诺必然少有信用，看起来很容易的事做起来必定很难。因此，圣人尽可能把事情想得难一些，所以最终没有遇到解决不了的难题。

【原文六十四】其安易持，其未兆易谋，其脆易破，其微易散。为之于未有，治之于未乱。合抱之木，生于毫末；九层之台，起于累土；千里之行，始于足下。为者败之，执者失之。是以圣人无为，故无败；无执，故无失。民之从事，常于几成而败之。慎终如始，则无败事。是以圣人欲不欲，不贵难得之货；学不学，复众人之所过。以辅万物之自然，而不敢为。

【译解六十四】事物处于安静状态时容易保持，事物存在的问题还没有形成趋势时容易解决，事物脆弱时就容易破碎，事物微小时就容易消散。工作要做在事物未形成趋势时，采取治国措施要在形成社会乱局前。双手合抱的大树，生于非常微小的种子；九层高的楼台，是用一筐又一筐的土堆积起来的；千里行程，是用脚板一步一步完成的。违反辩证法则且乱作为将会导致失败，手里掌握的东西也会丢失。圣人“无为”就不会招致失败，有所执着将会遭受损害。民众做事，常常是在几乎成功时放弃。自始至终谨慎办事，就不会把事情办坏。因此，圣人的期望是不放纵自己的私欲，不看重那些稀有的宝贝；圣人的学识是不理睬那些似是而非的学问，重复人们经常犯的以讹传讹的错误。采用辩证法帮助万物自然发展，而不敢滥加干预。

【原文六十五】古之善为道者，非以明民，将以愚之。民之难治，以其智多。以智治国，国之贼；不以智治国，国之福。知此两者亦楷式。常知楷式，是谓玄德。玄德深矣，远矣，与物反矣，然后乃至大顺。

【译解六十五】在古代有善于使用辩证法则的圣贤，并不是把治国意图明白告诉民众，而是采用策略手段把战略意图隐藏起来。民众之所以难以治理，是因为他们出于个人目的思想不能统一。靠耍小聪明治国，将会危害国家；依照辩证法则治国，将是国家之福。需要知晓这是两种治国模式。能够区分两种治国模式的差别，就是以道为基础的自然之德。以道为基础的自然之德与道一样深远，但在天下万物身上都能够得到反映，顺应事物本身的自然之德就能够实现天下大顺。

【原文六十六】江海所以能为百谷王者，以其善下之，故能为百谷王。是以圣人欲上民，必以言下之；欲先民，必以身后之。是以圣人处上而民不重，处前而民不害。是以天下乐推而不厌。以其不争，故天下莫能与之争。

【译解六十六】江海之所以能够汇集百谷小溪，是因为江海甘居下游，因而成为百谷小溪王者。所以圣贤之人想统治民众，必须口头上谦虚谨慎；想位居民众之前，必须先谦让居人身后。所以圣贤们处人之上而民众不觉得沉重，处人之前而民众不觉得有妨害。所以天下民众乐于推举圣贤们而不觉得厌烦。圣贤们与人不争，所以天下民众都不可以与他相争。

【原文六十七】天下皆谓我大，似不肖。夫唯大，故似不肖。若肖久矣，其细也夫。我有三宝，持而保之：一曰慈，二曰俭，三曰不敢为天下先。慈故能勇，俭故能广，不敢为天下先，故能成器长。今舍慈且勇，舍俭且广，舍后且先，死矣！夫慈，以战则胜，以守则固。天将救之，以慈卫之。

【译解六十七】天下人都说辩证法则大而空洞，不像任何具体事物。正是因为大而空洞，所以它不像任何具体事物。如果像某个具体事物到远处去看，它就很渺小了。我有三件宝贝，坚持不放弃，一是慈爱，二是节俭，三是不当出头鸟。因慈爱而能勇敢，因节俭而能宽裕，因不敢当出头鸟，所以能够胜任百物之长。如果放弃慈爱讲勇敢，放弃节俭讲宽裕，放弃置后而争先，那就死定了。只有慈爱，才可以战则必胜，守则必固。大自然将会拯救辩证法，用慈爱保卫辩证法。

【原文六十八】 善为士者不武，善战者不怒，善胜敌者不与争，善用人者为之下。是谓不争之德，是谓用人之力，是谓配天，古之极。

【译解六十八】 善于治国的政治家不崇尚武力，善于作战的军事家不轻易发怒，善于战胜对手的强者不与对手争局部得失，善于使用人才的领导者非常谦恭。这叫作不与人争的美德，这叫作借人力量的方法，这叫作符合自然规律，这是自古以来的最高准则。

【原文六十九】 用兵有言：吾不敢为主而为客，不敢进寸而退尺。是谓行无行，攘无臂，扔无敌，执无兵。祸莫大于轻敌，轻敌几丧吾宝。故抗兵相加，哀者胜矣。

【译解六十九】 善于领兵打仗的军事家有这样的说法：我不会主动进攻，而以防卫为主；不会冒进一寸，必要时敢退一尺。这就叫作虽然在阵势行进，却像没有阵势一样；虽然要振臂，却像没有臂膀可举一样；虽然面临敌人，却像没有敌人可打一样；虽然有兵器，却像没有兵器可以执握一样。轻敌是最大的祸害，轻敌几乎丧尽我的法宝。所以两军对阵时，拼命的一方会取胜。

【原文七十】 吾言甚易知，甚易行。天下莫能知，莫能行。言有宗，事有君。夫唯无知，是以不我知。知我者希，则我者贵。是以圣人被褐怀玉。

【译解七十】 我上面说的这些话很容易理解，很容易实行。但天下的人们都不能理解，不能实行。言论都是有出处的，正如事物都是有根源一样。只是不了解言论出处，所以不能理解我的言论。理解我的人稀少，效法我的人更是难得。所以圣人外表虽然简朴，内心却有美玉。

【原文七十一】 知不知，上；不知知，病。夫唯病病，是以不病。圣人不病，以其病病，是以不病。

【译解七十一】 知道自己学有不足是明智；不知道自己学有不足是病态。只有把自己的病态当病，才不是病态。圣人没有病态，是因为把病态当病，所以不是病态。

【原文七十二】民不畏威，则大威至。无狭其所居，无厌其所生。夫唯不厌，是以不厌。是以圣人自知不自见，自爱不自贵。故去彼取此。

【译解七十二】民众不惧怕君王的威风，证明君王已经在民众中树立起了很高的威望。不要逼迫民众无处安身，不要厌恶民众自己谋生。只有君王不讨厌民众，民众才会不讨厌君王。所以圣人有自知之明而不张扬，自己爱护自己而不自觉高贵。因此，圣人总是坚持正确的一面，改正错误的一面。

【原文七十三】勇于敢则杀，勇于不敢则活。此两者，或利或害。天之所恶，孰知其故？是以圣人犹难之。天之道，不争而善胜，不言而善应，不召而自来，然而善谋。天网恢恢，疏而不失。

【译解七十三】勇气足胆量大就容易被杀死，有勇气无胆量就容易活命。敢与不敢二者，各有利害。天道所厌恶的，谁知道是什么原因呢？有道的圣人也难以解说明白。辩证法则认为，善于不战而胜，善于不说话就能回应，善于不召唤就会自来，善于轻轻松松地就能做好谋划。辩证法则像一张广大无边的天网，网格可能有些稀疏，但不会遗失任何事物。

【原文七十四】民不畏死，奈何以死惧之？若使民常畏死，而为奇者，吾得执而杀之，孰敢？常有司杀者。夫代司杀者，是谓代大匠斫。夫代大匠斫者，希有不伤其手矣。

【译解七十四】民众不怕死，为何要用杀人的方法威胁他们呢？假若民众畏惧死亡，对那些捣乱的人，我把他抓来杀掉，最终哪个还敢？杀人必须由专职人员负责。如果代替专职杀人者，就好比代替木匠砍树。代替木匠砍树的人，很少有不伤自己手的。

【原文七十五】民之饥，以其上食税之多，是以饥。民之难治，以其上之有为，是以难治。民之轻死，以其上求生之厚，是以轻死。夫唯无以生为者，是贤于贵生。

【译解七十五】民众遭受饥荒，因为民众纳税供养的官僚太多，所以出现饥荒。民众难以治理，因为官僚违反辩证法则胡乱作为，所以难治理。民众轻易死亡，因为官僚们欲壑难填，所以民众轻易死亡。只有不追求利益的人，才会比追求利益的人更贤明。

【原文七十六】人之生也柔弱，其死也坚强。万物草木之生也柔脆，其死也枯槁。故坚强者死之徒，柔弱者生之徒。是以兵强则灭，木强则折。强大处下，柔弱处上。

【译解七十六】人自示柔弱就是生路，自示刚强就是死路。各种草木在生长初期是脆嫩柔弱的，但在死亡时却是枯槁刚硬的。所以坚强是死亡的象征，柔弱是生长的象征。所以军事强大意味着灭亡，树木高大容易折断。强大的势头是走下坡路，柔弱的势头是走上坡路。

【原文七十七】天之道，其犹张弓乎？高者抑之，下者举之；有余者损之，不足者补之。天之道，损有余而补不足。人之道则不然，损不足以奉有余。孰能有余以奉天下，唯有道者。是以圣人为而不恃，功成而不处，其不欲见贤。

【译解七十七】自然法则，它不正是像张弓瞄准一样吗？瞄高了就压低点，瞄低了就抬高点；吃不完的就减少点，不够吃的就增加点。自然法则，减多余以补不足。人的法则不同，减不足献给多余。谁能将自己的剩余献给天下民众呢，只有懂自然法则的人。所以圣人有为而不自恃，功成了而不居功，他不想表现自己的贤能。

【原文七十八】天下莫柔弱于水，而攻坚强者莫之能胜，以其无以易之。柔之胜刚，弱之胜强，天下莫不知，莫能行。是以圣人云：受国之垢，是谓社稷主；受国不祥，是谓天下王。正言若反。

【译解七十八】天下万物没有比水更柔弱的东西了，然而论攻坚的力量没有胜过水的，没有别的东西能够代替它。柔软的胜过刚硬的，弱小的胜过强大的，天下没有人不知这个辩证法则，但是人们都没有按这个道理去实践。所以圣人说：承受国家所有的屈辱，才是称职的君主；承受国家所有的不祥，才是称职的天下君王。正话好像是反话。

【原文七十九】和大怨，必有余怨，安可以为善？是以圣人执左契，而不责于人。有德司契，无德司彻。天道无亲，常与善人。

【译解七十九】和解深重的怨恨，必然还遗留有怨恨，这怎么可以说是好办法呢？所以圣人拿着借据，而不责怪人赖账。只拿借据的是有德的人，只管催债的人是无德的。辩证法没有偏爱，经常帮助有德的人。

【原文八十】小国寡民。使有什伯人之器而不用。使民重死而不远徙。虽有舟舆，无所乘之，虽有甲兵，无所陈之。使民复结绳而用之。甘其食，美其服，安其居，乐其俗。邻国相望，鸡犬之声相闻，民至老死，不相往来。

【译解八十】使国家变小、使人民变少。即使有很多军用器具但不使用。即使民众怕死也不需要远迁。虽然有舟车，无须乘坐，虽有军队，无须列阵。使民众恢复结绳计事。吃甘饴的食品，穿漂亮的服装，住安适的房子，享欢乐的风俗。邻国之间可以望见，鸡鸣狗叫也听得见，但民众直到老死，也不互相往来打扰。

【原文八十一】信言不美，美言不信。善者不辩，辩者不善。知者不博，博者不知。圣人不积，既以为人己愈有，既以与人己愈多。天之道，利而不害；圣人之道，为而不争。

【译解八十一】真实的话不好听，好听的话不真实。善良的人不狡辩，狡辩的人不善良。耍小聪明的人没有大智慧，有大智慧的人不耍小聪明。圣人不积累财富，只有乐于为别人服务自己才会拥有更多的人心，只有给予别人利益自己才会得到更多的支持。自然之道有利于事物而非有害于事物；圣人之道是多为民众谋利益而不是与民众争利益。（本章讲到信言不美、善者不辩、智者不博的道理，其实反映了事物本质与现象的辩证关系。本章讲到天之道，利而不害；圣人之道，为而不争。实际上这里是对道的利害、善恶等价值观的评价，而不是对道的真实性、科学性等世界观评价。只有用价值观判断，才会产生有德或无德的结果。)

《老子》新解梳理

一、道的特征和定义

在对道经的解读中发现，它至少具有客观性、抽象性、矛盾性、适度性、变化性、功用性和向善性等七个基本特征。这些重要特征非常接近唯物辩证法的唯物性（客观性、真实性和抽象性）、辩证性（对立统一、矛盾法则和发展联系）、批判性（工具性、向善性和自然革命派）等各种基本特征。具体解读如下。

（一）客观性。①道在天地开始形成的同时就客观存在了，并不是人们给它命名后的主观存在。第一章“无名天地之始”。第四章“吾不知其谁之子，象帝之先”。②老子在第二十五章对道有比较全面的描述，首先肯定了道的客观真实性。“有物混成，先天地生。寂兮寥兮，独立而不改，周行而不殆，可以为天地母。吾不知其名，字之曰道，强为之名曰大。大曰逝，逝曰远，远曰反。故道大，天大，地大，王亦大。域中有四大，而王居其一焉。人法地，地法天，天法道，道法自然。”也就是说，道有三个基本特征：客观真实、抽象无形、天地之母。③老子在第三十二章进一步强调了道的基本特征：“道常无名，朴虽小，天下莫能臣。”也就是说，道是客观真实存在的，却是抽象无形的，它支配着天下万事万物的运动变化。④道的客观性决定了道的无限性，道是充盈天地无所不在的。第四章“道冲而用之，或不盈”。第十四章“绳绳不可名，复归于无物”。第三十四章“大道泛兮，其可左右”。道的客观性特征与辩证法客观性特征近似。

（二）抽象性。①道既是客观存在的，又是抽象无形的。第一章“玄之又玄”。第四章“道冲而用之”“湛兮，似或存”。第五章“天地之间，其犹橐籥乎？虚而不屈，动而愈出”。第六章“谷神不死，是谓玄牝”。第六十七章“天下皆谓我大，似不肖。夫唯大，故似不肖。若肖久矣，其细也夫”。②有形的东西往往只是起辅助作用，真正起功能作用的则是无形的东西。第十一章“三十辐共一毂，当其无，有车之用。埏埴以为器，当其无，有器之用。

凿户牖以为室，当其无，有室之用。故有之以为利，无之以为用”。③道是无形、无声、无体、无明、无暗的客观存在。第十四章“视之不见，名曰夷；听之不闻，名曰希；抟之不得，名曰微。此三者不可致诘，故混而为一。其上不皦，其下不昧”，“是谓无状之状、无物之象，是谓惚恍。迎之不见其首，随之不见其后”。④生命最终都回到了虚无，生命回到虚无是自然常态，掌握了这个自然规律，就理解了道的真谛。第十六章“致虚极，守静笃。万物并作，吾以观其复。夫物芸芸，各复归其根。归根曰静，静曰复命。复命曰常，知常曰明”。⑤抽象的道与具体的物是既对立又统一的辩证关系，没有脱离具体的抽象，也没有脱离物的道。第二十一章“道之为物，惟恍惟惚。惚兮恍兮，其中有象；恍兮惚兮，其中有物；窈兮冥兮，其中有精；其精甚真，其中有信”。第三十五章“道之出口，淡乎其无味，视之不足见，听之不足闻，用之不可既”。

（三）矛盾性。①矛盾普遍存在于一切事物之中，并多次举例说明。妙与徼（第一章“故常无，欲以观其妙；常有，欲以观其徼”，即人们经常在对事物无定义时，想观察到具体事物的特殊规律，试图找到事物的个性，为对事物取名做准备；在对事物个性有所了解并有了定义时，人们又想找到事物的一般规律，试图找到事物的共性，为发现事物之间的内在联系做准备，妙与徼是事物个性与共性的辩证关系。）、美与丑、善与恶、有与无、难与易、长与短、高与下、音与声、前与后、得与失（第二章“天下皆知美之为美，斯恶已。皆知善之为善，斯不善已。故有无相生，难易相成，长短相形，高下相倾，音声相和，前后相随”，“夫唯弗居，是以不去”。）、不自生能长生、后其身而身先、外其身而身存、以无私成其私（第七章“天地所以能长且久者，以其不自生，故能长生。是以圣人后其身而身先，外其身而身存。非以其无私耶？故能成其私”。）、量与质（第九章“持而盈之，不如其已”。）、道与物、名与实、抽象与具体（第二十章“道之为物，惟恍惟惚。惚兮恍兮，其中有象；恍兮惚兮，其中有物；窈兮冥兮，其中有精；其精甚真，其中有信”）、曲与全、枉与直、洼与盈、敝与新、少与多、多与惑（第二十二章“曲则全，枉则直，洼则盈，敝则新，少则多，多则惑。是以圣人抱一为天下式”。）、企者不立、跨者不行、自见者不明、自是者不彰、自伐者无功、自矜者不长。（第二十四章“企者不立，跨者不行，自见者不明，自是者不彰，自伐者无功，自矜者不长”。）、重与轻、静与躁、臣与君（第二十六章“重为轻根，静为躁君。是以君子终日行，不离辎重。虽有荣观，燕处超然。奈何万乘之主，而以身轻天下？轻则失臣，躁则失君”。）、善与不善（第二十七章“故善人者，不善人之师；不善人者，善人之资。不贵其师，不爱其资，虽智大迷，是谓要妙”。）、雄与雌、白与黑、荣与辱（第二十八章“知其雄，守其雌，为天下溪。为天下溪，常德不离，复归于婴儿。知其白，守其黑，为天下式。为天下式，常德不忒，复归于无极。知其荣，守其辱，为天下谷。为天下谷，常德乃足，复归于朴”。）、强与弱（第三十章“物壮则老，是谓不道，不道早已”。）、好与不好（第三十一章“夫佳兵者，不祥之器，物或恶之，故有道者不处……胜而不美，而美之者，是乐杀人。夫乐杀人者，则不可得志于天下矣”。）物质与精神（第三十三章“知人者智，自知者明。胜人者有力，自胜者强。知足者富。强行者有志。不失其所者久。死而不亡者寿”，即认识别人取决于智力，认识自己取决于心态。战胜别人靠物质力量，战胜自己靠意志毅力。知道满足的人精神富有，坚持不懈的人意志坚强。精神健康的人活得长久，生命逝去了但道德尚存的人永垂不朽。）、战略与策略（第三十六章“将欲歙之，必固张之；将欲弱之，必固强之；将欲废之，必固兴之；将欲取之，必固与之。是谓微明，柔弱胜刚强。鱼不可脱于渊，国之利器不可以示人”，即迂回策略手段是为战略目标打掩护的。）、一般与特殊（第五十二章“天下有始，以为天下母。既知其母，复知其子。既知其子，复守其母，没身不殆”。）绝对与相对（第五十六章“知者不言，言者不知。塞其兑，闭其门，挫其锐，解其纷，和其光，同其尘，是谓玄同。故不可得而亲，亦不可得而疏；不可得而利，亦不可得而害；不可得而贵，亦不可得而贱。故为天下贵”。）主观与客观（第六十九章“用兵有言：吾不敢为主而为客，不敢进寸而退尺。是谓行无行，攘无臂，扔无敌，执无兵。祸莫大于轻敌，轻敌几丧吾宝。故抗兵相加，哀者胜矣”。）、内容与形式（第七十章“吾言甚易知，甚易行。天下莫能知，莫能行。言有宗，事有君。夫唯无知，是以不我知。知我者希，则我者贵。是以圣人被褐怀玉”。）、绝对与相对（第七十八章“天下莫柔弱于水，而攻坚强者莫之能胜，以其无以易之。柔之胜刚，弱之胜强，天下莫不知，莫能行”。）等等。②矛盾法则是天下通用的思维方式。第二十二章“曲则全，枉则直，洼则盈，敝则新，少则多，多则惑。是以圣人抱一为天下式”。第二十八章“知其白，守其黑，为天下式”。③矛盾的双方有轻重、君臣和主次之别。第二十六章“重为轻根，静为躁君。是以君子终日行，不离辎重。虽有荣观，燕处超然。奈何万乘之主，而以身轻天下？轻则失臣，躁则失君”。第四十五章“躁胜寒，静胜热。清静以为天下正”。④所有矛盾双方的主次地位是可以转换的。第三十章“物壮则老，是谓不道，不道早已”。第三十一章“夫佳兵者，不祥之器，物或恶之，故有道者不处……胜而不美，而美之者，是乐杀人。夫乐杀人者，则不可得志于天下矣”。⑤遵循事物的矛盾法则，也是尊重事物的自然之德。第二十八章说得很明白：“知其雄，守其雌，为天下溪。为天下溪，常德不离，复归于婴儿。知其白，守其黑，为天下式。为天下式，常德不忒，复归于无极。知其荣，守其辱，为天下谷。为天下谷，常德乃足，复归于朴。”道的矛盾性特征与辩证法的对立统一规律高度近似，仅有未将事物性质决定于矛盾的主要方面、在错综复杂的矛盾中必有一个主要矛盾等个别问题尚未论及。

（四）适度性。①事物从量变到质变有临界值阀门，不超过这个临界值叫适度，超过临界值为过度，过度就会适得其反，这是道的重要范畴。第九章“持而盈之，不如其已；揣而锐之，不可长保。金玉满堂，莫之能守；富贵而骄，自遗其咎。功成名遂身退，天之道”。②根据自然之道的适度性，明白人只要求温饱不追求淫欲，所以去为腹而不为目。第十二章“是以圣人为腹不为目，故去彼取此”。③需要用道的适度性看待荣辱得失，才有利于身体健康。第十三章“宠辱若惊，贵大患若身。何谓宠辱若惊？宠为上，辱为下，得之若惊，失之若惊，是谓宠辱若惊。何谓贵大患若身？吾所以有大患者，为吾有身，及吾无身，吾有何患？”④浑水是在止静的环境中慢慢澄清的，也是在安定的环境中慢慢发生的，这是符合道的适度性的结果。第十五章“孰能浊以止，静之徐清？孰能安以久，动之徐生？保此道者不欲盈。夫唯不盈，故能弊不新成”。⑤最好的治国之道，就是尽量地减少干预。第二十四章“企者不立，跨者不行，自见者不明，自是者不彰，自伐者无功，自矜者不长。其在道也，曰余食赘形。物或恶之，故有道者不处”。⑥有道之人不可以有强取天下的野心，不可走极端。第二十九章“将欲取天下而为之，吾见其不得已。天下神器，不可为也”“是以圣人去甚，去奢，去泰”。第四十四章“知足不辱，知止不殆，可以长久”。第四十六章“罪莫大于可欲，祸莫大于不知足，咎莫大于欲得”。道的适度性特征与辩证法的质量互变规律一致。适度也可视为自然之德。

（五）变化性。①事物是经常变化的，如果发号施令跟不上事物的变化，就会造成混乱，还不如不发号施令。第二十三章“希言自然。飘风不终朝，骤雨不终日。孰为此者？天地。天地尚不能久，而况于人乎？故从事于道者，道者同于道，德者同于德，失者同于失。同于道者，道亦乐得之；同于德者，德亦乐得之；同于失者，失亦乐得之。信不足焉，有不信焉”。②事物的变化是循环往复的变化。第十六章“万物并作，吾以观其复。夫物芸芸，各复归其根。归根曰静，静曰复命。复命曰常，知常曰明”。③事物强弱矛盾双方的转化是普遍存在的自然现象。第七十六章“人之生也柔弱，其死也坚强。万物草木之生也柔脆，其死也枯槁。故坚强者死之徒，柔弱者生之徒。是以兵强则灭，木强则折。强大处下，柔弱处上”。道的多变性与辩证法的多变性近似，不同之处在于，前者认为是循环变化，后者认为是发展变化。

（六）功用性。①天下万物都是在道的孕育下生成的，人们主观上给道命名只是认识它的特征，承认它的功能作用。第一章“有名万物之母”“众妙之门”。第四章“渊兮，似万物之宗”。第六章“玄牝之门，是谓天地之根”。②道超越了具体事物的个性，透视到事物之间的共性，它与事物的伟大和平凡同在。第四章“挫其锐，解其纷，和其光，同其尘”。③道主宰万物没有偏爱，明白人不做违反客观规律的事，不搞多余的说教。第二章“是以圣人处无为之事，行不言之教；万物作焉而不辞，生而不有，为而不恃，功成而弗居”。第五章“天地不仁，以万物为刍狗”“多言数穷，不如守中”。④不崇尚贤能之士，就避免了民众的竞争；不提高难得商品的价格，就打消了人们的盗窃意图；看不到可以满足贪欲的东西，就避免了人心的浮躁，所以要多做那些使民众不想有所作为的事。第三章“不尚贤，使民不争；不贵难得之货，使民不为盗；不见可欲，使心不乱。是以圣人之治，虚其心，实其腹，弱其志，强其骨。常使民无知无欲，使夫智者不敢为也。为无为，则无不治”。⑤延绵不绝的道若隐若现，它生产事物的功用永无尽头。第五章“绵绵若存，用之不勤”。⑥自然之道是最根本的道，是所有道的纲纪。第十四章“执古之道，以御今之有。能知古始，是谓道纪”。第二十五章“吾不知其名，字之曰道，强之曰大”。⑦道能够让人谦恭谨慎、敦厚朴实、虚怀若谷、宽容若水。第十五章“古之善为道者，微妙玄通，深不可识。夫唯不可识，故强为之容：豫兮若冬涉川，犹兮若畏四邻，俨兮其若客，涣兮若冰之将释，敦兮其若朴，旷兮其若谷，浑兮其若浊”。⑧自然之道才是大道，有人把大道放弃了，讲仁义治国的小道理，这是舍本逐末的大错。第十八章“大道废，有仁义；智慧出，有大伪；六亲不和，有孝慈；国家昏乱，有忠臣”。第十九章“绝圣弃智，民利百倍；绝仁弃义，民复孝慈；绝巧弃利，盗贼无有。此三者以为文不足，故令有所属：见素抱朴，少思寡欲，绝学无忧。”第二十章“我独异于人，而贵食母”。⑨有很多看起来互相冲突的事物，恰恰是一方为另一方存在的前提，这就是客观存在的道（对立统一规律），明白人根据对立统一规律办事，就能够收到良好的效果。第二十二章“曲则全，枉则直，洼则盈，敝则新，少则多，多则惑。是以圣人抱一为天下式。不自见，故明；不自是，故彰；不自伐，故有功；不自矜，故长。夫唯不争，故天下莫能与之争。古之所谓曲则全者，岂虚言哉！诚全而归之”。⑩自然之道是建立治国之道的哲学基础。第二十八章“知其雄，守其雌，为天下溪。为天下溪，常德不离，复归于婴儿。知其白，守其黑，为天下式。为天下式，常德不忒，复归于无极。知其荣，守其辱，为天下谷。为天下谷，常德乃足，复归于朴。朴散则为器，圣人用之，则为官长，故大制不割”。⑪自然之道也是用兵之道。第三十章“以道佐人主者，不以兵强天下。其事好还。师之所处，荆棘生焉。大军之后，必有凶年。善者果而已，不敢以取强。果而勿矜，果而勿伐，果而勿骄，果而不得已，果而勿强。物壮则老，是谓不道，不道早已”。⑫君主若能坚持道，一切问题都会迎刃而解。第三十二章“侯王若能守之，万物将自宾”。第三十四章“万物恃之以生而不辞，功成而不名有。衣养万物而不为主，常无欲，可名于小；万物归焉而不为主，可名于大。是以圣人终不为大，故能成其大”。第三十五章“执大象，天下往。往而不害，安平泰。乐与饵，过客止”。道的功用性特征与辩证法的方法论意义一致。道的方法论意义也可视为自然之德。

（七）向善性。①道的善良本性与水德相似。第八章“上善若水。水善利万物而不争，处众人之所恶，故几于道。居善地，心善渊，与善人，言善信，政善治，事善能，动善时。夫唯不争，故无尤”。第十章“生之畜之，生而不有，为而不恃，长而不宰，是谓玄德”。②不掌握自然之道，就会乱作为，掌握了自然之道，处事就会宽容公正，终身无患。第十六章“不知常，妄作凶。知常容，容乃公，公乃全，全乃天，天乃道，道乃久，没身不殆”。③最好的治国之道，当顺应自然之道，尽量减少干预。第十七章“太上，不知有之；其次，亲而誉之；其次，畏之；其次，侮之。信不足焉，有不信焉。犹兮其贵言。功成事遂，百姓皆谓：我自然”。④大德的模样是由大道决定的。第二十一章“孔德之容，惟道是从”“自古及今，其名不去，以阅众甫。吾何以知众甫之状哉？以此”。⑤有道的人是大善人，救人是为了尊重生命，既不问被救者的品格，也不图回报。第二十七章“善行无辙迹，善言无瑕谪，善计不用筹策，善闭无关楗而不可开，善结无绳约而不可解。是以圣人常善救人，故无弃人；常善救物，故无弃物。是谓袭明”。⑥遵循自然之道就是遵守自然之德。第二十八章“知其雄，守其雌，为天下溪。为天下溪，常德不离，复归于婴儿。知其白，守其黑，为天下式。为天下式，常德不忒，复归于无极。知其荣，守其辱，为天下谷。为天下谷，常德乃足，复归于朴”。⑦有道者必然尊重生命。第三十一章“杀人之众，以悲哀泣之；战胜，以丧礼处之”。⑧君主应遵守自然之道，但也不是放任自流，如果发现有人私欲发作，干扰自然之道发挥作用，就应该用暂时还说不出名字的有效方法予以纠正。大家都没有私欲，天下就会回归正常轨道。第三十七章“道常无为而无不为。侯王若能守之，万物将自化。化而欲作，吾将镇之以无名之朴。无名之朴，亦将不欲。不欲以静，天下将自正。”道的向善性特征与唯物辩证法的“自然革命派”特征一致。道的向善性可视为自然之善德。

二、德的特征和定义

在对德经的解读中发现，按照产生的基础不同，德可以分为自然之德和社会之德两个基本部分。一个是建立在自然之道上的自然之德，一个是建立在所谓圣人之道即政治理想基础上的社会之德。辩证法属于哲学方法思想和世界观范畴，政治理想属于政治目标思想和价值观范畴。对老子辩证法思想的基本评价有两个标准：一是辩证法思想的科学性标准，如果辩证法思想真实地反映了客观规律，它就是认识和改造客观世界的科学工具；二是辩证法思想的向善性标准，如果辩证法思想能够在客观上促进社会进步，它就是天然革命派，也就是道经所说的自然之德。对政治目标思想的基本评价没有科学标准，只有善恶标准，这就是德经中所谓圣人之道，即社会之德。老子的社会之德的核心观点是把民众的意志和利益放在以德治国的首位，所以给予老子德经概念的定义是：依顺民众心志的大顺纲领，或称为老子大顺纲领。

（一）自然之德。以老子辩证法为基础的自然之德，普遍存在于道经的矛盾性、适度性、功用性和向善性等特征中，这里不再复述。以下重点解读德经中的有关论述。老子在德经中论及自然之德时的核心观点是一事物存在对他事物存在的利害关系。①君主不懂辩证法就没有正确的政治理想，没有正确的政治理想的仁、义、礼，只能是社会祸乱之首。第三十八章“故失道而后德，失德而后仁，失仁而后义，失义而后礼。夫礼者，忠信之薄，而乱之首。前识者，道之华，而愚之始。是以大丈夫处其厚，不处其薄；居其实，不居其华。故去彼取此”。②低贱与高贵是辩证关系，低贱是高贵的基础，高贵者必须尊重自己的基础。第三十九章“贵必以贱为本，高必以下为基”。③根据物极必反的辩证法则，应该同情弱者才是正确的。第四十章“反者道之动，弱者道之用”。④根据辩证法则，具有政治理想的人，一定要虚怀若谷。第四十一章“故建言有之：明道若昧，进道若退，夷道若类，上德若谷，大白若辱，广德若不足，建德若偷，质真若渝，大方无隅，大器晚成，大音希声，大象无形，道隐无名。夫唯道，善贷且成”。⑤愿意损益的偏偏增益，企图增益的偏偏损益，好逞强横的无德之人往往没有善终。第四十二章“故物或损之而益，或益之而损。人之所教，我亦教之。强梁者不得其死，吾将以为教父”。⑥辩证是无处不在、无所不能的，坚信无为而治就是有益的德治。第四十三章“天下之至柔，驰骋天下之至坚。无有入无间。吾是以知无为之有益。不言之教，无为之益，天下希及之”。⑦在学习具体知识（特殊规律）的阶段其学识是与日俱增的，当掌握特殊规律达到一定程度时就会进入领悟一般规律（辩证法）的境界，而在领悟辩证法的阶段需要学习的内容又是日益减少的。领悟辩证法越深，需要学习的特殊规律就越少，以至于学透一切和领悟一切后，就达到了无所作为的状态，其实这种无所作为的状态是无所不能的最高境界，而无所不能是实现政治理想的能力，可以称之为德能。第四十八章“为学日益，为道日损。损之又损，以至于无为。无为而无不为。取天下常以无事，及其有事，不足以取天下”。⑧人从生到死是一个客观过程，有的人为了长寿过多地消费社会资源反而折寿了，这既是失道的结果，也是失德的结果。第五十章“出生入死。生之徒，十有三；死之徒，十有三；人之生，动之死地，十有三。夫何故？以其生生之厚也”。⑨天下万物都是遵循自然之道而产生的，并且都是在自然之德的养育下长成的，所以万物都尊道贵德，而道和德的尊贵之处在于顺其自然。第五十一章“道生之，德畜之，物形之，势成之。是以万物莫不尊道而贵德。道之尊，德之贵，夫莫之命而常自然”。⑩无德之人必定是非道之人。第五十三章“朝甚除，田甚芜，仓甚虚；服文采，带利剑，厌饮食，财货有余；是谓盗夸。非道也哉！”⑪对辩证法的理解深度决定政治理想的高度。第五十四章“善建者不拔，善抱者不脱，子孙以祭祀不辍。修之于身，其德乃真；修之于家，其德乃余；修之于乡，其德乃长；修之于国，其德乃丰；修之于天下，其德乃普。故以身观身，以家观家，以乡观乡，以国观国，以天下观天下。吾何以知天下之然哉？以此”。⑫懂得阴阳对立统一规律的人是含德敦厚的赤子。第五十五章“含德之厚，比于赤子”“知和曰常，知常曰明。益生曰祥，心使气曰强。物壮则老，谓之不道，不道早已”。⑬对待社会和自然宁可谨慎一点，只有谨慎稳妥才符合辩证法，只有符合辩证法才能够为积德打好基础，这是不尽的力量源泉和治国的根本途径。第五十九章“治人事天，莫若啬。夫唯啬，是谓早服。早服谓之重积德。重积德则无不克。无不克则莫知其极。莫知其极，可以有国。有国之母，可以长久。是谓深根固蒂，长生久视之道”。⑭道和德是不可分割的。第六十二章“道者万物之奥。善人之宝，不善人之所保。美言可以市，尊行可以加人。人之不善，何弃之有？故立天子，置三公，虽有拱璧以先驷马，不如坐进此道。古之所以贵此道者何？不曰：求以得，有罪以免耶？故为天下贵”。⑮以自然之道为基础的自然之德，同自然之道一样源远流长，在天下万物身上都能够得到反映，用辩证法治国就能够让自然之德彰显，达到天下大治的政治目标。第六十五章“以智治国，国之贼；不以智治国，国之福。知此两者亦楷式。常知楷式，是谓玄德。玄德深矣，远矣，与物反矣，然后乃至大顺”。⑯按照辩证法无为而治，便体现了不争之德。第六十八章“善为士者不武，善战者不怒，善胜敌者不与争，善用人者为之下。是谓不争之德，是谓用人之力，是谓配天之道，古之极”。

（二）社会之德。以圣人之道为基础的社会之德，才是真正意义上的政治目标思想和价值观念的善恶标准，而社会之德的直接基础是所谓圣人之道，其根本基础是民众的意志和利益。①有道之君应该以民众的政治理想作为自己的政治理想。第三十八章“上德不德，是以有德；下德不失德，是以无德。上德无为而无以为，下德无为而有以为”。（赞同民众政治理想的君主是不会将自己的政治理想强加于人的，这就是遵循辩证法则的君主所具有的政治理想。有政治理想的民众能够坚持自己的政治理想，是无须接受君主强加的政治理想的。赞同民众政治理想的君主能够坚持无为而治的辩证法则就无须对民众的政治理想做出干预，有政治理想的民众认为君主不干涉他们就是有为而治。）②高尚的人是没有私心的，常把百姓的意志作为自己的理想，对善良的人善待他，对不善良的人也善待他，这是由民众共同理想决定的善良本质。第四十九章“圣人无常心，以百姓心为心。善者吾善之，不善者吾亦善之，德善。信者吾信之，不信者吾亦信之，德信。圣人在天下怵怵，为天下浑其心。百姓皆注其耳目，圣人皆孩之”。③坚持以德治国就必须尊重民意、减轻民负、善用奇兵，坚持无为而治。第五十七章“以正治国，以奇用兵，以无事取天下。吾何以知其然哉？以此：天下多忌讳，而民弥贫；民多利器，国家滋昏；人多伎巧，奇物滋起；法物滋彰，盗贼多有。故圣人云：我无为而民自化，我好静而民自正，我无事而民自富，我无欲而民自朴，我无情而民自清”。④君主与民众也是一对矛盾关系，君主将民众摆在主人位置，默认民众的理想，民众就会淳朴。第五十八章，“其政闷闷，其民淳淳；其政察察，其民缺缺。祸兮福之所倚，福兮祸之所伏。孰知其极？其无正。正复为奇，善复为妖。人之迷，其日固久。是以圣人方而不割，廉而不刿，直而不肆，光而不耀”。⑤治理大国和烹调小鲜的辩证方法是一样的，君主以辩证方法处理与民众之间的关系，双方的政治理想统一了，双方矛盾就可以得到解决了。第六十章“治大国，若烹小鲜。以道莅天下，其鬼不神。非其鬼不神，其神不伤人；非其神不伤人，圣人亦不伤人。夫两不相伤，故德交归焉”。⑥按照辩证法则合理调整各自的政治目标，是正确处理国家之间关系的根本措施。第六十一章“大国不过欲兼畜人，小国不过欲入事人。夫两者各得其所欲，大者宜为下”。⑦只有坚持报怨以德，才能够走出冤冤相报的泥沼。第六十三章“大小多少，报怨以德”。⑧社会精英的美德在于不放纵自己的私欲，不看重那些所谓的稀世珍宝，不理睬那些似是而非的学问，补救人们经常犯的以讹传讹的错误。第六十四章“其安易持，其未兆易谋，其脆易破，其微易散。为之于未有，治之于未乱。合抱之木，生于毫末；九层之台，起于累土；千里之行，始于足下。为者败之，执者失之……民之从事，常于几成而败之。慎终如始，则无败事。是以圣人欲不欲，不贵难得之货；学不学，复众人之所过。以辅万物之自然，而不敢为”。⑨以德治国的主要内容是以民众的政治理想为治国目标，但民众的政治思想是不够统一的，故以德治国还需要讲究策略方法，不一定要将政治目标完全示之于民。第六十五章“古之善为道者，非以明民，将以愚之。民之难治，以其智多”。⑩社会精英必须尊重民意，这既是世界观和辩证方法要求，也是价值观和社会美德使然。第六十六章“江海所以能为百谷王者，以其善下之，故能为百谷王。是以圣人欲上民，必以言下之；欲先民，必以身后之。是以圣人处上而民不重，处前而民不害。是以天下乐推而不厌。以其不争，故天下莫能与之争”。⑪只有具备慈爱勇敢之德，同时又懂得“不敢为天下先”等辩证之道的才是完人。第六十七章“我有三宝，持而保之：一曰慈，二曰俭，三曰不敢为天下先。慈故能勇，俭故能广，不敢为天下先，故能成器长。今舍慈且勇，舍俭且广，舍后且先，死矣！夫慈，以战则胜，以守则固。天将救之，以慈卫之”。⑫社会精英承认自己的不足也是一种美德。第七十一章“知不知，上；不知知，病。夫唯病病，是以不病。圣人不病，以其病病，是以不病”。⑬君主在民众中的真正威望，是君主尊重民众意志和利益的德望。第七十二章“民不畏威，则大威至。无狭其所居，无厌其所生。夫唯不厌，是以不厌。是以圣人自知不自见，自爱不自贵。故去彼取此”。⑭有足够的勇气和力量，但不敢轻易使用，这才符合道德标准。第七十三章“勇于敢则杀，勇于不敢则活。此两者，或利或害。天之所恶，孰知其故？是以圣人犹难之。天之道，不争而善胜，不言而善应，不召而自来，繟然而善谋。天网恢恢，疏而不失”。⑮不可用以杀人为主的办法治理国家，而应该用以辩证为主的方法治理国家，前者是无德而治，后者是有德而治，有德而治才能够达到大治的目的。第七十四章“民不畏死，奈何以死惧之？若使民常畏死，而为奇者，吾得执而杀之，孰敢？常有司杀者。夫代司杀者，是谓代大匠斫。夫代大匠斫者，希有不伤其手矣”。⑯官民对立的原因无非是利益和方法问题，官方与民争利是官德问题，官方管理不当是官道问题。第七十五章“民之饥，以其上食税之多，是以饥。民之难治，以其上之有为，是以难治。民之轻死，以其上求生之厚，是以轻死。夫唯无以生为者，是贤于贵生”。⑰自然法则是损有余补不足，社会法则是损不足奉有余。损害多数人的不足，增加少数人的有余，这是不道德的。第七十七章“天之道，其犹张弓乎？高者抑之，下者举之；有余者损之，不足者补之。天之道，损有余而补不足。人之道则不然，损不足以奉有余。孰能有余以奉天下，唯有道者。是以圣人为而不恃，功成而不处，其不欲见贤”。⑱一个人有德无德主要取决于他对待物质利益的态度，拿着借据不急于讨债的是有德之人，天天催债的是无德之人。第七十九章“和大怨，必有余怨，安可以为善？是以圣人执左契，而不责于人。有德司契，无德司彻。天道无亲，常与善人”。⑲要想实现治国理想，除了实行道和德两条基本途径外，还有一个客观物质条件，那就是国要小、民要少。第八十章“小国寡民。使有什伯人之器而不用。使民重死而不远徙。虽有舟舆，无所乘之，虽有甲兵，无所陈之。使民复结绳而用之。甘其食，美其服，安其居，乐其俗。邻国相望，鸡犬之声相闻，民至老死，不相往来”。⑳对道的真实性评价属于世界观问题，对道的善恶评价属于价值观问题，有德无德属于价值观范畴。第八十一章“信言不美，美言不信。善者不辩，辩者不善。知者不博，博者不知。圣人不积，既以为人己愈有，既以与人己愈多。天之道，利而不害；圣人之道，为而不争”。

三、道德经解读结论

（一）老子辩证法评价

1. 唯物辩证法的主要观点。唯物辩证法认为，对立统一规律或矛盾法法是宇宙中最根本的客观规律，它是一切事物的本质联系和发展动力，辩证法的质量互变规律和否定之否定规律，以及本质与现象、内容与形式、原因与结果、普遍性与特殊性、可能性与现实性、必然性与偶然性等范畴都是对立统一规律的表现形式。事物的矛盾法则是辩证法的核心，它是人们在社会实践中得到的对客观世界根本规律的正确认识，具有科学性，同时它又是人们用以认识和改造客观世界的根本方法，具有革命性。矛盾论认为，任何事物内部都存在着既互相对立，又互相统一的两个方面，这两个方面的对立是绝对的，是不需要特定条件的，而统一是相对的，是需要特定条件的，所以事物的运动变化是绝对的，静止不变是相对的。事物的矛盾运动是事物运动、变化和发展的基本方式。矛盾存在一切事物之中，并且贯穿于事物的始终，这是矛盾的普遍性。任何具体事物的矛盾都有自己的特点，这是矛盾的特殊性。在错综复杂的矛盾中必有一个占支配地位的主要矛盾，要解决错综复杂的矛盾，首先要抓住主要矛盾。任何矛盾的双方都不是势均力敌的，事物的性质由主要矛盾和矛盾的主要方面决定的。主要矛盾与次要矛盾、矛盾的主要方面与次要方面是可以互相转化的。矛盾的对立和斗争，一般情况下是非对抗性的，特殊情况下是对抗性的，对抗性与非对抗性在一定条件下是可以互相转化的。

2. 老子辩证法和唯物辩证法的异同。根据老子辩证法的各种特征，对照唯物辩证法的主要观点，我们可以发现二者之间具有诸多的一致性。首先，二者都强调了自己的客观性（无限性）和抽象性（规律性），其差别仅在于唯物辩证法所用定义更准确，阐述更清晰。其次，二者都强调了自己的方法论意义，具有功用性（方法论）和向善性（革命派），其差别仅在于使用的语言不同。再次，二者都认识到事物相反相成的矛盾性和普遍性，并且认识到这是事物变化的根本原因。其差别在于：老子辩证法认为“静为躁君”，事物的静止状态是常态，是矛盾双方的主导方面；唯物辩证法在这个问题上正好与此相反，认为事物的运动状态才是常态，矛盾的对立性是无条件的、绝对的，矛盾的统一性是有条件的、相对的。最后，二者都认识到物极必反的道理，事物的数量变化，超过一定的限度就会产生相反的变化，这是事物矛盾运动的变化性和适度性。其差别在于：老子辩证法认为事物只有循环变化，而没有发展变化，而唯物辩证法认为，事物在循环变化中，是呈螺旋上升发展的。

3. 老子辩证法的历史局限性。《老子》是说理韵文，文学性较高。说理也相当充分，涉及辩证法的各个方面，思想性很强。但其历史局限性也是不容忽视的。最突出的缺陷有两个：一是认为静止状态是事物存在的常态，在对立与统一的矛盾关系中，统一和静止居于矛盾的主导地位，这正好与唯物辩证法的对应观点相反。唯物辩证法认为，运动变化状态才是事物存在的常态，在对立与统一的矛盾关系中，对立和运动居于矛盾的主导地位。二是认为事物只有循环变化，没有发展变化，这正好与唯物辩证法的发展观是相左的。唯物辩证法认为，事物在其内部矛盾运动的作用下，首先发生数量的变化，当数量变化积累到一定阈值时，就会发生质变，事物矛盾的主导方面和事物的性质就会随之变化，产生新的事物。其观念的局限性，是在社会科学文化和哲学文明处于初级阶段的必然结果，也与其认识论缺位有关。例如，先人知晓大地是静止的，强烈的地动现象只是偶然现象。其实地球各种运动从来就没有停止过。再如人类作为高级动物，一代接一代是看不出什么变化的，但站在考古学角度看，人类的发展变化是很明显的。因此，道家的好静、不争、无为、因循守旧等处世哲学是不科学的，建立在道家世界观基础上的价值观和人生观必然是消极的。我国汉代以后的思想家只推崇道家辩证思想的合理部分，而对其价值观和人生观不予推崇是有道理的。

（二）老子大顺纲领评价

马克思主义认为，政治观念和哲学观念是观念文化的两大基石，政治观念主要由政治纲领思想和政治路线思想构成；哲学观念主要由认识论和方法论构成；世界观是构建价值观的哲学基础，价值观是观念文化的核心。马克思主义世界观是由辩证唯物的认识论和唯物辩证的方法论构成的，它是马克思主义价值观的哲学基础。马克思主义价值观是由代表人民群众意志和利益的共产主义政治纲领思想，以及依靠人民群众的政治路线思想构成的，这是马克思主义价值观的核心观点。

《道德经》中道经所体现的，是老子的哲学观念，又称为老子的世界观，老子的世界观只有辩证的方法论，而未见其认识论，这是它的结构性缺陷。老子辩证法是老子价值观的哲学基础。老子的价值观由自然之德和社会之德构成，社会之德是其核心。社会之德又称为圣人之道，其主要观点是君主治国不能有私心，必须以民众的意志和利益为政治目标，“上德不德，是以有德；下德不失德，是以无德”，“圣人无常心，以百姓心为心”，这与共产主义政治纲领思想，确有几分神似。在民众思想不统一时，还强调了施政策略，“古之善为道者，非以明民，将以愚之。民之难治，以其智多”。只有将政治目标建立在辩证法和民众意志基础上，才能够最终达到天下大治的政治目的。也就是说，实现老子大顺纲领的思想路线是辩证法，政治路线是老百姓意志。不过，从马克思主义的角度来分析，老子的德经也有明显的时代缺陷。一是没有将有产的少数百姓与无产的大多数百姓区别开来，以百姓心为心必然为少数有产者和统治者所利用。二是因为没有区分百姓中的有产者和无产者，所以实现大顺纲领到底依靠什么人是不明确的，导致政治路线思想不正确，最终必然导致其理想的落空。总之，道德经反映了老子的世界观和价值观，虽然存在不少缺陷，但仍然具有丰富的政治和哲学智慧，我们要认真学习和研究，吸收其精华为现实服务，但不能将其视为不容置疑的金科玉律。

下编 《庄子》新解

《庄子》新解引言

庄子，氏庄，名周，字子休，生卒年约为公元前 369 年至前 286 年，战国中期楚国漆园（今安徽蒙城）人。庄子系楚庄王后裔，祖上迁至宋国。庄子曾做过漆园小吏，不久请辞。楚威王听闻庄子贤名，遣使携重金欲聘为相。庄子不愿受约束而谢绝遂隐居南华山，著书立说，再未出仕。其著作《庄子》，成书于先秦时期，东汉班固编撰《汉书·艺文志·诸子》，载“《庄子》五十二篇”，或为西晋郭象编注《庄子》时，删节为三十三篇，即《内篇》七篇，《外篇》十五篇，《杂篇》十一篇。唐天宝初年，庄周被封为南华真人，《庄子》又称《南华真经》。庄子位列诸子百家，与道家创始人老子并称为“老庄”，他们的哲学思想被称为“老庄哲学”，对后世哲学思想的发展产生了深远影响。

但是，庄子的哲学思想体系在后世流传中，同老子的哲学思想体系流传情况相比较，呈现的是一条虚线或影子，秦汉以后几乎没有学者对庄子哲学思想的独特之处进行系统研究。这可能是受司马迁《史记》的影响：“其学无所不窥，然其要本归于老子之言。”也可能与董仲舒的“罢黜百家，独尊儒术”有关。这些没有深入研究道家和庄子哲学的人，将庄子哲学思想的独特之处完全抹掉了。这导致后世学者对庄子哲学思想的重要性认识不够。自司马迁之后的历朝历代，仅有文人从文学角度对《庄子》进行评论或吟咏。即使有人从哲学角度谈及《庄子》，无非是用朴素唯物主义、形而上学或玄学而概论之。久而久之，庄子的哲学思想与科学渐行渐远，最终沦为玄学。

笔者深入研究《庄子》后认识到，《庄子》在全盘继承《老子》哲学思想的基础上，开创性地建立了以唯物认识论为基石的哲学思想，其代表作是《齐物论》，这就是庄子哲学思想的独特之处和绝世之功。庄子思想中体现出的部分唯物认识论被历史忽略，可能是影响我国哲学发展，进而影响社会进步的重要因素。庄子哲学思想本来面目到底如何？系统研究庄子哲学思想对于建立中华民族文化自信的意义何在？弄清这些问题，就是本书的编著目的。

《庄子》原文及译解

内篇·逍遥游

【原文一】北冥有鱼，其名为鲲。鲲之大，不知其几千里也；化而为鸟，其名为鹏。鹏之背，不知其几千里也；怒而飞，其翼若垂天之云。是鸟也，海运则将徙于南冥。南冥者，天池也。《齐谐》者，志怪者也。《谐》之言曰："鹏之徙于南冥也，水击三千里，抟扶摇而上者九万里，去以六月息者也。"野马也，尘埃也，生物之以息相吹也。天之苍苍，其正色邪？其远而无所至极邪？其视下也，亦若是则已矣。且夫水之积也不厚，则其负大舟也无力。覆杯水于坳堂之上，则芥为之舟；置杯焉则胶，水浅而舟大也。风之积也不厚，则其负大翼也无力。故九万里，则风斯在下矣，而后乃今培风；背负青天而莫之夭阏者，而后乃今将图南。

【译解一】在极北雾蒙蒙的海里有条鱼，它的名字叫鲲，鲲的块头很大，可能有几千里长；鲲化育为鸟，它的名字叫鹏。鹏的脊背也可能有几千里长；它奋力而飞，其翼如垂挂在天边的云。就是这只鸟，当北海发生变化时将迁徙去南海。南海就是环境美好的天池。《齐谐》这本书，是专门记载怪异故事的书。《齐谐》书上说："鹏鸟迁徙去南海时，用双翼拍打水面三千里，抓住上升气流高达九万里，南迁是利用六月份强劲气流完成的。"鹏鸟迁飞中惊动野马奔腾，尘土飞扬，各种生物紧张地喘着粗气。鹏鸟起飞后看到蔚蓝色的天空，心里想这是它的正常颜色吗？天空太高远没有终极吗？鹏鸟朝下看，如果也是这样的颜色，证明向上看向下看是一样的。况且如果水积累不深厚，就没有力量承载起大船。倒一杯水在堂前小水坑里，只有小草能够像小船一样漂浮起来；如果把杯子放置在里面，就显得水浅而船大承载不起来了。如果空气厚度不够，就无力负载起鹏鸟的大翼。因为鹏鸟上升到了九万里高，气流都在它的身下，在具备这些条件之后也只有到这时才能够御风而行；背负着青天，从而不可能遇到阻碍，这样才能够实现飞向南海的梦想。

【要点一】庄子在本处采用寓言方式，描述了鲲鹏的形象，实际上阐明了存在与意识的辩证关系。这或与楚庄王“不飞则已，一飞冲天，不鸣则已，一鸣惊人”的传说及庄子是其后裔有关。庄子认为，存在决定意识，鲲鹏皆大，志向高远。“鲲之大，不知其几千里也；化而为鸟，其名为鹏。鹏之背，不知其几千里也；怒而飞，其翼若垂天之云。是鸟也，海运则将徙于南冥。”庄子还认为，实现高远的志向需要实践，而实践的成功与否取决于客观条件，天地越广阔，飞得越高行得越远。“风之积也不厚，则其负大翼也无力。故九万里，则风斯在下矣，而后乃今培风；背负青天而莫之夭阏者，而后乃今将图南。”所有这些，都显示了庄子认识论的唯物性、实践性等基本特征。另外，庄子以鲲鹏图南为意象，寓意自己将在思想领域有一次逍遥游，交代了《庄子》全书的基本意图。

【原文二】蜩与学鸠笑之曰：“我决起而飞，抢榆枋而止，时则不至，而控于地而已矣，奚以之九万里而南为？”适莽苍者，三餐而反，腹犹果然；适百里者，宿舂粮；适千里者，三月聚粮。之二虫又何知！小知不及大知，小年不及大年。奚以知其然也？朝菌不知晦朔，蟪蛄不知春秋，此小年也。楚之南有冥灵者，以五百岁为春，五百岁为秋；上古有大椿者，以八千岁为春，八千岁为秋，此大年也。而彭祖乃今以久特闻，众人匹之，不亦悲乎？

【译解二】寒蝉和斑鸠笑话鹏鸟说：“我们奋力起飞后，抢占到榆树枝就停止了，如果有时候飞不到树枝上，而降落在地面也就算了，为何要飞九万里高，然后再到南海去呢？”到郊外游玩的人，只需要三餐饭的时间就返回了，肚子好像没有饥饿感；出门一百里，头天晚上就要准备干粮；出门一千里，需要准备三个月的粮食。上面说到的这两种虫儿哪里有这样的智慧哟！小脑袋不如大脑袋，短寿命不如长寿命。如何知晓其中的道理呢？朝生暮死的菌子不知道月象的变化，夏天生长的知了不知道春秋两季的变化，因为它们寿命短没见过。楚国之南有一种海龟，它以五百年为一个春天，又以五百年为一个秋天；传说远古时有种大椿树，它以八千年为一个春天，又以八千年为一个秋天。这才是高寿者的气魄。而彭祖至今还以寿命长而闻名，大家都想以他为榜样，那岂不是无知而悲哀吗？

【要点二】庄子认为，存在决定意识，与鲲鹏相比，知了和斑鸠皆小，志向也不高。“蜩与学鸠笑之曰：‘我决起而飞，抢榆枋而止，时则不至，而控于地而已矣，奚以之九万里而南为？’”庄子还认为，人们的经验、智慧和志向有一个积累和发展过程：“小知不及大知，小年不及大年。奚以知其然也？朝菌不知晦朔，蟪蛄不知春秋。”这些都是庄子认识论的基本观点。

【原文三】汤之问棘也是已：“上下四方有极乎？”棘曰：“无极之外，复无极也。穷发之北，有冥海者，天池也。有鱼焉，其广数千里，未有知其修者，其名为鲲。有鸟焉，其名为鹏，背若泰山，翼若垂天之云；抟扶摇羊角而上者九万里，绝云气，负青天，然后图南且适南冥也。斥鴳笑之曰：‘彼且奚适也？我腾跃而上，不过数仞而下，翱翔蓬蒿之间，此亦飞之至也。而彼且奚适也？’”此小大之辩也。

【译解三】商汤王问大臣棘也是这样说的：“上下左右前后共六个方向有终点吗?”棘回答说：“没有终点之外，还是没有终点。在草都不长的北方，有浩瀚的大海，那是人迹罕至的天池，有一种鱼，它有数千里大，没有人知道它是如何生长的，它的名字叫鲲。还有一种鸟，它的名字叫鹏，背部像泰山，翅膀像遮天的云；它抓住上升的旋风高飞九万里，离开云气，背负青天，然后实现南迁的梦想，并且到达了南海。斥鴳笑话它说：‘你何必飞那么远呢？我跳跃而上，不过几丈高就下来了，飞翔在蓬蒿之间，这也是很好的飞行啊，而你何必要飞那么远呢?’”这就是小斥鴳与大鲲鹏的区别。

【要点三】庄子认为，斥鴳与鲲鹏的区别如此之大，首先就是两者体形大小差别决定的，其次才是两者意识和智慧大小决定的。存在决定意识古已有之，不仅是《齐谐》上这样说的，在《汤问》里也这样说的。以上三节，主要强调了客观存在对主观意识的决定作用。

【原文四】故夫知效一官、行比一乡、德合一君、而征一国者，其自视也，亦若此矣。而宋荣子犹然笑之，且举世誉之而不加劝，举世非之而不加沮，定乎内外之分，辩乎荣辱之境，斯已矣。彼其于世，未数数然也。虽然，犹有未树也。夫列子御风而行，泠然善也，旬有五日而后反。彼于致福者，未数数然也。此虽免乎行，犹有所待者也。若夫乘天地之正，而御六气之辩，以游无穷者，彼且恶乎待哉？故曰：至人无己，神人无功，圣人无名。

【译解四】因此认为自己胜任某一官职的人、认为自己言行符合一乡民众心愿的人、认为自己德性能够让国君满意的人、认为自己能征服一国当上君主的人，他们对自己的认识，实际上也具有如同前面说到的斥鷃意识的局限性。从而使思想家宋荣子觉得十分可笑，他是一个不因举世赞誉而感到鼓舞，不因世人非议而感到沮丧的人，他自己认定了内外亲疏的差别，认清了荣辱是非的处境，他的主意已经这样确定了。那时他对世俗的东西，是没有追求的。即使如此，他还是有未能实现的目标。思想家列子能够像鹏一样乘风而行，身影轻盈飘逸，十五日后必须返回。那时他对富贵福寿之类的事，也是没有追求的。列子虽然免除了这些思想负担，还是对物质条件有所期待的。如果有人能够乘天地之正气，又能够分辨阴阳风雨晦明等六气的变化，以遨游于无穷无尽的宇宙之间，他难道还需要依凭物质条件吗？因此说，道德修养最高的人能顺应客观、忘掉自己，修养达到高深境界，道高的人不求功业，德厚的人不计名利。

【要点四】庄子认为，因为存在决定意识，所以现实中的任何人的意识都局限于其所处的客观环境。“故夫知效一官、行比一乡、德合一君、而征一国者，其自视也，亦若此矣。”庄子还认为，理想中的完人只存在于主观意识中。“若夫乘天地之正，而御六气之辩，以游无穷者，彼且恶乎待哉？故曰：至人无己，神人无功，圣人无名。”这反映了人的主观能动性和辩证唯物论特征。

【原文五】尧让天下于许由，曰："日月出矣，而爝火不息；其于光也，不亦难乎？时雨降矣，而犹浸灌；其于泽也，不亦劳乎？夫子立而天下治，而我犹尸之；吾自视缺然，请致天下。"许由曰："子治天下，天下既已治也；而我犹代子，吾将为名乎？名者，实之宾也；吾将为宾乎？鹪鹩巢于深林，不过一枝；偃鼠饮河，不过满腹。归休乎君，予无所用天下为！庖人虽不治庖，尸祝不越樽俎而代之矣！"

【译解五】尧让帝位给隐士许由说："日月都出来了，我这个小火把还没熄灭；要让小火把继续发光，不是让它为难吗？及时雨降下来了，让需要水的土地得到了灌溉；还需要湖泊出力吗？先生的威信已立，天下安宁，我还占着不管事的帝位；已经没有必要了，请接受我让出的职位。"许由说："先生治理国家，天下已实现治理目标；而我如果代替您，这不是让我空有其名吗？名这个东西，只是实际内容的表现形式，我空有其名不是成为摆设了吗？鹪鹩在林中筑巢，不过占一树枝；鼹鼠去河边饮水，不过装满肚子。收回君主的念头吧，天下对于我来说是没有什么用处的！即使厨师不下厨房做饭菜，主祭者也不会跨过礼器代替厨师办席啊！"

【要点五】庄子认为，人们生活环境的差异，决定了人们主观认识的差异。尧帝的价值观是采用仁义等政治方法，实现治国平天下目标的。许由的价值观是遵循自然规律，实现个人和天下安宁的。道不同不相与谋，坚决不搞越俎代庖的事。"庖人虽不治庖，尸祝不越樽俎而代之矣！"尧帝是无己的至人和无功的神人，许由才是无名的圣人。庄子还认为，名与实（形式与内容）是一对哲学范畴。

【原文六】肩吾问于连叔曰："吾闻言于接舆，大而无当，往而不反。吾惊怖其言。犹河汉而无极也；大有径庭，不近人情焉。"连叔曰："其言谓何哉？"曰："藐姑射之山，有神人居焉。肌肤若冰雪，绰约若处子，不食五谷，吸风饮露，乘云气，御飞龙，而游乎四海之外；其神凝，使物不疵疠而年谷熟。吾以是狂而不信也。"连叔曰："然。瞽者无以与乎文章之观，聋者无以与乎钟鼓之声。岂唯形骸有聋盲哉？夫知亦有之！是其言也犹时女也。之人也，之德也，将旁礴万物以为一，世蕲乎乱，孰弊弊焉以天下为事！之人也，物莫之伤：大浸稽天而不溺，大旱金石流，土山焦而不热。是其尘垢秕糠将犹陶铸尧舜者也，孰肯以物为事?”宋人资章甫而适诸越，越人断发文身，无所用之。尧治天下之民，平海内之政，往见四子，藐姑射之山，汾水之阳，窅然丧其天下焉。

【译解六】肩吾告诉连叔说：“我听到过楚国隐士陆接舆的夸夸其谈，感觉大而不当，不能自圆其说。我对他的说法感到惊恐。因为他说的话像银河无边无际，与实际大有出入，不符合人们的思维常规。”连叔问肩吾道：“他说了些什么呢?”肩吾说：“陆接舆说隐约看到有个叫姑射的山上，住着一位神人，他的肌肤洁净如白雪，神态安详如处子，不吃五谷杂粮，只吸风饮露，能够搭乘云气，驾驭飞龙，常游于四海之外；他凝神看一下就可以使地里的农作物不生病虫害。我认为他是打诳语而无法令人信服。”连叔借题发挥说：“是的。文章是无法给睁眼瞎看的，钟鼓是无法给门板聋听的，难道只有形体残疾的人吗？智力残疾的人也是有的！能够证明这些话说得对的，刚才的你可能就算一个。”陆接舆说的那个神人，他的志向，是把广大众多的事物视为一体，从中寻求乱世治理方法，可天下的人们都在为私利奔忙并不理解他。这个神人，任何事物都伤害不了他：“巨浪滔天淹不死他，可以融化金石、烧焦土山的大旱天气也热不死他。他是能够将尘土、污垢和秕糠等腐朽铸造成尧舜等圣贤的神人，怎么可能局限于具体事物呢?”宋国人给越国人资助衣帽，而越国人剪发文身，感觉资助物品没有什么用处。尧帝管理天下民众，理顺了国家治理政策，前往拜访王倪、啮缺、被衣、许由等四位隐士，远远地拜望汾水北面的姑射山上，深邃的目光里已经忘记国家情怀了。

【要点六】庄子认为，因为存在决定意识，所以神人在客观现实中是不存在的，但人们的思想意识一旦产生和建立，就具有主观能动性，可以在主观意识中创造出一个神人形象，用以改变客观存在的现实。“藐姑射之山，有神人居焉。肌肤若冰雪，绰约若处子，不食五谷，吸风饮露，乘云气，御飞龙，而游乎四海之外；其神凝，使物不疵疠而年谷熟。吾以是狂而不信也。”

【原文七】惠子谓庄子曰：“魏王贻我大瓠之种，我树之成，而实五石。以盛水浆，其坚不能自举也。剖之以为瓢，则瓠落无所容。非不呺然大也，吾为其无用而掊之。”庄子曰：“夫子固拙于用大矣。宋人有善为不龟手之药者，世世以洴澼絖为事。客闻之，请买其方百金。聚族而谋曰：‘我世世为洴澼絖，不过数金，今一朝而鬻技百金，请与之。’客得之，以说吴王。越有难，吴王使之将，冬，与越人水战，大败越人。裂地而封之。能不龟手，一也，或以封，或不免于洴澼絖，则所用之异也。今子有五石之瓠，何不虑以为大樽，而浮乎江湖，而忧其瓠落无所容？则夫子犹有蓬之心也夫！”

【译解七】思想家惠施对庄子说：“魏王赠送给我大葫芦种子，栽培成功了，所结果实有数百斤重。用它的空壳装水，因强度不够承受不了。于是我把它剖开做成水瓢，又因太大没有适于它容纳的东西，不是不大，而是太大，我因为它无用而砸毁。”庄子批评说：“你这个人笨拙，派不上大用场。以前宋国有个善于制作不龟手药物的人，世世代代以漂洗织物为职业。有个外地客人听说后，想用百金买下他的不龟手药方。这个宋国人请来族人商量说：我世世代代漂洗织物，每年得到的薪酬不过数金，而今天卖掉这个技术可得百金，请大家同意卖掉吧。这个买家得到药方后，马上报告了吴王。不久越国遇到灾难，吴王派这个买家为将，在这年冬天里，与越国人在水上作战，大败越军。吴王把土地分封给他。同样的不龟手药方，在新主人手里能获得国王土地分封，在旧主人手里只能世代漂洗织物，这个差距取决于持有人会不会使用。而今你有几百斤重的大葫芦，为何不考虑将它作为浮水的大舟，自由自在地游荡在江湖之上，反而担心它没有地方可放？你这心理状态也太卑微了！”

【要点七】庄子认为，人们主观意识的能动作用具有重要意义。人们的主观能动作用如果发挥好，就能够充分发挥客观事物的作用。“能不龟手，一也，或以封，或不免于洴澼絖，则所用之异也。”否则，就不能够充分发挥客观事物的作用。“今子有五石之瓠，何不虑以为大樽，而浮乎江湖，而忧其瓠落无所容？则夫子犹有蓬之心也夫。”

【原文八】惠子谓庄子曰：“吾有大树，人谓之樗。其大本拥肿而不中绳墨，其小枝卷曲而不中规矩，立之涂，匠者不顾。今子之言，大而无用，众所同去也。”庄子曰：“子独不见狸狌乎？卑身而伏，以候敖者；东西跳梁，不辟高下；中于机辟，死于罔罟。今夫斄牛，其大若垂天之云。此能为大矣，而不能执鼠。今子有大树，患其无用，何不树之于无何有之乡，广莫之野，彷徨乎无为其侧，逍遥乎寝卧其下。不夭斤斧，物无害者，无所可用，安所困苦哉!"

【译解八】惠子对庄子说："我有一株大树，人们都称它为臭椿树。它的主干臃肿不符合绳墨要求，它的枝条弯曲不符合规矩要求，立于路途，木匠经过时也不回头看一眼。今天你说的也是大而无用，大家一致放弃。"庄子说："你难道没见过野猫吗？它弓身趴在地上，等候四处游荡的猎物；它东西跳跃，不回避高低；它最终掉进了猎人陷阱，死于罗网。今天有一头牦牛，它大如垂天之云。这头牦牛可以说是够大的了，但它却抓不住老鼠。现在你既然有大树，又担心它无用，为何不将它移植于什么也没有的地方，即广大荒漠的野外，你可以在树旁无事徘徊，也可以在树下自由逍遥。它不会夭折于刀斧，对其他事物又没有妨害，哪里还有困苦可言呢。"

【要点八】庄子认为，只要人们的主观能动性发挥得好，无论客观事物的大小，都能够充分发挥其作用。因而强调了庄子认识论的辩证特性。

《逍遥游》内容小结

一、基本概念

1. 至人。至人无己。
2. 神人。神人无功。
3. 圣人。圣人无名。

二、哲学观点

庄子在《逍遥游》篇章里，采用了讲寓言故事的方式，阐述了自己的认识论观点。

（一）客观物质世界是无穷的。汤之问棘也是已："上下四方有极乎?"

棘曰："无极之外，复无极也。"

（二）有形的客观存在决定抽象的主观意识。首先，"小知不及大知"，鲲鹏的体形大心也大，志向高远，想从北海迁到南海；斥鴳的体形小心也小，眼光短浅，只想飞翔于草蓬之间。其次，"小年不及大年""朝菌不知晦朔，蟪蛄不知春秋"。人们的经验、智慧、志向、意识和思想是一个不断发展的客观过程，需要时间积累。再者，客观时空的局限性必然导致主观意识的局限性，"故夫知效一官、行比一乡、德合一君、而征一国者，其自视也，亦若此矣"。

（三）主观意识对客观存在的能动作用。首先，为了达到平治天下的目的，需要树立理想中的完人形象。"之人也，之德也，将旁礴万物以为一，世蕲乎乱，孰弊弊焉以天下为事。"尧帝和许由互相谦让帝位的故事，就是人们主观意识能动作用的经典反映。其次，只有充分发挥主观意识的能动作用，才能够让客观事物做到物尽其用，"能不龟手一也，或以封，或不免于洴澼绕，则所用之异也"。再者，实现高远的志向需要实践，而实践的成功与否取决于客观物质条件，天地越广阔，飞得越高行得越远，"风之积也不厚，则其负大翼也无力。故九万里，则风斯在下矣，而后乃今培风；背负青天，而莫之夭阏者，而后乃今将图南"。

所有这些，都显示了庄子认识论的唯物性、辩证性和实践性等基本特征。此外，《逍遥游》作为《庄子》论文集的篇首，应该寓意着庄子将要在哲学领域进行一次思想畅游了。

内篇·齐物论

【原文一】南郭子綦隐机而坐，仰天而嘘，荅焉似丧其耦。颜成子游立侍乎前，曰："何居乎？形固可使如槁木，而心固可使如死灰乎？今之隐机者，非昔之隐机者也？"子綦曰："偃，不亦善乎而问之也！今者吾丧我，汝知之乎？汝闻人籁而未闻地籁，汝闻地籁而不闻天籁夫！"子游曰："敢问其方。"子綦曰："夫大块噫气，其名为风。是唯无作，作则万窍怒呺。而独不闻之翏翏乎？山陵之畏佳，大木百围之窍穴，似鼻，似口，似耳，似枅，似圈，似臼，似洼者，似污者。激者、謞者、叱者、吸者、叫者、譹者、宎者、咬者，前者唱于而随者唱喁，泠风则小和，飘风则大和，厉风济则众窍为虚。而独不见之调调、之刁刁乎？”子游曰：“地籁则众窍是已，人籁则比竹是已，敢问天籁。”子綦曰：“夫吹万不同，而使其自己也。咸其自取，怒者其谁邪？”

【译解一】南郭子綦，坐在案几后，仰面朝天唉声叹气，形象萎顿丢失魂魄。门人颜成子游站在面前问：“为何这样坐着呢？身体僵化如枯木，心态僵化如死灰吗？今天坐在案几后面的人，还像往日坐在案几后面的人吗？”子綦说：“偃，你也善于观察，问到了要害！今天有形的我感觉到丢失了无形的我（魂），你知道我说的（魂）这个意思吗？（我在想）你听到人发出的声音而可能没有听到地发出的声音，你可能听到地发出的声音而肯定没有听到天发出的声音呢！”子游说：“请告知答案。”子綦说：“那个大地呵气，这个气称为风。它要么不发作，一旦发作就是万窍怒吼。还有不发出呜呜响的独窍吗？山丘高耸的嵬崔，大树百围的孔洞，有的像鼻子，有的像嘴巴，有的像耳朵，有的像柱上造孔，有的像藤圈，有的像石臼，有的像大洼地，有的像小水沆。不同形状的窍穴就会发出不同的声音，有的像冰火相激的声音、有的像箭镞飞鸣的声音、有的像大声叱责的声音、有的像倒吸冷气的声音、有的像大声呼叫的声音、有的像哀号吊丧的声音、有的像风入孔穴吆吆的声音，一阵紧咬一阵，前一阵风喁喁作响，后一阵风喁喁作响，轻风像小合唱，横风像大合唱，风速太凌厉时就听不出各种孔穴发出的具体声音了（抽象化或虚化了）。还能够看到哪个地方有不摇摆倒伏的草木吗？”子游说：“地籁是风吹各种孔穴形成的，人籁是气吹长短竹管形成的，请问天籁是怎样形成的？”子綦说：“天籁发声大不相同于前者，而是自己主动从心底发出的。既然天籁发声都取决于自己心底，想努力弄明白的人除了我自己还有谁呢？”

【要点一】本节明确了《齐物论》是庄子认识论和真理之声的定位。庄子认为，人籁为“比竹是也”，地籁为“众窍是也”，都是各种物体在气流的作用下被动发出的声音，而天籁与这些表达方式大不同，“夫吹万不同，而使其自己也。”根据《齐物论》通篇分析，写在卷首的天籁之音，是作者寓意无形的道（规律）利用有形的人（物质）为自己主动发出的声音。也就是说，天籁之音是人们反映客观规律的真理之声，我（有形之物）的齐物论（无形之道）就是这样的天籁之音或真理之声。

【原文二】大知闲闲，小知间间。大言炎炎，小言詹詹。其寐也魂交，其觉也形开。与接为构，日以心斗。缦者、窖者、密者。小恐惴惴，大恐缦缦。其发若机栝，其司是非之谓也；其留如诅盟，其守胜之谓也；其杀如秋冬，以言其日消也；其溺之所为之，不可使复之也；其厌也如缄，以言其老洫也；近死之心，莫使复阳也。喜怒哀乐，虑叹变蜇，姚佚启态。乐出虚，蒸成菌。日夜相代乎前，而莫知其所萌。已乎，已乎！旦暮得此，其所由以生乎！

【译解二】有些人讲大道理侃侃而谈，讲小道理结结巴巴。讲大话题时咄咄逼人，讲小话题时语无伦次。他们睡觉时魂魄会做梦，他们苏醒时感官会打开。接受外界信息形成自己的想法，日复一日地钩心斗角。怠慢者、构陷者、密谋者等形形色色的人都有。小惊恐惴惴不安，大惊恐丧魂落魄。他们指责人时如弩机发箭一样尖锐，他们认为是对是非的判断；他们不想说时如诅咒盟誓一样坚定，他们说是制胜的武器；他们肃杀如秋冬的草木，这正是他们日渐消亡的样子；他们沉溺于日常琐事中，再也恢复不到原来的样子；他们压抑自己如封住口一样，这正是他们阻塞如废渠的样子；临近死亡的阴暗之心，是没有办法促使他恢复阳光的。喜怒哀乐不定，忧虑变成折磨，轻浮展现姿态。这些都好比因内部空虚而发出音乐，因气温变暖而长出菌子一样自然。在日夜交替变化循环往复的过程中，却不知道他们交替循环的原因。算啦，算啦！早晚知道齐物论讲的这些道理，前面说的这些现象就不会任由它发生了！

【要点二】本节讲到了写《齐物论》的现实意义。庄子认为，那些所谓大智小智和大言小言的人们，他们在具体的“乐出虚，蒸成菌”的社会环境里，以各种方式在进一步制造“与接为构，日以心斗”的混乱局面。这些可怜的人们，他们并没有觉察到自己处境悲哀的原因所在，“日夜相代乎前，而莫知其所萌”。我写齐物论的目的就是站在哲学高度，帮助这些可怜的人们找到社会混乱问题的根源，让他们早日脱离苦海，“旦暮得此，其所由以生乎！”

【原文三】非彼无我，非我无所取。是亦近矣，而不知其所为使。若有真宰，而特不得其眹。可行己信，而不见其形，有情而无形。百骸、九窍、六藏，赅而存焉，吾谁与为亲？汝皆说之乎？其有私焉？如是皆有为臣妾乎？其臣妾不足以相治乎？其递相为君臣乎？其有真君存焉！如求得其情与不得，无益损乎其真。一受其成形，不亡以待尽。与物相刃相靡，其行尽如驰而莫之能止，不亦悲乎！终身役役而不见其成功，苶然疲役。而不知其所归，可不哀邪！人谓之不死，奚益！其形化，其心与之然，可不谓大哀乎？人之生也，固若是芒乎？其我独芒，而人亦有不芒者乎？

【译解三】否认了客观物质世界就没有主观精神世界，否认了主观精神世界就无法认识客观物质世界。若近距离考察主观精神世界与客观物质世界的既对立又统一的辩证关系，但不知道这种辩证关系是由谁主导的。如果能够确定谁是主宰，可是感觉不到其征兆。可以放心地按这个辩证法则办事，但看不见它的具体形象，客观存在的辩证关系是抽象无形的。人体上的百余骨节、九个孔道、心肝脾肺及双肾等六脏，拥有完备的构件，我与哪个最为亲近？你说都亲近吗？其中有偏爱吗？如果都有偏爱，哪个去当奴隶呢？他们都当臣妾的话，又如何隶属管理呢？他们不能隶属管理的话，能够互相轮流当君臣吗？其实他们都是由共同的对立统一规律这个君主统领的！不论你认识到了辩证法则还是没有认识到辩证法则，都不会增益或减损辩证法则的真实存在。一旦阴阳辩证运动生命成形，保护生命就是等待终结。有形的生命与事物互相交锋和摩擦，人们投入社会潮流就会身不由己，真是悲哀啊！终身劳碌而不见其成功，疲惫劳顿。如不知道他何时终结，那可真是悲哀啊！人们说他能长生不死，有何用处！他的身体变老了，心也随之变老了，这难道不是大悲哀吗？人对生命的认识，果真是茫然的吗？难道只有我一个人茫然，而他人还有不茫然的吗？

【要点三】本节进入正题。首先提出了作为基本哲学方法的认识论的核心问题，即客观物质世界与主观精神世界的关系问题；接着提出了主观认识与客观物质之间的对立统一规律和辩证法则。庄子认为，否认了客观物质世界就没有主观精神世界，否认了主观精神世界就不能认识客观物质世界，所以精神与物质是不可分割的既对立又统一的辩证关系。这是庄子认识论的基点，也是辩证法的起点。“非彼无我，非我无所取，是亦近矣，而不知其所为使。

若有真宰，而特不得其眹。可行已信，而不见其形，有情而无形。”辩证唯物论认为，物质与精神的关系是认识论里一对最基本的范畴；承认物质是第一性的精神是第二性的是唯物认识论；承认精神是第一性的物质是第二性的是唯心认识论；承认二者同时存在、不分先后的是二元认识论；在承认物质是第一性的、精神是第二性的基础上，还看重精神对物质的能动作用的是辩证唯物论。庄子认识论具有辩证唯物论特征。

【原文四】夫随其成心而师之，谁独且无师乎？奚必知代而心自取者有之？愚者与有焉！未成乎心而有是非，是今日适越而昔至也。是以无有为有。无有为有，虽有神禹且不能知，吾独且奈何哉！

【译解四】人们都是根据自己现成的实践经验和心得办事的，哪个不是从自己的实践经验和心得出发来办事呢？何必是懂得自然变化逻辑的智者才有这样师从实践经验的行事方式呢？不懂得自然变化逻辑的愚者也是有这样的行事方式的！没有实践经验和心得就有了是非判断结果，这好比是今天方去越国而昨天就到了越国的笑话。这是没有实践行动而有认识结论的荒谬逻辑。没有实践而有认识，纵然是神人大禹尚且不能理解，我更没有办法将它说明白！

【要点四】本节论证了认识对实践的指导作用。庄子认为，先有主体实践后有主观认识，主观认识一经形成，就具有了指导实践的能动作用，这是庄子认识论和辩证唯物论的共同特征。“夫随其成心而师之。”“无有为有，虽有神禹且不能知，吾独且奈何哉！”

【原文五】夫言非吹也，言者有言。其所言者特未定也。果有言邪？其未尝有言邪？其以为异于鷇音，亦有辩乎？其无辩乎？道恶乎隐而有真伪？言恶乎隐而有是非？道恶乎往而不存？言恶乎存而不可？道隐于小成，言隐于荣华。故有儒墨之是非，以是其所非而非其所是。欲是其所非而非其所是，则莫若以明。

【译解五】人的言论不像风吹物体一样被动，而是言论者有思想观点要主动表达。发言者所说的思想观点之对错是难以确定的。（既然观点对错不确定）那么他的发言是有思想观点呢？还是没有思想观点呢？他以为自己的言论与雏鸟发声不同，你是能够辨别呢？还是不能够辨别呢？大道怎样隐藏而有真伪之分呢？思想怎样隐藏而有是非之争呢？大道为何过往了就不存在真伪之分了？思想为何存在争论就不认可是非了？大道理往往被人们的小成见掩盖了，思想观点往往被华美语言掩盖了。所以有儒墨两家的是非之争，双方都将对方认为是不对的说成是对的而将对的说成是不对的。他们想要将不对的说成是对的而对的说成是不对的，这样是争不明白的。

【要点五】本节论述了错误认识产生的主观原因。庄子认为，儒墨两家之间针锋相对的是非之争，其实都是“道隐于小成，言隐于荣华”，“其所言者特未定也”。离开《齐物论》即庄子认识论的是非之争，没有事实依据是说不明白的。

【原文六】物无非彼，物无非是。自彼则不见，自是则知之。故曰：彼出于是，是亦因彼。彼是方生之说也。虽然，方生方死，方死方生；方可方不可，方不可方可；因是因非，因非因是。是以圣人不由而照之于天，亦因是也。是亦彼也，彼亦是也。彼亦一是非，此亦一是非，果且有彼是乎哉？果且无彼是乎哉？彼是莫得其偶，谓之道枢。枢始得其环中，以应无穷。是亦一无穷，非亦一无穷也。故曰：莫若以明。

【译解六】任何事物无非是彼方与此方的对立统一体。从彼方看不清楚，从此方能够看得清楚的。所以说，彼方依靠此方而存在，此方也依靠彼方而存在。彼此相对产生并互相依存的说法就是这样成立的。既然如此，相对产生又相对死亡，相对死亡又相对产生；相对可能又相对不可能，相对不可能又相对可能；因为有“是”的存在所以有“非”的存在，因为有“非”的存在所以有“是”的存在。所以古代圣贤无由成为天下的榜样，也是因为这个辩证法则。相对的彼方可以转化此方，相对的此方也可以转化彼方。彼方有自己的是非标准，此方也有自己的是非标准。果真是有彼与此双方的对立统一呢？还是没有彼与此双方的对立统一呢？不把彼方与此方耦合为一体（保持统一体中的对立面），可以说是道的关键。比如当门板上下两头的枢纽，进入门框上下两个相互对立的环中时，就能够应对无穷的开关运动。“是”这一方面是无穷的，“非”这一方面也是无穷的。所以说，是非之争是没有明确结果的。

【要点六】本节论述了在天下万物中普遍存在的对立统一规律或矛盾法则，这是建立在唯物认识论基础上的辩证方法论。庄子认为，任何事物内部都存在既对立又统一的矛盾关系和矛盾法则，或称之为辩证关系和辩证法则，“物无非彼，物无非是”，彼与是、生与死、是与非等，皆是如此。矛盾双方既对立又统一，这是辩证法则的核心观点。矛盾双方互为生存前提，“彼出于是，是亦因彼”，这是矛盾统一性的特征。矛盾双方可以互相转化，“是亦彼也，彼亦是也”，这也是矛盾统一性的特征。在是非之争中，彼此双方各持利益立场和判断标准，“彼亦一是非，此亦一是非”，所以矛盾对立性是绝对的，争论是没有结果的。在是非之争中，还因为客观事物是变化无穷的，“是亦一无穷，非亦一无穷也”，所以矛盾的对立性也是绝对的，是非争论也是无穷的。

【原文七】以指喻指之非指，不若以非指喻指之非指也；以马喻马之非马，不若以非马喻马之非马也。天地一指也，万物一马也。

【译解七】用手指来说明手指不是手指不如用非手指来说明手指不是手指，用白马来说明白马不是马，不如用非马来说明白马非马。天地万物有无数具体的事物概念，但其抽象的物质概念就是一个，这好比抽象的手指包括天下所有的手指、抽象的马包括天下所有的马一样。

【要点七】本节实际上涉及具体与抽象这一对辩证范畴，尽管还没有使用相应的概念。庄子认为，天地万物既有无数具形的个性，又有唯一抽象的共性。是非之争往往是对事物个性差别之争，而忽略了事物不容争论的共性。齐物论可以帮助人们找到事物的共性，这是减少是非之争的一条重要途径。“天地一指也，万物一马也。”

【原文八】可乎可，不可乎不可。道行之而成，物谓之而然。有自也而可，有自也而不可；有自也而然，有自也而不然。恶乎然？然于然。恶乎不然？不然于不然。物固有所然，物固有所可。无物不然，无物不可。故为是举莛与楹，厉与西施，恢诡谲怪，道通为一。

【译解八】肯定某一思想观点必须具有相应的事实依据，否定某一思想观点也必须具有相应的事实依据。道路是人们践行而形成的，事物是人们认识其特性后下定义而明确的。有事实自然可以肯定相应的思想观点，有事实自然也可以否定相应的思想观点。有事实自然可以是这样，有事实自然也可以不是这样。思想观点为什么是这样？因为事实是这样。为什么不是这样？因为事实不是这样。事物客观性决定了这样，事物客观性决定了认可。没有事物的客观性不是这样，没有事物的客观性不能肯定。因此可以列举草茎的纤细与庭柱的粗壮、厉的丑陋与西施的美丽，以及各种光怪陆离的现象，这些主观认识产生的道理是相通的（都是基于客观事实）。

【要点八】本节论证了认识产生的事实基础。庄子认为，人们对事物的认识，即思想观点，不是凭空产生的，而是基于客观事实。“物固有所然，物固有所可。”这是减少人们是非之争的重要途径，也是证明庄子认识论具有唯物论特征的证据。

【原文九】其分也，成也；其成也，毁也。凡物无成与毁，复通为一。唯达者知通为一，为是不用而寓诸庸。庸也者，用也；用也者，通也；通也者，得也；适得而几矣。因是已。已而不知其然，谓之道。劳神明为一而不知其同也，谓之“朝三”。何谓“朝三”？狙公赋芧，曰：“朝三而暮四。”众狙皆怒。曰：“然则朝四而暮三。”众狙皆悦。名实未亏而喜怒为用，亦因是也。是以圣人和之以是非而休乎天钧，是之谓两行。

【译解九】人们根据自己的想法将世界划分疆界，形成很多对立的事物；对立的事物形成后，就破坏了世界的统一性。任何事物没有对立和破坏，就能够复原为一体。只有通达自然规律的人能够理解事物的统一性，为此不把各种事物的对立状态看作是平常状态。事物的平常状态，才是实用的状态；事物的实用状态，就是事物统一性；领会了万物的统一性，心里就有了主见；

获得了主见离神人和至人的要求就差不多了。这一切不过是顺其自然而已。已经遵循了客观规律而不了解它，这就是道的要求。费神地抓住事物的对立性这一面而不了解事物的统一性那一面，这就是不明就里的朝三暮四。什么叫“朝三”？喂猴子的老头扔芋头时对猴子们说：“早上三个晚上四个。”猴子们都不高兴。老头改口说：“要不早上四个晚上三个？”猴子们都很高兴。名实并未不符而产生了不同的喜怒作用，也是不明就里所致。所以古代圣贤采用调和方法模糊是非界限而休止于自然均衡，这就是人们常说是非二者兼容并行。

【要点九】本节分析了思想认识片面性产生的原因。庄子认为，天下万物原本是一个对立统一的整体，人们把事物的对立性绝对化，因而破坏了事物的统一性，“凡物无成与毁，复通为一”。只有通达辩证法则的神人，才尊重事物的自然状态和统一性，不制造事物之间的是非对立，“圣人和之以是非而休乎天钧”。

【原文十】古之人，其知有所至矣。恶乎至？有以为未始有物者，至矣，尽矣，不可以加矣！其次以为有物矣，而未始有封也。其次以为有封焉，而未始有是非也。是非之彰也，道之所以亏也。道之所以亏，爱之所以成。果且有成与亏乎哉？果且无成与亏乎哉？有成与亏，故昭氏之鼓琴也；无成与亏，故昭氏之不鼓琴也。昭文之鼓琴也，师旷之枝策也，惠子之据梧也，三子之知几乎皆其盛者也，故载之末年。唯其好之也，以异于彼，其好之也，欲以明之。彼非所明而明之，故以坚白之昧终。而其子又以文之纶终，终身无成。若是而可谓成乎，虽我亦成也；若是而不可谓成乎，物与我无成也。是故滑疑之耀，圣人之所图也。为是不用而寓诸庸，此之谓以明。

【译解十】古时候的人，他们的认知达到了相当的高度。达到了怎样的高度呢？有的人认为在天下还未产生各种对立事物时，宇宙是至善尽美的，没有比这个更加完美的了！次一等的人认为虽然天下万物产生了，但还没有给它们分封疆界。再次一等的人认为虽然给天下万物分封了疆界，但还没有给天下万物判定是非。把本属对立统一的是非关系截然分开，是辩证法则亏损的原因。对立统一的辩证法则之所以亏损，就是因为人们主观偏爱把是非关系截然分开。果真有是非关系截然分开的成立与辩证法则的亏损吗？果真无是非关系截然分开的成立与辩证法则的亏损吗？因为有是非关系截然分开的成立与辩证法则的亏损，所以昭文需要演奏鼓琴音乐；因为无是非关系截然分开的成立与辩证法则的亏损，所以昭文就不需要演奏鼓琴音乐了。昭文鼓琴，师旷击节，惠子据梧高论，这三个人的是非认知和艺术表演几乎都达到了他们的极盛状态，所以载誉晚年。因为他们爱好艺术，所以与众人不同，因为他们好断是非，所以想明示天下。他们自己说不明白的是非还想说服别人，最后都会像说不清的“坚白之辩”一样无果而终。昭文的儿子一生都生活在昭文是非观点的光环下，终身无所成就。如果像昭文父子这样可以说是成功的话，那像我这样子也可以说是成功了；如果像昭文父子这样不算成功的话，大家和我都不算成功了。所以在是非面前闪烁其词，是古代圣贤追求的好方法。为的是不用把天下万物作是非偏爱之分而让其保持自然正常状态，这才是明白人。

【要点十】本节分析了是非观点产生的原因。庄子认为，天地万物本来是既对立又统一的整体，而人们为了自己的目的彰显了是与非之间对立性而忽略了其统一性，从而损害了是与非之间的辩证关系，进而丢掉了科学的辩证法则，“是非之彰也，道之所以亏也。”昭文和惠子他们鼓琴枝策，高谈阔论，争辩是非，都是违反辩证法则的。只有圣明的君主，尊重对立统一的客观规律，辩证地看待是与非的问题。

【原文十一】今且有言于此，不知其与是类乎？其与是不类乎？类与不类，相与为类，则与彼无以异矣。虽然，请尝言之：有始也者，有未始有始也者，有未始有夫未始有始也者；有有也者，有无也者，有未始有无也者，有未始有夫未始有无也者。俄而有无矣，而未知有无之果孰有孰无也。今我则已有有谓矣，而未知吾所谓之其果有谓乎？其果无谓乎？

【译解十一】今天我有一个重要的哲学观点在这里发表，不知这个哲学观点与我上面讲到的辩证法则是类同呢？还是不类同呢？不管是否类同，相互之间总是有联系的，这样它就不是辩证法则的异类了。虽然前面讲了这些，还请让我尝试着说下去：事物的存在从时间上看总是有开始的，或者有未开始之前的开始，或者有未开始之前复未开始之前的开始（总之事物的存在从时间上说总是“有”）。事物的存在从空间上看有的感觉有实体，有的感觉无实体，有的事物未开始必然有无实体的感觉，有的事物未开始复未开始也必然有无实体的感觉（总之事物的存在从空间上说也总是“有”）。一会儿说有一会儿又说无，然而不知道探讨事物有与无的结果，到底是有还是无。今天我已经有了“有”的结论，但不知道我作出的这个结论，是有效的结论呢，还是无效的结论呢？

【要点十一】 本节论述了主观精神世界建立的基础，即客观物质世界的特征。庄子认为，天下万物是客观实在的“有”，而不是主观否定的“无”。从事物存在的时间上看，任何具体事物追根到底都有开始和结束的过程，这个过程是实有而不是虚无。从事物存在的空间上看，各种事物或能看到实体，或看不到实体，它们也都是实有而不是虚无。所以哲学范畴的有无之争是伪命题。“有始也者，有未始有始也者，有未始有夫未始有始也者；有有也者，有无也者，有未始有无也者，有未始有夫未始有无也者……今我则已有有谓矣，而未知吾所谓之其果有谓乎？其果无谓乎？”

【原文十二】 **夫天下莫大于秋毫之末，而太山为小；莫寿乎殇子，而彭祖为夭。**

【译解十二】 事物存在的空间大小和时间长短都是相对的，如果整个天下没有大于毫毛末梢，而泰山就会相对更小；如果天地寿命没有超过夭折的婴儿，而彭祖却是短命的早亡者。

【要点十二】 本节论述了客观物质的时空的相对性。庄子认为，空间和时间是把握万物存在形式的一对哲学范畴，空间大小和时间长短都是相对的。“夫天下莫大于秋毫之末，而太山为小；莫寿乎殇子，而彭祖为夭。”

【原文十三】 **天地与我并生，而万物与我为一。既已为一矣，且得有言乎？既已谓之一矣，且得无言乎？一与言为二，二与一为三。自此以往，巧历不能得，而况其凡乎！故自无适有，以至于三，而况自有适有乎！无适焉，**

因是已！

【译解十三】客观世界与主观世界同时存在，二者是一个既对立又统一的整体。既然世界是一个整体，哪里还有对立的观点呢？即使我说世界是统一的，难道别人就没有对立的观点吗？统一观点与对立观点将整体一分为二，两个观点加上一个整体观点就是三个结果（人越多对立的观点越多）。从这里往后推算，再精于历法的人也不能推导出最终结果，何况还是普通人呢！所以从无对立观点到有对立观点，已经推测出三了，何况从有对立观点到有对立观点呢！无法想象，原因在前面已经说明！

【要点十三】本节论述了认识分歧产生的原因。庄子认为，本来客观世界与主观世界是一个既对立又统一的整体，既然是统一的整体，就不应该提出对立的观点，如果都提出对立的观点，那就会出现无数个不同观点及争议。“既已谓之一矣，且得无言乎？”

【原文十四】夫道未始有封，言未始有常，为是而有畛也。请言其畛：有左有右，有伦有义，有分有辩，有竞有争，此之谓八德。六合之外，圣人存而不论；六合之内，圣人论而不议；春秋经世先王之志，圣人议而不辩。故分也者，有不分也；辩也者，有不辩也。曰：“何也？圣人怀之，众人辩之以相示也。故曰：辩也者，有不辨也。”夫大道不称，大辩不言，大仁不仁，大廉不嗛，大勇不忮。道昭而不道，言辩而不及，仁常而不成，廉清而不信，勇忮而不成。五者圆而几向方矣！故知止其所不知，至矣。孰知不言之辩，不道之道？若有能知，此之谓天府。注焉而不满，酌焉而不竭，而不知其所由来，此之谓葆光。

【译解十四】最初人们是没有对齐物认识论的概念下定义的，对齐物认识论的内涵和外延也就没有常规言论，为此有必要对齐物认识论作个规范的定义。请让我讲一下对齐物认识论的理解思路：人们对左和右、伦和义、分和辨、竞和争等概念都是有定义的，这八个概念定义的共同特征，是反映了人们对修德的认识程度。对邦国域外的八德，圣人虽有了解但不讨论。对邦国域内的八德，圣人只发表看法但不争议。对历史上治国君王的思想，圣人只作议论，不作是非之辨。所以圣人对先贤的思想有分析，也有保留；有是非辨别，也有是非保留。问曰："为何呢?"答曰："圣人把自己的是非辨别装在心里，再与众人的是非辨别进行对照。所以说：圣人有所辨，也有所不辨。"大道（认识论）的主要特征就是下定义不能充分地说明其含义，大辨的主要特征就是用事实说话而不是用语言论证，大仁的主要特征就是要用行动施仁而不是口头施仁，大廉的主要特征就是行为正直而不是语言自谦，大勇的主要特征就是不敢触犯众怒。如果有人认为已经把道理解得很透彻了，那说明他并没有真正理解"道"，如果有人认为已经把是非说得很清楚了而实际上凭口舌是说不到位的，如果有人经常把仁挂在嘴上终究成就不了仁，如果有人把自己的廉洁说得过分清白是不真实的，如果有人自认为勇敢可以触犯众怒就不可能取得成功。本来是想把道、辩、仁、廉、勇这五个概念说成是圆形的，但被人们说走样几乎变成方形了。所以人们如果懂得止步于自己不熟悉的领域，那是最好的了。难道不理解真正的雄辩并不需要用语言，真正的大道是说不明白的道理吗？若有人能够理解这个道理，他就止步于天然府库了。天然府库是注不满的，用不竭的，不用知道它的由来，这就是人们说的深藏智慧之光而不露。

【要点十四】本节用突出事实和实践的途径有意为庄子认识论下定义。庄子认为，人们对客观规律（道）的认识是一个从无到有、由浅入深的复杂的过程，把其中某个阶段对道的认识简单化和绝对化都是错误的。比如有的人认为自己能够把道说得很明白，其实他可能最糊涂；有的人认为自己把是非辨别得很清楚，其实他说的可能与事实不符；有的人认为自己把仁说得很到位，其实他并没有实际的仁爱行动。因此，道高德厚的圣人，对社会历史和君王思想的是非辨断是很谨慎的，他们知道可以涉足自己熟悉的领域，也知道应该止步于自己不熟悉的领域，应该彰显自己智慧之光的时候不含糊，不能彰显自己智慧之光的时候要隐藏。这就是圣人的认识路线和思想方法，也是齐物认识论的基本观点。"故知止其所不知，至矣。"

【原文十五】故昔者尧问于舜曰："我欲伐宗、脍、胥敖，南面而不释然。其故何也?"舜曰："夫三子者，犹存乎蓬艾之间。若不释然何哉！昔者十日并出，万物皆照，而况德之进乎日者乎!"

【译解十五】 因此古时候尧帝向舜帝提问："我想讨伐宗、脍和胥敖三个小国，但当我临朝议政时又不安心。这是什么缘故呢?"舜回答说："这三个国家的君主，仍然生活在蛮荒之地，若不放心征伐是为何啊！传说以前十日齐出，万物都承受其光照，何况君王的厚德之光超越太阳之光哩!"

【要点十五】 本节是进一步论述"故知止其所不知，至矣"的重要性的。因为尧帝不了解三国的情况，所以于心不安。而舜帝的马屁有些不着边际，疑为误传。

【原文十六】 啮缺问于王倪曰："子知物之所同是乎?"曰："吾恶乎知之!""子知子之所不知邪?"曰："吾恶乎知之!""然则物无知邪?"曰："吾恶乎知之！虽然，尝试言之：庸讵知吾所谓知之非不知邪？庸讵知吾所谓不知之非知邪？且吾尝试问乎女：民湿寝则腰疾偏死，鳅然乎哉？木处则惴栗恂惧，猨猴然乎哉？三者孰知正处？民食刍豢，麋鹿食荐，蝍蛆甘带，鸱鸦耆鼠，四者孰知正味？猿猵狙以为雌，麋与鹿交，鳅与鱼游。毛嫱丽姬，人之所美也；鱼见之深入，鸟见之高飞，麋鹿见之决骤，四者孰知天下之正色哉？自我观之，仁义之端，是非之涂，樊然淆乱，吾恶能知其辩!"啮缺曰："子不利害，则至人固不知利害乎?"王倪曰："至人神矣！大泽焚而不能热，河汉沍而不能寒，疾雷破山、飘风振海而不能惊。若然者，乘云气，骑日月，而游乎四海之外，死生无变于己，而况利害之端乎!"

【译解十六】 隐士啮缺问老师王倪说："您知道事物都有共同特征吗?"王倪答曰："我何以知道这个问题!"又问："您知道您为什么不知道吗?"又答曰："我何以知道这个问题!"再问曰："难道是事物无法知道吗?"再答曰："我何以知道这个问题！不过，我尝试说一下：你怎么知道我所说的知道这个问题不是不知道这个问题呢？你又怎么知道我所说的不知道这个问题不是知道这个问题呢？姑且让我尝试着问问你：人睡在潮湿的地方导致腰疾快要死去，泥鳅也这样吗？人待在大树之上害怕恐惧，猿猴也这样吗？人、泥鳅和猴子这三者你怎么知道他们有共同正常的住处呢？人吃畜肉，麋鹿吃草，蜈蚣喜蛇，鹰鹞好鼠，你怎么知道这四者有共同的口味？猿猵狙同类交合，麋鹿同类交合，泥鳅与鱼同游。毛嫱和丽姬，人认为是美女，鱼见到后深入水底，鸟见到后高飞天上，麋鹿见到后赶快跑开，你怎么知道人、鱼、鸟、鹿四者有共同正常的视觉美感呢？在我看来，仁义争端，是非涂抹，纷杂混乱，我怎么能够分清事物有没有共同特性！”啮缺说：“您都不知道其中的利害关系，那么道神德圣的至人肯定也不知其中的利害关系吗？”王倪说：“至人太神明了，即使湖泊燃烧也热不到他，河汉凝结也冻不到他，炸雷劈山、狂风掀海也惊动不了他。像至人这样的人，乘云气，骑日月，而遍游四海之外，生死都无所谓了，是不会在乎利害争端的！”

【要点十六】本节论述涉及事物的个性与共性这一对辩证范畴。庄子认为，客观事物之间既有共性，也没有共性，相同的事物之间有共性，不同的事物之间没有共性，所以不能含糊地问事物有没有共性。“仁义之端，是非之涂，樊然淆乱，吾恶能知其辩。”

【原文十七】瞿鹊子问乎长梧子曰：“吾闻诸夫子：圣人不从事于务，不就利，不违害，不喜求，不缘道，无谓有谓，有谓无谓，而游乎尘垢之外。夫子以为孟浪之言，而我以为妙道之行也。吾子以为奚若？”长梧子曰：“是黄帝之所听荧也，而丘也何足以知之！且女亦大早计，见卵而求时夜，见弹而求鸮炙。予尝为女妄言之，女以妄听之。奚旁日月，挟宇宙，为其吻合，置其滑涽，以隶相尊。众人役役，圣人愚芚，参万岁而一成纯。万物尽然，而以是相蕴。予恶乎知说生之非惑邪！予恶乎知恶死之非弱丧而不知归者邪！丽之姬，艾封人之子也。晋国之始得之也，涕泣沾襟。及其至于王所，与王同筐床，食刍豢，而后悔其泣也。予恶乎知夫死者不悔其始之蕲生乎？梦饮酒者，旦而哭泣；梦哭泣者，旦而田猎。方其梦也，不知其梦也。梦之中又占其梦焉，觉而后知其梦也。且有大觉而后知此其大梦也，而愚者自以为觉，窃窃然知之。君乎！牧乎！固哉！丘也与女皆梦也，予谓女梦亦梦也。是其言也，其名为吊诡。万世之后而一遇大圣，知其解者，是旦暮遇之也。既使我与若辩矣，若胜我，我不若胜，若果是也？我果非也邪？我胜若，若不吾胜，我果是也？而果非也邪？其或是也？其或非也邪？其俱是也？其俱非也邪？我与若不能相知也。则人固受其黮暗，吾谁使正之？使同乎若者正之，既与若同矣，恶能正之？使同乎我者正之，既同乎我矣，恶能正之？使异乎我与若者正之，既异乎我与若矣，恶能正之？使同乎我与若者正之，既同乎我与若矣，恶能正之？然则我与若与人俱不能相知也，而待彼也邪？”

【译解十七】瞿鹊子对长梧子说：“我听到孔夫子说过这样的话：有人认为圣人行事不务实，不偏向有利的，不避开有害的，不喜好贪求，不缘道守旧，从无言论治国到有言论治国，又从有言论治国到无言论治国，从而游离在红尘之外。孔夫子以为这些评价圣人的话是些大而无用的言论，而我认为是悟得真理的表现。我的先生您认为如何呢？”长梧子说：“这些对圣人的评价黄帝听到也会迷惑不解的，而孔丘如何能够知道！而且你也计划得太早，看见鸡蛋就想得到报晓的公鸡，看见弓弹就想吃到美味。关于圣人话题，我尝试为你妄言之，你也姑且妄听之。我说的圣人依傍日月，挟持宇宙，将日月吻合，弃宇宙纷乱，视尊卑平等。表面看众人忙忙碌碌，圣人无知单纯，其实圣人已经参透了万世春秋而悟成了纯正的对立统一规律或辩证法则。万物无不如此，在辩证法则的支配下彼此相容。我怎么知道贪生不是因为被迷惑了呢！我怎么知道怕死不是因为幼年走失而不知归路呢！丽之姬（即前文丽姬），艾封人的女儿。晋国的君王开始得到她时，她鼻涕眼泪沾满衣襟。等她到达君王居住的场所，与君王同筐床，一起吃野味和家畜肉的时候，她就后悔当初的哭泣了。我怎么知道濒临死亡的人不后悔他出生时祈祷求生的行为呢？夜里做梦饮酒的人，早上醒来哭泣；梦中哭泣的人，早上醒来高兴地去打猎。刚开始做梦时，并不知道是在做梦。梦中还占卦其梦的凶吉，觉醒后才知道是在做梦。只有彻底醒悟而后才知道自己做的是一场大梦，而愚蠢的人还自以为清醒，暗喜什么都知道。君主啊，臣仆啊，僵化啊！孔丘与你都在做梦，我说你做梦也是自己在做梦。这样的言论，可以称其为怪异。或许要等到万年之后遇到大圣人才是知道吊诡答案的人，遇到这样的圣人只是迟早的事。即使我与你辩论，你若胜我，我不胜你，你果真就掌握真理了吗？我果真就错了吗？我若胜你，你不胜我，我果真就掌握真理了吗？你果真就错了吗？我俩谁对了，谁错了，或者都对了，都错了，你与我不能互相说服对方。人肯定都有某些局限性，我请谁来帮助纠正呢？如果请你的同伙来纠正，既然与你是同伙，怎么能够纠正这种问题呢？如果请我的同伙来纠正，既然与我是同伙，又怎么能够纠正这种问题呢？如果请与你我都不是同伙的人来纠正，既然与你我都不是同伙，怎么能够纠正这种问题呢？如果请与你我都是同伙的人来纠正，既然与你我都是同伙，又怎么能够纠正这种问题呢？

既然我、你、他的认识水平都不能够完全相同，还能等待谁相同呢？”

【要点十七】本节论述了认识论和辩证法的重要性。首先，庄子认为，表面上看老百姓忙碌，明白人却显得愚钝，其实明白人已经参透了万代春秋而掌握了历史规律，“众人役役，圣人愚芚，参万岁而一成纯。”这一关键词具有双重意义。一是方法论意义。道家理想中的圣人，能够合日月为一，弃宇宙纷乱，视尊卑平等，表面上愚钝无知，实际上他已经参透了自然和社会历史，掌握了辩证法则。万物无不如此，在对立统一规律的支配下彼此相容。生与死、悲与喜、梦与醒等等都是对立统一的矛盾关系，人们要正确对待生与死、悲与喜、梦与醒的自然转化。二是认识论意义。圣人能够掌握历史规律，不是凭空产生的，而是“参万岁”得来的，即是从学习前人长期的实践经验中得来的。人们的生与死、悲与喜、梦与醒等观念的产生及变化，也是由自然物质和社会存在决定的。也就是说，齐物论认为正确的认识是由客观物质和主体实践决定的。其次，庄子认为，人都有局限性，谁也不能保证一贯正确。“人固受其黮暗，吾谁使正之？”

【原文十八】罔两问景曰：“曩子行，今子止；曩子坐，今子起。何其无特操与？”景曰：“吾有待而然者邪？吾所待又有待而然者邪？吾待蛇蚹蜩翼邪？恶识所以然？恶识所以不然？化声之相待，若其不相待，和之以天倪，因之以曼衍，所以穷年也。忘年忘义，振于无竟，故寓诸无竟。”“何谓和之以天倪？”曰：“是不是，然不然。是若果是也，则是之异乎不是也亦无辩；然若果然也，则然之异乎不然也亦无辩。”

【译解十八】鬼魂对影子说：“先前你刚走，现在你又止；先前你刚坐，现在你又起。你为何这样没有主见操守呢？”影子说：我依靠有形的事实才这样的吗？我在依靠有形的事实的基础又依靠无形的规律才这样的吗？我依靠蛇皮蝉翼吗？（蛇皮蝉蜕是有形的物体，而它们依靠的东西却抽空了，暗喻抽象的规律，此句将前句作了形象化的解释）我哪里知道是这样，我哪里知道不是这样？发表言论必须具有相应的事实依据，如果没有相应的事实依据，那就必须符合自然规律，如此长期坚持，可以尽享天年。忘记掉岁月和所谓义务，振作于无止境的过程中，所以将终身寄寓在无为的境界里。鬼魂问曰：

“什么叫作符合自然规律?”答曰:“是与不是、然与不然是不能割裂的对立统一的辩证关系。是如果为孤立的是，那么是的异端不是也就没有辩论对手了；然如果为孤立的然，那么然的异端不然也就没有辩论对手了。”

【要点十八】本节论述了客观事实和客观规律对认识产生的意义。庄子认为，思想认识必须具有相应的事实依据，如果没有具体的事实依据，那就必须符合抽象的自然规律，如此长期坚持，可以确保尽享天年。是与不是，对与不对之间是既对立又统一的，符合辩证法则，就是“和之以天倪”，这就是主观认识必须符合客观规律的认识论和方法论。“化声之相待，若其不相待，和之以天倪，因之以曼衍，所以穷年也。”

【原文十九】昔者庄周梦为胡蝶，栩栩然胡蝶也。自喻适志与！不知周也。俄然觉，则蘧蘧然周也。不知周之梦为胡蝶与?胡蝶之梦为周与?周与胡蝶则必有分矣。此之谓物化。

【译解十九】某天，庄周梦见自己羽化为蝶，一个栩栩如生的蝴蝶。自我感觉开心如意，全然不知自己是庄周。一会儿醒来，却惊讶地发现自己还是庄周。不知是庄周梦化成蝴蝶呢?还是蝴蝶梦化成为庄周呢?庄周与蝴蝶到底是谁梦到了谁肯定是有分辨依据的。这个依据就是人们常说的事实。

【要点十九】本节论述了尊重事实是克服梦幻错觉的唯一正确的方法。庄子认为，庄周与蝴蝶到底谁梦到了谁，肯定只能以事实为依据进行区分。“周与胡蝶则必有分矣。此之谓物化。”

《齐物论》内容小结

深入研读庄子《齐物论》可知，它是道家哲学思想中的认识论，弥补了老子道德经的认识论缺陷，或可称之为庄子认识论。我们还知道，认识论是反映精神与物质之间的基本关系的思维成果，具体有三种基本类型：承认物质是第一性的，精神是第二性的，精神是对物质的反映，这是唯物认识论或唯物论，又称为反映论；反之是唯心认识论或唯心论，又称为先念论；承认二者同时相对存在的是二元认识论。庄子认识论具有唯物和辩证两大基本特征，甚至还提及了实践在认识发展中的重要作用。现将《齐物论》的主要观点梳理如下。

一、关于《齐物论》宗旨的主要观点

任何人写文章都有自己的指导思想或宗旨思想。庄子著作《齐物论》的宗旨思想，集中体现在文章的开头和结尾部分。《齐物论》第一节对其定性说，人籁为“比竹是也”，地籁为“众窍是也”，它们都是各种物体在风的作用下被动发出的声音，天籁则是“夫吹万不同，而使其自己也”。也就是说，天籁是无形的道利用有形的物为自己主动发出的声音。换言之，《齐物论》就是庄子（有形之物）反映客观规律（无形之道）的真理之声（天籁）。《齐物论》第二节对其作用定位说，人们“日夜相代乎前，而莫知其所萌。已乎，已乎！旦暮得此，其所由以生乎！”也就是说，普通人生活在复杂的社会环境中，日夜操心费力，总是没完没了，还找不到问题产生的根由。我写《齐物论》的目的，就是站在认识论的角度，帮助他们找到是非之争的根本原因，让他们早日脱离是非之争的苦海。《齐物论》最后缩结说：“周与胡蝶则必有分矣。此之谓物化。”也就是说，庄周梦化为蝶，醒来后产生了幻觉，到底是庄周梦到了蝴蝶，还是蝴蝶梦到了庄周，必须依据事实作出正确判断，用以避免认识论上的唯心主义。

二、关于唯物论范畴的主要观点

我们知道，儒家提出过见贤思齐的修身观点，道家则不以为然。道家认为，不应该见贤思齐，因为所谓贤与不贤、是与不是、好与不好，不同的人等有不同的看法，没有统一的客观标准，所以导致不同人群之间的认识及行动的互相冲突。庄子认为，应该见物思齐，因为天下万物及其规律是客观存在的，这是人们主观认识统一及主体步调一致的客观基础。人们的主观认识应该正确地反映客观事物规律和自然本性，同时放弃自己错误的主观认识，以减少乃至消除社会分歧和冲突，故有《齐物论》闻世。《齐物论》，也就是道家的唯物认识论或唯物论。文中涉及唯物范畴的主要观点，是《齐物论》里最基本的观点。

（一）天下万物的客观性。庄子认为，要消除人与人之间的是非矛盾和冲突，就要尊重客观事物性质和规律，这与老子的顺道而为的哲学思想是一致的。要尊重客观事物性质和规律，就必须正确认识客观事物的性质和规律。所以《齐物论》首先探讨了天下万物固有的客观性。《齐物论》第三节说："非彼无我，非我无所取。"也就是说，没有客观物质世界就没有主观精神世界，没有主观精神世界就无法反映客观物质世界。《齐物论》第八节认为，人们对事物的认识，不是凭空产生的，而是基于客观事实。"物固有所然，物固有所可。"《齐物论》第十一节说："有始也者，有未始有始也者，有未始有夫未始有始也者；有有也者，有无也者，有未始有无也者，有未始有夫未始有无也者。" "今我则已有有谓矣。"庄子认为，天下万物是客观实在的"有"，而不是主观否定的"无"。从事物存在的时间上看，任何事物追根到底都有开始和结束的过程，这个过程是实有而不是虚无的。从事物存在的空间上看，各种事物或者能够看到实体，或者看不到实体，它们也都是实有而不是虚无的，所以哲学范畴的有无之争是伪命题。庄子从时间和空间维度上，论证了天下万物固有的客观性，这为《齐物论》奠定了立论的基石。庄子对天下万物的客观性定义为"有"，同列宁对物质的客观性定义为"客观实在"颇有几分神似。《齐物论》第七节说："天地一指也，万物一马也。"庄子认为，客观存在的事物既有无数的具形的个性，又有唯一的抽象的共性。人与人之间是非之争往往是对事物的个性、特殊性和对立性的之争，而忽略了事物不容争论的共性、普遍性和统一性。《齐物论》可以帮助人们认识事物的共性、普遍性和统一性，正确对待事物的个性、特殊性和对立性，这是从认识论上减少是非之争的一条重要途径。《齐物论》第十二节说："夫天下莫大于秋毫之末，而太山为小；莫寿乎殇子，而彭祖为夭。"庄子认为，空间和时间是把握天下万物存在形式的一对哲学范畴，并且空间大小和时间长短都是相对的。

（二）主观认识是对客观事物的反映。庄子在《齐物论》中提到，客观事物是主观认识产生的前提条件，也是人们统一认识的客观基础。《齐物论》第八节说："可乎可，不可乎不可。道行之而成，物谓之而然。有自也而可，有自也而不可；有自也而然，有自也而不然。恶乎然？然于然。恶乎不然？不然于不然。物固有所然，物固有所可。无物不然，无物不可。故为是举莛与楹，厉与西施，恢诡谲怪，道通为一。"用今天的话说，认可某一主观认识必须具有相应的事实依据，不认可某一主观认识也必须具有相应的事实依据。

道路是人们践行而形成的，事物是人们认识其特性后下定义而明确的。有事实自然可以认可相应的主观认识，有事实自然也可以不认可相应的主观认识；有事实自然可以是这样，有事实自然也可以不是这样。主观认识为什么是这样？因为事实是这样。为什么不是这样？因为事实不是这样。事物客观性决定了这样，事物客观性决定了认可。没有事物的客观性不是这样，没有事物的客观性不能认可。因此可以列举草茎的纤细与庭柱的粗壮、厉的丑陋与西施的美丽，以及光怪陆离的现象等例子来佐证，这些主观认识产生的道理是相通的，都是基于客观事实。

（三）主观认识对客观事物的能动作用。庄子在《齐物论》第四节说："夫随其成心而师之，谁独且无师乎？奚必知代而心自取者有之？愚者与有焉！未成乎心而有是非，是今日适越而昔至也。"用今天的话说，人们都是根据自己现成的实践经验和心得判断是非的，哪个判断是非不是师从自己的经验和心得呢？何必是懂得自然变化逻辑的智者才有这样师从经验的行事方式？不懂得自然变化逻辑的愚者也有这样的行事方式！没有经验和心得就有了是非判断结果，这好比是今天才上路去越国而昨天就到了越国的笑话。

（四）实践在认识产生过程中的重要作用。庄子认为，客观事物是主观认识产生的基础，主观认识是对客观事物的反映，而认识主体的实践活动在认识的产生和发展过程中具有重要作用。《齐物论》第十七节说："众人役役，圣人愚芚，参万岁而一成纯。"用今天的话说，百姓忙忙碌碌，圣人大智若愚，他深入研究历史，掌握了客观事物规律。也就是说，圣人能够掌握客观规律，不是凭空产生的，而是"参万岁"得来的，即从学习前人长期的实践经验中得来的。

（五）主观认识的局限性。庄子认为，人们的主观认识对客观事物的反映是有局限性的。局限性产生的根由，有的是立场不同，有的是客观事物太复杂，有的是主观认知能力有限。《齐物论》第十四节说："故知止其所不知，至矣。"庄子认为，人们对道（哲学方法和政治方法）的认识是一个从无到有、由浅入深的复杂的过程，如果把其中某个阶段对道的认识简单化和绝对化都是错误的。比如有的人认为自己能够把道说得很明白，其实他可能最糊涂；有的人认为自己把是非辨别得很清楚，其实他说的可能与事实不符；有的人认为自己把仁说得很到位，其实他并没有实际的仁爱行动。因此，道高德厚的圣人，对社会历史和君王思想的是非辨断是很谨慎的，他们知道可以涉足自己熟悉的领域，也知道应该止步于自己不熟悉的领域，应该彰显自己智慧之光的时候不含糊，不能彰显自己智慧之光的时候要隐藏，这就是圣人的哲学方法和政治方法。《齐物论》第五节说：“其所言者特未定也。”庄子认为，儒墨之间针锋相对的是非之争，其实都是“道隐于小成，言隐于荣华。”离开客观事物及其规律的是非之争，是说不明白的。《齐物论》第十六节说：“人固受其黮暗，吾谁使正之。”庄子认为，人都有局限性，谁也不能保证一贯正确。

三、关于辩证法范畴的主要观点

如前所述，庄子主张见物思齐，即人们的主观认识应该正确反映客观事物性质及其规律，齐物论实际上就是唯物论。在此基础上，庄子进一步探讨了主观认识与客观事物之间的辩证关系。主要有以下几个观点。

（一）主观世界与客观世界是不可分割的对立统一关系。《齐物论》第三节说：“非彼无我，非我无所取。是亦近矣，而不知其所为使。若有真宰，而特不得其眹。”庄子认为，否认了客观世界就没有主观世界，否认了主观世界就不能认识客观世界，所以主观世界与客观世界是不可分割的、既对立又统一的辩证关系，这是符合辩证唯物论的观点。辩证唯物论认为，物质决定精神，物质是第一性，精神是第二性的。《齐物论》第十八节说：“化声之相待，若其不相待，和之以天倪，因之以曼衍，所以穷年也。”也就是说，表达自己的思想必须有相应的事实依据，如果没有具体的事实依据，也必须符合抽象的客观规律，如此长期坚持，可以享受自然寿命。该节还说：“何谓和之以天倪?”曰：“是不是，然不然。是若果是也，则是之异乎不是也亦无辩；然若果然也，则然之异乎不然也亦无辩。”也就是说，什么叫作符合自然规律？答曰：“是与不是、对与不对是不能割裂的对立统一关系。”“是”如果为孤立的“是”，那么“是”的异端“不是”也就没有辩论对手了；“然”如果为孤立的“然”，那么“然”的异端“不然”，也就没有辩论对手了。庄子提出“和之以天倪”，就是要求主观认识必须符合客观事物的对立统一规律。《齐物论》第十六节说：“仁义之端，是非之涂，樊然淆乱，吾恶能知其辩。”庄子认为，客观事物之间既有共性，也没有共性，相同的事物之间有共性，不同的事物之间没有共性，所以不能含糊地问事物有没有共性。

（二）辩证法则是人们认识客观规律的最大成果。《齐物论》第六节说：

“物无非彼，物无非是。自彼则不见，自是则知之。故曰：彼出于是，是亦因彼。彼是方生之说也。虽然，方生方死，方死方生；方可方不可，方不可方可；因是因非，因非因是。是以圣人不由而照之于天，亦因是也。是亦彼也，彼亦是也。彼亦一是非，此亦一是非，果且有彼是乎哉？果且无彼是乎哉？彼是莫得其偶，谓之道枢。枢始得其环中，以应无穷。是亦一无穷，非亦一无穷也。故曰：莫若以明。”庄子认为，任何事物无不是彼方与此方、反方与正方、对方与本方的对立统一体。彼方能否看到此方不知道，但从此方可以推导出彼方。所以说，彼方是依靠此方存在的，此方也是依靠彼方的存在而存在的。彼此相对产生并互相依存的说法是这样成立的。相对可能，又相对不可能；相对产生，又相对消失；是与非也是相对存在的。所以古代圣贤成为天下的参照物，也是因为这个辩证法则。彼此双方是对立的，也是可以互相转化的。彼方有自己的是非标准，此方也有自己的是非标准。果真是有彼与此双方的是非统一标准？还是没有彼与此双方的是非统一标准？能够将彼此对立的双方联系起来的统一性，可以说是辩证法则的关键。当门板上下两头的枢纽，进入门框上下两个对立的环中时，就能够应对无穷的开关运动。是这一方面是变化无穷的，非这一方面也是变化无穷的。所以说，是非之争是永远不会有明确结果的。《齐物论》第十七节说：“圣人愚芚，参万岁而一成纯。万物尽然，而以是相蕴。”庄子认为，圣人表面无知单纯，其实圣人已经参透了万世春秋而悟成了纯正的对立统一规律或辩证法则。万物无不如此，在辩证法则的支配下彼此相容。人们要客观认识生与死、悲与喜、梦与醒的辩证法则，正确对待生与死、悲与喜、梦与醒的自然转化。

（三）违反辩证法则的主要表现。《齐物论》第九节说：“凡物无成与毁，复通为一。”庄子认为，天下万物原本是一个对立统一的整体，人们把事物的对立性绝对化，因而破坏了事物的统一性。只有通达辩证法则的神人，才尊重事物的自然状态和统一性，不制造事物之间的是非对立，即“圣人和之以是非而休乎天钧。”

《齐物论》第十节说：“是非之彰也，道之所以亏也。”庄子认为，彰显了是与非之间对立性而忽略了其统一性，从而损害了是与非之间的辩证关系，进而丢掉了科学的辩证法则。昭文和惠子他们鼓琴枝策，表达激情，高谈阔论，争辩是非，都是违反辩证法则的。只有圣明的君主，尊重对立统一的客观规律，辩证地看待是与非的问题。《齐物论》第十三节说：“既已谓之一矣，且得无言乎。”庄子认为，本来客观世界与主观世界是一个既对立又统一的整体，既然说它是一个整体，就不应该提出对立的观点，如果都提出对立的观点，那就会出现无数个不同观点及争议，天下就不会太平。

内篇·养生主

【主题新解】《养生主》这个文题表明，该文是以论述养生要领和主旨为内容的。庄子虽然没有正面论述人体的生理与心理的辩证关系，但通篇文章却论述了通过心理培养达到调理生理机能，从而实现养生目的的基本思路。庄子认为，养心的主要途径有三条。一是“为善无近名，为恶无近刑，缘督以为经。”人的精神状态不可以受困于别人善恶评价的陷阱，只能顺道而为。二是“臣之所好者道也，进乎技矣。”人要顺道而为必须认识客观规律，而认识客观规律必须像庖丁一样在长期的实践中获取。三是“神虽王，不善也。”养生的关键是顺其自然，让生命自由自在。

【原文一】吾生也有涯，而知也无涯。以有涯随无涯，殆已；已而为知者，殆而已矣！为善无近名，为恶无近刑，缘督以为经。可以保身，可以全生，可以养亲，可以尽年。

【译解一】我的生命是有限的，而认知对象是无限的。以有限的生命想穷尽无限的认知对象，肯定会损害身体。已然明白了这个道理还不适可而止，对身体的危害就更大了！做“善”事不追求功名，做“恶”事不至于违法犯罪，坚决把这个道理奉为经典。可以保护身体健康，可以保证心理健全，可以让父母放心，可以尽享天年。

【要点一】庄子认为，以有限的生命想穷尽无限的认知对象，是有害于身体健康的，“吾生也有涯，而知也无涯。以有涯随无涯，殆已。”但这还不是问题的关键，养生关键是：不要管他人善恶评价，做“善”事不追求功名，也不管他人善恶评价，做“恶”事不触及违法犯罪，必须坚决遵循辩证法则这个经典，“为善无近名，为恶无近刑，缘督以为经。”

【原文二】庖丁为文惠君解牛，手之所触，肩之所倚，足之所履，膝之所踦，砉然向然，奏刀騞然，莫不中音，合于桑林之舞，乃中经首之会。文惠君曰："嘻，善哉！技盖至此乎？"庖丁释刀，对曰："臣之所好者，道也，进乎技矣。始臣之解牛时，所见无非牛者。三年之后，未尝见全牛也。方今之时，臣以神遇而不以目视，官止而神欲行。依乎天理，批大郤，导大窾，因其固然；技经肯綮之未尝，而况大軱乎！良庖岁更刀，割也；族庖月更刀，折也。今臣之刀十九年矣，所解数千牛矣，而刀刃若新发于硎。彼节者有闲，而刀刃者无厚。以无厚入有闲，恢恢乎其于游刃必有余地矣，是以十九年而刀刃若新发于硎。虽然，每至于族，吾见其难为，怵然为戒，视为止，行为迟，动刀甚微。谍然已解，如土委地。提刀而立，为之四顾，为之踌躇满志，善刀而藏之。文惠君曰："善哉！吾闻庖丁之言，得养生焉。"

【译解二】有位厨房的大师傅为梁惠王宰牛，在分解牛肉时，对于手抓在什么地方，肩靠在什么地方，脚踩在什么地方，膝顶在什么地方心里都有数，将刀子磨得哗哗作响，进刀时嚯嚯有声，没有不合音乐节奏的，好像古代的桑林舞曲，即中今首的节奏。梁惠王看到后赞许道："嘻，很棒！你的技艺为何如此好呢?"厨师放下解刀回答说："臣下喜好研究事物规律，又经过实践操练技艺有所长进。臣下开始解牛时不了解牛体结构，眼里看到的无非就是一头牛。实践解牛三年之后，心里已经掌握了牛的结构而眼里似乎看不到全牛了。到了今天，臣下能够意会牛的结构而不用眼睛去看，功能器官的动作是根据潜意识进行的。依顺自然纹理，先将刀扎进骨缝较大的间隙，再进入牛体较大的空隙，因为这些地方的结构是不变的；刀技经过骨头紧连处都未碰过，何况大骨头呢！好厨子一年换一把刀，仍然割得动肉；一般的厨子一个月换一把刀，也会砍卷刀口。现在臣下的这把刀已经用了十九年了，所分解的牛已有数千头了，而刀刃还像刚磨过的那般锋利。牛的骨头关节有间隙，而刀刃又很薄。用很薄的刀刃进入骨头间隙，在相对宽大的间隙里运行刀刃必然绰绰有余呢，所以用了十九年而刀刃还锋利如新。即使这样，每次运刀至筋骨紧凑处，我仍然发现有难办的时候，需要谨慎戒备，先看得真切，再慢慢行动，一点儿一点儿进刀。直到最后嚯啦一声解完，像土块落到地上一样轻松。这时提着刀站在那儿，朝着四周围观的人扫视一眼，为自己成功解牛感到满意，然后将刀收藏好。"文惠君说："好哇！我听了你的介绍，理解了养生的道理。”

【要点二】庄子认为，解牛之刀是有形之物，其使用寿命是有限的，要想延长刀的使用寿命，就必须充分认识牛体结构特征和规律，根据牛体结构特征和规律用刀，才能够避免刀的磨损即延长使用寿命。而认识牛体结构特征和规律，是从实践中摸索出来的。“臣之所好者，道也，进乎技矣。”以此类推，人的养生之道，在于经过实践认识各种与人体健康有关的客观规律，不做违反规律的事，就能够减少生命损耗，延年益寿。“善哉！吾闻庖丁之言，得养生焉。”庄子是个思想家，他的养生之道重点在于以性养生。生者应指人体的生理状态，这是有形之物质状态。性者应指人体的心理状态，这是无形的精神状态，人的生理状态和心理状态的关系是相辅相成的辩证关系。

【原文三】公文轩见右师而惊曰：“是何人也？恶乎介也？天与，其人与？”曰：“天也，非人也。天之生是使独也，人之貌有与也。以是知其天也，非人也。”泽雉十步一啄，百步一饮，不蕲畜乎樊中。神虽王，不善也。

【译解三】宋国人公文轩见到右师官后吃惊地问道：“你是个什么特殊人物？怎么只有一只脚呢？是天生这样，还是人为这样？”公文轩回答说：“是天生的，不是人为的。天生这样一只脚，这与天生人的相貌一样。所以知道这是天意，而不是人为。”长在沼泽上的野鸡十步啄一口食，百步饮一口水，不祈求家畜般的笼中生活。家畜精神虽然旺盛，但感觉不自由。

【要点三】庄子认为，养生的关键是顺其自然，让生命自由自在。“神虽王，不善也。”

【原文四】老聃死，秦失吊之，三号而出。弟子曰：“非夫子之友邪？”曰：“然。”“然则吊焉若此，可乎？”曰：“然。始也吾以为其人也，而今非也。向吾入而吊焉，有老者哭之，如哭其子；少者哭之，如哭其母。彼其所以会之，必有不蕲言而言，不蕲哭而哭者。是遁天倍情，忘其所受，古者谓之遁天之刑。适来，夫子时也；适去，夫子顺也。安时而处顺，哀乐不能入也，古者谓是帝之县解。”

【译解四】 老子死了，名秦失者作吊，大哭三声后要走。老子的弟子问："你不是老夫子的朋友吗？"秦失说："是朋友啊。"又问"既然是朋友就这样简单地作吊，行吗？"秦失说："行了。开始我以为你们都是老夫子的得意门生，现在我认为你们都不是。刚才我进门作吊的时候看到，有老者哭得很伤心，如哭其子；有小的哭得很伤心，如哭其母。这些伤心哭泣的人之所以会聚在这里，必定有不想说而说的人，也必定有不想哭而哭的人。如此逃避自然规律，忘记自己受命于天，古人说这是逃避自然法则的惩罚。当他来的时候，老夫子应时机而生，当他去的时候，老夫子顺天道而亡。如果能做到安心等待时机而处事顺应天道，就不会被乐生哀死的情绪左右了，古时候说这是天帝解生命于倒悬。"

【要点四】 庄子认为，安心等待时机，处事顺其自然，是养生的核心观点。"安时而处顺，哀乐不能入也。"

【原文五】 指穷于为薪，火传也，不知其尽也。

【译解五】 灯油作燃料有烧尽的时候，但人们能够想办法让火种传下去，没有穷尽（人的生命也是这样）。

【要点五】 庄子认为，生命是有涯与无涯的对立统一。生命对于个体来说，他总有油尽灯灭的时候，但对于群体来说，他的火种永远不会熄灭。"指穷于为薪，火传也，不知其尽也。"

《养生主》内容小结

一、认识论有关观点

庄子在第二节认为，庖丁认识牛体结构特征和规律，是从实践中摸索出来的，实践是认识客观规律，掌握技能的基础。"臣之所好者道也，进乎技矣。"

二、辩证法有关观点

庄子在第五节认为，生命是有涯与无涯的对立统一。生命对于个体来说，总有油尽灯灭的时候，但对于群体来说，他的火种永远不会熄灭。“指穷于为薪，火传也，不知其尽也。”

三、养生法观点

1. 庄子在第一节认为，以有限的生命想穷尽无限的认知对象，是有害于身体健康的，“吾生也有涯，而知也无涯。以有涯随无涯，殆已。”

2. 庄子在第一节认为，养生的关键是不要管他人善恶评价，做“善”事不追求功名，做“恶”事不至于违法犯罪，遵循辩证法则这个经典。“为善无近名，为恶无近刑，缘督以为经。”

3. 庄子在第二节认为，人的养生之道，在于经过实践认识各种与人体健康有关的客观规律，不做违反规律的事，就能够减少生命损耗，延年益寿。“善哉！吾闻庖丁之言，得养生焉。”

4. 庄子在第三节认为，养生的关键是顺其自然，让生命自由自在。“神虽王，不善也。”庄子在第四节还认为，安心等待时机，处事顺其自然，是养生的核心观点。“安时而处顺，哀乐不能入也。”

内篇·人间世

【原文一】颜回见仲尼，请行。曰：“奚之?”曰：“将之卫。”曰：“奚为焉?”曰：“回闻卫君，其年壮，其行独；轻用其国，而不见其过；轻用民死，死者以国量乎泽若蕉，民其无如矣。回尝闻之夫子曰：‘治国去之，乱国就之，医门多疾’。愿以所闻思其则，庶几其国有瘳乎!”

仲尼曰：“嘻！若殆往而刑耳！夫道不欲杂，杂则多，多则扰，扰则忧，忧而不救。古之至人，先存诸己而后存诸人。所存于己者未定，何暇至于暴人之所行!”

“且若亦知夫德之所荡而知之所为出乎哉? 德荡乎名，知出乎争。名也者，相轧也；知也者，争之器也。二者凶器，非所以尽行也。”

“且德厚信矼，未达人气，名闻不争，未达人心。而强以仁义绳墨之言术暴人之前者，是以人恶有其美也，命之曰菑人。菑人者，人必反菑之，若殆为人菑夫？且苟为悦贤而恶不肖，恶用而求有以异？若唯无诏，王公必将乘人而斗其捷。而目将荧之，而色将平之，口将营之，容将形之，心且成之。是以火救火，以水救水，名之曰益多。顺始无穷，若殆以不信厚言，必死于暴人之前矣！”

“且昔者桀杀关龙逢，纣杀王子比干，是皆修其身以下伛拊人之民，以下拂其上者也，故其君因其修以挤之。是好名者也。昔者尧攻丛枝、胥敖，禹攻有扈，国为虚厉，身为刑戮；其用兵不止，其求实无已。是皆求名实者也，而独不闻之乎？名实者，圣人之所不能胜也，而况若乎！虽然，若必有以也，尝以语我来！”

【译解一】 颜回见孔子想请假出行。孔子问：“哪里去？”颜回说：“准备去卫国。”孔子问：“为何去卫国？”颜回答曰：“我听说卫国君主是这样的，他年轻力壮，又独断专行；轻易使用国力，还没有发现自己的过失；轻易役使民众致死，死者数量多得像沼泽里的草芥，也就得不到合理的安葬。我曾经听您说过：‘治国去之，乱国就之，医门多疾。’我想根据您的教诲思考治卫办法，也许卫国还有救！”

孔子说：“唉！如果你真要冒险去小心遭到伤害呢！这治国的方法不能杂，杂就显得多，多就显得乱，乱就令人担忧，忧就难以救治。古代的至人，都是先充实自己而后再帮助他人。你自己的学识还不够充实，哪有闲暇时间去改变暴君的错误行为！

“并且你果真了解人们德性毁坏和智慧产生的原因吗？德性毁于名利，智慧生于争斗。名利是互相倾轧的根本原因，智慧是互相争斗的实用工具。名利和智慧都是不吉祥的东西，不值得去追求。

“并且你即使德性仁厚、威信坚实，但你的这些优势可能还没有形成人气；即使名闻天下无人可争，但你的这些优势可能还没有深入人心。而在暴君面前勉强叙述仁义是非之言的人，实际上是以暴君之恶反衬了自己之美，这可以说是在揭露他的疮疤。揭露他人者，必遭他人反揭露，如果有危险，还要去揭露人吗？况且，假设说卫国君主喜好贤能而厌恶不肖，怎么还用得着你帮他进行改变？你果真无诏去卫国进言，卫国君臣一定抓住你的疏漏攻击一点不及其余。你的目光将会慌乱，脸色将失去表情，口中不断辩解，面容将为之变形，内心也就逐渐认同卫君的所作所为了。这样做就像是用火救火，用水救水，可以称之为错上加错。有了依顺他的开始，以后顺从他的旨意便会没完没了，假如你未能取信便深深进言，那么一定会死在这位暴君面前！”

“并且历史上夏桀王杀害敢于直谏的贤臣关龙逢，商纣王杀害敢于直谏的贤臣比干，他们都是自身素质很高而居下位依附暴君的臣民，以臣民下位的身份拂逆君上之意，而被拂逆的君上因为臣下素质很高而感觉被挤兑。这就是喜好功名的人的结果。历史上尧帝进攻丛枝、胥敖等小国，夏禹帝进攻有扈国，这些小国变为废墟，国王自身也遭到杀戮；这些国王年年用兵，无非是为了追求实际功利而已。这是大家都知道的追求功名实利的例子，唯独你没有听说过吗？在功名实利面前，圣人都不能够战胜自己的欲望，何况是其他人呢？话虽这样说，如果你真想去卫国肯定有你的理由，不妨说给我听听！”

【要点一】庄子采用寓言方式，借孔子之口，劝颜回不能去卫国说服暴君的原因有四。一是“所存于己者未定，何暇至于暴人之所行？”质疑了颜回自身的能力。二是“若殆以不信厚言，必死于暴人之前矣！”怀疑了颜回采用的具体方法。三是“名实者，圣人之所不能胜也，而况若乎！”争名夺利，互相倾轧，这是圣人落败和社会混乱的根本原因，任何人都无法改变。四是“德荡乎名，知出乎争。名也者，相轧也；知也者，争之器也。二者凶器，非所以尽行也。”否定了颜回此行的意义。总之，庄子认为人世间的问题是很复杂的，要解决复杂的社会问题，更不能仅从主观愿望出发，还要充分考虑到客观条件，特别是工作对象的素质和态度。

【原文二】颜回曰：“端而虚，勉而一。则可乎？”曰：“恶，恶可！夫以阳为充孔扬，采色不定，常人之所不违，因案人之所感，以求容与其心，名之曰日渐之德不成，而况大德乎！将执而不化，外合而内不訾，其庸讵可乎！”

“然则，我内直而外曲，成而上比。内直者，与天为徒。与天为徒者，知天子之与己皆天之所子。而独以己言蕲乎而人善之，蕲乎而人不善之邪？若然者，人谓之童子，是之谓与天为徒。外曲者，与人之为徒也。擎跽曲拳，人臣之礼也，人皆为之，吾敢不为邪？为人之所为者，人亦无疵焉，是之谓与人为徒。成而上比者，与古为徒，其言虽教，谪之实也；古之有也，非吾有也。若然者，虽直而不病，是之谓与古为徒。若是则可乎？”

仲尼曰：“恶，恶可！大多政法而不谍，虽固亦无罪。虽然，止是耳矣，夫胡可以及化！犹师心者也。”

颜回曰：“吾无以进矣，敢问其方。”仲尼曰：“斋，吾将语若。有心而为之，其易邪？易之者，皞天不宜。”颜回曰：“回之家贫，唯不饮酒不茹荤者数月矣。如此，则可以为斋乎？”曰：“是祭祀之斋，非心斋也。”回曰：“敢问心斋。”仲尼曰：“若一志，无听之以耳而听之以心，无听之以心而听之以气！听止于耳，心止于符。气也者，虚而待物者也。唯道集虚。虚者，心斋也。”

颜回曰：“回之未始得使，实自回也；得使之也，未始有回也。可谓虚乎？”夫子曰：“尽矣。吾语若！若能入游其樊而无感其名，入则鸣，不入则止。无门无毒，一宅而寓于不得已，则几矣。绝迹易，无行地难。为人使易以伪，为天使难以伪。闻以有翼飞者矣，未闻以无翼飞者也；闻以有知知者矣，未闻以无知知者也。瞻彼阕者，虚室生白，吉祥止止。夫且不止，是之谓坐驰。夫徇耳目内通而外于心知，鬼神将来舍，而况人乎！是万物之化也，禹舜之所纽也，伏羲几蘧之所行终，而况散焉者乎！”

【译解二】颜回说：“我在卫君那里态度端正而谦虚谨慎，勤勉为事而专一为国。这样做可以吗？”孔子说：“不，不可以！卫君阳气充盈面孔张扬，脸色不定喜怒无常，所有人都不敢违逆他，他也借势压制所有人的真实感受，用这种方式强求人们的服从，这可以说每日解决一点小问题都不成，何况是解决治国方略问题！如果你固执己见而不思变化，外表迎合卫君而内心又不反省自己的方式，你的目标怎么可以实现呢！”

颜回又说：“既然如此那我就改变方式，内心坚持原则表面俯首顺从，将自己的想法经常与上古圣贤进行类比。所谓内心坚持原则，就是遵循自然规律。遵循自然规律的人，便知君王和自己都是自然之子。何必祈求别人赞赏自己的言论，或是祈求别人不赞赏自己的言论呢？若别人赞赏自己的言论，他将称赞言论的童真，说这种童真就是遵循自然规律。所谓表面俯首顺从，就是尊重卫国君主，抱拳长跪，行人臣之礼，大家都是这样做的，我怎么敢不这样做呢？行大家都遵从的礼节，别人就找不出毛病了，这就是人们常说的尊重人。所谓将自己的想法与上古圣贤类比，就是以上古圣贤为师，他们的言论虽然教条，但可以借来影射现实；这是古代已有的老套路，不是我今天才有的新发明。我采用这样的策略后，虽然耿直也不会招致怨恨，这就是所谓的以古贤为师。我如果这样去做应该可以了吧？”

孔子听完后说：“不，不可以！卫国有太多的治国办法没有成文，虽然固陋也无法治罪。但是，只能这样了，没有办法可以改变他！你不能根据客观实际改变自己的想法，好像是个唯心主义者。”

颜回说：“我无话可说了，请教好办法。”孔子说：“你先斋戒清静，我给你说！你有心去做这些事，这是容易的事吗，如果说这事容易，苍天也会说不对。”颜回说：“我的家里穷，有几个月不吃肉喝酒了，这样可以称为清静斋戒吗？”孔子说：“你讲的是祭祀中的斋戒，而不是心中的斋戒。”颜回说：“请问什么是心斋。”孔子说：“你听话要专心致志，不仅是用耳听而是用心对比分析，不仅是用心比照而是凝神聚气地领悟！耳朵接受信息止步于声音，心神接受信息止步于与有形的事物相符。这里说的气，是相对有形之物而言的无形之虚。抽象之道集中表现了无形之虚。无形之虚实为抽象之道，悟道的过程就是我说的心斋。”

颜回说：“当我没有理解心斋意义之前，我是对其有成见的颜回。当我理解了心斋意义之后，我似乎就不是原来的颜回了。这可以说是进入了集虚为道的境界了吗？”孔夫子说：“你解答得非常透彻。我再告诉你！你如果能进入卫君议事圈子而无求于功名，他听得进意见就说，否则就不说。不要另立门户标新立异，但要守住自己的底线并依托于不能不服的卫君，这样才差不多呢。孤立地说在地上不留痕迹容易做到，但行走要离开地面就困难了，所以辩证地说行走不留痕迹是不可能的。让人的贪欲驱使容易伪装，让自然规律驱使就难以伪装了。知道有翅膀能够飞的东西，不知道没有翅膀也能飞的东西；知道有智力而认识事物的人，不知道无智力也能够认识事物的人。从那城门看过去，室内一片空白，让人感到放心。虚室生白之道同样适用于人心交往，这是人们常说的坐下来想一想就能够明白的经验。让别人通过耳目看到你一片纯净的内心世界，鬼神都将放心前来安营扎寨，何况是凡夫俗子呢！这样的万物自然变化之道，成为夏禹、虞舜等圣贤心系天下的纽带，也成为伏羲、几蘧等先王始终遵循的规律，何况普通人呢！”

【要点二】庄子借孔子之口，从认识论的角度进一步批评了颜回的主观主义错误，并开导颜回先要掌握一切从客观实际出发，而不是从主观愿望出发的认识论，再运用认识论工具，认识和掌握唯物辩证法则，并根据辩证法则正确处理颜回的主观愿望与卫国的客观实际之间的对立统一关系。

庄子认为卫君素质不行：“夫以阳为充孔扬，采色不定，常人之所不违，因案人之所感，以求容与其心，名之曰日渐之德不成，而况大德乎！”庄子还认为卫国原工作基础不好：“大多政法而不谍，虽固亦无罪。虽然，止是耳矣，夫胡可以及化！”庄子继而认为，如果不顾这些实际情况，就必然犯下主观主义错误：“犹师心者也。”所有这些客观情况都是颜回主观上不可能解决的。

庄子还进一步指明了正确掌握辩证法则的认识路线：“若一志，无听之以耳而听之以心，无听之以心而听之以气！听止于耳，心止于符，气也者，虚而待物者也。唯道集虚。虚者，心斋也。”也就是说，听话要专心致志，不仅是用耳听而是用心对比分析，不仅是用心比照而是凝神聚气地领悟！耳朵接受信息止步于声音，心神接受信息止步于与有形的事物相符。这里说的气，是相对有形之物而言的无形之物（虚）。抽象之道集中表现了无形之虚（气）。无形之虚实为抽象之道，悟道的过程就是我说的心斋。心斋是庄子认识论的程序性解释。《齐物论》是庄子认识论的实质性解释。

【原文三】叶公子高将使于齐，问于仲尼曰：“王使诸梁也甚重，齐之待使者，盖将甚敬而不急，匹夫犹未可动，而况诸侯乎！吾甚慄之。子常语诸梁也，曰：‘凡事若小若大，寡不道以懽成。事若不成，则必有人道之患；事若成，则必有阴阳之患。若成若不成而后无患者，唯有德者能之。’吾食也执粗而不臧，爨无欲清之人。今吾朝受命而夕饮冰，我其内热与！吾未至乎事之情，而既有阴阳之患矣；事若不成，必有人道之患。是两也，为人臣者不足以任之，子其有以语我来！”

仲尼曰：“天下有大戒二：其一，命也；其一，义也。子之爱亲，命也，不可解于心；臣之事君，义也，无适而非君也，无所逃于天地之间。是之谓大戒。是以夫事其亲者，不择地而安之，孝之至也；夫事其君者，不择事而安之，忠之盛也；自事其心者，哀乐不易施乎前，知其不可奈何而安之若命，德之至也。为人臣子者，固有所不得已。行事之情而忘其身，何暇至于悦生而恶死！夫子其行可矣！

丘请复以所闻：凡交近则必相靡以信，远则必忠之以言，言必或传之。夫传两喜两怒之言，天下之难者也。夫两喜必多溢美之言，两怒必多溢恶之言。凡溢之类妄，妄则其信之也莫，莫则传言者殃。故法言曰：‘传其常情，无传其溢言，则几乎全’。且以巧斗力者，始乎阳，常卒乎阴，泰至则多奇巧；以礼饮酒者，始乎治，常卒乎乱，泰至则多奇乐。凡事亦然：始乎谅，常卒乎鄙，其作始也简，其将毕也必巨。

夫言者，风波也；行者，实丧也。夫风波易以动，实丧易以危。故忿设无由，巧言偏辞。兽死不择音，气息茀然，于是并生心厉。剋核太至，则必有不肖之心应之，而不知其然也。苟为不知其然也，孰知其所终！故法言曰：‘无迁令，无劝成，过度益也’。迁令劝成殆事，美成在久，恶成不及改，可不慎与！且夫乘物以游心，托不得已以养中，至矣。何作为报也！莫若为致命，此其难者！”

【译解三】叶公子高将要出使齐国，向孔子请教说：“楚王派我出使齐国，责任重大，齐国人对待使者，总是装作很恭敬但实际上办事拖拉，普通老百姓尚且难以说动，何况是诸侯王呢！我担忧难以完成任务。您常对我说：‘凡事不论大小，少有不讲究方法而取得令人满意结果的。事情办不成，必然有辜负为人之道的后患；事情办成了，必然有导致身体阴阳失调的后患。不论成功与否，都没有忧患，只有敢于担当的厚德之人能够做到。’我本来是个吃粗粮而不贪美食，炊事无所欲求而喜欢清淡的人。我今天早朝时接受了任务到了傍晚就想喝冰水，这都是内火攻心导致的呀！我还没有到事情紧急的时候，就有了身体阴阳失调的损害。如果任务完不成，还必然受到楚王的依法追责。这是双重的忧患，作为楚王的臣下，我的能力不足以担负这样的重任，您肯定有好主意，请快点告诉我吧！”

孔子说：“天下所有人都必须遵循两条基本法则，一是自然生成的命，即自然意识，一是社会教化的义即社会意识。做子女的孝敬父母，这是先天生成的自然属性和天生意识，无法从心理上解释；做臣下的事奉君上，这是后天教化成的社会属性和社会意识，逃离不了天地之间也就没有办法不服从君主。这就叫做人的基本法则。所以孝敬双亲的子女，在任何地方都能让父母安适，孝心就尽到了极致；事奉君上的臣下，处理任何事情都让君主安心，忠义就尽到了极致；注重修身养性的人，心中的喜怒哀乐不要在人前轻易表露出来，知道事情难办但不忘自然和社会赋予自身的使命，德性修养就达到了最高境界。作为君主的臣子，在履行职责时肯定有不得已而为之的情况。为国尽忠必须奋不顾身，哪里有闲暇考虑个人生死！有了这样的思想境界，你的行为就可以了。

我孔丘还想把知道的道理告诉你：凡是与近邻的邦国交往必须以实际行动取信于人，与远方的邦国交往必须是忠实的诺言，忠实的诺言还必须传达到对方那里。要准确传达双方喜悦和愤怒的言论，是天下最难的事。双方喜悦时必然把好听的话说过头了，双方愤怒时又必然把难听的话说过了头。凡是说过头了的话必然虚假，假话不可信，传假话的人必然遭殃。所以有成语说：'传客观实话，不传主观假话，就差不多可以保全自己了。'况且以智巧相斗的人，开始来明的，随后来阴的，最后诡计百出。按规矩饮酒的人，开始以礼相待，后来逐步乱套，最后洋相百出。事情总是这样：开始能互相谅解，后头就互相鄙夷；开始也单纯，后面十分复杂。

"如果传递不实之言，必然引起纠纷；在行动上，必然丧失诚信。引发纠纷容易产生激动，丧失诚信容易产生诡辩。所以愤怒情绪的产生不需要其他理由，完全是不实之词造成的。野兽临死之前会发出本能的吼叫，情绪异常愤怒，并产生反扑之心。如果欺人太甚，肯定会引起他人出的不肖念头，具体是什么念头难以预料。既然难料不肖念头，岂能知道最终结果！所以有成语说：不要擅自改动邦交辞令，也不要勉强促成邦交目标，违反了客观适度原则就会节外生枝。'迁令劝成反而坏事，问题得到完美解决需要长久的过程，一旦造成恶果便没有机会改正，不可不慎重！况且要根据客观事物实际发挥主观能动作用，如果客观实际不符合主观愿望必须坚守适度原则，这是最重要的唯物辩证法。何必考虑君主的报赏，不如舍命为国，这是最难得的道德境界。"

【要点三】庄子假借孔子之口，对叶公子高使齐的担忧进行了劝解，表达了庄子一些重要的哲学思想。

一是关于人性的哲学思想。庄子认为，"天下有大戒二：其一，命也；其一，义也。子之爱亲，命也，不可解于心；臣之事君，义也，无适而非君也，无所逃于天地之间。”也就是说，天下所有人的行为都必须遵守自然之命和社会之义两条基本法则。子女孝敬父母是先天生成的命或自然意识，无法从心理上解释；臣下忠诚君上，是后天教化的“义”和社会意识，逃离不了天地之间也就没有办法不服从君主。由此可见，社会人具有自然意识和社会意识双重属性，这与马克思主义的人性观点相当接近，只是庄子对人的社会意识产生的社会存在还没有进行唯物主义分析。

二是关于德的哲学思想。庄子认为，“夫事其亲者，不择地而安之，孝之至也；夫事其君者，不择事而安之，忠之盛也；自事其心者，哀乐不易施乎前，知其不可奈何而安之若命，德之至也。”也就是说，对父母至孝，对君上盛忠，两者都是有德的表现。此外，明知山有虎偏向虎山行的使命担当意识是修身以德的最高境界。可见德是完善人性的要求。

三是关于道的哲学思想。庄子认为，“且夫乘物以游心，托不得已以养中，至矣。”也就是说，要根据客观事物实际发挥主观能动作用，如果客观实际不符合主观愿望必须坚守客观适度的原则，这是最重要的唯物辩证法和辩证唯物论。这实际上反映了庄子的齐物认识论思想，一切坚持从实际出发，而不是从主观愿望出发，属于道、认识论或思想路线的范畴。

【原文四】颜阖将傅卫灵公大子，而问于蘧伯玉曰：“有人于此，其德天杀。与之为无方，则危吾国；与之为有方，则危吾身。其知适足以知人之过，而不知其所以过。若然者，吾奈之何？”

蘧伯玉曰：“善哉问乎！戒之慎之，正女身也哉！形莫若就，心莫若和。虽然，之二者有患。就不欲入，和不欲出。形就而入，且为颠为灭，为崩为蹶。心和而出，且为声为名，为妖为孽。彼且为婴儿，亦与之为婴儿；彼且为无町畦，亦与之为无町畦；彼且为无崖，亦与之为无崖。达之，入于无疵。

汝不知夫螳螂乎？怒其臂以当车辙，不知其不胜任也，是其才之美者也。戒之，慎之！积伐而美者以犯之，几矣。汝不知夫养虎者乎？不敢以生物与之，为其杀之之怒也；不敢以全物与之，为其决之之怒也。时其饥饱，达其怒心。虎之与人异类而媚养己者，顺也；故其杀者，逆也。夫爱马者，以筐盛矢，以蜄盛溺。适有蚊虻仆缘，而拊之不时，则缺衔毁首碎胸。意有所至而爱有所亡，可不慎邪！”

【译解四】鲁国有位贤者叫颜阖，将去给卫灵公的长子当师傅，便向卫国贤大夫蘧伯玉讨教说："有这样一个人，他天生的嗜杀成性。与他相处，如果不讲规矩，就会危害自己的国家；与他相处，如果讲规矩，就会危害自身的安全。他的智慧刚好足够知道别人的过失，但却不知道别人为什么产生过失。如果面对这样的人，我该怎么办呢?"

蘧伯玉回答说："问得好啊！要警觉和谨慎，你自身言行要正直，表面不如亲近、依顺他一点，内心不如顺势疏导他一点。即便如此，这两种方法也还是存在忧患。亲近依顺他不能太亲近，顺势疏导他不能太明显。如果太亲近，就会招致他胡说八道，丧失正气。如果顺势疏导太明显，他就会为了自己的颜面，像妖孽一样胡作非为。他如果像婴儿一样天真，你也装作像婴儿一样天真；他如果跟你不分彼此，你也就跟他不分彼此；他如果说得漫无边际，你也就漫无边际地应付。如果你与他消除了隔阂，跟他亲近就不会出毛病了。"

"你不知道那螳螂吗？当它奋起臂膀去阻挡车轮时，它不知道自己并不胜任，反而认为很健美。警觉呀，谨慎呀！长期自以为是地显摆将会触犯他的自尊，那离危险就不远了。你不知道那养老虎的人吗？不敢将活物投给它，因为老虎杀生的时候会激发其本性；不敢以整个食物投给它，因为老虎撕咬食物也会激发其本性。掌握老虎饥饱的时机，了解它残暴的本性。老虎与人不同类却讨好饲养自己的人，就是因为养虎人能顺应老虎的本性，而那些遭到老虎伤害的人，是因为触犯了老虎的本性。那爱马的人，用竹筐装马粪，用蛤壳接马尿。恰巧有蚊虻叮在马身上，爱马之人出于爱马随手拍打，没想到马儿受惊便咬断勒口、挣断辔头、弄坏胸络。意在爱马却失其所爱，不可不谨慎呀!"

【要点四】庄子认为，人们要做好某件事，从认识论角度看应该注意三个方面。首先，要估计一下自己的主观能力和事物的客观难度是否相当，不能像螳螂奋臂挡车一样不自量力："怒其臂以当车辙，不知其不胜任也。"其次，必须正确认识和遵循客观规律，要像经验丰富的养虎人一样，让吃人的老虎顺从甚至讨好自己："虎之与人异类而媚养己者，顺也；故其杀者，逆也。"最后，要选择好适当的行动时机，不能像爱马的人一样事与愿违："适有蚊虻仆缘，而拊之不时，则缺衔毁首碎胸。"

【原文五】匠石之齐，至于曲辕，见栎社树。其大蔽数千牛，絜之百围，其高临山，十仞而后有枝，其可以为舟者旁十数。观者如市，匠石不顾，遂行不辍。弟子厌观之，走及匠石，曰：“自吾执斧斤以随夫子，未尝见材如此其美也。先生不肯视，行不辍，何邪？”曰：“已矣，勿言之矣！散木也，以为舟则沉，以为棺椁则速腐，以为器则速毁，以为门户则液樠，以为柱则蠹。是不材之木也，无所可用，故能若是之寿。”

匠石归，栎社见梦曰：“女将恶乎比予哉？若将比予于文木邪？夫楂梨橘柚果蓏之属，实熟则剥，剥则辱；大枝折，小枝泄。此以其能苦其生者也，故不终其天年而中道夭，自掊击于世俗者也。物莫不若是。且予求无所可用久矣，几死，乃今得之，为予大用。使予也而有用，且得有此大也邪？且也，若与予也皆物也，奈何哉其相物也？而几死之散人，又恶知散木！”

匠石觉而诊其梦。弟子曰：“趣取无用，则为社何邪？”曰：“密！若无言！彼亦直寄焉，以为不知己者诟厉也。不为社者，且几有翦乎！且也，彼其所保与众异，而以义喻之，不亦远乎！”

【译解五】有个叫石的木匠去齐国，到了一个叫曲辕的地方，遇见了人们将其奉为土神的栎社树。这株栎社树的树冠很大，可遮蔽数千头牛，用手去量有近百围，它高达山巅，几十丈高处才分开枝丫，用它可以造十几艘木船。前来拜见栎社树的人像赶集市一样多，但石木匠并不回头流连，而是不停地赶路。他的徒弟观赏完后，赶上师傅说：“我从拿起刀斧跟随师傅，还不曾见过这样好的木材。可是师傅却不愿多看一眼，不停地往前走，为什么呢？”石木匠说：“算了，不夸它了！这是株不成材的树木，用它做船容易沉没，用它做棺材容易腐朽，用它做器皿容易毁坏，用它做门窗容易流脂变形，用它做柱子容易被虫蛀蚀。这是株不能出用材的树，没有处所可用，所以它方能如此高寿。”

石木匠回家后，栎树土地神在梦里对他说：“你将用什么树木与我比较呢？可以将有用的树木与我比较吗？那楂梨橘柚，瓜果之类，果实成熟后就被打落，枝叶遭到摧残；大枝折断，小枝拽落。这些树木因为能结果实而一生受苦，所以不能终享天年而半途夭折，自修成才反而招来了世俗的打击。事物规律没有不是如此的。并且我寻求没有什么可用的才能而免受砍伐很久了，现在接近老死了，至今得以保全寿年，这成为我最大的可以借用的经验体会。假使我果真有可资效用的经验体会，还有比这个更重要的吗？而且你与我都是一般的客观之物，如何能够逃脱客观事物的规律呢？你不过是接近死亡的无用之人，又怎么会懂得无用之树呢。”

石木匠醒后把自己做的梦告诉了徒弟。徒弟说：“它的兴趣既然是求取无用，为何又要把自己作为土地神供人祭祀呢？”石木匠说：“闭嘴！你别说了！它只不过被人们认为是一株值得寄托想法的树罢了，反而招致了不知实情者的辱骂和伤害。如果它拒绝做土地神树的话，早就被砍伐了！况且它保全自己的办法是与众不同的顺其自然，而用人情常理来解释它，不是与实际情况相去太远了吗？”

【要点五】庄子认为，对同样的一蔸栎社树，站在不同的立场上具有不同的意义。木匠学徒认为栎社树材料不错，木匠师傅认为它的材料不好但可以顺势作为土地神树供人们祭祀，栎社树认为无所作为顺其自然是自己最有意义的成功。所以，有用与无用是相对的，不是绝对的。在功名实利横行的社会里，相对的有用往往是被人们利用和打击的对象。

【原文六】南伯子綦游乎商之丘，见大木焉，有异，结驷千乘，隐将芘其所藾。子綦曰：“此何木也哉？此必有异材夫！”仰而视其细枝，则拳曲而不可以为栋梁；俯而视其大根，则轴解而不可以为棺椁；咶其叶，则口烂而为伤；嗅之，则使人狂酲三日而不已。子綦曰：“此果不材之木也，以至于此其大也。嗟夫，神人以此不材！”宋有荆氏者，宜楸柏桑。其拱把而上者，求狙猴之杙者斩之；三围四围，求高名之丽者斩之；七围八围，贵人富商之家求椫傍者斩之。故未终其天年，而中道之夭于斧斤，此材之患也。故解之以牛之白颡者，与豚之亢鼻者，与人有痔病者，不可以适河。此皆巫祝以知矣，所以为不祥也。此乃神人之所以为大祥也。

【译解六】南伯子綦在商丘游乐，看见一棵大树有异象，约有千辆驷驾马车，在树荫下歇息。子綦说：这是什么树木？这株大树肯定有与众不同的作用呢。接着他抬头看见树的细枝卷曲做不了栋梁，低头看见树的主杆开裂做不了棺椁；舔它的叶子必然口烂受伤；闻它的气味必然如酒深醉，三天都醒不过来。子綦说，这果然是无用的树，以至于长到这么大。感叹道高的神人，正好比拟这种无用的树木。宋国有个叫荆氏的地方，适宜种植楸树、柏树和桑树。当这些树长到合手一围以上大小的时候，就被人砍去做套猴子的木桩了；当长到三围四围的时候，就被人砍去做建造高楼明堂的好材料了；当长到七围八围的时候，就被高官巨富人家砍去做独木棺材了。树木之所以未能达到它的自然寿命，而半途夭折于刀斧之下，就因为它是有用之材带来的祸患。因此可以解释在祈祷神灵时，为何不能用白额牛和仰鼻猪，以及有痔疮的人作祭品投河。这些规矩巫师是知道的，都认为是不吉祥的。不过这正是得道神人认为最吉祥的。

【要点六】庄子认为，树因不材而成其大，人因有疾而成其祥，吉祥与不吉祥是对立统一关系，即对立的双方在一定条件下是可以互相转化的，这就是神人之道，即哲学家的辩证法则。“故解之以牛之白颡者，与豚之亢鼻者，与人有痔病者，不可以适河。此皆巫祝以知矣，所以为不祥也。此乃神人之所以为大祥也。”

【原文七】支离疏者，颐隐于脐，肩高于顶，会撮指天，五管在上，两髀为胁。挫针治繲，足以糊口；鼓筴播精，足以食十人。上征武士，则支离攘臂而游于其间；上有大役，则支离以有常疾不受功；上与病者粟，则受三钟与十束薪。夫支离其形者，犹足以养其身，终其天年，又况支离其德者乎？

【译解七】有个叫支离疏的人，面部下贴到肚脐，肩部高过头顶，发髻指向天空，五官朝上翻着，两腿紧挨肋部。这样的人缝补衣服，足以养家糊口；簸糠筛米，还能够养活多人。当上级征兵时，支离氏还举手报名活跃在现场；当上级征调劳役时，支离氏以自己有残疾为由不受征用；上级给残疾人发放救济时，支离氏还可以分得三钟粮食和十捆薪柴。像支离氏这种肢体变形的人，还能够养活自身，享受正常的寿年，更何况是那些自觉改变了信念的人呢？

【要点七】庄子认为，人的有形身体的变化可以改变人生，而人的无形思想的变化对改变人生的作用更大。“夫支离其形者，犹足以养其身，终其天年，又况支离其德者乎。”

【原文八】 孔子适楚，楚狂接舆游其门曰："凤兮凤兮，何如德之衰也！来世不可待，往世不可追也。天下有道，圣人成焉；天下无道，圣人生焉。方今之时，仅免刑焉。福轻乎羽，莫之知载；祸重乎地，莫之知避。已乎已乎，临人以德！殆乎殆乎，画地而趋！迷阳迷阳，无伤吾行！吾行郤曲，无伤吾足。"山木自寇也，膏火自煎也。桂可食，故伐之；漆可用，故割之。人皆知有用之用，而莫知无用之用也。

【译解八】 孔子去了楚国，楚国狂人接舆游走到他的住所门前说："凤凰啊凤凰啊，你的信念衰变为何这么快呀！未来的世界不可期待，既往的世界不可追回呢。天下治理有序时，圣人可以取得成功；天下治理无序时，就为圣人的产生提供了机会。在今天这个时代背景下，能够做到免受刑罚就不错了。幸福轻松得像羽毛，人们也不想去承载；祸患沉重得像大地，人们也不知去躲避。算了算了，道家希望你实事求是的好话讲完了！危险呀危险呀，儒家教条主义不从实际出发！荆棘呀荆棘呀，反正伤害不到我的行动！我从实际出发曲折前行，荆棘不会伤害到我的脚板。"长在山上的树木因为自己材质好招来砍伐，放在灯台上的油膏因为自己能够燃烧招来煎熬。桂皮可以食用，所以被人砍伐；漆树流出漆胶，所以被人割取。人们都知晓有用之用的事实，而不明白无用之用的道理。

【要点八】 庄子批判了儒家"殆乎殆乎，画地而趋"的唯心主义认识论，强调了道家"吾行郤曲，无伤吾足"的唯物主义认识论。并强调了"无用之用"的辩证法则的重要性。

《人间世》内容小结

庄子认为，人类生活在天地之间，首先应当正确认识和遵循天地万物的一般客观规律，不可逆天而动，故有《齐物论》闻世；人类还生活在社会关系之中，除了正确认识和遵循天地间一般客观规律外，还应当正确认识和遵循人类社会的特殊客观规律，学会与人打交道，故有《人间世》立论。《人间世》的主要观点如下。

一、社会人兼有自然属性和社会属性

庄子在《人间世》第三节假借孔子之口，对叶公子高使齐的担忧进行了劝解，表达了自己对人性的深入思考。庄子认为，“天下有大戒二：其一，命也；其一，义也。子之爱亲，命也，不可解于心；臣之事君，义也，无适而非君也，无所逃于天地之间。”也就是说，天下所有人的行为都必须遵守自然之命和社会之义两条基本法则的约束。子女孝敬父母是先天生成的命或自然意识，无法从心理上解释；臣下忠诚君上，是后天教化的义和社会意识，逃离不了天地之间也就没有办法不服从君主。这也证明庄子或道家只反对暴君，并不反对一般意义上的君主。庄子进一步认为，“夫事其亲者，不择地而安之，孝之至也；夫事其君者，不择事而安之，忠之盛也；自事其心者，哀乐不易施乎前，知其不可奈何而安之若命，德之至也。”也就是说，对父母至孝，对君上盛忠，两者都是有德的表现。对有志之士的“明知山有虎，偏向虎山行”的担当意识，被认为是修身以德的最高境界。由此可见，庄子已经意识到社会人具有自然意识和社会意识双重属性，这与马克思主义的人性观点相当接近。当然，两者对人性的认识是存在明显差别的。庄子虽然认识到人有自然和社会双重属性，但庄子对社会意识与社会存在的关系还没有进行辩证唯物主义分析，也没有对自然属性和社会属性谁是处于主导地位的本质属性作出科学判断。

二、社会混乱的根本原因是功名和实利

庄子在《人间世》第一节，借孔子之口劝颜回不能去卫国说服暴君的原因有四条，其中有两条是揭示社会混乱和人性败坏之根本原因的。一是“德荡乎名，知出乎争。名也者，相轧也；知也者，争之器也。二者凶器，非所以尽行也。”也就是说，人们对社会的担当意识往往毁于对个人名利的争夺，在争名夺利的过程中智慧派上了用场。人们争名夺利，必然互相倾轧；智慧的作用，不过是争夺的工具。名利和智慧都是不吉利的工具，不可以尽力追求，否则就是失德行为，失德也就是损害社会之义。二是“名实者，圣人之所不能胜也，而况若乎。”也就是说，争功名夺实利，互相倾轧，这是圣人落败和社会混乱的根本原因，任何人都无法改变。遗憾的是，庄子还没有对功名和实利进行深入的分析，未能明确名利应该包括生产资料、私有制及私有

观念，这与真正揭露社会混乱的根本原因仍有距离。

三、坚持唯物论和反对唯心论并举

庄子在《人间世》第一、二节借孔子之口，从认识论角度批评了颜回的主观主义错误，并开导颜回要一切从客观实际出发，而不是从主观愿望出发的实事求是的唯物主义认识论，再运用这个唯物论工具，认识和掌握唯物辩证法则，并根据辩证法则办事，才能够把事办好。庄子认为颜回想要说服卫君，违反了唯物主义认识论或实事求是原则。首先，客观条件不具备。一是卫君素质不行："夫以阳为充孔扬，采色不定，常人之所不违，因案人之所感，以求容与其心，名之曰日渐之德不成，而况大德乎。"二是卫国工作基础不好："大多政法而不谍，虽固亦无罪。虽然，止是耳矣，夫胡可以及化!"其次，颜回主观条件不足够。一是质疑颜回自身能力不够："所存于己者未定，何暇至于暴人之所行?"二是怀疑颜回采用方法不妥："若殆以不信厚言，必死于暴人之前矣。"庄子继而认为，如果不顾这些实际情况，就必然犯下主观主义错误："犹师心者也。"

庄子在第二节开导颜回说，"若一志，无听之以耳而听之以心，无听之以心而听之以气！听止于耳，心止于符，气也者，虚而待物者也。唯道集虚。虚者，心斋也。"也就是说，听话要专心致志，不仅是用耳听而是用心对比分析，不仅是用心比照而是凝神聚气地领悟！耳朵接受信息止步于声音，心神接受信息止步于与有形的事物相符。这里说的气，是相对有形之物而言的无形之物（虚）。抽象之道集中表现了无形之虚（气）。无形之虚实为抽象之道，悟道的过程就是我说的思维过程。相对而言，心斋是庄子认识论的程序形式的解释，《齐物论》是庄子认识论的实质内容的解释。

庄子在第四节借用蘧伯玉之口，进一步完善了自己的唯物认识论观点。庄子认为，人们要做好某件事，应该注意三个方面。首先，要估计一下自己的能力和事物的难度是否相当，不能像螳螂奋臂挡车一样不自量力："怒其臂以当车辙，不知其不胜任也。"其次，必须正确认识和遵循客观规律，要像经验丰富的养虎人一样，让吃人的老虎顺从甚至讨好自己："虎之与人异类而媚养己者，顺也；故其杀者，逆也。"最后，要掌握好适当的时机和分寸，不能像爱马的人一样事与愿违："适有蚊虻仆缘，而拊之不时，则缺衔毁首碎胸。"

庄子在第八节借楚国狂人接舆的口风，批判了儒家"画地而趋"的唯心主义论，强调了道家“吾行郤曲，无伤吾足”的唯物主义认识论。

四、坚持唯物认识论和唯物辩证法相结合

庄子在《人间世》第三节假借孔子之口，对叶公子高使齐的担忧进行了劝解，除了表达自己对人性的深入思考外，还强调了唯物论和辩证法思想：“且夫乘物以游心，托不得已以养中，至矣。”也就是说，要根据客观事物实际而发挥主观能动作用，如果在主观愿望不符合客观实际的情况下，必须坚守客观适度的辩证原则，这是最重要的哲学方法。

庄子在《人间世》第五节围绕栎树神，表达了不同对象利益决定了不同对象意识的唯物论观点，并论述了事物有用与无用的辩证关系。庄子认为，栎树“是不材之木也，无所可用，故能若是之寿。”其他有用树木则是“此以其能苦其生者也，故不终其天年而中道夭，自掊击于世俗者也。物莫不若是。”也就是说，特殊的栎树因其无所可用，而能成其高寿，从而实现了从无用到有用的转化；一般的树木因其有能力而劳苦一生，自学成才反遭世俗打击，事物的规律莫不如此，从而实现了有用到无用的转化。

庄子《人间世》第六节认为，树因不材而成其大，人因有疾而成其祥，吉祥与不吉祥是对立统一关系，即对立的双方在一定条件下是可以互相转化的，这就是神人之道，即哲学家的辩证法则。“故解之以牛之白颡者，与豚之亢鼻者，与人有痔病者，不可以适河。此皆巫祝以知矣，所以为不祥也。此乃神人之所以为大祥也。”

庄子在《人间世》第七节认为，从“无用到大用”的转变有两种情况，一种是因为客观上肢体变形被动实现的，一种是因为主观上信念转变主动实现的，道家倡导的就是这后一种情况。“夫支离其形者，犹足以养其身，终其天年，又况支离其德者乎。”

内篇·德充符

【原文一】鲁有兀者王骀，从之游者与仲尼相若。常季问于仲尼曰：“王骀，兀者也。从之游者与夫子中分鲁。立不教，坐不议；虚而往，实而归。固有不言之教，无形而心成者邪？是何人也？”仲尼曰：“夫子，圣人也，丘

也直后而未往耳。丘将以为师，而况不若丘者乎！奚假鲁国！丘将引天下而与从之。”

常季曰：“彼兀者也，而王先生，其与庸亦远矣。若然者，其用心也独若之何？”仲尼曰：“死生亦大矣，而不得与之变，虽天地覆坠，亦将不与之遗。审乎无假而不与物迁，命物之化而守其宗也。”常季曰：“何谓也？”仲尼曰：“自其异者视之，肝胆楚越也；自其同者视之，万物皆一也。夫若然者，且不知耳目之所宜，而游心乎德之和；物视其所一而不见其所丧，视丧其足犹遗土也。”

常季曰：“彼为己以其知，得其心以其心。得其常心，物何为最之哉？”仲尼曰：“人莫鉴于流水而鉴于止水，唯止能止众止。受命于地，唯松柏独也在，冬夏青青；受命于天，唯舜独也正，幸能正生，以正众生。夫保始之征，不惧之实；勇士一人，雄入于九军。将求名而能自要者，而犹若是，而况官天地，府万物，直寓六骸，象耳目，一知之所知，而心未尝死者乎！彼且择日而登假，人则从是也。彼且何肯以物为事乎！”

【译解一】鲁国有个受断足之刑的人叫王骀，跟随他游学的人数与孔子相当。常季当面问孔子说：“王骀这个人，是受过断足之刑的。现在鲁国跟随他游学的人与跟随夫子您游学的人平分秋色。他站着不讲课，坐下不议政；跟随学习的人都虚心而来，满载而归。难道真的有不讲话就能授课、虽无健全的形体而有健全思想的人吗？他究竟是个什么人呢？”孔子说：“这个王骀老夫子，是个真正的圣人，我一直想去向他学习而未能成行。我孔丘都想拜他为师，何况那些不如我的人哩！何止是鲁国的人，我将引领天下的学子跟随他学习。”

常季说：“王骀是个断足人，而他却超过了先生，他与平庸的人相比差距也就更大了。如果真是这样的人，他采用的办法到底有何独特之处呢？”孔子说：“生死都是大事，这些都不能改变他，虽然天地翻覆，也不会影响到他。发现自己的唯物辩证法则没有瑕疵就不接受外界的干扰，任凭外界千变万化也要坚守自己的唯物辩证法则。”常季问道：“您说的唯物辩证法则是什么意思？”孔子说：“从事物之间的差异或对立性来看，肝胆虽然共处在同一体中却像楚越两国一样相差很远；从事物之间的联系或统一性看来，千差万别的事物又都是统一的整体。懂得这个既对立又统一道理的人，他是不在乎耳朵和眼睛的感觉是否适宜的，只在乎自己在认识对立统一规律过程中的精神享受；看事物只要看重了事物的统一性就会忽略事物的差异性，忽略了事物的差异性也就会忽略断足问题的严重性，把失去一双脚看成失去两块土那样轻松。”

常季说：“他用辩证智慧为自己的断足处境表示了理解，使冲突的内心世界被辩证思想抚平。他自己恢复到了正常的精神状态，作为形体之物的脚板有何理由看得最重要呢？”孔子说：“人们不把流水当镜鉴而把止水当镜鉴，只有静止的东西才能够把各种客观事物准确地反映出来。生长在土地上的树木，只有松柏具有独特个性，不管盛夏隆冬独自青青；生活在天下的人们，只有舜帝一人自然性征和社会性征完整，所幸还有这样一位性格完整的圣人，可以帮助人们恢复健全的人性。保持了最为原始的性征，就具备了无所畏惧的实质；即使只有勇士一人，也敢于杀入千军万马。为了追求勇敢名声而能要约自我的人，尚且如此，何况那主宰天下、胸怀万物、认形体不过是思想寓所、视耳目不过是认识工具、掌握了认识方法就相当于掌握了打开知识大门的钥匙、认为生命虽然死了而认识方法却不会死的人呢！如果他选择哪一日登天去了，他的唯物认识论却留在了人间受到尊崇。他是研究哲学方法的，哪里还肯把研究具体事物当成自己的工作呢！”

【要点一】庄子在本节阐述了六个基本哲学观点。一是各种事物之间既有差异或对立性，也有同一或统一性。“自其异者视之，肝胆楚越也；自其同者视之，万物皆一也。”庄子认识论对道的解释与唯物认识论对辩证法的表述一致，即事物之间和事物内部既对立又统一的矛盾关系是唯物辩证法的核心，也是庄子认识论、认识方法或认识路线的终极目标。二是人对客观事物的认识，是这个人在心气平静的状态下对客观事物的反映。“人莫鉴于流水而鉴于止水，唯止能止众止。”庄子认识论的这一观点与辩证唯物论的反映论极为神似。三是正常人都有正确反映客观事物的能力，只是每个人的反映能力大小有所不同，这是认识主体的认识能力存在着普遍性与特殊性的对立统一关系。“受命于地，唯松柏独也在，冬夏青青；受命于天，唯舜独也正，幸能正生，以正众生。”庄子认识论的这一观点与辩证唯物论的辩证性相一致。四是事物之间的对立统一关系是客观存在的不可偏废的，但人们的主观能动作用却可以看重某一方面而忽略另一方面，如王骀看重了人体的统一性，而忽略了人体局部的差异性，达到心理上的平衡和解脱。“物视其所一而不见其所丧，视丧其足犹遗土也。”这揭示了庄子认识论的辩证性。五是唯物的反映的辩证的庄子认识论，是一把打开各种知识之门的钥匙，这把钥匙能够独立存在，不会因为发明者死亡而消失。“而况官天地，府万物，直寓六骸，象耳目，一知之所知，而心未尝死者乎！”庄子认识论的这一观点也与辩证唯物论的辩证性相一致。六是人们一旦对抽象的哲学原理产生兴趣后，就会降低对具体事物的研究兴趣。“彼且择日而登假，人则从是也。彼且何肯以物为事乎！”这是客观存在的事实，辩证唯物论不会否认。总之，本节集中表述了庄子认识论的唯物性、反映性和辩证性等基本特征，还说明了庄子认识论的功能性、目标性等特征。庄子认识论同唯物辩证法比较，仅在实践性上有些差距。

【原文二】申徒嘉，兀者也，而与郑子产同师于伯昏无人。子产谓申徒嘉曰：“我先出则子止，子先出则我止。”其明日，又与合堂同席而坐。子产谓申徒嘉曰：“我先出则子止，子先出则我止。今我将出，子可以止乎，其未邪？且子见执政而不违，子齐执政乎？”申徒嘉曰：“先生之门，固有执政焉如此哉？子而说子之执政而后人者也？闻之曰：‘鉴明则尘垢不止，止则不明也。久与贤人处则无过。’今子之所取大者，先生也，而犹出言若是，不亦过乎？”子产曰：“子即若是矣，犹与尧争善，计子之德不足以自反邪？”申徒嘉曰：“自状其过以不当亡者众，不状其过以不当存者寡。知不可奈何而安之若命，唯有德者能之。游于羿之彀中，中央者，中地也，然而不中者，命也。人以其全足笑吾不全足者多矣，我怫然而怒；而适先生之所，则废然而反。不知先生之洗我以善邪？吾与夫子游十九年，而未尝知吾兀者也。今子与我游于形骸之内，而子索我于形骸之外，不亦过乎？”子产蹴然改容更貌曰：“子无乃称！”

【译解二】申徒嘉受过砍足刑罚，他与郑国大臣子产同时在伯昏无人门下学习。子产对申徒嘉说：“如果我先走你就等一下再走，你先走我就等一下再走。”他们两个人第二天，又坐到了一起。子产不客气地对申徒嘉说：“我先走你就等一下再走，你先走我就等一下再走。我今天准备先走，你是可以等一下再走，还是不想等一下再走呢？如果你见了我这个执政大臣也不回避，你认为自己可以与执政大臣平等吗？”申徒嘉不动声色地说：“在师傅这里，哪里会有你说的这种执政大臣呢？你总是津津乐道你的执政大臣身份，是想把他人看低一等吗？我听到有人说过：‘镜子明亮是因为尘土不落在上面，如果尘土落在上面，镜子就不明亮了。与贤明的人相处久了就没有过失。’你今天之所以取得很大进步，都是跟师傅分不开的，而你却说出这样的话来，难道不是你的过错吗？”子产拿人家痛处反唇相讥：“你已经是个断足的人了，还想与尧帝比高低，掂量一下你的德行还不足以自我反省吗？”中徒嘉说：“想要自我辩解过失认为不应当断足的人很多，不想自我辩解过失认为不应当保全双足的人很少。知道对客观存在无可奈何而安然接受命运降临，只有道高德厚的人才能够做到。好比在后羿射箭范围内，如果你待在靶心，被射中的机会很高，即使没有被射中，那也只能证明运气好。双足健全的笑我不健全的人很多啊，我心里生过怒气，而来到师傅这里后，怒气已经消失并恢复了正常状态。你不知道是师傅用善道厚德帮我洗清的吗？我跟师傅游学有十九年了，他从来没有认为我是残疾人。今天你和我原本是进行思想交锋的，然而你却扯到形体话题上，这难道不是你偷换概念、胡搅蛮缠的错误吗？”子产凑近换成笑脸说：“你不用继续说了！”

【要点二】庄子虚拟申徒嘉与子产的对话，首先，包含了两个基本哲学观点。一是社会存在决定社会意识。子产和申徒嘉的社会地位不同决定了两人的价值观不同。子产说：“且子见执政而不违，子齐执政乎？”也就是说，你看到了执政大臣也不回避，难道你想与执政大臣平等吗？认为自己高于申徒嘉一等；而申徒嘉则说：“先生之门，固有执政焉如此哉？”也就是说，在师傅的门下求学，哪有你说的执政大臣？不认可执政大臣高人一等。二是尊重客观实际，不乱作为，是有德的表现。申徒嘉说：“知不可奈何而安之若命，唯有德者能之。”

其次，申徒嘉在辩论中还指出了子产的两个错误。一是违背公理错误。“闻之曰：‘鉴明则尘垢不止，止则不明也。久与贤人处则无过。’今子之所取大者，先生也，而犹出言若是，不亦过乎？”二是偷换概念错误。“今子与我游于形骸之内，而子索我于形骸之外，不亦过乎？”子产始终没有承认自己价值观错误，只是默认了方法错误。

【原文三】鲁有兀者叔山无趾，踵见仲尼。仲尼曰：“子不谨，前既犯患若是矣。虽今来，何及矣！”无趾曰：“吾唯不知务而轻用吾身，吾是以亡足。今吾来也，犹有尊足者存，吾是以务全之也。夫天无不覆，地无不载，吾以夫子为天地，安知夫子之犹若是也！”孔子曰：“丘则陋矣。夫子胡不入乎，请讲以所闻！”无趾出。孔子曰：“弟子勉之！夫无趾，兀者也，犹务学以复补前行之恶，而况全德之人乎！”无趾语老聃曰：“孔丘之于至人，其未邪？彼何宾宾以学子为？彼且蕲以諔诡幻怪之名闻，不知至人之以是为己桎梏邪？”老聃曰：“胡不直使彼以死生为一条，以可不可为一贯者，解其桎梏，其可乎？”无趾曰：“天刑之，安可解！”

【译解三】鲁国有个被断足的人叫叔山无趾，用脚后跟走去面见孔子。孔子对他说：“你不谨慎，前面已经犯错造成了这样的后果，虽然今天你到我这里来了，可是我给你挽救不回来了！”叔山无趾说：“我就是不识世务而轻率地以身试法，自己造成了这样的断足后果。今天我来了，因为我还有比足更重要的东西存在，我来的目的是想保全这些更重要的东西。那个天是无所不覆盖的，地是无所不承载的，我原以为您是这样的天地，哪里知道老先生竟是这样的人！”孔子说：“我孔丘就是这样浅陋的人。先生你怎么不进门，请你讲讲有关的道理。”叔山无趾走了。孔子说：“同学们都应该接受教训！那个叔山无趾，是个受过断足之刑的人，他还想通过求学再补救以前犯过的错误，何况大家都是身心健全的人呢！”叔山无趾又去对老子说：“孔丘相对于至人，还有差距吧？他为何彬彬有礼地学习您的思想言行？他并且还祈求用各种诡异手段博得名声，不知道至人是否也用这样的手段为自己戴上名声枷锁？”老子说：“为何不直接告诉他将生和死视为对立统一、把可以和不可以也视为对立统一这样的道理，帮他解开身上的追求功名的枷锁，他可以解脱吗？”叔山无趾说：“只有老天下令，或许可以解脱。”

【要点三】本章论述了两个重要的哲学观点。

一、庄子认为，有形的人体与无形的思想构成另一对哲学范畴。同时，有形的人体是全部，而足则是局部，全局与局部构成一对矛盾关系，全局比局部更重要。“吾唯不知务而轻用吾身，吾是以亡足。今吾来也，犹有尊足者存，吾是以务全之也。”

二、庄子认为，生与死、是与非、可以与不可以等等，都是表面上对立而实质上统一的，弄明白了这个道理，就可以解脱人们的名利桎梏。“胡不直使彼以死生为一条，以可不可为一贯者，解其桎梏，其可乎?”庄子看到事物的差别或对立的另一面是事物的同一或统一，这是符合辩证法则的，但庄子在强调事物的统一性时忽略了事物的对立性又是违反辩证法则的。

【原文四】鲁哀公问于仲尼曰：“卫有恶人焉，曰哀骀它。丈夫与之处者，思而不能去也。妇人见之，请于父母曰‘与为人妻，宁为夫子妾’者，十数而未止也。未尝有闻其唱者也，常和人而已矣。无君人之位以济乎人之死，无聚禄以望人之腹。又以恶骇天下，和而不唱，知不出乎四域，且而雌雄合乎前，是必有异乎人者也。寡人召而观之，果以恶骇天下。与寡人处，不至以月数，而寡人有意乎其为人也；不至乎期年，而寡人信之。国无宰，寡人传国焉。闷然而后应。氾而若辞，寡人丑乎，卒授之国。无几何也，去寡人而行，寡人恤焉若有亡也，若无与乐是国也。是何人者也?”

仲尼曰：“丘也尝使于楚矣，适见豚子食于其死母者，少焉眴若，皆弃之而走。不见己焉尔，不得其类焉尔。所爱其母者，非爱其形也，爱使其形者也。战而死者，其人之葬也不以翣资；刖者之屦，无为爱之；皆无其本矣。为天子之诸御，不爪翦，不穿耳；取妻者止于外，不得复使。形全犹足以为尔，而况全德之人乎！今哀骀它未言而信，无功而亲，使人授己国，唯恐其不受也，是必才全而德不形者也。”

哀公曰：“何谓才全?”仲尼曰：“死生存亡，穷达贫富，贤与不肖毁誉，饥渴寒暑，是事之变，命之行也；日夜相代乎前，而知不能规乎其始者也。故不足以滑和，不可入于灵府，使之和豫，通而不失于兑，使日夜无郤而与物为春，是接而生时于心者也。是之谓才全。”“何谓德不形?”曰：“平者，水停之盛也。其可以为法也，内保之而外不荡也。德者，成和之脩也。德不形者，物不能离也。”

哀公异日以告闵子曰：“始也吾以南面而君天下，执民之纪而忧其死，吾自以为至通矣。今吾闻至人之言，恐吾无其实，轻用吾身而亡其国。吾与孔丘，非君臣也，德友而已矣。”

【译解四】鲁国的君主哀公问孔子：“卫国有个长相丑陋的人，称为哀骀它。男人和他相处时间长了，都感觉舍不得离开他。妇女看见他后，跟自己的父母说，‘与其给别人做正妻，还不如给他做小妾’，这样说的超过十多人。还没有听说他倡导过什么主张，不过经常跟别人应和而已。他既没有高于别人的地位接济人家免于饿死，也没有积聚俸禄指望填饱人家的肚子。又因为长相丑陋天下闻名，只应和相处并不倡导什么主张，了解情况未能超出生活环境，而且亲近男女也只是前面讲到的那些，他的亲和力肯定有不同于常人之处。我将他召来观察，果然以其丑陋惊骇天下。他与我相处，还不到一个月，我就了解了他的为人；不到一年，我就相信他的人品了。鲁国没有宰相，我想把国相授给他。他先是闷不吭声，后来还是答应了。他漫不经心好像要推辞，我感到难为情，匆忙授予国相职位。没过几天时间，他就离我而去，我感觉惘然若失，好像再也找不到能够与我共商国是的人了。他到底是什么人呢？”

孔子说：“我也曾经出使楚国，正巧遇见一窝猪崽吸食死母猪的乳汁，一会儿又惶恐地跑开了。它们一定是发现母亲不理睬自己了，已经不是原来那个母亲了。猪崽爱自己的母亲，并不是爱母亲形体，而是爱能够支配母亲形体的灵魂。在战争中阵亡的人，在埋葬他们的时候也不用装饰物；被砍足的人用过的鞋子，不需要爱惜；这都是因为本质内容没有了。为天子服务的各种人员，不剪指甲，不穿耳眼；这些人一旦结婚就止步于宫外，不得再在宫内服务。形体健全的人还足够发挥作用，何况是德性健全的人呢！今天哀骀它不说话而取信于人，没有功劳好处而能使人亲近，使君主授予国宰之职，还唯恐他不接受，想必是他的才能健全而美德不具有形象。”

鲁哀公问：“才能健全应该怎么说？”孔子说：“或生与死、或存与亡、或贫困与显达、或贫穷与富裕、或贤能与不肖、或赞誉与诋毁、或饥与渴、或冷与热等等，这些事物的相对变化，其实都是在对立统一规律的驱使下进行的；但对眼前昼夜交替的变化，他凭现有的认知水平还不能窥见其始作俑者。所以这些看起来对立的事物不足以干扰他对事物统一平和的认知，从而不可能进入他的内心世界，使他能够把那些互相对立的事物看成互相应和、互相联系、互相贯通即互相统一的事物而不失去自己的喜悦，日夜不间断地给予身边事物春天般的温暖，而他的内心也能够接连产生温暖的感觉。这就是我说的哀骀它这个人基于辩证法则的哲学方法的健全。”鲁哀公又问：“德不显露于形怎么解释？”孔子说：“要找到标准水平线，就必须让水平稳。水平线之所以可以作为衡量标准，是因为它内部保持统一平和而外部不施加动荡。

德呀，就是人们通过实践获得对事物对立统一规律的认识及养成的平和意识。因为德是抽象的主观意识而不是具体的客观物体，所以有形物体就不会离它而去。”

鲁哀公改日对孔子的弟子闵子说：“我坐北朝南君临天下之初，手里拿着约束民众的法纪却担心他们犯死罪，我自己认为这是政通人和的最佳状态了。今天我听到道高德厚的至人说的一番道理后，觉得我恐怕还没有实现理想状态，轻率地用自身不成熟的治国方略，可能导致国家的衰亡。我与孔子不是君臣关系，只是具有共同治国志向的朋友罢了。”

【要点四】本节论述了四个哲学观点。一、庄子认为，天下万物都是具有形象的，形象完整叫形全，“为天子之诸御，不爪翦，不穿耳；取妻者止于外，不得复使。形全犹足以为尔，而况全德之人乎!”二、庄子认为，人的意识是抽象的不具形的德，德是由人们掌握了对立统一规律后建立起来的价值观念，如果意识健全叫全德。“所爱其母者，非爱其形也，爱使其形者也（意识）。”“德者，成和之脩也。德不形者，物不能离也”。三、庄子认为，无形之德是有形之物的本质内容。“战而死者，其人之葬也不以翣资；刖者之屦，无为爱之；皆无其本矣。”四、庄子认为，事物的发展变化，都是遵照对立统一规律进行的，人们一旦掌握了这种辩证法则，就能够排除外界对内心平和的干扰，并正确对待客观世界，这种情况称之为才全。“死生存亡，穷达贫富，贤与不肖毁誉，饥渴寒暑，是事之变，命之行也；日夜相代乎前，而知不能规乎其始者也。故不足以滑和，不可入于灵府，使之和豫，通而不失于兑，使日夜无郤而与物为春，是接而生时于心者也。是之谓才全。”由此可见，庄子的才全，其实是指唯物辩证的哲学方法，以及由此形成的处世才能。

【原文五】闉跂支离无脤说卫灵公，灵公说之；而视全人，其脰肩肩。瓮盎大瘿说齐桓公，桓公说之；而视全人，其脰肩肩。故德有所长而形有所忘，人不忘其所忘而忘其所不忘，此谓诚忘。故圣人有所游，而知为孽，约为胶，德为接，工为商。圣人不谋，恶用知？不斫，恶用胶？无丧，恶有德？不货，恶用商？四者，天鬻也。天鬻者，天食也。既受食于天，又恶用人！有人之形，无人之情。有人之形，故群于人；无人之情，故是非不得于身。眇乎小哉，所以属于人也！謷乎大哉，独成其天！

【译解五】一个肢体残疾的人游说卫灵公，卫灵公看见后相当喜悦，再看其他形体健全的人，一个个脖子细长不好看。一个生着巨瘤的人游说齐桓公，桓公看见后也相当喜悦，再看看其他形体健全的人，一个个脖子细长很难看。所以人们会忽略思想好的人形体的残疾，人们不想忘记容易忘记的事物而想要忘记不容易忘记的事物，这称之为主观故意遗忘。所以圣人与人交往，把心智视为罪孽，把盟约视为陷阱，把思想视为交往工具，把精工视为商业行为。圣人不用计谋，何需用心智？不砍断，何需用粘胶？没有丧失意识，何需用思想？不用交换货物，何需商业意识？圣人这四种情况，是天然养育的。天然养育的圣人，自有上天给予食物。既然接受天然食物，又何须人的主观作为！特殊的圣人有一般人的形体，无一般人的意识。有一般人的形体，所以圣人是人类；无一般人的意识，所以在圣人身上没有是非观点。渺小呀，所以圣人属于一般的人！高大啊，圣人属于特殊天成的人。

【要点五】本节论述了二个哲学问题。一是德与形是构成人的现实存在的一对哲学范畴，人们看重的是德而忽略的是形。“闉跂支离无脤说卫灵公，灵公说之；而视全人，其脰肩肩。瓮盎大瘿说齐桓公，桓公说之；而视全人，其脰肩肩。故德有所长而形有所忘，人不忘其所忘而忘其所不忘，此谓诚忘。”二是形与情构成人的现实存在的另一对哲学范畴。特殊的圣人和一般的社会人，形体上没有什么差别，两者的差别主要在于思想情感。“有人之形，无人之情。有人之形，故群于人；无人之情，故是非不得于身。眇乎小哉，所以属于人也！謷乎大哉，独成其天。”

【原文六】惠子谓庄子曰：“人故无情乎？”庄子曰：“然”。惠子曰：“人而无情，何以谓之人？”庄子曰：“道与之貌，天与之形，恶得不谓之人？”惠子曰：“既谓之人，恶得无情？”庄子曰：“是非吾所谓情也。吾所谓无情者，言人之不以好恶内伤其身，常因自然而不益生也。”惠子曰：“不益生，何以有其身？”庄子曰：“道与之貌，天与之形，无以好恶内伤其身。今子外乎子之神，劳乎子之精，倚树而吟，据槁梧而瞑，天选子之形，子以坚白鸣！”

【译解六】惠施对庄子说：“人生来就没有是非观念吗？”庄子说：“是的。”惠施又问：“人如果没有是非观念，怎么能够称为人？”庄子说：“抽象的道给予了人的精神面貌，具象的天给予了人的身体形态，为何不可以称为人呢？”惠施争辩道：“既然称为人，怎么会没有是非观念呢？”庄子说：“你说的是非观念不是我说的是非观念。我说的是非观念，是指人不能以社会的好恶意识伤害自身天生的好恶意识，人要经常承袭这种自然意识而不增生社会意识。”惠施说：“人不增长社会意识，哪能保全人的身体？”庄子说：“抽象的道给予人的精神面貌，具象的天给予人的身体形态，在自然意识里没有好恶是非观点伤害人的身体。今天你说的是非观念是你自然意识之外的社会意识，社会意识耗费了你的精力，靠在树身上吟咏，趴在木几上睡眠，自然给你选择了一副好皮囊而没有给你自然意识，你就以讨论石头的坚白自鸣得意！”

【要点六】本节论述了三个哲学观点。一是在人的自然意识里是没有是非观念的。“惠子谓庄子曰：‘人故无情乎？’庄子曰：‘然。’”二是人是由精神面貌与身体形态一对哲学范畴构成的。“道与之貌，天与之形，恶得不谓之人？”三是明白人就是不要让社会是非意识伤害到自己的自然意识。“吾所谓无情者，言人之不以好恶内伤其身，常因自然而不益生也。”庄子因此而揶揄惠子整日论战不休，都是社会是非之争伤害了自己的精神。

《德充符》内容小结

一、庄子认识论的基本概念

1. 天。天是庄子哲学里关于客观物质的终极概念，它是自然永恒的存在，天地之间的所有事物都是客观物质的具体表现形式，客观物质的具体表现形式是变动不居的。具体事物变动的根本动力是客观规律，其核心是对立统一规律，即唯物辩证法则的核心。

2. 道。道是庄子哲学里关于客观规律的终极概念，它也是自然永恒的存在。天地之间所有事物的生死变化都是道主宰的，也就是客观规律支配的。道中之大道是根本客观规律，即对立统一规律，也是辩证法则的核心。道是客观存在的，也是抽象无形的。道在空间上无边无际，在时间上无始无终。

3. 形。形是庄子哲学里关于具体事物存在的基本概念，它是由天或客观物质转化来的有条件的存在形式。庄子在第六节提到“天与之形”。也就是说，客观物质在客观规律的支配下，变化成各种各样的具体的物质形式，这就是各种具体有形的所有事物。庄子在第六节还认为，人是由精神面貌与身体形态构成的对立统一体，“道与之貌，天与之形，恶得不谓之人？”形与貌构成一对哲学范畴，决定人的基本性征。庄子在第四节提到：人具有完整的形象叫形全，比形全更重要的是全德。“为天子之诸御，不爪翦，不穿耳；取妻者止于外，不得复使。形全犹足以为尔，而况全德之人乎！”庄子在第三节认为，有形的人体是全部，而足则是局部，全局与局部构成一对矛盾关系，全局比局部更重要。“吾唯不知务而轻用吾身，吾是以亡足。今吾来也，犹有尊足者存，吾是以务全之也。”

4. 貌。貌是庄子哲学里关于抽象无形的精神或意识的基本概念，它是由道或客观规律转化来的相对存在。庄子在第六节提到：“道与之貌”。也就是说，在有意识的高级生物体上的精神面貌，是由道或客观规律转化来的。道主宰了人的精神面貌，貌决定了人的生命状态，包括性、才、德、情等。我们知晓庄子说的道是指客观规律，我们还知晓马克思说的客观规律是事物必然的内在的本质联系。人类探究事物的这种联系，能够在头脑中产生记忆，而天文纪年般地反复探索和记忆，或可进入遗传信息，形成人类的自然意识。这或许就是庄子所说的“道与之貌”。这种被称为自然的先天的潜在的意识和本能，又被庄子反复称为性、命、才或貌等。生活经验告诉我们，有些简单的潜意识和本能，比如“食色安适”等本能其主体能够自主表达，而复杂如逻辑思维等潜意识和本能，则可以在被外界激活时得以觉醒。所以人们的学习过程，或许就是人类遗传信息中的大量的潜意识和本能被激活而觉醒的过程，而不是单纯地将知识从外部向内部注入的过程。

5. 才。才是庄子哲学里关于认识论工具的基本概念，它是由人们认识到了自然辩证法则后获得的处世能力。庄子在第四节提到：“死生存亡，穷达贫富，贤与不肖毁誉，饥渴寒暑，是事之变，命之行也；日夜相代乎前，而知不能规乎其始者也。故不足以滑和，不可入于灵府，使之和豫，通而不失于兑，使日夜无郤而与物为春，是接而生时于心者也。是之谓才全。”也就是说，生与死、存与亡、贫困与显达、贫穷与富裕、贤能与不肖、赞誉与诋毁、饥与渴、冷与热等等，这些事物的相对变化，其实都是在对立统一规律的驱使下进行的。但哀骀它对眼前昼夜交替的变化，凭自己的认知水平还不能窥见其始作俑者是谁。所以这些看起来对立的事物不足以干扰他对事物统一平和的认知，因而不可能进入他的内心世界，他能够把那些互相对立的事物看成互相应和、互相联系、互相贯通的即互相统一的事物，并不失去自己的兴趣，日夜不间断地给予身边事物春天般的温暖，而他的内心也能够接连产生温暖的感觉。这就是我说的哀骀它这个人基于朴素辩证法则的处世能力。

6. 德。德是庄子哲学里关于人生价值观的基本概念，它是由人们掌握了道或客观规律后确定的人生发展目标。庄子在第四节论述："平者，水停之盛也。其可以为法也，内保之而外不荡也。德者，成和之脩也。德不形者，物不能离也。"也就是说，要找到标准水平线，就必须让水停止得很稳。水平线之所以可以作为水平衡量标准，是因为它内部保持统一平和而外部不施加动荡。德呀，就是人们掌握了对立统一规律后养成的平静祥和的价值观念和品质。因为德是抽象的平静祥和的品质而不是具体有形的物体，所以就不存在有形物体离它而去这一情况。庄子在第四节还提到，无形之德是有形之物的本质内容，全德比形全更重要。"战而死者，其人之葬也不以翣资；刖者之屦，无为爱之；皆无其本矣。""形全犹足以为尔，而况全德之人乎！"庄子在第二节认为，尊重客观规律，不凭主观乱作为，是有德的表现。"知不可奈何而安之若命，唯有德者能之。"庄子认为，如果一个人的价值观好，别人就不会计较他的形体残疾。"故德有所长而形有所忘，人不忘其所忘而忘其所不忘，此谓诚忘。"由此可见，庄子认为才与德的区别在于：才是人们顺应对立统一规律形成的处世能力；德是人们主动建立在对立统一规律基础上的价值观念。

7. 情。情是庄子哲学里关于社会意识中是非观念的基本概念，它是被人们的名实观念左右了的价值判断。庄子认为，在人的自然意识里是没有是非观念的。"惠子谓庄子曰：'人故无情乎？'庄子曰：'然。'"并且认为，明白人就是不要让社会是非意识伤害到自己的自然意识。"吾所谓无情者，言人之不以好恶内伤其身，常因自然而不益生也。"庄子在《齐物论》和《人间世》等著作中，希望人们不要追求名利，要放弃是非之争，回归自然意识和客观规律的轨道。庄子在第五节认为，"有人之形，无人之情。有人之形，故群于人；无人之情，故是非不得于身。眇乎小哉，所以属于人也！謷乎大哉，独成其天！"也就是说，特殊的圣人有一般人的形体，无一般人的意识。有一般人的形体，所以圣人是人类；无一般人的意识，所以在圣人身上没有是非观点。渺小呀，所以圣人属于一般的人！高大啊，圣人属于特殊天成的人。可见，情是一般民众的精神风貌中的内容，在特殊圣人的精神风貌里只有才和德而没有情。

8. 人。人是庄子哲学里的核心概念，其他基本概念都是围绕这个核心概念服务的。庄子认为，从形体上讲人是“天与之形”，是客观物质转化来的一种特殊的物质形式；从意识上讲人是“道与之貌”，是客观规律转化来的一种特殊的精神风貌，既然客观物质与客观规律构成一对哲学范畴，那么人的身体形态与人的精神风貌构成相应的一对哲学范畴。庄子认为，人的精神风貌对客观规律具有感知能力，当感觉到对立的事物并可以与之和谐相处时，就获得了朴素的哲学方法和处世能力，这就是才和才全。才实际上是貌的一部分。庄子认为，人的精神风貌对客观规律具有的感知能力，不仅可以感觉到对立的事物可以美好地和谐相处，还能够深刻地认识和掌握对立统一规律，并且在此基础上建立自己的价值目标，这就是德和全德。德实际上也是貌的一部分。庄子在第五节认为，有一般的民众与特殊的圣人之分，二者形是一样的，主要是貌的组成不同，民众的貌由才德情组成，圣人的貌由才和德组成。

二、庄子认识论的主要特征

1. 唯物性。庄子认为，一个人的社会地位决定了这个人的价值观念，子产和申徒嘉的社会地位不同决定了两人的价值观不同。子产说：“且子见执政而不违，子齐执政乎?”也就是说，你看到了执政大臣也不回避，难道你想与执政大臣平等吗？认为自己高于申徒嘉一等；而申徒嘉则说：“先生之门，固有执政焉如此哉?”也就是说，在师傅的门下求学，哪有你说的执政大臣？不认可执政大臣高人一等。庄子认识论的唯物性特征与客观物质决定主观精神、社会存在决定社会意识的马克思主义认识论特征近似。

2. 反映性。庄子认为，人对客观事物的认识，是这个人在心气平静的状态下对客观事物的反映。“人莫鉴于流水而鉴于止水，唯止能止众止。”庄子认识论的这一观点与辩证唯物论的反映论极为神似。

3. 辩证性。庄子谈到其认识论的辩证性有三个方面。一是认为正常人都有正确反映客观事物的能力，但每个人的反映能力有所不同，这是因为主体的认识能力存在着普遍性与特殊性的矛盾关系。“受命于地，唯松柏独也在冬夏青青；受命于天，唯舜独也正，幸能正生，以正众生。”庄子认识论的这一观点与辩证唯物论的辩证性近似。二是认为认识论是一把打开各种知识之门的钥匙，这把钥匙具有相对的独立性，不会因为发明者死亡而消失。“而况官天地，府万物，直寓六骸，象耳目，一知之所知，而心未尝死者乎！”三是认为事物之间的对立统一关系是客观存在且不可偏废的，但人们的主观能动作用却可以看重某一方面而忽略另一方面，如王骀看重了人体的统一性，而忽略了人体局部的差异性，达到心理上的平衡和解脱。“物视其所一而不见其所丧，视丧其足犹遗土也。”这与辩证唯物论的主观能动作用近似。

4. 功能性。庄子认为，其认识论是一把打开各种知识之门的钥匙，这把钥匙能够独立存在，不会因为发明者死亡而消失。“而况官天地，府万物，直寓六骸，象耳目，一知之所知，而心未尝死者乎！”

三、庄子辩证法的观点

（一）对立统一是普遍规律。庄子认为，各种事物之间既有差异或对立性，也有同一或统一性。“自其异者视之，肝胆楚越也；自其同者视之，万物皆一也。”庄子认识论对道的解释与唯物认识论对辩证法的表述一致，即事物之间和事物内部既对立又统一的矛盾关系是唯物辩证法的核心，也是庄子认识论或认识路线的终极目标。

（二）辩证法则是根本方法。庄子认为，事物的发展变化，都是遵照对立统一规律进行的，人们一旦掌握了这种辩证法则，就能够排除外界对内心平和的干扰，并正确对待客观世界，这种情况称之为才全。“死生存亡，穷达贫富，贤与不肖毁誉，饥渴寒暑，是事之变，命之行也；日夜相代乎前，而知不能规乎其始者也。故不足以滑和，不可入于灵府，使之和豫，通而不失于兑，使日夜无郤而与物为春，是接而生时于心者也。是之谓才全。”由此可见庄子的所谓才全，其实是指正确的唯物辩证的哲学方法。

（三）辩证法则的重要功能。庄子认为，生与死、可以与不可以等，都是表面上对立而实质上统一的，弄明白了这个道理，就可以让人们从名利桎梏中解脱。“胡不直使彼以死生为一条，以可不可为一贯者，解其桎梏，其可乎？”庄子看到事物的差别或对立的另一面是事物的同一或统一，这是符合辩证法则的，但庄子在强调事物的统一性时忽略了事物的对立性，这是违反辩证法则的。

四、关于形式逻辑的观点

庄子在第二节使用了两个形式逻辑观点。

一是违背公理的逻辑错误。申徒嘉与子产辩论时指出子产违背公理的逻辑错误：在师傅这里，哪里会有你说的这种执政大臣呢？你总是津津乐道你的执政大臣身份，是想把他人看低一等吗？我听到有人说过：镜子明亮是因为尘土不落在上面，如果尘土落在上面，镜子就不明亮了。与贤明的人相处久了就没有过失。你今天之所以取得很大进步，都是跟师傅分不开的，而你却说出这样的话来，难道不是你的过错吗？“闻之曰：‘鉴明则尘垢不止，止则不明也。久与贤人处则无过。’今子之所取大者，先生也，而犹出言若是，不亦过乎？”

二是偷换概念的逻辑错误。申徒嘉接着又指出了子产在辩论中偷换概念的错误：我跟师傅游学有十九年了，他从来没有认为我是残疾人。今天你和我原本是要进行思想交锋的，而你却扯到形体话题上，这难道不是你偷换概念、胡搅蛮缠的错误吗？“今子与我游于形骸之内，而子索我于形骸之外，不亦过乎？”

五、德充符题解

根据上述梳理结果可知，庄子所谓“德”是指以唯物认识论和唯物辩证法等世界观为基础的价值观。庄子的世界观认为，生死、是非、荣辱等观念既是对立的又是统一的，统一性是其主要特征。统一是有条件的。随着条件的变化，生死、是非、荣辱是可以互相易位的，不要将生死、是非和荣辱等观念绝对化。据此，庄子价值观认为，应该保持内心的平静祥和，善待外部的一切事物。庄子所谓“符”是指能够验证德的存在的人的形体。因此，德充符犹言人的世界观和价值观的存在是通过人的形体验证的。

内篇・大宗师

【主题新解】认真研读《大宗师》后就清楚了。授人以知识和方法者称为师，其方法和心得本身也可称为师（夫随其成心而师之），哲学方法是所有方法中的一大类称为宗师，在所有哲学方法中的根本方法称为大宗师，比如认识论和辩证法（实践论和矛盾论）。因此，大宗师是指根本哲学方法，即认识论和辩证法。根本哲学方法的别称有道、至道、大道、大通、自然之道、客观规律、认识论和辩证法等。认识论又称为唯物论、反映论和实践论等。辩证法又称为辩证法则、矛盾法则和对立统一规律等。

【原文一】知天之所为，知人之所为者，至矣。知天之所为者，天而生也；知人之所为者，以其知之所知以养其知之所不知，终其天年而不中道夭者，是知之盛也。虽然，有患。夫知有所待而后当，其所待者特未定也。庸讵知吾所谓天之非人乎？所谓人之非天乎？

【译解一】既要正确认识自然世界是如何运作的，又要正确认识人类社会是如何运作的，这是认识论需要解决的最全面、最重要、最困难的问题。正确认识自然世界是如何运作的，应该知道那是受自然规律支配产生的；正确认识人类社会是如何运作的，需要利用人类智慧已经掌握了的知识去探索人类智慧还没有掌握的知识，为此终身努力且不半途而废的人，这样才能够使自己的认识达到繁盛状态。话虽然这样说，实际上仍然存在隐患。因为那个认识必须依凭事实才能够证明正确，而这个事实是特别难以确定的。如何确定哪些是我所说的自然规律的作用而非人类认识的作用？哪些又是我所说的人类认识的作用而非自然规律的作用呢？

【要点一】本节提出了三个基本哲学观点。一、人类认识发展的两个方向，一是认识自然，二是认识社会。这其实包括了所有的认识对象，“知天之所为，知人之所为者，至矣。”二、人类认识客观世界是一个不断发展的过程，“知人之所为者，以其知之所知以养其知之所不知，终其天年而不中道夭者，是知之盛也。”三、检验真理的客观标准，“虽然，有患。夫知有所待而后当，其所待者特未定也。”

【原文二】且有真人而后有真知。何谓真人？古之真人，不逆寡，不雄成，不谟士。若然者，过而弗悔，当而不自得也。若然者，登高不慄，入水不濡，入火不热。是知之能登假于道者也若此。古之真人，其寝不梦，其觉无忧，其食不甘，其息深深。真人之息以踵，众人之息以喉。屈服者，其嗌言若哇。其耆欲深者，其天机浅。古之真人，不知说生，不知恶死；其出不䜣，其入不距；翛然而往，翛然而来而已矣。不忘其所始，不求其所终；受而喜之，忘而复之，是之谓不以心捐道，不以人助天。是之谓真人。若然者，其心志，其容寂，其颡頯；凄然似秋，煖然似春，喜怒通四时，与物有宜而莫知其极。

【译解二】只有真人出现而后才有真理被发现。真人有何特征呢？古朴的真人不反对少数人的意见，不拔高自己的经验，不漠视有识之士的批评。如果是这样的真人，自己的认识错了也不会悔恨，认识正确也不会沾沾自喜。如果是这样的真人，登上高处不怕险，掉进水里不怕湿，陷入火里不怕热。真知能够升华到达道的人即有如此特征（推论出真知即道）。古朴的真人，他就寝时不做梦，他醒来时无忧愁，他吃饭时不知甜味，他呼吸时平稳深沉。真人呼吸深沉通体运气，众人呼吸浅显喉咙运气。委曲求全的人，他从咽喉里说的话却像呕吐一样困难。还有嗜好和欲望深重的人，他天生的智慧浅薄。古朴的真人，不追求活着的快乐，不害怕死亡的恐惧；出生入世不是他的愿望，归隐山林他自然不会回避；无非是潇洒而来，潇洒而去罢了。不忘记自己是从哪里来的，不追求自己一定要到哪里去；得到东西高兴，失去东西同样高兴，这就是说不以主观意志损害自然之道，不以人的力量改变自然的力量。这些表现就是我说的真人的特征。如果真是这样，真人的主观意志，真人的安详容貌，真人的宽大额头，冷峻如秋天，温暖似春风，喜怒哀乐像自然四季变化，与天地万物相处有度，不追求极端化。

【要点二】本节提出了真人的五个必备条件。一、要有认识真理的具体方法："古之真人，不逆寡，不雄成，不谟士。"二、要能正确对待自己的错误和成果："过而弗悔，当而不自得也。"三、要有勇往直前的献身精神："登高不慄，入水不濡，入火不热。是知之能登假于道者也若此。"四、要调整好追求真理的心态："其寝不梦，其觉无忧，其食不甘，其息深深。真人之息以踵，众人之息以喉。屈服者，其嗌言若哇。其耆欲深者，其天机浅。"五、要尊重自然规律："不知说生，不知恶死；其出不䜣，其入不距；翛然而往，翛然而来而已矣。不忘其所始，不求其所终；受而喜之，忘而复之，是之谓不以心捐道，不以人助天。”

【原文三】故圣人之用兵也，亡国而不失人心；利泽施乎万世，不为爱人。故乐通物，非圣人也；有亲，非仁也；天时，非贤也；利害不通，非君子也；行名失己，非士也；亡身不真，非役人也。若狐不偕、务光、伯夷、叔齐、箕子、胥余、纪他、申徒狄，是役人之役，适人之适，而不自适其适者也。

【译解三】古代圣人之所以使用武力，是为了消灭敌国的统治者而争取民心；为了稳定民心需要制定长久的惠民政策，不偏爱照顾少数人的利益。所以乐于通晓事物小技巧的人，不是道高德厚的圣人；有亲疏之分不平等待人的统治者，不是仁爱的统治者；投机取巧偶然成功之徒，不是德才兼备的贤能之人；不懂利害之间辩证关系的人，不是得道的明白人；为追求名利而失去自我的人，不是有抱负的志士；至死也没有掌握真理的人，不是称职的领导人。比如狐不偕、务光、伯夷、叔齐、箕子、胥余、纪他、申徒狄等人，都是被人家役使的对象，都甘愿接受人家役使，而不是按照自己的想法活着的人。

【要点三】本节提出了圣人必备的七个条件。一、用兵灭国而不失人心。二、惠民长久且不偏爱少数人。三、学道修德且不乐通小技。四、不分亲疏平等仁爱天下人。五、不投机取巧做真贤之人。六、通达利害之道，做个明白人。七、坚持理想，不做功名奴隶。

【原文四】古之真人，其状义而不朋，若不足而不承；与乎其觚而不坚也，张乎其虚而不华也；邴邴乎其似喜乎，崔乎其不得已乎！滀乎进我色也，与乎止我德也；厉乎其似世乎！謷乎其未可制也；连乎其似好闭也，悗乎忘其言也。以刑为体，以礼为翼，以知为时，以德为循。以刑为体者，绰乎其杀也；以礼为翼者，所以行于世也；以知为时者，不得已于事也；以德为循者，言其与有足者至于丘也，而人真以为勤行者也。故其好之也一，其弗好之也一。其一也一，其不一也一。其一与天为徒，其不一与人为徒。天与人不相胜也，是之谓真人。

【译解四】古朴的真人，他的形象高大如山而不结党营私，如果说他还有不足，就是似乎没什么担当；有原则却不固执，宽容他人，朴实无华；心情舒畅他像遇到了喜事，耸立冒尖他是情非得已！内心越充实他脸上越容光焕发，与人交往越多他德行表现越完美；态度庄重，他像泰山稳健，心高气傲，他没有世俗牵挂；连绵不绝，他在心里循环往复，漫不经心，他不想多说一句废话。用刑罚作为主要治国方法，用礼制为辅助治国手段，用智慧应对随时机变，用道德引导民众遵循。以刑罚为主治国，反而可以少杀人；以礼制为辅治国，可以推动刑罚治国；用智慧应对随时机变，可以更好地处理突发事件；用道德引导民众遵循，说的是让正常人都达到孔丘的道德境界，这样就可以使人们成为勤奋的践行者了。所以真人感兴趣的是矛盾的统一性这一方面，不感兴趣的是矛盾的对立性那一方面。对感兴趣的统一性始终如一感兴趣，对不感兴趣的对立性始终如一不感兴趣。真人感兴趣的统一性与天之所为是同一类，不感兴趣的对立性与人之所为是同一类。能够正确理解天之所为的统一性与人之所为的对立性不能互相取代这个道理的人，所以说他是真人。

【要点四】本节从认识真理程度上给出了真人的标准："故其好之也一，其弗好之也一。其一也一，其不一也一。其一与天为徒，其不一与人为徒。天与人不相胜也，是之谓真人。"也就是说，真人感兴趣的是矛盾的统一性这一方面，不感兴趣的是矛盾的对立性那一方面。对感兴趣的统一性始终如一感兴趣，对不感兴趣的对立性始终如一不感兴趣。真人感兴趣的统一性与天之所为（自然规律）是同一类，不感兴趣的对立性与人之所为（是非之争）是同一类。能够正确理解天之所为的统一性与人之所为的对立性不能互相取代这个道理的人，所以说他是真人。

【原文五】死生，命也，其有夜旦之常，天也。人之有所不得与，皆物之情也。彼特以天为父，而身犹爱之，而况其卓乎！人特以有君为愈乎己，而身犹死之，而况其真乎！

【译解五】死生变化，决定意识是否存在；它像昼夜自然变化，决定自然规律一样。人类之所以不可干预死生、昼夜变化，都是因为事物情理或规律决定的。人类看重天地如同看重自己的父母，而且全身心地爱护他们，何况是比天地更重要的自然规律呢！人类还特别看重君主超过看重自己，以至愿意为他献身，何况是能够让君主获得至尊地位的大道真理呢？

【要点五】一、命是庄子认识论的基本概念。命是相当于意识的概念，有意识就是生，没有意识就是死，类似于《德充符》中貌的概念。命与貌都与道有关。貌是相对于形的概念，命是相对于生与死的概念。二、命在庄子认识论中的意义。命决定于自然规律，只能尊重，不能干预。“死生，命也，其有夜旦之常，天也。人之有所不得与，皆物之情也。”

【原文六】泉涸，鱼相与处于陆，相呴以湿，相濡以沫，不如相忘于江湖。与其誉尧而非桀也，不如两忘而化其道。夫大块载我以形，劳我以生，佚我以老，息我以死。故善吾生者，乃所以善吾死也。

【译解六】泉水干涸了，鱼相互在地上挤在一起，张开嘴鼓着水泡，虽然可以暂时湿润一下，但不如大家都忘掉江河湖海里的自由呼吸而顺应眼前的事实。与其赞誉唐尧批评夏桀，不如把二人是非之间的对立性忘掉而找到他们是非之间的统一性。大地让我的身体得到安居，性情得到锻炼，老了以后得到悠闲，死了以后得到安息。所以善于领悟生存道理的人，才善于理解死亡的道理。

【要点六】庄子认为，只有坚持唯物论才能够正确理解生与死的辩证关系。比如鱼生活在江湖里自由自在，这是由客观条件决定的，一旦失去这些条件搁在干岸上，就要顺应客观条件的变化，不要幻想江湖里的自由，去做毫无意义的挣扎。“相濡以沫，不如相忘于江湖。”

【原文七】夫藏舟于壑，藏山于泽，谓之固矣。然而夜半有力者负之而走，昧者不知也。藏小大有宜，犹有所遁。若夫藏天下于天下而不得所遁，是恒物之大情也。特犯人之形而犹喜之，若人之形者，万化而未始有极也，其为乐可胜计邪？故圣人将游于物之所不得遁而皆存。善妖善老，善始善终，人犹效之，又况万物之所系而一化之所待乎！

【译解七】把船藏在沟壑里，把山藏在大湖里，这可以说是很牢靠的办法了。然而半夜里有大力士将它们背走了，迷糊的人还不知道。虽然把有形的小物件藏在有形的大物件之内相当适合，可最终还是丢失了。如果藏具体的天下于抽象的天下就不会有任何丢失，这就是物质不灭的基本原理。人们具有了标准的形体便非常欣喜，如果有了人的标准形体后，又变化无穷而没有终点，其高兴程度还能够计算吗？所以圣人将用抽象的概念把握着各种具体事物不会丢失并与万物和谐共存。他能够正确对待早夭和长寿、出生和死亡，即成为人们效法的对象，又何况是与天下万物都有紧密联系，而且一切事物变化都必须遵循的自然规律！

【要点七】本节提出了抽象的物质不变与具体的物质形态常变的唯物论观点。“藏小大有宜，犹有所遁。若夫藏天下于天下而不得所遁，是恒物之大情也。”所以哲人对人间悲喜、寿夭、生死都能够正确对待。

【原文八】夫道，有情有信，无为无形；可传而不可受，可得而不可见；自本自根，未有天地，自古以固存；神鬼神帝，生天生地；在太极之先而不为高，在六极之下而不为深，先天地生而不为久，长于上古而不为老。狶韦氏得之，以挈天地；伏羲氏得之，以袭气母；维斗得之，终古不忒；日月得之，终古不息；堪坏得之，以袭昆仑；冯夷得之，以游大川；肩吾得之，以处大山；黄帝得之，以登云天；颛顼得之，以处玄宫；禺强得之，立乎北极；西王母得之，坐乎少广。莫知其始，莫知其终。彭祖得之，上及有虞，下及五伯；傅说得之，以相武丁，奄有天下，乘东维，骑箕尾，而比于列星。

【译解八】道（规律）的特征：它既是客观真实的，又是抽象无形的；可以描述它的存在但不可以用手授予，可以领会它的存在但看不到它的样子；它是自然生成的，在天地没有形成时，它就存在了；它像鬼怪和帝王一样神奇，生产出了天地万物；在日月运行的时间里找不到它的开头，在三维六合空间里找不到它的边际，只知道它比天地诞生得还早但不知道早多长时间，只知道它早于上古时代但同样不知道早多长时间。上古帝王狶韦氏掌握它后，可以统领天下万物；伏羲氏帝王掌握它后，可以继承原本之气创造天地万物；北斗星座遵循它后，自古至今不会发生改变；日月根据它运行，自古至今不会熄灭；山神掌握它后，可以维护昆仑的高大；河神掌握它后，可以操控大江的奔流；泰山神掌握它后，可以安处大山的险峻；黄帝掌握它后，可以平步青云；颛顼掌握它后，可以安处青色的宫殿；北海之神掌握它后，可以立足于北海之极；西王母掌握它后，可以稳坐西域名山。不知它什么时候开始，也不知道它什么时候结束。彭祖掌握它后，可以从虞舜到五伯，世代传承；傅说掌握它后，可以做天子武丁的相国，统辖天下，骑乘东维星、箕星和尾星，永远排在星神之列。

【要点八】本节描述了道的特征。一、客观真实，抽象无形。“有情有信，无为无形；可传而不可受，可得而不可见。”二、无根自生，先天地存。“自本自根，未有天地，自古以固存。”三、如鬼如神，主宰万物。“神鬼神帝，生天生地。”四、空无六极，时无始终。“在太极之先而不为高，在六极之下而不为深，先天地生而不为久，长于上古而不为老。”

【原文九】南伯子葵问乎女偊曰：“子之年长矣，而色若孺子，何也?”曰：“吾闻道矣。”南伯子葵曰：“道可得学邪?”曰：“恶！恶可！子非其人也。夫卜梁倚有圣人之才而无圣人之道，我有圣人之道而无圣人之才，吾欲以教之，庶几其果为圣人乎！不然，以圣人之道告圣人之才，亦易矣。吾犹守而告之，参日而后能外天下；已外天下矣，吾又守之，七日而后能外物；已外物矣，吾又守之，九日而后能外生；已外生矣，而后能朝彻；朝彻，而后能见独；见独，而后能无古今；无古今，而后能入于不死不生。杀生者不死，生生者不生。其为物，无不将也，无不迎也；无不毁也，无不成也。其名为撄宁。撄宁也者，撄而后成者也。”

【译解九】南城门有个老大叫子葵问朋友女偊：“你这么一把年纪了，可面色还像个孩子，为什么呢?”女偊回答说：“我找到哲学方法了。”南伯子葵说：“方法可以拿来让我学吗?”女偊说：“不！不可以！你不是可以学到这种方法的人。卜梁倚有哲人的领悟能力而无哲人的哲学方法，我有哲人的哲学方法而无哲人的领悟能力，我想教他学到哲学方法，或许他果真就成了哲人呢！即使他成不了哲人，我将哲人的哲学方法告诉有哲人领悟能力的他，也是比较容易的。我试着坚持告诉他哲学方法，三天后他的眼界就能够超脱天下事物了；在他的眼界超脱天下事物的基础上，我又坚持告诉他哲学方法，七天后他就能够超脱身外之物了；在超脱身外之物的基础上，我又坚持告诉他哲学方法，九天后他就能够将自己的生命意识也置之度外了；他把自己的生命意识置之度外后，他的精神世界就像清晨的太阳照亮天地那般明净透彻了；他的精神世界已经物我两忘明净透彻后，唯独能够见到的是抽象的自然之道、客观规律或哲学方法；理解抽象的自然之道后，就能够理解道是没有古今这一时间概念的；既然没有古今时间概念，那么就能够进入无所谓生死的状态了。如果否定生命的一方不衰亡，那么生命的一方就不可能新生，生命的存在就是死与生的辩证法则的存在。辩证法则主宰的天下事物，无一不是遵循送往与迎来辩证法则的，无一不是信守毁坏与生成的辩证法则的。这种辩证法则被称为闹中守静或对立统一。闹中守静的道理说明，天下事物都是在外界的影响下长成的。”

【要点九】本节提出了三个与认识论有关的观点。一、认识自然规律可以养生延年。“‘子之年长矣，而色若孺子，何也？’曰：‘吾闻道矣。’”二、学习自然规律必须具备领悟能力。“夫卜梁倚有圣人之才而无圣人之道，我有圣人之道而无圣人之才，吾欲以教之，庶几其果为圣人乎！”三、天下万物都是在外界条件影响下长成的。“撄宁也者，撄而后成者也。”四、古今、生死、往迎、成毁都是对立统一的辩证范畴。“杀生者不死，生生者不生。其为物，无不将也，无不迎也；无不毁也，无不成也。”

【原文十】南伯子葵曰：“子独恶乎闻之？”曰：“闻诸副墨之子，副墨之子闻诸洛诵之孙，洛诵之孙闻之瞻明，瞻明闻之聂许，聂许闻之需役，需役闻之於讴，於讴闻之玄冥，玄冥闻之参寥，参寥闻之疑始。”

【译解十】南伯子葵说：“为什么只有你听到过这么深奥的道呢？”女偊说：“我是从副墨之子那儿听到的，副墨之子是从洛诵之孙那儿听到的，洛诵之孙又是从瞻明那儿听到的，瞻明又是从聂许那儿听到的，聂许又是从需役那儿听到的，需役又是从於讴那儿听到的，於讴又是从玄冥那儿听到的，玄冥又是从参寥那儿听到的，参寥又是从疑始那儿听到的。”

【要点十】本节强调了悟道过程的深奥悠远和艰难曲折。

【原文十一】子祀、子舆、子犁、子来四人相与语曰：“孰能以无为首，以生为脊，以死为尻，孰知死生存亡之一体者，吾与之友矣。”四人相视而笑，莫逆于心，遂相与为友。

【译解十一】子祀、子舆、子犁和子来四个人在一起互相发话：“谁能够把抽象的道作为头部，把生命作为脊椎，把死亡作为后臀，并把死生存亡的对立统一关系说清楚，我们就认他为朋友。四人相视而笑，想法一致，于是成为彼此的好朋友。”

【要点十一】本节提到的无或为命，或为道。“孰能以无为首，以生为脊，以死为尻，孰知死生存亡之一体者，吾与之友矣。”如果与后面的生、死相对应，此无当为命。如果与首、脊、尻相对应，此无当为道。道与命相通。

【原文十二】俄而子舆有病，子祀往问之。曰：“伟哉！夫造物者，将以予为此拘拘也！”曲偻发背，上有五管，颐隐于齐，肩高于顶，句赘指天。阴阳之气有沴，其心闲而无事，跰蹮而鉴于井，曰：“嗟乎！夫造物者又将以予为此拘拘也！”子祀曰：“女恶之乎？”曰：“亡，予何恶！浸假而化予之左臂以为鸡，予因以求时夜；浸假而化予之右臂以为弹，予因以求鸮炙。浸假而化予之尻以为轮，以神为马，予因以乘之，岂更驾哉！且夫得者，时也；失者，顺也；安时而处顺，哀乐不能入也。此古之所谓县解也，而不能自解者，物有结之。且夫物不胜天久矣，吾又何恶焉？”

【译解十二】不久，子舆生病了，子祀去看望他。子舆说：“造物的道伟大啊，把我塑造成这个样子了！”子祀看到他弯腰驼背，五脏在上，下巴贴着肚脐，肩高于头顶，后颈赘瘤指向天空。阴阳之气有时不调，但子舆却心情悠闲无事，他和子祀蹒跚地来到井边照镜子，看到自己的样子说：“呵呵，造物的道也不过把我塑造成这个样子啊！”子祀说：“你讨厌道吗？”子舆说：“莫妄言，我为何讨厌！如果把我的左臂慢慢地转化为鸡，我就用它报告夜晚的时辰；如果把我的右臂慢慢地转化为弹弓，我就用它打斑鸠烤熟吃；如果把我的尾椎骨慢慢地转化为车轮，我就请风神为马，用于自己乘坐，岂有更换座驾的理由！再说，得到生命，决定于偶然的时机，失去生命，决定于必然的趋势；安享偶然时机而甘处必然趋势，哀伤和喜乐的两种情绪都可以排除在身外。这就是古人说的解决了倒悬问题，而倒悬问题不能自己解决的人，往往受身外事物的困扰。再说具体事物不能胜过自然规律这一事早有定论了，我又有什么理由厌恶自然规律呢？”

【要点十二】本节提出了顺从自然规律，可以自己解决观念倒悬问题。“且夫得者，时也，失者，顺也；安时而处顺，哀乐不能入也。此古之所谓县解也，而不能自解者，物有结之。”

【原文十三】俄而子来有病，喘喘然将死，其妻子环而泣之。子犁往问之，曰：“叱！避！无怛化！”倚其户与之语曰：“伟哉造化！又将奚以汝为，将奚以汝适？以汝为鼠肝乎？以汝为虫臂乎？”子来曰：“父母于子，东西南北，唯命之从。阴阳于人，不翅于父母；彼近吾死而我不听，我则悍矣，彼何罪焉！夫大块载我以形，劳我以生，佚我以老，息我以死。故善吾生者，乃所以善吾死也。今之大冶铸金，金踊跃曰‘我且必为镆铘’，大冶必以为不祥之金。今一犯人之形，而曰‘人耳人耳’，夫造化者必以为不祥之人。今一以天地为大炉，以造化为大冶，恶乎往而不可哉！”成然寐，蘧然觉。

【译解十三】不久子来又生了病，气喘力虚，命不久矣，他的妻妾和子女围在身边哭泣。子梨前往探视，见到这个样子对哭泣的人说，哭啥！走开！不要干扰他由生到死的自然变化！又倚靠在门上对子来说：道的造化真伟大啊！又将把你造化成什么，把你送到什么地方去呢？把你变成鼠肝吗？把你变成虫臂吗？子来说：“父母之恩对子女来说很管用，不论东南西北，子女唯命是从。阴阳之道于人，不啻父母之恩于子女；道使我接近死亡而我不听，那是我恃强不顺，道有何过错嘛！大地承载我生命的形体，锻炼我的品性，让我老得悠闲，让我死得安息。所以善待吾生命的道，也能善待我的死亡。如果现在有个高级冶炼工匠铸造金属，金属在熔炉内踊跃地说：‘我必将成为镆铘剑，这个高级冶炼工匠必定认为这是不吉祥的金属。’同样，如果现在有人认为自己有了人的外形，便嚷嚷：‘我成人了，我成人了。’造物主一定会认为这是不正常的人。如果现在把整个天地当作大熔炉，把道当作高级冶炼工匠，怎样驱使我都不是不可以的！”子来说完安然睡去，他突然感觉来到了一个新的世界。

【要点十三】本节强调了庄子认识论的生死观，顺道而行，安之若命。“故善吾生者，乃所以善吾死也。”

【原文十四】子桑户、孟子反、子琴张三人相与友，曰：“孰能相与于无相与，相为于无相为？孰能登天游雾，挠挑无极，相忘以生，无所终穷？”三人相视而笑，莫逆于心，遂相与为友。

【译解十四】子桑户、孟子反和子琴张三人相互讨论交友的原则说：能不能做到相交于无形相交之中，相助于无形相助之中？能不能做到登天游雾，回旋于无穷的宇宙边际，既忘掉生存状态，也无所谓死亡来临？三人都认可这些原则，觉得心情顺畅，于是互相成为好朋友。

【要点十四】本节提出了以道交友原则。“孰能相与于无相与，相为于无相为？”

【原文十五】莫然有间而子桑户死，未葬。孔子闻之，使子贡往侍事焉。或编曲，或鼓琴，相和而歌曰：“嗟来桑户乎！嗟来桑户乎！而已反其真，而我犹为人猗！”子贡趋而进曰：“敢问临尸而歌，礼乎？”二人相视而笑曰：“是恶知礼意！”子贡反，以告孔子，曰：“彼何人者邪？修行无有，而外其形骸，临尸而歌；颜色不变，无以命之。彼何人者邪？”

【译解十五】突然之间，子桑户去世了，还未安葬。孔子知晓此事后，让子贡前往子桑户家帮助处理丧事。孟子反和子琴张二人在现场又编曲子，又鼓琴瑟，相和而歌唱：“哎呀桑户啊！哎呀桑户啊！你已返回自然本真，而我们还苟活人世！”子贡趋步向前说：“请问围着死尸唱歌符合礼制吗？”二人对视一笑说：我们这样才符合礼制的真谛呢！子贡返回后，将这些情况告诉了孔子，问道：他们都是些什么样的人呢？没有修成德行，徒有人的皮囊，围着尸体还唱歌，脸上颜色不变，无法给他们出做人的定义。他们是什么品质的人呢?

【要点十五】本节指出了科学地顺道而行，却遭遇了世俗不解的质疑。“彼何人者邪?”

【原文十六】孔子曰:“彼，游方之外者也；而丘，游方之内者也。外内不相及，而丘使女往吊之，丘则陋矣。彼方且与造物者为人，而游乎天地之一气。彼以生为附赘县疣，以死为决疣溃痈，夫若然者，又恶知死生先后之所在！假于异物，托于同体；忘其肝胆，遗其耳目；反覆终始，不知端倪；芒然彷徨乎尘垢之外，逍遥乎无为之业。彼又恶能愦愦然为世俗之礼，以观众人之耳目哉。”

【译解十六】孔子说:“他们是生活在社会规范之外的人，我们是生活在社会规范之内的人。如此内外之人是不好交流的，而我要你去作吊，这是我浅薄了。他们是根据辩证法则为人处世的，他们生活在天地之间同自然呼吸与共。他们认为生存是累赘，死亡才是这些累赘的解除之法。如果真是这样，又怎么知道死与生的区别在哪里！假借物的不同外形，托付体的相同类型；忘掉所托付的同体肝胆，丢失所假借的异物耳目；在具体的假托之中周而复始，不知最初是从哪儿开始的。所以他们茫然彷徨在社会规范之外，逍遥在无为无忧之界。他们又怎么能够糊里糊涂地遵守社会规范，让人们的耳目感觉到呢。”

【要点十六】本章提出了不同的世界观和价值观决定的生活在不同的社会圈子的人之间难以交流的事实。“彼，游方之外者也；而丘，游方之内者也。外内不相及，而丘使女往吊之，丘则陋矣。”

【原文十七】子贡曰:“然则夫子何方之依?”孔子曰:“丘，天之戮民也。虽然，吾与汝共之。”子贡曰:“敢问其方。”孔子曰:“鱼相造乎水，人相造乎道。相造乎水者，穿池而养给；相造乎道者，无事而生定。故曰，鱼相忘乎江湖，人相忘乎道术。”子贡曰:“敢问畸人。”曰:“畸人者，畸于人而侔于天，故曰:天之小人，人之君子；人之君子，天之小人也。”

【译解十七】子贡说：“既然这样，您遵循哪一方的生活准则呢？”孔子说：“我孔丘是受到自然惩罚的罪人。虽然如此，我还是想和你共同探讨这个准则。”子贡说：“请问准则到底是什么。”孔子说：“鱼儿生活寻求水，人们生活寻求道。寻求水的鱼儿，挖个池子就觉得求到水了；寻求道的人们，无事可为就求到道了。所以说，鱼儿有了池水可以忘记江湖，人们无事可为可以忘记道术。”子贡说：“请问畸人之意。”孔子说：“什么是畸人，就是相异于社会人而相同于自然人的人。所以有人曾说过，自然人中的小人物，也是社会人中的真君子；社会人中的真君子，也不过是自然人中的小人物。”

【要点十七】本节提出了两个新观点：一是畸人概念，庄子认为与自然人保持一致而与社会人不一致的人就是畸人。“畸人者，畸于人而侔于天。”二是自然人中的小人物也是真君子，社会人中的真君子也是小人物。“天之小人，人之君子；人之君子，天之小人也。”

【原文十八】颜回问仲尼曰：“孟孙才，其母死，哭泣无涕，中心不戚，居丧不哀。无是三者，以善处丧盖鲁国。固有无其实而得其名者乎？回壹怪之。”仲尼曰：“夫孟孙氏尽之矣，进于知矣。唯简之而不得，夫已有所简矣。孟孙氏不知所以生，不知所以死；不知就先，不知就后；若化为物，以待其所不知之化已乎！且方将化，恶知不化哉？方将不化，恶知已化哉？吾特与汝，其梦未始觉者邪！且彼有骇形而无损心，有旦宅而无情死。孟孙氏特觉，人哭亦哭，是自其所以乃。且也相与吾之耳矣，庸讵知吾所谓吾之乎？且汝梦为鸟而厉乎天，梦为鱼而没于渊。不识今之言者，其觉者乎，其梦者乎？造适不及笑，献笑不及排，安排而去化，乃入于寥天一。”

【译解十八】颜回问孔子说：“孟孙才的母亲死了，虽闻哭声但无涕泪，心中没有悲戚感，治丧期间没有哀伤气氛。处理丧事做得不对的有以上三种情况，他竟然获得了全鲁国都知道的善于处理丧事的好名声。世界上真的存在有其名无其实的情况吗？我颜回一直觉得奇怪。”孔子说：“孟孙氏尽到丧礼了，超过了已知的其他人。人们都希望丧事从简而做不到，他已经做到了。孟孙氏不了解人为什么生，也不了解人为什么死；他不想趋向生存，也不回避死亡；他知道死亡不过是生命由此物转化到彼物，只是不知道它转化为何物而已。他还认为生命即将发生转化时，怎么知道它不会继续转化呢？生命即将停止转化时，又怎么知道它已经转化结束了呢？比较而言只有我和你，似乎还在某个梦中未醒呢！况且他有健全的身体和完整的思想，有阳光的胸怀和不死的精神。孟孙氏非常明白生死不过是由此物转化为彼物的真谛，人家哭他也需要哭，这不过是主动应景罢了。再说人们相互交谈我为何物时，又怎么知道我一定就是所谓的我呢？而且你还可能做梦成为鸟儿冲上天空，做梦成为鱼儿潜入深渊。所以还真不知道今天说话的人，是醒后说的呢，还是在梦中说的呢？人要是感到快意了却未笑出来，或者虽然笑出来了却不是有意示人，或者虽然是有意示人而进入了由此物到彼物的转化，那他就融入寥廓的苍天了。”

【要点十八】 本节强调了死亡的实质是命（先天意识）在道的支配下由一物向他物的转化的过程。“孟孙氏不知所以生，不知所以死；不知就先，不知就后；若化为物，以待其所不知之化已乎！”也就是说，孟孙氏不知道生死的原因，也不想弄明白，但他知道人的命（自然意识）在一物的生死过程中转化为另外一物了，只是不知道此物具体是何物而已。

【原文十九】 意而子见许由。许由曰：“尧何以资汝？”意而子曰：“尧谓我：‘汝必躬服仁义而明言是非’。”许由曰：“而奚来为轵？夫尧既已黥汝以仁义，而劓汝以是非矣，汝将何以游夫遥荡恣睢转徙之途乎？”意而子曰：“虽然，吾愿游于其藩。”许由曰：“不然。夫盲者无以与乎眉目颜色之好，瞽者无以与乎青黄黼黻之观。”意而子曰：“夫无庄之失其美，据梁之失其力，黄帝之亡其知，皆在炉捶之间耳。庸讵知夫造物者之不息我黥而补我劓，使我乘成以随先生邪？”许由曰：“噫！未可知也。我为汝言其大略。吾师乎！吾师乎！泽及万世而不为仁，长于上古而不为老，覆载天地刻雕众形而不为巧，此所游已。”

【译解十九】 一个叫意而子的人拜见了隐士许由。许由说：“尧帝是如何教导你的？”意而子说：“尧帝叮嘱我，你必须躬行仁义而明辨是非。”许由说：“那你为何还来我这里找小窍门呢？既然尧帝已经用仁义说教让你受了黥刑，又用是非说教让你受了劓刑，你将用什么理由要求转移到我这恣意放荡的道路上来学习呢？”意而子说：“正因为我有如此遭遇，所以我愿意转到您的门下学习。”许由说：“问题不是你说的这样。无法让失明人看到美好的眉目颜色，无法让睁眼瞎看到美观的朝官服饰。”意而子说：“无庄不再打扮，从而放弃自己所谓的美丽，据梁不再逞强，从而放弃自己所谓的勇力，黄帝不再机智，从而放弃自己所谓的智慧，他们都是在自然之道的炉火锻炼过程中实现的。怎么知晓造物主不会帮我洗掉黥刑刺字还补上劓刑割去的鼻子，使我遂愿跟随先生学习自然之道呢？”许由说：“哎噫！这还说不定呢。我给你把道说个大概吧。道是我的师傅哟！道是我的师傅哟！它不用仁义说教而润泽万代，它早于上古而不以老者自居，它覆载天地塑造万物而不用技巧。这就是你想学的自然之道的基本特征而已。”

【要点十九】本节再次描述了大宗师的基本特征：“吾师乎！吾师乎！泽及万世而不为仁（实事求是而不从概念出发），长于上古而不为老（与时俱进而不摆资历），覆载天地刻雕众形而不为巧（客观反映而不投机取巧），此所游已。”

【原文二十】颜回曰：“回益矣。”仲尼曰：“何谓也？”曰：“回忘仁义矣。”曰：“可矣，犹未也。”他日复见，曰：“回益矣。”曰：“何谓也？”曰：“回忘礼乐矣。”曰：“可矣，犹未也。”他日复见，曰：“回益矣。”曰：“何谓也？”曰：“回坐忘矣。”仲尼蹴然曰：“何谓坐忘？”颜回曰：“堕肢体，黜聪明，离形去知，同于大通，此谓坐忘。”仲尼曰：“同则无好也，化则无常也，而果其贤乎！丘也请从而后也。”

【译文二十】颜回突然对孔子说：“我进步了。”孔子问：“怎样进步的？”颜回说：“我忘记仁义观念了。”孔子说：“不错，只是还不够。”颜回几天后见到孔子说：“我进步了。”孔子问：“这话怎么说？”颜回说：“我把礼乐规矩忘记了。”孔子说：“这也不错，但是还不够。”颜回又过了几天见到孔子说：“我又进步了。”孔子问：“这又怎样说？”颜回说：“我进入坐忘的境界了。”孔子不解地问：“什么叫坐忘？”颜回说：“怠慢我身体的小欲求，放弃我头脑的小聪明，也就是离形去智，与自然大道融为一体，这就是我说的坐忘。”孔子说：“与大道保持一致就不会存在偏爱，顺应事物变化就不会形成固态，你果然是大家公认的贤者，请让我向你学习吧。”

【译解二十】 本节对修道人提出了基本要求：颜回曰：“堕肢体，黜聪明，离形去知，同于大通，此谓坐忘。”仲尼曰：“同则无好也，化则无常也，而果其贤乎！”

【原文二十一】 子舆与子桑友，而霖雨十日。子舆曰：“子桑殆病矣！”裹饭而往食之。至子桑之门，则若歌若哭，鼓琴曰：“父邪？母邪？天乎？人乎？”有不任其声而趋举其诗焉。子舆入，曰：“子之歌诗，何故若是？”曰：“吾思夫使我至此极者而弗得也。父母岂欲吾贫哉？天无私覆，地无私载，天地岂私贫我哉？求其为之者而不得也。然而至此极者，命也夫！”

【译文二十一】 子舆关心子桑，在连续阴雨天后，子舆想：“子桑可能受困了。”于是打包饭菜送给他吃。来到子桑家的门前，却听到像歌又像哭的声音，并听到有人边弹琴边说道：“是父亲呢？还是母亲呢？是天呢？还是人呢？”他的歌词说得越来越急而他的声音越来越小。子舆走进门，对子桑说：“你的歌词，何故如此？”子桑说：“我思考那个使我如此贫困的原因，却始终没有找到。父母难道想让我如此贫困吗？苍天无私覆盖天下，大地无私承载万物，天地难道有使我贫困的私心吗？我寻求使自己贫困的客观原因却没有结果。如此看来，导致我极度贫困的原因，只能是我的主观意识了。”

【要点二十一】 本节对命之概念又有了新解释：“吾思夫使我至此极者而弗得也。父母岂欲吾贫哉？天无私覆，地无私载，天地岂私贫我哉？求其为之者而不得也。然而至此极者，命也夫！”也就是说，子舆思考自己处境困难的原因，父母希望我贫困吗？苍天无私覆盖一切，大地无私承载一切，天地有偏私要我贫困吗？想找自己贫困的客观原因却没有。所以导致我这样极端贫困的原因，只能是自身意识（认识论）问题。

《大宗师》内容小结

一、有关认识论观点

（一）庄子认识论的基本概念

1. 真知。庄子提到真知，但未见其详。当指知天知人所为的正确认识。

2. 真人。庄子认为，正确认识客观世界需要真人，而真人必须具备五个条件。一是要有认识真理的具体方法："古之真人，不逆寡，不雄成，不谟士。"二是要能够正确对待自己的错误和成绩："过而弗悔，当而不自得也。"三是要有勇往直前的献身精神："登高不慄，入水不濡，入火不热。是知之能登假于道者也若此。"四是要调整好追求真理的心态："其寝不梦，其觉无忧，其食不甘，其息深深。"五是要尊重自然规律："不知说生，不知恶死；其出不䜣，其入不距；翛然而往，翛然而来而已矣。不忘其所始，不求其所终；受而喜之，忘而复之，是之谓不以心捐道，不以人助天。"庄子还在第一节明确了真人尊重的根本自然规律是对立统一规律。"故其好之也一，其弗好之也一。其一也一，其不一也一。其一与天为徒，其不一与人为徒。天与人不相胜也，是之谓真人。"也就是说，真人感兴趣的是矛盾的统一性这一方面，不感兴趣的是矛盾的对立性那一方面。对感兴趣的统一性始终如一感兴趣，对不感兴趣的对立性始终如一不感兴趣。真人感兴趣的统一性与天之所为是同一类，不感兴趣的对立性与人之所为是同一类。能够正确理解天之所为的统一性与人之所为的对立性不能互相取代这个道理的人，所以说他是真人。

3. 命。庄子认为，命是主宰有形物体生存和死亡的关键。或指高等生物体的自然意识。高等生物体有自然意识就是生存，无自然意识就是死亡，这类似于《德充符》中"貌"的概念。命与貌都与道有关。貌是相对于形的概念，命是相对于生与死的概念。"死生，命也，其有夜旦之常，天也。"庄子在第二节认为，命决定于自然规律，人们只能尊重，不能干预。"死生，命也，其有夜旦之常，天也。人之有所不得与，皆物之情也。"庄子在第九节认为，贫穷者贫穷的原因，归根到底是主观意识问题。"然而至此极者，命也夫！"

4. 道。庄子描述了道的五个特征。一是客观真实和抽象无形的："夫道，有情有信，无为无形；可传而不可受，可得而不可见。"二是自然生成且先天地而固有的："自本自根，未有天地，自古以固存；神鬼神帝，生天生地。"三是在空间上找不到边际："在太极之先而不为高，在六极之下而不为深，先天地生而不为久，长于上古而不为老。"四是在时间上既无开头也无结束："莫知其始，莫知其终。"五是保持宇宙生生不息的力量之源，"日月得之，终古不息。"

5. 无。庄子提到无的概念，可以理解为命或道。"孰能以无为首，以生为脊，以死为尻，孰知死生存亡之一体者，吾与之友矣。"如果与后面的生、死相对应，此无当为命。如果与首、脊、尻相对应，此无当为道。道与命相通。

6. 畸人、小人、真君子。庄子在第五节提到这三个概念。子贡曰："敢问畸人。"曰："畸人者，畸于人而侔于天，故曰：天之小人，人之君子；人之君子，天之小人也。"

7. 大宗师。庄子认为，大宗师就是最根本的哲学方法，它有三大功能性特征："吾师乎！吾师乎！泽及万世而不为仁，长于上古而不为老，覆载天地刻雕众形而不为巧，此所游已。"

（二）庄子认识论的基本观点

1. 庄子认为，人们认识客观世界有两大范畴，一是正确认识自然世界，二是正确认识人类社会，这是最全面、最重要、最困难的。"知天之所为，知人之所为者，至矣。"

2. 庄子认为，人们认识人类社会是一个不断发展深化的过程，"知人之所为者，以其知之所知以养其知之所不知，终其天年而不中道夭者，是知之盛也。"庄子在第三节也认为闻道是一个循序渐进的过程："吾犹守而告之，参日而后能外天下；已外天下矣，吾又守之，七日而后能外物；已外物矣，吾又守之，九日而后能外生；已外生矣，而后能朝彻；朝彻，而后能见独；见独，而后能无古今；无古今，而后能入于不死不生。"

3. 庄子认为，能够证明认识正确性的标准只能是实践，而实践又存在不确定性，所以真理的认定是相当困难的："夫知有所待而后当，其所待者特未定也。"

4. 庄子认为，要尊重自然规律，顺应客观变化，不要像鱼一样搁在沙滩上了还作徒劳的挣扎，企图恢复在江湖生活中的自由。“相濡以沫，不如相忘于江湖。”

5. 庄子认为，物质不灭是一条基本原理，把天下所有的具体的物质形态放到天下统一的抽象的物质之中是不会有量的增减变化的。“若夫藏天下于天下而不得所遁，是恒物之大情也。”

6. 庄子认为，特殊的具体的物（物质形态）在自然规律的支配下是不断变化的，人们主观意识不得干预，比如生死变化和日月交替。“死生，命也，其有夜旦之常，天也。人之有所不得与，皆物之情也。”

7. 庄子认为，天下万物都是在外界条件影响下长成的。“撄宁也者，撄而后成者也。”

8. 庄子认为，顺从自然规律可以自己解决观念倒悬问题。“且夫得者，时也，失者，顺也；安时而处顺，哀乐不能入也。此古之所谓县解也，而不能自解者，物有结之。”

9. 庄子强调了庄子认识论的生死观，顺道而行，安之若命。“故善吾生者，乃所以善吾死也。”

10. 庄子认为，存在决定意识，生活在社会规范之外的人与生活在社会规范之内的人是不能互相理解的。生活在社会规范之外的人，以自然之道为人处世，把死与生视为对立的统一。“彼，游方之外者也；而丘，游方之内者也。外内不相及，而丘使女往吊之，丘则陋矣。彼方且与造物者为人，而游乎天地之一气。彼以生为附赘县疣，以死为决疣溃痈，夫若然者，又恶知死生先后之所在！”

11. 庄子认为，死生的实质是命（先天意识）在道的支配下由一物向他物的转化的过程。“孟孙氏不知所以生，不知所以死；不知就先，不知就后；若化为物，以待其所不知之化已乎！”也就是说，孟孙氏不知道生死的原因，也不想弄明白，但他知道人的命即自然意识在一物的生死过程中转化为另一物了，只是不知道此物具体是何物而已。

（三）庄子认识论的其他观点

1. 庄子认为，认识自然规律可以养生延年。“子之年长矣，而色若孺子，何也？”曰：“吾闻道矣。”

2. 庄子认为，学习自然规律必须具备领悟能力。“夫卜梁倚有圣人之才而无圣人之道，我有圣人之道而无圣人之才，吾欲以教之，庶几其果为圣人乎！”

3. 庄子提出了以道交友原则。“孰能相与于无相与，相为于无相为？”

4. 庄子认为，科学地顺道而行，却遭遇了世俗不解的质疑。“彼何人者邪？”

5. 庄子认为，遵循自然法则的人是自然人，遵守社会规范的人是社会人，自然人比社会人高尚。“畸人者，畸于人而侔于天，故曰：天之小人，人之君子；人之君子，天之小人也。”

6. 庄子认为，学习哲学方法必须放弃自己的小欲望，小聪明，顺从自然规律。颜回曰：“堕肢体，黜聪明，离形去知，同于大通，此谓坐忘。”仲尼曰：“同则无好也，化则无常也，而果其贤乎！”

7. 庄子认为，人们要学习和遵循根本客观规律（大宗师），才能够改善自己的客观处境，而这些基本目标能否实现，完全取决于主观能动的意识（命）。“吾思夫使我至此极者而弗得也。父母岂欲吾贫哉？天无私覆，地无私载，天地岂私贫我哉？求其为之者而不得也。然而至此极者，命也夫！”

二、有关辩证法观点

1. 庄子认为，不仅要看到是非的对立性，更要看到是非的统一性。“与其誉尧而非桀也，不如两忘而化其道。”

2. 庄子认为，生命存在的基础是死与生的对立统一规律，即生命是在外界各种对立统一的物质因素的影响下生长的。“杀生者不死，生生者不生。其为物，无不将也，无不迎也；无不毁也，无不成也。其名为撄宁。撄宁也者，撄而后成者也。”

3. 庄子认为，古今、生死、往迎、成毁都是对立统一的辩证范畴。“杀生者不死，生生者不生。其为物，无不将也，无不迎也；无不毁也，无不成也。”

4. 庄子认为，生存与死亡都是由道（无）主宰的，或者说生存与死亡本质上是抽象的对立统一规律的一种具象的表现形式。“孰能以无为首，以生为脊，以死为尻，孰知死生存亡之一体者，吾与之友矣。”“伟哉！夫造物者，将以予为此拘拘也！”

5. 庄子认为，得到生命决定于偶然的时机，失去生命决定于必然的趋势，人的主观愿望改变不了客观规律，只能顺势而为。“且夫得者，时也，失者，顺也；安时而处顺，哀乐不能入也。” “且夫物不胜天久矣，吾又何恶焉。” “今一以天地为大炉，以造化为大冶，恶乎往而不可哉！”

6. 庄子认为，认识事物的形式与内容这一对辩证范畴具有重要意义。事物的内容是事物不变的本质，事物的形式是事物多变的现象。“鱼相造乎水，人相造乎道。相造乎水者，穿池而养给；相造乎道者，无事而生定。故曰，鱼相忘乎江湖，人相忘乎道术。”

内篇·应帝王

【原文一】啮缺问于王倪，四问而四不知。啮缺因跃而大喜，行以告蒲衣子。

蒲衣子曰：“而乃今知之乎？有虞氏不及泰氏。有虞氏其犹藏仁以要人，亦得人矣，而未始出于非人。泰氏其卧徐徐，其觉于于。一以己为马，一以己为牛。其知情信，其德甚真，而未始入于非人。”

【译解一】啮缺一口气连问王倪老师四个问题，王倪四问四不知。啮缺因之高兴得跳了起来，马上跑去告诉好友蒲衣子。蒲衣子回头对王倪说：“你现在知道啮缺这个人了吧？其实有虞氏不及老祖宗泰氏。虞舜他心怀仁义以笼络人心，也获得了百姓的拥戴，但他始终还是社会人而不是自然人。伏羲氏他睡眠时安安稳稳，他觉醒时自由自在。他一方面把自己当马，一方面又把自己当牛。他的智慧里已掌握了自然规律，他建立在自然规律基础上的厚德真实可信，他始终保持自然人本色不进入社会人的范畴。”

【要点一】庄子认为，舜帝用仁爱团结人，也达到了团结人的目的，但他自己始终没有从非人范畴里走出来。“有虞氏其犹藏仁以要人，亦得人矣，而未始出于非人。”伏羲把自己当牛当马，有才有德，他却始终没有走进非人范畴。“一以己为马，一以己为牛。其知情信，其德甚真，而未始入于非人。”这里讲的非人当指追求名利的社会人，与之对应的是遵守自然规律的自然人。

【原文二】肩吾见狂接舆。狂接舆曰："日中始何以语女?"肩吾曰："告我：君人者以己出经式义度，人孰敢不听而化诸!"狂接舆曰："是欺德也。其于治天下也，犹涉海凿河而使蚊负山也。夫圣人之治也，治外夫？正而后行，确乎能其事者而已矣。且鸟高飞以避矰弋之害，鼷鼠深穴乎神丘之下以避熏凿之患，而曾二虫之无知?"

【译解二】肩吾拜见楚国狂人陆接舆。陆接舆说："你的师傅日中始是如何教你的?"肩吾说："他告诉我，君王治国必须拿出自己的章法和示范，人们怎么敢不听并见诸行动!"狂人陆接舆说："这是违背自然之德的搞法。用这样的方法治理国家，犹如渡海凿河或使蚊虫背山那样不现实。真正的哲人治国，难道只治外在表面现象吗？哲人治国必然是先摆正哲学方法的大宗师位置而后行动，行动也只是确定一下能办事的官员而已。鸟儿尚且懂得高飞躲避弓箭的伤害，老鼠尚且知道深藏神坛地下洞内逃避挖穴被逮的祸患，你在治国方法上竟然比这两种小动物还无知吗?"

【要点二】庄子认为，哲学家治国首先要运用辩证唯物的认识论，掌握唯物辩证的方法论，摆正哲学方法（实践论和矛盾论）在治国方法问题上的大宗师地位，更具体的施政方法由能办事的官员去处理，以此减少社会不满。"夫圣人之治也，治外夫？正而后行，确乎能其事者而已矣。"

【原文三】天根游于殷阳，至蓼水之上，适遭无名人而问焉，曰："请问为天下。"无名人曰："去！汝鄙人也，何问之不豫也！予方将与造物者为人，厌则又乘夫莽眇之鸟，以出六极之外，而游无何有之乡，以处圹埌之野。汝又何为以治天下感予之心为?"又复问，无名人曰："汝游心于淡，合气于漠，顺物自然而无容私焉，而天下治矣。"

【译解三】天根去殷阳旅行，到达蓼水上游，正遇到一个不知名的人想问一下，说："请问如何治理天下。"无名人说："一边去！你是个粗鄙的人，为何提这么个怪问题！我正将接受造物主的为人处世要求，完成后再搭乘飞向深空的大鸟，出游三维六极之外，游览一无所有之乡，然后就住在那广阔无垠的原野。你又何必提治理天下的问题来搅乱我内心的这些想法呢?"在天根的反复追问下，无名氏只好正面回答说："你把心思用于淡泊名利，加上气力处于冷漠状态，依顺事物的自然发展而不掺杂私欲，自然会实现天下大治。"

【要点三】庄子认为，治理天下的基本原则就是让事物在自身规律的支配下自然发展，不要掺杂统治者的私欲。"汝游心于淡，合气于漠，顺物自然而无容私焉，而天下治矣。"

【原文四】阳子居见老聃，曰："有人于此，向疾强梁，物彻疏明，学道不倦，如是者，可比明王乎？"老聃曰："是于圣人也，胥易技系，劳形怵心者也。且也虎豹之文来田，猿狙之便执斄之狗来藉。如是者，可比明王乎？"阳子居蹴然曰："敢问明王之治。"老聃曰："明王之治，功盖天下而似不自己，化贷万物而民弗恃。有莫举名，使物自喜。立乎不测，而游于无有者也。"

【译解四】阳子居见到老子，说："现在有这样一个人，他反应敏捷强势，观察透彻通明，学道不知疲倦，像他这样的人，可以与圣明的帝王比较吗？"老子说："他这样的人相对哲人，不过有些小官僚的小伎俩，做一些费力劳神小事的人而已。而且也会因为虎豹皮色招来猎人捕杀，猿猴手脚的敏捷和猎狗嗅觉的灵敏招来人们的捕捉。这样的人，怎么可以类比明王呢？"阳子靠近老子恭敬地说："请问明王治国是什么方法。"老子说："明王的基本治国方法是这样的：功盖天下似乎不是自己的功劳，千方百计周济天下而民众不产生依赖。有功也不标名，使天下万物自感成功的快乐。立足于高深莫测的道，生活在一切皆无的世界里。"

【要点四】庄子认为，明君治国必须坚持辩证法则，有大功而不争功名，帮助民众但不取代其自主努力。"明王之治，功盖天下而似不自己，化贷万物而民弗恃。"

【原文五】郑有神巫曰季咸，知人之死生、存亡、祸福、寿夭，期以岁月旬日，若神。郑人见之，皆弃而走。列子见之而心醉，归，以告壶子，曰："始吾以夫子之道为至矣，则又有至焉者矣。"壶子曰："吾与汝既其文，未既其实。而固得道与？众雌而无雄，而又奚卵焉！而以道与世亢，必信，夫故使人得而相汝。尝试与来，以予示之。”明日，列子与之见壶子。出而谓列子曰：“嘻！子之先生死矣！弗活矣！不以旬数矣！吾见怪焉，见湿灰焉。”列子入，泣涕沾襟以告壶子。壶子曰：“乡吾示之以地文，萌乎不震不正，是殆见吾杜德机也。尝又与来。”明日，又与之见壶子。出而谓列子曰：“幸矣！子之先生遇我也，有瘳矣！全然有生矣！吾见其杜权矣！”列子入，以告壶子。壶子曰：“乡吾示之以天壤，名实不入，而机发于踵。是殆见吾善者机也。尝又与来。”明日，又与之见壶子。出而谓列子曰：“子之先生不齐，吾无得而相焉。试齐，且复相之。”列子入，以告壶子。壶子曰：“吾乡示之以太冲莫胜，是殆见吾衡气机也。鲵桓之审为渊，止水之审为渊，流水之审为渊。渊有九名，此处三焉。尝又与来。”明日，又与之见壶子。立未定，自失而走。壶子曰：“追之！”列子追之不及。反，以报壶子曰：“已灭矣，已失矣，吾弗及已。”壶子曰：“乡吾示之以未始出吾宗。吾与之虚而委蛇，不知其谁何，因以为弟靡，因以为波流，故逃也。”然后列子自以为未始学而归。三年不出，为其妻爨，食豕如食人，于事无与亲。雕琢复朴，块然独以其形立。纷而封哉，一以是终。

【译解五】郑国有名神巫，名叫季咸，知人之死生、存亡、祸福、寿夭，预测岁月旬日，很准。郑国人见到他，都回避走开。列子见到他而心醉，回家后将情况告诉老师壶子，曰：“我最初以为您教的哲学方法已到极致了，而今我发现又有超过极致的人了。”壶子曰：“我已经给你教授了道家经典的文采形式，但还没有教授到道家经典的实质内容。你就确定得道了吗？有众雌而无一雄，怎么可以得到受精卵呢！你刚学到一点道的皮毛就与世人应对，在你的脸上必然暴露实情，因而使人猜透了你的心态再给你看相。你尝试与他一起来，把我介绍给他看相吧。”第二天，列子邀季咸去见了壶子。刚一出门，季咸就对送行的列子说：“呀！你的老师快死了！不得活了！生命不能用十日计数了！我看见他怪怪的，像见到打湿的灰烬一样。”列子回到屋里，泪水弄湿了衣襟，伤心地把季咸的话告诉给壶子。壶子说：“刚才我把大地孕育万物萌发时寂静的神态展现给他，植物种子在将要萌发尚未萌发之际的情态，这样大概只能看到我的意识模糊，以为我闭塞了生机。你再邀他来试试看。”过了一天，列子又邀季咸见壶子。季咸对送行的列子说：“幸运呢！你的老师遇到我，有救了！完全有活路了！我看见他模糊的意识变清醒了！”列子返回后，将这个意思告诉了壶子。壶子曰：“刚才我把天地清朗般的意识展现给他，让他清楚地感到我的意识中没有名利杂念，谈吐也很有底气。这样大概可以看见我头脑里的清醒意识了。你还可以邀他来给我看看。”过后一天，列子又邀季咸去见壶子。季子出门时对送行的列子说：“你老师的精神状态前后不一致，我没办法给他看相测寿了。等他的精神状态恢复正常后，我再来给他看相吧。”列子返回后，将这些话告诉了壶子。壶子曰：“我刚才给他展现了谁也捉摸不透的太虚，这样大概让他看见我的平衡心气的机制了。大鱼盘桓洄旋的地方必是深渊，平水洄旋可以成为深渊，流水洄旋也可以成为深渊。深渊有九种名状，我在这里仅说到三种名状。你还可以请他来看看。”又过了一天，列子再邀季咸去见壶子。季咸还没有形成自己的看法，就逃跑而去了。壶子说：“追他去！”列子追之不及。返回后将情况报告壶子说：“他已经逃跑了，看不见了，我追不到了。”壶子说：“刚才我给他展示的还不是我的大宗师。我与他虚与周旋时，他不知我的用意是什么，感觉自己一会儿像秕谷被风铲扬起，一会儿又像水滴在随波逐流，所以他感到被捉弄而逃跑了。”这之后，列子自认为学道还未开始就回家了。他三年不出家门，给自己的妻子做饭、干家务，喂猪如喂人一样认真，处理事情不分亲疏。他认真改掉自己的毛病像雕琢玉器一样扬弃杂质、返璞归真，以决然的独特形象立世。他面对纷繁杂乱的外部世界固守心中的宗师，且一以贯之，终生不渝。

【要点五】庄子认为，所谓神巫都是骗人的把戏，表面看它是唯心的，其实是唯物的，你不提供客观信息，这个骗人把戏就会被揭穿，这与道没有必然联系。道是客观规律，是辩证唯物的。“吾与汝既其文，未既其实。而固得道与？众雌而无雄，而又奚卵焉！而以道与世亢，必信，夫故使人得而相汝。”

【原文六】无为名尸，无为谋府，无为事任，无为知主。体尽无穷，而游无朕。尽其所受乎天而无见得，亦虚而已！至人之用心若镜，不将不逆，应而不藏，故能胜物而不伤。

【译解六】不要做名利的躯壳，不要做谋略的府库，不要做事务的奴隶，不要做智慧的宿主。可以尽心尽力地为天下做很多事情，而不要给人留下追求名利的印象。尽可能按照自己掌握的自然规律去做而不图报答，仅此而已！至人的志向和目的像镜子一样摆在那里，不愿意向着这个目的之人不将就，愿意向着这个目的之人不拒绝，镜子只反映人物的愿望而不负责实现它，所以它能够超越所有人物而不损伤自身。

【要点六】庄子认为，好帝王要坚持三条根本原则。一是大公无私，为天下所有人服务而不追求名利，“无为名尸，无为谋府，无为事任，无为知主。体尽无穷，而游无朕。”二是顺道而为，按自然规律去做事而不图报答，“尽其所受乎天而无见得。”三是坚持反映论，摈弃主观主义。“至人之用心若镜，不将不逆，应而不藏，故能胜物而不伤。”

【原文七】南海之帝为儵，北海之帝为忽，中央之帝为浑沌。儵与忽时相与遇于浑沌之地，浑沌待之甚善。儵与忽谋报浑沌之德，曰：“人皆有七窍以视听食息，此独无有，尝试凿之。”日凿一窍，七日而浑沌死。

【译解七】南海帝王叫儵，北海帝王叫忽，中间帝王叫浑沌。儵帝与忽帝经常相遇在浑沌帝地界，浑沌帝待他们都很好。儵帝和忽帝商量报答浑沌帝的恩德，说：“人都有七窍，便于看、听、吃、呼吸用，浑沌帝没有，不妨给他开凿七窍试试看。”每天开凿一窍，只七天浑沌帝就被凿死了。

【要点七】庄子认为，帝王治国要从实际情况出发，坚持唯物认识论，要反对唯心认识论，不能犯唯主观主义错误。“人皆有七窍以视听食息，此独无有，尝试凿之。日凿一窍，七日而浑沌死。”

《应帝王》内容小结

一、基本概念

非人与人。庄子在第一节认为，舜帝用仁爱团结人，也达到了团结人的目的，但他自己始终没有从非人的范畴里走出来。“有虞氏其犹藏仁以要人，亦得人矣，而未始出于非人。”庄子同时认为，伏羲把自己当牛当马，有才有德，他却始终没有走进非人的范畴。“一以己为马，一以己为牛。其知情信，其德甚真，而未始入于非人。”这里讲的非人当指追求名利的社会人；与非人相对应的是人，而人是指遵守自然法则，不追求名利的自然人。

二、有关认识论观点

1. 庄子在第三节认为，治理天下的基本原则就是让事物在自身规律的支配下自然发展，不要掺杂统治者的私欲。“汝游心于淡，合气于漠，顺物自然而无容私焉，而天下治矣。”

2. 庄子在第五节认为，所谓神巫都是骗人的把戏，表面看它是唯心的，其实是唯物的，你不提供客观信息，这个骗人把戏就会被揭穿，这与道没有必然联系。道是客观规律，是唯物的。“吾与汝既其文，未既其实。而固得道与？众雌而无雄，而又奚卵焉！而以道与世亢，必信，夫故使人得而相汝。”

3. 庄子在第六节认为，好帝王要坚持三条根本原则。一是大公无私，为天下所有人服务而不追求名利，“无为名尸，无为谋府，无为事任，无为知主。体尽无穷，而游无朕。”二是顺道而为，按自然规律去做事而不图报答，“尽其所受乎天而无见得。”三是坚持反映论，摈弃主观主义。“用心若镜，不将不逆，应而不藏，故能胜物而不伤。”

4. 庄子在第七节认为，帝王治国要从实际情况出发，坚持唯物认识论，要反对唯心认识论，不能犯主观主义错误。“人皆有七窍以视听食息，此独无有，尝试凿之。日凿一窍，七日而浑沌死。”

三、有关辩证法观点

1. 庄子在第二节认为，哲学家治国首先要运用唯物认识论，掌握唯物辩证的方法论，摆正实践论和矛盾论的哲学方法在治国问题上的大宗师地位，而具体的施政方法由能办事的官员去处理，以此减少社会不满。“夫圣人之治也，治外夫？正而后行，确乎能其事者而已矣。”

2. 庄子在第四节认为，明君治国必须坚持辩证法则，有大功而不争功名，帮助民众但不取代其自主努力。“明王之治，功盖天下而似不自己，化贷万物而民弗恃。”

总之，本篇的主题内容是如何应答帝王为政之询的。

外篇·骈拇

【原文一】骈拇枝指，出乎性哉？而侈于德。附赘县疣，出乎形哉？而侈于性。多方乎仁义而用之者，列于五藏哉？而非道德之正也。是故骈于足者，连无用之肉也；枝于手者，树无用之指也；多方骈枝于五藏之情者，淫僻于仁义之行，而多方于聪明之用也。

【译解一】足趾相连和拇指旁生小指头，是出自人的正常本性吗？但比之于人的正常本性更加夸张。身上长出的瘊子，是出自人的正常形体吗？但与人的正常形体相比就显得异常。经过多方努力而加以推行的仁义，难道就可以列为人的五藏之德吗？但它并不是真正的本性之德。所以，把趾头并在一起的脚，不过是将无用的肉连上；拇指旁生小指头的手，不过多了一根无用的指头；想方设法在本性五藏之德上拼接仁义的行为，是仁义被邪恶玷污的行为，也是想方设法利用聪明的行为。

【要点一】庄子认为，仁义是儒家想方设法在人的本性之外添加的无用之疣。“多方乎仁义而用之者，列于五藏哉？而非道德之正也。”对此，儒家认为天生人性里是有仁爱之心的，道家没有反对这个观点，并且认为人的天性是善良的，这是儒道两家的共同观点。儒家认为有必要把天生的仁爱之心或天生明德彰显出来。道家认为，既然善良是人的天性，那就应该顺其自然，不需要人为推行，否则就可能被人利用变质，所以倡行仁义，像骈拇枝指，多此一举。这是儒道两家不同观点。儒道两家的共同不足是没有把仁义的文化同与私有制经济生活联系起来研究。

【原文二】是故骈与明者，乱五色，淫文章，青黄黼黻之煌煌非乎？而离朱是已。多于聪者，乱五声，淫六律，金石丝竹黄钟大吕之声非乎？而师旷是已。枝于仁者，擢德塞性以收名声，使天下簧鼓以奉不及之法非乎？而曾史是已。骈于辩者，累瓦结绳窜句，游心于坚白同异之间，而敝跬誉无用之言非乎？而杨墨是已。故此皆多骈旁枝之道，非天下之至正也。

【译解二】因此，那些奢求视觉美感的人，搞乱了自然五色，迷惑于表面错综而又华美的花纹与色彩，青黄官服上的炫目花纹还不典型吗？离朱就是这样的人。还有那些想增加听觉美感的人，搞乱了自然五声，淫浸于各种器乐，金石丝竹黄钟大吕之声还不典型吗？师旷就是这样的人。那些旁生仁义的人，不过是刻意拔高社会德性而闭塞人的自然德性捞取名声，诱使人们喧闹着去奉行那些实际上做不到的礼法不是这样吗？曾参和史鳝就是这样的人。还有那些拼凑理由狡辩的人，他们把辩词弄得像累瓦结绳窜句，把心思用在坚白异同的争论上，这难道不是为了眼前的名誉而疲于玩弄无用之言吗？杨朱和墨翟就是这样的人。因此他们搞的这些“骈趾枝指”之道，并非天下的一般性的自然之道。

【要点二】庄子认为，儒家好仁义之道、杨墨喜坚白之辩，这些都不是自然正道。

【原文三】彼至正者，不失其性命之情。故合者不为骈，而枝者不为跂；长者不为有余，短者不为不足。是故凫胫虽短，续之则忧；鹤胫虽长，断之则悲。故性长非所断，性短非所续，无所去忧也。意仁义其非人情乎？彼仁人何其多忧也？

【译解三】前面说的天下一般性的自然之道，就是要求人们不丢失与生俱来的普遍天性。（只要符合普遍的天性）连在一起的趾头不是无用的骈趾，旁生的歧指也不是无用的枝指；不会感到长的器官多余，不会感到短的器官有不足。因此野鸭的小腿虽短，帮它加上一节却会犯愁；白鹤的小腿虽长，帮它砍断一段反而生悲。所以天生长的不能砍短一点，天生短的不能续长一点，不管它的长短就没有忧虑。噫！仁义这东西不违反人的天性吗？那宣扬仁义的人为何多忧虑呢？

【要点三】庄子对至正概念作了定义：“彼至正者，不失其性命之情。”从上一节看，多方仁义显然是社会之道，但庄子认为它是骈趾枝指一类的不正之道，相对而言的正道就是自然之道。但枝指也是自然生成的，它算不算自然之道呢？如果算自然之道，它确实无用，如果不算自然之道，它又是自然生成的。于是庄子使用了一个至正的概念，也就是说符合一般性和普遍性的自然之道才是至正之道。天生的骈趾枝指是一种特殊现象，不符合一般的和普遍的规律，所以它虽然是自然之道，但不是至正的自然之道。

【原文四】且夫骈于拇者，决之则泣；枝于手者，龁之则啼。二者，或有余于数，或不足于数，其于忧一也。今世之仁人，蒿目而忧世之患；不仁之人，决性命之情而饕贵富。故意仁义其非人情乎？自三代以下者，天下何其嚣嚣也？

【译解四】再说那个骈连脚趾的人，如果将其脚趾割开，他肯定会哭泣的；旁生一根手指的人，如果将其手指咬掉，他肯定会哀嚎的。这里有两种相反的情况，或者是多于正常数，或者少于正常数，他们的忧心是一样的。同理，而今讲仁道的人，总是为世道的祸患而忧虑；不讲仁道的人，总是决断生命的天性而贪图富贵。所以我感叹仁义这东西难道不违反人的天性吗？否则自夏商周三代以来，天下为何大乱成这个样子呢？

【要点四】庄子认为，既然有了骈趾枝指，不论如何处理都存在忧患。同样的道理，只要有了仁义概念，讲不讲仁义都是天下大乱的原因。“今世之仁人，蒿目而忧世之患；不仁之人，决性命之情而饕贵富。故意仁义其非人情乎？自三代以下者，天下何其嚣嚣也？”

【原文五】且夫待钩绳规矩而正者，是削其性者也，待绳约胶漆而固者，是侵其德者也；屈折礼乐，呴俞仁义，以慰天下之心者，此失其常然也，天下有常然。常然者，曲者不以钩，直者不以绳，圆者不以规，方者不以矩，附离不以胶漆，约束不以纆索。故天下诱然皆生而不知其所以生，同焉皆得而不知其所以得。故古今不二，不可亏也，则仁义又奚连连如胶漆纆索，而游乎道德之间为哉？使天下惑也！

【译解五】那些准备用曲尺墨绳圆规角板之类去矫正物体形状的人，就是改变这些物体天性的人，准备用绳索捆绑胶漆黏结而固定物体的人，就是损害物体自然德性的人；要求人们躬行儒家礼乐，拘泥儒家仁义，用以安慰天下人心的人，他也失去了自己的天性，天下事物都是有自己天性的。天性是指这种情况：自然弯曲的物体不按曲尺要求生长，自然通直的物体不按绳墨要求生长，自然圆形的物体不按圆规要求生长，自然方形的物体不按直角要求生长，附着或分离不用胶漆，捆绑不用绳索。所以天下事物都是依照自然诱导因素产生而不知为什么产生，同样都获得了各自的形状而不知为何得到这种形状。这样的事物天性从古未变，不可人为伤害这样的事物天性，而仁义观念为何像胶漆一样缠绕人们连续不断呢？或者是像绳索一样捆绑在道与德之间胡来呢？这让天下人都感到困惑不解！

【要点五】庄子认为，儒家提倡仁义违反了人的天性，这正是社会动乱的根本原因。“故天下诱然皆生而不知其所以生，同焉皆得而不知其所以得。故古今不二，不可亏也，则仁义又奚连连如胶漆缰索，而游乎道德之间为哉？使天下惑也！”这是庄子认识论对社会乱象的哲学层面的解译。

【原文六】夫小惑易方，大惑易性。何以知其然邪？自虞氏招仁义以挠天下也，天下莫不奔命于仁义，是非以仁义易其性与？故尝试论之，自三代以下者，天下莫不以物易其性矣。小人则以身殉利，士则以身殉名，大夫则以身殉家，圣人则以身殉天下。故此数子者，事业不同，名声异号，其于伤性以身为殉，一也。臧与谷，二人相与牧羊而俱亡其羊。问臧奚事，则挟策读书；问谷奚事，则博塞以游。二人者，事业不同，其于亡羊均也。伯夷死名于首阳之下，盗跖死利于东陵之上。二人者，所死不同，其于残生伤性均也，奚必伯夷之是而盗跖之非乎！天下尽殉也；彼其所殉仁义也，则俗谓之君子；其所殉货财也，则俗谓之小人。其殉一也，则有君子焉，有小人焉；若其残生损性，则盗跖亦伯夷已，又恶取君子小人于其间哉！

【译解六】人们遇到小诱惑便改变自己的方法，遇到大诱惑便改变自己的天性。怎么知道是这样的逻辑呢？自虞舜倡导仁义并推行至天下以来，人们就没有不拼命践行仁义的，这是不是他们君民用仁义改变了自己的天性呢？因此让我们进一步尝试着讨论这个问题，自夏商周三代以来，天下没有不是因为物质利益而改变自己天性的人。民众以拼命为代价追求物质利益，士子以拼命为代价追求名利，贵族以拼命为代价巩固家族统治，圣人以拼命为代价治理国家。这些人，各自从事的业务不同，名声称号各异，但是他们以拼命为代价导致了伤害自己天性的结果，这是一样的。例如家奴和童仆，二人一起去放羊又一起把羊弄丢了。问家奴怎么回事，他说自己拿着竹简读书去了；又问童仆怎么回事，他说拿着博彩塞子做游戏去了。这两个人做的事不同，但他们对于丢羊的责任是均等的。伯夷为了名，死于首阳山下；盗跖为了利，死于东陵之上，这两个人，致死的原因不同，但他们残害自己生命伤及天性的结果是均等的，怎么能肯定地说伯夷的死是对的而盗跖的死是不对的呢！天下人都在拼命追求并达到自己的目的，他们中有人为仁义拼命，世俗称他为君子；有人为利益拼命，世俗称他为小人。以生命为代价的结果是一样的，但评价有君子的说法，有小人的说法；如果从他们残害生命伤及天性的事实看，那么小人盗跖也是君子伯夷了，又怎么能把君子与小人分开呢！

【要点六】庄子认为，“自虞氏招仁义以挠天下也，天下莫不奔命于仁义，是非以仁义易其性与？故尝试论之。自三代以下者，天下莫不以物易其性矣。小人则以身殉利，士则以身殉名，大夫则以身殉家，圣人则以身殉天下。”也就是说，从舜帝开始推行仁义，天下人表面上无不为仁义奔忙，实际上其本性是否真的变得仁义了呢。我看事实不是这样的。自夏代以来，人们的思想认识都是建立在物质利益基础上的，人们原有的自然意识被改变。人们的自然意识统统被社会意识取代后，一切社会行为最终都是为了追求物质利益。老百姓凭借一己之力追求物质利益没什么可说的，而圣人如果推行仁义并帮助统治集团追求利益的最大化，就可能损害老百姓利益。由此可见，庄子根据自己的唯物论原理，已经认识到了社会意识形态决定于社会经济基础的事实，使庄子认识论具有了历史唯物论的特征，并且对人的本质的认识已经从自然属性升华到了社会属性。

【原文七】且夫属其性乎仁义者，虽通如曾、史，非吾所谓臧也；属其性于五味，虽通如俞儿，非吾所谓臧也；属其性乎五声，虽通如师旷，非吾所谓聪也；属其性乎五色，虽通如离朱，非吾所谓明也。吾所谓臧者，非仁义之谓也，臧于其德而已矣；吾所谓臧者，非所谓仁义之谓也，任其性命之情而已矣；吾所谓聪者，非谓其闻彼也，自闻而已矣；吾所谓明者，非谓其见彼也，自见而已矣。夫不自见而见彼，不自得而得彼者，是得人之得而不自得其得者也，适人之适而不自适其适者也。夫适人之适而不自适其适，虽盗跖与伯夷，是同为淫僻也。余愧乎道德，是以上不敢为仁义之操，而下不敢为淫僻之行也。

【译解七】 再说那些天性被仁义取代了的人，虽然如曾参和史鳉那般精通仁义，但不是我所说的善良人；天性被五味取代了的人，虽然如俞儿那样精通五味，但不是我所说的善良人；天性被五声取代了的人，虽然如师旷那样精通五声，但不是我所说的聪慧人；天性被五色取代了的人，虽然如离朱那样精通五色，但不是我所说的明白人。我所说的善良人，不是从仁义角度评价他是否善良，而是从自然德性的角度评价他的善良而已；我所说的善良人，不是从他们所说的仁义角度评价他是否善良，而是从生命及其天性的角度评价他的善良而已；我所说的聪慧人，不是说他听懂别人说什么，而是听懂自己的心声而已；我所说的明白人，不是说他看懂别人想什么，而是看懂自己在想什么而已。那些看不见自己在想什么只看见别人在想什么的人，既是只能得到别人想得到的东西而得不到自己想得到的东西的蠢人，也是满足别人的满足感而不能满足自己的满足感的蠢人。如果只满足别人的满足感而不能满足自己的天性满足感，虽然小人盗跖与君子伯夷，都是同样淫邪的。我真是有愧于所谓的道德呀，向上不敢学习伯夷的仁义操守，向下不敢仿效盗跖的淫邪行为（因为我要顺从我的天性）。

【要点七】 庄子认为，人们应该顺应天性才是至正之德。“夫适人之适而不自适其适，虽盗跖与伯夷，是同为淫僻也。”

《骈拇》内容小结

一、基本概念

1. 至正。庄子对至正概念作了定义：“故此皆多骈旁枝之道，非天下之至正也。”庄子还在第三节再对至正概念作了定义：“彼至正者，不失其性命之情。”庄子提出至正（道和德）概念是针对儒家不正之道的。庄子认为仁义之道是骈趾枝指一类的不正之道，相对而言的正道就是自然之道。但骈趾枝指也是自然生成的，它算不算自然之道呢？如果算自然之道它确实无用，如果不算自然之道它又是自然生成的。于是庄子提出了一个至正的概念。也就是说，符合一般性和普遍性的自然之道才是至正之道。天生的骈趾枝指是一种特殊现象，不符合一般的和普遍的规律，所以它虽然是自然之道，但不是至正的自然之道。

2. 德或性。庄子认为，多长指头或肉瘤都不是正常的自然之德或天性，“骈拇枝指，出乎性哉？而侈于德。附赘县疣，出乎形哉？而侈于性。多方乎仁义而用之者，列于五藏哉？而非道德之正也。”庄子在第七节认为，人们应该顺应天性才是至正之德。“夫适人之适而不自适其适，虽盗跖与伯夷，是同为淫僻也。”

二、有关认识论观点

社会意识决定于社会存在，社会物质利益决定社会意识形态。庄子在第六节认为：“自虞氏招仁义以挠天下也，天下莫不奔命于仁义，是非以仁义易其性与？故尝试论之。自三代以下者，天下莫不以物易其性矣。小人则以身殉利，士则以身殉名，大夫则以身殉家，圣人则以身殉天下。”

三、对儒家仁义观点的批评

庄子认为，仁义是儒家想方设法在人的本性之外添加的无用之疣。“多方乎仁义而用之者，列于五藏哉？而非道德之正也。”庄子在第五节认为，儒家提倡仁义违反了人的天性，这正是社会动乱的根本原因。“故天下诱然皆生而不知其所以生，同焉皆得而不知其所以得。故古今不二，不可亏也，则仁义又奚连连如胶漆纆索，而游乎道德之间为哉？使天下惑也！”儒道两家对仁义的解释有同有异。儒家认为人有“天生明德”，表现为仁心义行。道家认为“虎豹仁也”，人的天性自然是善良的。这是两家的共同观点。儒家认为有必要广播仁义，以平天下。庄子认为自夏以后，表面上“天下莫不奔命于仁义”，实际上“天下莫不以物易其性矣”。再说，人的天性既然是善良的，那就应该顺其自然，否则就会被人利用。

外篇·马蹄

【原文一】马，蹄可以践霜雪，毛可以御风寒，龁草饮水，翘足而陆，此马之真性也。虽有义台路寝，无所用之。及至伯乐，曰："我善治马。"烧之，剔之，刻之，雒之，连之以羁絷，编之以皁栈，马之死者十二三矣；饥之，渴之，驰之，骤之，整之，齐之，前有橛饰之患，而后有鞭筴之威，而马之死者已过半矣。陶者曰："我善治埴，圆者中规，方者中矩。"匠人曰："我善治木，曲者中钩，直者应绳。"夫埴木之性，岂欲中规矩钩绳哉？然且世世称之曰"伯乐善治马"而"陶匠善治埴木"，此亦治天下者之过也。

【译解一】马，蹄子可以踏霜雪，毛发可以防风寒，啃草饮水，举足跳跃，这是马的天性。虽有高台大殿，对它毫无用处。直到有了伯乐，说："我善于治马。"于是用红铁灼马毛，用剪刀修马鬃，用锉刀削马蹄，用烙铁留印记，用络头和绊绳把马拴在一起，安排马统一进食和睡觉，被他治死的马达到二三成；他还让马受饥渴，接受奔跑训练、步调训练，让马跨越和急转，使马群行动一致，前有缰绳坚勒，后有鞭策威逼，被他治死的马已经过半。制陶工人说："我善于治黏土，圆形陶器符合圆规要求，方形陶器符合方矩的要求。"木匠说："我善于治木，曲形符合曲尺要求，直形的符合墨线要求。"黏土和树木的天性，难道必须符合这些规矩钩绳吗？然而世世代代还谬赞他们说："伯乐善治马而陶匠善治埴木"，这也是那些自诩善于治天下的人常犯的错误。

【要点一】庄子认为，违反事物的天性是人们经常犯的普遍性错误。"夫埴木之性，岂欲中规矩钩绳哉？然且世世称之曰'伯乐善治马'而'陶匠善治埴木'，此亦治天下者之过也。"

【原文二】吾意善治天下者不然。彼民有常性，织而衣，耕而食，是谓同德；一而不党，命曰天放。故至德之世，其行填填，其视颠颠。当是时也，山无蹊隧，泽无舟梁；万物群生，连属其乡；禽兽成群，草木遂长。是故禽兽可系羁而游，乌鹊之巢可攀援而窥。

【译解二】 我认为善于治理天下的人不应该这样做。民众有自然不变的天性，织布穿衣，耕田吃饭，这些被称为经济利益平等；权利齐一没有偏私，这称为天性自由。所以在真正实现权利平等的时代，民众的行为稳重质朴、对待事物非常认真。到那时候，山里没有蹊径，水上没有舟桥；万物群居共同生活，彼此联系没有界限；禽兽成群结队，草木竟相生长。天性自由如此，飞禽走兽可以用绳子牵着到处游玩，甚至爬到树上去窥视鸟儿巢穴。

【要点二】 庄子认为，真正实现天下大治，必须尊重民众的自然本性，让他们解决衣食问题，实现权利平等是谓同德，达到人的天性自由是谓至德。“彼民有常性，织而衣，耕而食，是谓同德；一而不党，命曰天放。故至德之世，其行填填，其视颠颠。”本章有四个基本概念。常性：民众有自然不变的天性。同德：人人权利平等。天放：天性自由。至德：完全实现人人权利平等。

【原文三】 夫至德之世，同与禽兽居，族与万物并。恶乎知君子小人哉！同乎无知，其德不离；同乎无欲，是谓素朴。素朴而民性得矣。及至圣人，蹩躠为仁，踶跂为义，而天下始疑矣。澶漫为乐，摘辟为礼，而天下始分矣。故纯朴不残，孰为牺尊！白玉不毁，孰为珪璋！道德不废，安取仁义！性情不离，安用礼乐！五色不乱，孰为文采！五声不乱，孰应六律！夫残朴以为器，工匠之罪也；毁道德以为仁义，圣人之过也。

【译解三】 在人的天性最自由的世代，与禽兽同居一处，与所有事物聚合并生。哪里知道君子与小人的区别！大家都不玩弄知巧心计，人的天性就不会丧失；大家都不宣泄私欲，就是人们常说的朴素。世风朴素，民众的天性得以显现。等到所谓的圣人出世，努力倡导仁心，极力推崇义行，而天下人却开始产生疑惑了。制作浪漫的乐曲，规定古怪的礼制，而天下人却开始分庭抗礼了。因此原木不锯开，怎么做成祭祀用的礼器！白玉不改变原状，怎么做成玉器珪璋！自然的道德不废弃，如何布施好仁义！天生的性情不丧失，如何用得上礼乐！五种天然颜色不乱，怎么做成文采！五种自然声音不乱，怎么应和六律！可见为了做成器具必须残害树木，这是木匠的罪过；为了布施仁义必须摧毁自然道德，这是圣人的罪过。

【要点三】 庄子认为，圣人推行的抽象的仁义，实质上是对人的自然道德和性情的摧毁。“夫残朴以为器，工匠之罪也；毁道德以为仁义，圣人之过也。”

【原文四】 夫马，陆居则食草饮水，喜则交颈相靡，怒则分背相踶。马知已此矣！夫加之以衡扼，齐之以月题，而马知介倪、闉扼、鸷曼、诡衔、窃辔。故马之知而能至盗者，伯乐之罪也。

【译解四】 马，生活在陆地上，吃草喝水，高兴时互相交颈亲热，生气了就转身离去还互踢对方一脚。马的智慧到此为止了。后来它身上被加上横木，头上戴着佩带，从那时起，它就知道向人侧目怒视，僵着脖子抗拒轭条，扭动身体摆脱车盖，还想吐出马口铁，挣脱绊马绳。因此马的智力竟能与人为敌，这是伯乐的罪过。

【要点四】 庄子认为，马的天性是自由自在的，它的坏脾气都是所谓伯乐善治造成的，“故马之知而能至盗者，伯乐之罪也。”

【原文五】 夫赫胥氏之时，民居不知所为，行不知所之，含哺而熙，鼓腹而游。民能以此矣！及至圣人，屈折礼乐以匡天下之形，县跂仁义以慰天下之心，而民乃始踶跂好知，争归于利，不可止也。此亦圣人之过也。

【译解五】 在上古赫胥氏时代，民众居家不知道做什么，外出不知道去哪里，只知道吃东西晒太阳，挺着大肚子做游戏。民众能做的也就是这些了。待到圣人出现，强制要求遵循礼乐规矩来匡正天下，还高悬仁义麻痹天下人心，于是民众开始极力崇尚智巧，为了利益争强好胜，一发而不可收。这也是圣人的罪过。

【要点五】 庄子认为，帝王制定礼乐，推行仁义，都是为统治者少数人服务的，民众不甘心被礼乐和仁义枷锁束缚，势必反抗，天下动乱就是这样产生的。“及至圣人，屈折礼乐以匡天下之形，县跂仁义以慰天下之心，而民乃始踶跂好知，争归于利，不可止也。此亦圣人之过也。”

《马蹄》内容小结

一、基本概念

1. 常性。庄子认为，民众有自然不变的天性。“彼民有常性，织而衣，耕而食，是谓同德；一而不党，命曰天放。故至德之世，其行填填，其视颠颠。”

2. 同德。庄子认为，人人物质平等就是同德。“彼民有常性，织而衣，耕而食，是谓同德。”

3. 天放。庄子认为，经济利益整齐划一没有偏私，这称为天性自由，天性自由就是天放。“一而不党，命曰天放。”

4. 至德。庄子认为，完全实现人人政治权力和经济利益平等，人的天性自由得到释放，这样的时代称为至德之时。“彼民有常性，织而衣，耕而食，是谓同德；一而不党，命曰天放。故至德之世，其行填填，其视颠颠。”

二、基本观点

1. 庄子认为，违反事物的天性是人们经常犯的普遍性错误。“夫埴木之性，岂欲中规矩钩绳哉？然且世世称之曰‘伯乐善治马’而‘陶匠善治埴木’，此亦治天下者之过也。”

2. 庄子认为，真正实现天下大治，必须尊重民众的自然本性，让他们解决衣食问题，实现权利平等是谓同德，这达到人的天性自由是谓至德。“彼民有常性，织而衣，耕而食，是谓同德；一而不党，命曰天放。故至德之世，其行填填，其视颠颠。”

3. 庄子认为，圣人推行的具体的仁义，实质上是对人的自然道德和性情的摧毁。“夫残朴以为器，工匠之罪也；毁道德以为仁义，圣人之过也。”

4. 庄子认为，帝王制定礼乐，推行仁义，都是为统治者少数人服务的，民众不甘心被礼乐和仁义枷锁束缚，势必反抗，天下动乱就是这样产生的。“及至圣人，屈折礼乐以匡天下之形，县跂仁义以慰天下之心，而民乃始踶跂好知，争归于利，不可止也。此亦圣人之过也。”

总之，庄子认为唯心论是社会乱象产生的认识论根源。

外篇·胠箧

【原文一】将为胠箧、探囊、发匮之盗而为守备，则必摄缄縢、固扃鐍；此世俗之所谓知也。然而巨盗至，则负匮、揭箧、担囊而趋，唯恐缄縢扃鐍之不固也。然则乡之所谓知者，不乃为大盗积者也？故尝试论之。

【译解一】要防备小偷撬箱子、掏袋子、开柜子，那就必须把绳子绑紧，把柜门锁牢；这是世俗常说的明智做法。然而大盗来了，人们却背起柜子、扛起箱子、挑起袋子快速逃跑，这时最担心的就是绳结门锁不牢固。这样一来先前认为预防小偷的明智做法，岂不成了为大盗积存和保管财物的方法了？因此我想试作讨论。

【要点一】庄子认为，人们防备小偷的智慧正好是为大盗积聚财富服务的。“然则乡之所谓知者，不乃为大盗积者也？”

【原文二】世俗之所谓知者，有不为大盗积者乎？所谓圣者，有不为大盗守者乎？何以知其然邪？昔者齐国邻邑相望，鸡狗之音相闻，罔罟之所布，耒耨之所刺，方二千余里。阖四竟之内，所以立宗庙、社稷，治邑、屋、州、闾、乡、曲者，曷尝不法圣人哉？然而田成子一旦杀齐君而盗其国。所盗者岂独其国邪？并与其圣知之法而盗之。故田成子有乎盗贼之名，而身处尧舜之安，小国不敢非，大国不敢诛，十二代而有齐国。则是不乃窃齐国，并与其圣知之法，以守其盗贼之身乎？

【译解二】世俗称为明智的人，难道有不为大盗积聚财富服务的吗？所谓圣人，有不为大盗看守财富的吗？如何知道其中的奥妙呢？当年齐国与邻近的城邦相互看得见，鸡犬之声相闻，渔网撒布的水面，犁锄耕作的土地，方圆两千多里。四合全境之内，所有用来设立宗庙、社稷的地方，所有用来建置治邑、屋、州、闾、乡、里各级行政机构的地方，何尝不是效法古代圣人作法？然而田成子一旦杀了齐国君王，也就窃取了齐国所有公共权力。他所盗窃的难道仅仅是齐国君位吗？他连同那里的圣贤、聪明人制定的国法一并窃取了。所以田成子虽然有盗贼的名声，却仍处于尧舜那样安稳的地位，小国不敢非议他，大国不敢讨伐他，独占齐国。这不正是盗窃了齐国君位，以及圣明者制定的国法，从而用来守卫他的盗贼之身吗？

【要点二】庄子认为，田成子窃齐的事实能够证明，没有智巧不是为大盗积聚财富服务的，也没有圣人不是为大盗看守财富服务的。“世俗之所谓知者，有不为大盗积者乎？所谓圣者，有不为大盗守者乎？”“则是不乃窃齐国，并与其圣知之法，以守其盗贼之身乎？”

【原文三】尝试论之，世俗之所谓至知者，有不为大盗积者乎？所谓至圣者，有不为大盗守者乎？何以知其然邪？昔者龙逢斩，比干剖，苌弘胣，子胥靡。故四子之贤而身不免乎戮。故跖之徒问于跖曰：“盗亦有道乎？”跖曰：“何适而无有道邪？夫妄意室中之藏，圣也；入先，勇也；出后，义也；知可否，知也；分均，仁也。五者不备而能成大盗者，天下未之有也。”由是观之，善人不得圣人之道不立，跖不得圣人之道不行；天下之善人少而不善人多，则圣人之利天下也少，而害天下也多。故曰：唇竭则齿寒，鲁酒薄而邯郸围，圣人生而大盗起。掊击圣人，纵舍盗贼，而天下始治矣！

【译解三】我再尝试讨论这种情况。世俗所谓最明智的人，有不为大盗积聚财富的吗？所谓最圣明的人，有不为大盗看守财富的吗？如何知道其中的理由呢？从前龙逢被斩首，比干被剖腹，苌弘被掏肚，子胥被抛尸腐烂。如此四位贤能之士仍不能免于杀戮。因而跖的门徒问跖：“做强盗也有规矩和原则吗？”跖回答说：“何处没有规矩和原则呢？推测屋里藏着什么财物，这就是圣明；率先进到屋里，这就是勇敢；最后退出屋子，这就是义气；知道行动时机，这就是智慧；事后公平分配，这就是仁爱。不遵守以上五项规矩，却能成为大盗的人，天下是没有的。”由此看来，善人不通圣人之道不能生存，跖不通圣人之道不能行盗；实际上天下的善人少而不善的人多，这证明圣人给天下人带来好处也少，给天下人带来祸患也多。所以说：嘴唇向外翻开牙齿就会外露受寒，鲁国产的酒味道淡薄致使赵国都城邯郸遭到围困，圣人出现了因而大盗也就兴起了。抨击圣人，释放盗贼，是天下治理的开始！

【要点三】庄子认为，圣人与大盗使用的方法是一样的。被统治者推崇的圣人及其圣人之道，正是盗者之道，也是善人不能生存而盗跖横行天下的重要原因。“由是观之，善人不得圣人之道不立，跖不得圣人之道不行；天下之善人少而不善人多，则圣人之利天下也少，而害天下也多。”

【原文四】夫川竭而谷虚，丘夷而渊实。圣人已死，则大盗不起，天下平而无故矣。圣人不死，大盗不止。虽重圣人而治天下，则是重利盗跖也。为之斗斛以量之，则并与斗斛而窃之；为之权衡以称之，则并与权衡而窃之；为之符玺而信之，则并与符玺而窃之；为之仁义以矫之，则并与仁义而窃之。

【译解四】河水枯竭而河谷空虚，山丘铲平而深潭填满。圣人死了，大盗就不会出现，天下就太平无事了。圣人不死，大盗不会停止。虽重用所谓圣人而加强对天下的治理，实际上也只是有利于盗跖。例如为人们制定量具以便计量财富，盗跖们就把财富和量具一起窃走；为人们制定衡器以便称计财富，盗跖们就连同衡器一起窃走；为人们制定印章以便判定真伪，盗跖们就连同印章一起窃走；为天下人们制定仁义规范以期人们矫正错误，盗跖们就连同仁义一起窃走。

【要点四】庄子认为，圣人与大盗二者不仅方法相同，而且二者的立场也是相同的。他们总是站在维护少数统治者利益的立场上以仁义治国，损害的是多数人的利益，所以天下总是不太平。“圣人不死，大盗不止。虽重圣人而治天下，则是重利盗跖也。”

【原文五】何以知其然邪？彼窃钩者诛，窃国者为诸侯，诸侯之门而仁义存焉。则是非窃仁义圣知邪？故逐于大盗，揭诸侯，窃仁义并斗斛权衡符玺之利者，虽有轩冕之赏弗能劝，斧钺之威弗能禁。此重利盗跖而使不可禁者，是乃圣人之过也。故曰：“鱼不可脱于渊，国之利器不可以示人。”彼圣人者，天下之利器也，非所以明天下也。

【译解五】怎么知道是这样的呢？有事实证明，窃取了君王一个腰带环的人会被处以死刑，而窃取了整个国家的人却成为诸侯，且谁当了诸侯就成了仁义的化身。这样的事实还不能证明窃国者同时窃取了仁义圣智吗？所以争先成为大盗，揭旗自命诸侯，窃取仁义、量具、衡器、印章等好处的人，即使给高官厚禄的封赏也不可能劝止他们，用斧砍钺剁的威胁也不可能制止他们。对盗跖如此重大利好而使其不可能被禁止的原因，那完全是圣人的罪过。所以有个说法："鱼不可以离开深水区暴露自己，代表国家权力的利器一定要深藏。"能证明圣人身份，就是天下的利器，不可以暴露在天下人面前。

【要点五】庄子认为，人们都把圣人的智慧神化了，而对客观事实视而不见，这是唯心认识论错误。"彼窃钩者诛，窃国者为诸侯，诸侯之门而仁义存焉。则是非窃仁义圣知邪？"

【原文六】故绝圣弃知，大盗乃止；擿玉毁珠，小盗不起；焚符破玺，而民朴鄙；掊斗折衡，而民不争；殚残天下之圣法，而民始可与论议。擢乱六律，铄绝竽瑟，塞瞽旷之耳，而天下始人含其聪矣；灭文章，散五采，胶离朱之目，而天下始人含其明矣。毁绝钩绳而弃规矩，攦工倕之指，而天下始人含其巧矣。故曰：大巧若拙。削曾史之行，钳杨墨之口，攘弃仁义，而天下之德始玄同矣。

【译解六】所以拒绝圣人摒弃智巧，大盗即可终止；掷玉毁珠，小盗就会消失；烧符破玺，百姓就会朴实；破斗折秤，百姓不会计较；尽毁天下圣人之法，百姓方可议论国是。扰乱六律，毁坏各种乐器，堵住师旷的耳朵，而天下人人方能听到自然的声音；消除纹饰，离散五彩，粘住离朱的眼睛，而天下人人方能看见自然的颜色。弃绝木匠所有工具，弄断巧匠工倕的手指，天下人人方能发挥自然的智慧。所以有个说法：大巧如同笨拙。消除曾参和史鳝倡导儒学的行为，钳住杨朱和墨翟辩论是非的嘴巴，抛弃仁义，而天下人的自然之德方能如初。

【要点六】庄子认为，人们都错误地认为，必须重用圣人智慧才能够实现天下大治，其实客观事实恰恰正好相反。"削曾史之行，钳杨墨之口，攘弃仁义，而天下之德始玄同矣。"

【原文七】彼人含其明，则天下不铄矣；人含其聪，则天下不累矣；人含其知，则天下不惑矣；人含其德，则天下不僻矣。彼曾、史、杨、墨、师旷、工倕、离朱，皆外立其德而以爚乱天下者也，法之所无用也。

【译解七】如果人人愿意看到自然的色彩，那么天下就不会出现铄金的火花；人人都愿意听到自然的声音，那么天下就不会出现忧患的呼喊；人人都发挥天生的智慧，那么天下就不会出现迷人的诱惑；人人都愿意保全天性，那么天下就不会出现邪恶。实际上曾参、史鳍、杨朱、墨翟、师旷、工倕和离朱，都是外露自己的社会意识（德）而惑乱天下的人，这就是自然法则之所以没有用处的根源。

【要点七】庄子认为，德的存在有天之所为和人之所为两种情况。天之所为："人含其德，则天下不僻矣。"人之所为："彼曾、史、杨、墨、师旷、工倕、离朱，皆外立其德而以爚乱天下者也，法之所无用也。"

【原文八】子独不知至德之世乎？昔者容成氏、大庭氏、伯皇氏、中央氏、栗陆氏、骊畜氏、轩辕氏、赫胥氏、尊卢氏、祝融氏、伏羲氏、神农氏，当是时也，民结绳而用之，甘其食，美其服，乐其俗，安其居，邻国相望，鸡狗之音相闻，民至老死而不相往来。若此之时，则至治已。今遂至使民延颈举踵，曰："某所有贤者，"赢粮而趣之，则内弃其亲，而外弃其主之事；足迹接乎诸侯之境，车轨结乎千里之外，则是上好知之过也。上诚好知而无道，则天下大乱矣！

【译解八】你唯独不知那天性发挥最好的时代吗？至德之世有容成氏、大庭氏、伯皇氏、中央氏、栗陆氏、骊畜氏、轩辕氏、赫胥氏、尊卢氏、祝融氏、伏羲氏、神农氏等等。在那个时代，人民靠结绳的办法记事，把粗疏的饭菜认作美味，把朴素的衣衫认作美服，把淳厚的风俗认作欢乐，把简陋的居所认作安适，邻近的国家相互可望，鸡犬之声相互听闻，百姓直至老死没有冲突。如此自由的时代，是治理得最好的了。如今竟然使百姓伸长脖颈、踮起脚尖，说："某个地方出圣人了。"于是带着干粮疾趋而去，家内抛弃了自己的双亲，外边离开了自主的事务；足迹交接于诸侯的国境，车轮印迹往来交错于千里之外，这都是统治者喜好智巧的过错。统治者真心喜好智巧而不守自然之道，那么天下必定大乱啊！

【要点八】庄子认为，不遵守自然大道，好玩弄的小聪明，这是导致天下大乱的重要原因。“上诚好知而无道，则天下大乱矣！”

【原文九】何以知其然邪？夫弓、弩、毕、弋、机变之知多，则鸟乱于上矣；钩饵、罔罟、罾笱之知多，则鱼乱于水矣；削格、罗落、罝罘之知多，则兽乱于泽矣；知诈渐渐毒、颉滑坚白、解垢同异之变多，则俗惑于辩矣。故天下每每大乱，罪在于好知。故天下皆知求其所不知，而莫知求其所已知者；皆知非其所不善，而莫知非其所已善者，是以大乱。故上悖日月之明，下烁山川之精，中堕四时之施，惴耎之虫，肖翘之物，莫不失其性。甚矣，夫好知之乱天下也！自三代以下者是已，舍夫种种之民，而悦夫役役之佞，释夫恬淡无为，而悦夫啍啍之意，啍啍已乱天下矣！

【译解九】怎么知道是这样的呢？弓弩、鸟网、弋箭、机关之类的智巧多了，那么鸟儿就只会在空中绕飞：钩饵、渔网、鱼笼之类的智巧多了，那么鱼儿就只会在水里乱游；木栅、兽栏、兽网之类的智巧多了，那么野兽就只会在草泽里乱窜；智诈越来越毒、滑稽的坚白之争、诡词同异权变等多了，那么普通人就只会被辩论所迷惑。因此天下每每大乱，罪过在于喜好智巧。因此天下人都知道追求自己所不了解的东西，却不知道深究自己已经了解的东西；都知道非难自己原来所认为的不好的东西，却不知道否定自己原来认为是好的东西，因此天下大乱。所以对上遮掩了日月的光辉，对下消解了山川的精华，居中损毁了四时的交替，蠕动的小虫，飞翔的蛾蝶，无不丧失了它的天性。太过分了，热衷于玩弄智巧扰乱天下！自夏商周三代以下的时代已经是这个样子，抛弃那众多淳朴的百姓，而喜好那投机钻营的谄佞小人；放弃那恬淡无为的自然之道，而喜好那喋喋不休的说教。喋喋不休的说教已经搞乱了天下啊！

【要点九】庄子认为，对事物的认识不能采取人云亦云的教条主义和唯心主义态度，而应该采用尊重客观事实、反复地质疑论证的唯物主义态度。比如圣人、智巧、仁义、大盗等等概念，不能想当然地认为它是不能质疑的，否则就会导致天下大乱。“故天下皆知求其所不知，而莫知求其所已知者；皆知非其所不善，而莫知非其所已善者，是以大乱。”

《胠箧》内容小结

一、庄子认识论基本观点

1. 庄子认识论认为，正确认识社会事物，必须坚持一切从事实出发，而不是从概念出发。庄子在第九节认为，对社会事物的正确认识不能采取人云亦云的教条主义和唯心主义态度，而应该采用尊重客观事实、反复质疑论证的唯物主义态度，否则就会导致天下大乱。“故天下皆知求其所不知，而莫知求其所已知者；皆知非其所不善，而莫知非其所已善者，是以大乱。”举证。庄子在第一节认为，人们防小偷的智慧正好是为大盗服务的。“然则乡之所谓知者，不乃为大盗积者也?”庄子在第二节认为，田成子窃齐的事实能够证明，没有智巧不是为大盗积聚财富服务的，也没有圣人不是为大盗看守财富服务的。“世俗之所谓知者，有不为大盗积者乎？所谓圣者，有不为大盗守者乎?”“则是不乃窃齐国，并与其圣知之法，以守其盗贼之身乎?”庄子在第三节认为，圣人与大盗二者的方法是一样的。被统治者推崇的圣人及其圣人之道，正是盗者之道，也是善人不能生存而盗跖横行天下的重要原因。“由是观之，善人不得圣人之道不立，跖不得圣人之道不行；天下之善人少而不善人多，则圣人之利天下也少，而害天下也多。”庄子在第四节认为，圣人与大盗使用的方法不仅相同，二者的立场也是相同的。他们总是站在维护少数统治者利益的立场上以仁义治国，损害的是多数人的利益，所以天下总是不太平。“圣人不死，大盗不止。虽重圣人而治天下，则是重利盗跖也。”庄子在第五节认为，人们都把圣人智慧神化了，而对客观事实视而不见，这是唯心认识论错误。“彼窃钩者诛，窃国者为诸侯，诸侯之门而仁义存焉。则是非窃仁义圣知邪?”庄子在第六节认为，人们都错误地认为，必须重用圣人智慧才能够实现天下大治，其实客观事实恰恰正好相反。“削曾史之行，钳杨墨之口，攘弃仁义，而天下之德始玄同矣。”

2. 庄子认识论认为，人有自然之德和社会之德两种存在。一是天之所为的自然之德，即“人含其德”。二是人之所为的社会之德，即“外立其德”。庄子在第七节认为，“人含其德，则天下不僻矣。”“彼曾、史、杨、墨、师旷、工倕、离朱，皆外立其德而以爚乱天下者也。”结合《骈拇》一文看，“外立其德”，其实为“天下莫不以物易其性矣”，也就是人们的自然意识（人含其德）被以物质利益为基础的社会意识（外立其德）取代了。

3. 庄子认识论认为，弃圣绝智，遵守自然之道，是实现天下大治的根本途径。庄子在第八节认为，不遵守自然大道，好玩弄的小聪明，这是导致天下大乱的重要原因。“上诚好知而无道，则天下大乱矣！”

总之，《胠箧》一文是以道论盗的。庄子认为：在“天下莫不以物易其性矣”的社会背景下，人们即使能防小盗，最终也防不了大盗。儒家倡导仁义，名为圣人之道，实为盗者之道。庄子根据社会事实，对盗和儒的本质的揭露是正确的。但庄子没有根据以物易性的唯物论原理，找到解决儒盗问题的正确方法，而是不切实际地主张返回自然人性，这是庄子认识论的时代局限。

外篇·在宥

【原文一】闻在宥天下，不闻治天下也。在之也者，恐天下之淫其性也；宥之也者，恐天下之迁其德也。天下不淫其性，不迁其德，有治天下者哉！昔尧之治天下，使天下欣欣焉人乐其性，是不恬也；桀之治天下也，使天下瘁瘁焉人苦其性，是不愉也。夫不恬不愉，非德也。非德也而可长久者，天下无之。

【译解一】听说过采用宽宥方法让天下人自在生活，未听说采用管治方法使天下人自在生活。让人自在生活，担心天下人放纵他们的自然本性；宽宥天下人，担心天下人改变自然之德。如果天下人都不放纵他们的自然本性，也不改变他们的自然之德，这说明找到了治理天下的有效方法！历史上尧帝治理天下，表面上使天下欣欣向荣，人们感到心情高兴，其实人们并没有回归自然本性的恬静；夏桀治理天下，实际上使天下瘁瘁不堪，人们感到心情苦闷，其实人们并没有体验自然本性的愉悦。不恬静、不愉悦，不是人的天生之德。不尊重人的天生之德而能够长久维持自己的统治，天下没有这样的好事。

【要点一】庄子认为，人们自由自在的生活是恬静和愉悦的，人的自然本性感觉不到恬静和愉悦，就不符合人的天生之德。“夫不恬不愉，非德也。”

【原文二】人大喜邪？毗于阳；大怒邪？毗于阴。阴阳并毗，四时不至，寒暑之和不成，其反伤人之形乎！使人喜怒失位，居处无常，思虑不自得，中道不成章，于是乎天下始乔诘卓鸷，而后有盗跖、曾、史之行。故举天下以赏其善者不足，举天下以罚其恶者不给，故天下之大不足以赏罚。自三代以下者，匈匈焉终以赏罚为事，彼何暇安其性命之情哉！而且说明邪？是淫于色也；说聪邪？是淫于声也；说仁邪？是乱于德也；说义邪？是悖于理也；说礼邪？是相于技也；说乐邪？是相于淫也；说圣邪？是相于艺也；说知邪？是相于疵也。天下将安其性命之情，之八者，存可也，亡可也；天下将不安其性命之情，之八者，乃始脔卷獊囊而乱天下也。而天下乃始尊之惜之，甚矣天下之惑也！岂直过也而去之邪！乃齐戒以言之，跪坐以进之，鼓歌以儛之，吾若是何哉！

【译解二】人可以极度欢乐吗？那会伤了阳气；可以大发脾气吗？那会伤了阴气。若是自然界阴阳并伤，就会四季失调，寒暑转化不成，这样的伤害必然会反映到人的身体！使人喜怒失常，魂不守舍，思虑没有结果，头脑没有主意，于是乎觉得天下人开始变得狡猾傲慢，接着会做出像盗跖、曾参、史鳝那样的怪异行为。对于这种不恬静不愉悦的非德状态的人，即使动用天下资源来鼓励他行善也显得不足，动员天下所有力量来阻止他作恶也会觉得不够，以天下之大竟不足以赏善罚恶。自夏商周三代以来的君主们，闹哄哄地始终都在干赏、罚这两件事，他们哪还有时间安慰一下自己的生命天性啊！且在非德状态下的人们，你要他眼睛亮一点，他以为是可以沉溺于颜色；你要他耳朵尖一点，他以为是可以沉溺于声音；你要他讲仁爱，他以为是可以改变天生之德；你要他讲公义，他以为是可以背离事理；你要他遵守礼制，他以为是可以耍花招；你要他享受快乐，他以为是可以淫乱；你要他向圣人学习，他以为是可以卖弄权术；你要他增加知识，他以为是可以找书里的毛病。如果天下人想安放好自己生命中的自然之德，这八种情况，保存也可以，放弃也可以；如果天下人不想安放好自己生命中的自然之德，这八种情况，从来都是勾连纷争而扰乱天下的原因。而天下人从来对这八种情况都尊崇珍惜，天下人太迷惑了！岂止是过一次就算了！还通过斋戒方式宣讲它，跪坐姿势尊敬它，击鼓唱歌宣传它，人们如此不明就里，我有什么办法！

【要点二】庄子认为，儒家提倡的聪明仁义礼乐圣智让天下人改变自己的生命之德，是天下乱源。“天下将不安其性命之情，之八者，乃始脔卷獊囊而乱天下也。”

【原文三】故君子不得已而临莅天下，莫若无为。无为也而后安其性命之情。故贵以身于为天下，则可以托天下；爱以身于为天下，则可以寄天下。故君子苟能无解其五藏，无擢其聪明：尸居而龙见，渊默而雷声，神动而天随，从容无为而万物炊累焉。吾又何暇治天下哉！

【译解三】如果君子不得已而君临天下，那就不如无所作为顺其自然。顺其自然而后能够安抚自身的生命之德。看重自身生命之德甚于看重天下统治权力的人，便可以把天下托付给他；爱护自身生命之德甚于爱护天下统治权力的人，便可以把天下寄托给他。因此，君子如果能够不发表自己的想法，不夸耀自己的聪明的结果必然是：身心宁静而神采飞扬，静如深渊而动如雷霆，神魂活跃而依顺天性，从容无所作为而万物自由自在。我又何须操闲心治理天下呢！

【要点三】庄子认为，如果君子不得已而君临天下，那就应该无所作为而顺其自然，因为只有无所作为才能够安抚自己的生命之德。“故君子不得已而临莅天下，莫若无为。无为也而后安其性命之情。”

【原文四】崔瞿问于老聃曰：“不治天下，安藏人心？”老聃曰：“女慎无撄人心。人心排下而进上，上下囚杀，淖约柔乎刚强，廉刿雕琢。其热焦火，其寒凝冰，其疾俯仰之间而再抚四海之外，其居也渊而静，其动也县而天。偾骄而不可系者，其唯人心乎！昔者黄帝始以仁义撄人之心，尧、舜于是乎股无胈，胫无毛，以养天下之形，愁其五藏以为仁义，矜其血气以规法度。

然犹有不胜也，尧于是放驩兜于崇山，投三苗于三峗，流共工于幽都，此不胜天下也。夫施及三王而天下大骇矣。下有桀、跖，上有曾、史，而儒、墨毕起。于是乎喜怒相疑，愚知相欺，善否相非，诞信相讥，而天下衰矣；大德不同，而性命烂漫矣；天下好知，而百姓求竭矣。于是乎釿锯制焉，绳墨杀焉，椎凿决焉。天下脊脊大乱，罪在撄人心。故贤者伏处大山嵁岩之下，而万乘之君忧栗乎庙堂之上。今世殊死者相枕也，桁杨者相推也，刑戮者相望也，而儒墨乃始离跂攘臂乎桎梏之间。意，甚矣哉！其无愧而不知耻也甚矣！吾未知圣知之不为桁杨椄槢也，仁义之不为桎梏凿枘也，焉知曾、史之不为桀跖嚆矢也！故曰：绝圣弃知而天下大治。”

【译解四】 崔瞿问老子：“不想办法治理天下，怎么能够守住人心？”老子说：“你千万不要搅混人心概念。世人之心就是想把别人排挤下去自己上去，大家都按这种心思去做就形成了排下与进上之间的冲突和剿杀，使原本绰约柔弱的人心变得刚强，变得像尖利的雕琢工具。人心热烈起来能点燃火，人心冷淡下去可凝结成冰，人心能在俯仰之间疾速转换而再抚四海之外，人心安定时似深渊宁静，人心浮动时如悬空飞天。谦卑和骄横急速转换最难把握的东西，它只能是人心呢！从黄帝开始以仁义等社会观念主导人心，尧帝和舜帝继续实践仁义观念，他们累瘦了大腿上的肉，磨掉了小腿上的毛，这些东西都用来养肥了天下人的身体，但他们依旧忧愁天下人的灵魂里还是没有建立仁义观念，仍然怜悯天下人耗费心血规避礼法制度。即便如此也没有实现天下太平的目的，尧帝于是流放驩兜于崇山，迁徙三苗于三峗，流放共工于幽都，这些都是治理天下不理想的证据。这样布施仁义到夏商周三代时，天下乱象更加骇人了。被向下压的有夏桀、盗跖，被向上推的有曾参、史鳝，而儒家、墨家等百家全都闹起来了。于是乎，喜悦与愤怒互相质疑，愚笨与智慧互相欺负，善良与不善良互相排斥，大话与实话互相讥讽，因而社会一派衰败景象；人的价值观念不同，因而生命的天性被扰乱；社会喜好玩弄智巧，因而老百姓追求极端表达方式。于是乎倡导仁义的君主又不得不用斧锯制裁人，用绳墨制约人，用锥凿处决人。天下从根本上烂起，罪过全在仁义观念扰乱了人的自在之心。所以贤明之人隐居在大山壁岩之下，而大国之君忧惧在祖庙朝堂之上。而今被诛杀者的尸体相枕压，被镣铐者的身体相推挤，临受刑者互相张望，而儒墨门徒们仍旧在社会桎梏之间踮足挥臂倡导仁义。

噫，太滑稽了！儒墨门徒们毫无惭愧且毫无羞耻之极！我不知圣人智慧是否不赞成用枷锁套住罪人，也不知仁心义行是否不赞成用桎梏羁绊囚犯，又怎么知道曾参和史鳅倡导的仁义不是引导夏桀和盗跖作恶的响箭呢！因此有人说过：断绝圣人倡导的仁义并放弃玩弄智巧的恶习是实现天下太平的前提。”

【要点四】庄子认为，人心有双重意义，一是人的处世之心，二是人自在之心。用马克思主义认识论分析，人的处世之心实质就是社会意识，人的自在之心实质就是自然意识。庄子对人的处世之心作了细致的描述，“人心排下而进上，上下囚杀，淖约柔乎刚强，廉刿雕琢。其热焦火，其寒凝冰，其疾俯仰之间而再抚四海之外，其居也渊而静，其动也县而天。偾骄而不可系者，其唯人心乎！”也就是说，现实中的人心实质上是一种有众多主体利益主张的互相冲突的非常复杂的社会意识形态。庄子对人心表现的描述是很客观准确的，同马克思主义认识论关于人本质的论述不谋而合。

人心表现如此复杂的原因是什么呢？庄子在本文认为是历代圣贤倡导仁义观念扰乱了人的自在之心造成的罪过，“昔者黄帝始以仁义撄人之心，尧、舜于是乎股无胈，胫无毛，以养天下之形，愁其五藏以为仁义，矜其血气以规法度。然犹有不胜也，尧于是放讙兜于崇山，投三苗于三峗，流共工于幽都，此不胜天下也。”但结合《骈拇》一文看，令庄子忧心如焚的是儒家不顾夏代以后“天下莫不以物易其性矣”的事实，还在不明就里地宣扬仁义，欺骗了民众，帮助了帝王，并为田成子和盗跖一类的大盗张目，祸乱天下。

【原文五】黄帝立为天子十九年，令行天下，闻广成子在于空同之山，故往见之，曰：“我闻吾子达于至道，敢问至道之精。吾欲取天地之精，以佐五谷，以养民人，吾又欲官阴阳，以遂群生，为之奈何?”广成子曰：“而所欲问者，物之质也；而所欲官者，物之残也。自而治天下，云气不待族而雨，草木不待黄而落，日月之光益以荒矣，而佞人之心翦翦者，又奚足以语至道!”黄帝退，捐天下，筑特室，席白茅，闲居三月，复往邀之。广成子南首而卧，黄帝顺下风膝行而进，再拜稽首而问曰：“吾闻子达于至道，敢问，治身奈何而可以长久?”广成子蹶然而起，曰：“善哉问乎！来！吾语女至道。至道之精，窈窈冥冥；至道之极，昏昏默默。无视无听，抱神以静，形将自正。心静必清，无劳女形，无摇女精，乃可以长生。目无所见，耳无所闻，心无所知，女神将守形，形乃长生。慎女内，闭女外，多知为败。我为女遂于大明之上矣，至彼至阳之原也；为女入于窈冥之门矣，至彼至阴之原也。天地有官，阴阳有藏，慎守女身，物将自壮。我守其一以处其和，故我修身千二百岁矣，吾形未常衰。”黄帝再拜稽首曰：“广成子之谓天矣！”广成子曰：“来！余语女。彼其物无穷，而人皆以为有终；彼其物无测，而人皆以为有极。得吾道者，上为皇而下为王；失吾道者，上见光而下为土。今夫百昌皆生于土而反于土，故余将去女，入无穷之门，以游无极之野。吾与日月参光，吾与天地为常。当我，缗乎！远我，昏乎！人其尽死，而我独存乎！”

【译解五】黄帝当上天子十九年，号令能够通行天下了，他听说有个名叫广成子的隐士来到了崆峒山，因慕其名前往求见，说：“我听说尊敬的先生您已经掌握了根本规律，请问根本规律的精髓是什么。因为我想取得天地之间的精髓，用以帮助五谷生长，用于养活天下人民，我还想管好阴阳之作，成全天下众生的心愿，我的想法能实现吗?”广成子说：“你想问的是抽象物的内质，你想管的是具体物的外形。自从你统治天下以来，还没有等到云气族聚就开始下雨，还没有等到草木发黄就开始落叶，日月之光更加晦暗，而奸佞之人蠢蠢欲动，你哪里还有足够的资格问根本规律！”黄帝听后惭愧而退，把权力交给别人，建简易房，睡茅草席，如此闲居三个月后，再次往见广成子。广成子头朝南躺在床上，黄帝顺着从脚到头的方向跪行靠近他，再跪拜低头问道：“听说您已领悟了根本规律，请问要怎样养身才可以达到长寿?”广成子翻身而起，高兴地说：“问得好啊！来！我告诉你根本规律。根本规律的内部精髓，微妙抽象；根本规律的外部边界，模糊不清。根本规律看不见听不见，只有在宁静中守住心神，根本规律的样子自然会出现在你的眼前。心志专一必然清心寡欲，你的身体不需要过度操劳，你的精血不需要超额付出，这样你就可以长寿了。不要希望眼睛看到天下所有的美色，不要希望耳朵听见天下所有的美声，不要希望心里装尽天下所有的知识，你无形的精神就能够驻守在你有形的身体，你的身体就可以长寿了。谨慎地守住你的内心，闭塞你与外界的信息交流，因为你知道得越多越容易扰乱自在之心。我可以把你带到最光明的境界，直达太阳的发源之地；我可以帮你进入幽深的大门，到达太阴的发源之地。天地和谐有自己的主宰，日月运行有自己的规律，你只要守好自己的身体，天下万物自然发展壮大。我始终遵守根本规律用来与天下万物和谐相处，所以我虽然修炼身体一千二百年了，但我的身体还未见常有的衰老现象。”黄帝再次跪拜低头说：“广成子说的话简直是天然的道理啊！”广成子又说：“来！还有几句话告诉你。客观存在之物是无穷尽的，而人们都以为是有终结的；客观存在之物是无法测量边界的，而人们都以为是有极限的。理解我说的根本规律的人，居上位的当天子，居下位的当君王；不理解我说的根本规律的人，抬头看到的是光明，低头看到的是泥土。有形的万物都生于大地又返归大地，作为根本规律化身的我将离开大地而去，进入那无穷的时间门槛，遨游于无极的空间原野。我将与日月同光，我将与天地共存。迎着我走来，你会茫然无所知！背着我离去，你会浑然无所觉！即使世人都死光了，而我也会独自存在！”

【要点五】庄子认为，至道有以下特点：第一，至道是各种事物内在的抽象的统一的质，各种事物不过是至道或质外在的具体的残破的形。“而所欲问者，物之质也；而所欲官者，物之残也。”第二，至道的精髓内容是隐隐约约和抽象无形的，“至道之精，窈窈冥冥”。第三，至道在时间上是无头无尾的，在空间上是没有界限的，“至道之极，昏昏默默”。第四，至道的功能是天地阴阳运行的主宰，不需要人为干扰。“天地有官，阴阳有藏，慎守女身，物将自壮。”第五，至道也是人的长生之道。“我守其一以处其和，故我修身千二百岁矣，吾形未常衰。”第六，客观存在之物是无穷的，所以物之质或至道也是无穷的，人们认识至道的过程也是无穷的。“彼其物无穷，而人皆以为有终；彼其物无测，而人皆以为有极。”第七，至道是客观永恒的。“人其尽死，而我独存乎！”可见，庄子所谓至道，其实就是最根本的客观规律，即对立统一规律；也是最根本的哲学方法，即辩证法则。

【原文六】云将东游，过扶摇之枝而适遭鸿蒙。鸿蒙方将拊脾雀跃而游。云将见之，倘然止，贽然立，曰：“叟何人邪？叟何为此？”鸿蒙拊脾雀跃不辍，对云将曰：“游！”云将曰：“朕愿有问也。”鸿蒙仰而视云将曰：“吁！”云将曰：“天气不和，地气郁结，六气不调，四时不节。今我愿合六气之精以育群生，为之奈何？”鸿蒙拊脾雀跃掉头曰：“吾弗知！吾弗知！”云将不得问。又三年，东游，过有宋之野而适遭鸿蒙。云将大喜，行趋而进曰：“天忘朕邪？天忘朕邪？”再拜稽首，愿闻于鸿蒙。鸿蒙曰：“浮游，不知所求；猖狂，不知所往；游者鞅掌，以观无妄。朕又何知！”云将曰：“朕也自以为猖狂，而民随予所往；朕也不得已于民，今则民之放也。愿闻一言。”鸿蒙曰：“乱天之经，逆物之情，玄天弗成；解兽之群，而鸟皆夜鸣；灾及草木，祸及止虫。意，治人之过也！”云将曰：“然则吾奈何？”鸿蒙曰：“意，毒哉！仙仙乎归矣。”云将曰：“吾遇天难，愿闻一言。”鸿蒙曰：“意！心养。汝徒处无为，而物自化。堕尔形体，吐尔聪明，伦与物忘；大同乎涬溟，解心释神，莫然无魂。万物云云，各复其根，各复其根而不知；浑浑沌沌，终身不离；若彼知之，乃是离之。无问其名，无窥其情，物固自生。”云将曰：“天降朕以德，示朕以默；躬身求之，乃今也得。”再拜稽首，起辞而行。

【译解六】云将这个人在东方巡游，经过扶摇之枝时，碰巧遇上了高人鸿蒙。鸿蒙正在拍着大腿，像雀儿一样蹦跳游戏。云将看到他了，很是惊讶，就停下脚步，恭敬地站立着，对鸿蒙说：“您是谁呀！您在干什么呀？”鸿蒙继续拍着大腿蹦跳，朝云将看了一眼，说：“做游戏！”云将说：“我有件事想向您讨教。”鸿蒙就抬起头来，望着云将说：“啊！”云将说：“现在天气不和顺，地气很郁结，阴阳风雨晦明六气不协调，春夏秋冬四季变化不合时令，我想融合六气的精华以养育众生，该怎样办？”鸿蒙还是拍着大腿蹦跳，回过头去说：“我不知道！我不知道！”云将没有得到指点。三年以后，云将再次到东方巡游，经过宋国边境时又碰巧遇到鸿蒙。云将大喜，快步走到鸿蒙面前说：“天人还记得我吗？天人还记得我吗？”又赶忙跪拜低头，表示极望鸿蒙赐教。鸿蒙却说：“我随时飘游，无知所求；到处闯荡，不知所往；游的地方虽然众多，也就是看看人间真相。我有什么更多知识呢！”云将说：“我想过自由自在的生活，而民众也想跟随我自由自在；我又不能按自己的想法拒绝他们，今天我才把民众的要求暂时放下。请给我指点一下。”鸿蒙说：“破坏自然规律，违逆事物本性，那是上苍也不赞成的；赶散走兽群体，飞鸟也会在夜晚鸣叫抗议；灾及草木，祸及蠕虫。唉，这都是统治者的罪过！”云将说：“既然这样我该怎样办呢？”鸿蒙说：“唉，怎样求我都没用了！你还是讪然回去吧。”云将说：“我遇到天大的困难了，真心请您直言。”鸿蒙曰：“唉！你只有心养这唯一的办法了。因为你想实施无为而治，民众就会自在生活。忘掉你的形体存在，放弃你的耳聪目明，进入物我两忘境界；与混沌世界融为一体，解脱精神负担，身体没有灵魂。芸芸众生，各回本性，让他们各回本性后你不要过问；各回本性后就进入了浑浑沌沌状态，你终身不要离弃这种状态；如果他们知道了你的这种状态后，他们就不会再依赖你了。接着你不要问他们是谁，也不要试图了解他们的想法，让他们按着自然规律生存。”云将说：“天赋予我自然本性，并以静默的方式在暗示；我躬身寻求天赋予我的自然本性，直到今天才得到答案。”于是再次跪拜低首，起身辞别而行。

【要点六】庄子认为，企图治理天下的人其实是成事不足败事有余的。“乱天之经，逆物之情，玄天弗成；解兽之群，而鸟皆夜鸣；灾及草木，祸及止虫。意，治人之过也!”要改变这种情况首先要心养，“意！心养。汝徒处无为，而物自化。堕尔形体，吐尔聪明，伦与物忘；大同乎涬溟，解心释神，莫然无魂。”在心养基础上实行无为而治，让万事各复其根。“万物云云，各复其根，各复其根而不知；浑浑沌沌，终身不离；若彼知之，乃是离之。无问其名，无窥其情，物固自生。”

【原文七】世俗之人，皆喜人之同乎己而恶人之异于己也。同于己而欲之，异于己而不欲者，以出乎众为心也。夫以出乎众为心者，曷常出乎众哉！因众以宁所闻，不如众技众矣。而欲为人之国者，此揽乎三王之利而不见其患者也。此以人之国侥幸也，几何侥幸而不丧人之国乎！其存人之国也，无万分之一；而丧人之国也，一不成而万有余丧矣。悲夫，有土者之不知也！夫有土者，有大物也。有大物者，不可以物；物而不物，故能物物。明乎物物者之非物也，岂独治天下百姓而已哉！出入六合，游乎九州，独往独来，是谓独有。独有之人，是谓至贵。

大人之教，若形之于影，声之于响。有问而应之，尽其所怀，为天下配。处乎无响，行乎无方。挈汝适复之挠挠，以游无端；出入无旁，与日无始；颂论形躯，合乎大同，大同而无己。无己，恶乎得有有！睹有者，昔之君子；睹无者，天地之友。贱而不可不任者，物也；卑而不可不因者，民也；匿而不可不为者，事也；粗而不可不陈者，法也；远而不可不居者，义也；亲而不可不广者，仁也；节而不可不积者，礼也；中而不可不高者，德也；一而不可不易者，道也；神而不可不为者，天也。故圣人观于天而不助，成于德而不累，出于道而不谋，会于仁而不恃，薄于义而不积，应于礼而不讳，接于事而不辞，齐于法而不乱，恃于民而不轻，因于物而不去。物者莫足为也，而不可不为。不明于天者，不纯于德；不通于道者，无自而可；不明于道者，悲夫！何谓道？有天道，有人道。无为而尊者，天道也；有为而累者，人道也。主者，天道也；臣者，人道也。天道之与人道也，相去远矣，不可不察也。

【译解七】世俗之人，都喜欢别人赞同自己的意见，讨厌别人反对自己的意见。别人赞同自己的意见就高兴，反对自己的意见就不高兴的人，还真把出人头地当成自己的理想了。但以出人头地为理想的人，何尝比众人都高明啊！因为众人听到自己意见不敢异议就自以为是，不如让众人发挥一技之长多提不同意见。而那些想出人头地当君主的人，只图揽取像夏禹、商汤和周武等三王一样的权利而看不见其中隐藏的祸患。他们能当上君主也只是一种侥幸，又有几个能够侥幸不丧国失利呢！其实能够占有君主地位的人，还不足万分之一；而丧失君主地位的人，得到的不足一而丧失的还不止一万呢。可悲啊，拥有土地资源的人竟然连这个道理都不懂。拥有土地等经济资源的人，自然是拥有政治权力这个东西的人。但拥有政治权力这个东西的人，不可以获取经济利益这个东西；因为拥有政治权力这个东西而不获取经济利益这个东西，反而能够驾驭好政治权力和经济利益这两个东西。明白了政治权力和经济利益这两个东西都不是君主个人的东西这个道理，岂止仅仅是可以治好老百姓而已啊！懂得这个道理的人自己可以纵横六合空间，游览天下九州，独自而往又独自而回，独自享有充分的自由。独享充分自由的人，这才是最尊贵的至人。最尊贵之至人辅导民众掌握自然之道，如影子跟随形体，如回音报答原声。有问必定有答，倾尽自己所有，是为天下人配发的公仆。他遇到问题时不会轻易发话，开始行动时没有现成方法。他带领着人们隐去反复纷扰的社会，以自由群体形式遨游在无始无终的境地；他们出入时空无须依傍有形的物体，像太阳那样循环往复没有始终；他个人的容貌身躯，同众人一样，大家都一样了，就没有个体欲望。既然没有个体欲望，哪里用得着据有政治权力和经济利益！看重政治权力和经济利益的人，是历史上的君子；对政治权力和经济利益熟视无睹的人，是同天地融为一体的朋友。物虽然很低贱但不得不任用，民虽然很卑微但不得不顺应，事虽然很渺小但不得不办理，法虽然太粗疏但不得不陈列，义虽然很遥远但不得不认定，仁虽然生于亲但不得不扩大，礼虽然很繁琐但不得不积累，德虽然很中庸但不得不高举，道虽然讲统一但不得不变易，天虽然很神秘但不得不对其探索。所以圣人认识了天而不相助，彰显了德而不劳累，运用了道而不智巧，集中到仁而不自得，接近于义而不积留，应酬于礼而不避讳，经办了事而不推辞，依法执行而不混乱，畏惧民众而不轻视，以物为据而不放弃。什么事都不可强为，又不可不为。不认识自然规律，就没有美好的理想；不理解辩证法则，一切都无从谈起。不明于道的人，可悲啊！什么是道？有自然之道，有人为之道。自然之道就是尊崇顺其自然，人为之道就是操劳有所作为。天道占支配地位，人道处从属地位。天道与人道区别很大，不可不关注。

【要点七】 庄子认为，一、世俗之人的心理状态都是想出人头地："以出乎众为心也。"具体表现：一是赞同自己的就高兴，反对自己的就不高兴："同于己而欲之，异于己而不欲者。"二是想出乎众人未必能出乎众人："夫以出乎众为心者，曷常出乎众哉！"三是想出众的人意在为君之利而不见其害："而欲为人之国者，此揽乎三王之利而不见其患者也。"二、好君主是应该没有世俗之心的，他拥有国家的土地（经济基础），必然掌握大物（政治权力），但他并不利用政治权力（大物）谋取私利（物）；掌握了政治权力而不谋取私利，所以能够驾驭好国家的经济基础和政治权力。"夫有土者，有大物也。有大物者，不可以物；物而不物，故能物物。"庄子根据自己的《齐物论》和辩证法原理观察社会，已经意识到了经济基础决定上层建筑、上层建筑主导经济基础的辩证关系。

《在宥》内容小结

一、基本概念

（一）天生之德或性命之情。庄子认为，人们自由自在的生活是恬静和愉悦的，人的自然本性如果感觉不到恬静和愉悦，就不符合人的天生之德。"夫不恬不愉，非德也。"庄子认为，儒家提倡的聪明仁义礼乐圣智令天下人改变自己的性命之情，是天下乱源。"天下将不安其性命之情，之八者，乃始脔卷獊囊而乱天下也。"

（二）人心。庄子认为，人心有双重意义，一是人的处世之心，二是人自在之心。庄子对人的处世之心作了细致的描述，“人心排下而进上，上下囚杀，淖约柔乎刚强，廉刿雕琢。其热焦火，其寒凝冰，其疾俯仰之间而再抚四海之外，其居也渊而静，其动也县而天。偾骄而不可系者，其唯人心乎！”也就是说，现实中的人心实质上是一种有众多主体利益主张的互相冲突的非常复杂的社会意识形态。用马克思主义认识论分析，人的处世之心实质就是社会意识，人的自在之心实质就是自然意识，即“性命之情”或天生之德。

（三）至道。庄子认为，至道有以下七个特点：第一，至道是各种事物内在的抽象的统一的质，各种事物不过是至道或质外在的具体的残破的形。“而所欲问者，物之质也；而所欲官者，物之残也。”第二，至道的精髓内容是隐隐约约和抽象无形的，“至道之精，窈窈冥冥”。第三，至道在时间上是无头无尾的，在空间上是没有界限的，“至道之极，昏昏默默”。第四，至道的功能是天地阴阳动行的主宰，不需要人为干扰。“天地有官，阴阳有藏，慎守女身，物将自壮。”第五，至道也是人的长生之道。“我守其一以处其和，故我修身千二百岁矣，吾形未常衰。”第六，客观存在之物是无穷的，所以物之质或至道也是无穷的，人们认识至道的过程也是无穷的。“彼其物无穷，而人皆以为有终；彼其物无测，而人皆以为有极。”第七，至道是客观永恒的。“人其尽死，而我独存乎！”可见，庄子所谓至道，其实就是最根本的客观规律，即对立统一规律；也是最根本的哲学方法，即辩证法则。

二、基本观点

（一）儒家观点，天下乱源。庄子认为，儒家提倡的聪明仁义礼乐圣智让天下人改变自己的性命之情，是天下乱源。“天下将不安其性命之情，之八者，乃始脔卷獊囊而乱天下也。”

（二）君临天下，莫若无为。庄子认为，如果君子不得已而君临天下，那就应该无所作为而顺其自然，因为只有无所作为才能够安抚自己的生命之德。“故君子不得已而临莅天下，莫若无为。无为也而后安其性命之情。”

（三）人心复杂，圣贤所为。庄子在第四节认为是历代圣贤倡导仁义观念扰乱了人的自在之心。“昔者黄帝始以仁义撄人之心，尧、舜于是乎股无胈，胫无毛，以养天下之形，愁其五藏以为仁义，矜其血气以规法度。然犹有不胜也，尧于是放讙兜于崇山，投三苗于三峗，流共工于幽都，此不胜天下也。”庄子的这个观点在批判儒家不分皂白倡导仁义时是有积极意义的，但并不是庄子分析人心复杂的主要观点。主要观点是：“人心排下而进上，上下囚杀，淖约柔乎刚强，廉刿雕琢。”以及“天下莫不以物易其矣”，从而揭示了社会存在决定社会意识的唯物辩证法则，比儒家说人心因受环境感染而变得复杂的说法更加符合事实。马克思主义认为复杂的人性是在私有制导致的利益分配不公的基础上产生的，这才是对人心和社会意识产生原因的正确认识。

（四）乱世先乱心，治世先养心。庄子在第六节认为，企图治理天下的人其实是扰乱天下。“乱天之经，逆物之情，玄天弗成；解兽之群，而鸟皆夜鸣；灾及草木，祸及止虫。意，治人之过也！”要改变这种情况首先要心养“意！心养。汝徒处无为，而物自化。堕尔形体，吐尔聪明，伦与物忘；大同乎涬溟，解心释神，莫然无魂。”在心养基础上实行无为而治，让万事各复其根。“万物云云，各复其根，各复其根而不知；浑浑沌沌，终身不离；若彼知之，乃是离之。无问其名，无窥其情，物固自生。”

（五）心俗的要害是追求名利，心养的关键是淡泊名利。庄子在第七节认为，世俗之人的心理状态都是想出人头地：“以出乎众为心也”。具体表现：一是赞同自己的就高兴，反对自己的就不高兴：“同于己而欲之，异于己而不欲者”。二是想出乎众人未必出乎众人：“夫以出乎众为心者，曷常出乎众哉！”三是想出众的人意在为君之利而不见其害：“而欲为人之国者，此揽乎三王之利而不见其患者也。”

（六）经济基础与政治建筑的辩证关系。庄子认为，好君主是应该没有世俗之心的，他拥有国家的土地（经济基础），必然掌握大物（政治权力），但他并不利用政治权力（大物）谋取私利（物）；掌握了政治权力而不谋取私利，所以能够驾驭好国家的经济基础和政治权力。“夫有土者，有大物也。有大物者，不可以物；物而不物，故能物物。”庄子根据自己的《齐物论》和辩证法原理观察社会，已经意识到了经济基础决定上层建筑、上层建筑主导经济基础的辩证关系。

总之，庄子认为，保证民众心情愉悦的基本条件，是宽松的社会环境和自在的社会生活。换言之，人类的天生之德和社会的发展目标是一致的。

外篇·天地

【译解一】 天地虽大，其化均也；万物虽多，其治一也；人卒虽众，其主君也。君原于德而成于天。故曰，玄古之君天下，无为也，天德而已矣。以道观言而天下之君正；以道观分而君臣之义明；以道观能而天下之官治；以道泛观而万物之应备。故通于天者，道也；顺于地者，德也；行于万物者，义也；上治人者，事也；能有所艺者，技也。技兼于事，事兼于义，义兼于德，德兼于道，道兼于天。故曰，古之畜天下者，无欲而天下足，无为而万物化，渊静而百姓定。《记》曰："通于一而万事毕，无心得而鬼神服。"

【译解一】 天地虽大，它们的变化都是均衡的；事物虽多，它们的自律原则都是统一的；百姓虽众，他们认可的主心骨只有国君。能够当上国君必然是主观上源于天生之德而且客观上成于自然条件。所以说，远古的人偶然君临天下，并不是他主观作为的结果，只不过是顺从了本性之德和天然条件而已。如果按照道的要求理解上述言论，那么天下所有的国君都是正当的；如果按照道的要求去理解君臣的名分，那么君臣之间的公义就是明确的；如果按照道的要求去理解官员的能力，那么天下所有的官员都是称职的；如果按照道的要求去普遍理解各种事物，那么天下各种事物都会名副其实。所以普遍存在于自然的东西，我们称之为道（规律）；顺应天地万事生存的东西，我们称之为德（本性）；保证万物正常运行的东西，我们称之为义（义务）；国君治理天下的东西，我们称之为事（职权）；有些创造性的才艺，我们称之为技（技术）。技术属于职权范畴，职权属于义务范畴，义务属于天德范畴，天德属于至道范畴，至道属于自然范畴。所以说，古代管理天下的圣君，没有自己的私欲而天下富足，没有主观作为而万物自主变化，社会深沉寂静而人心安定。《记》这本书上说："精通唯一至道因而万事自然圆满，无心获取私利因而鬼神恭敬佩服。"

【要点一】 庄子在这一节讲到了三个要点。

一是再次强调了有关认识论的几个基本概念及其关系。天：客观自然。道：自然规律。德：事物本性。义：服务万物。事：治国职权。技：创造才艺。它们的基本关系：技属于事的范畴，事属于义的范畴，义属于德的范畴，德属于道的范畴，道属于自然的范畴。“故通于天者，道也；顺于地者，德也；行于万物者，义也；上治人者，事也；能有所艺者，技也。技兼于事，事兼于义，义兼于德，德兼于道，道兼于天。”

二是君临天下的主客观条件：自然条件（天）、自然规律（道）、天生本性（德）。“君原于德而成于天。”

三是治理天下的原则：顺治的基本内容：顺道而治通于天，顺德而治通于地，顺义而治通于物，顺事而治通于人，顺技而治通于能。“故通于天者，道也；顺于地者，德也；行于万物者，义也；上治人者，事也；能有所艺者，技也。”从主观方面看顺治要求：无欲（顺德）、无为（顺道）、渊静。“古之畜天下者，无欲而天下足，无为而万物化，渊静而百姓定。”

【原文二】夫子曰：“夫道，覆载万物者也，洋洋乎大哉！君子不可以不刳心焉。无为为之之谓天，无为言之之谓德，爱人利物之谓仁，不同同之之谓大，行不崖异之谓宽，有万不同之谓富。故执德之谓纪，德成之谓立，循于道之谓备，不以物挫志之谓完。君子明于此十者，则韬乎其事心之大也，沛乎其为万物逝也。若然者，藏金于山，藏珠于渊；不利货财，不近贵富；不乐寿，不哀夭；不荣通，不丑穷。不拘一世之利以为己私分，不以王天下为己处显。显则明。万物一府，死生同状。”

【译解二】先生说：“我们讲的那个自然规律，它包涵所有的事物，像汪洋一样广大啊！尊重自然规律的君子们不可以不敞开胸怀排除其他杂念。不按主观意志而照客观条件去办事，这叫尊重自然；不按主观意志而照客观规律去建言，这叫尊重本性；善待所有的人和物，这叫仁爱；虚心听取不同意见，这叫大度；行为不扩大至异己者身上，这叫宽容；不趋同巨万诱惑，这叫心富。因此持有天德，就称为抓住了纲领；天德受到普遍赞成，就称为有建树；遵循自然规律，就称为操守完备；不因物质利益而挫伤心志，就称为圆满。如果君子明白了这十个要求，就会剑指各种事物视野开阔，应付复杂问题精力充沛。如果真是这样，就是藏黄金于大山，沉珍珠于深渊；不贪恋财物，不追求富贵；不以长寿为乐，不以短命为哀；不以显达为荣，不以贫困为羞的真君子了。不把举世之利看作是自己应得的份额，不以君临天下的事实故意将自己摆在显赫的地位。身份显赫就必须明白这个道理，万物不分贵贱都收藏在一个府库里，死生不论君臣最终结局都是一样的状况。”

【要点二】庄子认为君子必备十则：尊重自然（天）、尊重本性（德）、善待万物（仁）、善待异见（大）、减少树敌（宽）、不受诱惑（富）、抓住纲领（执德）、争取支持（树德）、遵循规律（完备）、坚定心志（圆满）。“无为为之之谓天，无为言之之谓德，爱人利物之谓仁，不同同之之谓大，行不崖异之谓宽，有万不同之谓富。故执德之谓纪，德成之谓立，循于道之谓备，不以物挫志之谓完。君子明于此十者，则韬乎其事心之大也，沛乎其为万物逝也。”

【原文三】夫子曰：“夫道，渊乎其居也，漻乎其清也。金石不得无以鸣，故金石有声，不考不鸣，万物孰能定之！夫王德之人，素逝而耻通于事，立之本原而知通于神，故其德广。其心之出，有物采之。故形非道不生，生非德不明。存形穷生，立德明道，非王德者邪！荡荡乎！忽然出，勃然动，而万物从之乎！此谓王德之人。视乎冥冥，听乎无声。冥冥之中，独见晓焉；无声之中，独闻和焉。故深之又深而能物焉；神之又神而能精焉。故其与万物接也，至无而供其求，时骋而要其宿，大小、长短、修远。”

【译解三】先生还说：“自然之道，它的居所隐藏得很深，它的品质清澈明亮。金石不得道也无由发声，所以说金石有发声功能，但不叩击也不会鸣响，任何人都只能诚心求取深藏的道而不可以主观臆断它。那些具有君王之德的人，素来以通晓俗事为耻，坚持从本性出发，以通达神明为智，所以他们的天德承载很宽广。他们付出仁爱之心，能够兑现为物质利益。所以不合自然规律的具体事物就不会产生，生而不合天德的就不能彰显。保存事物形体并穷尽事物本性，树立天德范例且通晓自然规律，这样的人还不是大德之人那就奇怪了！他的气场很强大啊！只要他忽然而出，勃然而动，天下万物都会跟随他一起行动！这就是所谓的大德之人。自然规律看起来渺茫，听起来无声。在有形的渺茫之中心悟规律的抽象之光；在无声的寂静之中神会规律的抽象之音。所以反过来可以说超越抽象的规律就能够见到有形的事物，超越抽象的神灵就能够发现有形的精华。所以自然规律与天地万物是互相衔接的关系，具体的天地万物都抽象为极端的‘无’之后才能够符合它的要求，它时常驰骋天下又要寻找宿主，所以它经常在大小、长短和悠远中变化。”

【要点三】庄子认为，德和道是一对天然的连环马，有德之人必定循道，有道之人必定重德。“夫王德之人，素逝而耻通于事，立之本原而知通于神，故其德广。其心之出，有物采之。故形非道不生，生非德不明。”

【原文四】黄帝游乎赤水之北，登乎昆仑之丘而南望。还归，遗其玄珠。使知索之而不得，使离朱索之而不得，使喫诟索之而不得也。乃使象罔，象罔得之。黄帝曰：“异哉，象罔乃可以得之乎？”

【译解四】黄帝在赤水北岸不远的地方巡游，登上昆仑山巅向南瞭望。返回后发现丢失了自己抽象的宝珠（德）。于是派心眼多的知去找，知回来后说自己用技术未找到（德），再派视力好的离朱去找，离朱回来后说自己用眼睛未找到（德），又派听力好的喫诟去找，喫诟回来后说自己用耳朵也未找到（德）。黄帝只好要无心、无眼、无耳的象罔去寻找，结果象罔找回了玄珠（德）。黄帝说：“奇怪啊！象罔（抽象的人）为什么可以找到玄珠（抽象的德）呢？”

【要点四】庄子在这一节用寓言故事暗示，黄帝用战争手段消灭了南方的炎帝部落，登上了权力的巅峰，开始利用仁义思想治国，实际上丢失了自己天生之德（玄珠）。天德是抽象无形的，用有形的技术、眼睛、耳朵是找不回天德的。

【原文五】尧之师曰许由，许由之师曰啮缺，啮缺之师曰王倪，王倪之师曰被衣。尧问于许由曰：“啮缺可以配天乎？吾藉王倪以要之。”许由曰：“殆哉，圾乎天下！啮缺之为人也，聪明睿知，给数以敏，其性过人，而又乃以人受天。彼审乎禁过，而不知过之所由生。与之配天乎？彼且乘人而无天。方且本身而异形，方且尊知而火驰，方且为绪使，方且为物絯，方且四顾而物应，方且应众宜，方且与物化而未始有恒。夫何足以配天乎！虽然，有族有祖，可以为众父而不可以为众父父。治，乱之率也，北面之祸也，南面之贼也。”

【译解五】 尧帝的老师叫许由，许由的老师叫啮缺，啮缺的老师叫王倪，王倪的老师叫被衣。尧帝问许由说：“啮缺配做天子吗？我想借助他的老师王倪要挟他做天子。”许由说：“危险啊，他已接近天下了！啮缺这个人的为人，聪明智慧，天赋敏锐，他的心志过人，而且还想用人的意志改变自然本性。他不允许犯错，但不知晓过错产生的原因正是他的主观意志太强。让他做天子，他配吗？他将重视人为而无视天然。将会把万物看作是自身转化的形态，将会尊崇智巧而让心思驱驰，将会被琐事所役使，将会被外物所拘束，将会环顾四周而在乎各方反应，将会迎合万物作出自己的改变，将会参与万物变化而从来没有自己的坚守。那样的人怎么配做天子呢！虽然啮缺有这些问题，但有族众就会有头领，他可以成为一方百姓的头领，却不能成为诸方头领的君主。凭主观意志治理天下，必将是天下大乱的原因，是百姓的祸害，是国家的蛀虫。”

【要点五】 庄子认为，不能凭主观意志治理天下，“以人受天”，否则必将导致天下大乱，是百姓的祸害，是国家的蛀虫。“治，乱之率也，北面之祸也，南面之贼也。”

【原文六】 尧观乎华，华封人曰：“嘻，圣人！请祝圣人，使圣人寿。”尧曰：“辞。”“使圣人富。”尧曰：“辞。”“使圣人多男子。”尧曰：“辞。”封人曰：“寿，富，多男子，人之所欲也。女独不欲，何邪?”尧曰：“多男子则多惧，富则多事，寿则多辱。是三者非所以养德也，故辞。”封人曰：“始也我以女为圣人邪，今然君子也。天生万民，必授之职。多男子而授之职，则何惧之有？富而使人分之，则何事之有？夫圣人，鹑居而鷇食，鸟行而无彰。天下有道，则与物皆昌；天下无道，则修德就闲。千岁厌世，去而上仙，乘彼白云，至于帝乡。三患莫至，身常无殃，则何辱之有?”封人去之，尧随之曰：“请问。”封人曰：“退已!”

【译解六】 尧帝在华国游览，华国的封人对他说：“啊，您是圣人！请接受我的祝福吧。祝您长寿。”尧帝说：“不要长寿。”封人又说“祝您富有。”

尧说："不要富有。"封人再说"祝您多生儿子。"尧说："也不要多生儿子。"封人不解："长寿、富有、多生儿子，这是所有人的愿望，唯独您不想要，为什么？"尧帝说："多个儿子就多一份就业忧惧，多富就会多事，多寿就会多辱，这三者都无助于养德，所以我都不要。"封人说："我本来还以为您是胸怀天下的圣人呢，现在只能把您视为盘算个人得失的君子了。天让每个人降生，必定会各授予一份差事，多一个儿子就会多一份差事，这有什么可怕的？您富有就让众人来分享，这有什么麻烦事？那些圣人，像鹌鹑一样安居像雏鸟一样喂食，像鸟儿飞行一样无影无踪。天下太平就与万民共荣；天下混乱就修德居闲。长寿厌世了，就高登仙界，搭乘天际白云，奔往天帝之乡，前面说的三种忧患都不会随您而来，身体时常无恙，这样的长寿又何辱之有？"封人说完就走了，尧帝紧跟上去说："还想请问先生。"封人回答说："您回吧！"

【要点六】庄子这一节利用寓言故事，说明了自然之德和社会之德的差别，同时也说明了君子与圣人的差别。帝尧担心无助于养德的三种忧患意识是社会意识，其德也是社会之德，或社会价值观念，而华国封人所说之德则是自然之德，也就自然意识，三种忧患意识对自然意识是不会产生影响的。具有社会之德只是君子，具有自然之德才是圣人。

【原文七】尧治天下，伯成子高立为诸侯。尧授舜，舜授禹，伯成子高辞为诸侯而耕。禹往见之，则耕在野。禹趋就下风，立而问焉，曰："昔尧治天下，吾子立为诸侯。尧授舜，舜授予，而吾子辞为诸侯而耕。敢问其故何也？"子高曰："昔尧治天下，不赏而民劝，不罚而民畏。今子赏罚而民且不仁，德自此衰，刑自此立，后世之乱自此始矣！夫子阖行邪？无落吾事！"挹挹乎耕而不顾。

【译解七】尧帝治理天下时，封伯成子高为诸侯。唐尧把帝位传给了虞舜，虞舜又把帝位传给了夏禹，这时伯成子高辞掉诸侯做了农民。夏禹前往看他，他正在地里干活。夏禹赶快走到子高的下方，站着问候他，说："当年尧帝治理天下时，先生您当了诸侯。唐尧把帝位传给了虞舜，虞舜又把帝位传给了我，先生就辞掉诸侯种地了，请问原因是什么？"子高回答说："当年尧帝治理天下时，不用奖励民众也努力干活，不搞惩罚民众也心怀敬畏。而今先生大行赏罚百姓却不讲仁义，自然之德从此衰败了，社会之法从此建立了，以后社会的动乱也就从此开始了！先生为何还不走呢？请不要耽误我干活！”说完就继续耕地而不看夏禹。

【要点七】庄子认为，国家应该顺应人的自然之德而为，不能离开人的天德搞赏罚一类的法治，否则会越治越乱。“昔尧治天下，不赏而民劝，不罚而民畏。今子赏罚而民且不仁，德自此衰，刑自此立，后世之乱自此始矣！”

【原文八】泰初有无，无有无名。一之所起，有一而未形。物得以生谓之德；未形者有分，且然无间谓之命；留动而生物，物成生理谓之形；形体保神，各有仪则谓之性；性修反德，德至同于初。同乃虚，虚乃大。合喙鸣。喙鸣合，与天地为合。其合缗缗，若愚若昏，是谓玄德，同乎大顺。

【译解八】在天地乾坤日月阴阳形成之前，所有可见的物质形态都不存在，既然没有具体的物质形态存在也就没有给这些物质形态定义的概念。这个时候唯一客观存在的是抽象的自然规律（道），此外的天地万物都还没有成形。后来在道的支配下生成了各种有形的事物，各种事物之间互相依存的关系被称为自然之德；抽象无形的道存在阴阳双方的对立，并且是阴阳对立的双方又亲密无间的统一被称为自然之命（使命）；对立统一的阴阳双方在运动过程中产生新事物，这个新事物具有一定的生理特征后就被称为自然之形（形体）；人的形体是保护精神的寓所，精神在形体的保护下各具仪态特征这被称为自然之性（意识）；加强思想意识的修炼返回天德（自然之性），天德回归到位后就与原始状态浑然一体了。浑同于原始就能使心中虚无，心中虚无就能广大宽容。这时说话就像鸟鸣没有是非观点，既能与鸟鸣相合，也就能与天地相合。这种冥合浑然不觉，既像愚昧，又像昏聩，这被称为抽象的天德，也就完全符合道家的大顺理想了。

【要点八】庄子认为，人类社会发展是一个客观过程：在天地形成之前不存在任何具体事物，唯一客观存在的是自然之道（对立统一规律）。“泰初有无，无有无名。一之所起，有一而未形。”在道的支配下，阴阳对立的双方能够实现阴阳统一，开始产生各种具体有形的事物，各种事物互相依存的关系就是自然之德。“物得以生谓之德。”在具体有形的新生事物中，有某种新生事物成为精神寓所，精神在自然之形的保护下各具仪态，这就是自然之性（意识）。“形体保神，各有仪则谓之性。”加强思想意识的修炼，除去社会意识部分，就会返回事物之间互相依存友好的自然之德。“性修反德，德至同于初。”自然之德回归到位就与原始浑然一体了，这时候的意识就很单纯了，社会乱象就会随之消失，最终进入道家的大顺境界。“其合缗缗，若愚若昏，是谓玄德，同乎大顺。”

【原文九】夫子问于老聃曰：“有人治道若相放，可不可，然不然。辩者有言曰：‘离坚白，若县寓。’若是则可谓圣人乎?”老聃曰：“是胥易技系，劳形怵心者也。执留之狗成思，猿狙之便自山林来。丘，予告若，而所不能闻与而所不能言：凡有首有趾无心无耳者众；有形者与无形无状而皆存者尽无。其动止也，其死生也，其废起也，此又非其所以也。有治在人。忘乎物，忘乎天，其名为忘己。忘己之人，是之谓入于天。”

【译解九】孔子向老聃请教说：“有人在研究自然之道时好像正在有意背离自然之道，竟然认可不正确的行为，接受不客观的说法。例如有辩论者就说过：‘坚硬和白色相互区别，如同悬在屋檐下的东西明摆着。’有这样言行的人可以说是圣人吗?”老聃回答说：“这都是一些玩弄伎俩的小官员，只可以做些费力劳神的差事。实际上善于抓捕的猎狗必然生成忧思，便利攀缘的猴子往往被从山林捉来。孔丘，我告诉你一个你听不到又说不出的观点吧：凡是有脑袋有手脚但没有心志和耳目的人是很多的；也就是有形体的人与没有形状的道同时存在的案例是不存在的。一个人的运动与静止，死亡与生存，颓废与兴起，这些确实不是他自己可以掌握的。有意修道关键在发挥人的主观能动作用。如果既忘记了有形的身体，又忘记了无形的欲望，这叫作忘记了自己。忘记自己的人，就可以说与自然融为一体了。”

【要点九】庄子强调了两个重要观点。一是治道修德关键在发挥人的主观能动作用。“有治在人。”二是圣人治道的要求：忘记自己的形体，忘记自己的欲望，与大自然融为一体。“忘乎物，忘乎天，其名为忘己。忘己之人，是之谓入于天。”

【原文十】将闾葂见季彻曰：“鲁君谓葂也曰：‘请受教。’辞不获命。既已告矣，未知中否。请尝荐之。吾谓鲁君曰：‘必服恭俭，拔出公忠之属而无阿私，民孰敢不辑！’”季彻局局然笑曰：“若夫子之言，于帝王之德，犹螳螂之怒臂以当车轶，则必不胜任矣！且若是，则其自为处危，其观台多物，将往投迹者众。”将闾葂覤覤然惊曰：“葂也汒若于夫子之所言矣！虽然，愿先生之言其风也。”季彻曰：“大圣之治天下也，摇荡民心，使之成教易俗，举灭其贼心而皆进其独志。若性之自为，而民不知其所由然。若然者，岂兄尧、舜之教民溟涬然弟之哉？欲同乎德而心居矣！”

【译解十】蒋闾葂拜见季彻时说：“鲁国君主曾经对我说：‘请授教我。’我想推辞未获批准。已经向他说了全部，不知说的是否中肯。现在说给你评审一下。我对鲁君说：‘您要是做到了待人恭敬，行事节俭，又选拔公正忠诚的部属并且没有私心，民众哪敢不和睦呢？’”季彻听了微微一笑说：“如果你的这种话，是说给具有帝王心志的人听的，他只会像螳螂奋臂想挡住车轮一样，是肯定无法胜任的！他还会猜测如果按您说的做了，将会把自己置于危险的境地，因为他观景台下的财物太多了，想到那里去留下脚印的人太多了。”蒋闾葂听了后心里发虚，就吃惊地说：“我对先生说的意思感到茫然！想请先生讲得更明白一点。”季彻就说：“大圣人治理天下，是要让民心无拘无束，使他们接受教育改善风俗，除去他们的社会心理而表现他们的自然个性。如果民众都顺着自然个性去做，而并不需要了解自己为什么要这样做。既然大圣人是这样治理天下的，你何必效法尧舜教化民众的方式，诚惶诚恐地当他们的弟子呢？你想实现大圣人治理天下的价值目标，首先要让天德稳居心中！”

【要点十】庄子认为：一、大圣人君临天下的基本方法就是顺德而治。“大圣之治天下也，摇荡民心，使之成教易俗，举灭其贼心而皆进其独志。若性之自为，而民不知其所由然。若然者，岂兄尧、舜之教民溟涬然弟之哉？欲同乎德而心居矣！”二、存在决定意识，帝王因“其观台多物”，必然多疑。

【原文十一】子贡南游于楚，反于晋，过汉阴，见一丈人方将为圃畦，凿隧而入井，抱瓮而出灌，搰搰然用力甚多而见功寡。子贡曰："有械于此，一日浸百畦，用力甚寡而见功多，夫子不欲乎?"为圃者仰而视之曰："奈何?"曰："凿木为机，后重前轻，挈水若抽，数如泆汤，其名为槔。"为圃者忿然作色而笑曰："吾闻之吾师，有机械者必有机事，有机事者必有机心。机心存于胸中则纯白不备。纯白不备则神生不定，神生不定者，道之所不载也。吾非不知，羞而不为也。"子贡瞒然惭，俯而不对。有间，为圃者曰："子奚为者邪?"曰："孔丘之徒也。"为圃者曰："子非夫博学以拟圣，於于以盖众，独弦哀歌以卖名声于天下者乎？汝方将忘汝神气，堕汝形骸，而庶几乎！而身之不能治，而何暇治天下乎！子往矣，无乏吾事。"

【译解十一】子贡曾到南方的楚国访游，后北返晋国经过汉阴时，看到一老人为了更好地经营菜园，正在挖一条隧道到井里，又抱着水瓮取水浇地，进进出出很费力而效果很差。子贡对他说："如今有一种器械，一天就可以浇灌上百垄菜畦，费力很少而功效很高，您不想试试吗?"老人抬头望着子贡说："那种装置是什么样的?"子贡说："那是用木料加工制成的，后重而前轻，提水如抽水，用力压数下，水就像烧开一样溢流出来了，它的名字叫桔槔。"那老人听了，立刻面带怒色讥笑道："我听我的老师说过，在器械上用智巧的人必定在其他事情上用智巧，在其他事情上用智巧的人必定在追求目标上用智巧。在追求目标上用了智巧动机就不单纯了，动机不单纯就会心神不定，心神不稳定的人就掌握不了自然规律。我不是不了解器械的好处，我是羞于舍道求械使用它罢了。"子贡听了，满面羞惭，就低下头来不作声了。过了一会儿，那位老人问子贡："你是干什么的呀?"子贡说："我是孔丘的学生。"老人说："你莫非就是那个因博学而自比圣人，欺上媚俗以求赢得众人崇拜，自奏悲歌向天下卖弄名声的人？你正在自弃精神，自毁形象啊！你大概就是这样了吧！你连你自身都治不了，哪还有时间治天下人呢！你走吧，不要耽误我做事了！"

【要点十一】庄子认为，卖弄智巧和心机是顺道而治的大敌："有机械者必有机事，有机事者必有机心。机心存于胸中则纯白不备。纯白不备则神生不定，神生不定者，道之所不载也。"技术是对自然规律（道）和事物本性

（德）的认识及利用，所以技与道、技与德都是对立统一的辩证关系，道家把道与技完全对立起来是形而上学的错误。

【原文十二】子贡卑陬失色，顼顼然不自得，行三十里而后愈。其弟子曰："向之人何为者邪？夫子何故见之变容失色，终日不自反邪？"曰："始吾以为天下一人耳，不知复有夫人也。吾闻之夫子：事求可，功求成，用力少，见功多者，圣人之道。今徒不然。执道者德全，德全者形全，形全者神全。神全者，圣人之道也。托生与民并行而不知其所之，汒乎淳备哉！功利机巧必忘夫人之心。若夫人者，非其志不之，非其心不为。虽以天下誉之，得其所谓，謷然不顾；以天下非之，失其所谓，傥然不受。天下之非誉无益损焉，是谓全德之人哉！我之谓风波之民。"反于鲁，以告孔子。孔子曰："彼假修浑沌氏之术者也。识其一，不识其二；治其内而不治其外。夫明白入素，无为复朴，体性抱神，以游世俗之间者，汝将固惊邪？且浑沌氏之术，予与汝何足以识之哉！"

【译解十二】子贡惭愧变色，怏怏然不自在，走了三十里才恢复常态。他的弟子问："刚才那个人是干什么的呀？您为什么听了他的那番话之后脸色都变了，还整天都恢复不过来？"子贡说："我开始以为孔子是天下最为高明的人，不知道还有这样一个人。我听孔子说过：务事要求正确，做功讲求成效，用力又少，功效又多的方法，就是圣人之道。今天突然感到不是这样。坚持自然之道的人必有完备的自然之德，具有完备自然之德的人必有健全的形体，具有健全形体的人才能够精神饱满或意识健全。满足意识健全的上述要求，才是圣人坚持的根本方法。圣人把自己的根本方法传授给民众一并实行而不管结果如何，在模糊中感受道的完美！接受道的人心里必然忘掉那些功名实利及智慧技巧。这样的人，不符合他志向的事不会追求，不符合他心意的事不会去做。即使天下人都赞誉他，而且全部名副其实，他也不屑一顾；即使全天下人都毁谤他，而且全是不实之词，他也不予理睬。因为天下人的毁谤或赞誉对于他既无增益又无损害，这种人才是全德之人啊！我只能称作随俗逐利的小民了。"子贡回到鲁国后，把灌园老人向他说的话告诉了孔子。孔子说："那是个奉行浑沌氏之道的人。他们只了解事物的一方面，不了解事物的另一方面；只倡导个人内心的修炼，不进行客观世界的观察。这种人明白地进入真实，自然地返回纯朴，体悟自己的本性并坚守天生的意识，生活在世俗之中，你怎么确定不会感到惊讶呢？况且浑沌氏之道，我和你怎么能够完全了解呢？”

【要点十二】 庄子在本节说明了两个概念：

一是圣人之道：“执道者德全，德全者形全，形全者神全。神全者，圣人之道也。”

二是全德之人：“天下之非誉无益损焉，是谓全德之人哉！”

【原文十三】 谆芒将东之大壑，适遇苑风于东海之滨。苑风曰：“子将奚之？”曰：“将之大壑。”曰：“奚为焉？”曰：“夫大壑之为物也，注焉而不满，酌焉而不竭。吾将游焉！”苑风曰：“夫子无意于横目之民乎？愿闻圣治。”谆芒曰：“圣治乎？官施而不失其宜，拔举而不失其能，毕见其情事而行其所为，行言自为而天下化。手挠顾指，四方之民莫不俱至，此之谓圣治。”“愿闻德人。”曰：“德人者，居无思，行无虑，不藏是非美恶。四海之内共利之之谓悦，共给之之谓安。怊乎若婴儿之失其母也，傥乎若行而失其道也。财用有余而不知其所自来，饮食取足而不知其所从，此谓德人之容。”“愿闻神人。”曰：“上神乘光，与形灭亡，是谓照旷。致命尽情，天地乐而万事销亡，万物复情，此之谓混溟。”

【译解十三】 谆芒准备去东边的大海沟，正巧在东海之滨遇到苑风。苑风问他道：“你要去哪儿？”谆芒说：“想去东海大沟。”苑风又问：“去做什么呢？”谆芒说：“那个大沟作为海的一部分，为何往它里面注水不会满溢，又为何从它里面舀水不会干涸。我想去那里看个究竟。”苑风就说：“先生没看到天下老百姓对您侧目吗？我想听您说说圣人之治。”谆芒说：“想了解圣人之治吗？那就是官方施政不能失掉正当性，选拔官员不可遗漏贤能人，掌握全部事实后再采取适当措施解决问题，以身作则教化天下人主动效法。他只要招一下手，或者使个眼色，四方的百姓就无不立刻奔向他指定的目标。这就叫圣人之治。”苑风说：“请您再讲一下什么叫德人。”谆芒说：“德人，就是在家时什么也不考虑，外出时没有任何谋划，不隐瞒自己的是非美丑观点。天下人都感到顺利时他就喜悦，天下人都丰衣足食时他就心安。他总是怅然，像婴儿没有了母亲一样，又总是茫然，像路人迷失了方向一样。他总是感到财货有余却不知道是从哪里得来的，还总是觉得饮食取用充足却不知道它们是从何处得到的。这就是德人的表现。”苑风说：“请再告诉我什么是神人。”谆芒说：“神人往来乘坐的是光亮，他是无形无迹的，这叫作普照宇宙。神人可以奉献生命和真情，只求天下人人快乐，谁都无须为凡事俗务奔忙，每个人都恢复自然本性，这叫作回到初始浑沌状态。”

【要点十三】

庄子在本节明确了三个概念：

一是圣治：“圣治乎？官施而不失其宜，拔举而不失其能，毕见其情事而行其所为，行言自为而天下化。手挠顾指，四方之民莫不俱至，此之谓圣治。”

二是德人：“德人者，居无思，行无虑，不藏是非美恶。四海之内共利之之谓悦，共给之之谓安。怊乎若婴儿之失其母也，傥乎若行而失其道也。财用有余而不知其所自来，饮食取足而不知其所从，此谓德人之容。”

三是神人：“上神乘光，与形灭亡，是谓照旷。致命尽情，天地乐而万事销亡，万物复情，此之谓混溟。”

【原文十四】门无鬼与赤张满稽观于武王之师，赤张满稽曰：“不及有虞氏乎！故离此患也。”门无鬼曰：“天下均治而有虞氏治之邪？其乱而后治之与？”赤张满稽曰：“天下均治之为愿，而何计以有虞氏为！有虞氏之药疡也，秃而施髢，病而求医。孝子操药以修慈父，其色燋然，圣人羞之。至德之世，不尚贤，不使能，上如标枝，民如野鹿。端正而不知以为义，相爱而不知以为仁，实而不知以为忠，当而不知以为信，蠢动而相使不以为赐。是故行而无迹，事而无传。”

【译解十四】门无鬼与赤张满稽在观看武王伐纣的部队时，赤张满稽说：“周武王还是比不上有虞氏舜帝啊！所以他不能不使天下人罹受这种祸患。”门无鬼说：“天下完全治理好了是有虞氏的治理功劳吗？是他将乱世治理成盛世的吗？”赤张满稽说：“如果天下完全按照他的理想治理好了，那还何必请有虞氏当天子！有虞氏施治要求是很高的，有人秃了帮他戴上假发，有人病了帮他找医生。孝子拿药物给慈父治病，尽管面容憔悴，圣人还是会批评他没有做到让父亲不生病。在自然之德最彰显的世代，既不推崇贤才，也不重用能人，国君如同高高在上的树枝，百姓像是地上觅食的野鹿。人们行为端正却不知道什么是义，相互友爱却不知道什么是仁，敦厚诚实却不知道什么是忠，办事稳妥却不知道什么是信，相互使唤却没有人觉得这是恩赐。因此那时的人们有作为而没有留下痕迹，有事实而没有得到传颂。”

【要点十四】庄子在本节赞扬了舜帝治国的高标准和严要求：“有虞氏之药疡也，秃而施髢，病而求医。孝子操药以修慈父，其色燋然，圣人羞之。至德之世，不尚贤，不使能，上如标枝，民如野鹿。端正而不知以为义，相爱而不知以为仁，实而不知以为忠，当而不知以为信，蠢动而相使不以为赐。”

【原文十五】孝子不谀其亲，忠臣不谄其君，臣、子之盛也。亲之所言而然，所行而善，则世俗谓之不肖子；君之所言而然，所行而善，则世俗谓之不肖臣。而未知此其必然邪？世俗之所谓然而然之，所谓善而善之，则不谓之道谀之人也！然则俗故严于亲而尊于君邪？谓己道人，则勃然作色；谓己谀人，则怫然作色。而终身道人也，终身谀人也，合譬饰辞聚众也，是终始本末不相坐。垂衣裳，设采色，动容貌，以媚一世，而不自谓道谀；与夫人之为徒，通是非，而不自谓众人也，愚之至也。知其愚者，非大愚也；知其惑者，非大惑也。大惑者，终身不解；大愚者，终身不灵。三人行而一人惑，所适者，犹可致也，惑者少也；二人惑则劳而不至，惑者胜也。而今也以天下惑，予虽有祈向，不可得也。不亦悲乎！

【译解十五】孝子不奉承父母，忠臣不谄媚君主，这实际上是评价臣子忠孝行为的最好标准。如果父母说什么都对，做什么都好，世俗的人们就会认为他是不肖之子；如果君主说什么都对，做什么都好，世俗的人们也会认为他是不肖之臣。但不知道世俗之人能否将这个标准必然地坚持到底呢？实际上世俗的人们往往是跟着他人说对，帮着他人说好，却没有人批评这么做的人是谄媚阿谀之人！（也就是说世俗之人都是谄媚的并没有把最好标准坚持到底）按照这个事实逻辑来说，难道对待俗人故交比对待父母君主还重视吗？

实际上每当有人说自己有过谄媚表现时，他们都会勃然变色；每当有人说自己有过阿谀言行时，他们都会愤然改容（也就是说世人都不承认自己是谄媚的）。而终身谄媚人的，终身阿谀人的，以及花言巧语蛊惑人的，他们都没有把俗故与亲君两者之间的倒顺关系互相错位（也就是说世俗之人并没有把俗故关系看得比亲君关系更重要）。世俗的人们刻意穿上笔挺的衣裳，涂上鲜艳的颜料，堆上满脸的笑容，以乘一时之快媚惑世人，自己却不承认这是在谄媚；或者自己既与世俗的人们为伍，同他们的是非观点相同，却又不把自己看作是俗众的一员，真是愚蠢极了。承认自己愚蠢的人，还不是最愚蠢的；承认自己陷入困惑的人，并不是陷入困惑最深的。陷入困惑最深的人，是一辈子也不会醒悟的；最愚蠢的人，是一辈子也不会明白的。三个人一起赶路，只有一人迷失方向，还是可以到达目的地的，因为迷路的人毕竟是少数；若有两人迷失了方向，就会走得劳累又达不到目的地了，因为迷失方向的人占了多数。而今则是天下人都迷失了方向，我虽然有坚定的理想，但实现不了。真是可悲啊！

【要点十五】庄子认为世俗之人（社会人）的意识深处都拒绝对自己不利的负面评价，而不论这个负面评价是否客观真实。“谓已道人，则勃然作色；谓已谀人，则怫然作色。”所以社会人也就只能投其好，随时随地都在阿谀谄媚。“垂衣裳，设采色，动容貌，以媚一世，而不自谓道谀；与夫人之为徒，通是非，而不自谓众人也，愚之至也。”人们都是这样的虚伪，社会发展看不到希望。“而今也以天下惑，予虽有祈向，不可得也。不亦悲乎！”

【原文十六】大声不入于里耳，折杨、皇侉，则嗑然而笑。是故高言不止于众人之心；至言不出，俗言胜也。以二缶钟惑，而所适不得矣。而今也以天下惑，予虽有祈向，其庸可得邪！知其不可得也而强之，又一惑也！故莫若释之而不推。不推，谁其比忧！厉之人，夜半生其子，遽取火而视之，汲汲然唯恐其似己也。

【译解十六】世俗的人们不欣赏高雅的音乐，只有在听到折杨、皇华之类的民间小曲时，才会发出呵呵的笑声。同理，高深的理论不会落脚到民众的心中；真理难以出头闻世，世俗的言论掩盖了真理。用两个缶器可以惑乱一个金钟，使人听不清钟声。而今天下人都已经处于迷惑状态，我虽然找到了社会发展方向，但在目前背景下是不可能实现的！明知不可能实现却勉强去做，只会增加天下人新的困惑！所以不如放弃勉强去做的想法。放手不管了，谁也不用为我担忧！长相难看的人，半夜里生下孩子，赶忙拿灯火看，惶惶然生怕孩子像自己（作者在前面说自己找到了拯救天下的真理，这里又暗喻自己的理论将会与自己的生活处境一样困难）。

【要点十六】庄子在本节进一步表达了自己的理论和理想的困境。“是故高言不止于众人之心；至言不出，俗言胜也。以二缶钟惑，而所适不得矣。而今也以天下惑，予虽有祈向，其庸可得邪！”

【原文十七】百年之木，破为牺尊，青黄而文之，其断在沟中。比牺尊于沟中之断，则美恶有间矣，其于失性一也。跖与曾、史，行义有间矣，然其失性均也。且夫失性有五：一曰五色乱目，使目不明；二曰五声乱耳，使耳不聪；三曰五臭熏鼻，困惾中颡；四曰五味浊口，使口厉爽；五曰趣舍滑心，使性飞扬。此五者，皆生之害也。而杨、墨乃始离跂自以为得，非吾所谓得也。夫得者困，可以为得乎？则鸠鸮之在于笼也，亦可以为得矣。且夫趣舍声色以柴其内，皮弁鹬冠搢笏绅修以约其外。内支盈于柴栅，外重缰缴，睆睆然在缰缴之中，而自以为得，则是罪人交臂历指而虎豹在于囊槛，亦可以为得矣！

【译解十七】百年大树，剖开后做成木质祭器，再给它绘上青黄色花纹，加工形成的废料被抛入沟里。再拿着祭器与沟里的废料相比，自然有美丑差别，但二者在失去原有本性上是一样的。夏桀、盗跖与曾参、史鳟，在行为的道义方面确有差别，但在失去人的本性上是一样的。导致丧失本性的途径有五种：一是五色乱目，以致看东西不清楚；二是五声乱耳，以致听声音不清楚；三是五臭熏鼻，以致闻气味不灵敏；四是五味浊口，以致辨滋味不敏感；五是取舍滑心，以致心神不安宁。这五种情况，都有害于人的天性，可杨朱、墨翟从来都尽力辩护说自己有所感悟，这当然不是我说的有所感悟。如果有所感悟之后反而为其所困，也可以说是有所感悟吗？如果说可以，那么斑鸠被关在笼中，也可以说是有所感悟了。取舍于声色以致内心像堆满了柴草一样难过，穿戴着皮帽、羽冠、朝板、宽带和长裙以致全身被捆绑了似的动弹不得。像这样心里充满柴草栅栏，身上被绳索层层捆着，却瞪着大眼在绳索束缚中呼喊自己有所感悟，那么犯人被反绑着手并且手指还被刑具夹着，以及虎豹被关进了兽监，也都可以宣称为有所感悟了。

【要点十七】庄子在本节认为，世俗之人所说的美丑是非是伪命题，它们在失去人的本性上是一样的。“比牺尊于沟中之断，则美恶有间矣，其于失性一也。跖与曾、史，行义有间矣，然其失性均也。”

《天地》内容小结

一、基本概念

1. 天。庄子认为，天是客观自然。

2. 道。庄子认为，道是自然规律。

3. 德。庄子认为，德是事物的自然本性。

4. 义。庄子认为，义是事物的自然功能。

5. 事。庄子认为，事是国家的治理职权。

6. 技。庄子认为，技是制作工艺。

7. 圣人之道。庄子认为，圣人的思想路线一执三全：“执道者德全，德全者形全，形全者神全。神全者，圣人之道也。”

8. 全德之人。庄子认为，不受外界干扰，坚守自身天德的人就是全德之人。“天下之非誉无益损焉，是谓全德之人哉！”

9. 圣治。庄子认为，圣人之治有四大要点和一个反应：施政合理、选拔贤能、化解难题、以身作则和民众当顺。“圣治乎？官施而不失其宜，拔举而不失其能，毕见其情事而行其所为，行言自为而天下化。手挠顾指，四方之民莫不俱至，此之谓圣治。”

10. 德人。庄子认为，德人没有私欲，不持是非立场。“德人者，居无思，行无虑，不藏是非美恶。四海之内共利之之谓悦，共给之之谓安。怊乎若婴儿之失其母也，傥乎若行而失其道也。财用有余而不知其所自来，饮食取足而不知其所从，此谓德人之容。”

11. 神人。庄子认为，神人就像阳光一样，无形无声，有明有温，普照天地，惠及万物，天下安宁。“上神乘光，与形灭亡，是谓照旷。致命尽情，天地乐而万事销亡，万物复情，此之谓混溟。”

二、基本观点

1. 道家治国的基本逻辑。庄子认为，从天、道、德、义、事到技之间是互相联系的。“故通于天者，道也；顺于地者，德也；行于万物者，义也；上治人者，事也；能有所艺者，技也。技兼于事，事兼于义，义兼于德，德兼于道，道兼于天。”也就是说，顺道而治通于天，顺德而治通于地，顺义而治通于物，顺事而治通于人，顺技而治通于能。这是从客观上正面论述顺治的主要内容。

2. 治理天下的基本原则。庄子认为，治理天下最重要的原则是无欲、无为、渊静。这是从主观上正面对顺治的必然要求。“古之畜天下者，无欲而天下足，无为而万物化，渊静而百姓定。”庄子认为，凭主观意志治理天下，必将是天下大乱的原因，是百姓的祸害，是国家的蛀虫。“治，乱之率也，北面之祸也，南面之贼也。”庄子认为，国家应该顺应人的自然之德而为，不能离开人的天德搞赏罚一类的法治，否则会越治越乱。“昔尧治天下，不赏而民劝，不罚而民畏。今子赏罚而民且不仁，德自此衰，刑自此立，后世之乱自此始矣！”庄子在第十一节认为，卖弄智巧和心机是顺治的大敌：“有机械者必有机事，有机事者必有机心。机心存于胸中则纯白不备。纯白不备则神生不定，神生不定者，道之所不载也。”这是从主观上反面对顺治的必然要求。

3. 君临天下必备十则。庄子认为，尊重自然（天道）、尊重本性（德）、善待万物（仁）、善待异见（大）、减少树敌（宽）、不受诱惑（富）、抓住纲领（执德）、争取支持（树德）、遵循规律（完备）、坚定心志（圆满），是君子君临天下的必备条件。“无为为之之谓天，无为言之之谓德，爱人利物之谓仁，不同同之之谓大，行不崖异之谓宽，有万不同之谓富。故执德之谓纪，德成之谓立，循于道之谓备，不以物挫志之谓完。君子明于此十者，则韬乎其事心之大也，沛乎其为万物逝也。”

4. 道和德密不可分 。庄子认为，德和道是一对天然的连环马，有德之人必定循道，有道之人必定重德。“夫王德之人，素逝而耻通于事，立之本原而知通于神，故其德广。其心之出，有物采之。故形非道不生，生非德不明。”

庄子认为，人类社会发展是一个顺道顺德的客观过程：在天地形成之前不存在任何具体事物，唯一客观存在的是自然之道（对立统一规律）。“泰初有无，无有无名。一之所起，有一而未形。”在道的支配下，阴阳对立的双方能够实现阴阳统一，开始产生各种具体有形的事物，各种事物互相依存的关系就是自然之德。“物得以生谓之德。”在具体有形的新生事物中，有某种新生事物成为精神寓所，精神在自然之形的保护下各具仪态，这就是自然之性（意识）。“形体保神，各有仪则谓之性。”加强思想意识的锻炼，除去社会意识部分，就会返回事物之间互相依存友好的自然之德。“性修反德，德至同于初。”自然之德回归到位就与泰初浑然一体了，这时候的意识就很单纯了，社会乱象就会随之消失，最终进入道家的大顺境界。“其合缗缗，若愚若昏，是谓玄德，同乎大顺。”

5. 顺德而为是顺治的基本内容。庄子认为，从黄帝开始就丢失了人的自然生成的天德。“黄帝游乎赤水之北，登乎昆仑之丘而南望。还归，遗其玄珠。”庄子在第六节利用寓言故事，说明了自然之德和社会之德的差别，同时也说明了君子与圣人的差别。帝尧担心无助于养德的三种忧患意识是社会意识，其德也是社会之德，或社会价值观念，而华国封人所说之德则是自然之德，也就是自然意识，三种忧患意识对自然意识是不会产生影响的。具有社会之德只是君子，具有自然之德才是圣人。“尧曰：‘多男子则多惧，富则多事，寿则多辱。是三者非所以养德也，故辞。’封人曰：‘始也我以女为圣人邪，今然君子也。天生万民，必授之职。多男子而授之职，则何惧之有？富而使人分之，则何事之有？夫圣人，鹑居而彀食，鸟行而无彰。天下有道，则与物皆昌；天下无道，则修德就闲。千岁厌世，去而上仙，乘彼白云，至于帝乡。三患莫至，身常无殃，则何辱之有？’”庄子认为，大圣人君临天下的基本方法就是顺德而治。“大圣之治天下也，摇荡民心，使之成教易俗，举灭其贼心而皆进其独志。若性之自为，而民不知其所由然。若然者，岂兄尧、舜之教民溟涬然弟之哉？欲同乎德而心居矣！”庄子在第十四节赞扬了舜帝以德治国的高标准和严要求：“有虞氏之药疡也，秃而施髢，病而求医。孝子操药以修慈父，其色燋然，圣人羞之。至德之世，不尚贤，不使能，上如标枝，民如野鹿。端正而不知以为义，相爱而不知以为仁，实而不知以为忠，当而不知以为信，蠢动而相使不以为赐。”

6. 实现顺治理想的困惑。庄子认为，世俗之人（社会人）的意识深处都拒绝对自己不利的负面评价，而不论这个负面评价是否客观真实。“谓己道人，则勃然作色；谓己谀人，则怫然作色。”所以社会人也就只能投其好，随时随地都在阿谀谄媚。“垂衣裳，设采色，动容貌，以媚一世，而不自谓道谀；与夫人之为徒，通是非，而不自谓众人也，愚之至也。”人们都是这样的虚伪，社会发展看不到希望。“而今也以天下惑，予虽有祈向，不可得也。不亦悲乎！”庄子在第十六节进一步表达了自己的理论和理想的困境。“是故高言不止于众人之心；至言不出，俗言胜也。以二缶钟惑，而所适不得矣。而今也以天下惑，予虽有祈向，其庸可得邪！”庄子认为，世俗之人所说的美丑是非是伪命题，它们在失去人的本性上是一样的。“比牺尊于沟中之断，则美恶有间矣，其于失性一也。跖与曾、史，行义有间矣，然其失性均也。”

7. 强调治道修德的主观能动性。庄子认为，治道修德关键在发挥人的主观能动作用。“有治在人。”庄子还认为，圣人治道的要求：忘记自己的形体，忘记自己的欲望，与大自然融为一体。“忘乎物，忘乎天，其名为忘己。忘己之人，是之谓入于天。”

总之，庄子认为，管好天地（人间）的根本要求还是顺道崇德，无为而治。

外篇·天道

【原文一】天道运而无所积，故万物成；帝道运而无所积，故天下归；圣道运而无所积，故海内服。明于天，通于圣，六通四辟于帝王之德者，其自为也，昧然无不静者矣。圣人之静也，非曰静也善，故静也；万物无足以铙心者，故静也。水静则明烛须眉，平中准，大匠取法焉。水静犹明，而况精神！圣人之心静乎！天地之鉴也；万物之镜也。夫虚静恬淡寂漠无为者，天地之平而道德之至，故帝王圣人休焉。休则虚，虚则实，实则伦矣。虚则静，静则动，动则得矣。静则无为，无为也则任事者责矣。无为则俞俞，俞俞者忧患不能处，年寿长矣。夫虚静恬淡寂漠无为者，万物之本也。明此以南乡，尧之为君也；明此以北面，舜之为臣也。以此处上，帝王天子之德也；以此处下，玄圣素王之道也。以此退居而闲游，江海山林之士服；以此进为而抚世，则功大名显而天下一也。静而圣，动而王，无为也而尊，朴素而天下莫能与之争美。夫明白于天地之德者，此之谓大本大宗，与天和者也；所以均调天下，与人和者也。与人和者，谓之人乐；与天和者，谓之天乐。

【译解一】自然规律运行不止且没有问题积累，所以天地万物生成；政治方法运作不止且没有问题积累，所以天下百姓归顺；哲学思想传播不止而解决问题，所以四海之内心服。一个明了自然规律，精通哲学思想，又完全掌握了政治方法的人，他的言论行为，表面似乎蒙昧无知其实内心非常透亮虚静。哲学家的虚静，不是说虚静好，所以追求虚静；而是意味着任何事情都不足以让他闹心了，所以他内心虚静了。水平静了，可以照见人的须眉，水平达到一定标准，以致成为工匠效法的准则。水平静了都可以明烛须眉，何况人的意识呢！所以哲人的心是多么虚静透亮啊！哲人之心可以鉴别天地；可以反映万物。话说那个虚静、恬淡、寂寞、无为等等这些气质特征，乃是天地平静及道德修为的最佳表现，也是真正的政治家和哲学家的终极追求。终极追求实现了内心就通透无碍了，内心完全通透虚无了，反而感觉是真正的充实了，真正的充实了也就是应有尽有了。再者内心虚无意味着平静，平静地思考周全了就会有行动，思考周全地行动自然意味着成功。或者说内心虚无就能够做到不盲目作为，不盲目作为就会让办事人尽职尽责。不盲目作为的人就会感觉愉快，愉快的人忧患就不会找上门来，他就会长命百岁了。再说那个虚静、恬淡、寂漠、无为等道德修为，同时也是任何人立身处世的根本原则。用这个原则南向做君主，那就是尧帝那样的君主；用这个原则北向做臣子，那就是虞舜那样的臣子。用这个原则当上级，那就具备了帝王天子的政治品德；用这个原则做下级，那就具有了哲学家和政治家的思想方法。用这个原则闲居漫游，就会让山野之士心服；用这个原则指导社会实践，就会功大名显一统天下。追求内心世界的虚静就会成为哲学家，追求外部世界的发展就会成为政治家，即使无欲无为也会得到天下人的尊重，即使朴实素真天下人也无法与之比美。谁明白了天地万物的道德本性，就可以说他掌握了根本方法，是一个能够与自然保持和谐的人；用根本方法协调天下人的关系，又是一个能够与众人保持和谐的人。跟人和谐一致，叫作人乐；跟自然和谐一致，叫作天乐。

【要点一】一、基本概念。庄子在第一节阐明了九个基本概念。一是天道：指自然规律，“天道运而无所积，故万物成”。二是帝道：指政治方法，“帝道运而无所积，故天下归”。三是圣道：指哲学方法，“圣道运而无所积，故海内服”。四是帝王之德：建立在政治方法基础上的政治理想，“明于天，通于圣，六通四辟于帝王之德者，其自为也，昧然无不静者矣。”五是圣人：哲人，“圣人之静也，非曰静也善，故静也；万物无足以铙心者，故静也。”六是精神：意识或心，“而况精神！圣人之心静乎！天地之鉴也；万物之镜也。”七是天乐：自然和谐。“与天和者，谓之天乐。”八是人乐：社会和谐，“与人和者，谓之人乐。”

二、基本观点。庄子认为，虚静及无为是政治家和哲学家追求的最高境界。①一个明了自然规律，精通哲学思想，又完全掌握了政治方法和理想的人，他的内心非常透亮虚静。“明于天，通于圣，六通四辟于帝王之德者，其自为也，昧然无不静者矣。”②哲学家的虚静是一种天下万物都不足以让他烦恼的通达。“万物无足以铙心者，故静也。”③精通天地万物道德本性才是进入虚静境界的根本问题。“夫明白于天地之德者，此之谓大本大宗，与天和者也；所以均调天下，与人和者也。”④哲学家心里的虚静在认识过程中具有重要意义。“圣人之心静乎！天地之鉴也；万物之镜也。”⑤虚静无为是天地道德的特征和帝王追求的终极目标。“夫虚静恬淡寂漠无为者，天地之平而道德之至，故帝王圣人休焉。”⑥虚静无为是为人处世的根本原则。“夫虚静恬淡寂漠无为者，万物之本也。”可见，庄子的虚静无为的精神境界，是对自然和社会的认识达到极致后形成的通达透亮、无所不能的至高境界。

【原文二】庄子曰：“吾师乎！吾师乎！齑万物而不为戾，泽及万世而不为仁，长于上古而不为寿，覆载天地刻雕众形而不为巧，此之谓天乐。故曰：‘知天乐者，其生也天行，其死也物化。静而与阴同德，动而与阳同波。’故知天乐者，无天怨，无人非，无物累，无鬼责。故曰：‘其动也天，其静也地，一心定而王天下；其鬼不祟，其魂不疲，一心定而万物服。’言以虚静推于天地，通于万物，此之谓天乐。天乐者，圣人之心，以畜天下也。”

【译解二】庄子说：“我的天德（自然本性）大宗师啊！我的天德大宗师啊！你推毁万物而不被认为是施加暴戾，布泽万世而不是因为仁爱，比远古还长久而不是为了长寿，覆载天地塑造万物而不是为了机巧，这样就叫天乐。所以有人说：

‘知晓天乐的人，他的出生是顺天而行，他的死去是转化为物。安静时如同月亮一样冷漠安详，运动时就像太阳一样热情奔放。’因此享有天乐的人，没有自然的惩罚，没有社会的非难，没有身外之物的连累，没有冤魂死鬼的责问。所以又有人说：‘他运作时像天体那样稳健，他安静时像大地那样无为，决心一定他就能够君临天下；他的心神不邪恶，他的思虑不停顿，决心一定他就能够让万物服从。’说把天德修养形成的虚静气质推广到宇宙，贯通于万物，这就称为天乐。享有天乐的人，能够用哲人之心，以驯导天下人。”

【要点二】庄子认为，天地万物的自然本性称为天然之德，人们透彻了解万物天性并以天德为师，就能够获得忘我超物的天然之乐。“齑万物而不为戾，泽及万世而不为仁，长于上古而不为寿，覆载天地刻雕众形而不为巧，此之谓天乐。”

【原文三】夫帝王之德，以天地为宗，以道德为主，以无为为常。无为也，则用天下而有余；有为也，则为天下用而不足。故古之人贵夫无为也。上无为也，下亦无为也，是下与上同德，下与上同德则不臣；下有为也，上亦有为也，是上与下同道，上与下同道则不主。上必无为而用天下，下必有为为天下用，此不易之道也。故古之王天下者，知虽落天地，不自虑也；辩虽雕万物，不自说也；能虽穷海内，不自为也。天不产而万物化，地不长而万物育，帝王无为而天下功。故曰莫神于天，莫富于地，莫大于帝王。故曰帝王之德配天地。此乘天地驰万物，而用人群之道也。

【译解三】帝王治国纲要，以天地客观世界为基础，以自然之道和天生之德为主导，以只抓纲要不管具体事务作为治国常态。如果帝王不管具体事务，则役使天下人力而有余；如果帝王想管具体事务，则被天下人所役使而不足。所以古时候的人都看重帝王只抓纲要而不管具体事务的工作方法。如果处于上位的帝王只抓纲要，处于下位的臣子也只抓纲要，这样臣子跟帝王的治国纲要和方法是相同的，臣子跟帝王的治国纲要和方法相同那就不像臣子了；如果处于下位的臣子只管具体事务，处于上位的帝王也只管具体事务，这样帝王跟臣子的工作方法就相同了，帝王跟臣子的工作方法相同那就不像帝王了。帝王必须只抓纲要方能役使天下人，臣子必须只管具体事务而被天下人所用，这是不能改变的规则。所以古代统治天下的人，智慧即使能够经纬天地，也从不考虑自己管理具体事务；口才即使能够形容万物，也从不谈论自己管理具体事务；能力即使能够超越国内所有人，也从不显示自己管理具体事务的能力。苍天并不刻意生产什么，而万物却自然产生，大地并不刻意长出什么，而万物却自然生长，帝王坚持不管具体事务，天下自然能够获得治理。所以说没有谁比自然更神秘，没有谁比大地更富有，没有谁比帝王更为伟大。因此说帝王的治国纲要能够跟天地道德般配。这就是驾驭天地、驱使万物，并役使天下人的好办法。

【要点三】庄子认为，帝王治国必须处理好主要与次要的关系，只要抓住道德纲要就行了，管理具体事务是臣民的工作。“夫帝王之德，以天地为宗，以道德为主，以无为为常。”

【原文四】本在于上，末在于下，要在于主，详在于臣。三军五兵之运，德之末也；赏罚利害，五刑之辟，教之末也；礼法度数，形名比详，治之末也；钟鼓之音，羽旄之容，乐之末也；哭泣衰绖，隆杀之服，哀之末也。此五末者，须精神之运，心术之动，然后从之者也。

【译解四】事物的根本部分处于上位，末梢部分处于下位；治国的纲要部分掌握在帝王手里，详目部分安排到臣子手里。军队和各种兵器的运用，这些都是道德治国的辅助手段；建立赏利罚害制度，施行各种刑罚惩戒，这些都是教育的次要手段；推行礼仪度量法规，确定事物实体名称，这些都是治国的次要手段；敲钟击鼓发出的声音，鸟羽兽毛妆饰的仪容，这些都是次要的娱乐方式；痛哭流涕披麻戴孝，或隆重或省简的丧礼，这些都是次要的致哀方式。这五种次要形式，都必须服从治国的精神内容，然后摆正它们的从属地位。

【要点四】庄子认为，帝王治国必须处理好本末关系，即思想内容与表现形式的关系，必须突出思想内容。“本在于上，末在于下，要在于主，详在于臣。”

【原文五】末学者，古人有之，而非所以先也。君先而臣从，父先而子从，兄先而弟从，长先而少从，男先而女从，夫先而妇从。夫尊卑先后，天地之行也，故圣人取象焉。天尊地卑，神明之位也；春夏先，秋冬后，四时之序也。万物化作，萌区有状，盛衰之杀，变化之流也。夫天地至神，而有尊卑先后之序，而况人道乎！宗庙尚亲，朝廷尚尊，乡党尚齿，行事尚贤，大道之序也。语道而非其序者，非其道也；语道而非其道者，安取道！

【译解五】重视事物的末尾，古时候就有了，但这并没有否定事物本身的重要性。国君为主在先而臣下从属在后，父亲为主在先而子女从属在后，兄长为主在先而小弟从属在后，年长为主在先而年少从属在后，男子为主在先而妇女从属在后，丈夫为主在先而妻子从属在后。尊卑主从先后，这是天地运行特点，所以哲人效法这个式样安排社会秩序。天尊地卑，这是神明的位次；春夏在先，秋冬在后，这是四季的序列。万物变化生息，萌生之初便有不同的形状，盛衰交替，这是事物变化的过程。天地是最神圣的，尚存尊卑先后的顺序，何况是人际关系呢！宗庙崇尚血缘，朝廷崇尚高贵，乡村崇尚年长，办事崇尚贤能，这是根据自然之道安排的社会秩序。嘴上说自然之道重要却非议按自然之道安排的社会秩序，这不是在尊崇自然之道；嘴上说自然之道重要却非议掌握自然之道的人，这怎么能够掌握自然之道！

【要点五】庄子认为，哲人安排的社会秩序，是顺应本末、主次规律和天地之德安排的。“夫尊卑先后，天地之行也，故圣人取象焉。”

【原文六】是故古之明大道者，先明天而道德次之，道德已明而仁义次之，仁义已明而分守次之，分守已明而形名次之，形名已明而因任次之，因任已明而原省次之，原省已明而是非次之，是非已明而赏罚次之。赏罚已明而愚知处宜，贵贱履位，仁贤不肖袭情。必分其能，必由其名。以此事上，以此畜下，以此治物，以此修身；知谋不用，必归其天，此之谓太平，治之至也。

【译解六】因此，古代通晓本末大道的人，首先明确了客观世界而后才是道德，道德明确了之后才是仁义，仁义明确了之后才是职位，职位明确之后才是事物的形名，形名明确之后是因才而任，因才而任之后才是考察，考察明确之后才是对错，对错明确之后才是赏罚。赏罚明确而愚钝与聪颖的人都能相处合宜，尊贵与卑贱的人也都能各安其位；贤良与不肖的人也都能接受赏罚。必须区分各自不同的才能，必须遵从各自不同的名分。用这样的办法来侍奉帝王，用这样的办法来教化百姓，用这样的办法来管理万物，用这样的办法来修养自身；智谋不宜用，必定归依自然，这就叫作天下太平，也就是治理天下的最高境界。

【要点六】庄子认为，人们要正确认识世界，也要根据本末关系，必须从认识自然规律、自然道德开始，进而认识社会仁义等等。“是故古之明大道者，先明天而道德次之，道德已明而仁义次之，仁义已明而分守次之，分守已明而形名次之，形名已明而因任次之，因任已明而原省次之，原省已明而是非次之，是非已明而赏罚次之。”

【原文七】故书曰：“有形有名。”形名者，古人有之，而非所以先也。古之语大道者，五变而形名可举，九变而赏罚可言也。骤而语形名，不知其本也；骤而语赏罚，不知其始也。倒道而言，迕道而说者，人之所治也，安能治人！骤而语形名赏罚，此有知治之具，非知治之道；可用于天下，不足以用天下，此之谓辩士，一曲之人也。礼法数度，形名比详，古人有之，此下之所以事上，非上之所以畜下也。

【译解七】因此古书上说：“凡有形事物皆有名称及其定义。”重视事物的名称及其定义，古人就是这样做的，但这并没有否定事物本身的重要性。古人谈论认识事物规律的体会时说，经过天地、道德、仁义、分守、形名等五个阶段就可以列举事物的外部形体和内部属性的特点下定义了；再加上因任、原省、是非、赏罚等共九个阶段就可以议定具体的赏罚问题了。没有对前面四项有一定认识就贸然给事物下定义，是抓不住事物本质的；没有对前面八项本先问题的认识就贸然议定赏罚问题，是找不到赏罚依据的。把上述本末之道倒过来讨论，或者逆道而辩的人，只能被他人所统治，怎么能去统治他人！离开上述前提贸然讨论形名和赏罚，这样的人即使知晓治国的具体方法，也不会懂得治国的根本规律；可以被天下人所用，而不足以用来治理天下人，这种人被称作辩士，即只能认识事物一隅的浅薄之人。对礼法设计的审定，对事物属性的比较，古人就是这样做的，这都是臣下侍奉帝王的具体方法，而不是帝王驯化臣民的根本方法。

【要点七】庄子认为，必须坚持抓纲即抓住根本问题才能够治国："古之语大道者，五变而形名可举，九变而赏罚可言也。"

【原文八】昔者舜问于尧曰："天王之用心何如？"尧曰："吾不敖无告，不废穷民，苦死者，嘉孺子而哀妇人。此吾所以用心已。"舜曰："美则美矣，而未大也。"尧曰："然则何如？"舜曰："天德而土宁，日月照而四时行，若昼夜之有经，云行而雨施矣"尧曰："胶胶扰扰乎！子，天之合也；我，人之合也。"夫天地者，古之所大也，而黄帝、尧、舜之所共美也。故古之王天下者，奚为哉？天地而已矣。

【译解八】虞舜曾经问唐尧："作为天子，您心里想些什么？"唐尧回答说："我不想让有疾苦的病人无处诉说，不想让有困难的民众遭到驱逐，悲悯死者，怜爱幼小，同情妇女，这些都是我用心想过的。"虞舜说："您这些想法好倒是好，但未能抓住工作的大局或纲要。"唐尧说："你说的大局是什么呢？"虞舜说："苍天抓住纲要而大地就会安宁，日月轮回照耀而四季正常运行，这就如昼夜交替有准则、浓云飘过会下雨是一样的逻辑。"唐尧说："我被具体事务缠扰住身心了！你的思路与天地道德大局相合，我的思路仅与民众需求小事相合。"话说那个天地道德，自古以来就被认为是最重要的，而且是黄帝、尧、舜他们都赞美的。所以自古以来君临天下的人，需要做些什么呢？就是根据天地道德确定治国纲要罢了。

【要点八】庄子在第八节认为，君主治国必须处理好全局与局部的关系，只有抓住了全局和纲要，才能够处理好局部和具体问题。"故古之王天下者，奚为哉？天地而已矣。"

【原文九】孔子西藏书于周室。子路谋曰："由闻周之征藏史有老聃者，免而归居，夫子欲藏书，则试往因焉。"孔子曰："善"。往见老聃，而老聃不许，于是繙十二经以说。老聃中其说，曰：“大谩，愿闻其要。”孔子曰：“要在仁义。”老聃曰：“请问，仁义，人之性邪?”孔子曰：“然。君子不仁则不成，不义则不生。仁义，真人之性也，又将奚为矣?”老聃曰：“请问，何谓仁义?”孔子曰：“中心物恺，兼爱无私，此仁义之情也。”老聃曰：“意，几乎后言！夫兼爱，不亦迂乎！无私焉，乃私也。夫子若欲使天下无失其牧乎?则天地固有常矣，日月固有明矣，星辰固有列矣，禽兽固有群矣，树木固有立矣。夫子亦放德而行，循道而趋，已至矣；又何偈偈乎揭仁义，若击鼓而求之于焉！意，夫子乱人之性也!”

【译解九】孔子想把书馆藏到西边的东周王室去。子路出主意说：“我听说周王室有个管理典籍的官员叫老聃，已经辞官回乡隐居，先生想把书藏好，不妨去试探一下他的意见。”孔子依言前往拜见老聃，而老聃没有拒绝孔子的要求，孔子于是拿出众多经书反复解释。老聃中断了孔子的解释，说：“你说得太散漫了，我只想听要旨。”孔子说：“要旨就在于仁义。”老聃说：“请问，仁义是人的本性吗?”孔子说：“是的。君子不仁就不能成为君子，不义就不能生存于世。仁义的确是人的本性，离开了仁义还是人吗?”老聃说：“再请问，什么叫作仁义?”孔子说：“诚心让天下万物得到安乐，兼爱世上所有人没有偏私，这就是仁义思想的本质。”老聃说：“噫！对你后面说的这句话我有点儿不同看法！你说的那个兼爱，也太绕弯子了！那个无私，正是有私！先生想让天下事物都不失去依靠吗？那么天地原本就有自己的常态，日月原本就有自己的明亮，星辰原本就有自己的序列，禽兽原本就有自己的群体，树木原本就直立于地面。先生你还是依照自然常态行事，顺着规律进取，这是最好的了；又何必如此急切地标榜仁义，这岂不是打着鼓去寻找逃亡的人，鼓声越大跑得越远吗？噫！先生扰乱了人的本性啊!”

【要点九】庄子认为，儒家提出的“中心物恺，兼爱无私”这种仁义观点是虚伪的，并指出“夫兼爱，不亦迂乎！无私焉，乃私也。”所以不如弃仁义而崇道德：“夫子亦放德而行，循道而趋，已至矣；又何偈偈乎揭仁义，若击鼓而求之于焉！意，夫子乱人之性也!”道家揭露儒家舍道德而言仁义是舍本逐末且乱性之举。

【原文十】士成绮见老子而问曰："吾闻夫子圣人也，吾固不辞远道而来愿见，百舍重趼而不敢息。今吾观子，非圣人也。鼠壤有余蔬而弃妹之者，不仁也，生熟不尽于前，而积敛无崖。"老子漠然不应。士成绮明日复见，曰："昔者吾有刺于子，今吾心正却矣，何故也？"老子曰："夫巧知神圣之人，吾自以为脱焉。昔者子呼我牛也而谓之牛，呼我马也而谓之马。苟有其实，人与之名而弗受，再受其殃。吾服也恒服，吾非以服有服。"士成绮雁行避影，履行遂进而问："修身若何？"老子曰："而容崖然，而目冲然，而颡頯然，而口阚然，而状义然，似系马而止也。动而持，发也机，察而审，知巧而睹于泰，凡以为不信。边竟有人焉，其名为窃。"

【译解十】士成绮看到老子就问："我听说先生是位哲学家，就不辞辛苦远道而来希望能够见到先生，走了上千里脚上磨出老茧了也不敢歇息。我今天看到了先生，却觉得不像个哲人。因为您屋里竟有耗子打洞且有厨余，把有价值的东西也扔掉了，这证明您不仁；吃饭时还将生食与熟食一大堆摆在面前，更说明您敛财无度。"老子听后，神情漠然没有反应。士成绮第二天再见老子，说："昨天我和您说话带刺，今天我的那些想法全都退却了，这是为什么？"老子回答："有一种机智神圣之人，我自以为不是那种人。昨天你若是叫我牛我也就自认牛，叫我马我也就自认马。如果我的确是牛，他人给我牛的名称而不接受，必然再次受到他的贬损。我接受批评就一直真心地接受批评，我不是为了让他人以为我接受了批评而做出接受的样子。"士成绮听了，就侧身进入背阴的方向，蹑手蹑脚地走到老子跟前，问道："该怎样修身？"老子回答说："你面容宽大，目中空虚，额头高傲，张口如吼，体形巍峨，就像一匹被拴住了的烈马。你行动有主张，发言有动机，明察而精审，善于玩心眼又能装稳重，总之你缺少诚信。边境线上有一种人，他们的名字叫窃贼。"

【要点十】庄子认为，哲人应该保持真实可信。"吾服也恒服，吾非以服有服。"

【原文十一】老子曰："夫道，于大不终，于小不遗，故万物备。广乎其无不容也，渊乎其不可测也。形德仁义，神之末也，非至人孰能定之！夫至人有世，不亦大乎！而不足以为之累。天下奋棅而不与之偕，审乎无假而不与利迁，极物之真，能守其本，故外天地，遗万物，而神未尝有所困也。通乎道，合乎德，退仁义，宾礼乐，至人之心有所定矣。”

【译解十一】先生说：“对于自然规律和辩证法则来说，不管多大的事物都不会超过它的范畴，不管多小的事物也不会被它遗漏，所以任何事物都具备自然规律和辩证法则。自然规律广大，它能够包容任何事物，自然规律深奥，它比任何事物都更深不可测。刑德仁义这些概念，全都处于自然规律和辩证法则的末端，如不是道高德盛的至人，谁敢肯定这些概念的意义呢？至人如果有机会主政了，他的责任当然很大，但他绝不会被职责所累。他不会因天下人奋力争夺权柄而成为他们的同伙，审慎地不凭借外物而又不为私利所动，他穷究事物的一般规律，守住治理天下的根本法则，好像置身于天地之外，遗忘天下具体事物，因而精神始终不为具体事物所困。总之，至人贯通辩证法则，合乎自然之德，脱离了仁义，摒弃了礼乐，他的心才会安定下来。”

【要点十一】庄子认为，治国的根本方法在于贯通自然之道，符合天生之德。“通乎道，合乎德，退仁义，宾礼乐，至人之心有所定矣。”

【原文十二】世之所贵道者书也，书不过语，语有贵也。语之所贵者意也，意有所随。意之所随者，不可言传也，而世因贵言传书。世虽贵之，我犹不足贵也，为其贵非其贵也。故视而可见者，形与色也；听而可闻者，名与声也。悲夫，世人以形色名声为足以得彼之情！夫形色名声果不足以得彼之情，则知者不言，言者不知，而世岂识之哉？

【译解十二】世人重视道的方法无非是书，但书只不过记载了语言，其实世人重视的是语言。语言的可贵之处是人的思想意识，思想意识中还伴随着一种东西。思想意识中伴随的东西，是不可言传的，而世人因此只能重视语言及所传之书。世人虽然重视书，但我还是认为书不足以让人们如此重视，如此重视的书并不是真正值得重视的东西。所以用眼睛可以看到的东西，只是形状和颜色；用耳朵可以听到的东西，只是名称和声音。可悲啊，世人竟然以为凭借形状、颜色、名称、声音就足以获得认识对象的实质内容！既然凭借形状、颜色、名称、声音等果真不足以获得认识对象的实质内容，那么实际情况必然是明智的人不愿说，说的人不明智，世人哪里有这个意识？

【要点十二】庄子认为，真正的哲学方法（道）是不可言传的。“世之所贵道者书也，书不过语，语有贵也。语之所贵者意也，意有所随。意之所随者，不可言传也，而世因贵言传书。”

【原文十三】桓公读书于堂上。轮扁斫轮于堂下，释椎凿而上，问桓公曰：“敢问，公之所读者何言邪？”公曰：“圣人之言也。”曰：“圣人在乎？”公曰：“已死矣。”曰：“然则君之所读者，古人之糟魄已夫！”桓公曰：“寡人读书，轮人安得议乎！有说则可，无说则死。”轮扁曰：“臣也以臣之事观之。斫轮，徐则甘而不可，疾则苦而不入。不徐不疾，得之于手而应于心，口不能言，有数存焉于其间。臣不能以喻臣之子，臣之子亦不能受之于臣，是以行年七十而老斫轮。古之人与其不可传也死矣，然则君之所读者，古人之糟魄已夫！”

【译解十三】齐桓公在堂上读书，轮扁在堂下砍削车轮，他放下工具走上朝堂，对齐桓公说：“冒昧地请问，您所读的书是谁的语言呢？”齐桓公说：“是圣人的语言。”轮扁说：“圣人还在世吗？”齐桓公说：“已经死了。”轮扁说：“既然这样，君王所读的书，不过是古人的糟粕啊！”齐桓公说：“寡人读书，制作车轮的人怎么敢妄加评议呢！有道理说出来还可以原谅，没有道理说出来那就得死。”轮扁说：“我在自己的实践中有这样的经验。砍削车轮，动作慢便砍削得很光滑，容易入木但不牢固，动作快便砍削得太粗糙而不入木。不慢不快，心里怎么想手上就怎么做，口里虽然说不出道理，但在制作过程中心里却有分寸。我不能用语言来使我的儿子明白其中的奥妙，我的儿子也不能从我的语言里接受这一奥妙，所以我活了七十岁，老了还在砍削车轮。古时候的人跟他们不可言传的东西一齐死亡了，那么国君所读的书，正是古人的糟粕啊！”

【要点十三】庄子认为，知识有死活之分，书上的知识是死知识，只有实践主体头脑中存在并在手上能够表达的经验才是活知识。因为书上的知识是利用语言文字表达的，而语言文字表达是有局限性的，不可能完整地表达作者头脑中精妙的思想。即使比较完整地表达了作者头脑中的经验，读者因为缺少实践体验，也不一定能够读懂。即使读懂了也不一定能够在认识主体的实践中再次表达出来。所以书上的知识是死的，实践经验比书本知识更重要。“古之人与其不可传也死矣，然则君之所读者，古人之糟魄已夫!”

《天道》内容小结

一、基本概念

1. 天道。指自然规律。庄子说：“天道运而无所积，故万物成。”

2. 帝道。指治国方法。庄子说：“帝道运而无所积，故天下归。”

3. 圣道。指哲学方法，庄子说：“圣道运而无所积，故海内服。”

4. 帝王之德。建立在政治方法基础上的政治理想。庄子说：“明于天，通于圣，六通四辟于帝王之德者，其自为也，昧然无不静者矣。”

5. 圣人。哲人。庄子说：“圣人之静也，非曰静也善，故静也；万物无足以铙心者，故静也。”

6. 精神。意识或思想，是对天地万物的反映。庄子说：“而况精神！圣人之心静乎！天地之鉴也；万物之镜也。”

7. 天乐。自然和谐。庄子说：“与天和者，谓之天乐。”庄子在第二节认为，天地万物的自然本性称为天然之德，人们透彻了解万物天性并以天德为师，就能够获得忘我超物的天然之乐。“赍万物而不为戾，泽及万世而不为仁，长于上古而不为寿，覆载天地刻雕众形而不为巧，此之谓天乐。”享受天乐的人是道德高尚之人，“天乐者，圣人之心，以畜天下也。”

8. 人乐：社会和谐。庄子在第一节说：“与人和者，谓之人乐。”

二、基本观点

1. 庄子认识论的理想境界是虚静无为。庄子认为，虚静及无为是政治家和哲学家追求的最高境界。①一个明了自然规律，精通哲学思想，又完全掌握了政治方法和理想的人，他的内心非常透亮虚静。“明于天，通于圣，六通四辟于帝王之德者，其自为也，昧然无不静者矣。”②哲学家的虚静是一种天下万物都不足以让他闹心的通达。“万物无足以铙心者，故静也。”③精通天地万物本性才是进入虚静境界的根本问题。“夫明白于天地之德者，此之谓大本大宗，与天和者也；所以均调天下，与人和者也。”④哲学家心里的虚静在认识过程中具有重要意义。“圣人之心静乎！天地之鉴也；万物之镜也。”⑤虚静是无为的基础和前提，是天地道德的特征和帝王追求的终极目标。“夫虚静恬淡寂漠无为者，天地之平而道德之至，故帝王圣人休焉。”⑥虚静及无为是为人处世的根本原则。“夫虚静恬淡寂漠无为者，万物之本也。”可见，庄子的虚静无为的精神境界，是对自然和社会的认识达到极致后形成的通达透亮、无所不能的至高境界。

2. 庄子辩证法的重要范畴。①主与次。庄子认为，帝王治国必须处理好主要与次要的关系，只要抓住道德纲要就行了，管理具体事务是臣民的工作。“夫帝王之德，以天地为宗，以道德为主，以无为为常。”②本与末。庄子认为，帝王治国必须处理好本末关系，“本在于上，末在于下，要在于主，详在于臣。”庄子认为，哲人安排的社会秩序，是顺应本末关系规律和天地之德安排的。“夫尊卑先后，天地之行也，故圣人取象焉。”庄子认为，人们要正确认识世界，也要顺应本末关系，必须从认识自然规律、自然道德开始，进而认识社会、社会道德、社会仁义等等。“古之明大道者，先明天而道德次之，道德已明而仁义次之，仁义已明而分守次之，分守已明而形名次之，形名已明而因任次之，因任已明而原省次之，原省已明而是非次之，是非已明而赏罚次之。”庄子认为，必须抓住根本问题才能够治国：“古之语大道者，五变而形名可举，九变而赏罚可言也。”③全局与局部。庄子认为，君主治国必须处理好全局与局部的关系，只有抓住了全局和纲要，才能够处理好局部和具体问题。“故古之王天下者，奚为哉？天地而已矣。”

3. 庄子对人性的认识。庄子认为，社会人都是有私心的，儒家提出的“中心物恺，兼爱无私”这种仁义观点是虚伪的，并指出“夫兼爱，不亦迂乎！无私焉，乃私也。”所以不如弃仁义而崇道德：“夫子亦放德而行，循道而趋，已至矣；又何偈偈乎揭仁义意，夫子乱人之性也！”实际上儒道两家都认为自然人是无私心的，社会人是有私心的。儒家认为必须提倡仁义，克服私心，实现兼爱。道家认为只要发挥人的天生之德就够了，在“天下莫不以物易其性也”社会背景下，提倡仁义是虚伪的，最终必将沦为统治工具。

4. 庄子对哲学家的要求。庄子认为，哲人应该保持真实可信。“吾服也恒服，吾非以服有服。”

5. 庄子认识论的实践性。庄子认为，知识有死活之分，书上的知识是死知识，只有实践主体头脑中存在并在手上能够表达的实践经验才是活知识。因为书上的知识是利用语言文字表达的，而语言文字表达是有局限性的，不可能完整地表达作者头脑中精妙的思想。即使比较完整地表达了作者头脑中的经验，读者因为缺少实践体验，也不一定能够读懂。即使读懂了也不一定能够在认识主体的实践中再次表达出来。所以书上的知识是死的，实践经验比书本知识更重要。“古之人与其不可传也死矣，然则君之所读者，古人之糟魄已夫！”

6. 庄子认为，治国的根本方法在于贯通自然之道，符合天生之德。“通乎道，合乎德，退仁义，宾礼乐，至人之心有所定矣。”

三、题解

《天道》篇主要内容是论述王者的为政之道，其中涉及哲学方法和政治方法的衔接，以及理论学习和实践操作的结合。

外篇·天运

【原文一】“天其运乎？地其处乎？日月其争于所乎？孰主张是？孰维纲是？孰居无事推而行是？意者其有机缄而不得已乎？意者其运转而不能自止邪？云者为雨乎？雨者为云乎？孰隆施是？孰居无事淫乐而劝是？风起北方，一西一东，有上彷徨。孰嘘吸是？孰居无事而披拂是？敢问何故？”巫咸祒曰：“来，吾语女。天有六极五常，帝王顺之则治，逆之则凶。九洛之事，治成德备，监照下土，天下戴之，此谓上皇。”

【译解一】（人们或许有这样的疑问）“天不是在以自己的方式在运动吗？地不是在以自己的方式静处吗？日月不是在以自己的方式争相出现在轨道上吗？谁在这样主导它们呢？谁在这样维系它们呢？谁闲居无事这样推动它们而运行呢？臆测是有机关操控它们而不得已运行的吧？或臆测是它们惯性运

转而不能自行停止的吧？云雾可以变为雨水吗？雨水可以变为云雾吗？谁在这样广泛地布施云雨呢？谁闲居无事这样贪欢而促成了它们的运行呢？风起于北方，一会儿西一会儿东，在天空中来回运动。谁吞吐气流形成了这些风呢？谁闲居无事这样煽动呢？我想请教其中有些什么缘故？”巫咸袑说：“来！我告诉你。天空客观存在上下左右前后六极和金木水火土五行，帝王顺应自然规律便能治理好国家，违背自然规律就会招来灾祸。帝王相对天下事务而言，治理目标实现了而道德也就完备了，像日月照临人间，天下人爱戴他，这就是好帝王。”

【要点一】庄子认为，天地万物的运行都有其自然规律，帝王治理国家应该顺道而治：“天有六极五常，帝王顺之则治，逆之则凶。”

【原文二】商大宰荡问仁于庄子。庄子曰：“虎狼，仁也。”曰：“何谓也?”庄子曰：“父子相亲，何为不仁!”曰：“请问至仁。”庄子曰：“至仁无亲。”大宰曰：“荡闻之，无亲则不爱，不爱则不孝。谓至仁不孝，可乎?”庄子曰：“不然，夫至仁尚矣，孝固不足以言之。此非过孝之言也，不及孝之言也。夫南行者至于郢，北面而不见冥山，是何也？则去之远也。故曰：以敬孝易，以爱孝难；以爱孝易，而忘亲难；忘亲易，使亲忘我难；使亲忘我易，兼忘天下难；兼忘天下易，使天下兼忘我难。夫德遗尧、舜而不为也，利泽施于万世，天下莫知也，岂直大息而言仁孝乎哉！夫孝悌仁义，忠信贞廉，此皆自勉以役其德者也，不足多也。故曰：至贵，国爵并焉；至富，国财并焉；至愿，名誉并焉。是以道不渝。”

【译解二】宋国的太宰荡问庄子什么是仁。庄子说：“虎狼性，就是仁。”太宰问道：“为何这样说呢?”庄子说：“虎狼也父子相亲，它们为何不仁呢?”太宰又问：“什么叫至仁呢?”庄子说：“至仁者无亲疏之别。”太宰说：“我听说，无亲疏之别就不会有偏爱，没有偏爱就不会有孝心。按照这个逻辑说至仁无私就是不孝，可以吗?”庄子说：“不对。至仁是最高尚的对所有人普遍的爱，孝是对双亲特殊的爱，肯定不足以与普遍的爱相提并论。这个至仁无亲的说法并不是普遍的爱要超过对双亲特殊的爱，也不是普遍的爱达不到对双亲特殊的爱。这就像一个人去南方到了楚国郢都，向北望去见不到冥山，这是为什么呢？就是因为离冥山更远了（冥山看不见了但并不是它不存在了，至仁无亲不显示孝但并不否定孝的存在）。所以说，用恭敬的方式孝亲比较容易，用爱心的方式孝亲比较困难；用爱心孝亲比较容易，而用虚静淡泊的态度对待双亲比较困难；用虚静淡泊的态度对待双亲比较容易，让双亲也能虚静淡泊地对待自己比较困难；让双亲虚静淡泊地对待自己比较容易，能一并虚静淡泊地对待天下人比较困难；一并虚静淡泊地对待天下人比较容易，让天下人同时忘记自我比较困难。从尧舜那里遗传下来的至仁之德是不可有意为之的，它给后世带来了永久的好处，但天下人并不知情，他们哪里还会叹息尧舜遗德而讨论仁孝哟！儒家宣扬的孝亲悌友、仁心义行、忠恕信实、贞洁廉明等等，这些都是教人自勉以役使天生之德的做法，并不值得多加推崇。所以对至仁者来说，最高贵莫如国爵，是可以摒弃的；最富裕莫如国财，是可以摒弃的；最大心愿莫如名誉，也是可以摒弃的。唯有道是绝不可以改变的。”

【要点二】庄子认为，虎狼的本性是仁爱的：“虎狼，仁也。”“父子相亲，何为不仁!”还认为至仁没有亲疏之分：“至仁无亲。”

【原文三】北门成问于黄帝曰：“帝张咸池之乐于洞庭之野，吾始闻之惧，复闻之怠，卒闻之而惑，荡荡默默，乃不自得。”帝曰：“汝殆其然哉！吾奏之以人，徵之以天，行之以礼义，建之以大清。夫至乐者，先应之以人事，顺之以天理，行之以五德，应之以自然。然后调理四时，太和万物。四时迭起，万物循生。一盛一衰，文武伦经。一清一浊，阴阳调和，流光其声。蛰虫始作，吾惊之以雷霆。其卒无尾，其始无首。一死一生，一偾一起，所常无穷，而一不可待。汝故惧也。”

【译解三】北门成对黄帝说：“您在洞庭之野演奏咸池乐曲，我初听感到惊惧，再听感到轻松，听到最后又感到迷惑，精神恍惚，有说不出的感觉。”黄帝说：“你陶醉在这样的乐曲中就对了！首先，我将人们的情感演奏出来，采取天然的素材，按照礼义的要求，建立在天地正气的基础上。凡是最美妙的乐曲，首先要反映人们的生活，顺应天然的逻辑，力行仁义礼智信五德，应合自然的音乐形象。然后调理四季变化，大和天地万物。乐曲犹如四季更迭，引发万物遵循生长。盛衰转换，张弛有序。清浊变化，阴阳调和，声音像日月的光辉一样流布。当冬眠的虫类开始苏醒时，我用雷霆般的音乐促使它们惊醒。乐声戛然而止没有尾声，乐声突然开始寻不到源头。一会儿消逝一会儿兴起，一会儿偃息一会儿亢奋，变化无穷是它的常态，而一成不变是不会出现的。因此你会感到惊恐不安。”

【要点三】庄子认为，音乐艺术首先应该反映社会生活及其自然基础，社会生活紧张音乐形象必然惊惧。“夫至乐者，先应之以人事，顺之以天理，行之以五德，应之以自然。”“一死一生，一偾一起，所常无穷，而一不可待。汝故惧也。”

【原文四】“吾又奏之以阴阳之和，烛之以日月之明。其声能短能长，能柔能刚，变化齐一，不主故常。在谷满谷，在坑满坑。涂却守神，以物为量。其声挥绰，其名高明。是故鬼神守其幽，日月星辰行其纪。吾止之于有穷，流之于无止。子欲虑之而不能知也，望之而不能见也，逐之而不能及也。傥然立于四虚之道，倚于槁梧而吟：‘目知穷乎所欲见，力屈乎所欲逐，吾既不及，已夫！’形充空虚，乃至委蛇。汝委蛇，故怠。”

【译解四】“其次，我演奏阴阳和谐的乐曲，表达出日月交辉的音乐意境。乐曲的声音能短能长，能柔能刚，变化虽然遵守基本规则，但又不固守基本规则而僵化。音乐在谷满谷，在坑满坑。演奏时控制欲望守住精神，天地有多大音乐意境就有多大。乐曲的声音在想象中挥洒，它的寓意高远而明确。因此鬼神也只能困守在幽暗处，日月星辰也必须运行在自己的轨道上。我的演奏活动有穷尽，而乐曲的传播无止境。你想思考它却不能知晓，想观察它却不能看见，想追赶它却不能赶到。只能怅然地站在十字路口，背靠着枯槁的梧桐树咏叹。‘我的心眼用尽了想见它，力气用完了想追它，我既然赶不上了，算了吧！’人体中原本存在的精神已经丢失，以致仅仅是表面上活动应付。你既是表面虚与应付，因地精神上懈怠稀松。”

【要点四】庄子认为，音乐艺术应该进入更高一级的自然有形状态，人们一旦接受自然音乐形象就会暂时忘却社会生活中的紧张心情。“形充空虚，乃至委蛇。汝委蛇，故怠。”

【原文五】“吾又奏之以无怠之声，调之以自然之命。故若混逐丛生，林乐而无形，布挥而不曳，幽昏而无声。动于无方，居于窈冥，或谓之死，或谓之生；或谓之实，或谓之荣。行流散徙，不主常声。世疑之，稽于圣人。圣也者，达于情而遂于命也。天机不张而五官皆备。此之谓天乐，无言而心说。故有焱氏为之颂曰：‘听之不闻其声，视之不见其形，充满天地，苞裹六极。’汝欲听之而无接焉，而故惑也。乐也者，始于惧，惧故祟；吾又次之以怠，怠故遁；卒之于惑，惑故愚；愚故道，道可载而与之俱也。”

【译解五】“我再次演奏让人完全忘物忘我的乐曲，以反映天地万物抽象的自然本性。所以它像混然相逐的丛林生态，合奏成抽象的音乐而找不到具体的音乐形象，这种抽象的音乐虽然悠扬不绝，但在深幽昏暗中分不清具体的声音。这种抽象的音乐不知从何处产生，也不知居住在什么隐秘处；可以说它抽象地存在，也可以说它具体地丧亡；可以说它是结果之实，也可以说它是起因之花。抽象的乐曲像行云流水般自然移动，不像具体的音乐固守常形。如果世人对这种抽象的音乐有怀疑，可以查问圣人。所谓圣人，就是通达万物本性而遂顺自然使命的人。虽然五官齐备但这些天生的信息通道并不开启，这样就叫天乐，即无法用语言表达内心的愉悦。所以神农氏歌颂它说：‘用耳去听不闻其声，用眼去看不见其形，而又充满天地，包括所有空间。’你想听它又听不懂，故而感觉不到它具体的音乐形象。咸池之乐，开始使人惊惧，因惊惧而感到鬼怪；我又接着奏出抽象的音乐，使具体的音乐形象消失；最后使你迷失自我，迷失自我故而浑沌愚昧；浑沌愚昧则与自然法则一体，自然法则就可以负载你而共存。”

【要点五】庄子认为，音乐艺术最高层次应该是反映天地万物的自然本性和抽象的客观规律，这样才会物我两忘，进入到恍惚的道的境界。“吾又奏之以无怠之声，调之以自然之命。”

【原文六】孔子西游于卫，颜渊问师金曰：“以夫子之行为奚如?”师金曰：“惜乎！而夫子其穷哉!”颜渊曰：“何也?”师金曰：“夫刍狗之未陈也，盛以箧衍，巾以文绣，尸祝齐戒以将之。及其已陈也，行者践其首脊，苏者取而爨之而已。将复取而盛以箧衍，巾以文绣，游居寝卧其下，彼不得梦，必且数眯焉。今而夫子亦取先王已陈刍狗，聚弟子游居寝卧其下。故伐树于宋，削迹于卫，穷于商周，是非其梦邪？围于陈蔡之间，七日不火食，死生相与邻，是非其眯邪？夫水行莫如用舟，而陆行莫如用车。以舟之可行于水也，而求推之于陆，则没世不行寻常。古今非水陆与？周鲁非舟车与？今蕲行周于鲁，是犹推舟于陆也！劳而无功，身必有殃。彼未知夫无方之传，应物而不穷者也。且子独不见夫桔槔者乎？引之则俯，舍之则仰。彼，人之所引，非引人者也。故俯仰而不得罪于人。故夫三皇五帝之礼义法度，不矜于同而矜于治。故譬三皇五帝之礼义法度，其犹柤梨橘柚邪！其味相反而皆可于口。故礼义法度者，应时而变者也。今取猨狙而衣以周公之服，彼必龁啮挽裂，尽去而后慊。观古今之异，犹猨狙之异乎周公也。故西施病心而矉其里，其里之丑人见之而美之，归亦捧心而矉其里。其里之富人见之，坚闭门而不出；贫人见之，挈妻子而去之走。彼知矉美而不知矉之所以美。惜乎，而夫子其穷哉！”

【译解六】孔子从鲁国向西去卫国，颜渊向一个叫师金的人问：“你认为孔夫子此次卫国之行怎么样？”师金说：“可惜呀，夫子把事情想得太简单了！”颜渊说：“为什么呢？”师金说：“当用草扎成的狗还未用于陈列祭祀时，一定会恭敬地用竹筐装着，用图纹布巾盖着，祭祀主持斋戒齐备后迎接着。当祭祀结束时，路人在它的头颅和脊背上踩踏着，然后被拾荒人捡回去烧火煮饭了。如果再次用竹筐装着它，用图纹布巾盖着它，主人外出休息时将它放在枕上，即使它不做噩梦，也会被余悸一再惊醒的。如今你的先生也在采用先王已经用过的祭祀狗（仁义），并聚集众多弟子游学居住就寝在祭祀狗之下。所以在宋国大树下讲习礼法而大树被砍，在卫国游说的足迹被铲，在殷地和东周游学途中被困，这些遭遇不就是那样的噩梦吗？被困于陈国与蔡国之间时，七天没有生火做饭，使死与生仅隔一层纸，这不就是那种心有余悸吗？大家知道，走水路没有比用船更便当的了，而走陆路没有比用车更方便的了。因船可以在水中划行，便想在陆地上推着船走，那么终身不能走远也是正常的。古今不同程度与水陆差异程度不是一样吗？周和鲁的不同程度与船和车的差异程度不是一样吗？如今祈求在鲁国推行周王室的治理办法，这就像是在陆路上推船而行一样！徒劳无功，难免遭殃。他不懂有限地借鉴先王智慧，不能无限地应付事物变化的道理。况且你还没看见那吊杆汲水吗？拉起这一头就会压下另一头，压下这一头就会拉起另一头。那汲水吊杆，是人主动牵引它，不是它主动牵引人。所以它的俯仰运动均不违背取水人的意志。所以对三皇五帝时代的礼义法度，不在于重视它的相同内容而在于重视它的治理效果。譬如三皇五帝时代的礼义法度，就像柤梨橘柚四种水果呢！它们的味道不同但口感都好。所以采用先王的礼义法度治国，需要根据时代的发展而作出相应的调整。如今捉到猿猴，给它穿上周公的衣服，它必定会咬碎或撕裂，直到全部剥光方心满意足。观察古今的差异，就像猿猴不同于周公。从前西施因心口疼而捂胸皱眉行走在邻里间，邻里的一个丑女以为捂胸皱眉很美，于是也捂胸皱眉行走在邻里间。邻里的有钱人看见了，紧闭家门而不出；贫穷的人看见了，带着妻儿子女远远地跑开了。那个丑女只知道皱着眉头好看的现象却不知道皱着眉头好看的原因。可惜呀，你的先生把事情想得太简单了啊！”

【要点六】庄子认为，先王不足法。因为先王的智慧经验是有限的，后来人对他的理解运用也是有限的，而社会的发展及事物的变化是无限的，有限的主观经验不足以涵盖无限的客观变化。“彼未知夫无方之传，应物而不穷者也。”

【原文七】孔子行年五十有一而不闻道，乃南之沛见老聃。老聃曰：“子来乎？吾闻子，北方之贤者也！子亦得道乎？”孔子曰：“未得也。”老子曰：“子恶乎求之哉？”曰：“吾求之于度数，五年而未得也。”老子曰：“子又恶乎求之哉？”曰：“吾求之于阴阳，十有二年而未得也。”老子曰：“然，使道而可献，则人莫不献之于其君；使道而可进，则人莫不进之于其亲；使道而可以告人，则人莫不告其兄弟；使道而可以与人，则人莫不与其子孙。然而不可者，无它也，中无主而不止，外无正而不行。由中出者，不受于外，圣人不出；由外入者，无主于中，圣人不隐。名，公器也，不可多取。仁义，先王之蘧庐也，止可以一宿而不可久处。觏而多责。古之至人，假道于仁，托宿于义，以游逍遥之虚，食于苟简之田，立于不贷之圃。逍遥，无为也；苟简，易养也；不贷，无出也。古者谓是采真之游。以富为是者，不能让禄；

以显为是者，不能让名。亲权者，不能与人柄，操之则栗，舍之则悲，而一无所鉴，以窥其所不休者，是天之戮民也。怨、恩、取、与、谏、教、生、杀八者，正之器也，唯循大变无所湮者为能用之。故曰：‘正者，正也。其心以为不然者，天门弗开矣。’”

【译解七】孔子已满五十一周岁了，还没有掌握治国方法，于是他去南方沛邑求见老子。老子说：“你来干什么？我听说过，你是北方的一位贤者！或许你已经掌握治国方法了吧？”孔子说：“还没呢。”老子说：“你是怎样寻求治国方法的呢？”孔子说：“我求知于前人的法度礼数等社会规律，经过五年努力也没有学到治国方法。”老子又问道：“你还采用了什么途径寻求过治国方法呢？”孔子说：“我求知于阴阳变化等自然规律，通过十二年的努力也没有得到结果。”老子说：“原来是这样。假使方法可以献给君主，那么没有人不将它献给自己的君主；假使方法可以呈给长辈，那么没有人不将它呈给自己的父母；假使方法可以传告他人，那么没有人不将它转告自己的兄弟；假使方法可以给予人，那么没有人不将它给予自己的子孙。但是他们实际上都做不到，没有其他原因，就是因为后人心中没有经过治国实践形成主见且不能正确接受先王的方法，外界对先王的方法在没有得到实证的情况下不能施行。由个人心中产生的想法，如果不能够为外部所接受，圣人也就不可能传授；由外部进入个人心中的想法，如果不符合个人的要求，圣人也就不可能接受。官位职权名誉，是社会公共产品，不可以贪多豪取。仁义观念，只是先王暂用的茅舍，可以暂住一宿而不可久留，把仁义宣示久了就会招致很多责难。古代的至人，暂且借用仁的途径，利用义的住所，以便达到超越现实的虚静无为的境界，生活在勉强简陋的田土，立足于不靠放贷的园地。逍遥就会虚静无为，苟简就会利于养生；不贷就会无须付出。古代人称这种逍遥游为采真去伪之游。把富有看得重的人，不会让出俸禄；把显赫看得重的人，不会让出名誉。迷恋权势的人，不会授人权柄，抓住权柄时感到紧张，丧失权柄时又感到悲伤，而他自己对这些危害还一概不知，仍然不断地窥视权势，这实际上是在违反人的天性自杀。怨恨、慈爱、夺取、给予、劝谏、教诲、生存、杀伐等八个方面，全是用来整治他人的工具，只有遵循人的自然本性而无阻碍的人才能够正确运用这些工具。所以说，正确的治国方法，就是要摆正人的本性。如果有人主观意识里认为不是这样，那么心灵之门就不可能打开了。"

【要点七】庄子认为，一是先王的治国之道是后人求不到用不上的。因为后人心中没有经过治国实践形成主见而对先王的方法不能接受，外界对先王的方法在没有得到实证的情况下也不能施行。"中无主而不止，外无正而不行。"二是先王和至人的治国之道不足学。因为他们也只是暂时利用一下仁义名义，并没有真正实行，都有另外的目的。"古之至人，假道于仁，托宿于义，以游逍遥之虚，食于苟简之田，立于不贷之圃。"三是孔子求道的动机和后果可笑。"亲权者，不能与人柄，操之则栗，舍之则悲，而一无所鉴，以窥其所不休者，是天之戮民也。"四是正确的治国之道在于遵循人的自然本性。"怨、恩、取、与、谏、教、生、杀八者，正之器也，唯循大变无所湮者为能用之。故曰：'正者，正也。其心以为不然者，天门弗开矣。'"

【原文八】孔子见老聃而语仁义。老聃曰："夫播糠眯目，则天地四方易位矣；蚊虻噆肤，则通昔不寐矣。夫仁义憯然，乃愤吾心，乱莫大焉。吾子使天下无失其朴，吾子亦放风而动，总德而立矣！又奚杰然若负建鼓而求亡子者邪！夫鹄不日浴而白，乌不日黔而黑。黑白之朴，不足以为辩；名誉之观，不足以为广。泉涸，鱼相与处于陆，相呴以湿，相濡以沫，不若相忘于江湖。"

【译解八】孔子拜访老子讨论仁义。老子说："人们播米糠时眯着眼睛，就会发生天地四方的位置变化；蚊虫叮咬皮肤，就会整晚睡不着觉。仁义伤害人心使人昏聩，没有什么比它更能祸乱天下。你想让天下人不丧失朴实，就该任凭风云自然运动，一切都应当建立在天地万物自然本性的基础上，又何必卖力地边敲鼓边追逃似的宣扬仁义呢？白天鹅不需要天天沐浴而自然洁白，黑乌鸦不需要天天浸染而自然乌黑。黑乌鸦和白天鹅的自然质朴，不足以分辨谁好谁坏，名声和荣誉那样的观念，更不足以广播远扬。泉水干涸了，鱼儿相互依偎在陆地上，与其互相吐唾沫得到湿气、互相挤黏液得到润湿，徒劳挣扎，不如忘记过去江湖里的自由生活而来得痛快。"

【要点八】庄子认为，仁义扰乱人们天生的本性，是社会的乱源："夫仁义憯然，乃愤吾心，乱莫大焉。”

【原文九】孔子见老聃归，三日不谈。弟子问曰：“夫子见老聃，亦将何规哉?”孔子曰：“吾乃今于是乎见龙。龙，合而成体，散而成章，乘乎云气而养乎阴阳。予口张而不能嗋。予又何规老聃哉?”子贡曰：“然则人固有尸居而龙见，雷声而渊默，发动如天地者乎？赐亦可得而观乎?”遂以孔子声见老聃。老聃方将倨堂而应，微曰：“予年运而往矣，子将何以戒我乎?”子贡曰：“夫三皇五帝之治天下不同，其系声名一也。而先生独以为非圣人，如何哉?”老聃曰：“小子少进！子何以谓不同?”对曰：“尧授舜，舜授禹。禹用力而汤用兵，文王顺纣而不敢逆，武王逆纣而不肯顺，故曰不同。”老聃曰：“小子少进，余语汝三皇五帝之治天下：黄帝之治天下，使民心一。民有其亲死不哭而民不非也。尧之治天下，使民心亲。民有为其亲杀其杀而民不非也。舜之治天下，使民心竞。民孕妇十月生子，子生五月而能言，不至乎孩而始谁，则人始有夭矣。禹之治天下，使民心变，人有心而兵有顺，杀盗非杀人。自为种而‘天下’耳。是以天下大骇，儒墨皆起。其作始有伦，而今乎妇女，何言哉！余语汝：三皇五帝之治天下，名曰治之，而乱莫甚焉。三皇之知，上悖日月之明，下睽山川之精，中堕四时之施。其知惨于蛎虿之尾，鲜规之兽，莫得安其性命之情者，而犹自以为圣人，不可耻乎？其无耻也！”子贡蹴蹴然立不安。

【译解九】孔子拜见老子回来，三日不说话。弟子问道：“先生见到老子，是不是做了什么规劝?”孔子说：“我直到如今才在老子那儿见到了真龙！这条真龙，合在一处是一个整体，分散开来又各成章节，搭乘云气而托养阴阳。我惊讶地张大嘴巴合不拢来，又哪能对老子作出规劝呢?”子贡说：“这样说来此人难道有像僵尸一样安居而又像腾龙一样显现、像疾雷一样震响而又像深渊一样沉寂、运动犹如天地变化一样剧烈的能耐吗？我能不能有机会见到他呢?”于是借助孔子的声望前去拜见老子。老子正好坐在堂上回应，轻声说：“我年纪一大把了，你将告诫我什么呢?”子贡说：“远古时代，三皇五帝治理天下的方法各不相同，但他们却都有同样的好名声，唯独您认为他们不是圣人，怎么说呢?”老子说：“小伙子你靠近些！你凭什么说他们各不相同呢?”子贡回答说：“尧让位给舜，舜让位给禹，禹用力治水而汤用兵征伐，文王顺从商纣而不敢造反，武王讨伐商纣而不肯顺从，所以说各不相同。”老子说：“小伙子你再靠近些，我告诉你三皇五帝治理天下的真实情况。黄帝治理天下，要求民心保持统一，民众有谁死了双亲并不哭泣，人们也不会非议。尧帝治理天下，要求民众敬重双亲，百姓为了敬重双亲而导致亲疏有别，人们也不会非议。舜帝治理天下，使民众心存竞争，孕妇十个月生下孩子，孩子生下五个月就教他说话，不到时间就开始认人，于是开始有孩子夭折。禹王治理天下，使民众心怀权变，人人心怀权变因而动用兵器顺理成章，甚至错误地认为杀死盗贼不算杀人，人们都认为自己有种而称‘天下’，所以天下大受惊扰。儒家和墨家纷纷而起，他们开始还讲男女人伦，可时至今日像女人一样在取悦于人，还有什么可说的呢！我告诉你，三皇五帝治理天下，名义上叫治理，而在扰乱人性上没有比他们更严重的了。三皇的心智，对上迷乱日月的光明，对下不顺山川的精神，就破坏了四时的施行。他们的心智比蛇蝎之尾还毒，就连少有驯化的野兽，也不能得到让它们本性安宁的机会，还自以为是圣人，是不认为可耻呢，还是不知道可耻呢？”子贡听后，心神不安地站着。

【要点九】庄子认为，所谓三皇五帝之治，实际上是以仁义乱天德最甚的时期。“三皇五帝之治天下，名曰治之，而乱莫甚焉。”

【原文十】孔子谓老聃曰：“丘治《诗》《书》《礼》《乐》《易》《春秋》六经，自以为久矣，孰知其故矣，以奸者七十二君，论先王之道而明周、召之迹，一君无所钩用。甚矣！夫人之难说也？道之难明邪？”老子曰：“幸矣，子之不遇治世之君！夫六经，先王之陈迹也，岂其所以迹哉！今子之所言，犹迹也。夫迹，履之所出，而迹岂履哉！夫白鶂之相视，眸子不运而风化；虫，雄鸣于上风，雌应于下风而风化。类自为雌雄，故风化。性不可易，命不可变，时不可止，道不可壅。苟得于道，无自而不可；失焉者，无自而可。”孔子不出三月，复见，曰：“丘得之矣。乌鹊孺，鱼傅沫，细要者化，有弟而兄啼。久矣，夫丘不与化为人！不与化为人，安能化人。”老子曰：“可，丘得之矣！”

【译解十】孔子告诉老子说：“我研究了《诗》《书》《礼》《乐》《易》

《春秋》六套经典，自认为研究时间长了，熟知了历史的各种典章制度，以违反先王之制的七十二个国君为例，论述了先王的治国方略并且说明了周公召公的政绩，可是没有一个国君采用我的主张。实在难啊！是人难以规劝，还是方法难以实行呢？”老子说：“幸运啊，你不曾遇到过治世的国君！你这六经，只是先王留下的遗迹，哪里是先王遗迹产生的原因！如今你的言论，就好像鞋印。这个鞋印，是脚上的鞋踩出来的，而鞋印难道就是鞋吗！白鹅相互对视，眼珠子不动便相诱而孕；虫，雄的在上方鸣叫，雌的在下方相应而孕。同一种类而自身具备雌雄两性，不待交合而生子。天生本性不可移易，自然使命不可变更，时光不会停留，大道不会壅塞。假如真正得道，无论去哪里都不会受到阻遏；失道的人，无论去哪里都是此路不通。”不超过三个月，孔子再次见到老子时说：“我得到道了。乌鸦喜鹊在巢里交尾孵化，鱼儿借助水里的泡沫生育，蜜蜂自化而生，生下弟弟哥哥就常常啼哭。很长时间了，我没有跟万物的自然变化相识为友！不能跟自然的变化相识为友，又怎么能教化他人！”老子听了后说：“好。你得道了！”

【要点十】庄子认为，一是六经为先王留下的遗迹，而不是遗迹产生的原因。“夫六经，先王之陈迹也，岂其所以迹哉！”二是天地万物的天性和使命是不可改变的，但事物存在的客观过程是随时变化而不可壅塞的。“性不可易，命不可变，时不可止，道不可壅。”三是治国方法首先要遵循自然规律。“乌鹊孺，鱼傅沫，细要者化，有弟而兄啼。久矣，夫丘不与化为人！不与化为人，安能化人。”

《天运》内容小结

一、基本观点

1. 天地万物都存在自然本性（德）和自然规律（道）。庄子认为，“天有六极五常，帝王顺之则治，逆之则凶。”庄子认为，虎狼的本性是仁爱的：“虎狼，仁也。”“父子相亲，何为不仁！”

2. 客观事物的本性（德）和规律（道）是不会改变的。庄子认为，“性不可易，命不可变。”

3. 人们必须分层次认识事物的本性和规律。庄子认为，音乐艺术首先应该反映社会生活及其自然基础。“夫至乐者，先应之以人事，顺之以天理，行之以五德，应之以自然。”庄子认为，音乐艺术应该进入更高一级的自然有形状态，人们一旦接受自然音乐形象就会暂时忘却社会生活中的紧张心情。“形充空虚，乃至委蛇。汝委蛇，故怠。”庄子在第五节认为，音乐艺术最高层次应该是反映天地万物的自然本性和抽象的客观规律，这样才会物我两忘，进入到恍恍惚惚的道的境界。“吾又奏之以无怠之声，调之以自然之命。”

4. 人们必须遵循客观事物的本性和规律。庄子认为，“天有六极五常，帝王顺之则治，逆之则凶。”庄子认为，正确的治国之道在于遵循人的自然本性。“怨、恩、取、与、谏、教、生、杀八者，正之器也，唯循大变无所湮者为能用之。故曰：‘正者，正也。其心以为不然者，天门弗开矣。’”庄子认为，治国方法首先要遵循自然规律。“乌鹊孺，鱼傅沫，细要者化，有弟而兄啼。久矣，夫丘不与化为人！不与化为人，安能化人。”老子曰：“可，丘得之矣！”

5. 人们对事物本性和规律的认识是有限的。庄子认为，因为先王的智慧经验是有限的，后来人对他的理解运用也是有限的，而社会的发展及事物的变化是无限的，有限的主观经验不足以涵盖无限的客观变化。“彼未知夫无方之传，应物而不穷者也。”

二、基本概念

1. 先王不足法。庄子认为，六经是先王治国留下的表面现象，而不是表面现象产生的内在本质。“夫六经，先王之陈迹也，岂其所以迹哉！”

2. 先王不可法。庄子认为，先王的治国之道是后人求不到用不上的。因为后人心中没有经过治国实践形成主见而对先王的方法不能正确理解和接受，外界对先王的治国方法在没有得到实证的情况下也不能施行。“中无主而不止，外无正而不行。”庄子认为，先王和至人的治国之道不可学。因为他们也只是暂时利用一下仁义名义，并没有真正实行，都有另外的目的。“古之至人，假道于仁，托宿于义，以游逍遥之虚，食于苟简之田，立于不贷之圃。”

3. 仁义不可取。庄子认为，仁义扰乱人们天生的本性，是社会的乱源：“夫仁义憯然，乃愤吾心，乱莫大焉。”庄子认为，所谓三皇五帝之治，实际上是以仁义乱天德最甚的时期。“三皇五帝之治天下，名曰治之，而乱莫甚焉。”

三、其他观点

庄子在第七节认为，孔子求道的动机和后果可笑。“亲权者，不能与人柄，操之则栗，舍之则悲，而一无所鉴，以窥其所不休者，是天之戮民也。”

外篇·刻意

【原文一】刻意尚行，离世异俗，高论怨诽，为亢而已矣；此山谷之士，非世之人，枯槁赴渊者之好也。语仁义忠信，恭俭推让，为修而已矣；此平世之士，教诲之人，游居学者之所好也。语大功，立大名，礼君臣，正上下，为治而已矣；此朝廷之士，尊主强国之人，致功并者之所好也。就薮泽，处闲旷，钓鱼闲处，无为而已矣；此江海之士，避世之人，闲暇者之所好也。吹呴呼吸，吐故纳新，熊经鸟申，为寿而已矣；此道引之士，养形之人，彭祖寿考者之所好也。若夫不刻意而高，无仁义而修，无功名而治，无江海而闲，不道引而寿，无不忘也，无不有也，淡然无极而众美从之；此天地之道，圣人之德也。故曰：夫恬淡寂漠，虚无无为，此天地之平而道德之质也。

【译解一】刻意上行，超世脱俗，高论讥讽，不过为显示清高而已；这是山野之士，非世之人，像枯木顺流深渊者所喜好的。讲仁义忠信，恭俭谦让，不过为了修身养性而已；这是处世之士、教诲之人、游居不定的学者所喜好的。强调建大功，立大名，礼待君臣人等，维护上下关系，不过为了行道治世而已；这是在朝为官之士、尊主强国之人、兼并他国建立功业者所喜好的。到湖泊沼泽之地，居空旷无人之处，闲居垂钓，不过为了无为自在而已；这是江湖隐居之士、逃避社会之人、只求清闲者所喜好的。调节呼吸，吐故纳新，模仿熊之悬吊鸟之伸展，不过为了长寿而已；这是循道之士、养身之人、像彭祖一样长寿者所喜好的。如果没有清高的用心，没有修养的仁义，没有治理的功名，没有清闲的江湖，没有长寿的道术，那么上述这些好像全都不存在的东西，其实全部都存在，事物往往是平淡到无限而各种美好的东西就会随从而来；这是天地万物的自然规律，人间哲人的天生本性使然。所以说：

"圣人达到恬淡寂漠、虚静无为的境界后，就与天地万物的道德本质持平了。"

【要点一】庄子在第一节认为，圣人不必刻意尚行，而是顺从天地道德，达到虚静无为的境界后，就与天地万物的道德本质持平了。"夫恬淡寂漠，虚无无为，此天地之平而道德之质也。"

【原文二】故曰：圣人休焉，休则平易矣。平易则恬淡矣。平易恬淡，则忧患不能入，邪气不能袭，故其德全而神不亏。故曰：圣人之生也天行，其死也物化。静而与阴同德，动而与阳同波。不为福先，不为祸始。感而后应，迫而后动，不得已而后起。去知与故，遁天之理。故无天灾，无物累，无人非，无鬼责。其生若浮，其死若休。不思虑，不豫谋。光矣而不耀，信矣而不期。其寝不梦，其觉无忧。其神纯粹，其魂不罢。虚无恬淡，乃合天德。故曰：悲乐者，德之邪也；喜怒者，道之过也；好恶者，德之失也。故心不忧乐，德之至也；一而不变，静之至也；无所于忤，虚之至也；不与物交，淡之至也；无所于逆，粹之至也。故曰：形劳而不休则弊，精用而不已则竭。水之性，不杂则清，莫动则平；郁闭而不流，亦不能清；天德之象也。故曰：纯粹而不杂，静一而不变，淡而无为，动而天行，此养神之道也。

【译解二】所以说：哲人要心思静止，心思静止就会心态平衡。心态平衡就会心情恬淡舒畅。心情恬淡舒畅，忧患就不能侵入，邪气不能袭扰，所以他的天性健全而精神饱满。所以说，圣人活着是顺天行事，死去是转化为物；虚静时如同月亮一样安详，运动时就像太阳一样奔放；主观上不趋福在先，也不避祸在先；心有所感而后身有所应，内有所迫而后外有所动，客观上不得已而后主观上有所发起。去掉人为的智巧与世故，遵循自然的道理。所以无自然灾害，无外物挂累，无人间非难，无鬼神责备。视生命如同泡沫，视死亡如同休息。不用心思虑，也不预先谋划。光亮而不必耀眼，守信而不必兑现。睡觉时不做梦，醒来时无忧愁。精神单纯，魂灵不疲。虚无恬淡，合乎天性。所以说，陷入悲乐情绪的人，他的天性被扭曲了；陷入喜怒情绪的人，他的认识方法有问题；陷入好恶辩论的人，他的天性丧失了。所以心无忧乐变化的人，他的天性归位了；守住自然之道不变的人，他就达到了虚静无为的境界；没有任何事物能够阻碍的人，他对自然之道的认识就到位了；

不与财物发生关系的人，他就达到淡泊名利的最高境界了；没有遇到任何违逆的人，他的精神纯朴就达到极限了。所以说：身体劳作而不休息就会疲倦，精神运用而不停止就会枯竭。水之本性，不混杂则清澈，不搅动则平静；郁结闭塞而不流动，也不能清澈。水的这些表象证明了水的本性。所以说：纯粹而不混杂，专一而不改变，恬淡而无为，运动而顺应自然规律，这就是提高认识境界的具体途径啊。

【要点二】庄子采用形象说明，人和水的自然本性是一样的，纯粹而不混杂，专一而不改变，恬淡而无为，运动而顺应自然规律，这就是培养精神的途径。“纯粹而不杂，静一而不变，淡而无为，动而以天行，此养神之道也。”

【原文三】夫有干越之剑者，柙而藏之，不敢用也，宝之至也。精神四达并流，无所不极，上际于天，下蟠于地，化育万物，不可为象，其名为同帝。纯素之道，唯神是守。守而勿失，与神为一。一之精通，合于天伦。野语有之曰：“众人重利，廉士重名，贤士尚志，圣人贵精。”故素也者，谓其无所与杂也；纯也者，谓其不亏其神也。能体纯素，谓之真人。

【译解三】某人有一把冠绝越国的利剑，用木匣子珍藏着，不敢轻易使用它，太宝贵了。它的光芒同时向外辐射，没有它不能到达的地方，向上交会天际，向下环绕大地，生育万物，但不可以描述它的具体形象，它的名字就是同于天帝。纯真朴素的道，只有自然道德健全没有杂念的人才能够掌握。持守精神而不遗失，与自然道德融为一体。一旦完全融合，就合乎自然逻辑了。谚语说：“多数人看重利益，廉洁之士注重名声，贤人君子崇尚志向，圣人看重精神。”所以所谓朴素，是说精神没有杂质；所谓纯真，是说精神没有亏空。身上能够体现精神朴素和纯真的人，就被称为真人。

【要点三】庄子认为，身上能够体现精神朴素和纯真的人，就被称为真人。“故素也者，谓其无所与杂也；纯也者，谓其不亏其神也。能体纯素，谓之真人。”

《刻意》内容小结

一、基本概念

真人。庄子认为，身上能够体现精神朴素和纯真的人，就被称为真人。“故素也者，谓其无所与杂也；纯也者，谓其不亏其神也。能体纯素，谓之真人。”

二、哲学观点

1. 提高认识的理想境界是虚静、恬淡、无为。庄子认为，圣人达到虚静无为的境界后，就与天地万物的道德本质持平了。“夫恬淡寂漠，虚无无为，此天地之平而道德之质也。”

2. 提高认识的主要途径是纯粹、专一、天行。庄子采用形象说明，人和水的自然本性是一样的，纯粹而不混杂，专一而不改变，恬淡而无为，运动而顺应自然规律，这就是培养精神的途径。“纯粹而不杂，静一而不变，淡而无为，动而以天行，此养神之道也。”

总之，庄子不主张“刻意尚行”，而应该“虚无无为”。

外篇·缮性

【原文一】缮性于俗学，以求复其初；滑欲于俗思，以求致其明，谓之蔽蒙之民。古之治道者，以恬养知。生而无以知为也，谓之以知养恬。知与恬交相养，而和理出其性。夫德，和也；道，理也。德无不容，仁也；道无不理，义也；义明而物亲，忠也；中纯实而反乎情，乐也；信行容体而顺乎文，礼也。礼乐遍行，则天下乱矣。彼正而蒙己德，德则不冒。冒则物必失其性也。古之人，在混芒之中，与一世而得淡漠焉。当是时也，阴阳和静，鬼神不扰，四时得节，万物不伤，群生不夭，人虽有知，无所用之，此之谓至一。当是时也，莫之为而常自然。

【译解一】用世俗学问修缮自己的意识，以求恢复意识的初始状态；用世俗观念引导自己的愿望，以求达到愿望的简单明了，可以说是受了蒙骗的老百姓才会这样做。古人对事物的认识方法，就是用恬静的心态逐步培养对事物的认知。当今人们活着无须用心智做大事，这可以说是用个人心智追求安逸恬静。颠倒了认知与恬静之间的交互培养关系，从而使儒家的“和”及“理”脱离了事物的本性。儒家之德，就是脱离了事物本性之和；儒家之道，就是脱离了事物规律之理。儒家的德之和无所不容，这就是儒家之仁；儒家的道之理无所不行，这就是儒家之义；依儒家之道而行的义得到彰明使万物亲近，这就是忠；内心充满仁义而反映表达出来，就是乐；乐实行在仪容体貌上且符合儒家观念文化，这就是礼。礼乐遍地施行，就是天下大乱的原因。让天地万物调整其天性且覆盖德，德就不会冒出来了。如果让它冒出来必然导致天地万物本性的丧失。古代的人们，都生活在浑沌蒙昧的社会中，这样的社会环境必然得养成恬静淡漠的心态。在那个时代，阴阳调和平静，鬼神也不扰乱，四季变化有序，万物不受伤害，各种生物都能终其天年，人们虽然有知识，却没有用处，这种状态可以称为人与自然的完全统一。在那个时代，人们不需要刻意作为而平常自然。

【要点一】庄子认为，一是古代贤人的认识路线是以恬静的心态培养对事物的认知，而儒家却反其道而行之以心智追求恬静，将人的天性改变为儒家的道德、仁义、乐礼等，最终导致天下大乱。“古之治道者，以恬养知。生而无以知为也，谓之以知养恬。知与恬交相养，而和理出其性。夫德，和也；道，理也。德无不容，仁也；道无不理，义也；义明而物亲，忠也；中纯实而反乎情，乐也；信行容体而顺乎文，礼也。礼乐遍行，则天下乱矣。”二是社会存在决定社会意识。古代的人们，都生活在浑沌蒙昧的社会中，这样的社会环境必然得养成恬静淡漠的心态。“古之人，在混芒之中，与一世而得淡漠焉。”

【原文二】逮德下衰，及燧人、伏羲始为天下，是故顺而不一。德又下衰，及神农、黄帝始为天下，是故安而不顺。德又下衰，及唐、虞始为天下，兴治化之流，枭淳散朴，离道以善，险德以行，然后去性而从于心。心与心识知，而不足以定天下，然后附之以文，益之以博。文灭质，博溺心，然后民始惑乱，无以反其性情而复其初。由是观之，世丧道矣，道丧世矣，世与道交相丧也。道之人何由兴乎世，世亦何由兴乎道哉！道无以兴乎世，世无以兴乎道，虽圣人不在山林之中，其德隐矣。隐故不自隐。古之所谓隐士者，非伏其身而弗见也，非闭其言而不出也，非藏其知而不发也，时命大谬也。当时命而大行乎天下，则反一无迹；不当时命而大穷乎天下，则深根宁极而待：此存身之道也。

【译解二】后来，人的天性被削弱衰微了，到燧人氏和伏羲氏治理天下时，由于历史原因只能顺势而为不能与人的天性一致。再后来，人的天性继续被削弱从而衰微，到神农和黄帝开始治理天下时，由于同样的历史原因，只能安定民心而不能顺应民心。最后，人的天性进一步被削弱从而衰微，到尧舜治理天下时，开始兴起治理教化的社会风尚，实际上是砍削淳厚、离散朴实，背离自然之道以求善，危及自然之德以尚行，然后舍弃人的天性（自然意识）而顺从人的心智（社会意识）。人们利用自己的心智互相窥探对方的意图，这当然不足以让天下人放心，然后附上华美的文章，再加上广征博引地表白。表面文采湮灭了实质内容，广博引证掩盖了真实意图，结果是民众开始感到困惑混乱，再也无法返回到他们原始的自然性情。由此看来，社会风尚丧失了自然之道，自然之道丧失了社会风尚，自然之道与社会风尚互相脱钩了。自然之道有何办法复兴成社会风尚，社会风尚又有何办法恢复到自然之道哟！自然之道无法复兴成社会风尚，社会风尚无法恢复到自然之道，虽然哲人并未隐藏在山林中，但是他们希望社会风尚和自然之道互相促进的美好理想（善良愿望、德怀）却被隐藏了。隐藏的原因不是自愿的。古代所说的隐士，并不是隐匿其身而不见人，并不是闭塞其言而不说出，并不是隐藏其智而不启用，而是时代使命太荒谬了。如果符合时代使命就应该大行于天下，将人性返回到与天性一体而无形迹；不符合时代使命就应该尽收于天下，像深根扎入泥土一样极度宁静而等待时机，这是保存自身的方法。

【要点二】庄子认为，一是社会教化违背人的天性是一个逐步变化的过程。“逮德下衰，及燧人、伏羲始为天下，是故顺而不一。德又下衰，及神农、黄帝始为天下，是故安而不顺。德又下衰，及唐、虞始为天下，兴治化之流，枭淳散朴，离道以善，险德以行，然后去性而从于心。”二是圣人之德即是哲人的社会理想（社会意识），而不是哲人的自然之德或天性（自然意识）。“道无以兴乎世，世无以兴乎道，虽圣人不在山林之中，其德隐矣。”三是哲人要实现社会理想必须因时而动，从实际出发。“当时命而大行乎天下，则反一无迹；不当时命而大穷乎天下，则深根宁极而待。”

【原文三】古之存身者，不以辩饰知，不以知穷天下，不以知穷德，危然处其所而反其性，已又何为哉！道固不小行，德固不小识。小识伤德，小行伤道。故曰：正己而已矣。乐全之谓得志。

【译解三】古代保全自身的人，不用巧辩来装饰自己的智慧，不用自己的智慧去连累天下人，也不用自己的智慧去无限追求社会理想，谨慎地安处自己应处的地位返归天性，自己还有什么可做的！自然之道固然不可以轻视以迁就世俗，天生之德固然不可以轻视以求迎合世俗。轻视自己以迎合世俗就会伤害天生之德，轻视自己以迎合世俗就会伤害自然之道，所以说：端正自己的天生之德和自然之道就可以了。乐于使自己的天生之德同各种事物的自然本性融为一体就可以称为意满志得。

【要点三】庄子认为，保全自身的最好办法是端正自己的天生之德。“小识伤德，小行伤道。故曰：正己而已矣。”

【原文四】古之所谓得志者，非轩冕之谓也，谓其无以益其乐而已矣。今之所谓得志者，轩冕之谓也。轩冕在身，非性命也，物之傥来，寄也。寄之，其来不可圉，其去不可止。故不为轩冕肆志，不为穷约趋俗，其乐彼与此同，故无忧而已矣！今寄去则不乐。由是观之，虽乐，未尝不荒也。故曰：丧己于物，失性于俗者，谓之倒置之民。

【译解四】古代所谓得志之人，不是指获得高官厚禄而言，而是说的那些东西并不能增加自己天性之乐而已呢。现在所说的得志的人，是指得到高官厚禄的说法。高官厚禄加在身，并非天性使命之必然，而是偶然得来的身外之物，是暂时寄存在这里的。世俗要将高官厚禄暂时寄存在这里，它来了没法阻止，它去了没法留住。所以不要为高官厚禄放纵心志，也不要因贫穷潦倒趋流世俗，前彼后此其乐相同，所以都能做到无忧就对了！实际上有人一旦取走了寄存的东西便不快乐。由此看来，他们虽然表面上快乐而内心未尝不空虚失落呢。所以说，为满足物欲而丧失自我，为迁就世俗而丧失天性，就叫作本末倒置之人。

【要点四】庄子认为，为满足物欲而丧失自我，为迁就世俗而丧失天性，就叫作本末倒置之人。“故曰：丧己于物，失性于俗者，谓之倒置之民。”

《缮性》内容小结

一、基本概念

1. 知。①智慧、认知、知识等。第一节“古之治道者，以恬养知。”第三节：“古之存身者，不以辩饰知，不以知穷天下，不以知穷德。”②心智、心志、俗思、观念、社会意识等。第一节“生而无以知为也，谓之以知养恬。”第二节：“然后去性而从于心。”

2. 和。儒家之德、仁、理想、价值观、社会意识等。第一节：“夫德，和也。”“德无不容，仁也。”

3. 理。儒家之道、义、忠、乐、礼等。第一节：“道，理也。”“道无不理，义也。”“义明而物亲，忠也；中纯实而反乎情，乐也；信行容体而顺乎文，礼也。”

4. 性。万物天性、事物本性、自然之德、自然意识、潜在意识等。第一节：“知与恬交相养，而和理出其性。”第二节：“然后去性而从于心。”第三节：“危然处其所而反其性，己又何为哉！”

5. 德。①自然之德、天生之德、本性、天性、自然意识等。第二节：“德又下衰，及唐、虞始为天下，兴治化之流，枭淳散朴，离道以善，险德以行，然后去性而从于心。”②社会之德、社会意识、价值观、心智、俗思、理想、和、仁等。第一节：“夫德，和也；道，理也。德无不容，仁也；道无不理，义也；义明而物亲，忠也；中纯实而反乎情，乐也；信行容体而顺乎文，礼也。”第二节：“道无以兴乎世，世无以兴乎道，虽圣人不在山林之中，其德隐矣。”

二、基本观点

1. 庄子的基本认识路线：以恬静的心态培养对事物的认知。第一节："古之治道者，以恬养知。"

2. 庄子认为人的自然意识被社会意识取代是导致社会混乱的源头。第一节："夫德，和也；道，理也。德无不容，仁也；道无不理，义也；义明而物亲，忠也；中纯实而反乎情，乐也；信行容体而顺乎文，礼也。礼乐遍行，则天下乱矣。"第二节："逮德下衰，及燧人、伏羲始为天下，是故顺而不一。德又下衰，及神农、黄帝始为天下，是故安而不顺。德又下衰，及唐、虞始为天下，兴治化之流，枭淳散朴，离道以善，险德以行，然后去性而从于心。"

3. 庄子认为，哲人要实现社会理想必须因时而动，从实际出发："当时命而大行乎天下，则反一无迹；不当时命而大穷乎天下，则深根宁极而待。"

4. 庄子认为，社会存在决定社会意识。"古之人，在混芒之中，与一世而得淡漠焉。"

三、其他观点

1. 庄子认为，保全自身的最好办法是端正自己的天生之德和自然之道。"小识伤德，小行伤道。故曰：正己而已矣。"

2. 庄子认为，为满足物欲而丧失自我，为迁就世俗而丧失天性，就叫作本末倒置之人。"故曰：丧己于物，失性于俗者，谓之倒置之民。"

外篇·秋水

【原文一】秋水时至，百川灌河。泾流之大，两涘渚崖之间，不辩牛马。于是焉河伯欣然自喜，以天下之美为尽在己。顺流而东行，至于北海，东面而视，不见水端。于是焉河伯始旋其面目，望洋向若而叹曰："野语有之曰：'闻道百，以为莫己若者。'我之谓也。且夫我尝闻少仲尼之闻而轻伯夷之义者，始吾弗信。今我睹子之难穷也，吾非至于子之门则殆矣，吾长见笑于大方之家。"北海若曰："井蛙不可以语于海者，拘于虚也；夏虫不可以语于冰者，笃于时也；曲士不可以语于道者，束于教也。今尔出于崖涘，观于大海，乃知尔丑，尔将可与语大理矣。天下之水，莫大于海；万川归之，不知何时止而不盈；尾闾泄之，不知何时已而不虚；春秋不变，水旱不知。此其过江河之流，不可为量数。而吾未尝以此自多者，自以比形于天地，而受气于阴阳，吾在于天地之间，犹小石小木之在大山也。方存乎见少，又奚以自多！计四海之在天地之间也，不似礨空之在大泽乎？计中国之在海内，不似稊米之在大仓乎？号物之数谓之万，人处一焉；人卒九州，谷食之所生，舟车之所通，人处一焉。此其比万物也，不似毫末之在于马体乎？五帝之所连，三王之所争，仁人之所忧，任士之所劳，尽此矣！伯夷辞之以为名，仲尼语之以为博。此其自多也，不似尔向之自多于水乎？"

【译解一】秋汛按时到达，百川汇入黄河。洪水泾流量大增，使对河两岸增宽变远，已看不清是牛是马了。于是水神河伯心中很得意，认为天下最壮美的风景都到自家来了。河伯顺流东行，到达渤海入口，再向东海望去，看不到水的尽头。于是河伯脸上的得意之色消失了，望着汪洋大海向着北海之神若感叹道："村野有一种说法'道理听得多，以为谁都不如我。'原来是在嘲弄我。况且我曾经小看孔仲尼的显著名声而轻视伯夷的让国义举，开始我不相信，现在我亲眼看到了你的浩瀚无边，要不是我来到你的门前亲眼看到，就麻烦了，我将永远贻笑于大方之家。"北海若说："对井底之蛙不可以与它们谈论大海的样子，是因为它们的生活空间太狭小了；夏天之虫不可以与它们谈论冰雪的样子，是因为它们的生活时间太短促了；乡曲之士不可以与他们谈论自然之道，是因为他们接受的教育太缺少了。如今你从黄河岸边走来，看到了大海，知道了自己的鄙陋，你可以参与谈论大事理了。天下之水，莫大于海；无数河流汇入大海，不知何时停止，而大海却不会装满；海底有尾闾泄漏海水，不知何时停止，而海水却不曾减少；无论春天还是秋天都不见涨落变化，无论水涝还是干旱也没有涨落感觉。这证明大海远远超过了江河的水量，不可以用度量来计数。可我还是不曾有因此而自满的感觉，将自己与天地比较形体大小，并接受阴阳两极的元气，我存在于天地之间，就好像小石子小木屑存在于大山之中。刚认识到自身存在的渺小，又哪里会产生自满的感觉！估计一下四海相对存在于天地之间，不就像蚁穴相对存在于大泽之中吗？再估计一下中原相对存在于四海之内，不就像碎米相对存在于大粮仓之中吗？假设天地物种数量是一万，人类只占其一；人们聚居于九州，粮食在这里生长，舟车在这里通行，而个人只占其一；这个人比起万种事物，不是像毫毛之末存在于整个马体吗？五帝他们所传承的，三王他们所争夺的，仁人他们所忧患的，贤才他们所操劳的，尽在这毫末间呢！伯夷辞让毫末而博取名声，孔丘谈论毫末而显示渊博。这是他们自作多情，这不正像你先前在黄河涨水时的自作多情吗？”

【要点一】庄子认为。一是存在决定意识。“井蛙不可以语于海者，拘于虚也；夏虫不可以语于冰者，笃于时也；曲士不可以语于道者，束于教也。”

二是事物大小都是相对的。“计四海之在天地之间也，不似礨空之在大泽乎？计中国之在海内，不似稊米之在大仓乎？”

【原文二】河伯曰：“然则吾大天地而小毫末，可乎？”北海若曰：“否。夫物，量无穷，时无止，分无常，终始无故。是故大知观于远近，故小而不寡，大而不多：知量无穷。证曏今故，故遥而不闷，掇而不跂，知时无止。察乎盈虚，故得而不喜，失而不忧，知分之无常也。明乎坦涂，故生而不说，死而不祸，知终始之不可故也。计人之所知，不若其所不知；其生之时，不若未生之时；以其至小，求穷其至大之域，是故迷乱而不能自得也。由此观之，又何以知毫末之足以定至细之倪，又何以知天地之足以穷至大之域！”

【译解二】河伯说：“这样说来，我把天地看作最大而把毫末看作最小，可以吗？”北海若回答：“不可以。客观物质世界，空间量不可穷尽，时间是不停止的，发展变化没有常态，终结起始不是固定不变的。因此大智之人人观察事物能考虑到远近透视角度，所以不认为体积小就真的少，体积大就真的多，知道客观物质空间量是没有穷尽的。验证过去就是为了理解今天的由来，所以，了解历史虽让人感觉遥远而不会觉得沉闷，掌握现实就在当下而不必踮起脚望着远处，知道物质运动时间量是没有止境的。洞悉事物有盈有虚的规律，所以得到了不必欣喜，失去了也不必忧愁，知道得与失的变化是没有定准的。明白了从生到死是一条坦途，所以活着不必太高兴，死去也不必认为是坏事，知道终始是说不清缘由的。人们所掌握的知识远不及人们未掌握的知识多；人们生存的时间，远不及人们不在人世的时间长；用人们极少的知识和时间，去追求极大的知识领域，所以思维迷乱而不能心有所得。由此看来，又怎么知道毫末它足以确定的是最小的边际，又怎么知道天地它足以穷尽的是最大的范围！”

【要点二】庄子认为，客观物质空间量无穷，时间量无止，发展变化无常，终始无因由。人们对客观物质世界的认识是非常有限的。“夫物，量无穷，时无止，分无常，终始无故。”“计人之所知，不若其所不知；其生之时，不若未生之时；以其至小，求穷其至大之域，是故迷乱而不能自得也。”

【原文三】河伯曰：“世之议者皆曰：‘至精无形，至大不可围。’是信情乎？”北海若曰：“夫自细视大者不尽，自大视细者不明。夫精，小之微也；郛，大之殷也：故异便。此势之有也。夫精粗者，期于有形者也；无形者，数之所不能分也；不可围者，数之所不能穷也。可以言论者，物之粗也；可以意致者，物之精也；言之所不能论，意之所不能察致者，不期精粗焉。是故大人之行：不出乎害人，不多仁恩；动不为利，不贱门隶；货财弗争，不多辞让；事焉不借人，不多食乎力，不贱贪污；行殊乎俗，不多辟异；为在从众，不贱佞谄；世之爵禄不足以为劝，戮耻不足以为辱；知是非之不可为分，细大之不可为倪。闻曰：‘道人不闻，至德不得，大人无己。’约分之至也。”

【译解三】河伯说：“社会上好议论的人都说：‘太精细了就无形体可寻，太粗大了就无范围可定。’这真实可信吗？”北海若说：“从细小处往粗大处看去是无限的，从粗大处往细小处看去也是无限的。那个精微，是小之又小；郛殷，是大之又大，所以事物特别大或特别小都不便于观察，这是从事物大小的趋势上来确定它存在的。所谓精细与粗大，仅限于能够观察到的有形部分；对无形部分，是数字不能确定的；不可能确定大小范围的事物，也就是数字不能表达穷尽的事物。可以说清的事物，是比较粗大的事物；可以意会的事物，是比较精细的事物；言语说不清楚的，意思表达不到位的，也就超出比较精细和粗大的范围了。所以高尚者的行为，不会出于害人的动机，也不会多施仁义之恩；动心不为名利，待人不贱门第；对财物不去争夺，也不会过分辞让；遇事不能全靠借助人力，也不过分强调依靠自己，不能贱看不美好的东西；行为要与世俗区分开来，也不主张怪辟奇异；言行与大众一致，不轻看奸佞谄媚；社会爵禄不是最好的劝勉，杀身陈尸不是最大的侮辱；不可分开理解是与非，也知道精细与粗大没有确定的边界。听到有人说过：'有道之人不求闻达，至德之人不计得失，道德高尚之人没有私欲。'这就是约束自己恰如其分的最高标准。"

【要点三】庄子认为，一是宇宙从空间上看是由无穷大和无穷小两极构成的，人们只能看到其中有形部分。"夫自细视大者不尽，自大视细者不明。夫精，小之微也；郛，大之殷也：故异便。此势之有也。夫精粗者，期于有形者也；无形者，数之所不能分也；不可围者，数之所不能穷也。"二是人们在为人处世上也要不去追求极端化和绝对化。是故大人之行："世之爵禄不足以为劝，戮耻不足以为辱；知是非之不可为分，细大之不可为倪。"

【原文四】河伯曰："若物之外，若物之内，恶至而倪贵贱？恶至而倪小大？"北海若曰："以道观之，物无贵贱；以物观之，自贵而相贱；以俗观之，贵贱不在己。以差观之，因其所大而大之，则万物莫不大；因其所小而小之，则万物莫不小。知天地之为稊米也，知毫末之为丘山也，则差数睹矣。以功观之，因其所有而有之，则万物莫不有；因其所无而无之，则万物莫不无。知东西之相反而不可以相无，则功分定矣。以趣观之，因其所然而然之，则万物莫不然；因其所非而非之，则万物莫不非。知尧、桀之自然而相非，则趣操睹矣。昔者尧、舜让而帝，之、哙让而绝；汤、武争而王，白公争而灭。由此观之，争让之礼，尧、桀之行，贵贱有时，未可以为常也。梁丽可以冲城而不可以窒穴，言殊器也；骐骥骅骝一日而驰千里，捕鼠不如狸狌，言殊技也；鸱鸺夜撮蚤，察毫末，昼出瞋目而不见丘山，言殊性也。故曰：盖师是而无非，师治而无乱乎？是未明天地之理，万物之情也。是犹师天而无地，师阴而无阳，其不可行明矣！然且语而不舍，非愚则诬也！帝王殊禅，三代殊继。差其时，逆其俗者，谓之篡夫；当其时，顺其俗者，谓之义之徒。默默乎河伯，女恶知贵贱之门，小大之家！"

【译解四】河伯说："事物的外形，事物的内质，怎么来界定它们的贵贱？又怎么来确定它们外形的大小？"北海若回答："用自然之道来看，事物内质没有贵贱之分；从事物自身来看，各自为贵，相互为贱；拿世俗观点来看，贵贱不在事物自己。以事物外形相对大小差别来看，因为外形相对大的事物总是大于所有比它外形相对小的事物，所以任何事物没有不相对大的一面；因为外形相对小的事物总小于所有比它外形相对大的事物，所以任何事物没有不相对小的一面。理解了天地相对小的一面为碎米，又理解了毫末相对大的一面为山丘，如此，事物外形大小的差别比例就能够看清楚了。从事物的功用来看，因为事物客观存在有用的一面而人们主观确定有用，所以各种事物无不有用；因为事物客观存在无用的一面而人们主观确定无用，所以各种事物无不无用。理解了东西方向相反而不能相无的矛盾关系后，就会知道事物有用与无用的相对界定。从人们对事物的思维定式来看，因为原来的人们认为事物是好的，后来的人们就认为是好的，所以事物没有不是好的；因为原来的人们认为事物是坏的，后来的人们就认为是坏的，所以事物没有不是坏的。知道人们对唐尧和夏桀的正常评价而相互否定的思维定式后，就知道人们对事物的思维定式了。当年虞舜因唐尧让位而称帝，燕王哙因让位宰相子之而败亡；商汤周武都因争夺天下而为王，楚国白公胜却因争夺王位而杀身。由此看来，争斗与禅让的方式，唐尧与夏桀的行为，尊贵与卑贱都因时而异，不是一成不变的。梁木可以用来冲击敌城而不可以堵塞洞穴，说的是器物功用不同。骏马一日驰骋千里，捉老鼠却不如野猫与黄鼠狼，说的是动物技能不同。猫头鹰夜里能抓跳蚤，细察毫末，可白天睁大眼睛也看不见山丘，是说它的性能特殊。所以说：为什么只重视对的一面而无视错的一面、只重视治的一面而无视乱的一面呢？这是因为不明了自然之理和万物之情使然。就像是只重视天而无视地、只重视阴而无视阳一样，这个不可行是十分明白的了！对此还要谈论不休，不是愚昧便是欺骗！帝王禅让的时代背景各不相同，夏商周三代的继承条件也各不相同。对于不合时代要求，违逆世俗礼制的人，称为篡位之徒；对于合于时代要求，顺应世俗礼制的人，称为行义之士。沉默吧河伯，你如何懂得事物的贵贱区别，或大小分类!”

【要点四】庄子认为，一、站在不同的立场对贵贱有不同的评价。“以道观之，物无贵贱；以物观之，自贵而相贱；以俗观之，贵贱不在己。”二、事物外形大小是相对的、宇宙大小两极是无限的、一对事物外形相对大小与另一对事物外形相对大小的比值可能是相同的。“以差观之，因其所大而大之，则万物莫不大；因其所小而小之，则万物莫不小。知天地之为稊米也，知毫末之为丘山也，则差数睹矣。”三、任何事物客观上都具备有用的一面而人们主观上也都承认它有用，任何事物在客观上都具备无用的一面而人们主观上也都承认它无用。“以功观之，因其所有而有之，则万物莫不有；因其所无而无之，则万物莫不无。知东西之相反而不可以相无，则功分定矣。”四、从人们对事物的思维定式来看，因为人们原来认为事物是好的而后来的人们就认为是好的，所以事物没有不是好的；因为人们原来认为事物是坏的而后来的人们就认为是坏的，所以事物没有不是坏的。“以趣观之，因其所然而然之，则万物莫不然；因其所非而非之，则万物莫不非。知尧、桀之自然而相非，则趣操睹矣。”五、事物的高贵与卑贱、形大与形小、有用与无用、好的与坏的等等方面都是对立统一（相反相成）和发展变化的。“由此观之，争让之礼，尧、桀之行，贵贱有时，未可以为常也。”

【原文五】河伯曰：“然则我何为乎？何不为乎？吾辞受趣舍，吾终奈何？”北海若曰：“以道观之，何贵何贱，是谓反衍；无拘而志，与道大蹇。何少何多，是谓谢施；无一而行，与道参差。严乎若国之有君，其无私德；繇繇乎若祭之有社，其无私福；泛泛乎其若四方之无穷，其无所畛域。兼怀万物，其孰承翼？是谓无方。万物一齐，孰短孰长？道无终始，物有死生，不恃其成。一虚一满，不位乎其形。年不可举，时不可止。消息盈虚，终则有始。是所以语大义之方，论万物之理也。物之生也，若骤若驰。无动而不变，无时而不移。何为乎，何不为乎？夫固将自化。”

【译解五】河伯说：“既然如此，我应该做什么呢？又不该做什么呢？我在辞受取舍问题上，我到底应该怎么办呢？”北海若回答说：“从自然之道看来，什么是贵什么是贱那是相对的，就是说贵与贱是可以互相反向转化的；如果你的主观意志没有相对性的辩证法则拘束，将与自然之道发生严重背离。什么是多、什么是少也是相对的，多与少也是可以互相转化的；如果你的行为没有相对性的辩证统一，将与自然之道不能保持一致。俨然正经如拥有国家的君主一样，那就没有个人偏私恩德；悠然自得如享受祭祀的社神一样，那就没有个人偏心赐福；胸怀宽广如包容了天下四方，那就没有什么边际界定。如此兼容天地万物，还需要袒护谁呢？所以说没有特别之处了。万物都一致了，哪还问谁短谁长？自然之道没有终始，天地万物却有死生，谁都不能自恃一时之盛。万物皆会时盈时亏，没有固定不变的形态。年岁增长不可抗拒，时光流逝不可停止。死生盈虚不断转换，旧的终结意味着新的开始。这就是用来讨论天地大义的根本原则，评价万物贵贱的基本道理。事物的生存运动，突然来到又疾驰而去。没有运动不是变化的，也没有时势不是迁移的。你想问应该做什么，不应该做什么吗？记住：只有变化是固定不变的。”

【要点五】庄子认为，一、事物内质的贵与贱、外形的大与小都是可以互相转化的，所以是相对的而不是绝对的。如果没有相对性概念，认识就会绝对化，就会违反辩证法则。“以道观之，何贵何贱，是谓反衍；无拘而志，与道大蹇。何少何多，是谓谢施；无一而行，与道参差。”二、事物都是运动变化的，只有变化是固定不变的。“无动而不变，无时而不移。夫固将自化。”

【原文六】河伯曰：“然则何贵于道邪？”北海若曰：“知道者必达于理，达于理者必明于权，明于权者不以物害己。至德者，火弗能热，水弗能溺，寒暑弗能害，禽兽弗能贼。非谓其薄之也，言察乎安危，宁于祸福，谨于去就，莫之能害也。故曰：‘天在内，人在外，德在乎天。’知天人之行，本乎天，位乎得，蹢躅而屈伸，反要而语极。”曰：“何谓天？何谓人？”北海若曰：“牛马四足，是谓天；落马首，穿牛鼻，是谓人。故曰：‘无以人灭天，无以故灭命，无以得殉名。谨守而勿失，是谓反其真。’”

【译解六】河伯说：“既然如此，为什么要重视自然之道呢？”北海若说：“懂得抽象之道的人必定通达具体事理，通达具体事理的人必定明了事物的权变，明了事物权变的人必定不会因物而害己。秉德高尚的人，烈焰烧不着，洪水淹不着，严寒酷暑害不着，飞禽走兽伤不着。不是说他们逼近这些东西后能够经受住各种考验，而是说他们明察安危，分清祸福，谨慎地放弃或追求，避免了受到伤害的可能。所以说：‘天性在人体内，人体在天性外，德性就是天性。’懂得了天与人的行为，立足于自然之本，止步于适当之得，徘徊不前而屈伸自然，反观要领而说尽至理。”河伯说：“什么是天之行？什么是人之行？”北海若说：“牛和马天生四足，这就是所谓的天之行；把马脑袋戴上套，把牛鼻子穿上绳，这就是所谓的人之行。所以说：‘不要用人之行毁灭天之行，不要用人的故意之行毁灭天的自然之命，不要为了获得功名而牺牲人的天性。谨慎地守住而不丧失天性，这就叫返璞归真。’”

【要点六】 庄子认为，一、道是客观世界的抽象的一般规律，理是具体事物的具体的特殊规律，道是理的内在实质，理是道的表现形式。“知道者必达于理，达于理者必明于权，明于权者不以物害己。”二、人之行必须与天之行保持一致。“知天人之行，本乎天，位乎得，蹢躅而屈伸，反要而语极。”

【原文七】 夔怜蚿，蚿怜蛇，蛇怜风，风怜目，目怜心。夔谓蚿曰：“吾以一足趻踔而不行，予无如矣。今子之使万足，独奈何?”蚿曰：“不然。子不见夫唾者乎？喷则大者如珠，小者如雾，杂而下者不可胜数也。今予动吾天机，而不知其所以然。”蚿谓蛇曰：“吾以众足行，而不及子之无足，何也?”蛇曰：“夫天机之所动，何可易邪？吾安用足哉!”蛇谓风曰：“予动吾脊胁而行，则有似也。今子蓬蓬然起于北海，蓬蓬然入于南海，而似无有，何也?”风曰：“然，予蓬蓬然起于北海而入于南海也，然而指我则胜我，鳍我亦胜我。虽然，夫折大木，蜚大屋者，唯我能也。”故以众小不胜为大胜也。为大胜者，唯圣人能之。

【译解七】 独脚的夔羡慕多脚的蚿，多脚的蚿羡慕无脚的蛇，无脚的蛇羡慕无形的风，无形的风羡慕明亮的眼睛，明亮的眼睛羡慕通达的心灵。夔对蚿说：“我用独脚跳跃而走不动路，我不如你哩。如今你使用很多脚行走，还有什么不满意的呢?”蚿说：“不对。你没有看见我吐唾沫的样子吗？吐出唾沫大的像珠子，小的像雾滴，大大小小落下来的不可以计数。而今我虽然启动了我天生的行走机能，但我也不知道自己为什么是这个样子。”蚿对蛇说：“我用众多的脚行走反倒不如你没有脚，这是为什么呢?”蛇说：“我按照那个天生的机能而行走，怎么可以自己改变呢？我哪里用得着脚呢!”蛇对风说：“我启动我的脊骨和肋骨行走，好像还是有足的样子。如今你蓬蓬然从北海腾起，又蓬蓬然驾临南海，却没有留下足迹，这是为什么呢?”风说：“是的，我是蓬蓬然从北海来到了南海，可是一个小指头对我都可以胜我，一条小鳍鱼对我也可以胜我。不过，那些折断大树，掀翻大屋的活儿，只有我能够做到。所以不求众多的小胜是为了求得大胜。获取大胜的事儿，只有圣人才能做到。”

【要点七】 庄子认为，第一，事物各有千秋，妄自菲薄的思想是错误的。“夔怜蚿，蚿怜蛇，蛇怜风，风怜目，目怜心。”第二，事物的天生机能是不可改变的。“夫天机之所动，何可易邪?”

【原文八】 孔子游于匡，宋人围之数匝，而弦歌不辍。子路入见，曰：“何夫子之娱也?”孔子曰：“来，吾语女。我讳穷久矣，而不免，命也；求通久矣，而不得，时也。当尧、舜而天下无穷人，非知得也；当桀、纣而天下无通人，非知失也：时势适然。夫水行不避蛟龙者，渔父之勇也；陆行不避兕虎者，猎夫之勇也；白刃交于前，视死若生者，烈士之勇也；知穷之有命，知通之有时，临大难而不惧者，圣人之勇也。由，处矣！吾命有所制矣！”无几何，将甲者进，辞曰：“以为阳虎也，故围之；今非也，请辞而退。”

【译解八】 孔子游学到匡邑，宋国人将他紧紧地包围起来，而孔子仍然弹唱不停。子路入内见孔子说：“是何原因使先生如此欢心呢?”孔子说：“来，我告诉你！我忌讳贫困很久了，可是始终不能免除，这是天命啊。我寻求通达也很久了，可是始终未能实现，这是时运啊。当在尧、舜时代，天下没有贫穷的人，并非才智高的缘故；在桀、纣时代，天下没有通达的人，并非才智低的缘故，这些都是时运和形势造成的。在水里活动而不躲避蛟龙的人，是渔夫的勇敢；在陆上活动而不躲避犀牛老虎的，是猎人的勇敢；刀剑交错在眼前，视死亡犹如出生，是烈士的勇敢；懂得贫穷缘于天命，懂得通达缘于时运，面临大难而不畏惧的，这就是圣人的勇敢。仲由啊，安然处之吧！我天命中注定要经受一些磨难的啊！”没过多久，统领士兵的将官进来，找个托词说：“有人以为你是阳虎，所以包围了你；现在知道你不是，请让我说明原因并撤退吧。”

【要点八】 庄子认为，思想家的勇敢在于知道自己穷困和通达都是由客观条件决定的，而主观上决不能放弃。“知穷之有命，知通之有时，临大难而不惧者，圣人之勇也。”

【原文九】公孙龙问于魏牟曰："龙少学先王之道，长而明仁义之行；合同异，离坚白；然不然，可不可；困百家之知，穷众口之辩：吾自以为至达已。今吾闻庄子之言，茫然异之。不知论之不及与？知之弗若与？今吾无所开吾喙，敢问其方。"公子牟隐机大息，仰天而笑曰："子独不闻夫埳井之蛙乎？谓东海之鳖曰：'吾乐与！出跳梁乎井干之上，入休乎缺甃之崖。赴水则接腋持颐，蹶泥则没足灭跗。还虷蟹与科斗，莫吾能若也。且夫擅一壑之水，而跨跱埳井之乐，此亦至矣。夫子奚不时来入观乎？'东海之鳖左足未入，而右膝已絷矣。于是逡巡而却，告之海曰：'夫千里之远，不足以举其大；千仞之高，不足以极其深。禹之时，十年九潦，而水弗为加益；汤之时，八年七旱，而崖不为加损。夫不为顷久推移，不以多少进退者，此亦东海之大乐也。'于是埳井之蛙闻之，适适然惊，规规然自失也。且夫知不知是非之竟，而犹欲观于庄子之言，是犹使蚊负山，商蚷驰河也，必不胜任矣。且夫知不知论极妙之言，而自适一时之利者，是非埳井之蛙与？且彼方跐黄泉而登大皇，无南无北，奭然四解，沦于不测；无东无西，始于玄冥，反于大通。子乃规规然而求之以察，索之以辩，是直用管窥天，用锥指地也，不亦小乎？子往矣！且子独不闻夫寿陵馀子之学于邯郸与？未得国能，又失其故行矣，直匍匐而归耳。今子不去，将忘子之故，失子之业。"公孙龙口呿而不合，舌举而不下，乃逸而走。

【译解九】公孙龙问魏公子牟："我少年时学习先王的治国方法，成年后明白了行为的仁义价值标准；能够把事物既对立又统一的双方看成不可分割的辩证关系，能够把物体的坚硬质地与洁白颜色两个不同概念区别开来；能够从消极的事物中发现积极的因素，能够从被否定的事物中找到值得肯定的部分；能够围困诸子百家的智慧，能够穷尽众多辩士的言辞，我自以为已经是最通达的了。如今我听了庄子的言论，感到十分茫然。不知是我的辩才比不上他呢？还是我的知识不如他呢？现在我已经没有办法再插嘴了，请问其中的道理是什么。"魏公子牟靠着案几深深地叹了口气，然后仰头朝天笑着说："你没有听说过那浅井之蛙吗？它对东海里的鳖说：'我喜欢这里的环境！跳出来玩耍于井口栏杆之上，跳进去休息于井壁破损之处。跳入水中，水就浸入腋下托起下巴，踏入泥里，泥就漫过脚背盖住脚蹼。回头看水中的虷蟹和蝌蚪，没有谁像我如此快乐！再说我自占一坑之水，独享浅井之乐，这也是最快乐的了。你为何不随时来井里看看呢?’东海之鳖左脚还未能跨入浅井，右膝就已经被绊住。于是迟疑了一下又将左脚退了出来，把大海的情况告诉了井蛙，说:‘千里之远，不足以证实它的大;千丈之高，不足以表明它的深。夏禹时代十年九涝，而海水并未增加;商汤时代八年七旱，而岸边的水位并未下降。那不因为时间的长短而改变，不因为雨量的多少而增减的稳定，这就是我生活在东海的最大快乐。’浅井之蛙听了这一席话，表现惊惶不安，茫然不知所措。再说你公孙龙的智慧并不能分清是非界限，却还想去洞察庄子的言论，这就像驱使蚊虫去背负大山，驱使马蚿虫在河里奔跑，是肯定不能胜任的。而且你的智慧不足以通晓庄子极抽象的言论，只是想自己抓住有利时机迎合一些人的需要，这不就是浅井之蛙吗?况且庄子的哲学思想下蹈黄泉，上登皇天，不论南北，释然四达，深不可测;不论东西，始于无极之先，返归大通之境。你想以自己的浅陋找到庄子哲学思想的瑕玼，从中抓住你需要的辩论证据，这只不过是用竹管去窥视高远的皇天，用锥子去测量浑厚的大地，不是太渺小了吗?你还是走吧!而且你没听过那个燕国寿陵的小子到赵国邯郸学步的故事吗?未能学会赵国的本事，又丢掉了他原来的本领，只得爬着回去了。现在你还不离开这里，必将忘掉你原有的本领，失去你原有的学业。”公孙龙张口结舌，于是迅速逃走了。

【要点九】庄子认为，存在决定意识，井蛙之乐甚于海鳖之乐。“且夫擅一壑之水，而跨跱埳井之乐，此亦至矣。”

【原文十】庄子钓于濮水。楚王使大夫二人往先焉，曰:“愿以境内累矣!”庄子持竿不顾，曰:“吾闻楚有神龟，死已三千岁矣。王巾笥而藏之庙堂之上。此龟者，宁其死为留骨而贵乎?宁其生而曳尾于涂中乎?”二大夫曰:“宁生而曳尾涂中。”庄子曰:“往矣!吾将曳尾于涂中。”

【译解十】庄子在濮水边垂钓，楚王先派遣两位大臣前往致意，说:“楚王想请你操劳国内政事!”庄子手把钓竿头也不回，说:“我听说楚国有一神龟，已死了三千年。楚王用巾绢和竹箱将其保存并珍藏在宗庙里。这只神龟，是宁愿死去留下骨骸而显示尊贵呢?还是宁愿拖着尾巴活在泥水里呢?”两位大臣说:“宁愿拖着尾巴活在泥水里。”庄子说:“你们走吧!我仍将拖着尾巴生活在泥水里。”

【要点十】庄子认为，宁为神龟生活在泥水里，也不为骨骸留在庙堂里。“吾将曳尾于涂中。”

【原文十一】惠子相梁，庄子往见之。或谓惠子曰：“庄子来，欲代子相。”于是惠子恐，搜于国中三日三夜。庄子往见之，曰：“南方有鸟，其名为鹓鶵，子知之乎？夫鹓鶵发于南海而飞于北海，非梧桐不止，非练实不食，非醴泉不饮。于是鸱得腐鼠，鹓鶵过之，仰而视之曰：‘吓！’今子欲以子之梁国而吓我邪？”

【译解十一】惠子在梁国做宰相，庄子前往看望他。有人对惠子说：“庄子来梁国，是想取代你做宰相。”于是惠子恐慌起来，在都城内搜寻庄子三天三夜。庄子前往看到惠子，说：“南方有一种鸟，它的名字叫鹓鶵，你知道吗？鹓鶵从南海飞往北海，不遇到梧桐树不会休息，不是竹子果实不会进食，不是甘美的泉水不会饮用。此时一只鹞鹰寻到一只死老鼠，鹓鶵刚巧从空中飞过，鹞鹰抬头看着鹓鶵，发出一声怒吼：‘吓！’如今你想护住梁国宰相职位吼我吗？”

【要点十一】庄子认为，哲人不宜入乱世。“夫鹓鶵发于南海而飞于北海，非梧桐不止，非练实不食，非醴泉不饮。”

【原文十二】庄子与惠子游于濠梁之上。庄子曰：“鯈鱼出游从容，是鱼之乐也。”惠子曰：“子非鱼，安知鱼之乐？”庄子曰：“子非我，安知我不知鱼之乐？”惠子曰“我非子，固不知子矣；子固非鱼也，子之不知鱼之乐，全矣！”庄子曰：“请循其本。子曰‘汝安知鱼乐’云者，既已知吾知之而问我。我知之濠上也。”

【译解十二】庄子和惠子到濠水桥梁上游玩。庄子说：“鯈鱼在水里游得从容，这是鱼儿的快乐。”惠子说：“你不是鱼，怎么知道鱼的快乐？”庄子说：“你不是我，怎么知道我不知道鱼儿的快乐？”惠子说：“我不是你，固然不知道你；你固然不是鱼，你也肯定不知道鱼的快乐，二者逻辑关系是完全相同的。”庄子说：“请你遵循我们本来的话题讨论。在你刚才说‘你怎么知道鱼儿快乐’的话里，就已经知道了我知道鱼儿快乐的事实，只是在问我是通过什么途径知道的。我应该回答你是在濠水桥上知道鱼儿快乐的。”

【要点十二】庄子认为，人们在讨论问题时是经常偷换概念和前提以回避难以回答的问题的。庄子说鱼儿游得从容自得其乐。惠子反问道：你又不是鱼，怎么能知道（体会到）鱼的快乐？庄子在事实逻辑上不能反驳惠子的诘问，只能以同样的事实逻辑反问作答：你又不是我怎么知道我不知道鱼的快乐？庄子没想到自己的回答正好陷入了惠子设置的事实逻辑里。惠子说，我不是你固然不知道你，你不是鱼固然也不知道鱼的快乐，二者事实逻辑完全一样啊。庄子只好偷换概念狡辩说，你本来是问我如何知道鱼的快乐的，我说是从濠水桥梁上看到后知道的。

《秋水》内容小结

一、基本观点

（一）有关认识论观点

1. 存在决定意识，生活环境决定认知水平。庄子认为，“井蛙不可以语于海者，拘于虚也；夏虫不可以语于冰者，笃于时也；曲士不可以语于道者，束于教也。”庄子在第九节认为，存在决定意识，井蛙之乐甚于海鳖之乐。“且夫擅一壑之水，而跨跱埳井之乐，此亦至矣。”

2. 客观存在是无限的，主观认识是有限的。庄子认为，客观物质空间量无穷，时间量无止，发展变化无常，终始无因由。人们对客观物质世界的认识是非常有限的。“夫物，量无穷，时无止，分无常，终始无故。”“计人之所知，不若其所不知；其生之时，不若未生之时；以其至小，求穷其至大之域，是故迷乱而不能自得也。”

3. 人们对事物的认识存在惯性。庄子认为，因为人们原来认为事物是好的而后来的人们就认为是好的，所以事物没有不是好的；因为人们原来认为事物是坏的而后来的人们就认为是坏的，所以事物没有不是坏的。“以趣观之，因其所然而然之，则万物莫不然；因其所非而非之，则万物莫不非。知尧、桀之自然而相非，则趣操睹矣。”

4. 人之行必须与天之行保持一致。庄子认为，“知天人之行，本乎天，位乎得，蹢躅而屈伸，反要而语极。”庄子认为，事物的天生机能是不可改变的。“夫天机之所动，何可易邪?”庄了认为，思想家的勇敢在于知道自己穷困和通达都是由客观条件决定的，而主观上决不能放弃。“知穷之有命，知通之有时，临大难而不惧者，圣人之勇也。”庄子认为，宁为神龟生活在泥水里，也不为骨骸留在庙堂里。“吾将曳尾于涂中。”庄子认为，哲人不宜入乱世。“夫鹓鸰发于南海而飞于北海，非梧桐不止，非练实不食，非醴泉不饮。”

（二）有关辩证法观点

1. 事物大小是相对的。庄子认为，“计四海之在天地之间也，不似礨空之在大泽乎？计中国之在海内，不似稊米之在大仓乎?”庄子认为，事物外形大小是相对的、宇宙大小两极是无限的、一对事物外形相对大小与另一对事物外形相对大小的比值可能是相同的。“以差观之，因其所大而大之，则万物莫不大；因其所小而小之，则万物莫不小。知天地之为稊米也，知毫末之为丘山也，则差数睹矣。”庄子认为。客观存在从空间上看是由无穷大和无穷小两极构成的，人们只能看到其中有形部分。“夫自细视大者不尽，自大视细者不明。夫精，小之微也；郛，大之殷也：故异便。此势之有也。夫精粗者，期于有形者也；无形者，数之所不能分也；不可围者，数之所不能穷也。”庄子还认为，人们在为人处世上也要不去追求极端化和绝对化。是故大人之行：“世之爵禄不足以为劝，戮耻不足以为辱；知是非之不可为分，细大之不可为倪。”庄子认为，事物内质的贵与贱、外形的大与小都是可以互相转化的，所以是相对的而不是绝对的。如果没有相对性概念，认识就会绝对化，就会违反辩证法则。“以道观之，何贵何贱，是谓反衍；无拘而志，与道大蹇。何少何多，是谓谢施；无一而行，与道参差。”

2. 事物的贵贱是相对的。庄子认为，站在不同的立场对贵贱有不同的评价。“以道观之，物无贵贱；以物观之，自贵而相贱；以俗观之，贵贱不在己。”

3. 事物有用无用是相对的。庄子认为，任何事物客观上都具备有用的一面而人们主观上也都承认它有用，任何事物在客观上都具备无用的一面而人们主观上也都承认它无用。“以功观之，因其所有而有之，则万物莫不有；因其所无而无之，则万物莫不无。知东西之相反而不可以相无，则功分定矣。”

4. 事物的贵与贱、大与小、好与坏、有用与无用等等都是对立统一（相反相成）和发展变化的。庄子在第四节认为，“由此观之，争让之礼，尧、桀之行，贵贱有时，未可以为常也。”庄子认为，事物内质的贵与贱、外形的大与小都是可以互相转化的，所以是相对的而不是绝对的。如果没有相对性概念，认识就会绝对化，就会违反辩证法则。“以道观之，何贵何贱，是谓反衍；无拘而志，与道大蹇。何少何多，是谓谢施；无一而行，与道参差。”

5. 事物都是运动变化的。庄子认为，只有变化是固定不变的。“无动而不变，无时而不移。夫固将自化。”

6. 道与理的辩证关系。庄子认为，道是客观世界的抽象的一般规律，理是客观事物的具体的特殊规律，道是理的内在实质，理是道的表现形式。“知道者必达于理，达于理者必明于权，明于权者不以物害己。”

二、形式逻辑观点

庄子认为，人们在讨论问题时是经常偷换概念和前提以回避难以回答的问题的。庄子说鱼儿游得从容自得其乐。惠子反问道：你又不是鱼，怎么能知道（体会到）鱼的快乐？庄子在事实逻辑上不能反驳惠子的诘问，只能以同样的事实逻辑反问作答：你又不是我怎么知道我不知道鱼的快乐？庄子没想到自己的回答正好陷入了惠子设置的事实逻辑里。惠子说，我不是你固然不知道你，你不是鱼固然也不知道鱼的快乐，二者事实逻辑完全一样啊。庄子只好偷换概念狡辩说，你本来是问我如何知道鱼的快乐的，我说是从濠梁上看到后知道的。

外篇·至乐

【原文一】天下有至乐无有哉？有可以活身者无有哉？今奚为奚据？奚避奚处？奚就奚去？奚乐奚恶？夫天下之所尊者，富贵寿善也；所乐者，身安厚味美服好色音声也；所下者，贫贱夭恶也；所苦者，身不得安逸，口不得厚味，形不得美服，目不得好色，耳不得音声。若不得者，则大忧以惧，其为形也亦愚哉！夫富者，苦身疾作，多积财而不得尽用，其为形也亦外矣！夫贵者，夜以继日，思虑善否，其为形也亦疏矣！人之生也，与忧俱生。寿者惽惽，久忧不死，何之苦也！其为形也亦远矣！烈士为天下见善矣，未足以活身。吾未知善之诚善邪？诚不善邪？若以为善矣，不足活身；以为不善矣，足以活人。故曰："忠谏不听，蹲循勿争。"故夫子胥争之，以残其形；不争，名亦不成。诚有善无有哉？今俗之所为与其所乐，吾又未知乐之果乐邪？果不乐邪？吾观夫俗之所乐，举群趣者，诠诠然如将不得已，而皆曰乐者，吾未之乐也，亦未之不乐也。果有乐无有哉？吾以无为诚乐矣，又俗之所大苦也。故曰："至乐无乐，至誉无誉。"天下是非果未可定也。虽然，无为可以定是非。至乐活身，唯无为几存。请尝试言之：天无为以之清，地无为以之宁。故两无为相合，万物皆化生。芒乎芴乎，而无从出乎！芴乎芒乎，而无有象乎！万物职职，皆从无为殖。故曰："天地无为也而无不为也。"人也孰能得无为哉！

【译解一】 天下有至极之乐还是没有呢？有可以存活身形的方法还是没有呢？现在应当依据什么该做什么？如何回避如何安处？趋就什么舍弃什么？喜欢什么厌恶什么？天下人所尊崇的东西，就是富裕、尊贵、长寿和好名；所喜欢的东西，就是身体的安适、丰盛的食品、漂亮的服饰、绚丽的色彩和动听的乐声；所鄙视的东西，就是贫穷、低贱、逃责和恶名；所苦恼的东西，就是身不得安逸，口不得美味，身不着美服，目不见艳色，耳不闻音乐。如果得不到这些东西，就因大忧而恐惧，用这样的方法养身也太愚蠢啦！富裕的人，劳累身体超负荷做事，多积财富而不能尽数享用，这样养身也太外行了！尊贵的人，夜以继日，思虑善恶，这样养身离目标越来越疏远了！人一生下来，就与忧愁同在。长寿的人糊里糊涂，长期忧愁而不死，何等苦恼啊！这样养身也将离目标越来越远了！烈士之名为天下人称善，却未能保存自身生命。我不知这种善是真善呢？还是不善呢？如果认为是真善，又不能保存自己生命；认为是不善，又能够换取他人活命。所以说："如果忠心劝谏不听，只有退却而不强争。"以前伍子胥为国强谏，而身体遭受残害；如果不去为国强谏，他也不会成就名声。到底是有善还是没有善呢？今天世俗人们的所为与所乐，我又如何知道他们所乐是真的快乐呢？还是真的不快乐呢？我观察世俗之所乐，大家都有一种随大流的倾向，果敢趋同无法停止，而他们都说自己快乐，我没有他们说的那种快乐，也没有什么不快乐。果真是有快乐还是没有快乐呢？我认为只有达到虚静无为的境界才有真实的至乐呀，却又被世俗的人们认定为大苦。所以说："最大的快乐就是无忧无乐，最高的荣誉就是无毁无誉。"天下的是是非非果真是不可确定的。但是，哲人主张虚静无为可以让自然之道确定人间是非。要想在获得最大快乐的同时健身，只有虚静无为差不多能实现。不知这样讲对不对：苍天无为以表现它的清虚，大地无为以昭示它的宁静，所以两者虚静无为自然相合，无数事物都能够得以演化生息。恍恍惚惚，而不知从何所出！惚惚恍恍，而没有留下迹象！物种繁荣众多，都顺从无为而生殖。所以说："天地是虚静无为的又是无所不为的。"人又有谁能够做到虚静无为哟！

【要点一】庄子认为，至乐健身的最好方法是虚静无为。"至乐活身，唯无为几存。""吾以无为诚乐矣，又俗之所大苦也。""无为可以定是非。"

【原文二】庄子妻死，惠子吊之，庄子则方箕踞鼓盆而歌。惠子曰："与人居，长子、老、身死，不哭亦足矣，又鼓盆而歌，不亦甚乎！"庄子曰："不然。是其始死也，我独何能无概！然察其始而本无生；非徒无生也，而本无形；非徒无形也，而本无气。杂乎芒芴之间，变而有气，气变而有形，形变而有生。今又变而之死。是相与为春秋冬夏四时行也。人且偃然寝于巨室，而我噭噭然随而哭之，自以为不通乎命，故止也。"

【译解二】庄子的妻室死了，惠子前往挽吊，见庄子正盘腿而坐敲击瓦盆唱歌。惠子感慨说："与夫人共居，孩子长大了，她也老迈了，现在还去世了，不哭也说得过去，还敲击瓦盆唱歌，也太过分了吧！"庄子说："不是你说的这样。在她刚死的时候，我怎么能没有悲痛感慨！然而仔细考察后发现她本来是没有生命的；不仅没有生命，并且还没有人形；不仅没有人形，而且还没有元气。在繁杂恍惚之间，演化产生了元气，元气变化成人形，人形变得有生命。今天又变化到生命消亡这一步。这种变化与春秋冬夏四季循环是一样的道理。假如有人惬意地睡在大房子里，而我在她旁边噭噭地哭泣，自以为这样做是不通达天命的，所以停止了哭祭。"

【要点二】庄子认为，在自然之中产生元气，由元气变成人形，人成形而有生命，生命又走向死亡，这与四季循环变化是一样的道理。“杂乎芒芴之间，变而有气，气变而有形，形变而有生。今又变而之死。是相与为春秋冬夏四时行也。”

【原文三】支离叔与滑介叔观于冥伯之丘，昆仑之虚，黄帝之所休。俄而柳生其左肘，其意蹶蹶然恶之。支离叔曰：“子恶之乎？”滑介叔曰：“亡，予何恶！生者，假借也。假之而生生者，尘垢也。死生为昼夜。且吾与子观化而化及我，我又何恶焉！”

【译解三】支离叔与滑介叔前往冥伯的山丘、昆仑的旷野等这些黄帝曾经休息过的场所察看。不大会儿，滑介叔左肘上生出一个肿瘤，他感到很突然，有点不习惯这个瘤子。支离叔说：“你厌恶它吗？”滑介叔曰：“不，我何必厌恶！有生命的人体，不过是假借众物合成。假借众物而生的身体又生出肿瘤，不过是尘垢罢了。死生变化好比是昼夜交替变化。而且我与你正是在观察事物造化的时候发现化到我的身上了，我又何必厌恶它！”

【要点三】庄子认为，生命依存的体形是假借各种物质合成的。“生者，假借也。”

【原文四】庄子之楚，见空髑髅，髐然有形。撽以马捶，因而问之，曰：“夫子贪生失理而为此乎？将子有亡国之事、斧钺之诛而为此乎？将子有不善之行，愧遗父母妻子之丑而为此乎？将子有冻馁之患而为此乎？将子之春秋故及此乎？”于是语卒，援髑髅，枕而卧。夜半，髑髅见梦曰：“子之谈者似辩士，视子所言，皆生人之累也，死则无此矣。子欲闻死之说乎？”庄子曰：“然。”髑髅曰：“死，无君于上，无臣于下，亦无四时之事，从然以天地为春秋，虽南面王乐，不能过也。”庄子不信，曰：“吾使司命复生子形，为子骨肉肌肤，反子父母、妻子、闾里、知识，子欲之乎？”髑髅深颦蹙额曰：“吾安能弃南面王乐而复为人间之劳乎！”

【译解四】庄子到楚国去，见到一具骷髅，骨枯而有人形。庄子用马鞭一边敲打，一边问他，说："先生是贪图享乐、纵欲过度而变成这样的吗？或者是遭遇亡国之事和刀斧之诛而变成这样的？或者是有不善行为，出丑难堪愧对父母妻子而变成这样的？或者是遭遇饥寒灾患而变成这样的？或者是年事已高寿终正寝以至这样的？"于是话停，拉来骷髅，枕在头下睡觉。睡到半夜，骷髅托梦说："你的这些话好像出自辩士之口，分析你说的这些情况，都是活人的负担，人死了就没有这些负担了。你想听人死了之后的快乐吗？"庄子说："想听。"骷髅说："人死了，没有君主在上，没有臣子在下，也没有四季变化，自如与天地同在，即使南面称王的快乐，也不过如此。"庄子不信，说："我使司命之神恢复你的体形，给你长出新的骨肉肌肤，再回到你的父母、妻儿、邻居、故交之中，你愿意吗？"骷髅愁眉苦脸地说："我怎么能舍弃南面为王的快乐而再去承受人间的辛劳呢？"

【要点四】庄子认为，人活得非常之累，死后就不累了。"皆生人之累也，死则无此矣。"

【原文五】颜渊东之齐，孔子有忧色。子贡下席而问曰："小子敢问：回东之齐，夫子有忧色，何邪？"孔子曰："善哉汝问。昔者管子有言，丘甚善之，曰'褚小者不可以怀大，绠短者不可以汲深。'夫若是者，以为命有所成而形有所适也，夫不可损益。吾恐回与齐侯言尧、舜、黄帝之道，而重以燧人、神农之言。彼将内求于己而不得，不得则惑，人惑则死。且女独不闻邪？昔者海鸟止于鲁郊，鲁侯御而觞之于庙，奏九韶以为乐，具太牢以为膳。鸟乃眩视忧悲，不敢食一脔，不敢饮一杯，三日而死。此以己养养鸟也，非以鸟养养鸟也。夫以鸟养养鸟者，宜栖之深林，游之坛陆，浮之江湖，食之鳅鲦，随行列而止，逶迤而处。彼唯人言之恶闻，奚以夫譊为乎！咸池九韶之乐，张之洞庭之野，鸟闻之而飞，兽闻之而走，鱼闻之而下入，人卒闻之，相与还而观之。鱼处水而生，人处水而死。彼必相与异，其好恶故异也。故先圣不一其能，不同其事。名止于实，义设于适，是之谓条达而福持。"

【译解五】颜回向东去齐国，孔子面露忧虑色。子贡离开席位问道："学生请问老师，颜回东去齐国，先生面有忧色，这是为何呢？"孔子说："你问得很好。从前管子有句话，我认为讲得很好，他说：'小袋子不可包装大物件，短绳子不能汲出深井水。'之所以这样，是因为使命各有所定，形体各有所适，是不可以增加和减少的。我恐怕颜回和齐侯说到尧帝、舜帝和黄帝之道，又加上燧人氏和神农氏的主张，齐侯听后内心不能够理解，不理解就会困惑，人长期困惑忧郁就会死亡。并且你没有听说过吗？以前有只海鸟停歇在鲁国都城郊区，鲁侯在太庙大堂上设宴迎接它，演奏九乐逗它高兴，动用祭品供它膳食。而鸟却头晕目眩、忧愁悲苦，不敢吃一块肉，不敢饮一杯酒，三天就死了。这是用养自己的方法去养鸟，不是用养鸟的方法去养鸟。用养鸟的方法养鸟，应该让它栖息在深林中，漫步在沙洲边，浮游在江湖上，以泥鳅和白条鱼为食，随群列队，从容相处。它最厌恶人的声音，为何还要吵闹它啊！咸池九韶一类乐曲，演奏在广漠的旷野，鸟儿听了要飞离，野兽听了要逃跑，鱼儿听了要潜入水底，要是众人听到了，相互环绕疑问。鱼在水里得生，人在水里要死。二者生性相异，好恶各不相同。所以古人依据人的不一样的能力，安排不一样的工作。概念制定必须服从事实，义理设定必须适宜自然，这就叫通达自然之道而持守天生福德。"

【要点五】庄子认为，对待事物的正确方式决定于该事物的性质。"昔者管子有言，丘甚善之，曰'褚小者不可以怀大，绠短者不可以汲深。'夫若是者，以为命有所成而形有所适也，夫不可损益。""此以己养养鸟也，非以鸟养养鸟也。""鱼处水而生，人处水而死。""先圣不一其能，不同其事。""名止于实，义设于适，是之谓条达而福持。"

【原文六】列子行，食于道，从见百岁髑髅，攓蓬而指之曰："唯予与汝知而未尝死、未尝生也。若果养乎？予果欢乎？种有几，得水则为继，得水土之际则为蛙蠙之衣，生于陵屯则为陵舄，陵舄得郁栖则为乌足，乌足之根为蛴螬，其叶为胡蝶。胡蝶胥也化而为虫，生于灶下，其状若脱，其名为鸲掇。鸲掇千日为鸟，其名为干余骨。干余骨之沫为斯弥，斯弥为食醯。颐辂生乎食醯，黄軦生乎九猷，瞀芮生乎腐蠸，羊奚比乎不箰，久竹生青宁，青宁生程，程生马，马生人，人又反入于机。万物皆出于机，皆入于机。"

【译解六】列子出行，在道旁用餐，见到一具百年骷髅，拔起蓬蒿指着骷髅说："只有我和你知道你未曾死过，也未曾生过。你果真忧愁吗？我果真欢乐吗？物种具有精微内质，得到水的滋养继续生长，到水土边际就长成青苔，生长在山陵高地就长成车前草，车前草在粪壤上就成为乌足，乌足的根茎变成土蚕，乌足的叶子化为蝴蝶。蝴蝶很快又变化为虫，生活在灶下，它的样子像蜕皮，它的名字叫灶马。灶马千日后变为鸟，其名叫干余骨。干余骨的唾沫长出虫子叫斯弥，斯弥虫造出食醋。食醋里长出蠛蠓，九猷中长出黄轵，萤火虫生出蠓子，羊奚草跟枯竹相结合，又生出青宁虫，青宁虫生程，程生马，马生人，人又返归到造化的自然机制中。万物都产生于自然机制，又全部回返到自然机制。”

【要点六】庄子认为，“万物皆出于机，皆入于机。”

《至乐》内容小结

一、哲学观点

（一）有关认识论观点

1. 尊重客观规律不持主观意志（无为）是判断是非的重要方法。庄子在第一节认为，“无为可以定是非。”

2. 人的生命是一个客观循环变化的过程。庄子认为，“杂乎芒芴之间，变而有气，气变而有形，形变而有生。今又变而之死。是相与为春秋冬夏四时行也。”

3. 生命依存的体形是假借各种物质合成的。庄子认为，“生者，假借也。”

4. 社会人是活得非常之累的。庄子认为，“皆生人之累也，死则无此矣。”

5. 对待事物的正确方式决定于该事物的性质。庄子认为，“昔者管子有言，丘甚善之，曰‘褚小者不可以怀大，绠短者不可以汲深。’夫若是者，以为命有所成而形有所适也，夫不可损益。”“此以己养养鸟也，非以鸟养养鸟也。”“鱼处水而生，人处水而死。”“先圣不一其能，不同其事。”“名止于实，义设于适，是之谓条达而福持。”

（二）有关辩证法观点

1. 天地万物的循环变化都决定于客观规律和机制。庄子认为，“万物皆出于机，皆入于机。”

二、养生观点

（一）至乐健身的最好方法是虚静无为。庄子认为，“至乐活身，唯无为几存。”“吾以无为诚乐矣，又俗之所大苦也。”

外篇·达生

【原文一】达生之情者，不务生之所无以为；达命之情者，不务知之所无奈何。养形必先之以物，物有余而形不养者有之矣；有生必先无离形，形不离而生亡者有之矣。生之来不能却，其去不能止。悲夫！世之人以为养形足以存生，而养形果不足以存生，则世奚足为哉！虽不足为而不可不为者，其为不免矣！夫欲免为形者，莫如弃世。弃世则无累，无累则正平，正平则与彼更生，更生则几矣！事奚足弃而生奚足遗？弃事则形不劳，遗生则精不亏。夫形全精复，与天为一。天地者，万物之父母也。合则成体，散则成始。形精不亏，是谓能移。精而又精，反以相天。

【译解一】一个通达了生命本性的人，不为生命服务他就没有事可以做；一个通达了命运本质的人，不会做已知的无法改变命运的事情。滋养人的形体首先要有物质条件，物质条件有余而形体滋养不好的情况是有的。有生命必然是首先依托形体，形体犹存而生命丧失的情况也是有的。生命来时不能推却，它要离去也不能制止。悲哀呀！世人以为滋养好身体就足以保存好生命，而滋养形体如果不足以保存好生命，那世人就没有什么更好的办法了！虽然没有更好的办法而又不可以不做，只能养形存生是难免的了！想不滋养形体的人，不如放弃人世。放弃人世就不会劳累，不劳累就会保持身正心平，身正心平就参与自然更新生命，更新生命的循环变化就接近自然之道了！俗事有什么理由必须放弃而生命有什么理由必须遗忘？放弃了俗事则形体就不会劳累，遗忘了生命则精神就不会亏空。形体得以保全而精神得以复原，就与自然融为一体了。天地双方，乃是孕育万物的父母。天地结合孕成新的形体，母体分娩产出新的生命。新生命的形体和精神健全，这叫能够同自然变化相符。新生命的精神通过提炼，可以与自然之道相符。

【要点一】有关唯物主义观点一。庄子认为，养身必须有物质条件，生命离不开形体。“养形必先之以物，物有余而形不养者有之矣；有生必先无离形，形不离而生亡者有之矣。”有关唯物主义观点二（此观点和先念论相似）。庄子认为，社会人的身体健全和精神复原就能够与自然人同一，“夫形全精复，与天为一。”社会人恢复了自然人的精神后进一步提炼精神，这实际上就是在返回自然本性的过程中与自然之道相符，“精而又精，反以相天。”

【原文二】子列子问关尹曰：“至人潜行不窒，蹈火不热，行乎万物之上而不栗。请问何以至于此？”关尹曰：“是纯气之守也，非知巧果敢之列。居，予语女。凡有貌象声色者，皆物也，物与物何以相远！夫奚足以至乎先！是色而已。则物之造乎不形，而止乎无所化。夫得是而穷之者，物焉得而止焉！彼将处乎不淫之度，而藏乎无端之纪，游乎万物之所终始。壹其性，养其气，合其德，以通乎物之所造。夫若是者，其天守全，其神无隙，物奚自入焉！夫醉者之坠车，虽疾不死。骨节与人同而犯害与人异，其神全也。乘亦不知也，坠亦不知也，死生惊惧不入乎其胸中，是故迕物而不慑。彼得全于酒而犹若是，而况得全于天乎？圣人藏于天，故莫之能伤也。复仇者，不折镆干；虽有忮心者，不怨飘瓦，是以天下平均。故无攻战之乱，无杀戮之刑者，由此道也。不开人之天，而开天之天。开天者德生，开人者贼生。不厌其天，不忽于人，民几乎以其真。”

【译解二】列子先生问关尹说：“道德完善的至人潜行水中却不会感到窒息，跳入火中却不会感到灼热，行走于万物之上也不会感到恐惧。请问至人为什么能达到如此境界？”关尹回答说：“这是至人守住纯气（气为虚、虚为道）的结果，不是智巧的人果敢就能做到的。坐下，我告诉给你。凡是具有外貌、形体、声音、性色等特征的东西，都是物（人）体特征，物与物之间的特征为何相差很远！哪种特征足以排在其他特征之先！是物体性色而已。

即天地造物如果不给它性色，那么此物就止于造而不化。至人懂得造而不化的道理且穷尽其中的奥秘，其他人怎么能够止于造而不化呢！至人造而不化将自己处于不受伤害的限度内，藏于没有头绪的混沌中，游走于万物或灭或生的过程里。守住他天生的本性，养成他天生的道，符合他天生的德，用以通达天地所造的任何一物。如果是这样，他的天性守护健全，他的精神没有亏空，外物有什么机会侵害他呢！这样的人醉酒坠落车下，虽然受伤却不会死。骨骼关节与人相同而内部伤害却与人不同，因为他全神贯注。全神贯注时乘车没有知觉，坠落也没有知觉，死生惊惧全都不放在他的心上，所以遭遇外物的伤害全然没有惧怕之感，是因为与物逆行而不胆虚。至人处于全神贯注在醉酒后而犹如此，何况全神贯注处于天地间呢？哲人藏身于自然，所以没有什么能够伤害他。复仇的人，不会去折断曾经伤害过他的宝剑，即使有嫉恨之心的人，也不会怨恨无心伤害他的瓦片，这样天下也就太平安宁。所以没有战争的祸乱，没有杀戮的刑罚，全因遵循了这个道理。不要开启人的社会本性，而要开启天的自然本性。开启天的自然本性就能催生善良之心，开启人的社会本性就会催生丑恶之心。不要厌恶天的自然本性，不要忽视人的社会本性，老百姓就接近其自然本真了。”

【要点二】庄子认为：一、至人懂得造而不化的道理，他无意伤害人，别人也就无意伤害他。“圣人藏于天，故莫之能伤也。复仇者，不折镆干；虽有忮心者，不怨飘瓦，是以天下平均。故无攻战之乱，无杀戮之刑者，由此道也。”二、不要开启人的社会本性，而要开启天的自然本性。开启天的自然本性就能催生善良之心，开启人的社会本性就会催生丑恶之心。不要厌恶天的自然本性，不要忽视人的社会本性，老百姓就接近其自然本真了。“不开人之天，而开天之天。开天者德生，开人者贼生。不厌其天，不忽于人，民几乎以其真。”

【原文三】仲尼适楚，出于林中，见佝偻者承蜩，犹掇之也。仲尼曰：“子巧乎，有道邪？”曰：“我有道也。五六月累丸二而不坠，则失者锱铢；累三而不坠，则失者十一；累五而不坠，犹掇之也。吾处身也，若蹶株拘；吾执臂也，若槁木之枝。虽天地之大，万物之多，而唯蜩翼之知。吾不反不侧，不以万物易蜩之翼，何为而不得！”孔子顾谓弟子曰：“用志不分，乃凝于神。

其佝偻丈人之谓乎！”颜渊问仲尼曰：“吾尝济乎觞深之渊，津人操舟若神。吾问焉曰：‘操舟可学邪？’曰：‘可。善游者数能。若乃夫没人，则未尝见舟而便操之也。’吾问焉而不吾告，敢问何谓也？”仲尼曰：“善游者数能，忘水也；若乃夫没人之未尝见舟而便操之也，彼视渊若陵，视舟之覆，犹其车却也。覆却万方陈乎前而不得入其舍，恶往而不暇！以瓦注者巧，以钩注者惮，以黄金注者殙。其巧一也，而有所矜，则重外也。凡外重者内拙。”

【译解三】孔子到楚国去，走出树林，看见一个驼背老人正用竿子粘蝉，就好像在地上拾东西一样。孔子说：“先生真厉害啊！有门道吗？”驼背老人说：“我有实践经验。每年五六月，在竿头累起两个丸子而不坠落，那么失手就很少了；累起三个丸子而不坠落，那么失手就只有十分之一次了；累起五个丸子而不坠落，就像在地上捡东西一样容易了。我站住身子，像根木桩一样稳定，我伸出的手臂，像枯树枝一样有力；虽然天地很大，物种很多，我只了解蝉翼。我从不回望侧视，任何东西也改变不了我对蝉翼的关注，这还有何理由不成功！”孔子转身对弟子们说：“确定志向目标不偏离，就是高度凝聚注意力。恐怕就是说的这位驼背老人吧！”颜渊问孔子说：“我曾经在觞深码头过渡，摆渡人驾船技巧如神。我问他：‘驾船技巧可以学到吗？’摆渡人说：‘可以的。善于游泳的人实际操作几下就能学会。如果是善于潜泳的人，那他不曾见到船也会熟练地驾驶船。’我再问他却不回答我，请问这该如何解释？”孔子回答说：“善于游泳的人容易学会驾船，这是因为他们没把水的危害放在心上；如果是善于潜泳的人更容易学会驾驶，这是因为他们把深渊视若丘陵，把船的倾覆视为车子倒退一样。船覆车退的各种景象展现在眼前都不能进入他们的内心，去哪里都闲暇逍遥！用瓦器作为赌注的人内心坦然，技巧发挥好，用铜钩作为赌注的人心存忌惮，影响技巧发挥，用黄金作为赌注的人则头脑发昏，技巧发挥失常。赌博技巧是一样的，而有所顾忌的，就是偏重身外之物了。凡是对身外之物看得过重的人，其内心必定笨拙。”

【要点三】庄子认为，人的精神作用非常重要，凝聚精神的途径有三：一是立志是凝神的前提条件，“用志不分，乃凝于神”。二是凝神的过程实际上是一个逐步掌握事物本性的过程，“善游者数能，忘水也；若乃夫没人之未尝见舟而便操之也，彼视渊若陵，视舟之覆，犹其车却也。覆却万方陈乎前而不得入其舍，恶往而不暇！”三是看重外物必将破坏凝神过程和结果，“其巧一也，而有所矜，则重外也。凡外重者内拙”。

【原文四】田开之见周威公，威公曰：“吾闻祝肾学生，吾子与祝肾游，亦何闻焉？”田开之曰：“开之操拔篲以侍门庭，亦何闻于夫子！”威公曰：“田子无让，寡人愿闻之。”开之曰：“闻之夫子曰：‘善养生者，若牧羊然，视其后者而鞭之。’”威公曰：“何谓也？”田开之曰：“鲁有单豹者，岩居而水饮，不与民共利，行年七十而犹有婴儿之色，不幸遇饿虎，饿虎杀而食之。有张毅者，高门县薄，无不走也，行年四十而有内热之病以死。豹养其内而虎食其外，毅养其外而病攻其内。此二子者，皆不鞭其后者也。”仲尼曰：“无入而藏，无出而 阳，柴立其中央。三者若得，其名必极。夫畏涂者，十杀一人，则父子兄弟相戒也，必盛卒徒而后敢出焉，不亦知乎！人之所取畏者，衽席之上，饮食之间，而不知为之戒者，过也！”

【译解四】田开之拜见周威公。周威公说：“我听说祝肾在学习养生，你跟祝肾交往，从他那儿听到过什么呢？”田开之说：“我只不过拿起扫帚来打扫门庭，哪能从先生那里听到什么！”周威公说：“田先生不必谦让，我愿意听听养生知识。”田开之说：“曾听先生说过：‘善于养生的人，就像牧放羊群似的，看到落后的便用鞭子赶赶。’”周威公问：“这话说的是什么意思呢？”田开之说：“鲁国有个叫单豹的人，在岩穴里居住，在山泉边饮水，不跟任何人争利，年过七十岁还有婴儿一样的面容，不幸遇上了饿虎，饿虎扑杀并吃掉了他。另有一个叫张毅的人，门户很高悬挂功劳簿，人们无不走去参观，年过四十岁便患内热病而死了。单豹注重内心宁静而老虎却吞食了他外在的身体，张毅注重外表的虚荣而疾病却侵扰了他内在的身体，这两个人，都不是因落后而被鞭策的人。”孔子说：“不要进入深山老林把自己隐藏起来，也不要出露世俗社会使自己处处曝光，要像枯木处于入与出的中间。若能正确把握入、出、中三者之间的关系，他的名声必定最高。如果在令人生畏的道路上，十个行人中有一个被害，那么父子兄弟将会互相警示戒备，必使随行徒弟众多后方敢外出，这不也是智慧吗！让人感到可怕的，还是枕席之上，饮食之间的失度，却不知道为此警示戒备，这是过错啊！”

【要点四】庄子认为，养生之道在于掌握适度。如注意平衡入出中三者关系，“无入而藏，无出而阳，柴立其中央。三者若得，其名必极。”再如“人之所取畏者，衽席之上，饮食之间，而不知为之戒者，过也！”

【原文五】祝宗人玄端以临牢枊说彘，曰：“汝奚恶死！吾将三月豢汝，十日戒，三日齐，藉白茅，加汝肩尻乎雕俎之上，则汝为之乎？”为彘谋，不如食以糠糟而错之牢筴之中。自为谋，则苟生有轩冕之尊，死得于腞楯之上、聚偻之中则为之。为彘谋则去之，自为谋则取之，所异彘者何也！

【译解五】主持宗庙祭祀的人穿好礼服来到猪圈边开导猪，说：“你为什么要讨厌死！我用三个月喂养你，用十天为你上戒，用三天为你作斋，用白茅作铺垫，把你的肩胛和臀部放在雕花祭器上，你愿意这样做吗？”为祭猪着想，再风光的牺牲也不如吃糟糠而关在猪圈里。为自己打算，如果活着享有香车鹅冠的待遇，牺牲了也能盛装在高档灵车和棺椁中就有价值可为。现在为猪考虑，放弃了为名利去死的观念；为自己考虑，则又甘愿为名利去死。人与猪的区别在什么地方？不是比猪还蠢吗？

【要点五】庄子认为，追求名利的人已经丧失了逻辑思维能力。“为彘谋则去之，自为谋则取之，所异彘者何也（天下莫不以物易其性矣）！”

【原文六】桓公田于泽，管仲御，见鬼焉。公抚管仲之手曰：“仲父何见？”对曰：“臣无所见。”公反，诶诒为病，数日不出。齐士有皇子告敖者，曰：“公则自伤，鬼恶能伤公！夫忿滀之气，散而不反，则为不足；上而不下，则使人善怒；下而不上，则使人善忘；不上不下，中身当心，则为病。”桓公曰：“然则有鬼乎？”曰：“有。沈有履。灶有髻。户内之烦壤，雷霆处之；东北方之下者倍阿，鲑蠪跃之；西北方之下者，则泆阳处之。水有罔象，丘有峷，山有夔，野有彷徨，泽有委蛇。”公曰：“请问委蛇之状何如？”皇子曰：“委蛇，其大如毂，其长如辕，紫衣而朱冠。其为物也恶，闻雷车之声则捧其首而立。见之者殆乎霸。”桓公辴然而笑曰：“此寡人之所见者也。”于是正衣冠与之坐，不终日而不知病之去也。

【译解六】齐桓公在草泽中打猎，管仲替他驾车，忽然桓公见到了鬼。桓公拉住管仲的手说："仲父你是否见到了什么？"管仲回答："我没有见到什么。"桓公打猎回来，精神恍惚致病，几天不出门。齐国有位士人称为皇子告敖，他对齐桓公说："您是自己吓着了自己，鬼怎么能吓着您呢！如果体内怒气郁结，精神涣散而不凝聚，就会导致正气不足；郁结之气上通而不下达，就会使人易怒；郁结之气下达而上不通，就会使人健忘；郁结之气上不通下不达，处于身心当中，就会生病。"桓公说："既然这样还有鬼吗？"告敖说："有。水下沉降物中有履鬼。灶里烧结物中有髻鬼。户内各种粪壤中，住着雷霆之鬼；东北方向的墙脚下有倍阿鬼，正像鲑蠪一样跳跃；西北方向的墙脚下，住着泆阳之鬼。水里有罔象鬼，丘陵里有峷鬼，大山里有夔鬼，郊野里有彷徨鬼，草泽里还有委蛇鬼。"

齐桓公说："请问，委蛇鬼是什么形状？"告敖说："委蛇鬼，身大如轮，身长如辕，穿着紫衣戴着红帽。他最讨厌听到雷车的声音，一听见就两手捧着头站着。见到的人大概就成霸主了。"桓公听了后开怀大笑，说："这就是我所见到的鬼。"于是整理好衣帽跟皇子告敖坐着谈话，不到一天时间，病就不知不觉地消失了。

【要点六】庄子认为，活见鬼是一种精神疾病。"公则自伤，鬼恶能伤公！夫忿滀之气，散而不反，则为不足；上而不下，则使人善怒；下而不上，则使人善忘；不上不下，中身当心，则为病。"

【原文七】纪渻子为王养斗鸡。十日而问："鸡已乎？"曰："未也，方虚㤭而恃气。"十日又问，曰："未也，犹应向景。"十日又问，曰："未也，犹疾视而盛气。"十日又问，曰："几矣，鸡虽有鸣者，已无变矣，望之似木鸡矣，其德全矣。异鸡无敢应者，反走矣。"

【译解七】纪渻子为周宣王驯养斗鸡。过了十天，周宣王问："鸡驯好了吗？"纪渻子回答说："不行，正虚骄恃气、外强中干呢。"十天后周宣王又问，回答说："不行，还是对环境太敏感。"十天后周宣王又问，回答说："还是眼神瞟忽心气不宁。"又过了十天周宣王问，回答说："差不多了，鸡群中虽有打鸣的，但它却没有反应，看上去像木鸡一样，它的天性已经完全恢复了。别的鸡不敢应战，掉头就跑了。”

【要点七】庄子认为，高级生物的自然意识完全凝聚是养生的关键途径。“几矣，鸡虽有鸣者，已无变矣，望之似木鸡矣，其德全矣。异鸡无敢应者，反走矣。”

【原文八】孔子观于吕梁，县水三十仞，流沫四十里，鼋鼍鱼鳖之所不能游也。见一丈夫游之，以为有苦而欲死也。使弟子并流而拯之。数百步而出，被发行歌而游于塘下。孔子从而问焉，曰：“吾以子为鬼，察子则人也。请问：蹈水有道乎?”曰：“亡，吾无道。吾始乎故，长乎性，成乎命。与齐俱入，与汩偕出，从水之道而不为私焉。此吾所以蹈之也。”孔子曰：“何谓始乎故，长乎性，成乎命?”曰：“吾生于陵而安于陵，故也；长于水而安于水，性也；不知吾所以然而然，命也。”

【译解八】孔子在吕梁观赏风景，瀑布高悬二三十丈，激流和水花远达四十里，鼋、鼍、鱼、鳖都不敢在这里游动。只见一个壮年男子在水中游动，以为他是有痛苦而想寻死的，派弟子顺着水流去拯救他。忽见那男子潜游数百步而后露出水面，还披着发唱着歌游在堤下。孔子紧随其后问他，说：“我还以为你是鬼，仔细观察你却是个人。请问，游泳也有门道吗?”那人回答：“没有，我并无好方法。我不过是从原理开始，依习性长大，顺命运成就。与漩涡一块儿下潜入水底，与水突一块儿游出水面，顺从水势而不自作主张。这就是我在水里舞蹈的方法。”孔子说：“什么叫始乎故，长乎性，成乎命呢?”那人又回答：“我出生在丘陵就安心丘陵生活，这就叫缘故；长在水边就安心水边生活，这就叫习性；我不管为什么会有这样的生活遭遇而顺从，这就叫命运。”

【要点八】庄子认为，为人处世要随遇而安。“吾生于陵而安于陵，故也；长于水而安于水，性也；不知吾所以然而然，命也。”

【原文九】梓庆削木为鐻（jù，乐器），鐻成，见者惊犹鬼神。鲁侯见而问焉，曰：“子何术以为焉?”对曰：“臣，工人，何术之有！虽然，有一焉：

臣将为鐻，未尝敢以耗气也，必齐以静心。齐三日，而不敢怀庆赏爵禄；齐五日，不敢怀非誉巧拙；齐七日，辄然忘吾有四枝形体也。当是时也，无公朝。其巧专而外骨消，然后入山林，观天性形躯，至矣，然后成鐻，然后加手焉，不然则已。则以天合天，器之所以疑神者，其是与！"

【译解九】梓庆削木做鐻，鐻做成以后，看见的人无不惊叹像是鬼斧神工。鲁侯见到便问他，说："你用什么技术做成的呢？"梓庆回答说："我是个做木工活的人，没有什么高明的技术！虽说如此，我还是有一种真实体会。我准备做鐻时，从不敢随便耗费精气，必定斋戒以静养心志。斋戒三天，不敢怀有喜庆、奖赏、爵位或俸禄的想法；斋戒五天，不敢怀有非议、荣誉、技巧或笨拙的念头；斋戒七天，意念凝聚仿佛忘掉了自己的四肢和形体。每当这个时候，我的心里已不存在公室和朝堂。技巧专一而外部干扰全都消失，然后进入山林，观察各种木料的内质和外形，掌握透彻了，然后心里就形成了鐻的形状，然后再动手制作，不然我就放弃了。总之用我的自然本性去融合木料的自然本性，这就是我做的鐻如有神助的原因，也是我前面说到的体会！"

【要点九】庄子认为，人的天性与物的天性合一，即人的自然意识与物的客观规律统一，才能够把事情办好。"则以天合天，器之所以疑神者，其是与！"

【原文十】东野稷以御见庄公，进退中绳，左右旋中规。庄公以为文弗过也。使之钩百而反。颜阖遇之，入见曰："稷之马将败。"公密而不应。少焉，果败而反。公曰："子何以知之？"曰："其马力竭矣而犹求焉，故曰败。"

【译解十】东野稷以善驾而得见鲁庄公，进退轨迹可以牵线校准，左右转弯轨迹可用圆规校准。庄公认为织物上的花纹也不过如此。于是要他驾马车在地上勾画一百次后再回来。颜阖得知后，入内见庄公说："东野稷的马一定会失败的。"庄公默不作声。不多久，果然失败而回。庄公问："你为什么知道一定会失败呢？"颜阖回答说："东野稷的马力气用尽还要求它继续勾画，所以说必定失败。"

【要点十】庄子认为，人的主观意志和主体能力再好都需要客观条件才能够实现。“其马力竭矣而犹求焉，故曰败。”

【原文十一】工倕旋而盖规矩，指与物化而不以心稽，故其灵台一而不桎。忘足，履之适也；忘要，带之适也；知忘是非，心之适也；不内变，不外从，事会之适也；始乎适而未尝不适者，忘适之适也。

【译解十一】工倕随手画圆胜过圆规，手指熟练使用工具无需用心留意，是因为他心灵专一进而不受拘束。忘记脚的感受，便是鞋子的舒适；忘记腰的感受，便是带子的舒适；忘记是非观念，便是心灵的舒适；不改变天生的内心，不顺从外物的影响，便是遇到各种事物的舒适；生来本性舒适而从未有过不舒适，也就是没有感觉到舒适的舒适。

【要点十一】庄子在第十一节认为，人们天生的内心世界是没有是非观念的，只要守住天生专一的内心世界，不受外物和外在是非的影响，人们的感觉就是舒适的。“知忘是非，心之适也；不内变，不外从，事会之适也。”

【原文十二】有孙休者，踵门而诧子扁庆子曰：“休居乡不见谓不修，临难不见谓不勇。然而田原不遇岁，事君不遇世，宾于乡里，逐于州部，则胡罪乎天哉？休恶遇此命也？”扁子曰：“子独不闻夫至人之自行邪？忘其肝胆，遗其耳目，芒然彷徨乎尘垢之外，逍遥乎无事之业，是谓为而不恃，长而不宰。今汝饰知以惊愚，修身以明汙，昭昭乎若揭日月而行也。汝得全而形躯，具而九窍，无中道夭于聋盲跛蹇而比于人数亦幸矣，又何暇乎天之怨哉！子往矣！”

【译解十二】有孙休这么个人，径自来到老师扁庆子的门前诧异地问道：“我居住乡间时没有人说我没修养，面临危难时没有人说我不勇敢。然而我种田碰不到好年景，事君碰不到好世道，被乡里人家所摈弃，被州县官吏所驱逐，我何罪于老天？怎么遭遇这样的命运呀？”扁老师说：“你难道就没有听说那至人的所作所为吗？忘却了自己的肝胆，也遗弃了自己的耳目，茫然彷徨在世俗之外，逍遥在无所事事的生活里，这就叫作有所作为而不自傲，有所长进而不自得。如今你装智慧以惊众人，扮修身以显他人污秽，炫耀自己就像举着太阳和月亮走路。你保全了身体，具备了九窍，没有中途夭折于聋、瞎、跛、瘸而入列寻常人也算幸运了，又有什么闲暇工夫抱怨上天呢！你还是走吧！”

【要点十二】庄子认为，不要显摆自己的智慧和修养，因为这会反衬他人的不足，招来攻击。“今汝饰知以惊愚，修身以明汙，昭昭乎若揭日月而行也。”

【原文十三】孙子出，扁子入。坐有间，仰天而叹。弟子问曰：“先生何为叹乎？”扁子曰：“向者休来，吾告之以至人之德，吾恐其惊而遂至于惑也。”弟子曰：“不然。孙子之所言是邪，先生之所言非邪，非固不能惑是；孙子所言非邪，先生所言是邪，彼固惑而来矣，又奚罪焉！”扁子曰：“不然。昔者有鸟止于鲁郊，鲁君说之，为具太牢以飨之，奏九韶以乐之。鸟乃始忧悲眩视，不敢饮食。此之谓以己养养鸟也。若夫以鸟养养鸟者，宜栖之深林，浮之江湖，食之以委蛇，则安平陆而已矣。今休，款启寡闻之民也，吾告以至人之德，譬之若载鼷以车马，乐鴳以钟鼓也，彼又恶能无惊乎哉！”

【译解十三】孙休离去，扁子进来。坐了一会儿，仰天叹息。弟子问道：“先生为何叹息呀？”扁子说：“刚才孙休来，我告诉他至人的崇德行为，我担心他受到震惊以至于更加迷惑。”弟子说：“不会这样。如果孙先生所说是对的，先生所说是错的，那么错误的肯定不能迷惑正确的；如果孙先生所说是错的，先生所说是对的，那么他本来就是迷惑的，又怎样归罪先生呢！”扁子说：“不是这样的。从前有只鸟停在鲁国都城郊外，鲁君很喜爱它，设置太牢那样的宴席来招待它，奏九韶之乐来使它高兴。鸟反而开始忧愁悲伤，同时头晕目眩，不敢吃喝。这就叫以养己的方式来养鸟。如果用养鸟的方式来养鸟，应当让它栖息在深林中，浮游在江湖上，让它吃泥鳅之类，把它安放野外就是了。现今这位孙休，是一位只有孤陋寡闻之人，我告诉给他至人之德，就好像用马车去运载鼷鼠，用钟鼓去娱乐小鸟一样，他又怎么能不受惊吓呢！”

【要点十三】庄子认为，人的个性是不同的，要抓住人的个性特征采取行动。“今休，款启寡闻之民也，吾告以至人之德，譬之若载鼷以车马，乐鴳以钟鼓也，彼又恶能无惊乎哉！”

《达生》内容小结

一、哲学观点

（一）有关认识论观点

1. 唯物认识论观点。物质是第一性的，精神是第二性的，物质决定精神。庄子认为，养身必须有物质条件，生命离不开形体。“养形必先之以物，物有余而形不养者有之矣；有生必先无离形，形不离而生亡者有之矣。”庄子认为，人的主观意志和主体能力再好都需要客观条件才能够实现。“其马力竭矣而犹求焉，故曰败。”

2. 辩证唯物认识论观点。精神决定于物质，同时也对物质具有重要作用。庄子认为，人的精神作用非常重要，凝聚精神的途径有三：一是立志是凝神的前提条件，“用志不分，乃凝于神。”二是凝神的过程实际上是一个逐步掌握事物本性的过程，“善游者数能，忘水也；若乃夫没人之未尝见舟而便操之也，彼视渊若陵，视舟之覆，犹其车却也。覆却万方陈乎前而不得入其舍，恶往而不暇！”三是看重外物必将破坏凝神过程和结果，“其巧一也，而有所矜，则重外也。凡外重者内拙。”

3. 人的自然属性。人的自然属性，实际上是与生俱来的自然意识，或称潜意识，或称天性和精神。天性没有是非之分，天性是不可改变的。庄子认为，社会人的身体健全和精神复原就能够与自然人同一，“夫形全精复，与天为一。”社会人恢复了自然人的精神后进一步提炼精神，这实际上就是在返回自然本性的过程中与自然之道相符，“精而又精，反以相天。”庄子认为，人的天性与物的天性合一，即人的自然意识与物的客观规律统一，才能够把事情办好。“则以天合天，器之所以疑神者，其是与！”庄子认为，人们天生的内心世界是没有是非观念的，只要守住天生混一的内心世界，不受外物和外在是非的影响，人们的感觉就是舒适的。“知忘是非，心之适也；不内变，不外从，事会之适也。”庄子认为，事物的本性是不可改变的。“今休，款启寡闻之民也，吾告以至人之德，譬之若载鼷以车马，乐鴳以钟鼓也，彼又恶能无惊乎哉！”

（二）有关辩证法观点

对立统一规律。庄子认为，至人懂得造而不化的道理，他无意伤害人，别人也就无意伤害他，即没有矛就没有盾的辩证关系。“凡有貌象声色者，皆物也，物与物何以相远！夫奚足以至乎先！是色而已。则物之造乎不形，而止乎无所化。夫得是而穷之者，物焉得而止焉！彼将处乎不淫之度，而藏乎无端之纪，游乎万物之所终始。壹其性，养其气，合其德，以通乎物之所造。夫若是者，其天守全，其神无隙，物奚自入焉！”庄子在第四节认为，养生之道在于平衡入、出、中三者关系，“无入而藏，无出而阳，柴立其中央。三者若得，其名必极。”庄子认为，不要显摆自己的智慧和修养，因为这会反衬他人的不足。“今汝饰知以惊愚，修身以明汙，昭昭乎若揭日月而行也。”

二、养生观点

1. 轻名利是养生之要。庄子认为，养生的主旨是培养人的天性或自然意识，而追求名利的社会意识是对自然意识的最大伤害。“为彘谋则去之，自为谋则取之，所异彘者何也！”

2. 疑心生暗鬼是人的精神疾病。庄子认为，活见鬼是一种精神疾病。“公则自伤，鬼恶能伤公！夫忿滀之气，散而不反，则为不足；上而不下，则使人善怒；下而不上，则使人善忘；不上不下，中身当心，则为病。”

3. 守住天性是养生的关键。庄子认为，高级生物的自然意识完全凝聚是养生的关键途径。“几矣，鸡虽有鸣者，已无变矣，望之似木鸡矣，其德全矣。异鸡无敢应者，反走矣。”

4. 随遇而安是重要的养生途径。庄子认为，为人处世要随遇而安。“吾生于陵而安于陵，故也；长于水而安于水，性也；不知吾所以然而然，命也。”

以上养生观点是达生的特殊规律。总之，《达生》和《养生主》《至乐》等文一样，是侧重于讨论养生问题的。

外篇·山木

【原文一】庄子行于山中，见大木枝叶盛茂，伐木者止其旁而不取也。问其故，曰："无所可用。"庄子曰："此木以不材得终其天年。"夫子出于山，舍于故人之家。故人喜，命竖子杀雁而烹之。竖子请曰："其一能鸣，其一不能鸣，请奚杀？"主人曰："杀不能鸣者。"明日，弟子问于庄子曰："昨日山中之木，以不材得终其天年，今主人之雁，以不材死，先生将何处？"庄子笑曰："周将处乎材与不材之间。材与不材之间，似之而非也，故未免乎累。若夫乘道德而浮游则不然，无誉无訾，一龙一蛇，与时俱化，而无肯专为；一上一下，以和为量，浮游乎万物之祖，物物而不物于物，则胡可得而累邪！此神农、黄帝之法则也。若夫万物之情，人伦之传，则不然。合则离，成则毁；廉则挫，尊则议，有为则亏，贤则谋，不肖则欺，胡可得而必乎哉！悲夫！弟子志之，其唯道德之乡乎！"

【译解一】庄子行走在山中，看见一棵枝叶茂盛的大树，伐木工人停留在树旁而不砍取。问他们是什么原因，回答说："没有什么用处。"庄子听到后说："原来是这棵树不成材而终享天年的啊！"庄子走出山来，留宿在朋友家中。朋友高兴，叫仆人杀鹅款待他。仆人问主人："一只能叫，一只不能叫，请问杀哪一只呢？"主人说："杀那只不能叫的。"第二天，弟子问庄子："昨日遇见山中的大树，因为不成材而能终享天年，如今主人的鹅，因为不成材而被杀掉，先生你将怎样解答呢？"庄子笑道："我将处于成材与不成材之间。处于成材与不成材之间，好像是这样而又不是这样，所以不免有些累人。假如能顺应自然道德而遨游就不是这样。无关赞誉无关诋毁，一时如龙一时如蛇，跟随时间的推移而变化，而不偏执专断；一时上升一时下降，一切以和顺作为度量标准，遨游于万物的初始状态，役使外物而不被外物所役使，怎么可能受到外物的连累呢？这就是神农、黄帝的处世原则。至于说到天地万物的变化，社会规则的传承，就不是这样的。有聚合也就有离析，有成功也就有失败；棱角锐利就会受到挫折，地位尊贵就会受到众人争议，有所作为就会有所亏欠，贤能突出就会遭人谋算，无能又会受到欺侮，怎么可以对手里掌握的东西偏执呢！可悲啊！弟子们记住上面说的这些，归根到底还是要坚持自然道德的大方向呢!”

【要点一】庄子提到两个要点。一、认为根据自然道德行事是免除是非之争的唯一途径。“材与不材之间，似之而非也，故未免乎累。若夫乘道德而浮游则不然，无誉无訾，一龙一蛇，与时俱化，而无肯专为；一上一下，以和为量，浮游乎万物之祖，物物而不物于物，则胡可得而累邪!”二、认为事物变化和社会发展都存在对立统一规律。“若夫万物之情，人伦之传，则不然。合则离，成则毁；廉则挫，尊则议，有为则亏，贤则谋，不肖则欺，胡可得而必乎哉!”

【原文二】市南宜僚见鲁侯，鲁侯有忧色。市南子曰：“君有忧色，何也?”鲁侯曰：“吾学先王之道，脩先君之业；吾敬鬼尊贤，亲而行之，无须臾离居；然不免于患，吾是以忧。”市南子曰：“君之除患之术浅矣！夫丰狐文豹，栖于山林，伏于岩穴，静也；夜行昼居，戒也；虽饥渴隐约，犹旦胥疏于江湖之上而求食焉，定也；然且不免于罔罗机辟之患。是何罪之有哉?其皮为之灾也。今鲁国独非君之皮邪?吾愿君刳形去皮，洒心去欲，而游于无人之野。南越有邑焉，名为建德之国。其民愚而朴，少私而寡欲；知作而不知藏，与而不求其报；不知义之所适，不知礼之所将；猖狂妄行，乃蹈乎大方；其生可乐，其死可葬。吾愿君去国捐俗，与道相辅而行。”君曰：“彼其道远而险，又有江山，我无舟车，奈何?”市南子曰：“君无形倨，无留居，以为君车。”君曰：“彼其道幽远而无人，吾谁与为邻?吾无粮，我无食，安得而至焉?”市南子曰：“少君之费，寡君之欲，虽无粮而乃足。君其涉于江而浮于海，望之而不见其崖，愈往而不知其所穷。送君者皆自崖而反，君自此远矣！故有人者累，见有于人者忧。故尧非有人，非见有于人也。吾愿去君之累，除君之忧，而独与道游于大莫之国。方舟而济于河，有虚船来触舟，虽有惼心之人不怒，有一人在其上，则呼张歙之，一呼而不闻，再呼而不闻，于是三呼邪，则必以恶声随之。向也不怒而今也怒，向也虚而今也实。人能虚己以游世，其孰能害之!”

【译解二】市南宜僚拜见鲁侯，鲁侯面有忧虑。市南宜僚说：“君主面有忧虑，是为什么呢?”鲁侯说：“我学习先王的治国办法，修正先王的社会事业；我敬神尊贤，身体力行，没有短暂停息过；可是仍不能免除祸患，我因这个缘故而忧虑。”市南宜僚说：“君主消除忧患的办法太浅陋了！皮毛丰厚的狐狸和花纹斑斓的豹子，栖息于深山老林，潜伏于岩穴山洞，这是静心以待；夜里行动，白天居息，这是警惕安全；即使饥渴也要约束自己的行踪，在天刚亮时就远离江湖寻觅食物，这是本性约定；即使这样尚且不能幸免于罗网和机关的祸患。它们有什么罪过呢？是它们的漂亮皮毛给它们带来了灾祸。如今的鲁国的资源不就是给君主带来灾祸的漂亮皮毛吗？我希望你能剐肉去皮，涤心除欲，进而逍遥在无人的原野。听说越国南方有个采邑，名字叫建德。那里的民众淳朴厚道，很少有私欲；知道耕作而不知道储备，乐于付出而不图回报；不了解义行适宜干什么，不懂得礼制将去向何方；猖狂无忌，肆意而行，竟能各自行于自然之道；他们生前得到快乐，他们死后得到安葬。我希望君主也能舍去国政、捐弃世俗，从而跟自然之道相辅而行。”鲁侯说：“去那里的道路又远又险，又山河阻隔，我没有船车，怎么办呢？”市南先生说：“君主不要高傲，不要停留，以此为车。”鲁侯说：“去那里的道路幽远而又无人居住，我与谁作邻居？我无存粮，我无食物，怎么能够到达那里呢？”市南先生说：“减少你的耗费，节制你的奢欲，虽无粮而精神也是充足的。你渡过江河、浮游大海，一眼望去看不到涯岸，越向前越不知它的穷尽。送行的人都从河岸边回去，你也就从此离他们越来越远了！所以说统治人感到劳累，受人统治感到忧心。而唐尧不剥削人，也不受人剥削。我想帮你除掉劳累，去掉忧患，从而独自一人与自然之道一并遨游在天国。这好像是有人驾双体船正在渡河，突然有条空船撞过来，即使此人内心偏狭也不会发怒，倘若有人在那条船上，那就会大声呼喊喝退来船，呼喊一次没有回应，呼喊二次也没有回应，于是呼喊第三次，那就必定会开骂。为何原先不怒而现在发怒，因为先是空船而今有人。一个人若能像空船一样，心中空虚地遨游于世，谁想伤害他呢！”

【要点二】庄子认为，如果人不怀害人之心就能够游遍天下。“人能虚己以游世，其孰能害之！”

【原文三】北宫奢为卫灵公赋敛以为钟，为坛乎郭门之外，三月而成上下之县。王子庆忌见而问焉，曰：“子何术之设？”奢曰：“一之间，无敢设也。

奢闻之，‘既彫既琢，复归于朴’，侗乎其无识，傥乎其怠疑；萃乎芒乎，其送往而迎来；来者勿禁，往者勿止；从其强梁，随其曲傅，因其自穷，故朝夕赋敛而毫毛不挫，而况有大途者乎！”

【译解三】北宫奢替卫灵公捐款铸造编钟，在外城门设下捐款台，三个月就完成了上下两层悬钟。王子庆忌见到后想问明白，说：“你采用的方法是如何设计的？”北宫奢说：“在专一遵循自然之道这个问题上，是不敢乱设计的。我曾听说过，‘完成精雕细琢，就会返璞归真’，我诚心地对待那些无知的人，也虚心地对待那些怀疑的人；钱财汇聚多少而自己却茫然不知，只顾将捐献者送出去又迎进来；愿进来的不拒绝，想出去的不挽留；强横无理地从其自便，委婉柔顺的相处随和。因为在细节上尽了力，所以捐款朝夕完成而丝毫不少，何况有大道在手呢！”

【要点三】庄子认为，注意细节与掌握大道是相辅相成的，“既彫既琢，复归于朴”。这与“具体分析具体事物”有几分神似。

【原文四】孔子围于陈蔡之间，七日不火食。大公任往吊之曰：“子几死乎？”曰：“然”。“子恶死乎？”曰：“然。”任曰：“子尝言不死之道。东海有鸟焉，其名曰意怠。其为鸟也，翂翂翐翐，而似无能；引援而飞，迫胁而栖，进不敢为前，退不敢为后；食不敢先尝，必取其绪。是故其行列不斥，而外人卒不得害，是以免于患。直木先伐，甘井先竭。子其意者饰知以惊愚，修身以明污，昭昭乎若揭日月而行，故不免也。昔吾闻之大成之人曰：‘自伐者无功；功成者堕，名成者亏。’孰能去功与名而还与众人！道流而不明居，得行而不名处；纯纯常常，乃比于狂；削迹捐势，不为功名。是故无责于人，人亦无责焉。至人不闻，子何喜哉？”孔子曰：“善哉！”辞其交游，去其弟子，逃于大泽；衣裘褐，食杼栗；入兽不乱群，入鸟不乱行。鸟兽不恶，而况人乎！

【译解四】孔子被围困在陈国和蔡国之间，七天七夜不生火煮饭。太公任前去看望他，说：“你几乎饿死了吧？”孔子说：“是的。”太公任又问：“你讨厌死吗？”孔子回答：“是的。”太公任开导说：“你听我谈谈不死的方法。

东海里生活着一种鸟，它的名字叫意怠。意怠作为一种鸟啊，扑扑腾腾，貌似不能飞行；在其他鸟的引领下也能飞行，栖息时又和其他鸟挤在一起；前进时不敢飞在最前面，后退时不敢落在最后面；吃食时不敢先动嘴，总是吃剩下的，所以它们在鸟群中不受排斥，人们也终究不会伤害它，因此能够免除祸患。长得很直的树木总是先被砍伐，甘甜的井水总是先见枯竭。你的用心是装作有智慧以便惊吓普通人，注重自身修饰以便反衬别人的污秽，炫耀自己就像是举着日月走路，所以总不能免除灾祸。从前我听道德大成的老子说过：‘自吹的必然失败；成功的必然垮台，成名的必然亏空。’怎么不能摈弃功名而还原成普通人！大道流传而不居其功，尚德盛行而不争其名；纯朴平常，像个轻狂人；销迹弃势，不求功名。因此既不责备他人，也不受他人责备。至人不求闻名于世，你为什么喜好名声呢？”孔子说：“说得实在好啊！”于是辞别交往的朋友，离开众多的弟子，逃到山泽旷野；穿粗衣，吃野果；入兽不乱群，入鸟不乱行。鸟兽都不讨厌他，何况是人呢！

【要点四】庄子认为，争名争利、自吹自擂、当出头鸟是惹祸的根源。“子其意者饰知以惊愚，修身以明污，昭昭乎若揭日月而行，故不免也。”

【原文五】孔子问子桑雽曰：“吾再逐于鲁，伐树于宋，削迹于卫，穷于商周，围于陈蔡之间。吾犯此数患，亲交益疏，徒友益散，何与？”子桑雽曰：“子独不闻假人之亡与？林回弃千金之璧，负赤子而趋。或曰：‘为其布与？赤子之布寡矣；为其累与？赤子之累多矣。弃千金之璧，负赤子而趋，何也？’林回曰：‘彼以利合，此以天属也。’夫以利合者，迫穷祸患害相弃也。以天属者，迫穷祸患害相收也。夫相收之与相弃亦远矣。且君子之交淡若水，小人之交甘若醴；君子淡以亲，小人甘以绝。彼无故以合者，则无故以离。”孔子曰：“敬闻命矣！”徐行翔佯而归，绝学捐书，弟子无挹于前，其爱益加进。异日，桑雽又曰：“舜之将死，真泠禹曰：‘汝戒之哉！形莫若缘，情莫若率。缘则不离，率则不劳；不离不劳，则不求文以待形，不求文以待形，固不待物。’”

【译解五】孔子问桑雽先生：“我在鲁国遭到两次驱逐，在宋国受到伐树人的羞辱，在卫国被人铲除足迹，在商周故地穷困潦倒，在陈国和蔡国间受到围困。我遭遇这么多的祸患，亲情交情越发疏远了，弟子友人更加离散了，为何这样呢？”

桑雽先生回答说：“你没有听说假国人林回逃亡的故事吗？林回舍弃了价值千金的璧玉，背着婴儿逃跑。有人议论：‘他是为了钱财吗？初生婴儿的价值太少了；他是怕拖累吗？初生婴儿的拖累太多了。舍弃价值千金的璧玉，背着婴儿就跑，为了什么呢？’林回说：‘那个璧玉与我只是利益相合的关系，这个孩子与我则是天性相属的关系。’以利益相合的关系，遇上各种特殊困难就会相对破裂；以天性相属的关系，遇上同样的情况就会相互包容。相互包容与相对破裂相差太远了。而且君子的感情交往清淡如水，小人的利益交往甘甜似酒；君子利益清淡却感情亲近，小人利益甘甜却感情断绝。你如果是没有客观理由相合的关系，也必然是没有客观理由相离的关系。”孔子说：“我由衷地听取指教！”于是离开桑雽，悠闲地走回家，终止学业，丢弃了书简，面前再没有弟子侍学，他们对老师的爱戴反而增多了。有一天，桑雽又说：“舜将死的时候，用真道教育夏禹说：‘你要警惕啊！形体不如顺从自然缘分，精神不如率引自然真实。顺缘就不会离散形体，率真就不会劳累精神；不离形不劳神，就不需要纹饰形体；无须纹饰形体，也就不必求助外物了。’”

【要点五】庄子认为，一、物质利益关系往往甘甜如酒，但容易相弃；天性相属关系往往清淡如水，但容易相守。“夫以利合者，迫穷祸患害相弃也。以天属者，迫穷祸患害相收也。夫相收之与相弃亦远矣。且君子之交淡若水，小人之交甘若醴；君子淡以亲，小人甘以绝。”二、身体要顺从自然缘分，精神要率引自然真实；顺缘就不会离散身体，率真就不会劳累精神。“形莫若缘，情莫若率。缘则不离，率则不劳；不离不劳，则不求文以待形，不求文以待形，固不待物。”

【原文六】庄子衣大布而补之，正緳系履而过魏王。魏王曰：“何先生之惫邪？”庄子曰：“贫也，非惫也。士有道德不能行，惫也；衣弊履穿，贫也，非惫也；此所谓非遭时也。王独不见夫腾猿乎？其得楠梓豫章也，揽蔓其枝而王长其间，虽羿、蓬蒙不能眄睨也。及其得柘棘枳枸之间也，危行侧视，振动悼慄；此筋骨非有加急而不柔也，处势不便，未足以逞其能也。今处昏上乱相之间，而欲无惫，奚可得邪？此比干之见剖心征也夫！”

【译解六】庄子故意穿着粗布衣服并打上补丁，工整地用麻丝系好鞋子走过魏王身边。魏王见了说：“先生为什么如此疲惫呢？”庄子说：“（实话实说）我这是贫穷，不是疲惫。（弦外有音）志士胸怀道德而不能够推行，那才是疲惫。衣服坏了鞋子破了，这是贫穷，而不是疲惫；（弦外有音）刚才说的疲惫又或者是说的生不逢时吧。（寓言生不逢时）大王没有看见过那跳跃的猿猴吗？它们生活在楠、梓、豫、章等高大树林里，抓住藤蔓枝条自由自在地跳跃从而在其间繁盛地生长，即使是神箭手羿和逢蒙也不敢小看它们。待到它们生活在柘、棘、枳、枸等低矮灌木中时，小心翼翼地行走而且不时地左顾右盼，内心震颤恐惧；这并不是筋骨紧缩了不够灵活，而是所处环境形势不便，未及充分施展它们的才能。如今处于昏君乱臣的黑暗时代，要想不疲惫，怎么可能呢？这种情况如同见证了当年比干遭到剖心的乱世！”

【要点六】从庄子与魏王的对话看，此篇非庄子本人所作。“今处昏上乱相之间，而欲无惫，奚可得邪？此比干之见剖心征也夫！”庄子在这里完全没有必要直言犯险。

【原文七】孔子穷于陈、蔡之间，七日不火食，左据槁木，右击槁枝，而歌猋氏之风，有其具而无其数，有其声而无宫角，木声与人声犁然，有当于人之心。颜回端拱还目而窥之。仲尼恐其广己而造大也，爱己而造哀也，曰：“回，无受天损易，无受人益难。无始而非卒也，人与天一也。夫今之歌者其谁乎？”回曰：“敢问无受天损易。”仲尼曰：“饥渴寒暑，穷桎不行，天地之行也，运物之泄也，言与之偕逝之谓也。为人臣者，不敢去之。执臣之道犹若是，而况乎所以待天乎！”

“何谓无受人益难？”仲尼曰：“始用四达，爵禄并至而不穷，物之所利，乃非己也，吾命其在外者也。君子不为盗，贤人不为窃。吾若取之，何哉！故曰，鸟莫知于鷾鸸，目之所不宜处，不给视，虽落其实，弃之而走。其畏人也，而袭诸人间，社稷存焉尔。”“何谓无始而非卒？”仲尼曰：“化其万物而不知其禅之者，焉知其所终？焉知其所始？正而待之而已耳。”“何谓人与天一邪？”仲尼曰：“有人，天也；有天，亦天也。人之不能有天，性也，圣人晏然体逝而终矣!”

【译解七】孔子受困于陈国与蔡国之间，七天不能生火做饭，他左手拿着枯木，右手用枯枝敲击，还唱起了神农时代的民歌，虽有发声的器具却没有音乐的节奏，有敲击的声音却没有乐音的音阶，敲木声和歌咏声分得清清楚楚，恰当地表达了唱歌人的心情。颜回恭敬地侍立并偷偷回眼观察。孔子担心他把自己的道德看得过于高远而把问题看得太严重了，又怕他爱惜自己以至于哀伤，便说：“颜回，不受自然的损害容易，不受他人的益处则较困难。世上的事不知它的开始就不知它的终结，人与天的本性是同一的。如今唱歌的人他是谁呢?”颜回说：“我冒昧地请教为何说不受自然的损害容易。”孔子说：“饥渴寒暑，束缚了穷人的任意行为，天地运行，实际上是事物的自由发展，说的就是人要与天地万物偕同变化的道理。做臣子的，不敢违背君主的意图。做臣子的道理尚且如此，何况是面对自然之道呢!”

颜回又问：“为何说不接受他人的好处困难呢?”孔子说：“开始任用一切都好办，爵位俸禄齐来没有穷尽，身外之物带来的好处，本不属于自己，只不过我的命运被身外之物决定了。君子不会做强盗，贤人不会做小偷。我要获取好处，除了命运还有什么！所以说，鸟没有比燕子更聪明的，看见不宜筑巢的地方，绝不看第二次，即使看见它想要的果实掉落了，也坚决舍弃而飞走。燕子本来怕人，最终又选择进入人的某些生活空间，只是暂时寄存在人的活动场所罢了。”颜回又问：“为何说不知它开始就不知它的终结?”孔子说：“变化无穷的万物不知道是谁禅让给了谁而又为谁所替代，怎么能知道万物变化终结了? 又怎么能知道万物变化是从哪里开始的? 只能守正应变而已。”颜回又问：“为何说人与自然的本性是同一的?”孔子说：“人类的出现，是由于自然；自然的出现，也是由于自然。人出于自然之所以不能保住自然本性，是因为被人的社会属性取代了，哲人因保住自然本性故能安然体逝而告终!”

【要点七】庄子认为，人生于自然具有自然本性（自然意识），但是普通人的自然本性被社会属性（社会意识）取代了，只有哲人能够保住自然本性所以能够安享终年，普通人因受社会意识的主宰不能安享终年。“有人，天也；有天，亦天也。人之不能有天，性也，圣人晏然体逝而终矣!”

【原文八】庄周游于雕陵之樊，睹一异鹊自南方来者，翼广七尺，目大运寸，感周之颡而集于栗林。庄周曰：“此何鸟哉，翼殷不逝，目大不睹？”蹇裳躩步，执弹而留之。睹一蝉，方得美荫而忘其身，螳螂执翳而搏之，见得而忘其形；异鹊从而利之，见利而忘其真。庄周怵然曰：“噫！物固相累，二类相召也！”捐弹而反走，虞人逐而谇之。庄周反入，三月不庭，蔺且从而问之：“夫子何为顷间甚不庭乎？”庄周曰：“吾守形而忘身，观于浊水而迷于清渊。且吾闻诸夫子曰：‘入其俗，从其令’。今吾游于雕陵而忘吾身，异鹊感吾颡，游于栗林而忘真，栗林虞人以吾为戮，吾所以不庭也。”

【译解八】庄子在雕陵的栗树园林游玩，看见一只奇异的喜鹊从南方飞来，翅膀宽达七尺，眼睛圆大一寸，碰着庄子的额头而停歇在栗树林里。庄子说：“这是什么鸟呀，翅膀扎实却不能远飞，眼睛圆大却不够敏锐？”于是提起衣裳碎步上前，拿着弹弓等待着时机。又忽见一蝉，正在浓密的树荫里美美地休息而忘记了自身的安危；一只螳螂用树叶隐蔽伺机捕蝉，眼看即将得手而忘掉了自己的形体；异鹊紧随其后，认为那是极好的时机，眼看即将捕到螳螂而丧失了自我保护意识。庄子惊诧地说：“耶！物类原本就是这样相互牵累，两种物类之间也总是以利相召引！”庄子于是扔掉弹弓转身而去，看守栗园的人不解地跟在后面责问。庄子返回家中，三天不到客厅见人。弟子蔺且跟随一旁问道：“先生为什么几天不高兴呢？”庄子说：“我留意外物的形体却忘记了自身的安危，观赏浑浊的流水却迷恋清澈的水潭。而且我从老聃先生那里听说：‘如果进入某个俗世之地，就要遵从那里的传统习惯。’如今我到雕陵栗园游览便忘却了自身的安危，异鹊碰上了我的额头，只注意游玩栗林而丢掉了自身的本真，栗园管理人员还戮我的颜面，所以我没有脸到客厅见人了。”

【要点八】庄子认为，事物都是互相联系的，而事物互相联系的本质是物质利益。“物固相累，二类相召也！”

【原文九】阳子之宋，宿于逆旅。逆旅人有妾二人，其一人美，其一人恶，恶者贵而美者贱。阳子问其故，逆旅小子对曰：“其美者自美，吾不知其美也；其恶者自恶，吾不知其恶也。”阳子曰：“弟子记之！行贤而去自贤之行，安往而不爱哉!”

【译解九】阳朱去宋国，住在旅店里。旅店主人有两个妾，其中一个漂亮，一个丑陋，丑陋的那个待遇高而漂亮的那个待遇低。阳朱问他的缘故，年轻的店主回答：“那个漂亮的自以为漂亮因而骄傲，但是我却不觉得她漂亮；那个丑陋的自以为丑陋因而谦虚，但是我却不觉得他丑陋。”阳子转身对弟子说：“弟子们记住！奉行对他人贤良而且摒弃炫耀自己贤良的出行，哪里有不受到别人敬重和爱戴的呢!”

【要点九】庄子认为，人的内在谦虚之美比外部容貌之美更重要。“其美者自美，吾不知其美也；其恶者自恶，吾不知其恶也。”“行贤而去自贤之行，安往而不爱哉。”

《山木》内容小结

一、哲学观点

（一）有关认识论观点

1. 道法自然和德崇天性是避免是非之争的唯一途径。庄子认为，“材与不材之间，似之而非也，故未免乎累。若夫乘道德而浮游则不然，无誉无訾，一龙一蛇，与时俱化，而无肯专为；一上一下，以和为量，浮游乎万物之祖，物物而不物于物，则胡可得而累邪!”庄子在第二节认为，如果人不怀害人之心就能够游遍天下。“人能虚已以游世，其孰能害之!”

2. 天性相属比利益相合更持久。庄子认为，物质利益关系往往甘甜如酒，但容易相弃；天性相属关系往往清淡如水，但容易相收。“夫以利合者，迫穷祸患害相弃也。以天属者，迫穷祸患害相收也。夫相收之与相弃亦远矣。且君子之交淡若水，小人之交甘若醴；君子淡以亲，小人甘以绝。”

3. 身体要顺从自然缘分，精神要率引自然真实；顺缘就不会离散身体，率真就不会劳累精神。庄子在第五节认为，“形莫若缘，情莫若率。缘则不离，率则不劳；不离不劳，则不求文以待形，不求文以待形，固不待物。”

4. 人具有自然本性和社会属性双重性。庄子认为，人生于自然具有自然本性（自然意识），但是普通人的自然本性被社会属性（社会意识）取代了，只有哲人能够保住自然本性所以能够安享终年，普通人因受社会意识的主宰不能安享终年。“有人，天也；有天，亦天也。人之不能有天，性也，圣人晏然体逝而终矣！”

（二）有关辩证法观点

1. 自然本性和社会规则都存在对立统一规律。庄子认为，“合则离，成则毁；廉则挫，尊则议，有为则亏，贤则谋，不肖则欺，胡可得而必乎哉！”

2. 注意细节与掌握大道是相辅相成的。庄子认为，“既彫既琢，复归于朴”。这与唯物辩证法与“具体分析具体事物”有几分神似。

3. 争名争利、自吹自擂、想当出头鸟是惹祸的根源。庄子认为，“子其意者饰知以惊愚，修身以明污，昭昭乎若揭日月而行，故不免也。”

4. 物质利益是人际关系的实质内容。庄子认为，“物固相累，二类相召也！”

5. 人的内在谦虚之美比外部容貌之美更重要。庄子认为，“其美者自美，吾不知其美也；其恶者自恶，吾不知其恶也。”“行贤而去自贤之行，安往而不爱哉。”

外篇·田子方

【原文一】田子方侍坐于魏文侯，数称溪工。文侯曰：“溪工，子之师邪？”子方曰：“非也，无择之里人也。称道数当故无择称之。”文侯曰：“然则子无师邪？”子方曰：“有。”曰：“子之师谁邪？”子方曰：“东郭顺子。”文侯曰：“然则夫子何故未尝称之？”子方曰：“其为人也真。人貌而天虚，缘而葆真，清而容物。物无道，正容以悟之，使人之意也消。无择何足以称之！”子方出，文侯傥然，终日不言。召前立臣而语之曰：“远矣，全德之君子！始吾以圣知之言、仁义之行为至矣。吾闻子方之师，吾形解而不欲动，口钳而不欲言。吾所学者，直土埂耳！夫魏真为我累耳！”

【译解一】 田子方陪坐在魏文侯身边，多次称赞溪工这个人。文侯说：“溪工是先生的老师吗？”子方说：“不是，只是我无法选择的同乡人。他讲道的水平很恰当所以我称赞他。”文侯说：“那位先生没有老师吗？”子方说：“有。”又问：“先生的老师是谁呢？”子方说：“是东郭顺子。”文侯说：“可是先生为什么没有称赞过这位老师呢？”子方说：“他为人真诚，具有人的体貌和天空一样的虚静心境，顺从天性且保持纯真，境界清高又能容人。对不合自然之道的人和事，先端正自己的态度弄明白问题所在，使他人主动改变原来的错误想法。我哪里配得上去称赞他呀！”子方出去后，文侯表现出若有所思的神态，整天不言语。招呼站在面前的臣子对他说：“差得太远了，真是一位天德完备的君子！起先我认为圣人智慧的言论，以及仁心义行是至高无上的。当我听到子方老师的情况后，我的身体松散不愿行动，嘴巴像被钳住一样不能说话。对照我所学的东西，真是没有生命的土偶而已！魏国真成了我的累赘啊！”

【要点一】 庄子假借故事，称赞道家是全德君子。“远矣，全德之君子！始吾以圣知之言、仁义之行为至矣。吾闻子方之师，吾形解而不欲动，口钳而不欲言。吾所学者，直土埂耳！”

【原文二】 温伯雪子适齐，舍于鲁。鲁人有请见之者，温伯雪子曰：“不可。吾闻中国之君子，明乎礼义而陋于知人心。吾不欲见也。”至于齐，反舍于鲁，是人也又请见。温伯雪子曰：“往也蕲见我，今也又蕲见我，是必有以振我也。”出而见客，入而叹。明日见客，又入而叹。其仆曰：“每见之客也，必入而叹，何耶？”曰：“吾固告子矣：中国之民，明乎礼义而陋乎知人心。昔之见我者，进退一成规一成矩，从容一若龙一若虎。其谏我也似子，其道我也似父，是以叹也。”仲尼见之而不言。子路曰：“吾子欲见温伯雪子久矣。见之而不言，何邪？”仲尼曰：“若夫人者，目击而道存矣，亦不可以容声矣！”

【译解二】 温伯雪子往齐国去，途中投宿鲁国境内。鲁国有人请求见他，温伯雪子说：“不见。我听说中原的君子，明于礼义而对人心的了解很肤浅。我不想见他。”到齐国后，沿途返回又投宿鲁国，那个人又请相见。温伯雪子说：“往日请求见我，今天又请求见我，此人必定有启示于我。”出去见客，回来就感叹一番，明天又见客，回来又感叹不已。他的仆人问："每次见此客人，必定入而感叹，为何呢？"回答说："我本来已告诉过你：中原之人明于知礼义而浅于知人心。刚刚见我的这个人，进退有礼中规中矩，态度从容如龙如虎。他直言劝我像儿子对待父亲那样恭顺，他用道导我又像父亲对儿子那样严厉，所以我才感叹。"孔子见到温伯雪子一句话也不说，子路问："先生想见温伯雪子很久了，见了面却不说话，为何呀？"孔子说："像这样的人，一看而知大道存之于身，容不下我再发声了。"

【要点二】庄子再次扬道抑儒。"若夫人者，目击而道存矣，亦不可以容声矣！"

【原文三】颜渊问于仲尼曰："夫子步亦步，夫子趋亦趋，夫子驰亦驰，夫子奔逸绝尘，而回瞠若乎后矣！"夫子曰："回，何谓邪？"曰："夫子步亦步也，夫子言亦言也；夫子趋亦趋也，夫子辩亦辩也；夫子驰亦驰也，夫子言道回亦言道也；及奔逸绝尘而回瞠若乎后者，夫子不言而信，不比而周，无器而民滔乎前，而不知所以然而已矣。"仲尼曰："恶！可不察与！夫哀莫大于心死，而人死亦次之。日出东方而入于西极，万物莫不比方，有目有趾者，待是而后成功。是出则存，是入则亡。万物亦然，有待也而死，有待也而生。吾一受其成形，而不化以待尽。效物而动，日夜无隙，而不知其所终。薰然其成形，知命不能规乎其前。丘以是日徂。吾终身与汝交一臂而失之，可不哀与？女殆著乎吾所以著也。彼已尽矣，而女求之以为有，是求马于唐肆也。吾服，女也甚忘；女服，吾也甚忘。虽然，女奚患焉！虽忘乎故吾，吾有不忘者存。"

【译解三】颜渊问孔子说："先生缓步我也缓步，先生急走我也急走，先生跑我也跑，先生狂奔飘逸消失在尘土里，而我只能在后面干瞪眼了。"孔子说："颜回，你说的是什么意思？"颜回说："先生缓步我也缓步，是说先生怎样讲我也跟着怎样讲；先生急走我也急走，是说先生辨析事理我也跟着辨析事理；先生跑我也跑，是说先生讲道理我也跟着讲道理；及至先生狂奔飘逸消失在尘土里（暗喻逝世）而我只能在后面干瞪眼了，是说先生不用讲话而为人信服，不分亲疏而周全天下，没有官职公器而民众汇聚于前，却不知为什么会如此而已（回避绝尘暗喻）。”孔子说：“不！不可不明察呀！悲哀莫大于心死，而身死还在其次。日出东方而入于西方，万物莫不顺从太阳的运动方式，凡有眼有脚的，必待日出而后有所动作。日出则操作，日入则休息。万物亦是这样，有待一段时间而死的，有待一段时间而生的。我一旦承受天命生成身体，就不会变成其他物形而等待终尽天年。效法万物运动方式，日夜不停，只是不知道在什么时候终结。蒸气上升聚合成形体，知道命运的人也不能窥视他成形之前的样子。我只是这样与日俱往。如果我终身与你有交臂机会却当面错过了，难道不悲哀吗？你只着眼于我突出的地方所以我就显著。那个跟随的对象已经没有了，而你以为它还存在，这好比在空荡的马市上买马。我佩服的东西，你要把它全部遗忘；你佩服的东西，我也把它全部遗忘。既然如此，你又何必担忧（我逝去）！虽然看不到完整的我，还是能给你留下一些印象的（说得有些伤感）。”

【要点三】庄子认为，日出又日入，有死又有生，这是所有事物存在的方式。“日出东方而入于西极，万物莫不比方，有目有趾者，待是而后成功。是出则存，是入则亡。万物亦然，有待也而死，有待也而生。”

【原文四】孔子见老聃，老聃新沐，方将被发而干，蛰然似非人。孔子便而待之。少焉见，曰：“丘也眩与？其信然与？向者先生形体掘若槁木，似遗物离人而立于独也。”老聃曰：“吾游心于物之初。”孔子曰：“何谓邪？”曰：“心困焉而不能知，口辟焉而不能言。尝为汝议乎其将：至阴肃肃，至阳赫赫。肃肃出乎天，赫赫发乎地。两者交通成和而物生焉，或为之纪而莫见其形。消息满虚，一晦一明，日改月化，日有所为而莫见其功。生有所乎萌，死有所乎归，始终相反乎无端，而莫知乎其所穷。非是也，且孰为之宗！”孔子曰：“请问游是。”老聃曰：“夫得是至美至乐也。得至美而游乎至乐，谓之至人。”孔子曰：“愿闻其方。”曰：“草食之兽，不疾易薮；水生之虫，不疾易水。行小变而不失其大常也，喜怒哀乐不入于胸次。夫天下也者，万物之所一也。得其所一而同焉，则四支百体将为尘垢，而死生终始将为昼夜，而莫之能滑，而况得丧祸福之所介乎！弃隶者若弃泥涂，知身贵于隶也。贵在于我而不失于变。且万化而未始有极也，夫孰足以患心！已为道者解乎此。”孔子曰：“夫子德配天地，而犹假至言以修心。古之君子，孰能脱焉！”老聃曰："不然。夫水之于汋也，无为而才自然矣；至人之于德也，不修而物不能离焉。若天之自高，地之自厚，日月之自明，夫何修焉！"孔子出，以告颜回曰："丘之于道也，其犹醯鸡与！微夫子之发吾覆也，吾不知天地之大全也。"

【译解四】 孔子去见老聃，老聃刚洗完头发，正披散着晾干，僵硬站着不像一个活人。孔子便等待，见过了一会儿，说："是我眼花呢？还是真的呢？刚才先生身体僵硬如槁木，像被遗弃的东西离开人们视野而独立存在的样子。"老聃说："我在思考天地万物产生的道理。"孔子说："这是何意呢？"老聃说："心中不思考就不知道天下万物产生的道理，即使嘴巴张开再大也说不明白。我尝试为你把这个道理说个大略：阴极像大地肃静安宁，阳极像苍天显赫张扬。大地肃静对着天，苍天赫然向往地。天地交会融合而万物必然产生，或者为物结蒂萌发只是还没有见到形体。死生盈虚，时灭时明，日变月化，每日有所作为而不见谁在操作。产生自有萌发之处，死亡自有归宿之地，生死始终相反没有开端，也不知道生死变化的尽头。不懂得这个辩证法则，由谁来当天地万物的主宰啊！"孔子说："请问思考的结果。"老聃说："得到的思考结果是至美至乐。得到至美而游于至乐，就叫作至人。"孔子说："请问达到至美至乐的方法。"老聃说："食草的兽类，不忧心更换草地；水生的虫类，不忧心改换水域。允许有小变化而不丢失自然法则，喜怒哀乐就不会轮番地扎心。至于说到天下的主宰，那是万物所共有的对立统一规律。能得到对立统一规律是天下万物的普遍规律这个抽象的结果，则四肢百体这些具体的东西就将成为尘土废物，而死生终始变化也将如昼夜更迭一样，不可能发生混乱，何况还有得失祸福之间的辩证关系呢！放弃隶属于自己的物质利益如同甩掉泥巴，因为知道身体贵重于身外之物。知自身之贵又随客观环境之变。并且千变万化是未曾有终极的，又何必为此忧心！已经懂得辩证法则的人是能够理解这个思考结果的。"孔子说："先生之德与天地匹配，然而还借助至理明言以修炼心性。古之君子，谁又能脱离修炼呢！"老聃说："不是这样。水的清澈是怎么回事，是水的才质本身自然如此的；至人的德性是怎么回事，是不须修炼的身体不能离开的。这就像天自然清高，地自然浑厚，日月自然明亮，这个何须修炼啊！"孔子出来，把这些情况告诉颜回说："我对道的认识，就如同醋瓮中的飞虫渺小！没有先生揭开我心上的蒙布，我真不知道天高地厚呢。"

【要点四】庄子在此节阐述了三个观点。一是对立统一规律或辩证法则是天下万物共同的运动规律和主宰。“至阴肃肃，至阳赫赫。肃肃出乎天，赫赫发乎地。两者交通成和而物生焉，或为之纪而莫见其形。消息满虚，一晦一明，日改月化，日有所为而莫见其功。生有所乎萌，死有所乎归，始终相反乎无端，而莫知乎其所穷。非是也，且孰为之宗!”二是掌握了辩证法则的人不会为各种情绪所左右。“行小变而不失其大常也，喜怒哀乐不入于胸次。”三是哲人之德性是自然而然的。“夫水之于汋也，无为而才自然矣；至人之于德也，不修而物不能离焉。若天之自高，地之自厚，日月之自明，夫何修焉!”

【原文五】庄子见鲁哀公，哀公曰：“鲁多儒士，少为先生方者。”庄子曰：“鲁少儒。”哀公曰：“举鲁国而儒服，何谓少乎?”庄子曰：“周闻之，儒者冠圜冠者知天时，履句屦者知地形，缓佩玦者事至而断。君子有其道者，未必为其服也；为其服者，未必知其道也。公固以为不然，何不号于国中曰：‘无此道而为此服者其罪死!’”于是哀公号之五日，而鲁国无敢儒服者。独有一丈夫，儒服而立于公门。公即召而问以国事，千转万变而不穷。庄子曰：“以鲁国而儒者一人耳，可谓多乎?”

【译解五】庄子往拜鲁哀公，哀公说：“鲁国有很多大学者，可是少有学习先生哲学方法的。”庄子说：“鲁国大，学者少。”哀公说：“整个鲁国都是学者打扮，怎么能说少呢?”庄子说：“我听人说，学者戴圆帽子的通晓天文，穿方头鞋子的通晓地理，腰带上耷拉着玉玦的办事果断。君子中有那种能力的人，未必有那样的打扮；有那样打扮的人，却不一定有那种能力。君王自然认为不是这样，那为何不在国中宣布说：‘凡是没有那种能力而做那样打扮的人罪当死!’”于是哀公宣布命令五天后，国中就没有人进行学者打扮了。唯独有一男子，学者打扮站在朝门外。哀公立即召见并问其治国方法，提问千变万化也难不倒他。庄子说：“举鲁国选学者仅一人，可以说多吗?”

【要点五】庄子认为，形式与内容是既有联系又有区别的辩证关系范畴。“君子有其道者，未必为其服也；为其服者，未必知其道也。”

【原文六】百里奚爵禄不入于心，故饭牛而牛肥，使秦穆公忘其贱，与之政也。有虞氏死生不入于心，故足以动人。

【译解六】百里奚没有把官位俸禄放在心上，所以养牛能够把牛养肥，使秦穆公不考虑他的出身卑贱，把治国政务交给他。虞舜没有把自己的死生放在心上，所以能够感动世人。

【要点六】庄子认为，只有主观上多为社会奉献，才能够在客观上获得社会的认可。"有虞氏死生不入于心，故足以动人。"

【原文七】宋元君将画图，众史皆至，受揖而立，舐笔和墨，在外者半。有一史后至者，儃儃然不趋，受揖不立，因之舍。公使人视之，则解衣般礴臝。君曰："可矣，是真画者也。"

【译解七】宋元君准备画张图，众多画师都来了，报名后站在各自位置上，润笔和墨，还有半数人站在外边。有一名画师来得很晚，慢腾腾地走到，报名之后也不就位，接着返回住所。宋元君派人跟踪观察，看到他敞着上衣，两腿叉开坐在那里。宋元君说："好了，这才是真画师呢。"

【要点七】庄子认为，在本事内涵的人自信，不讲究外在形式。"公使人视之，则解衣般礴臝。君曰：'可矣，是真画者也。'"

【原文八】文王观于臧，见一丈夫钓，而其钓莫钓，非持其钓有钓者也，常钓也。文王欲举而授之政，而恐大臣父兄之弗安也；欲终而释之，而不忍百姓之无天也。于是旦而属之大夫曰："昔者寡人梦见良人，黑色而髯，乘驳马而偏朱蹄，号曰：'寓而政于臧丈人，庶几乎民有瘳乎！'"诸大夫蹴然曰："先君王也。"文王曰："然则卜之。"诸大夫曰："先君之命，王其无它，又何卜焉？"遂迎臧丈人而授之政。典法无更，偏令无出。三年，文王观于国，则列士坏植散群，长官者不成德，䚟斛不敢入于四竟。列士坏植散群，则尚同也；长官者不成德，则同务也；䚟斛不敢入于四竟，则诸侯无二心也。文王于是焉以为大师，北面而问曰："政可以及天下乎？"臧丈人昧然而不应，泛然以辞，朝令而夜遁，终身无闻。颜渊问于仲尼曰："文王其犹未邪？又何以梦为乎？"仲尼曰："默，汝无言！夫文王尽之也，而又何论刺焉！彼直以循斯须也。"

【译解八】周文王到臧地视察，看到一位老者在钓鱼，他的钓钩上没有弯钩，估计不是想要用钓钩钓到鱼，只是平常垂钓打发时间。文王想举荐他并授予治国政务，但恐怕大臣及父兄们不放心；想作罢放弃他，又不忍心让老百姓看不到希望，于是等天亮了嘱咐大臣们说："我昨晚梦见了一位贤良的人才，黑脸长须，骑着一匹毛色斑驳而一边蹄子为红色的马，号令我说：'把国政权力交给臧地老者，老百姓才会得到拯救！'"大臣们惊奇地说："这是先王啊！"文王说："那就占卜一下。"各位大臣说："老王爷的命令，君王不必多想，还占卜什么！"于是把臧地的老者请来主持国政，典章制度都没有变更，也没下发补充政令。三年过后，文王再看国家，各个阶层都打破了门户，散掉了帮派，执掌职事的人不强调本位的独立性，斗斛等量器不敢进入边境。各个阶层打破门户，毁掉帮派，社会便趋于合同；执掌职事的人不强调本位的独立性，政务便趋向一致；斗斛等量器不敢进入边境，诸侯便不生疑虑了。文王于是把臧地老者尊为太师，并身居下位问道："可以把政事推用到天下了吧？"臧地老者像没有听到似的不作声，毫不在意地告辞而去。白天讲了这样的话，夜里就跑掉了，从此再也没有露面。颜渊向孔子问道："文王说话还不管用吗？为什么还要托梦呢？"孔子说："住口，你不要多说话！文王做得恰到好处了，你为什么发表这种怪论！那只是为应付当时的情况。"

【要点八】庄子认为，在某些时段里人们的行为习惯和常规程序是值得遵循的，即使是圣人也不能免俗。"夫文王尽之也，而又何论刺焉！彼直以循斯须也。"

【原文九】列御寇为伯昏无人射，引之盈贯，措杯水其肘上，发之，适矢复沓，方矢复寓。当是时，犹象人也。伯昏无人曰："是射之射，非不射之射也。尝与汝登高山，履危石，临百仞之渊，若能射乎？"于是无人遂登高山，履危石，临百仞之渊，背逡巡，足二分垂在外，揖御寇而进之。御寇伏地，汗流至踵。伯昏无人曰："夫至人者，上窥青天，下潜黄泉，挥斥八极，神气不变。今汝怵然有恂目之志，尔于中也殆矣夫！”

【译解九】列御寇为伯昏无人表演射箭，把弓拉得满满的，放一杯水在左肘上，发射出去，又有一支箭扣在弦上，刚刚射出，又一支扣在弦上待发，连续不停。在那个时候，他就像一个木偶人。伯昏无人说：“这是有心于射的射法，不是无心之射的射法。尝试和你登上高山，踏着险石，对着百仞深渊，你还能射吗？”于是伯昏无人就登上高山，脚踏危石，背对着百仞深渊向后却退，直到脚下有三分之二悬空在危石外，在那里揖请列御寇退至相同位置表演射箭。列御寇惊惧地伏在地上，冷汗流到脚跟。伯昏无人说：“作为至人，上可窥测青天，下可潜入黄泉，挥洒四面八方，而神定气闲不变。现在你有惊恐目眩之意，你在这个过程中已经陷入困境了！”

【要点九】庄子认为，有意识的行为容易被干扰，只有无意识的行为才是稳定的。“是射之射，非不射之射也。尝与汝登高山，履危石，临百仞之渊，若能射乎？”

【原文十】肩吾问于孙叔敖曰：“子三为令尹而不荣华，三去之而无忧色。吾始也疑子，今视子之鼻间栩栩然，子之用心独奈何？”孙叔敖曰：“吾何以过人哉！吾以其来不可却也，其去不可止也。吾以为得失之非我也，而无忧色而已矣。我何以过人哉！且不知其在彼乎？其在我乎？其在彼邪亡乎我，在我邪亡乎彼。方将踌躇，方将四顾，何暇至乎人贵人贱哉！”仲尼闻之曰：“古之真人，知者不得说，美人不得滥，盗人不得劫，伏羲、黄帝不得友。死生亦大矣，而无变乎己，况爵禄乎！若然者，其神经乎大山而无介，入乎渊泉而不濡，处卑细而不惫，充满天地，既以与人己愈有。”

【译解十】肩吾对孙叔敖说：“您三次任令尹而不显荣华富贵，三次被免职也没有忧愁之色。我开始时对此怀疑，现在见您呼吸轻松欢畅，您的心里是怎样想的呢？”孙叔敖说：“我哪有什么过人之处啊！我认为它既然来了就无法推辞，它去了也无法阻止。我认为得失的变化并不取决于我，因而没有忧愁之色而已。我哪有什么过人之处啊！况且不知道荣华显贵是在于令尹呢，还是在我自身？如果是在于令尹则与我无关；如果在我自身则与令尹无关。

那时我正在驻足沉思，正在顾及四方，哪有工夫顾及到个人的富贵和贫贱呢！”孔子听后说：“古时候的真人，智者不能说服他，美色不能淫乱他，强盗不能劫持他，伏羲、黄帝这样的帝王也不能笼络他。死生也算得上大事了，也不能使自己有所改变，何况是官爵俸禄之得失呢！像这样的人，他的精神经过大山而无障碍，进入深渊而不沾湿，处于贫贱而不疲惫，充满大地之间，尽数给予别人而自己更富有。”

【要点十】庄子认为，对富贵得失的变化要顺其自然。“吾以其来不可却也，其去不可止也。”

【原文十一】楚王与凡君坐，少焉，楚王左右曰“凡亡”者三。凡君曰：“凡之亡也，不足以丧吾存。夫凡之亡不足以丧吾存，则楚之存不足以存存。由是观之，则凡未始亡而楚未始存也。”

【译解十一】楚王和凡国君主同坐，过一会儿，楚王近臣多次讲凡国已经灭亡了。凡国君主说：“凡国在客观上灭亡了，在我主观上的存在并未丧失。既然凡国在客观上的灭亡不足以使我主观上的存在丧失，那么楚国在客观上的存在也不足以证明在我主观上的存在。由此看来，则凡国未曾灭亡而楚国未曾存在。

【要点十一】庄子认为，事物有客观的存在或消亡，也有主观的存在或消亡。凡国在客观上消亡了但在凡国国君的主观上并未消亡，楚国在客观上未消亡，但在凡国国君的主观上已经消亡了。“凡之亡也，不足以丧吾存。夫凡之亡不足以丧吾存，则楚之存不足以存存。由是观之，则凡未始亡而楚未始存也。”

《田子方》内容小结

一、哲学观点

（一）有关认识论观点

1. 哲人之德性是自然而然的。庄子认为，“夫水之于汋也，无为而才自然矣；至人之于德也，不修而物不能离焉。若天之自高，地之自厚，日月之自明，夫何修焉！”

2. 有意识的行为容易被干扰，只有无意识的行为才是稳定的。庄子在第九节认为，“是射之射，非不射之射也。尝与汝登高山，履危石，临百仞之渊，若能射乎？”

3. 要顺其自然对待富贵得失的变化。庄子认为，“吾以其来不可却也，其去不可止也。”

（二）有关辩证法观点

1. 人的死生与太阳的出入变化一样都是事物运动规律和存在方式。庄子认为，“日出东方而入于西极，万物莫不比方，有目有趾者，待是而后成功。是出则存，是入则亡。万物亦然，有待也而死，有待也而生。”

2. 对立统一规律是天地万物发展变化的根本原因。庄子认为，“至阴肃肃，至阳赫赫。肃肃出乎天，赫赫发乎地。两者交通成和而物生焉，或为之纪而莫见其形。消息满虚，一晦一明，日改月化，日有所为而莫见其功。生有所乎萌，死有所乎归，始终相反乎无端，而莫知乎其所穷。非是也，且孰为之宗！”

3. 掌握了辩证法则的人不会为各种情绪所左右。庄子认为，“行小变而不失其大常也，喜怒哀乐不入于胸次。”

4. 形式与内容是既有联系又有区别的辩证关系范畴。庄子认为，“君子有其道者，未必为其服也；为其服者，未必知其道也。”庄子认为，内在涵养比外在形式更重要，“公使人视之，则解衣般礴赢。君曰：‘可矣，是真画者也。’”

5. 主观与客观是一对辩证关系范畴。庄子认为，只有主观上多为社会奉献，才能够在客观上获得社会的认可。“有虞氏死生不入于心，故足以动人。”庄子认为，事物有客观的存在或消亡，也有主观的存在或消亡。凡国在客观上消亡了但在凡国国君的主观上并未消亡，楚国在客观上未消亡，但在凡国国君的主观上已经消亡了。“凡之亡也，不足以丧吾存。夫凡之亡不足以丧吾存，则楚之存不足以存存。由是观之，则凡未始亡而楚未始存也。”

二、其他观点

一是扬道抑儒。称赞道家是全德君子，儒家是一般水平。庄子认为，“远矣，全德之君子！始吾以圣知之言、仁义之行为至矣。吾闻子方之师，吾形解而不欲动，口钳而不欲言。吾所学者，直土埂耳！”庄子再次扬道抑儒。“若夫人者，目击而道存矣，亦不可以容声矣！”

二是圣不免俗。人们的行为习惯和常规程序是值得遵循的，即使是圣人也不能免俗。庄子认为，“夫文王尽之也，而又何论刺焉！彼直以循斯须也。”

外篇·知北游

【原文一】知北游于玄水之上，登隐弅之丘，而适遭无为谓焉。知谓无为谓曰：“予欲有问乎若：何思何虑则知道？何处何服则安道？何从何道则得道？”三问而无为谓不答也。非不答，不知答也。知不得问，反于白水之南，登狐阕之上，而睹狂屈焉。知以之言也问乎狂屈。狂屈曰：“唉！予知之，将语若。中欲言而忘其所欲言。”知不得问，反于帝宫，见黄帝而问焉。黄帝曰：“无思无虑始知道，无处无服始安道，无从无道始得道。”

知问黄帝曰：“我与若知之，彼与彼不知也，其孰是邪？”黄帝曰：“彼无为谓真是也，狂屈似之，我与汝终不近也。夫知者不言，言者不知，故圣人行不言之教。道不可致，德不可至。仁可为也，义可亏也，礼相伪也。故曰：‘失道而后德，失德而后仁，失仁而后义，失义而后礼。’礼者，道之华而乱之首也。故曰：‘为道者日损，损之又损之，以至于无为。无为而无不为也。’今已为物也，欲复归根，不亦难乎！其易也其唯大人乎！生也死之徒，死也生之始，孰知其纪！人之生，气之聚也。聚则为生，散则为死。若死生为徒，吾又何患！故万物一也。是其所美者为神奇，其所恶者为臭腐。臭腐复化为神奇，神奇复化为臭腐。故曰：‘通天下一气耳。’圣人故贵一。”

知谓黄帝曰：“吾问无为谓，无为谓不应我，非不我应，不知应我也；吾问狂屈，狂屈中欲告我而不我告，非不我告，中欲告而忘之也；今予问乎若，若知之，奚故不近？”黄帝曰：“彼其真是也，以其不知也；此其似之也，以其忘之也；予与若终不近也，以其知之也。”狂屈闻之，以黄帝为知言。

【译解一】智先生向北游学来到黑水岸边，登上名叫隐弅的山丘，正巧在那里遇上了无为谓。智先生对无为谓说：“我想向你请教一些问题：如何思考才能懂得道？如何为人处世才能合于道？如何选择方法才能获得道？”问了好几遍，无为谓都不回答。或许不是不回答，而是不知道如何回答吧。智先生从无为谓那里得不到回答，便返回到白水的南岸，登上名叫狐阕的山丘，在那里见到了狂屈。智先生用先前的问话向狂屈请教。狂屈说：“唉，我知道怎样回答，我将告诉给你，可话到嘴边又忘记了。”智先生从狂屈那里也没有得到回答，便转回到黄帝住所，见到黄帝再问。黄帝说：“不是靠思考就能够懂得道的，不是靠为人处世就能够合于道的，不是靠选择方法就能够获得道的。”

智先生问黄帝：“我和你懂得道，无为谓和狂屈不懂道，这样谁正确呢？”黄帝说：“无为谓是真的正确，狂屈是接近正确，我和你始终未接近正确。知道的人不说，说的人不知道，所以圣人实行无言而教。道不可能靠言教方式获得，德不可能靠言教方式送到。仁爱可以说得好听，义行可能伤害道德，礼仪不过是表面的互相虚伪。所以说：‘失道而后言德，失德而后言仁，失仁而后言义，失义而后言礼。’礼仪这个东西，实质上是导致道德丢失的浮华和社会祸乱的根源。所以说：‘践行自然之道的人每天都要清除主观浮华，清除一层又一层主观浮华后，达到没有主观错误认识的无为境界。没有错误认识的无为境界实际上是无所不为道德境界。’如今你已被外物困扰，想要恢复自然道德，不也是很困难的嘛！想变回去恐怕只有高人才能够做到啊！生是死的随从，死是生的开始，谁知哪个是源头！人的诞生，是元气的聚合。元气聚合就是生命，元气离散便是死亡。如果死与生是相随的，我又忧患什么呢？所以万物都遵循对立统一规律。于是人们把那些所谓美好的东西称为神奇，把那些所谓讨厌的东西称为腐臭，而腐臭的东西可以再转化为神奇，神奇的东西可以再转化为腐臭。所以说：‘天下不过是一样的元气罢了。’所以哲学家重视不同事物的同一性特征。”

智先生又对黄帝说：“我问无为谓，无为谓不回答我，不是不回答我，是不知道回答我；我问狂屈，狂屈心中想告诉我却没有告诉我，不是不告诉我，是心中想告诉却忘记了；而今我再次请教你，你知道我请教的问题，为什么又说回答了我就是不近于道呢?”黄帝说：“无为谓是真正了解道的，因为他什么也不知道；狂屈是接近于道的，因为他忘记道了；我和你最终不能接近于道，因为我们什么都知道。”狂屈听到了这些对话，认为黄帝的话是最了解道即客观规律的本质特征的言论。

【要点一】庄子认为，一是对道的认识和实践有三个层次：了解认识为知道、处世践行为合道、人道一体为得道，但这三个层次还处于主观有为状态，只有在这三个层次上都达到主观无为状态，才是理想状态。“无思无虑始知道，无处无服始安道，无从无道始得道。”二是对儒家提倡的仁、义、礼进行了批评：“道不可致，德不可至。仁可为也，义可亏也，礼相伪也。故曰：‘失道而后德，失德而后仁，失仁而后义，失义而后礼。’礼者，道之华而乱之首也。”三是道家与儒家正好反其道而行之：“故曰：‘为道者日损，损之又损之，以至于无为。无为而无不为也。’”

【原文二】天地有大美而不言，四时有明法而不议，万物有成理而不说。圣人者，原天地之美而达万物之理。是故至人无为，大圣不作，观于天地之谓也。今彼神明至精，与彼百化。物已死生方圆，莫知其根也。扁然而万物，自古以固存。六合为巨，未离其内；秋毫为小，待之成体；天下莫不沈浮，终身不故；阴阳四时运行，各得其序；惛然若亡而存；油然不形而神；万物畜而不知：此之谓本根，可以观于天矣！

【译解二】天地万物有大美也不自言炫耀，四季运行有严法也不争议是非，万物变化有成规也不夸夸其谈。懂哲学的人，根据天地之美（一般规律）而通达万物之理（特殊规律）。所以至人遵循自然规律而不故意作为，哲学家也不盲目行动，这就是说他们都掌握认识天地万物的方法了。而今的道神明精细，给予万物的百般变化。人们已看到了事物死与生或方与圆的变化，却不了解道是变化的根本原因。道遍生天地万物，自古以来就自然存在；六合空间巨大，不能超出道的范围；秋毫体积很小，成形也依赖道的作用；天下万物无不沉浮变化，但道始终不改变自己的故态；日月变化四季运行，都在道的安排下找到各自的位置；昏然无光的道似乎消亡而又无处不存；油然而生的道不具形象而又神秘莫测；万物被道畜养却毫无知觉：这里讲的道可称为万物的根本，可以用它作为认识自然的方法。

【要点二】庄子认为，一是自然规律存在一般规律与特殊规律的对立统一关系。“天地有大美而不言，四时有明法而不议，万物有成理而不说。圣人者，原天地之美而达万物之理。”二是自然之道是事物变化的根本原因。“今彼神明至精，与彼百化。物已死生方圆，莫知其根也。”三是自然之道是客观存在而又抽象无形的。“惛然若亡而存；油然不形而神；万物畜而不知。”四是自然之道是认识客观世界的根本方法。“此之谓本根，可以观于天矣！”

【原文三】啮缺问道乎被衣，被衣曰：“若正汝形，一汝视，天和将至；摄汝知，一汝度，神将来舍。德将为汝美，道将为汝居。汝瞳焉如新生之犊而无求其故。”言未卒，啮缺睡寐。被衣大说，行歌而去之，曰：“形若槁骸，心若死灰，真其实知，不以故自持。媒媒晦晦，无心而不可与谋。彼何人哉！”

【译解三】啮缺向被衣请教自然之道，被衣说：“若端正你的形体，集中你的精力到一点，自然和谐的道便会到来你的跟前；收敛你的心智，集中你的思量到一点，神秘莫测的道就会来到你的心中。自然之德将为你的面貌扮美，自然之道将在你的心中定居。你的瞳仁如新生牛犊那样幼稚无邪。”被衣的话还没说完，啮缺便已睡着。被衣见了十分高兴，唱着歌儿离去，说：“形体犹如枯骸，内心犹如死灰，这个样子真实地反映了他内心的朴实，不因某些缘故矜持。浑浑噩噩，他无心再问就不需要与他再讨论了。那是什么人啊！”

【要点三】庄子认为，只要集中注意力，认真思考，就可以理解并掌握道。是否得道，可以从无邪的眼睛里看出来。“若正汝形，一汝视，天和将至；摄汝知，一汝度，神将来舍。德将为汝美，道将为汝居。汝瞳焉如新生之犊而无求其故。”

【原文四】舜问乎丞：“道可得而有乎？”曰：“汝身非汝有也，汝何得有夫道！”舜曰：“吾身非吾有也，孰有之哉？”曰：“是天地之委形也；生非汝有，是天地之委和也；性命非汝有，是天地之委顺也；子孙非汝有，是天地之委蜕也。故行不知所往，处不知所持，食不知所味。天地之强阳气也，又胡可得而有邪！”

【译解四】舜向丞请教说：“道可以获得而据有吗？”丞说：“你的身体都不是你所据有，你怎么能够获得那个道呢？”舜说：“我的身体不是由我所有，那谁会拥有我的身体呢？”丞说：“这是天地把形体委托给你的；生命并非你所有，这是天地委托给你形体时加上去的；性命也不是你所有，这是天地把形体委托给你时顺带的；子孙也不是你所有，这是天地所给你的形体蜕变的。所以行走不知去哪里，居住不知所处之地，吃饭不知什么味。天地之间强势的东西是阳气，又怎么可以让你获得道而将其据有呢？”

【要点四】庄子认为，道与形体、生命和本性一样，都是天地委托给人类的。“汝身非汝有也，汝何得有夫道！”“是天地之委形也；生非汝有，是天地之委和也；性命非汝有，是天地之委顺也；子孙非汝有，是天地之委蜕也。”生活经验告诉我们，幼儿的逻辑思维能力是天生的，而逻辑思维属于道的范畴。

【原文五】孔子问于老聃曰：“今日晏闲，敢问至道。”老聃曰：“汝齐戒，疏瀹而心，澡雪而精神，掊击而知。夫道，窅然难言哉！将为汝言其崖略：夫昭昭生于冥冥，有伦生于无形，精神生于道，形本生于精，而万物以形相生。故九窍者胎生，八窍者卵生。其来无迹，其往无崖，无门无房，四达之皇皇也。邀于此者，四肢强，思虑恂达，耳目聪明。其用心不劳，其应物无方，天不得不高，地不得不广，日月不得不行，万物不得不昌，此其道与！且夫博之不必知，辩之不必慧，圣人以断之矣！若夫益之而不加益，损之而不加损者，圣人之所保也。渊渊乎其若海，魏魏乎其终则复始也。运量万物而不匮。则君子之道，彼其外与！万物皆往资焉而不匮。此其道与！”

【译解五】孔子对老聃说：“今天安居闲暇，向你请教至道。”老聃说：“你先要斋戒洁身，疏渍清心，洗雪精神，放弃小聪明！那个道呢，真是深邃奥妙难以言表啊！不过我将为你说个大略。往往是明亮相对产生于昏暗，有形相对产生于无形，（已知）精神相对产生于（未知）道，庞大形体相对产生于精微之气，而且万物以各自特殊的形体相对产生和存在于一般物体。所以九窍动物是胎生的，八窍动物是卵生的。道来没有踪迹，道去没有际涯。不知道进出的门和停留的房子在哪里，只知它通达广阔的四方。邀约道的人，四肢强健，思想通达，耳目聪明；用心而不操劳精神，处事而不讲究方式。天不得道不会高远，地不得道不会广大，日月不得道不会运行，万物不得道不会昌盛，这些都与道有关系啊！再说博学的人不一定机智，善辩的人不一定透彻，哲人用道与他们划清了界限！如果增益了而不更加增益，减损了而不更加减损，那便是哲人所要坚守的适度原则。深邃莫测呀它像大海一样，风浪高大呀它的终结意味着重新开始。主宰万物而不乏力。那么世俗君子奉行的道，相对于辩证之道都是些皮毛啊！天地万物都从它那里获取资助而不匮乏，这就是你问的至道啊！”

【要点五】庄子认为，一是事物都是对立的统一体，自然之道就是对立统一规律，是辩证法的核心，即所谓至道。“夫昭昭生于冥冥，有伦生于无形，精神生于道，形本生于精，而万物以形相生。”二是自然之道是抽象的无形无迹的。“其来无迹，其往无崖，无门无房，四达之皇皇也。”三是自然之道的作用无所不在。“邀于此者，四肢强，思虑恂达，耳目聪明。其用心不劳，其应物无方，天不得不高，地不得不广，日月不得不行，万物不得不昌，此其道与！”“运量万物而不匮。”四是自然之道与适度原则一致。“若夫益之而不加益，损之而不加损者，圣人之所保也。”五是圣人的辩证之道是根本大道，君子的治国之道是皮毛智巧。“则君子之道，彼其外与！”

【原文六】“中国有人焉，非阴非阳，处于天地之间，直且为人，将反于宗。自本观之，生者，喑噫物也。虽有寿夭，相去几何？须臾之说也，奚足以为尧、桀之是非！果蓏有理，人伦虽难，所以相齿。圣人遭之而不违，过之而不守。调而应之，德也；偶而应之，道也。帝之所兴，王之所起也。”

【译解六】中原地区有个人，秉性不阴不阳，生活在天地之间，暂时还算是人样，也终将返回他的本初状态。从根本上说，人的诞生，乃是道的郁结之物。寿年虽有长短，相差又有多少呢？说起来只是须臾之间，有何充足理由分清唐尧和夏桀的是非呢！瓜果外形不同却有相同的内在生长规律，分清人们的社会地位虽难，但还是可以在牙齿上区分年龄大小的。哲人遇上这些事从不违拗，即使亲身经过也不会留意。和谐而顺应自然，就是自然之德；相对顺应自然之德，就是自然之道。而德与道便是帝业兴起的基础，帝王兴起的前提。

【要点六】庄子认为，自然是和谐的，人与自然顺应和谐就是德，顺德而行就是道，道德是帝王兴起的基础。“调而应之，德也；偶而应之，道也。帝之所兴，王之所起也。”

【原文七】“人生天地之间，若白驹之过隙，忽然而已。注然勃然，莫不出焉；油然寥然，莫不入焉。已化而生，又化而死。生物哀之，人类悲之。解其天韬，堕其天帙。纷乎宛乎，魂魄将往，乃身从之。乃大归乎！不形之形，形之不形，是人之所同知也，非将至之所务也，此众人之所同论也。彼至则不论，论则不至；明见无值，辩不若默；道不可闻，闻不若塞：此之谓大得。”

【译解七】“人生天地间，如白驹过隙，眨眼而逝。万物注定蓬勃，莫不遵道出生；也必定寂寥，莫不循道而死。既在道的演化下出生，又在道的演化下而死。将死的人自哀；同类的人致悲。死者解脱了自然约束，生者失去了天然亲友。纷杂宛转，无形的魂魄即将消逝，有形的身体也将随从。这是回归根本之道啊！由不具形体而变化为具有形体，再由具有形体而变化为不具形体，这是人们共同认可的道理，不是研究自然之道的人编造的道理，这是人们得到的相同结论。如果人们领悟了自然之道就不会去讨论，如果还在讨论证明人们还没有领悟到自然之道；已明心悟道就不值得再讨论了，面对那些逞舌巧辩的人不如闭口不言；悟道不可以通过口耳传闻实现，面对传闻不如塞耳不听：这样就可以称为真正懂得了自然之道。”

【要点七】庄子认为，人由精神（魂魄）世界和物质（身体）世界两部分合成，由魂魄主宰身体。魂魄与道相关联。得道只能靠自觉自悟，不可口耳相传。“纷乎宛乎，魂魄将往，乃身从之。乃大归乎！”“彼至则不论，论则不至；明见无值，辩不若默；道不可闻，闻不若塞：此之谓大得。”

【原文八】东郭子问于庄子曰：“所谓道，恶乎在？”庄子曰：“无所不在。”东郭子曰：“期而后可。”庄子曰：“在蝼蚁。”曰：“何其下邪？”曰：“在稊稗。”曰：“何其愈下邪？”曰：“在瓦甓。”曰：“何其愈甚邪？”曰：“在屎溺。”东郭子不应。庄子曰：“夫子之问也，固不及质。正获之问于监市履狶也，‘每下愈况’。汝唯莫必，无乎逃物。至道若是，大言亦然。周遍咸三者，异名同实，其指一也。尝相与游乎无何有之宫，同合而论，无所终穷乎！尝相与无为乎！澹澹而静乎！漠而清乎！调而闲乎！寥已吾志，无往焉而不知其所至，去而来不知其所止。吾往来焉而不知其所终，彷徨乎冯闳，大知入焉而不知其所穷。物物者与物无际，而物有际者，所谓物际者也。不际之际，际之不际者也。谓盈虚衰杀，彼为盈虚非盈虚，彼为衰杀非衰杀，彼为本末非本末，彼为积散非积散也。”

【译解八】东郭子向庄子请教说：“人们所说的道，究竟在哪里呢？”庄子说：“大道无所不在。”东郭子曰：“不能这样笼统地说而要具体地告诉我才可以。”庄子说：“在蝼蚁中。”东郭子说：“怎么在这样低下的地方？”庄子说：“在稗草里。”东郭子说：“怎么更加低下了呢？”庄子说：“在砖瓦中。”东郭子说：“怎么越来越低下了呢？”庄子说：“在屎尿里。”东郭子不再吭声。庄子说：“先生的提问，本来就没有触及道的实质。有个叫获的市场管理官员问屠夫如何了解猪的肥瘦，屠户说你观察猪的次数越多就越能了解猪肥瘦情况。你不必在某一具体事物里寻找道，没有任何事物可以逃离它。最根本的规律是这样，最基本的理论也是这样。在遍及事物、规律和理论这三者中，它们名称各异而实质相同，都是指向一样的道。试请你相伴我去没有任何具体事物的抽象之宫神游，我俩采用相同的思维方式讨论抽象的道，以至于没有终结和穷尽啊！试请你相伴我无为俗事啊！平淡无奇而宁静啊！欲望淡漠而清爽啊！谐调万物而安闲啊！

我的心思已经抽象化了，没有向往的具体目标而不知到哪里去，离去后随即归来也不知具体停留在哪里。我抽象的心思往来徘徊而不知哪里是具体归宿，彷徨在抽象的闳阔之际，具有大智慧的人进入道的范畴后也不能意识到它的边缘。各种个别事物与同类事物之间是没有边际线的（事物之间的统一性），而事物之间存在边际线的，就是所谓的具体事物之间的差异（事物之间的对立性）。事物之间既有统一性又有对立性，或者既有对立性又有统一性。如果用这个对立统一法则看待人们常说的盈满、虚弱、衰退、亏损，那么你就会发现主观上认为盈虚而客观上并非盈虚，主观上认为衰杀而客观上并非衰杀，主观上认为是本末关系而客观上并非本末关系，主观上认为是聚散情况而客观上并非聚散情况。"

【要点八】庄子认为，一是要正确认识事物性质和规律，必须深入事物细节，多作调查研究。"正获之问于监市履狶也，'每下愈况'。"二是事物之间的关系是对立统一的辩证关系。"物物者与物无际，而物有际者，所谓物际者也。不际之际，际之不际者也。"

【原文九】妸荷甘与神农学于老龙吉。神农隐几，阖户昼瞑。妸荷甘日中奓户而入，曰："老龙死矣！"神农隐几拥杖而起，嚗然放杖而笑，曰："天知予僻陋谩诞，故弃予而死。已矣，夫子无所发予之狂言而死矣夫！"弇堈吊闻之，曰："夫体道者，天下之君子所系焉。今于道，秋毫之端万分未得处一焉，而犹知藏其狂言而死，又况夫体道者乎！视之无形，听之无声，于人之论者，谓之冥冥，所以论道而非道也。"

【译解九】妸荷甘和神农一起在老龙吉那里学习。神农大白天伏在几案上、关着门睡觉。中午时分，妸荷甘推门而入，说："老龙吉死了！"神农抱着拐杖站起身来，啪的一声丢下拐杖而笑，说："老天爷知道我孤陋荒诞，所以老龙吉丢下我而死去了。完了，先生还没有给我讲直话怎么就死去了呢！"弇堈吊知道了这件事，说："能体悟道的人，与天下君子都有联系。如今老龙吉对于道，连毫毛末端的万分之一也未能得到，还懂得隐藏他的直话而死去，又何况真正体悟道的人呢！抽象的道看上去没有形体，听起来没有声音，对于人们所谈论的道，可以说是昏暗不明的，所以把道说得具体了就不是抽象的道了。”

【要点九】 庄子认为，道是抽象无形的。“视之无形，听之无声，于人之论者，谓之冥冥，所以论道而非道也。”

【原文十】 于是泰清问乎无穷，曰：“子知道乎?”无穷曰：“吾不知。”又问乎无为，无为曰：“吾知道。”曰：“子之知道，亦有数乎?”曰：“有。”曰：“其数若何?”无为曰：“吾知道之可以贵、可以贱、可以约、可以散，此吾所以知道之数也。”泰清以之言也问乎无始，曰：“若是，则无穷之弗知与无为之知，孰是而孰非乎?”无始曰：“不知深矣，知之浅矣；弗知内矣，知之外矣。”于是泰清仰而叹曰：“弗知乃知乎，知乃不知乎！孰知不知之知?”无始曰：“道不可闻，闻而非也；道不可见，见而非也；道不可言，言而非也！知形形之不形乎！道不当名。”无始曰：“有问道而应之者，不知道也；虽问道者，亦未闻道。道无问，问无应。无问问之，是问穷也；无应应之，是无内也。以无内待问穷，若是者，外不观乎宇宙，内不知乎大初。是以不过乎昆仑，不游乎太虚。”

【译解十】 于是，泰清向无穷请教：“你知晓道吗?”无穷回答：“我不知晓。”又问无为。无为回答说：“我知晓道。”泰清又问：“你知晓道，也有例数说明吗?”无为说：“有。”泰清说：“道的例数是什么呢?”无为说：“我知晓道可以尊贵，也可以卑贱，可以集约，也可以离散，这就是我所了解的道的例数。”泰清将这些话再去问无始，说：“如果这样，那么无穷的不知晓和无为的知晓，谁对谁错呢?”无始说：“说不知晓的是思虑深奥，说知晓的是思虑浅薄；说不知晓的处于道的范围内，说知晓的处于道的范围外。”于是泰清仰天叹息，说：“说不知晓的其实是知晓啊！说知晓的其实是不知晓啊！有谁懂得说不知晓的其实是知晓呢?”无始说：“抽象的道不可能听到，能听到的就不是道；抽象的道不可能看见，能看见的就不是道；抽象的道不可能言传，能言传的就不是道！要懂得有形之物之所以有形正是产生于无形的道啊！给道这个概念不好下定义。”无始又说：“有人询问道随口便答的，乃是不懂道的；虽是询问道的人，也未了解道。道无须询问，问了也无从回答。无须询问却一定要问，这是询问者的理由穷尽；无从回应却勉强回应，这是回应者未进入道的范围内。以没有进入道的范围内的人对待询问道的理由穷尽的人，如果是这样的人，对外不能观察宇宙，对内不能了解根源，所以不能超越昆仑，不能遨游太空。”

【要点十】庄子进一步强调道是抽象的。“道不可闻，闻而非也；道不可见，见而非也；道不可言，言而非也！知形形之不形乎！道不当名。”

【原文十一】光曜问乎无有曰：“夫子有乎？其无有乎？”光曜不得问而孰视其状貌：窅然空然。终日视之而不见，听之而不闻，搏之而不得也。光曜曰：“至矣，其孰能至此乎！予能有无矣，而未能无无也。及为无有矣，何从至此哉！”

【译解十一】光曜问无有：“先生你是有形呢？还是无有形呢？”光曜不得所问便仔细地观察无有（道）的形状容貌：深邃空虚，整天看它见不到，听它听不到，捉它摸不着。光曜说：“认识到了，无有是通过什么途径认识到呢！我能够从有形物的基础上认识到无形的道，但未能从无形物的基础上认识到无形的道。等认识到了无形的道却仍然基于有形的物，从哪儿认识以无物为基础的道啊！”

【要点十一】庄子认为，无形的道（认识论）都是通过有形的物认识到的。“予能有无矣，而未能无无也。及为无有矣，何从至此哉！”

【原文十二】大马之捶钩者，年八十矣，而不失豪芒。大马曰：“子巧与！有道与？”曰：“臣有守也。臣之年二十而好捶钩，于物无视也，非钩无察也。是用之者假不用者也，以长得其用，而况乎无不用者乎！物孰不资焉！”

【译解十二】大司马家锻制带钩的老匠人，年纪八十了，却没有丝毫失误。大司马说：“你这手艺是与灵巧有关呢，还是与门道有关呢？”匠人说：“我有实践经验之道循守。我二十岁爱好锻制带钩，无视其他事物，只是专注带钩。捶钩要使用一部分精力再假借其他不用的精力，而且将全部精力长期用在捶钩上，更何况实际上无不经常使用啊！捶钩材料及其工具哪有不资助我的道理！”

【要点十二】庄子认为，对道的认识和运用都是从实践中获得的。“臣之年二十而好捶钩，于物无视也，非钩无察也。是用之者假不用者也，以长得其用，而况乎无不用者乎！物孰不资焉！”

【原文十三】冉求问于仲尼曰：“未有天地可知邪？”仲尼曰：“可。古犹今也。”冉求失问而退。明日复见，曰：“昔者吾问‘未有天地可知乎？’夫子曰：‘可。古犹今也。’昔日吾昭然，今日吾昧然。敢问何谓也？”仲尼曰：“昔之昭然也，神者先受之；今之昧然也，且又为不神者求邪！无古无今，无始无终。未有子孙而有孙子可乎？”冉求未对。仲尼曰：“已矣，末应矣！不以生生死，不以死死生。死生有待邪？皆有所一体。有先天地生者物邪？物物者非物，物出不得先物也，犹其有物也。犹其有物也，无已！圣人之爱人也终无已者，亦乃取于是者也。”

【译解十三】冉求向孔子请教：“天地产生以前的情况可以知道吗？”孔子说：“可以。古时候就像今天一样。”冉求不满意回答而退出。次日再见孔子，说：“昨天我问‘天地产生以前的情况可以知道吗？’先生回答说：‘可以。古时候就像今天一样。’昨天我心里还很明白，今天又糊涂了。请问先生说的是什么意思呢？”孔子说：“昨天你明白，是因为你的心灵先领悟了；今天你糊涂了，是因为你有所领悟的心灵又被不同的东西取代了！没有远古就没有当今，没有开始就没有终结。原本没有子孙而现今有了子孙可能吗？”冉求不能回答。孔子说：“算了，不必回答了！不要为了生而使死者复生，不要为了死而使生者去死。死与生相互依存吗？死与生在生命过程中是对立的统一体。有先于天地而产生的有形物体吗？使天地万物成为有形物体的东西并不是有形物体，天地万物产生之先不存在有形物体，但它还是应该有某种不可见的物质。对这种不可见的物质，无法穷尽源头！哲人的爱心也是没有止境的，这也是取法于自然之道。”

【要点十三】庄子认为，一、死与生在生命过程中是对立的统一体，不要人为地干扰这个过程。“不以生生死，不以死死生。死生有待邪？皆有所一体。”二、宇宙的始终都是无限的，人的意识也是无限的。“物物者非物，物出不得先物也，犹其有物也。犹其有物也，无已！圣人之爱人也终无已者，亦乃取于是者也。”

【原文十四】颜渊问乎仲尼曰：“回尝闻诸夫子曰：‘无有所将，无有所迎。’回敢问其游。”仲尼曰：“古之人外化而内不化，今之人内化而外不化。与物化者，一不化者也。安化安不化？安与之相靡？必与之莫多。狶韦氏之囿，黄帝之圃，有虞氏之宫，汤武之室。君子之人，若儒墨者师，故以是非相赍也，而况今之人乎！圣人处物不伤物。不伤物者，物亦不能伤也。唯无所伤者，为能与人相将迎。山林与，皋壤与，使我欣欣然而乐与！乐未毕也，哀又继之。哀乐之来，吾不能御，其去弗能止。悲夫，世人直为物逆旅耳！夫知遇而不知所不遇，知能能而不能所不能。无知无能者，固人之所不免也。夫务免乎人之所不免者，岂不亦悲哉！至言去言，至为去为。齐知之所知，则浅矣。”

【译解十四】颜渊问于孔子说：“我曾听先生说：‘没有什么送走的，就没有什么迎来的。’请问先生这个怎样理解。”孔子说：“古人适应身外事物的送迎变化而坚持内心的辩证法则，今人不坚持内心的辩证法则而不能适应身外事物的送迎变化。适应身外事物送迎变化的人，其内心必然坚持一定之规不变。在什么情况下应该变化在什么情况下不应该变化？怎么与身外事物磨合适应？必须与身外事物的变化相称而不能过分。狶韦氏的围场，黄帝的果园，虞舜的宫室，商汤王周武王的房舍（都是他们践行辩证法则的结果）。那些称作君子的人，如儒家墨家之流的先生，以是非观念来相互诋毁，何况是现在的人呢！哲人与身外事物相处却不伤身外事物。不伤害身外事物的人，身外事物也不会伤害他。唯有无所伤害的哲人，能够适应他人的送走迎来变化。那些山林秀色，旷野美景，使我感到欢欣而快乐！因身外事物导致的欢乐还未消逝，同样因身外事物而导致的悲哀接着到来。悲哀与欢乐的到来，我不能阻挡，悲哀与欢乐的离去，我也不能制止。可悲啊，世人简直是供给身外事物栖息的旅舍罢了。人们知道已经遇到了什么却不知道不会遇到什么，知道能够做自身能力所及的事而不能做自身能力所不及的事。不知道与不能够，这二首本来就是人们难以避免的。一定要人们避免他不能避免的事，难道不可悲吗！最好的言论是什么也不说，最好的行动是什么也不做。要把每个人的认识提高到同一认知水平，这种想法实在浅陋了。”

【要点十四】庄子认为，一、只有心中坚持辩证法则的人才能够适应事物的变化。“古之人外化而内不化，今之人内化而外不化。与物化者，一不化者也。安化安不化？安与之相靡？必与之莫多。”二、无知和无能的情况是人所难免的，要把人们的认识提高到相同的水平是不可能的。“无知无能者，固人之所不免也。”“齐知之所知，则浅矣。”

《知北游》内容小结

一、有关认识论观点

1. 认识的唯物性。庄子认为，道与形体、生命和本性一样，都是天地委托给人类的。“汝身非汝有也，汝何得有夫道！”“是天地之委形也；生非汝有，是天地之委和也；性命非汝有，是天地之委顺也；子孙非汝有，是天地之委蜕也。”生活经验告诉我们，幼儿的逻辑思维能力是天生的，而逻辑思维属于道的范畴。庄子认为，无形的道都是通过有形的物认识到的。“予能有无矣，而未能无无也。及为无有矣，何从至此哉！”庄子认为，宇宙的始与终都是无限的，人的意识也是无限的。“物物者非物，物出不得先物也，犹其有物也。犹其有物也，无已！圣人之爱人也终无已者，亦乃取于是者也。”

2. 认识的局限性。庄子认为，无知和无能的情况是客观存在而人所难免的，要把人们的认识提高到相同的水平是不可能的。“无知无能者，固人之所不免也。”“齐知之所知，则浅矣。”

3. 认识的能动性。庄子认为，只要集中注意力，认真思考，就可以理解并掌握道。是否得道，可以从无邪的眼睛里看出来。“若正汝形，一汝视，天和将至；摄汝知，一汝度，神将来舍。德将为汝美，道将为汝居。汝瞳焉如新生之犊而无求其故。”庄子认为，人由精神（魂魄）世界和物质（身体）世界两部分合成，由魂魄主宰身体。魂魄与道相关联。得道只能靠自觉自悟，不可口耳相传。“纷乎宛乎，魂魄将往，乃身从之。乃大归乎！”“彼至则不论，论则不至；明见无值，辩不若默；道不可闻，闻不若塞：此之谓大得。”

4. 认识的无限性。庄子认为，宇宙的始与终都是无限的，人的意识也是无限的。“物物者非物，物出不得先物也，犹其有物也。犹其有物也，无已！圣人之爱人也终无已者，亦乃取于是者也。”

5. 认识的实践性。庄子认为，要正确认识事物性质和规律，必须深入事物细节，多调查研究。“正获之问于监市履狶也，‘每下愈况’。”庄子认为，对道的认识和运用都是从实践中获得的。“臣之年二十而好捶钩，于物无视也，非钩无察也。是用之者假不用者也，以长得其用，而况乎无不用者乎！物孰不资焉！”

6. 认识的渐进性。庄子认为，人们对道的认识和实践有三个逐步提高的层次：了解认识为知道、处世践行为合道、人道一体为得道，只有达到第三个层次主观无为状态，才是理想状态。“无思无虑始知道，无处无服始安道，无从无道始得道。”

二、有关辩证法观点

（一）辩证法的范畴

1. 一般与特殊。庄子认为，自然规律存在一般规律与特殊规律的对立统一关系。“天地有大美而不言，四时有明法而不议，万物有成理而不说。圣人者，原天地之美而达万物之理。”

2. 对立与统一。庄子认为，事物都是对立的统一体，自然之道就是对立统一规律，是辩证法的核心。“夫昭昭生于冥冥，有伦生于无形，精神生于道，形本生于精，而万物以形相生。”庄子在第八节认为，事物之间的关系是对立统一的辩证关系。“物物者与物无际，而物有际者，所谓物际者也。不际之际，际之不际者也。”庄子认为，死与生在生命过程中是对立的统一体，不要人为地干扰这个过程。“不以生生死，不以死死生。死生有待邪？皆有所一体。”

3. 量变与质变。庄子认为，自然之道与适度原则一致的。“若夫益之而不加益，损之而不加损者，圣人之所保也。”

（二）辩证法的特征

1. 功用性。庄子认为，自然之道是事物变化的根本原因。“今彼神明至精，与彼百化。物已死生方圆，莫知其根也。”庄子认为，自然之道的作用无所不在。“邀于此者，四肢强，思虑恂达，耳目聪明。其用心不劳，其应物无方，天不得不高，地不得不广，日月不得不行，万物不得不昌，此其道与!”“运量万物而不匮。”庄子认为，自然是和谐的，人与自然顺应谐调就是德，顺德而行就是道，道德是帝王兴起的基础。“调而应之，德也；偶而应之，道也。帝之所兴，王之所起也。”庄子认为，只有心中坚持辩证法则的人才能够适应事物的变化。“古之人外化而内不化，今之人内化而外不化。与物化者，一不化者也。安化安不化？安与之相靡？必与之莫多。”

2. 客观性。庄子认为，自然之道是客观存在而又抽象无形的。“惛然若亡而存；油然不形而神；万物畜而不知。”

3. 根本性。庄子认为，自然之道是认识客观世界的根本方法。“此之谓本根，可以观于天矣!”庄子认为，圣人的辩证之法是根本大道，君子的治国之道是皮毛智巧。“则君子之道，彼其外与！万物皆往资焉而不匮。此其道与!”

4. 抽象性。庄子认为，自然之道是抽象的无形无迹的。“其来无迹，其往无崖，无门无房，四达之皇皇也。”庄子认为，道是抽象无形的。“视之无形，听之无声，于人之论者，谓之冥冥，所以论道而非道也。”庄子进一步强调道是抽象的。“道不可闻，闻而非也；道不可见，见而非也；道不可言，言而非也！知形形之不形乎！道不当名。”

三、其他观点

对儒家的批判。庄子认为，儒家不讲道德而提倡仁义礼，这是舍本求末之举。“故曰：‘失道而后德，失德而后仁，失仁而后义，失义而后礼。’礼者，道之华而乱之首也。”所以道家反其道而行之：“故曰：‘为道者日损，损之又损之，以至于无为。无为而无不为也。’”

杂篇·庚桑楚

【原文一】老聃之役有庚桑楚者，偏得老聃之道，以北居畏垒之山，其臣之画然知者去之，其妾之挈然仁者远之；拥仲之与居，鞅掌之为使。居三年，畏垒大壤。畏垒之民相与言曰："庚桑子之始来，吾洒然异之。今吾日计之而不足，岁计之而有余。庶几其圣人乎！子胡不相与尸而祝之，社而稷之乎？"

庚桑子闻之，南面而不释然。弟子异之。庚桑子曰："弟子何异于予？夫春气发而百草生，正得秋而万宝成。夫春与秋，岂无得而然哉？天道已行矣。吾闻至人，尸居环堵之室，而百姓猖狂不知所如往。今以畏垒之细民而窃窃焉欲俎豆予于贤人之间，我其杓之人邪！吾是以不释于老聃之言。"弟子曰："不然。夫寻常之沟，巨鱼无所还其体，而鲵鳅为之制；步仞之丘陵，巨兽无所隐其躯，而蘖狐为之祥。且夫尊贤授能，先善与利，自古尧舜以然，而况畏垒之民乎！夫子亦听矣！"

庚桑子曰："小子来！夫函车之兽，介而离山，则不免于网罟之患；吞舟之鱼，砀而失水，则蚁能苦之。故鸟兽不厌高，鱼鳖不厌深。夫全其形生之人，藏其身也，不厌深眇而已矣，且夫二子者，又何足以称扬哉！是其于辩也，将妄凿垣墙而殖蓬蒿也。简发而栉，数米而炊，窃窃乎又何足以济世哉！举贤则民相轧，任知则民相盗。之数物者，不足以厚民。民之于利甚勤，子有杀父，臣有杀君，正昼为盗，日中穴阫。吾语女，大乱之本，必生于尧舜之间，其末存乎千世之后。千世之后，其必有人与人相食者也！"

【译解一】老聃有个弟子叫庚桑楚，独得老聃的思想方法，居住在北边的畏垒山，奴仆中有炫耀才智的人离他而去，侍婢中有喜欢标榜仁义的人躲他而走；只有敦厚朴实的人跟他住在一起，只有直率的人能够做他的役仆。居住三年，畏垒山地区大丰收。畏垒山地区的民众相互传言："庚桑楚刚来畏垒山，我们都感到诧异。如今我们每天计算收入虽嫌不足，但每年总计收益还富足有余。庚桑楚几乎就是圣人了！大家何不立个塑像供奉他，像土地神一样祭祀呢？"

庚桑先生听说后，面朝南方，心里很不自在。弟子们感到奇怪。庚桑先生说："你们有什么奇怪呢？春天阳气勃发百草生长，秋天作物顺时万实成熟。那个春华与秋实的变化，岂是无道可循而能这样的？这是自然规律支配变化的结果。我听说道德高人，像死人一样生活在小斗室内，而百姓任性也不知道如何管理。如今畏垒山地区的小民私下议论想把我供奉在贤人行列，我就成为众人注目的斗柄一样的人了！我正是因为这样才感觉到有违老聃的教诲。”弟子说：“不是这样的。那个寻常小沟里，大鱼没有什么办法转身，而泥鳅却能因地制宜；一步高的丘陵，巨兽没有办法隐藏它的身躯，而妖狐却觉得是安详之地。况且尊重贤才授权能人，以善为先给人利禄，从尧舜时代起就是这样，何况畏垒山地区的百姓呢！先生还是顺从大家的心意吧！”

庚桑先生说：“小子来听着！口能含车的巨兽，孤独地离开山野，那就不能免于罗网的祸患；口能吞舟的大鱼，一旦被波浪荡出水体，小小的蚂蚁也会使它感到困苦。所以鸟兽不厌山高，鱼鳖不厌水深。具有健全外形和内心的人，能够隐匿自己的身体，不怕深幽高远而已。至于尧舜两位先圣，又哪里值得称赞褒扬呢！因为尧舜那样分辨善恶贤愚，就像是在乱挖院墙而种蓬蒿。选择几根头发来梳理，点数几粒小米来煮饭，做事这样精细何以足够救济世人呢！举荐贤才民众就会互相倾轧，任用智士民众就会互相盗窃。这几种做法，都不足以给民众好处。人们追求私利太积极，有子杀父的，有臣杀君的，正午抢劫，日中穿墙。我告诉你，天下大乱的根源，必定产生于尧舜时代，它的尾声将存在于千世帝王之后。千世之后，到那时一定还会出现人吃人的情况哩！”

【要点一】庄子认为，一、春去秋来，天道以行。“夫春气发而百草生，正得秋而万宝成。夫春与秋，岂无得而然哉？天道已行矣。”二、凡是身心健全的人都是善于隐藏不露的人。“夫全其形生之人，藏其身也，不厌深眇而已矣。”三、举贤任智不足以济世，还扩大了人与人之间的差别，这是社会矛盾产生的重要根源。“举贤则民相轧，任知则民相盗。之数物者，不足以厚民。”四、人们对物质利益的争夺，是社会大乱的根本原因。“民之于利甚勤，子有杀父，臣有杀君，正昼为盗，日中穴阫。吾语女，大乱之本，必生于尧舜之间，其末存乎千世之后。千世之后，其必有人与人相食者也！”

【原文二】南荣趎蹴然正坐曰：“若趎之年者已长矣，将恶乎托业以及此言邪？”庚桑子曰：“全汝形，抱汝生，无使汝思虑营营。若此三年，则可以及此言矣。”南荣趎曰：“目之与形，吾不知其异也，而盲者不能自见；耳之与形，吾不知其异也，而聋者不能自闻；心之与形，吾不知其异也，而狂者不能自得。形之与形亦辟矣，而物或间之邪？欲相求而不能相得？今谓趎曰：‘全汝形，抱汝生，勿使汝思虑营营。’趎勉闻道达耳矣！”庚桑子曰：“辞尽矣。曰奔蜂不能化藿蠋，越鸡不能伏鹄卵，鲁鸡固能矣。鸡之与鸡，其德非不同也，有能与不能者，其才固有巨小也。今吾才小，不足以化子，子胡不南见老子？”

南荣趎赢粮，七日七夜至老子之所。老子曰：“子自楚之所来乎？”南荣趎曰：“唯。”老子曰：“子何与人偕来之众也？”南荣趎惧然顾其后。老子曰：“子不知吾所谓乎？”南荣趎俯而惭，仰而叹曰：“今者吾忘吾答，因失吾问。”老子曰：“何谓也？”南荣趎曰：“不知乎？人谓我朱愚。知乎？反愁我躯。不仁则害人，仁则反愁我身；不义则伤彼，义则反愁我己。我安逃此而可？此三言者，趎之所患也，愿因楚而问之。”老子曰：“向吾见若眉睫之间，吾因以得汝矣，今汝又言而信之。若规规然若丧父母，揭竿而求诸海也。女亡人哉，惘惘乎！汝欲反汝情性而无由入，可怜哉！”

南荣趎请入就舍，召其所好，去其所恶，十日自愁，复见老子。老子曰：“汝自洒濯，熟哉郁郁乎！然而其中津津乎犹有恶也。夫外韄者不可繁而捉，将内揵；内韄者不可缪而捉，将外揵。外内韄者，道德不能持，而况放道而行者乎！”

南荣趎曰：“里人有病，里人问之，病者能言其病，然其病病者，犹未病也。若趎之闻大道，譬犹饮药以加病也，趎愿闻卫生之经而已矣。”老子曰：“卫生之经，能抱一乎？能勿失乎？能无卜筮而知吉凶乎？能止乎？能已乎？能舍诸人而求诸己乎？能翛然乎？能侗然乎？能儿子乎？儿子终日嗥而嗌不嗄，和之至也；终日握而手不掜，共其德也；终日视而目不瞚，偏不在外也。行不知所之，据不知所为，与物委蛇，而同其波：是卫生之经已。”

南荣趎曰：“然则是至人之德已乎？”曰：“非也。是乃所谓冰解冰释者能乎？夫至人者，相与交食乎地而交乐乎天，不以人物利害相撄，不相与为怪，不相与为谋，不相与为事，翛然而往，侗然而来。是谓卫生之经已。”曰：“然则是至乎？”曰：“未也。吾固告汝曰：‘能儿子乎？’儿子动不知所为，行不知所之，身若槁木之枝而心若死灰。若是者，祸亦不至，福亦不来。祸福无有，恶有人灾也！”

【译解二】 南荣趎就近端正地坐着，说："像我这样年纪大的人，将怎样学习才能达到你说的要求呢？"庚桑先生说："保全你的身体，护养你的天性，不要使你的心思为私利忙碌。如此坚持三年，就可以达到我说的要求了。"南荣趎说："眼睛长在身体上，我看不出有什么不同，而盲人自己却看不见；耳朵长在身体上，我看不出有什么不同，而聋子自己却听不见；心脏长在每个人的身体上，我看不出有什么不同，而疯人自己却不能把持。身体与身体之间原本是相通的，但出现不同的感觉是外物的离间呢？还是希望获得而没有能力获得呢？如今先生对我说：'保全你的身体，护养你的天性，不要使你的思想为私利忙碌。'我只不过勉强听进耳朵里了！"庚桑先生说："我的话说尽了。小土蜂不能孵出豆叶虫，越鸡不能孵化天鹅蛋，而鲁鸡却能够做到。此鸡与彼鸡，它们的天性并没有什么不同，有的能做到有的不能做到，是因为它们的能力原本就有大小。今天就说我的才能小吧，不足以教化先生，先生何不到南方去拜见老子呢？"

南荣趎带足干粮，走了七天七夜来到老子的住所。老子说："你是从庚桑楚那儿来的吧？"南荣趎说："是的。"老子说："怎么跟你一块儿来的人如此多呢？"南荣趎恐惧地回头看自己的身后。老子说："你不知道我所说的意思吗？"南荣趎低下头来羞惭满面，而后仰面叹息："现在我已忘记了我应该怎样回答，因为我忘掉了我的提问。"老子说："什么意思呢？"南荣趎说："没有智慧，人们说我愚昧。有了智慧，反而忧愁自身。不仁便会伤害他人，有仁反而忧愁自身。不义便会伤害别人，有义反而忧愁自身。这三句话反映的问题，正是我担忧的事，希望因为庚桑楚的引荐而获得赐教。"老子说："刚来时，我察看你眉宇之间，也就借此了解到你的心思，如今你的谈话更证明我的理解可信。你失神的样子如失去了父母，如举着竹竿探测大海。你是个丧失了天性的人啊，是那么迷惘！你想返回你的本性却不知道从哪里做起，实在是值得同情啊！"

南荣趎请进学馆住下，恢复自己所好，舍弃自己所恶，十天了还是发愁，再去拜见老子。老子说："你对自己的内心作了反省，应该思考成熟了怎么还郁郁不乐啊！由此看来在你心中还是有邪念不断冒出。来自外部牵挂为他人着想的不可繁杂而坚持，否则内心必将闩塞不通；来自内心牵挂为自己着想的不可杂乱而持续，否则外部必定闩塞不通。外部牵挂和内心牵挂太多太乱的人，道德自然不能持守，何况是仿道而行的人呢！"

南荣趎说："邻里有人生了病，乡邻熟人询问他，病人能够说明自己的病情，能够把自己的病情说得清楚的病人，那就不是生了重病。像我这样听闻了大道，好像服用了药物加重了病情，我只希望听到保养天性的经验罢了。"老子说："保养天性的方法，能够使身体和精神合二为一吗？能够不失去什么吗？能够不用卜筮而知道吉凶吗？能够满足吗？能够作罢吗？能够舍弃于人而求取于已吗？能够自由自在吗？能够心神宁静吗？能够像婴儿那样纯真吗？婴儿整天啼哭咽喉却不会嘶哑，这是天性和谐的顶点；整天握着小手而不松开，这是天性使然；整天瞪着小眼睛不眨巴，这是内心没有被外界扰动的表现。行动不知去哪里，停下不知做什么，接触事物随顺应合，如同随波逐流：这就是养性的经验了。"

南荣趎说："那么这样就已经达到至人之德了吗？"老子回答："不是的。实现至人之德是像所谓冰冻消解那样能够轻易做到的吗？至人的道德行为，是与人们互相联系一齐向大地寻食，又一齐向上天寻乐，不被人事及利害关系而扰乱自己，不相互责怪，不相互谋私，不相互拆台，自由自在地走了，又心神宁寂地到来。这就是所谓的养性经验。"南荣趎说："这样就达到最高境界了吗？"老子说："没有。我原本就告诉过你：'能够像婴儿那样纯真吗？'婴儿活动不知道他要干什么，行走不知道去哪里，身体像枯树枝丫而心思像熄尽了的死灰。像这样的人，灾祸不会到来，幸福也不会降临。祸福都没有，哪里有人为的灾祸呢！"

【要点二】庄子认为，一、德与能是两个概念，同类事物的品德相同而能力不一定相同。"鸡之与鸡，其德非不同也，有能与不能者，其才固有巨小也。"二、人生牵挂太多，道德就会动摇。"夫外韄者不可繁而捉，将内揵；内韄者不可缪而捉，将外揵。外内韄者，道德不能持，而况放道而行者乎！"三、至人的道德行为："夫至人者，相与交食乎地而交乐乎天，不以人物利害相撄，不相与为怪，不相与为谋，不相与为事，翛然而往，侗然而来。是谓卫生之经已。"四、至人养性的最高境界："儿子动不知所为，行不知所之，身若槁木之枝而心若死灰。若是者，祸亦不至，福亦不来。祸福无有，恶有人灾也！"

【原文三】宇泰定者，发乎天光。发乎天光者，人见其人，物见其物。人有修者，乃今有恒；有恒者，人舍之，天助之。人之所舍，谓之天民；天之所助，谓之天子。学者，学其所不能学也；行者，行其所不能行也；辩者，辩其所不能辩也。知止乎其所不能知，至矣；若有不即是者，天钧败之。

备物以将形，藏不虞以生心，敬中以达彼，若是而万恶至者，皆天也，而非人也，不足以滑成，不可内于灵台。灵台者，有持而不知其所持，而不可持者也。不见其诚己而发，每发而不当，业入而不舍，每更为失。为不善乎显明之中者，人得而诛之；为不善乎幽间之中者，鬼得而诛之。明乎人，明乎鬼者，然后能独行。

券内者，行乎无名；券外者，志乎期费。行乎无名者，唯庸有光；志乎期费者，唯贾人也，人见其跂，犹之魁然。与物穷者，物入焉；与物且者，其身之不能容，焉能容人！不能容人者无亲，无亲者尽人。兵莫憯于志，镆铘为下；寇莫大于阴阳，无所逃于天地之间。非阴阳贼之，心则使之也。

【译解三】 心境安泰的人，就会发出天性的光芒。能发出天性光芒的东西，如果是人就显现人性，如果是物就显现物性。人有了天性的修养，才能保持道德；只有保持道德，人们才会向往他，上天也会帮助他。人们所向往的人，称他为天民；上天辅助的人，称他为天子。学习的动机，是想学到那些不能轻易学到的东西；行走的目标，是想达到那些不能轻易达到的地方；分辨的目的，是想分辨那些不能轻易辨清的事物。知道停留在自己不知道的领域，便达到了知道的极点。如果有人不是这样，自然之道能使他败亡。

备齐各种物资以养身体，保持危机意识以对不测，敬畏心中的天性以通达外部世界。如果这样做了而各种灾祸仍然纷至沓来，那都是自然的原因，而不是人为的结果，不足以扰乱现成的观点，也不可以纳入心灵祭台。心灵祭台，就是有所坚持而不知道坚持什么，而且不可以刻意地坚持什么。不能表现真诚自我而任由观点外发，每次发出去的观点又不妥当，业已进入心中的东西就不会轻易舍弃，每次更改都会有所损失。在正午阳光下做了坏事，人人都会对他口诛笔伐；在子夜昏暗处做了坏事，鬼神对他也会口诛笔伐。正午时让人明白，子夜时让鬼也明白，如此之后方能独行于世。

遵守契约的人，行事不显名声；不遵守契约的人，志向在于期许利润。行事不显名声的人，即使平庸也有光辉；志向在于期许利润的人，只是游商而已，人们都已看清他踮起脚的危险，他自己还处之泰然。与事物顺应相通的人，事物必将依顺他；与事物对立相阻的人，他不能容物，岂能容人！不能容人的人心里没有亲人，心里没有亲人的人也就为人们所弃绝。兵器不能伤害人的心志，宝剑莫邪也只能算是下等剑；寇敌的影响不会比阴阳的影响更大，没有任何办法能够逃出天地之间。并非阴阳变化害人，而是人们的心志不能顺应阴阳变化害人。

【要点三】庄子认为，并不是外部世界变化伤害了人，而是人们的主观世界不能顺应客观变化而伤害了自己。“兵莫憯于志，镆铘为下；寇莫大于阴阳，无所逃于天地之间。非阴阳贼之，心则使之也。”

【原文四】道通。其分也，其成也毁也。所恶乎分者，其分也以备；所以恶乎备者，其有以备。故出而不反，见其鬼；出而得，是谓得死。灭而有实，鬼之一也。以有形者象无形者而定矣。

出无本，入无窍。有实而无乎处，有长而无乎本剽，有所出而无窍者有实。有实而无乎处者，宇也。有长而无本剽者，宙也。有乎生，有乎死，有乎出，有乎入，入出而无见其形，是谓天门。天门者，无有也，万物出乎无有，有不能以有为有，必出乎无有，而无有一无有。圣人藏乎是。

古之人，其知有所至矣。恶乎至？有以为未始有物者，至矣，尽矣，弗可以加矣。其次以为有物矣，将以生为丧也，以死为反也，是以分已。其次曰始无有，既而有生，生俄而死；以无有为首，以生为体，以死为尻；孰知有无死生之一守者，吾与之为友。是三者虽异，公族也。昭景也，著戴也，甲氏也，著封也，非一也。

有生黬也，披然曰移是。尝言移是，非所言也。虽然，不可知者也。腊者之有膍胲，可散而不可散也。观室者周于寝庙，又适其偃焉，为是举移是。请尝言移是。是以生为本，以知为师，因以乘是非。果有名实，因以己为质，使人以为己节，因以死偿节。若然者，以用为知，以不用为愚，以彻为名，以穷为辱。移是，今之人也，是蜩与学鸠同于同也。

【译解四】抽象的道通达天下万物。新事物的分娩出生，也就意味着旧事物的消亡。之所以厌恶新事物出生，是因为要防备旧事物消亡；之所以厌恶要防备旧事物消亡，是因为在防备旧事物消亡的过程中有无数个防备。所以出生而不消亡，那真是咄咄怪事；出生而能获得，即是获得消亡的前提。灵魂灭失而有躯壳实体，也就成了一个鬼样。把有形的躯壳想象成无形的灵魂的遗留而内心就会安定。

出生没有原因，入死没有窍门。有实际存在而无法把握它的位置，有成长过程而无法了解它的源流，不清楚如何出生而无法找到入死窍门的道是实际存在的。有实际存在而无法把握它的位置，这就是空间概念。有成长过程而无法了解它的源流，这就是时间概念。在宇宙中既有生，也有死，既有出，也有入，入出而无法看到有形的东西，这就叫作自然之门。所谓自然之门，就是没有具体形象的道，天地万物都出生于没有具体形象的自然之道，有具体形象的事物不能用有具体形象的门道来产生它，必定要产生于没有具体形象的自然门道，而没有具体形象的自然门道是一以贯之的没有具体形象。哲人的思想方法就藏在这样的自然门道里。

古代的人，他们的才智已达到一定水平。达到什么水平呢？首先有观点认为宇宙初始是没有具体事物的，这是一个最高明，最完美，无以复加的观点。其次有观点认为宇宙初始是有具体事物的，他们把一种事物的产生看作是另一种事物的丧失，把消逝看作是返回，这样的观点已经对事物变化有了正确认识。再次有观点认为宇宙初始是没有具体事物的，不久就产生了具体事物，出生不久而死去；以虚无抽象为头，以产生具体事物为体，以事物丧亡为尾。如果谁知晓具体有形与抽象无形、事物入死与事物出生是对立统一的辩证关系，我将与他成为朋友。以上三种观点虽有差异，但也有封国公族的共性；如楚国公族昭景二姓，以世代为官而显著，而屈姓甲氏，又以世代封赏而显著，他们皆为公族只是氏不同。

有人脸上生了黑斑，披发遮掩称为“移是”（移非为是）。试言移非为是，或者并非所言。到底能不能移非为是，不可预知实际效果。腊货中有牛百叶，可以分散还是不可分散也说不清。游人围绕寝庙转了一周，又上了这里的厕所，这才举例说明了移非为是。让我试说移非为是。即以天性为根本，以智慧为导师，因而能驾驭是非。果真有名有实，因而以自己的天性为主导，让他人作为自己的节制，以至于用自己的生命偿还他人的节制。如果这样，以用为智慧，以不用的为愚笨，以通达为名誉，以穷困为耻辱。移非为是，如今人们的普遍言行特点，这与知了和斑鸠共同讥笑鹍鹏那样乃是同样的无知。

【要点四】庄子认为。一、抽象的道通达天下所有具体的事物，比如事物的生与死。“道通。其分也，其成也毁也。所恶乎分者，其分也以备；所以恶乎备者，其有以备。”二、道在宇宙中是客观存在而抽象无形的。“出无本，入无窍。有实而无乎处，有长而无乎本剽，有所出而无窍者有实。有实而无乎处者，宇也。有长而无本剽者，宙也。有乎生，有乎死，有乎出，有乎入，入出而无见其形，是谓天门。天门者，无有也，万物出乎无有，有不能以有为有，必出乎无有，而无有一无有。”三、古人对道的认识有三个互相联系而有区别的观点：道是抽象的、死与生是对立的统一、生命是一个过程。“有以为未始有物者，至矣，尽矣，弗可以加矣。其次以为有物矣，将以生为丧也，以死为反也，是以分已。其次曰始无有，既而有生，生俄而死；以无有为首，以生为体，以死为尻。”四、个性与共性。“是三者虽异，公族也。”五、是与非不可以作主观和形式上的改变。“是以生为本，以知为师，因以乘是非。”

【原文五】蹍市人之足，则辞以放骜，兄则以妪，大亲则已矣。故曰，至礼有不人，至义不物，至知不谋，至仁无亲，至信辟金。彻志之勃，解心之谬，去德之累，达道之塞。贵富显严名利六者，勃志也。容动色理气意六者，谬心也。恶欲喜怒哀乐六者，累德也。去就取与知能六者，塞道也。此四六者，不荡胸中则正，正则静，静则明，明则虚，虚则无为而无不为也。道者，德之钦也；生者，德之光也；性者，生之质也。性之动，谓之为；为之伪，谓之失。知者，接也；知者，谟也；知者之所不知，犹睨也。动以不得已之谓德，动无非我之谓治，名相反而实相顺也。

羿工乎中微而拙乎使人无已誉。圣人工乎天而拙乎人。夫工乎天而俍乎人者，唯全人能之。唯虫能虫，唯虫能天。全人恶天，恶人之天，而况吾天乎人乎！一雀适羿，羿必得之，威也；以天下为之笼，则雀无所逃。是故汤以胞人笼伊尹，秦穆公以五羊之皮笼百里奚。是故非以其所好笼之而可得者，无有也。

介者拸画，外非誉也；胥靡登高而不惧，遗死生也。夫复謵不馈而忘人；忘人，因以为天人矣。故敬之而不喜，侮之而不怒者，唯同乎天和者为然。出怒不怒，则怒出于不怒矣；出为无为，则为出于无为矣。欲静则平气，欲神则顺心。有为也欲当，则缘于不得已。不得已之类，圣人之道。

【译解五】踩了市人的脚，马上道歉说自己不对，兄长踩了弟弟的脚则安慰一下，父母踩了儿女们的脚就不必说什么了。所以说，真正的礼节对人是有差别的，真正的义行是不看对象的，真正的智慧是不谋取私利的，真正的仁爱是不分亲疏的，真正的诚信是与金钱无关的。切除志向的悖乱，解除心思的荒谬，除去天德的连累，打通道路的阻塞。贵、富、显、严、名、利等六项，都是志向悖乱的原因。容、动、色、理、气、意等六项，都是心思荒谬的因素。恶、欲、喜、怒、哀、乐等六项，都是连累天德的根源。去、就、取、与、智、能等六项，都是阻塞道路的因由。上述四类六项，不在胸中动荡就能心神平正，平正就宁静，宁静就明达，明达就虚无，虚无就能主观无为而客观无所不为。自然之道，是天德钦敬的对象；生命现象，是天德投射的光华；自然之性（意识），是生命现象的本质。意识支配的肢体行动，称之行为；行为不是出于自然本性，称之为失德。知识，出自与外部接触；智慧，出自内心的谋划；具有智慧的人也有所不知，犹如斜眼所见必定有限。不得已顺从自然之道的行动叫作德，无不按照自我意识的行动叫作治，这样名义上相反的东西而实际上是相顺的。

后羿精于射中微细之物而拙于使人不赞誉自己。圣人精于自然道德而拙于社会道德。既精于自然道德而又长于社会道德，只有全人能够做到。只有虫子能够过虫子的生活，只有虫子能够保持自然本性。全人厌恶天性，是厌恶人的天性，更何况是我的天性和人性呢！一只小雀迎着后羿飞来，后羿一定会射中它，这是后羿的威力；把天下当作鸟笼，雀儿就无处可逃。因此商汤用庖厨来笼络伊尹，秦穆公用五张羊皮来笼络百里奚。因此不投其好以笼络人心而取得成功的事，从未有过。

砍断了脚的人不图修饰，因为已把毁誉置之度外；刑徒登上高处没有恐惧，因为忘掉了死生。不回应威吓而忘掉他；能够忘掉这样人的人，因此可以称作天人。所以受到敬重而不欣喜，受到侮辱而不愤怒的人，只有同自然和谐一体的人才能够这样。发怒但不是故意发怒，那么发怒也就不是出于真心发怒；有所作为但不是故意作为，那么作为也就是出于无心的作为。想要宁静就得平心静气，想要宁神就得顺心。即使有所作为也要适当，要根据客观实际不得已而为之。遵循不得已而为之的原则，也就是哲学家的思想方法。

【**要点五**】庄子认为，一、道家无为是指不因世俗而为，在世俗之外是无所不为。“此四六者，不荡胸中则正，正则静，静则明，明则虚，虚则无为而无不为也。”二、道家对道、德、生、性之间关系的解译。“道者，德之钦也；生者，德之光也；性者，生之质也。”三、知识出于实践，智慧出于谋划，智慧不等于知识。“知者，接也；知者，谟也；知者之所不知，犹睨也。”四、自然之道德与社会之道德有本质差别。“圣人工乎天而拙乎人。”五、处事要尊重客观实际，这是哲人的思想方法。“有为也欲当，则缘于不得已。不得已之类，圣人之道。”

《庚桑楚》内容小结

一、哲学观点

（一）基本概念

1. 宇：庄子认为，“有实而无乎处者，宇也。”

2. 宙：庄子认为，“有长而无本剽者，宙也。”

3. 无为：庄子认为，道家无为是指不因世俗而为，在世俗之外是无所不为。“此四六者，不荡胸中则正，正则静，静则明，明则虚，虚则无为而无不为也。”

4. 道、德、生、性四者之间的关系：庄子认为，“道者，德之钦也；生者，德之光也；性者，生之质也。”

5. 自然道德与社会道德的区别。庄子认为，“圣人工乎天而拙乎人。”

（二）有关认识论观点

1. 庄子认为，德与能是两个概念，同类事物的品德相同而能力不一定相同。“鸡之与鸡，其德非不同也，有能与不能者，其才固有巨小也。”

2. 庄子认为，人生牵挂太多，道德就会动摇。“夫外韄者不可繁而捉，将内揵；内韄者不可缪而捉，将外揵。外内韄者，道德不能持，而况放道而行者乎！”

3. 庄子认为，至人的道德行为：“夫至人者，相与交食乎地而交乐乎天，不以人物利害相撄，不相与为怪，不相与为谋，不相与为事，翛然而往，侗然而来。是谓卫生之经已。”

4. 庄子认为，至人养性的最高境界：“儿子动不知所为，行不知所之，身若槁木之枝而心若死灰。若是者，祸亦不至，福亦不来。祸福无有，恶有人灾也！”

5. 庄子认为，并不是外部世界变化伤害了人，而是人们的主观世界不能顺应客观变化而伤害了自己。“兵莫憯于志，镆铘为下；寇莫大于阴阳，无所逃于天地之间。非阴阳贼之，心则使之也。”

6. 庄子认为，是与非不可以作主观和形式上的改变。“是以生为本，以知为师，因以乘是非。”

7. 庄子认为，知识出于实践，智慧出于谋划，智慧不等于知识。“知者，接也；知者，谟也；知者之所不知，犹睨也。”

8. 庄子认为，处事要尊重客观实际，这是哲人的思想方法。“有为也欲当，则缘于不得已。不得已之类，圣人之道。”

（三）有关辩证法观点

1. 庄子认为，抽象的道通达天下所有具体的事物，比如事物的生与死。“道通。其分也，其成也毁也。所恶乎分者，其分也以备；所以恶乎备者，其有以备。”

2. 庄子认为，道在宇宙中是客观存在而抽象无形的。“出无本，入无窍。有实而无乎处，有长而无乎本剽，有所出而无窍者有实。有实而无乎处者，宇也。有长而无本剽者，宙也。有乎生，有乎死，有乎出，有乎入，入出而无见其形，是谓天门。天门者，无有也，万物出乎无有，有不能以有为有，必出乎无有，而无有一无有。”

3. 庄子认为，古人对道的认识有三个互相联系而有区别的观点：道是抽象的、死与生是对立的统一、生命是一个过程。“有以为未始有物者，至矣，尽矣，弗可以加矣。其次以为有物矣，将以生为丧也，以死为反也，是以分已。其次曰始无有，既而有生，生俄而死；以无有为首，以生为体，以死为尻。”

4. 庄子认为，个性与共性是对立统一关系。“是三者虽异，公族也。”

二、其他观点

1. 庄子认为，举贤任智不足以济世，还扩大了人与人之间的差别，这是社会矛盾产生的重要根源。“举贤则民相轧，任知则民相盗。之数物者，不足以厚民。民之于利甚勤，子有杀父，臣有杀君，正昼为盗，日中穴阫。吾语女，大乱之本，必生于尧舜之间，其末存乎千世之后。千世之后，其必有人与人相食者也!”

2. 庄子认为，凡是身心健全的人都是善于隐藏不露的人。“夫全其形生之人，藏其身也，不厌深眇而已矣。”

杂篇·徐无鬼

【原文一】徐无鬼因女商见魏武侯，武侯劳之曰：“先生病矣，苦于山林之劳，故乃肯见于寡人。”徐无鬼曰：“我则劳于君，君有何劳于我！君将盈耆欲，长好恶，则性命之情病矣；君将黜耆欲，牵好恶，则耳目病矣。我将劳君，君有何劳于我!”武侯超然不对。少焉，徐无鬼曰：“尝语君吾相狗也：下之质，执饱而止，是狸德也；中之质，若视日；上之质，若亡其一。吾相狗又不若吾相马也。吾相马：直者中绳，曲者中钩，方者中矩，圆者中规。是国马也，而未若天下马也。天下马有成材，若恤若失，若丧其一。若是者，超轶绝尘，不知其所。”武侯大悦而笑。徐无鬼出，女商曰：“先生独何以说吾君乎？吾所以说吾君者，横说之则以《诗》《书》《礼》《乐》，从说则以《金板》《六韬》，奉事而大有功者不可为数，而吾君未尝启齿。今先生何以说吾君？使吾君说若此乎?”徐无鬼曰：“吾直告之吾相狗马耳。”女商曰：“若是乎?”曰：“子不闻夫越之流人乎？去国数日，见其所知而喜；去国旬月，见所尝见于国中者喜；及期年也，见似人者而喜矣。不亦去人滋久，思人滋深乎？夫逃虚空者，藜藋柱乎鼪鼬之径，踉位其空，闻人足音跫然而喜矣，又况乎昆弟亲戚之謦欬其侧者乎！久矣夫，莫以真人之言謦欬吾君之侧乎!”

【译解一】徐无鬼在女商的引荐下见到了魏武侯，武侯安慰他：“先生辛苦了，长期隐居在山林里劳累，所以才愿意来见我。”徐无鬼说：“我是来问候您的，您有何理由安慰我！您想满足欲望，增长好恶情绪，将身心弄得疲惫不堪；您想放弃欲望，减弱好恶情绪，又使耳目的享受陷入饥困。我正打算问候您，您又何必要安慰我！”武侯昂然不答。

片刻，徐无鬼说：“我想告诉您我考察狗的方法。品质最差的狗只要肚子不饿就停止活动了，这是跟野猫一样的禀性；品质中等的狗，如若看到太阳就叫唤；品质上等的狗，好像忘掉了身边所有的东西。我考察狗的方法不如我考察马的方法。我考察马的体态：直的部位要合于墨线，弯的部位要合于钩弧，方的部位要合于角尺，圆的部位要合于圆规。这就是国马标准，还比不上天下最好的马。天下最好的马有天然的材质，它昂头时如在忧虑低头时如有失落，总像是没有哪一样东西没有忘记。如果是这样的马，当它飞速超越群马时，群马还不知道是为什么。”魏武侯听了高兴得笑了起来。

徐无鬼走出宫廷，女商说：“先生究竟是用什么好办法使国君高兴的呢？我所用的让国君高兴的办法是，横着说《诗》《书》《礼》《乐》这些内容，纵着说《金板》《六韬》等这些内容。侍奉国君有很大功劳的人不可计数，而国君从不开口说话。如今你究竟用什么办法来取悦国君，竟使国君如此高兴呢？”徐无鬼说：“我不过直言告诉他我相狗相马的方法罢了。”

女商说：“就是如此吗？”徐无鬼说：“你没有听说越国流亡人的故事吗？离开都城几天，见到知己而十分高兴；离开都城十天半月，见到国都中熟人便大喜过望；等到一年期限，见到好像是同乡的人便欣喜若狂；不就是离开故人越久，思念故人的情意越浓吗？逃向空旷原野的人，野草堵塞了黄鼠狼出入的路径，却能在杂草空隙里跌跌撞撞地生活，听到人的脚步声就高兴起来，更何况是兄弟亲戚在身边说笑呢？很久了，没有人用真诚的语言在国君身边说话了啊！”

【要点一】庄子认为，一、抓住国君喜好犬马的个性特点，就能够取得预想结果。“今先生何以说吾君？使吾君说若此乎？徐无鬼曰：‘吾直告之吾相狗马耳。’”二、人在潜意识中有一种感情，对熟悉的事物分开愈久反应愈强烈。“不亦去人滋久，思人滋深乎？”

【原文二】徐无鬼见武侯，武侯曰：“先生居山林，食芧栗，厌葱韭，以宾寡人，久矣夫！今老邪？其欲干酒肉之味邪？其寡人亦有社稷之福邪？”徐无鬼曰：“无鬼生于贫贱，未尝敢饮食君之酒肉，将来劳君也。”君曰：“何哉！奚劳寡人？”曰：“劳君之神与形。”武侯曰：“何谓邪？”徐无鬼曰：“天地之养也一，登高不可以为长，居下不可以为短。君独为万乘之主，以苦一国之民，以养耳目鼻口，夫神者不自许也。夫神者，好和而恶奸。夫奸，病也，故劳之。唯君所病之何也？”武侯曰：“欲见先生久矣！吾欲爱民而为义偃兵，其可乎？”徐无鬼曰：“不可。爱民，害民之始也；为义偃兵，造兵之本也。君自此为之，则殆不成。凡成美，恶器也。君虽为仁义，几且伪哉！形固造形，成固有伐，变固外战。君亦必无盛鹤列于丽谯之间，无徒骥于锱坛之宫，无藏逆于得，无以巧胜人，无以谋胜人，无以战胜人。夫杀人之士民，兼人之土地，以养吾私与吾神者，其战不知孰善？胜之恶乎在？君若勿已矣！修胸中之诚以应天地之情而勿撄。夫民死已脱矣，君将恶乎用夫偃兵哉！”

【译解二】徐无鬼拜见魏武侯。武侯说：“先生居住在山林，吃橡子，咽葱韭，摈弃与我交往，已经很久了！如今感觉老了吗？也想尝尝酒肉美味了吗？或者有治国良策告诉我而造福于社会吗？”徐无鬼说：“我出身贫贱，不敢享用国君的酒肉美食，只是打算问候您。”武侯说：“什么意思，为何问候我呢？”徐无鬼说：“问候您的精神和身体。”武侯说：“说的是什么意思呀？”徐无鬼说：“天地养育万物是平等的，登上高位不可以自以为高人一等，身处低位不可以自以为矮人三分。您作为大国之君，使全国的百姓劳累困苦，以满足自己的感官享受，那些圣明的人是不允许自己这样做的。那些圣明的人，喜欢和谐相处而厌恶自私自利；那些自私自利的言行，是一种严重的病态，所以我来问候。为什么只有国君患此病呢？”

武侯说：“我想见到先生很久了！我想爱护民众而为了道义停止战争，这就可以了吧？”徐无鬼说：“不行。所谓爱民，实乃祸害民众的开始；为了道义而停止争战，那是在制造战争的祸根。您如果就用这些方法治国，必然贻误成功。凡是成就了爱民美名，也就有了作恶的工具；你虽然在推行仁义，却更接近于虚伪！您制造了有形仁义他人也必然会制造不同的有形仁义，有了成功必然会自吹自擂，有了变故也必然会再次挑起战争。您一定不要像鹤群飞行那样浩浩荡荡地布阵于丽谯楼前，不要陈列步卒骑士于锱坛的宫殿，不要包藏贪求之心于多种苟有所得的环境，不要用智巧去战胜别人，不要用计谋去打败别人，不要用战争去征服别人。杀死他人的士民，兼并他人的土地，用来满足自己的私欲和精神，他们之间的争战不知道究竟谁是正确的？胜利了又存在于哪里？您不如停止争战，修养心中的诚意，从而顺应自然规律而不去扰乱它。百姓死亡的威胁得以摆脱，您在哪里用得着止息争战呢！”

【要点二】庄子认为：一、每个人天生是平等的，不要用世俗的高低长短观念来度量。“天地之养也一，登高不可以为长，居下不可以为短。”二、仁义是虚伪的。“爱民，害民之始也；为义偃兵，造兵之本也。君自此为之，则殆不成。凡成美，恶器也。君虽为仁义，几且伪哉！”

【原文三】黄帝将见大隗乎具茨之山，方明为御，昌寓骖乘，张若、謵朋前马，昆阍、滑稽后车。至于襄城之野，七圣皆迷，无所问涂。适遇牧马童子，问涂焉，曰：“若知具茨之山乎？”曰：“然。”“若知大隗之所存乎？”曰：“然。”黄帝曰：“异哉小童！非徒知具茨之山，又知大隗之所存。请问为天下。”小童曰：“夫为天下者，亦若此而已矣，又奚事焉！予少而自游于六合之内，予适有瞀病，有长者教予曰：‘若乘日之车而游于襄城之野。’今予病少痊，予又且复游于六合之外。夫为天下亦若此而已。予又奚事焉！”黄帝曰：“夫为天下者，则诚非吾子之事，虽然，请问为天下。”小童辞。黄帝又问。小童曰：“夫为天下者，亦奚以异乎牧马者哉！亦去其害马者而已矣！”黄帝再拜稽首，称天师而退。

【译解三】黄帝将去具茨山见大隗，方明驾车，昌宇陪乘，张若、謵朋在马前引导，昆阍、滑稽在车后跟随。到了襄城外的旷野上，七位圣人都迷失了方向，而且没有什么人可以问路。正巧遇上一位牧马的少年，便向牧马少年问路，说：“你知道具茨山吗？”少年回答：“是的。”又问：“你知道大隗居住在什么地方吗？”少年回答：“是的。”黄帝说：“奇怪啊这位少年！不仅知道具茨山，而且知道大隗居住的地方。请问怎样治理天下。”少年说：“治理天下，也就像牧马一样罢了，又何须多事呢！我小时独自在天地四方内游玩，碰巧生了眩晕病，有位长者教导我说：‘你还是每日乘车去襄城旷野游玩吧。’如今我的病已好转，我又将继续到天地四方之外去游玩。至于治理天下恐怕也就像牧马一样罢了，我又何须多管闲事啊！”黄帝说：“治理天下，诚然不是你的事。虽说如此，我还是要向你请教怎样治理天下。”少年听后不想回答。黄帝又问。少年说：“治理天下的道理，并不与牧马的道理有什么不同！也就是要除去害马者而已！”黄帝听了点头再拜，口称少年为自然大师而告退。

【要点三】庄子认为，治国同牧马的道理是一样的，只要守住底线思维就行了。“夫为天下者，亦奚以异乎牧马者哉！亦去其害马者而已矣！”

【原文四】知士无思虑之变则不乐；辩士无谈说之序则不乐；察士无凌谇之事则不乐：皆囿于物者也。招世之士兴朝；中民之士荣官；筋力之士矜难；勇敢之士奋患；兵革之士乐战；枯槁之士宿名；法律之士广治；礼乐之士敬容；仁义之士贵际。农夫无草莱之事则不比；商贾无市井之事则不比；庶人有旦暮之业则劝；百工有器械之巧则壮。钱财不积则贪者忧，权势不尤则夸者悲，势物之徒乐变。遭时有所用，不能无为也，此皆顺比于岁，不物于易者也。驰其形性，潜之万物，终身不反，悲夫！

【译解四】智慧之士没有思虑的变化就不会快乐，善辩之士没有讨论的话题就不会快乐，明察之士没有责问的机会就不会快乐：这都是因为人的主观世界受到了客观世界的束缚所致。引领天下之士可以复兴朝堂政事；掌握民众之士可以繁荣官员队伍；筋强力壮之士可以藐视危难；英勇无畏之士可以奋力救患；披坚执锐之士可以乐于征战；隐居山林之士可以守住清白名声；执掌法律之士可以依法治理天下；崇尚礼教之士往往敬重仪容，讲求仁义之士看重人际交往。农夫没有除草耕耘便会觉得无所事事；商人没有买卖交易也会觉得无所事事；平民只要有短暂的工作就会勤勉；工匠只要有器械的技巧就会增效。钱财不多而贪婪的人就会忧愁，权势不大而自夸的人便会悲哀，势利眼乐于看到变乱。时机一到就有所动作，做不到清静无为。这些都是顺时逐利，不能够摆脱物质诱惑的人。他们身心劳累，沉溺于物质享受，一辈子也不会醒悟，实在是可悲啊！

【要点四】庄子认为，人的身心都为物所累。“驰其形性，潜之万物，终身不反，悲夫!”

【原文五】庄子曰：“射者非前期而中，谓之善射，天下皆羿也，可乎?”惠子曰：“可。”庄子曰：“天下非有公是也，而各是其所是，天下皆尧也，可乎?”惠子曰：“可。”庄子曰：“然则儒墨杨秉四，与夫子为五，果孰是邪?或者若鲁遽者邪?其弟子曰：‘我得夫子之道矣!吾能冬爨鼎而夏造冰矣!’鲁遽曰：‘是直以阳召阳，以阴召阴，非吾所谓道也。吾示子乎吾道。’于是乎为之调瑟，废一于堂，废一于室，鼓宫宫动，鼓角角动，音律同矣!夫或改调一弦，于五音无当也，鼓之，二十五弦皆动，未始异于声而音之君已!且若是者邪!”惠子曰：“今乎儒墨杨秉，且方与我以辩，相拂以辞，相镇以声，而未始吾非也，则奚若矣?”庄子曰：“齐人蹢子于宋者，其命阍也不以完；其求钘钟也以束缚；其求唐子也而未始出域：有遗类矣!夫楚人寄而蹢阍者；夜半于无人之时而与舟人斗，未始离于岑而足以造于怨也。”

【译解五】庄子说：“如果射箭的人不预先瞄准而偶中靶标的，称他善于射箭，那么天下都是羿那样善射的人，可以这样说吗?”惠子说：“可以。”庄子说：“天下没有公认的正确标准，而各以自己认可的标准为正确，那么天下都是唐尧那样圣明的人，可以这样说吗?”惠子说：“可以。”庄子说：“那么郑缓、墨翟、杨朱、公孙龙四家，加上先生你便是五家，到底谁正确呢?或者都像周初的鲁遽那样吗?鲁遽的弟子说：‘我学到了先生的方法，我能够在冬至时生火烧饭在夏至时制出冰块。’鲁遽说：‘这只不过是在阳气回升时招回阳气，在阴气回潮时招回阴气的方法，不是我所说的方法。我告诉你我所说的方法。’于是当场调好两张瑟弦的音阶，放一张瑟在堂上，放一张瑟在室内，鲁遽弹奏起这张瑟的宫音而那张瑟的宫音也随之应和，弹奏那张瑟的角音而这张瑟的角音也随之应和，这是音阶相同的缘故啊。如果改调其中一根瑟弦，使它的五个音阶不合，再弹奏时，二十五根瑟弦一齐振动，这是五声未变而音阶已经乱了的缘故啊!权且你们就是鲁遽那样乱弹瑟的人了!”惠子说：“如今郑缓、墨翟、杨朱、公孙龙，他们正跟我一道辩论，相互用言辞指责，用声望压制，却从不曾认为自己是不正确的，那么将会怎么样呢?”庄子说：“齐国人糊涂贪鄙将儿子滞留在宋国，他命令守门人看住儿子不许有完整的身体返回齐国；他获得一只长颈的小钟，唯恐其破损，便将它包了又包、捆了又捆；他寻找丢失的儿子却不曾出过郊野：各位辩家就像这个齐国人一样糊涂失算！楚国人寄居别人家还呵斥守门人；半夜无人时走出门来又跟船家打了起来，还没有离开岸边就结下了怨恨。”

【要点五】庄子认为，天下人都有自己的价值标准，没有统一的价值标准。“天下非有公是也。”

【原文六】庄子送葬，过惠子之墓，顾谓从者曰：“郢人垩慢其鼻端若蝇翼，使匠人斫之。匠石运斤成风，听而斫之，尽垩而鼻不伤，郢人立不失容。宋元君闻之，召匠石曰：‘尝试为寡人为之。’匠石曰：‘臣则尝能斫之。虽然，臣之质死久矣！’自夫子之死也，吾无以为质矣，吾无与言之矣！”

【译解六】庄子送葬，经过惠子的墓地，回过头来对跟随的人说：“楚国郢地有人在自己鼻头上涂抹像蝇翅那样薄的白膏泥，再让匠石用斧子砍削掉白膏泥。匠石挥动斧子呼呼作响，听着风声而砍削，白膏泥削尽了而鼻子却没有受伤，郢地人还站在那里不失容颜。宋元君知道此事后，召见石匠说：‘你为我也这样试试。’匠石说：‘我确实曾经砍掉过鼻头上的白膏泥。但是，愿意将性命质押给我冒险配合的人已经死去很久了。’自从惠子离开了人世，我就找不到愿意将性命质押给我冒险配合的人了！我没有办法与他讨论了！”

【要点六】庄子认为，是非辩论能做到不伤害对方是很难的，一方面要求把握好分寸，一方面要求胆大心细，要互相巧妙应对。“自夫子之死也，吾无以为质矣，吾无与言之矣！”

【原文七】管仲有病，桓公问之曰：“仲父之病病矣，可不讳云，至于大病，则寡人恶乎属国而可？”管仲曰：“公谁欲与？”公曰：“鲍叔牙。”曰：“不可。其为人洁廉，善士也；其于不己若者不比之；又一闻人之过，终身不忘。使之治国，上且钩乎君，下且逆乎民。其得罪于君也将弗久矣！”公曰：“然则孰可？”对曰：“勿已则隰朋可。其为人也，上忘而下畔，愧不若黄帝，而哀不己若者。以德分人谓之圣；以财分人谓之贤。以贤临人，未有得人者也；以贤下人，未有不得人者也。其于国有不闻也，其于家有不见也。勿已则隰朋可。”

【译解七】 管仲生了重病，齐桓公问他：“您老的病复发了，不避讳地说，一旦病危不起，我将把国事托付给谁才合适呢？”管仲说：“你想要交给谁呢？”齐桓公说：“鲍叔牙。”管仲说：“不可以。鲍叔牙为人清白廉正，是个好官；他对于不如自己的人从不去亲近；而且一听到别人的过错，终身不忘。让他治理国家，对上势必约束国君，对下势必忤逆百姓。他得罪国君也就不会长久了！”齐桓公说：“那么谁可以呢？”管仲回答说：“不得已的话，隰朋还可以。隰朋为人，对上不显尊贵而对下不论卑微，自愧不如黄帝，又能怜悯不如自己的人。用德感化他人的称作圣人，用财周济他人的称作贤人。以贤人自居而凌驾于他人之上，不会获得人们的拥戴；不以贤人自居而能谦恭待人，不会得不到人们的拥戴。他对于国事一定不会事事过问，他对于家庭也一定不会事事照顾。不得已的话，还是隰朋可以。”

【要点七】 庄子认为，以贤人自居，不会获得人们的拥戴；不以贤人自居，不会得不到人们的拥戴。“以贤临人，未有得人者也；以贤下人，未有不得人者也。”

【原文八】 吴王浮于江，登乎狙之山，众狙见之，恂然弃而走，逃于深蓁。有一狙焉，委蛇攫搔，见巧乎王。王射之，敏给搏捷矢。王命相者趋射之，狙执死。王顾谓其友颜不疑曰：“之狙也，伐其巧、恃其便以敖予，以至此殛也。戒之哉！嗟乎！无以汝色骄人哉？”颜不疑归而师董梧，以锄其色，去乐辞显，三年而国人称之。

【译解八】 吴王渡过长江，登上猕猴聚居的山岭，猴群看见吴王打猎的队伍，惊惶地四散奔逃，躲进了荆棘丛林的深处。有一个猴子留下了，它从容地手舞足蹈，在吴王面前显摆灵巧。吴王用箭射它，它敏捷地接住飞速射来的利箭。吴王命令随从一起射箭，猴子躲避不及抱树而死。吴王回身对他的朋友颜不疑说：“这只猴子夸耀它的灵巧，自恃它的敏捷而蔑视于我，以至受到这样的惩罚而死去！要以此为戒啊！唉，不要用你的傲气待人啊！”颜不疑回来后便拜贤士董梧为师，用以铲除自己的傲气，弃绝淫乐辞别尊显，三年中，国民都称赞他。

【要点八】庄子认为，以骄傲示人必然自讨没趣。“无以汝色骄人。”

【原文九】南伯子綦隐几而坐，仰天而嘘。颜成子入见曰：“夫子，物之尤也。形固可使若槁骸，心固可使若死灰乎？”曰：“吾尝居山穴之中矣。当是时也，田禾一睹我而齐国之众三贺之。我必先之，彼故知之；我必卖之，彼故鬻之。若我而不有之，彼恶得而知之？若我而不卖之，彼恶得而鬻之？嗟乎！我悲人之自丧者；吾又悲夫悲人者；吾又悲夫悲人之悲者；其后而日远矣！”

【译解九】南伯子綦靠着几案静静地坐着，然后又仰头缓缓地吐气。颜成子进屋看见后说：“先生，你真是了不起的人物！人的身体固然可以使它像枯骨，心灵难道也可以像死灰一样吗？”南伯子綦说：“我曾在山洞里居住过。正在这时，齐太公田禾一来看望我而齐国的民众再三向他表示祝贺。我必定是名声在先，所以他能够知道我；我必定是名声张扬，所以他能利用我的名声。假如我不具有名声，他怎么能够知道我呢？假如我不是名声张扬于外，他又怎么能够利用我的名声呢？唉，我悲哀那些丧失自我的人；我又悲哀那些悲哀别人的人；我还悲哀那些悲哀别人的悲悯者；自此我便日渐远离人世沉浮而达到心如死灰的境界”。

【要点九】庄子认为，事物都是相辅相成的，只要我做了，别人必知道；只要我想卖，别人才想买。“我必先之，彼故知之；我必卖之，彼故鬻之。”

【原文十】仲尼之楚，楚王觞之。孙叔敖执爵而立。市南宜僚受酒而祭，曰：“古之人乎！于此言已。”曰：“丘也闻不言之言矣，未之尝言，于此乎言之：市南宜僚弄丸而两家之难解；孙叔敖甘寝秉羽而郢人投兵；丘愿有喙三尺。”彼之谓不道之道，此之谓不言之辩。故德总乎道之所一，而言休乎知之所不知，至矣。道之所一者，德不能同也。知之所不能知者，辩不能举也。名若儒墨而凶矣。故海不辞东流，大之至也。圣人并包天地，泽及天下，而不知其谁氏。是故生无爵，死无谥，实不聚，名不立，此之谓大人。狗不以善吠为良，人不以善言为贤，而况为大乎！夫为大不足以为大，而况为德乎！夫大备矣，莫若天地。然奚求焉，而大备矣！知大备者，无求，无失，无弃，不以物易己也。反己而不穷，循古而不摩，大人之诚！

【译解十】孔子到楚国去了，楚王宴请孔子，孙叔敖拿着酒器站立旁边，市南宜僚把酒洒在地上祭祀，说："古时候的人啊！动作到了就已经把想说的话表达清楚了。"孔子说："我也听说有不用口头语言的肢体语言，但未曾说过，在这里说一说：市南宜僚手里玩着健身球而使两家的危难得以解脱，孙叔敖拿着羽扇酣睡而楚国得以扔掉兵器。我孔丘希望有三尺长喙（肢体语言）。"市南宜僚和孙叔敖他们取得成功的原因可以说是不用办法的办法，孔子这里可以说是不用语言的语言。所以人们的天生之德总归只是自然之道的一部分，而语言需要懂得休止于不了解的自然之道的其他领域，这是最好的。自然之道是对立统一的整体，人们天生之德是不能等同于自然之道的。自知还没有掌握的自然之道的领域，辩词也就不能列举。名声像儒家墨家那样的人也经常因为以不知以为知而招致凶险。所以大海不拒绝向东的河流，成就了博大之最。圣人包容天地，恩泽惠及天下百姓，而百姓却不知道他们的姓名。因此生前没有爵禄，死后没有谥号，财物不曾汇聚，名声不曾树立，这才可以称作是伟大的人。狗不因为善于狂吠便是好狗，人不因为善于说话便是贤能，何况是成就于伟大的人啊！想成为伟大实际上不足以伟大，又何况是天生之德啊！伟大而又完备，莫过于天地。然而天地哪里会求取什么，却是伟大而又完备的哩！伟大而又完备的人，没有私欲，没有丧失，没有舍弃，不因外物而改变自己的本性。返归自己的本性就会无限伟大，遵循亘古不变的规律就会没有矫情，这就是伟人的真实！

【要点十】庄子认为，一、要懂得人的天生之德只是自然之道的一部分，说话需要懂得休止于不了解的自然之道的其他部分。"故德总乎道之所一，而言休乎知之所不知，至矣。"二、伟大就是不因物欲而改变本性。"知大备者，无求，无失，无弃，不以物易己也。反己而不穷，循古而不摩，大人之诚！"

【原文十一】子綦有八子，陈诸前，召九方歅曰："为我相吾子，孰为祥。"九方歅曰："捆也为祥。"子綦瞿然喜曰："奚若?"曰："捆也，将与国君同食以终其身。”子綦索然出涕曰：“吾子何为以至于是极也?”九方曰：“夫与国君同食，泽及三族，而况父母乎！今夫子闻之而泣，是御福也。子则祥矣，父则不祥。”子綦曰：“歅，汝何足以识之。而捆祥邪?尽于酒肉，入于鼻口矣，而何足以知其所自来！吾未尝为牧而牂生于奥，未尝好田而鹑生于宎，若勿怪，何邪?吾所与吾子游者，游于天地，吾与之邀乐于天，吾与之邀食于地。吾不与之为事，不与之为谋，不与之为怪。吾与之乘天地之诚而不以物与之相撄，吾与之一委蛇而不与之为事所宜。今也然有世俗之偿焉?凡有怪征者必有怪行。殆乎！非我与吾子之罪，几天与之也！吾是以泣也。”无几何而使捆之于燕，盗得之于道，全而鬻之则难，不若刖之则易。于是乎刖而鬻之于齐，适当渠公之街，然身食肉而终。

【译解十一】子綦有八个儿子，排列在子綦面前，叫来九方歅说：“给我八个儿子看看相，谁最有福气。”九方歅说：“捆最有福气。”子綦惊喜地说：“怎么最有福气呢?”九方歅回答：“捆将会跟国君一道饮食而终了一生。”子綦泪流满面地说：“我的儿子为什么会有如此高的待遇！”九方歅说：“跟国君一道饮食，恩泽将惠及三族，何况是父母呢！如今先生听了这件事泣不成声，这是拒绝福禄呢。你的儿子倒是有福气，你做父亲的却没有。”子綦说：“歅，你怎么能够知道，捆确实是有福呢?享尽酒肉，只不过从口鼻进到肚腹里，又哪里知道这些东西是从什么地方来的?我不曾牧养而羊却出现在我屋子的西南角，不曾喜好打猎而鹌鹑却出现在我屋子的东南角，假如不把这看作是怪事，又是为什么呢?我和我的儿子所游乐的地方，只在于天地之间。我跟他一道在苍天里寻乐，我跟他一道在大地上求食。我不与他建功立业，不与他出谋划策，不与他标新立异。我只与他一道顺天地之意而不因外界原因改变，我与他随应自然而不为任何外物所左右。如今我却得到了世俗的回报啊！大凡有了怪异的征兆必有怪异的行为。危险啊！并不是我和我儿子的罪过，大概是上天降下的罪过！我因此泣不成声。”没过多久君主派遣捆到燕国去，强盗在半道上劫持了他，想要将他身体完整地卖掉又难以将其看管，如果砍断他的脚再卖就容易看管了。于是砍断他的脚卖到齐国，正好齐国的富人渠公买去给自己看守街门，仍能够一辈子吃肉而终了一生。

【要点十一】庄子认为，一、事物现象是其本质的表现。“凡有怪征者必有怪行。”二、祸兮福之所倚；福兮祸之所伏。酒肉虽好但要知道从何而来。“而捆祥邪？尽于酒肉，入于鼻口矣，而何足以知其所自来！”

【原文十二】啮缺遇许由曰：“子将奚之?”曰：“将逃尧。”曰：“奚谓邪?”曰：“夫尧畜畜然仁，吾恐其为天下笑。后世其人与人相食与！夫民不难聚也，爱之则亲，利之则至，誉之则劝，致其所恶则散。爱利出乎仁义，捐仁义者寡，利仁义者众。夫仁义之行，唯且无诚，且假乎禽贪者器。是以一人之断制天下，譬之犹一覕也。夫尧知贤人之利天下也，而不知其贼天下也。夫唯外乎贤者知之矣。”

【译解十二】啮缺遇见许由，说：“你准备去哪里呢?”许由回答：“打算逃避尧。”啮缺说：“这话怎么说呢?”许由说：“那个尧孜孜不倦地推行仁政，我担心他受到天下人的耻笑。后代一定会人与人相食啊！民众并不难以团聚，给他们爱护就会亲近，给他们好处就会靠拢，给他们奖励就会勤勉，送给他们所厌恶的东西就会离散。爱护和利益出自仁义，捐献仁义的人少，利用仁义的人多。仁义的推行，唯一结果是没有诚信，而且还会被禽兽一般贪婪的人借用为工具。因此以一个人的决断管理天下，比如像是短暂的一瞥。唐尧知道贤人能给天下人带来好处，却不知道他们对天下人的残害，而只有身处贤者之外的人才能知道这个道理。”

【要点十二】庄子认为：一、仁义往往是贪婪者的工具。“夫仁义之行，唯且无诚，且假乎禽贪者器。”二、当局者迷，旁观者清。“夫唯外乎贤者知之矣。”

【原文十三】有暖姝者，有濡需者，有卷娄者。所谓暖姝者，学一先生之言，则暖暖姝姝而私自说也，自以为足矣，而未知未始有物也。是以谓暖姝者也。濡需者，豕虱是也，择疏鬣长毛，自以为广宫大囿。奎蹄曲隈，乳间股脚，自以为安室利处。不知屠者之一旦鼓臂布草操烟火，而己与豕俱焦也。此以域进，此以域退，此其所谓濡需者也。卷娄者，舜也。羊肉不慕蚁，蚁慕羊肉，羊肉膻也。舜有膻行，百姓悦之，故三徙成都，至邓之虚而十有万家。尧闻舜之贤，举之童土之地，曰：“冀得其来之泽。”舜举乎童土之地，年齿长矣，聪明衰矣，而不得休归，所谓卷娄者也。是以神人恶众至，众至则不比，不比则不利也。故无所甚亲，无所甚疏，抱德炀和，以顺天下，此谓真人。于蚁弃知，于鱼得计，于羊弃意。以目视目，以耳听耳，以心复心。若然者，其平也绳，其变也循。古之真人！以天待之，不以人入天，古之真人！得之也生，失之也死；得之也死，失之也生。药也，其实堇也，桔梗也，鸡癕也，豕零也，是时为帝者也，何可胜言！

【译解十三】有洋洋自得的人，有苟且偷安的人，有弯腰劳累的人。所谓洋洋自得的人，即学了一家之言，就扬扬得意暗自高兴，自以为什么都知道，却不知从未学到过实际东西。所以称他为洋洋自得的人。所谓苟且偷安的人，就像猪身上的虱子，待在疏鬣长毛中就自以为是阔绰的宫廷与园林，待在后腿弯曲的部位，或待在乳房与腿间的夹缝里，就以为是安宁美好的住所，殊不知屠夫一旦挥臂布草生起烟火，自己随猪身一块儿被烧焦。这就是依靠环境而安身，又因为环境改变而灭亡，这就是所谓苟且偷安的人。所谓弯腰驼背的人，就是像舜那样的人。羊肉不会爱慕蚂蚁，蚂蚁则爱慕羊肉，因为羊肉有腥膻味。舜有膻腥的行为，百姓都十分喜欢他，所以他多次搬迁居处都自成都邑，去到邓邑废址就聚合了十万人家。尧了解到舜的贤能，从蛮荒之地举荐了他，说是希望他能把恩泽布施百姓。舜从蛮荒之地被举荐，年龄逐渐老了，视听能力衰退了，还不能退回来休息，这就是所说的累得弯腰驼背的人。所以神人讨厌众人跟随，众人跟随就不会亲密和睦，不亲密和睦也就不会带来好处。因此没有什么特别的亲密，也没有什么格外的疏远，抱守天生之德并去礼远众融于自然，这就叫作真人。让蚂蚁放弃原来对腥膻的认知，让鱼儿在水中自得生计，让羊放弃腥膻的气味。用眼睛内视自己的世界，用耳朵聆听自己的声音，用意念复归自己的心志。像这样的人，他们的平静可用直线校正，他们的变化总是遵循规律。古代真人，用自然法则对待一切，不会人为干扰自然。古代真人，获得生存条件就放任生存，丧失生存条件就放任死亡；获得死亡条件就放任死亡，丧失死亡条件就放任生存。药物，乌头也好，桔梗也好，芡实也好，猪苓也好，这几种药更换着作为主药，怎么可以说得完呢！

【要点十三】庄子认为，古代真人用自然法则对待一切，不会人为干扰自然生态。“故无所甚亲，无所甚疏，抱德炀和，以顺天下，此谓真人。”

【原文十四】勾践也以甲楯三千栖于会稽，唯种也能知亡之所以存，唯种也不知其身之所以愁。故曰：鸱目有所适，鹤胫有所节，解之也悲。故曰：风之过，河也有损焉；日之过，河也有损焉；请只风与日相与守河，而河以为未始其撄也，恃源而往者也。故水之守土也审，影之守人也审，物之守物也审。故目之于明也殆，耳之于聪也殆，心之于殉也殆，凡能其于府也殆，殆之成也不给改。祸之长也兹萃，其反也缘功，其果也待久。而人以为己宝，不亦悲乎！故有亡国戮民无已，不知问是也。故足之于地也践，虽践，恃其所不蹍而后善博也；人之于知也少，虽少，恃其所不知而后知天之所谓也。知大一，知大阴，知大目，知大均，知大方，知大信，知大定，至矣！大一通之，大阴解之，大目视之，大均缘之，大方体之，大信稽之，大定持之。尽有天，循有照，冥有枢，始有彼。则其解之也似不解之者，其知之也似不知之也，不知而后知之。其问之也，不可以有崖，而不可以无崖。颉滑有实，古今不代，而不可以亏，则可不谓有大扬搉乎！阖不亦问是已，奚惑然为！以不惑解惑，复于不惑，是尚大不惑。

【译解十四】勾践率领三千士兵驻守会稽，只有文种能够知道越国败亡后如何复国生存，也只有文种不知道自身将有怎样的隐忧。所以说：猫头鹰之眼的适用是有条件的，仙鹤双腿的长度是有节制的，改变自然存在就是悲哀。所以说，风儿吹过了河水就会有所减损，太阳照过了河水也会有所减损。假设风儿与太阳总是盘桓在河的上空，而河水的水量变化并不明显，那是依赖源头小溪不断补水所致。水能保持住，是因为泥土安定；影子能留下，是因为人能保持安定；事物保持本质，是因为事物之间相互安定。想用眼睛将它们看得很明白就会伤眼睛，想用耳朵将它们听得很清楚就会伤耳朵，想把心思全部浪费在它们身上就会伤害心情，想把它们全部装在肚子里就会伤害身体，伤害一旦形成必然悔之晚矣。伤害像草丛一样在身上野蛮滋生，想返回本性却为功名所累，想获得好结果需要等待很久。可是人们还把这些伤害当成宝贝，这更是悲哀！因此国家破败、民众被杀的现象永无止境，却又不知道问一问造成这种现象的原因。所以脚要走路必然践踏地面，虽然践踏了部分地面，但依赖那些不曾踏碾的地方而后才能够通往更大更远的地方；人们对于各种事物的了解也很少，虽然了解很少，但依赖那些不了解的东西而后才能够知晓自然到底有些什么说法。要知晓自然到底有些什么说法就要知晓天地万物的同一根源即自然大道；知晓了自然大道也就知晓了天地宁静；知晓了天地宁静也就知晓了观察天地万物的广阔视野；知晓了广阔视野也就知晓了天地万物均衡发展的客观规律；知晓了客观规律也就知晓了天地万物不同的生存方式；知晓了不同的生存方式也就知晓了顺道而行才是最大的真理；知晓了顺道而行的真理才能够使天下归于太平，这就是理想境界了！自然大道能够通达天地万物，万物通达宁静就能够化解各种纷争，视野广阔就能够观察到万物平等均衡，万物平等均衡就能够缘引万物生长，万物生长各有独特方式就能够体现真理，真理能够稽核万物的生存状态，天下太平能够保持万物的持久存在。无限事物之中有规律支配，因循变化之中有规则参照，冥冥之中有枢纽统领，万物初始就有对立面存在。那么改变了也像没有改变一样，掌握了也像没有掌握一样，似乎不知晓而后才是真正有所知晓。要探问自然究竟有什么说法，不可以有边际，又不可以无边际。在错杂的事物中有实际东西存在，自古至今没有变化，也不可能有缺失，那么能不说其中有大略的道理吗？为什么不探究其中大略之理呢？为什么这样疑惑呢？用不惑来解除迷惑，回归到不惑，这才是崇尚的大不惑。

【要点十四】庄子认为，一、主观意识必须认识和遵循客观规律。人们主观随意改变客观存在就会产生悲哀：“鸱目有所适，鹤胫有所节，解之也悲。”人们在主观改变客观存在的过程中费尽心机伤害自己，还把这些伤害行为当成宝贝，这是更大的悲哀：“故目之于明也殆，耳之于聪也殆，心之于殉也殆，凡能其于府也殆，殆之成也不给改。祸之长也兹萃，其反也缘功，其果也待久。而人以为己宝，不亦悲乎!”二、庄子研究认识论的七个基本问题。认识大规律、大统一、大视野、大均衡、大方式、大真理、大安定。“知大一，知大阴，知大目，知大均，知大方，知大信，知大定，至矣!”三、客观世界是无限的，主观认识是有限的，认识的真理性是有限与无限的对立统一。“其问之也，不可以有崖，而不可以无崖。”

《徐无鬼》内容小结

一、哲学观点

（一）有关认识论观点

1. 抓住国君喜好犬马的个性特点，就能够取得预想结果。“今先生何以说吾君？使吾君说若此乎？徐无鬼曰：‘吾直告之吾相狗马耳。’”

2. 人类群居意识的客观性。庄子认为，人与人之间在潜意识中有一种亲近感情，分开愈久反应愈强烈。“不亦去人滋久，思人滋深乎？”

3. 人类天生平等。庄子认为，每个人天生是平等的，不要用世俗的高低长短观念来度量。“天地之养也一，登高不可以为长，居下不可以为短。”

4. 人的身心为物所累。庄子认为，人的身心为物所累。“驰其形性，潜之万物，终身不反，悲夫！”

5. 天下没有共同的价值标准。庄子认为，天下没有统一的价值标准。“天下非有公是也。”

6. 是非争论双方互不伤害是很难的。庄子认为，是非辩论能做到不伤害对方是很难的。“自夫子之死也，吾无以为质矣，吾无与言之矣！”

7. 德是道的范畴。庄子认为，要懂得人的天生之德只是自然之道的一部分，说话需要懂得休止于不了解的自然之道的其他部分。“故德总乎道之所一，而言休乎知之所不知，至矣。”

8. 伟大是天生的。庄子认为，伟大是天生的。“夫大备矣，莫若天地。然奚求焉，而大备矣！知大备者，无求，无失，无弃，不以物易己也。反己而不穷，循古而不摩，大人之诚！”

9. 遵循客观规律。庄子认为，主观意识必须认识和遵循客观规律。人们主观随意改变客观存在就会产生悲哀：“鸱目有所适，鹤胫有所节，解之也悲。”

10. 庄子认识论七要。庄子认为，认识论有七个基本问题。认识大规律、大统一、大视野、大均衡、大方式、大真理、大安定。“知大一，知大阴，知大目，知大均，知大方，知大信，知大定，至矣！”

11. 主观认识是有限的。庄子认为，客观世界是无限的，主观认识是有限的，认识的真理性是有限与无限的对立统一。“其问之也，不可以有崖，而不可以无崖。”

12. 潜在主观认识能力和人类认识过程都是无限的。庄子认为，在错杂的事物中有实际东西存在，自古至今没有变化，也不可能有缺失，那么能不说其中有大略的道理吗？为什么不探究其中大略之理呢？为什么这样疑惑呢？用不惑来解除迷惑，回归到不惑（如此无穷循环），这才是崇尚的大不惑。“颉滑有实，古今不代，而不可以亏，则可不谓有大扬搉乎！阖不亦问是已，奚惑然为！以不惑解惑，复于不惑，是尚大不惑。”

（二）有关辩证法观点

1. 事与愿违。庄子认为，以贤人自居，不会获得人们的拥戴；不以贤人自居，不会得不到人们的拥戴。“以贤临人，未有得人者也；以贤下人，未有不得人者也。”

2. 愿与事违。庄子认为，以骄傲示人必然自讨没趣。“无以汝色骄人。”

3. 相辅相成。庄子认为，事物都是相辅相成的，只要我做了，别人必知道；只要我想卖，别人才想买。 “我必先之，彼故知之；我必卖之，彼故鬻之。”

4. 现象与本质。庄子认为，事物现象是其本质的表现。“凡有怪征者必有怪行。”

5. 对立的事物互相转化。庄子认为，儿子捆与君王同食表面看是福，实际上是祸。“而捆祥邪？尽于酒肉，入于鼻口矣，而何足以知其所自来！”

6. 旁观者清。庄子认为，当局者迷，旁观者清。 “夫唯外乎贤者知之矣。”

7. 主观与客观。庄子认为，客观世界是无限的，主观认识是有限的，认识的真理性是有限与无限的对立统一。“其问之也，不可以有崖，而不可以无崖。”

二、政治观点

1. 底线思维。庄子认为，治国同牧马的道理是一样的，只要守住底线思维就行了。“夫为天下者，亦奚以异乎牧马者哉！亦去其害马者而已矣！”

2. 顺天而为。庄子认为，古代真人用自然法则对待一切，不会人为干扰自然生态。“故无所甚亲，无所甚疏，抱德炀和，以顺天下，此谓真人。”

杂篇·则阳

【原文一】 则阳游于楚，夷节言之于王，王未之见。夷节归。彭阳见王果曰：“夫子何不谭我于王？”王果曰：“我不若公阅休。”彭阳曰：“公阅休奚为者邪？”曰：“冬则擉鳖于江，夏则休乎山樊。有过而问者，曰：‘此予宅也。’夫夷节已不能，而况我乎！吾又不若夷节。夫夷节之为人也，无德而有知，不自许，以之神其交，固颠冥乎富贵之地。非相助以德，相助消也。夫冻者假衣于春，暍者反冬乎冷风。夫楚王之为人也，形尊而严。其于罪也，无赦如虎。非夫佞人正德，其孰能桡焉。故圣人其穷也，使家人忘其贫；其达也，使王公忘爵禄而化卑；其于物也，与之为娱矣；其于人也，乐物之通而保己焉。故或不言而饮人以和，与人并立而使人化，父子之宜。彼其乎归居，而一闲其所施。其于人心者，若是其远也。故曰‘待公阅休’。”

【译解一】 则阳求职到楚国，见了大臣夷节，夷节随即报告楚王，楚王对他没有兴趣。夷节回家如实相告。彭阳去见大夫王果，说：“先生怎么不在楚王面前推荐我呢？”王果说：“我不是公阅休那样的人。”彭阳问：“公阅休是干什么的呢？”王果说：“他这个隐士冬天到江河里刺鳖，夏天到山脚下憩息。有人经过他憩息的地方问，他就说：‘这就是我的住宅。’夷节已经做不到，何况是我哟！我还不如夷节呢。那个夷节的为人，没有道德却有智巧，不能约束自己，却用他神奇的办法与人交往，在非富即贵的圈子里玩得风生水起。不是用自己的天生之德帮助他人，而是促使他人消磨掉天生之德。安慰挨冻的人到了春天就要借其衣服，安慰中暑的人便要回到冬天送其冷风。楚王的为人，外表高贵而威严。他对于有罪过的人，像凶狠的老虎一样不予宽恕。不是极有辩才而又品德高尚的人，谁也改变不了他。所以圣人如果家里贫穷，他能够使家人忘却贫穷；如果身世显赫，他能够使王公贵族忘却爵禄而变得谦卑；他们与环境相处，能够和谐欢娱；他们对于别人，乐于沟通又能保持自己的本性。所以有时候一句话不说也能够给人化解尴尬，和他人稍一接近就能够感化人，建立父子情谊。他安于自己的现状，而一旦虚静清闲他就能够办成想办的事。这样的圣人与一般的人心，相差是如此遥远。所以说‘等待公阅休出山吧’。”

【要点一】庄子认为，圣人应该安于自己的现状。“故圣人其穷也，使家人忘其贫；其达也，使王公忘爵禄而化卑；其于物也，与之为娱矣；其于人也，乐物之通而保己焉。故或不言而饮人以和，与人并立而使人化，父子之宜。彼其乎归居，而一闲其所施。”

【原文二】圣人达绸缪，周尽一体矣，而不知其然，性也。复命摇作而以天为师，人则从而命之也。忧乎知，而所行恒无几时，其有止也，若之何！生而美者，人与之鉴，不告则不知其美于人也。若知之，若不知之，若闻之，若不闻之，其可喜也终无已，人之好之亦无已，性也。圣人之爱人也，人与之名，不告则不知其爱人也。若知之，若不知之，若闻之，若不闻之，其爱人也终无已，人之安之亦无已，性也。

【译解二】圣人对客观世界的认识细致而深远，知道客观世界是一个有机整体，但不知道客观世界为什么是一个有机整体，这是由主观认识的有限性决定的。圣人以自然法则为师逐步认识了客观世界，人们随后称呼他为圣人。但圣人担心对客观世界的认知不够充分，而自己的实践活动又受寿命的限制持续不了多久，这种实践和认识活动就终止了，如此而已为之奈何！长得漂亮的人，是他人进行比较鉴别得出的结论，如果不告诉他就不会知道自己比别人漂亮。他好像明白了，又好像不明白，好像听到了，又好像没有听到，他感到的喜悦不会终止，人们对他的好感也不会终止，这是由人们爱美的天性决定的。圣人之所以关爱人们，是因为人们给予了他相应的名誉，如果人们不称誉他也就不会知道自己关爱人们。他好像明白了，又好像不明白，好像听到了，又好像没有听到，他给予人们的关爱不会终止，人们安于这样的关爱也不会终止，这是由人们爱名誉的天性决定的。

【要点二】庄子认为，一、人的认识水平是有局限性的，即使是透彻了解世界的人，也有知其然不知其所以然的时候。“圣人达绸缪，周尽一体矣，而不知其然，性也。”二、人们认识的局限性与人们的实践活动及寿命有限性相关联。“忧乎知，而所行恒无几时，其有止也，若之何!”三、爱美貌爱美誉是人之天性。“生而美者，人与之鉴，不告则不知其美于人也。若知之，若不知之，若闻之，若不闻之，其可喜也终无已，人之好之亦无已，性也。圣人之爱人也，人与之名，不告则不知其爱人也。若知之，若不知之，若闻之，若不闻之，其爱人也终无已，人之安之亦无已，性也。”

【原文三】旧国旧都，望之畅然。虽使丘陵草木之缗入之者十九，犹之畅然，况见见闻闻者也，以十仞之台县众间者也。

【译解三】故国与故都，一看到她就很高兴。即使被丘陵草木遮掩了十之八九，仍是十分欣喜，何况是想见的见到了，想听的听到了，还有数丈高的平台遗址悬立在众多的荒丘中间让人怀念。

【要点三】庄子认为，怀旧是人们的普遍情感，这是唯物主义反映论实例。“旧国旧都，望之畅然。”

【原文四】冉相氏得其环中以随成，与物无终无始，无几无时。日与物化者，一不化者也。阖尝舍之！夫师天而不得师天，与物皆殉。其以为事也，若之何！夫圣人未始有天，未始有人，未始有始，未始有物，与世偕行而不替，所行之备而不洫，其合之也，若之何！汤得其司御门尹登恒，为之傅之。从师而不囿，得其随成，为之司其名之名。嬴法得其两见。仲尼之尽虑，为之傅之。容成氏曰：“除日无岁，无内无外。”

【译解四】冉相氏掌握了抽象之道以随顺成全事物的变化，随顺事物的变化没有终始，也不计时日。在他眼里具体事物天天都在发生变化，而在他心里抽象之道一点也未改变。何尝舍弃过抽象之道！他决心遵循抽象之道而最终如果违反了抽象之道，情愿与事物共同殉道。他以这种原则去办事，还有何可说的！圣人原本未曾有先天意识，也未曾有社会意识，但在未曾有后天意识之前就有先天意识了，在未曾有先天意识之前就存在客观事物了，这种先天意识和客观事物与后天意识和主观世界同行而不更替，在同行的过程中有足够的准备而不空虚，后天意识和先天意识合在一起支配人们的行为，如此而已为之奈何！汤王得到司御门尹登恒，将他拜为老师。他跟随师傅学习而又不受其局限，得到师傅的抽象之道后随顺成全事物的变化，为师傅的名誉而命名，师徒双方各有所得。仲尼为此费尽思虑，决定师从汤王的学习方法。容成氏说：“除掉每一天就没有年了，这就像离开内就没有外一样。”

【要点四】庄子认为，一、客观事物的具体形式是经常变化的，而其内部的抽象之道是恒定不变的。“日与物化者，一不化者也。”二、圣人原本未曾有先天意识，也未曾有后天意识，但在未曾有后天意识之前就有先天意识了，在未曾有先天意识之前就存在客观事物了，这种先天意识和客观事物与后天意识和主观世界同行而不更替，在同行的过程中有足够的准备而不空虚，后天意识和先天意识合在一起支配人们的行为，是无法改变的。“夫圣人未始有天，未始有人，未始有始，未始有物，与世偕行而不替，所行之备而不洫，其合之也，若之何！”

【原文五】魏莹与田侯牟约，田侯牟背之，魏莹怒，将使人刺之。犀首公孙衍闻而耻之，曰：“君为万乘之君也，而以匹夫从仇。衍请受甲二十万，为君攻之，虏其人民，系其牛马，使其君内热发于背，然后拔其国。忌也出走，然后抶其背，折其脊。”季子闻而耻之，曰：“筑十仞之城，城者既十仞矣，则又坏之，此胥靡之所苦也。今兵不起七年矣，此王之基也。衍，乱人也，不可听也。”华子闻而丑之，曰：“善言伐齐者，乱人也；善言勿伐者，亦乱人也；谓‘伐之与不伐乱人也’者，又乱人也。”君曰：“然则若何？”曰：“君求其道而已矣。”惠之闻之，而见戴晋人。戴晋人曰：“有所谓蜗者，君知之乎？”曰：“然。”“有国于蜗之左角者，曰触氏；有国于蜗之右角者，曰蛮氏。时相与争地而战，伏尸数万，逐北旬有五日而后反。”君曰：“噫！其虚言与？”曰：“臣请为君实之。君以意在四方上下有穷乎？”君曰：“无穷。”曰：“知游心于无穷，而反在通达之国，若存若亡乎？”君曰：“然。”曰：“通达之中有魏，于魏中有梁，于梁中有王，王与蛮氏有辩乎？”君曰：“无辩。”客出而君惝然若有亡也。客出，惠子见。君曰：“客，大人也，圣人不足以当之。”惠子曰：“夫吹管也，犹有嗃也；吹剑首者，吷而已矣。尧舜，人之所誉也。道尧舜于戴晋人之前，譬犹一吷也。”

【译解五】魏惠王与齐威王订立盟约，齐王违约，魏王大怒，要派人刺杀齐王。将军公孙衍听说后认为方法不对，说：“您是大国君主，却用老百姓的手段去报仇。我请求率领二十万部队，为君主攻打齐国，俘获齐国的百姓，牵走他们的牛马，使齐君内心热毒发于后背，然后我就拔除齐国宗庙。齐国大将田忌望风而逃，我再追打他的后背，折断他的脊梁。”季子听到后认为公孙衍的想法也不好，说：“建筑十丈高的城墙，快筑到十丈高时，又要把它毁坏掉，这是被役使之人所苦的事。如今两国停战七年了，这是君王打下的和平基础。公孙衍，挑起战乱的人，他的话听不得。”华子听到后又鄙夷公孙衍和季子的言论，说：“主张讨伐齐国的人，是挑起战乱的人；劝说不要讨伐齐国的人，也是拨弄祸乱的人；评说‘讨伐齐国或不讨伐齐国是作乱之人的人，他本身就是作乱的人。”魏王说：“既然如此，那将怎么办呢?”华子说：“君主只要求助于自然之道就可以了!”惠子听到后，去见了戴晋人。戴晋人对魏王说：“有叫蜗牛的小动物，国君知道吗?”魏王说：“知道。”戴晋人说：“有个国家在蜗牛的左角，名字叫触氏，有个国家在蜗牛的右角，名字叫蛮氏，正相互为争夺土地而打仗，倒下的尸体数万，追赶打败的一方用十五天方撤兵而回。”魏王说：“咦，此言虚妄吧?”戴晋人说：“让我为你证实这些话吧。你认为四方及上下有尽头吗?”魏王说：“没有。”戴晋人说：“知道自己的思想在无穷的宇宙空间里遨游，再返身于人们熟悉的生活范围，这狭小的生活范围相对于无穷的宇宙空间是若有若无的吧?”魏王说：“是的。”戴晋人又说：“在这熟悉的生活范围内有一个魏国，在魏国中有一个大梁城，在大梁城里有你魏王。大王与那蛮氏相比，有区别吗?”魏王回答说：“没有。”戴晋人辞别而去，魏王心中的不快若有所失。戴晋人走后，惠子见魏王。魏王说：“这个客人，是个大写的人，圣人也比不上他。”惠子说：“那个竹管吹起来，是有啸啸大叫声的；吹剑首的人，只能发出吷吷小叫声。尧帝和舜帝，是人们普遍赞誉的。说尧舜排名在戴晋人之前，好比是吹剑首时发出的小声音。”

【要点五】庄子认为，事物大小是相对的，在无穷大的空间里，人们熟悉的生活范围可以忽略不计。“知游心于无穷，而反在通达之国，若存若亡乎?”

【原文六】孔子之楚，舍于蚁丘之浆。其邻有夫妻臣妾登极者，子路曰：

“是稷稷何为者邪?”仲尼曰：“是圣人仆也。是自埋于民，自藏于畔。其声销，其志无穷，其口虽言，其心未尝言。方且与世违，而心不屑与之俱，是陆沉者也，是其市南宜僚邪?”子路请往召之。孔子曰：“已矣！彼知丘之著于己也，知丘之适楚也，以丘为必使楚王之召己也，彼且以丘为佞人也。夫若然者，其于佞人也，羞闻其言，而况亲见其身乎！而何以为存!”子路往视之，其室虚矣。

【译解六】孔子到楚国去，寄宿在蚁丘的卖浆人家。卖浆人家的邻居夫妻奴仆登上了屋顶，子路说：“这么多人聚集在一起是干什么呢?”孔子说：“这些人都是圣人的仆从。这个圣人隐蔽在百姓中，藏身于田园里。他的声音消失了，他的志向却很远大，他嘴里虽然说话，他心里不曾说过什么。他的生活方式与世俗相违，而且内心不屑与世俗为伍，这是遁迹于市井的隐士，这个人就是楚国的市南宜僚吧?”子路请求前去召见他。孔子说：“算了吧！他知道我十分了解他，又知道我到了楚国，以为我必定会使楚王召见他，他将把我看成巧言谄媚的人。如果真是这样，他对于巧言谄媚的人，羞于听其言谈，何况是亲眼见到他的身体呢！而他哪里还会停留在那里呢!”子路前往探视，他的居室已经空无一人了。

【要点六】庄子认为，隐士的生活方式与世俗相违。“方且与世违，而心不屑与之俱，是陆沉者也，是其市南宜僚邪?”

【原文七】长梧封人问子牢曰：“君为政焉勿卤莽，治民焉勿灭裂。昔予为禾，耕而卤莽之，则其实亦卤莽而报予；芸而灭裂之，其实亦灭裂而报予。予来年变齐，深其耕而熟耰之，其禾蘩以滋，予终年厌飧。”庄子闻之曰：“今人之治其形，理其心，多有似封人之所谓：遁其天，离其性，灭其情，亡其神，以众为。故卤莽其性者，欲恶之孽为性，萑苇蒹葭始萌，以扶吾形，寻擢吾性。并溃漏发，不择所出，漂疽疥痈，内热溲膏是也。”

【译解七】长梧的受封官人对子牢说：“你处理政事不要太鲁莽，治理民众不要太草率。从前我种庄稼，耕地鲁莽粗疏，而庄稼收成也就鲁莽粗疏地报复我；锄草轻率马虎，而庄稼收成也就轻率马虎地报复我。我后来改变了原有的方式，深耕细作，禾苗滋润繁茂，我一年到头不愁食品不足。”庄子听了后说：“如今人们治疗自己的身体，调理自己的心志，许多人都像受封官人所说的这种情况：逃避生存的自然环境，脱离先天的自然意识，泯灭后天的善良意识，丧失求知的精神力量，这些现象都因为鲁莽草率所致。所以性情卤莽的人，想让恶劣的孽生之苗替代善良的天性，就像萑苇蒹葭开始萌发时，似乎还可以扶助主人的身体，随后便寻思地拔除主人的本性。浑身溃烂并发，不择地方流毒，外患疽痈，内热遗精就是这样。”

【要点七】庄子认为，人们在哲学层面有四大错误行为：逃避生存的自然环境，脱离先天的自然意识，泯灭后天的善良意识，丧失求知的精神力量。“遁其天，离其性，灭其情，亡其神，以众为。”

【原文八】柏矩学于老聃，曰：“请之天下游。”老聃曰：“已矣！天下犹是也。”又请之，老聃曰：“汝将何始？”曰：“始于齐。”至齐，见辜人焉，推而强之，解朝服而幕之，号天而哭之，曰：“子乎！子乎！天下有大灾，子独先离之。曰‘莫为盗，莫为杀人’。荣辱立然后睹所病，货财聚然后睹所争。今立人之所病，聚人之所争，穷困人之身，使无休时。欲无至此得乎？古之君人者，以得为在民，以失为在己；以正为在民，以枉为在己。故一形有失其形者，退而自责。今则不然，匿为物而愚不识，大为难而罪不敢，重为任而罚不胜，远其涂而诛不至。民知力竭，则以伪继之。日出多伪，士民安取不伪。夫力不足则伪，知不足则欺，财不足则盗。盗窃之行，于谁责而可乎？”

【译解八】柏矩就学于老聃，说：“请求老师同意我到天下去游学。”老聃说：“算了，天下就与这里一样黑暗。”柏矩再次请求，老聃说：“你打算先去哪里？”柏矩说：“先从齐国开始。”柏矩到了齐国，见到一个罪犯尸体，将尸体推出，勉强摆正，并解下朝服覆盖上，仰天号陶而哭诉说：“先生呀先生呀！天下有大灾祸，唯独你先走了。人们常说‘不要做强盗，不要杀人！’人间的荣辱一经确立然后就能见到病诟的产生；财货一旦聚集然后就能见到争夺的产生。如今确立人们所病诟的荣辱，聚集人们所争夺的财物，贫穷人的身体，使无休止之时。想要不出现这样的结果吗？古代统治老百姓的君王，把所得功劳归于民众，把过失归于自己；把正确归于民众，把过错归于自己。所以有一个人的身体受到损害，便私下责备自己。如今却不是这样，隐匿事物真相却责备人们不了解实情，扩大办事困难却降罪人们不敢克服困难，加重负担却处罚人们不能胜任，把路途安排得十分遥远却谴责人们不能达到。民众耗尽了智慧和力量，就用虚假行为来继续应付。天天出现那么多虚假的事情，百姓怎么会不弄虚作假！力量不够便作假，智巧不足就欺诈，财力不济便行盗。盗窃的行径，对谁加以责备才合理呢？”

【要点八】庄子认为，社会上的诋毁和争夺都与荣誉的不当确立和财富的不当聚集有关。“荣辱立然后睹所病，货财聚然后睹所争。”所以盗窃行为，到底应该追究谁的责任？“盗窃之行，于谁责而可乎？”

【原文九】蘧伯玉行年六十而六十化，未尝不始于是之，而卒诎之以非也。未知今之所谓是之非五十九非也。万物有乎生而莫见其根，有乎出而莫见其门。人皆尊其知之所知，而莫知恃其知之所不知而后知，可不谓大疑乎！已乎！已乎！且无所逃。此所谓然与然乎！

【译解九】蘧伯玉活了六十岁且经历了六十年的变化，未曾不是开始时认为是正确的，而结束时又反过来认为是错误的。不知道如今所称正确的而不是五十九岁时认为是错误的。万物都有它产生的道却看不见它的根，都有它出现的道却寻不见它的门。人们都重视通过自己的小智慧已经掌握了的具体知识，却不知道重视凭借自己小智慧还没有掌握的抽象之道而后领悟到的知识，这可不就是最大的问题！算了吧！算了吧！没有办法摆脱这个问题。这是所谓的如此与这般吧！

【要点九】庄子认为，人们的认识往往在对与错之间来回循环，其中的原因是没有认识到事物产生的根本规律和辩证法则。“蘧伯玉行年六十而六十化，未尝不始于是之，而卒诎之以非也。未知今之所谓是之非五十九非也。万物有乎生而莫见其根，有乎出而莫见其门。”

【原文十】仲尼问于大史大弢、伯常骞、狶韦曰：“夫卫灵公饮酒湛乐，不听国家之政；田猎毕弋，不应诸侯之际：其所以为灵公者何邪?”大弢曰：“是因是也。”伯常骞曰：“夫灵公有妻三人，同滥而浴。史鳅奉御而进所，搏币而扶翼。其慢若彼之甚也，见贤人若此其肃也，是其所以为灵公也。”豨韦曰：“夫灵公也死，卜葬于故墓不吉；卜葬于沙丘而吉。掘之数仞，得石椁焉，洗而视之，有铭焉，曰：‘不冯其子，灵公夺而里之。’夫灵公之为灵也久矣！之二人何足以识之。”

【译解十】孔子向太史大弢、伯常骞、豨韦请教：“卫灵公饮酒作乐，不处理国家政务；经常张网猎射，不参与诸侯交往：他死后为什么还追谥为灵公呢?”大弢说：“因为这样的谥号符合他的这些作为特点。”伯常骞说：“那时候卫灵公有三个妻妾，他们在一个池里洗澡滥为。被贤臣史鳍奉召到卫灵公的寓所遇见，只得急忙接过衣裳相互遮掩。他对大臣的傲慢是那样过分，而他对贤人的态度又是如此肃然起敬，这就是他被追封谥号为灵公的原因。”豨韦则说：“当年卫灵公死了，占卜问葬说是葬在原墓地不吉祥，而葬在沙丘上就能吉祥。于是挖掘沙丘数丈，发现有一石制外棺，洗去泥土一看，上面还刻有一段文字，说：‘不靠子孙，灵公占地而埋此。’灵公称为灵已经很久了！这个原因大弢和伯常骞如何知道!”

【要点十】庄子认为，卫灵公的所作所为是天性决定的，谥号为灵公正是反映了他的天性特征。“夫灵公也死，卜葬于故墓不吉；卜葬于沙丘而吉。掘之数仞，得石椁焉，洗而视之，有铭焉，曰：‘不冯其子，灵公夺而里之。’夫灵公之为灵也久矣!”

【原文十一】少知问于大公调曰：“何谓丘里之言?”大公调曰：“丘里者，合十姓百名而为风俗也，合异以为同，散同以为异。今指马之百体而不得马，而马系于前者，立其百体而谓之马也。是故丘山积卑而为高，江河合水而为大，大人合并而为公。是以自外入者，有主而不执；由中出者，有正而不距。四时殊气，天不赐，故岁成；五官殊职，君不私，故国治；文武殊材，大人不赐，故德备；万物殊理，道不私，故无名。无名故无为，无为而无不为。时有终始，世有变化，祸福淳淳，至有所拂者而有所宜，自殉殊面；有所正者有所差，比于大泽，百材皆度；观于大山，木石同坛。此之谓丘里之言。”

少知曰：“然则谓之道足乎？”大公调曰：“不然，今计物之数，不止于万，而期曰万物者，以数之多者号而读之也。是故天地者，形之大者也；阴阳者，气之大者也；道者为之公。因其大以号而读之则可也，已有之矣，乃将得比哉！则若以斯辩，譬犹狗马，其不及远矣。”少知曰：“四方之内，六合之里，万物之所生恶起？”大公调曰：“阴阳相照相盖相治，四时相代相生相杀。欲恶去就，于是桥起。雌雄片合，于是庸有。安危相易，祸福相生，缓急相摩，聚散以成。此名实之可纪，精之可志也。随序之相理，桥运之相使，穷则反，终则始，此物之所有。言之所尽，知之所至，极物而已。睹道之人，不随其所废，不原其所起，此议之所止。”

少知曰：“季真之莫为，接子之或使。二家之议，孰正于其情，孰偏于其理？”大公调曰：“鸡鸣狗吠，是人之所知。虽有大知，不能以言读其所自化，又不能以意其所将为。斯而析之，精至于无伦，大至于不可围。或之使，莫之为，未免于物而终以为过。或使则实，莫为则虚。有名有实，是物之居；无名无实，在物之虚。可言可意，言而愈疏。未生不可忌，已死不可阻。死生非远也 ，理不可睹。或之使，莫之为，疑之所假。吾观之本，其往无穷；吾求之末，其来无止。无穷无止，言之无也，与物同理。或使莫为，言之本也。与物终始。道不可有，有不可无。道之为名，所假而行。或使莫为，在物一曲，夫胡为于大方！言而足，则终日言而尽道；言而不足，则终日言而尽物。道，物之极，言默不足以载。非言非默，议有所极。”

【译解十一】少知向太公调求教：“什么叫作‘丘里’之言？”大公调说：“所谓‘丘里’，就是聚合十个姓百个人而形成共同的风俗，组合不同的个体形成统一的整体，分散统一的整体又成为不同的个体。如今指认马身上百个部位都不能获得马，而马就拴缚在眼前，只有确立了马身上每一个部位在有机整体中的性能才能称之为马。所以说山丘积聚卑微的土石才成就其高，江河汇聚细小的流水才成就其大，伟大的人物合并了众多人的利益才成就其公。所以从外界反映到内心的东西，内有主见却并不执着；由内心里向外表达的东西，即使是正确的也不愿跟他人违逆。四季具有不同的气候，大自然并没有对某个季节给予特别的恩赐，因此岁月的序列得以形成；各种官吏具有不同的职能，国君没有偏私，因此国家得以治理；文臣武将具有各不相同的本事，国君不予偏爱，因此各自品德完备；

万物都有特殊的客观规律，自然大道对它们没有偏爱，因此无须人们主观地逐个命名以示区别。没有名实区别因而也就无须主观作为，无须主观作为因而也就是事物在自然之道的支配下无所不为。时序有终始，人世有变化，祸福交替流转，导致有拂逆对立面也有适宜统一面；对立统一的双方互相转化；有所正确的同时也有所差错，与大江大湖相比，各种材料都有限度；望向大山，木石同处一地。这就叫丘里的言论。”

少知问：“既然如此，那么将丘里言论称之为道，可以吗?”大公调说：“不可以，现在统计物数，不止于万，而估称万物，是用数字最多的名称呼它。所以对天和地的称呼，是对最大形体的称呼；阴与阳的称呼，是对最大元气的称呼；而自然之道是把天地和阴阳合并后的公共称呼。因为它大，就用道来称呼它是可以的，已经有了道的名称，还能够用什么来与它相比啊！假如用这样的观点来辨别，就好像狗与马，其间的差别也就太大了!”少知问：“在东南西北四方之内，再加上下方即六合之里，万物的产生是从哪里开始的?”大公调说：“阴阳互相对应互相涵盖又互相治理，四季互相替代互相生成又互相抵消。阴阳双方的愿望如何实现，于是自然形成像桥梁一样的联系。雌雄两性偶合，于是出现常有状态。安危双方相互易位，祸福双方相互转换，缓急双方相互转化，聚散双方相反相成。这些矛盾运动的名称与实例都能联系起来，精细微妙之处也都能记载下来。随顺事物矛盾运动的规律，又像桥梁两头的相对行驶，到了尽头就会回返，有了终结就有开始，这是万物所共有的对立统一规律。言语所能致意的，智巧所能达到的，只限于人们所熟悉的有形事物罢了。领悟到抽象的自然之道的人，不追逐事物的消亡，不探究事物的起源，这是讨论自然之道的止境。”

少知又问：“季真的‘莫为’观点，接子的‘或使’主张，两家的议论，谁最合乎事物真相，谁又偏离了客观规律?”大公调说：“鸡鸣狗叫，这是大家都知道的。即使有大智慧，却不能说明它们的变化，又不能臆断它们将会做什么。从这个问题深入分析，精细到无与伦比的境地，浩大到不可围量的境地。是问题的产生或者得到谁的指使，还是问题的产生没有得到谁的作为，两种看法各持一端均不免局限于对具体事物的认知范畴因而最终只能是过错。‘或使’的主张过于具体化，‘莫为’的观点过于抽象化。有名有实，这是客观事物在人们主观世界中的存在；无名无实，客观事物在人们主观世界中显得虚无。前者可以言谈也可以意会，后者越是言谈距离事物的真相也就越加疏远。没有产生的客观事物不能主观禁止它的产生，已经死亡的客观事物不能主观阻挡它的死亡。事物的死与生相距并不很远，其中的转化规律却因抽象而不可见。认为事物的产生或许得到谁的指使，认为事物的产生没有得到谁的作为，两者都是因为疑惑对方观点而假借前提产生的偏见。我观察事物产生的根源，它的既往史是没有穷尽的；我寻求事物运动的末尾，它的未来是没有止境的。既往无穷未来无止，言语已经无法表达，这与事物无穷是同一道理。'或使'和'莫为'，都是探讨事物本源的，却与具体事物一样有了终结和初始。自然之道不可用有形来表达，有形的事物不可用抽象来描述。自然之道之所以称为'道'，只不过是借用了'道'的名称。'或使'和'莫为'，各自偏执于事物的一隅，怎么能称呼为大方法！言语足以达意，那么整天说的尽为抽象之道；言语不足以达意，那么整天说的尽为具体之物。自然之道是客观事物运动的根本规律，言语和缄默都不足以承载表达。在非言非默的感悟中，议论有极限而自然之道是没有极限的。"

【要点十一】庄子认为：

一、丘里之言近乎矛盾法则。事物的整体或全局是由很多局部构成的，局部与局部之间存在差异或矛盾，把很多有差异的局部合并在一起，就构成了事物的全局或整体，整体的性质和功能不是各局部的简单叠加，全局与局部的差异或矛盾更突出。"合异以为同，散同以为异。""今指马之百体而不得马，而马系于前者，立其百体而谓之马也。"

二、道与理的辩证关系。道是客观世界的一般规律，理是万物之数的特殊规律。"万物殊理，道不私，故无名。"

三、宇宙的一般规律主管万物的特殊规律，它没有偏爱任何一物施以名利，所以它表面无名无为，其实是无所不为。"万物殊理，道不私，故无名。无名故无为，无为而无不为。"

四、时间有前后终始变化，世上万物都在不断变化，事物的对立面也会互相转化，这就是在一般规律（道即辩证法则或矛盾法则）支配下的各种事物的特殊规律（理）。"时有终始，世有变化，祸福淳淳，至有所拂者而有所宜，自殉殊面；有所正者有所差，比于大泽，百材皆度；观于大山，木石同坛。此之谓丘里之言。"

五、高天和大地是有形空间中最大的，太阴和太阳是无形能量中最大的，一般规律是它们的公共规律。“故天地者，形之大者也；阴阳者，气之大者也；道者为之公。”

六、矛盾对立的双方是互相转化的，这是矛盾统一性和相对性特征。“安危相易，祸福相生，缓急相摩，聚散以成。此名实之可纪，精之可志也。随序之相理，桥运之相使，穷则反，终则始，此物之所有。”

七、任何常见的事物要知其所以然都是非常困难的。“鸡鸣狗吠，是人之所知。虽有大知，不能以言读其所自化，又不能以意其所将为。斯而析之，精至于无伦，大至于不可围。”

八、客观世界从时间上说是无限始和无限终的，这与客观世界从空间上说的无穷大和无穷小是一个道理。“吾观之本，其往无穷；吾求之末，其来无止。无穷无止，言之无也，与物同理。”

《则阳》内容小结

一、哲学观点

（一）有关认识论观点

1. 认识的唯物性。庄子认为，圣人原本未曾有先天意识，也未曾有后天意识，但在未曾有后天意识之前就有先天意识了，在未曾有主观世界之前就存在客观事物了，这种先天意识和客观事物与后天意识和主观世界同行而不更替，在同行的过程中有足够的准备而不空虚，后天意识和先天意识合在一起支配人们的行为。“夫圣人未始有天，未始有人，未始有始，未始有物，与世偕行而不替，所行之备而不洫，其合之也，若之何！”庄子在第十一节认为，客观世界从时间上说是无限始和无限终的，这与客观世界从空间上说的无穷大和无穷小是一个道理。“吾观之本，其往无穷；吾求之末，其来无止。无穷无止，言之无也，与物同理。”

2. 认识的反映性。庄子认为，“旧国旧都，望之畅然。”

3. 认识的辩证性。庄子认为，事物大小是相对的，在无穷大的空间里，人们熟悉的生活范围可以忽略不计。“知游心于无穷，而反在通达之国，若存若亡乎？”庄子认为，人们的认识往往在对与错之间来回循环，其中的原因是没有认识到事物产生的根本规律和辩证法则。“蘧伯玉行年六十而六十化，未尝不始于是之，而卒诎之以非也。未知今之所谓是之非五十九非也。万物有乎生而莫见其根，有乎出而莫见其门。”

4. 认识的局限性。庄子认为，客观世界是无限的，人的认识水平是有局限性的，即使是透彻了解世界的人，也有知其然不知其所以然的时候。“圣人达绸缪，周尽一体矣，而不知其然，性也。”庄子还认为，人们认识的局限性与人们的实践活动及寿命有限性相关联。“忧乎知，而所行恒无几时，其有止也，若之何！”庄子认为，任何常见的事物要知其所以然都是非常困难的。“鸡鸣狗吠，是人之所知。虽有大知，不能以言读其所自化，又不能以意其所将为。斯而析之，精至于无伦，大至于不可围。”

5. 性的本质是意识。庄子认为，爱美貌爱美名既是潜在的自然意识，也是现实存在社会意识。“生而美者，人与之鉴，不告则不知其美于人也。若知之，若不知之，若闻之，若不闻之，其可喜也终无已，人之好之亦无已，性也。圣人之爱人也，人与之名，不告则不知其爱人也。若知之，若不知之，若闻之，若不闻之，其爱人也终无已，人之安之亦无已，性也。”庄子在第十节认为，卫灵公的所作所为是天性决定的，谥号为灵公正是反映了他的天性特征。“夫灵公也死，卜葬于故墓不吉；卜葬于沙丘而吉。掘之数仞，得石椁焉，洗而视之，有铭焉，曰：‘不冯其子，灵公夺而里之。’夫灵公之为灵也久矣！”

（二）有关辩证法观点

1. 唯物原则。庄子认为，高天和大地是有形空间中最大的，太阴和太阳是无形时间中最大的，一般规律是它们的公共规律。“故天地者，形之大者也；阴阳者，气之大者也；道者为之公。”

2. 矛盾法则。庄子认为，丘里之言近乎矛盾法则。事物的整体或全局是由很多局部构成的，局部与局部之间存在差异或矛盾，把很多有差异的局部合并在一起，就构成了事物的全局或整体，整体的性质和功能不是各局部的简单叠加，全局与局部的差异或矛盾更突出。“合异以为同，散同以为异。”“今指马之百体而不得马，而马系于前者，立其百体而谓之马也。”庄子认为，矛盾对立的双方是互相转化的，这是矛盾统一性和相对性特征。“安危相易，祸福相生，缓急相摩，聚散以成。此名实之可纪，精之可志也。随序之相理，桥运之相使，穷则反，终则始，此物之所有。”

3. 普遍联系。庄子认为，世界万物是存在普遍联系的，哲学家应该居中守正，和谐万方。“故圣人其穷也，使家人忘其贫；其达也，使王公忘爵禄而化卑；其于物也，与之为娱矣；其于人也，乐物之通而保己焉。故或不言而饮人以和，与人并立而使人化，父子之宜。彼其乎归居，而一闲其所施。”

4. 发展变化。庄子还认为，时间有前后终始变化，世上万物都在不断变化，事物的对立面也会互相转化，这就是在一般规律（道即辩证法则或矛盾法则）支配下的各种事物的特殊规律（理）。“时有终始，世有变化，祸福淳淳，至有所拂者而有所宜，自殉殊面；有所正者有所差，比于大泽，百材皆度；观于大山，木石同坛。此之谓丘里之言。”

5. 内容与形式。庄子认为，客观事物的具体形式是经常变化的，而其内部的抽象之道是恒定不变的。“日与物化者，一不化者也。”

6. 一般与特殊。庄子认为，没有特殊的局部，就没有一般的整体，局部与整体的辩证关系，正是特殊与一般的辩证范畴。“合异以为同，散同以为异。”“今指马之百体而不得马，而马系于前者，立其百体而谓之马也。”庄子还认为，道是宇宙的一般规律，理是万物的特殊规律，道与理的关系也是一般与特殊的辩证范畴。“万物殊理，道不私，故无名。”庄子在第十一节还认为，宇宙的一般规律主管万物的特殊规律，它没有偏爱任何一物施以名利，所以它表面无名无为，其实是无所不为。“万物殊理，道不私，故无名。无名故无为，无为而无不为。”

二、其他观点

1. 道家的处世态度。庄子在第六节认为，隐士的生活方式与世俗相违。“方且与世违，而心不屑与之俱，是陆沉者也。”

2. 俗人的认识误区。庄子在第七节认为，人们在哲学层面有四大错误行为：逃避生存的自然环境，脱离先天的自然意识，泯灭后天的善良意识，丧失求知的精神力量。“遁其天，离其性，灭其情，亡其神，以众为。”

3. 社会矛盾的原因。庄子在第八节认为，社会上的诋毁及争夺都与荣誉不当确立和财富不当聚集有关。“荣辱立然后睹所病，货财聚然后睹所争。”所以盗窃行为，到底应该追究谁的责任？“盗窃之行，于谁责而可乎？”

杂篇·外物

【原文一】 外物不可必，故龙逢诛，比干戮，箕子狂，恶来死，桀纣亡。人主莫不欲其臣之忠，而忠未必信，故伍员流于江，苌弘死于蜀，藏其血三年而化为碧。人亲莫不欲其子之孝，而孝未必爱，故孝己忧而曾参悲。木与木相摩而然，金与火相守则流。阴阳错行，则天地大絯，于是乎有雷有霆，水中有火，乃焚大槐。有甚忧两陷而无所逃，螴蜳不得成，心若县于天地之间，慰暋沈屯，利害相摩，生火甚多；众人焚和，月固不胜火，于是乎有僓然而道尽。

【译解一】 人们内心对外部事物的认识不可能必定一致，所以忠臣关龙逢被诛杀、比干遭戕害、箕子被逼疯，而佞臣恶来也难免一死，暴君夏桀商纣最终也身死国亡。国君无不希望臣子效忠，而臣子尽忠未必取得国君的信任，所以伍子胥被赐死而且抛尸江中，苌弘被流放蜀地而死，蜀人珍藏他的血液三年后化作碧玉。做父母的无不希望子女孝顺，而子女尽孝未必得到怜爱，所以孝己忧愁至死而曾参悲切有加。木与木相摩擦就会燃烧，金与火相守统一就会熔化。阴与阳交错而行，天与地都会大受惊骇，于是雷声隆隆，暴雨中夹着闪电，甚至烧毁高大的树木。人们有陷入忠信孝爱两难而无法逃避的严重忧虑。恐惧不安思虑无成，心像高悬在天地之间，头脑昏昏沉沉；利害相摩冲突，天下战火众多；众人内心如焚，月光烛明天地但固然不如眼前战火的亮度，于是乎精神颓然而天道事理丧失殆尽。

【要点一】 庄子认为，一、人们内心对外部事物善恶的认识不可能必定统一。“外物不可必，故龙逢诛，比干戮，箕子狂，恶来死，桀纣亡。”二、能够统一人们认识的方法是自然规律（道）“木与木相摩而然，金与火相守则流。阴阳错行，则天地大絯，于是乎有雷有霆，水中有火，乃焚大槐。”三、使道丧失殆尽的是利益冲突。“利害相摩，生火甚多；众人焚和，月固不胜火，于是乎有僓然而道尽。”

【原文二】 庄周家贫，故往贷粟于监河侯。监河侯曰：“诺。我将得邑金，将贷子三百金，可乎?”庄周忿然作色曰：“周昨来，有中道而呼者。周顾视车辙中，有鲋鱼焉。周问之曰：‘鲋鱼来！子何为者邪?’对曰：‘我，东海之波臣也。君岂有斗升之水而活我哉?’周曰：‘诺。我且南游吴越之王，激西江之水而迎子，可乎?’鲋鱼忿然作色曰：‘吾失我常与，我无所处。吾得斗升之水然活耳，君乃言此，曾不如早索我枯鱼之肆！’”

【译解二】庄周家境贫寒，于是向监河侯借粮。监河侯说：“行，我即将收取封邑的税金，打算借给你三百金，好吗?”庄周听了忿然变色地说：“我昨天来的时候，有谁在半道上呼唤我。我回头看到车轮碾过的小坑洼，有条鲫鱼在那里挣扎。我问它：‘鲫鱼，你干什么呢?’鲫鱼回答：‘我是东海水族中的一员。你也许能用斗升之水使我活下来吧?’我对它说：‘行啊，我将到南方去游说吴王越王，引发西江之水来迎候你，可以吗?’鲫鱼变了脸色生气地说：‘我失去我经常生活的环境，没有安身之处。眼下我能得到斗升那样多的水就活下来了，而你竟说出这样的话，还不如早点到干鱼店里找我！’”

【要点二】庄子认为，周济解决燃眉之急是现实性问题，周济三百金是可能性问题，可能性与现实性是一对矛盾范畴，可能性不能解决现实性问题。“吾失我常与，我无所处。吾得斗升之水然活耳，君乃言此，曾不如早索我枯鱼之肆!”

【原文三】任公子为大钩巨缁，五十犗以为饵，蹲乎会稽，投竿东海，旦旦而钓，期年不得鱼。已而大鱼食之，牵巨钩，錎没而下，骛扬而奋鬐，白波如山，海水震荡，声侔鬼神，惮赫千里。任公子得若鱼，离而腊之，自制河以东，苍梧已北，莫不厌若鱼者。已而后世辁才讽说之徒，皆惊而相告也。夫揭竿累，趣灌渎，守鲵鲋，其于得大鱼难矣。饰小说以干县令，其于大达亦远矣，是以未尝闻任氏之风俗，其不可与经于世亦远矣。

【译解三】任国公子做了个大鱼钩系上粗大的黑绳，用五十头犍牛做钓饵，蹲在会稽山上，把钓竿投向东海，天天都这样垂钓，整整一年也没钓到鱼。忽然有大鱼吞食饵料，牵着巨大的钓钩，急忙没入海底，又像水鸭扬起而奋鳍跳跃，掀起如山的白浪，海水剧烈震荡，吼声犹如鬼神，震惊千里之外。任公子钓得如此大鱼，将它剖开制成腊鱼，自从大河以东，到苍梧以北，没有不饱饱地吃上这条鱼的人。从此以后，那些空谈讽评之人，都大为吃惊奔走相告。还有人扛着钓具，奔向沟渠，守候小鱼上钩，他也想钓得大鱼，但那是很难的。美化自己的狭隘观点以求得到官方的悬赏，这与达到理想目标差距太大了。也就是说未曾听到过任公子钓鱼风格的人，他们差距太大了不可以参与治理天下。

【要点三】庄子认为，认识狭隘的人是不足以担当大任的。“饰小说以干县令，其于大达亦远矣，是以未尝闻任氏之风俗，其不可与经于世亦远矣。”

【原文四】儒以诗礼发家，大儒胪传曰：“东方作矣，事之何若?”小儒曰：“未解裙襦，口中有珠。诗固有之曰：‘青青之麦，生于陵陂。生不布施，死何含珠为!’”“接其鬓，压其颁，儒以金椎控其颐，徐别其颊，无伤口中珠!”

【译解四】儒生表面上强调诗礼发家，暗地里却在盗冢。大儒在上面向下传话：“太阳快升起来了，事情进行得怎么样了?”小儒说：“下裙和内衣还未解开，口中还含着珠子。古诗上就有这样的诗句：‘青青的麦苗，长在山坡上。生前不愿周济别人，死了怎么还含着珠子!’”大儒说：“挤压他的两鬓，按着他的胡须，你再用锤子敲打他的下巴，慢慢地分开他的两颊，不要损坏了口中的珠子!”

【要点四】庄子认为，儒生表面上强调诗礼发家，暗地里却在盗墓，表里不一。“儒以诗礼发冢。”

【原文五】老莱子之弟子出薪，遇仲尼，反以告，曰：“有人于彼，修上而趋下，末偻而后耳，视若营四海，不知其谁氏之子。”老莱子曰：“是丘也。召而来。”仲尼至。曰：“丘!去汝躬矜与汝容知，斯为君子矣。”仲尼揖而退，蹙然改容而问曰：“业可得进乎?”老莱子曰：“夫不忍一世之伤而骜万世之患，抑固窭邪，亡其略弗及邪?惠以欢为骜，终身之丑，中民之行进焉耳，相引以名，相结以隐。与其誉尧而非桀，不如两忘而闭其所誉。反无非伤也，动无非邪也。圣人踌躇以兴事，以每成功，奈何哉其载焉终矜尔！”

【译解五】老莱子的弟子出外打柴，遇上了孔丘，归来告诉老莱子，说：“有个人在那里，上身长下身短，伸颈曲背而且两耳后贴，眼光敏锐周遍四方，不知道他是哪家的人。”老莱子说：“这个人一定是孔丘。快去叫他来见我。”孔丘来了，老莱子说：“孔丘，去掉你矜持和睿智的样子，就可以成为君子了。”孔丘听了想作揖而退，便改容心悸地问道：“我传授的学业可以得到进展吗？”老莱子说：“你不忍一世伤害而招万世祸患，或是本来就弱智，还是忘记了基本道理？以小惠博欢心是在招引祸患，这是终身的丑恶，一般官吏是可以接受你的授教的，这些人用名声来相互招引，为私利来相互勾结。与其赞誉唐尧非议夏桀，不如将他们都遗忘而封闭原来给予的赞誉。给尧树立反面典型桀无非就是伤害尧，伤害尧无非就是产生邪恶。圣人稳妥行事，每次都能取得成功，你终年矜持推行仁义的结果如何呢？”

【要点五】庄子认为，历史与现实是一对辩证范畴。唐尧与夏桀是两个不同历史时期的人物，他们的产生都有不同的历史背景，后来的人们抛开历史背景赞誉尧非议桀，很容易被人们利用对现实中的人物进行攻击。所以与其赞誉一个非议一个，不如把这两个典型人物都忘掉。“与其誉尧而非桀，不如两忘而闭其所誉。反无非伤也，动无非邪也。”

【原文六】宋元君夜半而梦人被发窥阿门，曰：“予自宰路之渊，予为清江使河伯之所，渔者余且得予。”元君觉，使人占之，曰：“此神龟也。”君曰：“渔者有余且乎？”左右曰：“有。”君曰：“令余且会朝。”明日，余且朝。君曰：“渔何得？”对曰：“且之网得白龟焉，其圆五尺。”君曰：“献若之龟。”龟至，君再欲杀之，再欲活之，心疑，卜之，曰：“杀龟以卜吉。”乃刳龟，七十二钻而无遗筴。仲尼曰：“神龟能见梦于元君，而不能避余且之网；知能七十二钻而无遗筴，不能避刳肠之患。如是，则知有所困，神有所不及也。虽有至知，万人谋之。鱼不畏网而畏鹈鹕。去小知而大知明，去善而自善矣。婴儿生无石师而能言，与能言者处也。”

【译解六】宋元君半夜里梦见有人披头散发在侧门旁窥视，说：“我来自名叫宰路的深渊，我作为清江的使者来到河伯的居所，渔夫余且捕捉了我。”宋元君醒来，派人占卜，说：“这是一只神龟。”宋元君问：“渔夫有名叫余且的吗？”左右侍臣回答：“有。”宋元君说：“叫余且来朝见我。”第二天，余且来朝。宋元君问：“你捕捞到了什么？”余且回答：“我的网捕捉到一只白龟，周长五尺。”宋元君说：“献出你捕获的白龟。”白龟送到，宋元君一会儿想杀掉，一会儿又想养起来，心里正犯疑惑，卜问吉凶，说：“杀掉白龟用来占卜，一定大吉。”于是把白龟剖开挖空，用龟板占卜数十次推断起来也没有一点失误。孔子知道后说：“神龟能显梦给宋元君，却不能避开余且的渔网；才智能占卜数十次也没有一点失误，却不能逃脱剖腹掏肠的祸患。如此说来，才智也有困窘的时候，神灵也有考虑不到的地方。即使具有最高的智慧，也匹敌不了万人的谋算。鱼儿即使不畏惧渔网却也会害怕鹈鹕。摒弃小聪明方才显示大智慧，除去做作的善行方才能回到自然的善性。婴儿出生没有名师而能说话，只因为与会说话的人自然相处。”

【要点六】庄子认为，一、个人的认识是有局限性的，智慧最高的人也敌不过万人的谋算。“则知有所困，神有所不及也。虽有至知，万人谋之。”“鱼不畏网而畏鹈鹕。”二、认识是环境决定的。“婴儿生无石师而能言，与能言者处也。”

【原文七】惠子谓庄子曰：“子言无用。”庄子曰：“知无用而始可与言用矣。天地非不广且大也，人之所用容足耳。然则厕足而垫之，致黄泉，人尚有用乎？”惠子曰：“无用。”庄子曰：“然则无用之为用也亦明矣。”

【译解七】惠子对庄子说：“你的言论没有用处。”庄子说：“懂得没有用才可以与他谈论有用。天地不能不说是既广且大的了，人所用的只是脚能踩踏的一小块罢了。既然如此，那么只留下脚下一小块却将其余全都挖掉，一直挖到黄泉，大地对人来说还有用吗？”惠子说：“当然没有用处。”庄子说：“如此说来，没有用处的用处也就很明白了。”

【要点七】庄子认为，客观世界是一个互相联系的整体，不能片面地孤立地看待问题。“天地非不广且大也，人之所用容足耳。然则厕足而垫之，致黄泉，人尚有用乎？”

【原文八】庄子曰：“人有能游，且得不游乎？人而不能游，且得游乎？夫流遁之志，决绝之行，噫，其非至知厚德之任与！覆坠而不反，火驰而不顾，虽相与为君臣，时也，易世而无以相贱。故曰至人不留行焉。夫尊古而悲今，学者之流也。且以狶韦氏之流观今之世，夫孰能不波？唯至人乃能游于世而不僻，顺人而不失己。彼教不学，承意不彼。”

【译解八】庄子说：“如果人有能力行动，有何理由不行动呢？如果人没有能力行动，有何理由行动呢？逃避现实的意向，决断现实的行为，唉，这些都不是大智厚德之人应有的作为！坠落现实而不反悔，急驰现实而不回顾，即使承认相互间是君臣关系，也认为是时势造成的，一旦世代变化就没有人践行君臣关系了，所以说道德高尚的至人不会停止行动。那些尊古而悲今的人，都是学识浅薄之辈。从狶韦氏之流的立场来观察当今世界，谁又能不在心中引起波澜？只有至人方能在现实中不断践行而不回避，顺从众人的意志而不失去自己的天性。尊古卑今的说教不应该学习，承顺众人意志而不受他人左右。”

【要点八】庄子认为，一、坚持实践第一，不可停止行动。如果人有能力行动，有何理由不行动呢？如果人没有能力行动，有何理由行动呢？“人有能游，且得不游乎？人而不能游，且得游乎？”“故曰至人不留行焉。”二、坚持现实第一，不可逃避现实。“夫流遁之志，决绝之行，噫，其非至知厚德之任与！”“唯至人乃能游于世而不僻，顺人而不失己。”三、坚持发展第一，不可尊古悲今。“夫尊古而悲今，学者之流也。”

【原文九】目彻为明，耳彻为聪，鼻彻为颤，口彻为甘，心彻为知，知彻为德。凡道不欲壅，壅则哽，哽而不止则跈，跈者众害生。物之有知者恃息，其不殷，非天之罪。天之穿之，日夜无降，人则顾塞其窦。胞有重阆，心有天游。室无空虚，则妇姑勃溪；心无天游，则六凿相攘。大林丘山之善于人也，亦神者不胜。

【译解九】视觉通达叫作明，听觉通达叫作聪，嗅觉通达叫作颤，味觉通达叫作甘，心灵通达叫作智，智慧通达叫作德。凡是通道都不愿堵塞，堵塞就会梗阻，梗阻就会相互踩踏，踩踏多了就会祸害生命。生物有知觉靠的是气息，假如气息不旺盛，那不是自然的罪过。因为天生万物预留气孔，通气功能日夜不降，人们却有他顾而堵塞这些气孔。胞内有多重空间可容胎儿，心中有虚静天空可供神游。屋里没有足够空间，就会使姑嫂之间像山溪涨水喋喋不休；心中没有可供神游的虚静空间，那么六种器官就会互相干扰。森林与山丘之所以适宜于人，也是因为人们难得遇到的神清气爽。

【要点九】庄子认为，有形的六合空间是事物存在的必然条件，无形的思维空间是精神活动的必然条件。“胞有重阆，心有天游。室无空虚，则妇姑勃溪；心无天游，则六凿相攘。大林丘山之善于人也，亦神者不胜。”

【原文十】德溢乎名，名溢乎暴，谋稽乎誸，知出乎争，柴生乎守，官事果乎众宜。春雨日时，草木怒生，铫耨于是乎始修，草木之到植者过半，而不知其然。

【译解十】天德溢出的原因是名利，名利溢出的原因是暴露，谋略考究的原因是危机，才智产生的原因是争斗，柴塞发生的原因是守护，官府事务处理果断的原因是顺应民众。春雨随日应季，草木勃然而生，到此时才想起整修锄头，田里杂草快长到庄稼高了，而人们往往不知道其中的因果逻辑。

【要点十】庄子认为，原因与结果的关系是辩证法的范畴。“德溢乎名，名溢乎暴，谋稽乎誸，知出乎争，柴生乎守，官事果乎众宜。”

【原文十一】静然可以补病，眥搣可以休老，宁可以止遽。虽然，若是，劳者之务也，佚者之所未尝过而问焉。圣人之所以駴天下，神人未尝过而问焉；贤人所以駴世，圣人未尝过而问焉；君子所以駴国，贤人未尝过而问焉；小人所以合时，君子未尝过而问焉。

【译解十一】清静可以调养病体，运动可以延缓衰老，宁寂可以止息慌乱。但是，如果这样，劳动者所做的事务，闲逸者未曾过问。圣人威骇天下的做法，神人未曾过问；贤人威骇世人的做法，圣人未曾过问；君子威骇国人的做法，贤人未曾过问；小人适合时节的做法，君子也未曾过问。

【要点十一】庄子认为，运动与宁静结合的方法可以延年益寿。“清静可以调养病体，运动可以延缓衰老，宁寂可以止息慌乱。”

【原文十二】演门有亲死者，以善毁爵为官师，其党人毁而死者半。尧与许由天下，许由逃之；汤与务光，务光怒之。纪他闻之，帅弟子而踆于窾水；诸侯吊之，三年，申徒狄因以踣河。荃者所以在鱼，得鱼而忘荃；蹄者所以在兔，得兔而忘蹄；言者所以在意，得意而忘言。吾安得夫忘言之人而与之言哉！

【译解十二】东门有个死了父母的人，因为哀伤消瘦毁容而加爵封为官师，他的同乡效仿消瘦毁容却导致死者过半。尧想禅让天下给许由，许由因而逃到箕山；商汤想把天下禅让给务光，务光大发脾气。纪他知道了这件事，率领弟子隐居在窾水，诸侯前往慰问，如此三年。申徒狄也因禅让扑河自溺。竹笱是用来捕鱼的工具，捕到鱼后就忘掉了鱼笱；兔网是用来捕兔的工具，捕到兔子后就忘掉了兔网；言语是用来传达意思的工具，领会了意思就忘掉了言语。我怎么才能寻找到那忘掉言语的人而跟他探讨认识论和辩证法呢！

【要点十二】庄子认为，一、现象与本质是一对辩证范畴。“演门有亲死者，以善毁爵为官师，其党人毁而死者半。”二、内容与形式是一对辩证范畴。“荃者所以在鱼，得鱼而忘荃；蹄者所以在兔，得兔而忘蹄；言者所以在意，得意而忘言。”

《外物》内容小结

一、哲学观点

（一）有关认识论观点

1. 庄子认为，没有超社会性的观念文化，不同的社会群体没有统一的善恶是非标准。“外物不可必，故龙逄诛，比干戮，箕子狂，恶来死，桀纣亡。”

2. 庄子认为，能够统一人们认识的方法是自然规律（道）“木与木相摩而然，金与火相守则流。阴阳错行，则天地大絯，于是乎有雷有霆，水中有火，乃焚大槐。”

3. 庄子认为，使道丧失殆尽的是利益冲突。“利害相摩，生火甚多；众人焚火，月固不胜火，于是乎有僓然而道尽。”

4. 庄子认为，认识狭隘的人是不足以担当大任的。“饰小说以干县令，其于大达亦远矣，是以未尝闻任氏之风俗，其不可与经于世亦远矣。”

5. 庄子认为，个人的认识是有局限性的，智慧最高的人也敌不过万人的谋算。“则知有所困，神有所不及也。虽有至知，万人谋之。”“鱼不畏网而畏鹈鹕。”

6. 庄子认为，认识是环境决定的。“婴儿生无石师而能言，与能言者处也。”

7. 庄子认为，有形的六合空间是事物存在的必然条件，无形的思维空间是精神活动的必然条件。“胞有重阆，心有天游。室无空虚，则妇姑勃溪；心无天游，则六凿相攘。大林丘山之善于人也，亦神者不胜。”

（二）有关辩证法观点

1. 庄子认为，客观世界是一个互相联系的整体，不能片面地孤立地看待有用和无用问题。“天地非不广且大也，人之所用容足耳。然则厕足而垫之，致黄泉，人尚有用乎？”

2. 庄子认为，要用发展的观点看待事物。一、坚持实践第一，不可停止行动。如果人有能力行动，有何理由不行动呢？如果人没有能力行动，有何理由行动呢？“人有能游，且得不游乎？人而不能游，且得游乎？”“故曰至人不留行焉。”二、坚持现实第一，不可逃避现实。“夫流遁之志，决绝之行，噫，其非至知厚德之任与！”“唯至人乃能游于世而不僻，顺人而不失己。”三、坚持发展第一，不可尊古悲今。“夫尊古而悲今，学者之流也。”

3. 庄子认为，可能与现实是一对辩证范畴。周济解决燃眉之急是现实性问题，将来周济三百金是可能性问题，“吾失我常与，我无所处。吾得斗升之水然活耳，君乃言此，曾不如早索我枯鱼之肆！”

4. 庄子认为，历史与现实是一对辩证范畴。唐尧与夏桀是两个不同历史时期的人物，他们的产生都有不同的历史背景，后来的人们抛开历史背景赞誉尧非议桀，很容易被人们利用对现实中的人物进行攻击。所以与其赞誉一个非议一个，不如把这两个典型人物都忘掉。“与其誉尧而非桀，不如两忘而闭其所誉。反无非伤也，动无非邪也。”

5. 庄子认为，原因与结果是一对辩证范畴。“德溢乎名，名溢乎暴，谋稽乎誸，知出乎争，柴生乎守，官事果乎众宜。”

6. 庄子认为，运动与静止是一对辩证范畴。动静结合的方法可以延年益寿。“清静可以调养病体，运动可以延缓衰老，宁寂可以止息慌乱。”

7. 庄子认为，现象与本质是一对辩证范畴。“演门有亲死者，以善毁爵为官师，其党人毁而死者半。”

8. 庄子认为，内容与形式是一对辩证范畴。“荃者所以在鱼，得鱼而忘荃；蹄者所以在兔，得兔而忘蹄；言者所以在意，得意而忘言。”

二、其他观点

庄子认为，儒家表里不一。儒生表面上强调诗礼发家暗地里却在盗冢。

杂篇·寓言

【原文一】寓言十九，重言十七。卮言日出，和以天倪。寓言十九，藉外论之。亲父不为其子媒。亲父誉之，不若非其父者也；非吾之罪也，人之罪也。与己同则应，不与己同则反；同于己为是之，异于己为非之。重言十七，所以已言也，是为耆艾。年先矣，而无经纬本末以期年耆者，是非先也。人而无以先人，无人道也；人而无人道，是之谓陈人。卮言日出，和以天倪，因以曼衍，所以穷年。

【译解一】寓意特指的言论十有九信，重复先哲的言论十有七信。随意表达的言论天天更新，这符合自然现象。寓言十有九信，是因为抽象的寓意借助于具体的物象来表达（利用形象思维方式表达）。明智的父亲不给自己的儿子做媒。因为父亲赞誉儿子，不如别人称赞更有说服力；这不是父辈的罪过，是世人不能正确理解的罪过。与自己的看法相同就应合，与自己的看法不同就反对；与自己的行为一致就肯定，与自己的行为不一致就否定（寓言借用形象思维方式让受众自己利用生活阅历去领会寓意免去了各种世俗误会）。重复先哲的言论十有七信，是因为先哲的言论大部分是经过验证有用的，并且都是长者引用的言论。年龄比别人大，却没有找到事物的倒顺和治理天下的方法以符合长者的身份，这样的人就不是长者。如果一个人与他人相比没有优点或长处，就是没有掌握为人处世的方法；如果一个人没有掌握为人处世的方法，这样的人称作陈腐无用的人。随意表达的言论时常更新，这符合自然现象，因为人类世代更替，故言论更新有尽年。

【要点一】庄子认为，寓言借用客观事物形象表达抽象的道理，可以让人们根据自己的阅历去揣摩寓意，所以寓言有永久的生命力。“寓言十九，藉外论之。”

【原文二】不言则齐，齐与言不齐，言与齐不齐也，故曰无言。言无言，终身言，未尝不言；终身不言，未尝不言。有自也而可，有自也而不可；有自也而然，有自也而不然。恶乎然？然于然。恶乎不然？不然于不然。恶乎可？可于可。恶乎不可？不可于不可。物固有所然，物固有所可，无物不然，无物不可。非卮言日出，和以天倪，孰得其久！万物皆种也，以不同形相禅，始卒若环，莫得其伦，是谓天均。天均者天倪也。

【译解二】人们不说主观认识而各种客观事物统一于道，统一于道的客观事物与人们说的主观认识往往不一致。既然人们说的主观认识与统一于道的客观事物不一致，所以说人们无须去发表主观认识。说那些原本无须发表的主观认识，并且终身乐此不疲，还不如不说话；而终身不说话，也未尝不是在让客观事物说话。有客观事实自然就认可，有主观认识自然也就不认可；有客观事实自然就肯定，有主观认识自然也就否定。为何要肯定？因为客观事实肯定了。为何要否定？因为主观认识被客观事实否定了。为何要认可？因为客观事实认可了。为何不认可？因为客观事实不认可。万物本有它正确的方面，万物本有它肯定的方面，没有事物不存在正确的方面，没有事物不存在肯定的方面。如果不是随心表达的认识天天更新，跟自然变化吻合，怎么获得长久！万物都有一个共同的起源，却用不同的形态相互区别，开始与终结就像在循环往复，找不到先后顺序，这称为自然平衡。自然平衡也就像天地分界线那样稳定和谐。

【要点二】庄子认为，人们的主观认识是对客观事物的反映，但人们的主观认识与客观事物往往是不一致的。“不言则齐，齐与言不齐，言与齐不齐也，故曰无言。”

【原文三】庄子谓惠子曰：“孔子行年六十而六十化，始时所是，卒而非之，未知今之所谓是之非五十九非也。”惠子曰：“孔子勤志服知也。”庄子曰：“孔子谢之矣，而其未之尝言。孔子云：‘夫受才乎大本，复灵以生。’鸣而当律，言而当法，利义陈乎前，而好恶是非直服人之口而已矣。使人乃以心服，而不敢蘁立，定天下之定。已乎已乎！吾且不得及彼乎！”

【译解三】庄子对惠子说：“孔子年满六十岁且这六十年来他时刻在变化，当初肯定的东西，后来又否定了，不知今天认为是对的而到了五十九岁时是否会认为是错的。”惠子说：“孔子是个勤于志而服于智的人。”庄子说：“孔子这种做法已经改变了，你不了解他的这种变化不要瞎说。孔子说过：‘禀受才智于根本之道，回归天性以全生命。’发声要合于音律，说话要合于法度，面临私利与公义，而好恶是非观念值得人们口服罢了。要使人们能够内心诚服，而不敢有丝毫忤逆，还得根据天下人自定而定之。算了算了，我还理解不透他呢！”

【要点三】庄子认为，人们接受的才智应该来源于客观规律，让主观认识回归客观天性。“夫受才乎大本，复灵以生。”

【原文四】曾子再仕而心再化，曰：“吾及亲仕，三釜而心乐；后仕，三千钟而不洎，吾心悲。”弟子问于仲尼曰：“若参者，可谓无所悬其罪乎?”曰：“既已悬矣。夫无所县者，可以有哀乎？彼视三釜三千钟，如观雀蚊虻相过乎前也。”

【译解四】曾参再次做官，他的心情再次发生变化，说：“我第一次亲身体验做官时，虽然俸禄微薄也令人感到快乐；后来再次做官，虽然俸禄丰厚还是不满足，所以我心里很悲伤。”孔门第子问孔子：“像曾参这样的人，可以说内心没有什么牵挂的过错吧?”孔子说：“曾参的内心已经有牵挂了。如果内心没有牵挂，会出现悲伤的感情吗？对待俸禄心无所系的人看待三釜乃至三千钟，就像是看待雀儿和蚊虻从眼前相继飞过一样不在乎。”

【要点四】庄子认为，儒家的主观认识是由客观利益决定的，道家的主观认识是由客观规律决定。“既已悬矣。夫无所县者，可以有哀乎？彼视三釜三千钟，如观雀蚊虻相过乎前也。”

【原文五】颜成子游谓东郭子綦曰：“自吾闻子之言，一年而野，二年而从，三年而通，四年而物，五年而来，六年而鬼入，七年而天成，八年而不知死、不知生，九年而大妙。”“生有为，死也亏。公以其死也，有自也；而生阳也，无自也。而果然乎？恶乎其所适？恶乎其所不适？天有历数，地有人据，吾恶乎求之？莫知其所终，若之何其无命也？莫知其所始，若之何其有命也？有以相应也，若之何其无鬼邪？无以相应也，若之何其有鬼邪?”

【译解五】颜成子游对东郭子綦说：“自从我听了你的观点，一年后返归质朴，两年后顺从环境，三年后通达事理，四年后物我一体，五年后神思自来，六年后灵魂入主，七年后身心天成，八年后忘却生死，九年后深入精微之境。”东郭子綦说：“生前追逐名利恣意妄为，死后必遭清算名声亏损。公平对待每个人的死，自我有感觉死；而感受阳气产生，自我无感觉生。你果真能够这样认识人的生死吗？你怎么觉得生有所适呢？又怎么觉得死有所不适呢？天有年月日的变化，地有居住区域的划分，我为何要去追求改变呢？没有人知晓人类的发展方向，怎么能说人类没有命运的安排？没有人知晓人类的起源，又怎么能说人类有命运的安排？有时候可以跟外物互相感应，怎么能说没有灵魂主使呢？有时候又不能跟外物互相感应，又怎么能说存在灵魂的主使呢？”

【要点五】庄子认为，人生存在一种因果关系。“生有为，死也亏。”

【原文六】众罔两问于景曰：“若向也俯而今也仰，向也括撮而今也被发，向也坐而今也起，向也行而今也止，何也？”景曰：“搜搜也，奚稍问也！予有而不知其所以。予，蜩甲也，蛇蜕也，似之而非也。火与日，吾屯也；阴与夜，吾代也。彼吾所以有待邪？而况乎以无有待者乎！彼来则我与之来，彼往则我与之往，彼强阳则我与之强阳。强阳者又何以有问乎！”

【译解六】众魍魉向影子问道：“你先前低着头现在仰起头，先前束着发髻现在披着头发，先前坐着现在站起，先前行走现在停下来，这是什么原因呢？”影子回答：“我的精神被掏空，不能自主运动，问这些细节干什么！我如此行止，自已也不知道为什么。我，像蝉壳，像蛇蜕，样子像蝉蛇却又不是蝉蛇。在火与阳光下，我变得高大明显；在火灭与黑夜里，我被黑暗取代了。阴阳昼夜是我所期待的条件吗？如果没有我所期待的条件呢！我所期待的条件来了我便随之到来，我期待的条件消失了我也随之消失，我期待的条件变化我就随之变化。条件变化是很自然的，有什么可问的呢？”

【要点六】庄子在第六节认为，寓言之精神内涵是采用事物形象暗喻的，人们需要根据自已的生活经验并通过事物形象去琢磨理解寓言的精神实质。“予，蜩甲也，蛇蜕也，似之而非也。”

【原文七】阳子居南之沛，老聃西游于秦，邀于郊，至于梁而遇老子。老子中道仰天而叹曰：“始以汝为可教，今不可也。”阳子居不答。至舍，进盥漱巾栉，脱屦户外，膝行而前曰：“向者弟子欲请夫子，夫子行不闲，是以不敢。今闲矣，请问其过。”老子曰：“而睢睢盱盱，而谁与居？大白若辱，盛德若不足。”阳子居蹴然变容曰：“敬闻命矣！”其往也，舍者迎将，其家公执席，妻执巾栉，舍者避席，炀者避灶。其反也，舍者与之争席矣。

【译解七】阳子居从西向东去沛县，正巧老聃从东边鹿邑到西边秦国去，阳子居估计在沛县的郊野遇上老聃，可是只到汴梁就遇到了老子。老子站在路中间仰天长叹：“当初以为你是可教之人，如今看来是不可救药的。”阳子居一句话也没说。到了旅店，阳子居进上各种盥洗用具，把鞋子脱在门外，双膝跪着上前说道：“刚才弟子正想请教先生，赶上先生旅途中没有空闲，所以不敢贸然启齿。如今先生有空闲了，恳请先生指出我的过错。”老聃说：“你目光尖锐，谁愿意与你相处？太洁白总会有所污辱，太高尚总会有所不足。”阳子居听了感动地说：“恭敬地接受先生的教导！”阳子居刚来旅店的时候，店里的客人都得迎来送往，那个旅舍的男主人亲自为他安排座席，女主人亲手拿着毛巾梳子侍候他盥洗，旅客们见了他都得让出座位，烤火的人见了也就远离火边。等到他离开旅店的时候，旅店的客人已经跟他无拘无束争席而坐了。

【要点七】庄子认为，别人不愿与你相处，很可能是因为你目光太锐利、性情太洁白、品德太高尚。“而睢睢盱盱，而谁与居？大白若辱，盛德若不足。”

《寓言》内容小结

一、哲学观点

1. 唯物论观点。庄子认为，人们的主观认识是对客观事物的反映，但人们的主观认识与客观事物往往是不一致的。“不言则齐，齐与言不齐，言与齐不齐也，故曰无言。”庄子认为，儒家的主观认识是由客观利益决定的，道家的主观认识是由客观规律决定。“既已悬矣。夫无所县者，可以有哀乎？彼视三釜三千钟，如观雀蚊虻相过乎前也。”庄子认为，人们的才智来源于客观事物的本性，让主观认识回归客观天性，就是认识发展过程。“夫受才乎大本，复灵以生。”

2. 辩证法观点。庄子认为，世俗不尊重或不愿与哲学家相处，很可能是因为圣者目光太锐利，而且性情太洁白、品德太高尚是对世俗的侮辱和揭露。“而睢睢盱盱，而谁与居？大白若辱，盛德若不足。”

二、寓言特点

庄子认为，寓言是作者借用某种客观事物形象表达主观认识的有效方式。其特点是读者的生活经验越丰富，透过事物形象对事物性质的理解就深刻，并且具有永久的生命力。“寓言十九，藉外论之。”庄子认为，寓言之精神内涵是采用事物形象暗喻的，人们需要根据自己的生活经验并通过事物形象去琢磨理解寓言的精神实质。“予，蜩甲也，蛇蜕也，似之而非也。”

杂篇·让王

【原文一】尧以天下让许由，许由不受。又让于子州支父，子州支父曰：“以我为天子，犹之可也。虽然，我适有幽忧之病，方且治之，未暇治天下也。”夫天下至重也，而不以害其生，又况他物乎！唯无以天下为者，可以托天下也。舜让天下于子州支伯。子州支伯曰：“予适有幽忧之病，方且治之，未暇治天下也。”故天下大器也，而不以易生，此有道者之所以异乎俗者也。舜以天下让善卷，善卷曰：“余立于宇宙之中，冬日衣皮毛，夏日衣葛絺；春耕种，形足以劳动；秋收敛，身足以休食；日出而作，日入而息，逍遥于天地之间而心意自得。吾何以天下为哉！悲夫，子之不知余也！”遂不受。于是去而入深山，莫知其处。舜以天下让其友石户之农，石户之农曰：“捲捲乎后之为人，葆力之士也！”以舜之德为未至也，于是夫负妻戴，携子以入于海，终身不反也。

【译解一】尧把天下让给许由，许由不接受。又让给子州支父，子州支父说：“用我当天子，还是可以的。不过，我正患有深忧的疾病，方打算治病，没有空闲治天下。”天下是最重要的外物，尚且不能为了治天下而伤害自己的生命，何况天下其他事物呢！只有自觉遵循自然规律不对天下乱作为的人，才可以把治理天下的重任托付给他。舜让天下给子州支伯，子州支伯说："我正患有深忧的疾病，才打算治病，没有闲暇治理天下。"所以天下治理是最大的公器了，而不可以用它来交换自己的生命，这是有道之人与世俗之人不一样的地方。舜又把天下让给善卷，善卷说："我处在宇宙之中，冬天披柔软的皮毛，夏天穿细薄的葛布；春天耕地下种，身体能够承受这样的劳作；秋天收割贮藏，自身完全能够满足给养；太阳升起时就下地干活儿，太阳下山了就返家安息，无拘无束地生活在天地之间而心中的快意只有我自己清楚。我哪里想治理天下呢！可悲啊，你不理解我！"最终没有接受。于是善卷离开家而隐入深山，没有人知道他的住处。舜再把天下让给朋友石户地方的一位农夫，这位农夫说："君王的为人态度诚恳，是个勤苦劳累的人！"他认为舜的品德还未能达到最高的境界，于是夫妻二人背的背、扛的扛，带着子女逃到海上荒岛，终生不再返回。

【要点一】庄子认为，只有那些遵循自然规律不乱作为的人，方可以托付天下治理之大器。"唯无以天下为者，可以托天下也。"

【原文二】大王亶父居邠，狄人攻之；事之以皮帛而不受，事之以犬马而不受，事之以珠玉而不受，狄人之所求者土地也。大王亶父曰："与人之兄居而却杀其弟，与人之父居而杀其子，吾不忍也。子皆勉居矣！为吾臣与为狄人臣奚以异！且吾闻之，不以所用养害所养。"因杖策而去之。民相连而从之，遂成国于岐山之下。夫大王亶父，可望能尊生矣。能尊生者，虽贵富不以养伤身，虽贫贱不以利累形。今世之人居高官尊爵者，皆重失之，见利轻亡其身，岂不惑者！越人三世弑其君，王子搜患之，逃乎丹穴。而越国无君，求王之搜不得，从之丹穴。王子搜不肯出，越人薰之以艾。乘以王舆。王子搜援绥登车，仰天而呼曰："君乎君乎！独不可以舍我乎！"王子搜非恶为君也，恶为君之患也。若王子搜者，可谓不以国伤生矣，此固越人之所欲得为君也。

【译解二】太王亶父居住在邠地，狄人常来侵扰，敬献兽皮和布帛狄人不愿意接受，敬献猎犬和宝马，狄人也不愿意接受，敬献珠宝和玉器，狄人仍不愿意接受，狄人希望得到的是土地。太王亶父说："跟别人的兄长住在一起却杀死他的弟弟，跟别人的父亲住在一起却杀死他的子女，我不忍心这样做。你们都去和狄人勤勉居住在一块儿吧！做我的臣民跟做狄人的臣民没有什么不同！而且我还听说，不要为争夺养人的土地而伤害土地养育的人民。”于是拄着拐杖离开了邠地。邠地的百姓一个接着一个地跟从他，于是在岐山之下建立起一个新的国都。太王亶父，是最尊重生命的了。能够尊重生命的人，即使富贵也不会因养尊处优而伤身，即使贫贱也不会追逐私利而劳形。当今世上的人们居于高官显位的，都时时担忧失去它们，见到利禄就轻率地搭上性命，这难道不是糊涂！越国人先后杀掉了自己的三任国君，王子搜对此十分忧患，逃到荒野山洞里躲避。越国没有了君主，到处寻找王子搜都没能找到，便追踪到山洞。王子搜不肯出洞，越人便点燃艾草用烟熏洞。还为他准备了国王专用的车马。王子搜拉过登车的绳索，仰天大呼说：“国君之位啊，国君之位啊，就是不能够放过我啊！”王子搜并不是讨厌做国君，而是憎恶做了国君难免会招来杀身之祸。像王子搜这样的人，可以说是不愿以国君之位而伤害自己生命的，这肯定是越国人想要他做国君的。

【要点二】庄子认为，尊重生命不论富贵贫贱。“能尊生者，虽贵富不以养伤身，虽贫贱不以利累形。今世之人居高官尊爵者，皆重失之，见利轻亡其身，岂不惑者！”

【原文三】韩魏相与争侵地。子华子见昭僖侯，昭僖侯有忧色。子华子曰：“今使天下书铭于君之前，书之言曰：‘左手攫之则右手废，右手攫之则左手废，然而攫之者必有天下。’君能攫之乎？”昭僖侯曰：“寡人不攫也。”子华子曰：“甚善！自是观之，两臂重于天下也，身亦重于两臂。韩之轻于天下亦远矣，今之所争者，其轻于韩又远。君固愁身伤生以忧戚不得也！”僖侯曰：“善哉！教寡人者众矣，未尝得闻此言也。子华子可谓知轻重矣。”鲁君闻颜阖得道之人也，使人以币先焉。颜阖守陋闾，苴布之衣而自饭牛。鲁君之使者至，颜阖自对之。使者曰：“此颜阖之家与？”颜阖对曰：“此阖之家也。”使者致币，颜阖对曰：“恐听者谬而遗使者罪，不若审之。”使者还，反审之，复来求之，则不得已。故若颜阖者，真恶富贵也。故曰，道之真以治身，其绪余以为国家，其土苴以治天下。由此观之，帝王之功，圣人之余事也，非所以完身养生也。今世俗之君子，多危身弃生以殉物，岂不悲哉！凡圣人之动作也，必察其所以之与其所以为。今且有人于此，以隋侯之珠弹千仞之雀，世必笑之，是何也？则其所用者重而所要者轻也。夫生者，岂特随侯之重哉！

【译解三】韩国和魏国相互争夺边界上的土地。先生华子拜见韩昭僖侯，昭僖侯正面带忧色。华子说：“如今让天下所有人都来到你面前书写铭记，书写的言辞说：‘左手抓取东西那么右手就砍掉，右手抓取东西那么左手就砍掉，然而抓取东西的人一定会拥有天下。’君侯会抓取吗？”昭僖侯说：“我是不会去抓取的。”华子说：“很好！由此观之，两只手臂比天下更为重要，而人的自身又比两只手臂重要。韩国比起整个天下微不足道，如今两国所争夺的土地，比起韩国来又更是微不足道。你又何苦愁坏身家性命而担忧得不到边界上的弹丸之地呢！”昭僖侯说：“好啊！劝我的人很多，却不曾听到过如此高明的言论。华子真可说是懂得谁轻谁重的了。”鲁国国君听说颜阖是一个得道的人，便派使者先行送去聘礼表达敬慕之意。颜阖居住在极为狭窄的巷子里，穿着粗麻布衣而且亲自喂牛。鲁君的使者来到颜阖家，颜阖亲自接待了他。使者问：“这里是颜阖的家吗？”颜阖回答：“这里就是颜阖的家。”使者送上礼物，颜阖巧妙地说：“恐怕听话的人听错了而给使者带来过失，不如回去再仔细问个明白。”使者返回，查问清楚了，再次来找颜阖，却再也找不到了。像颜阖这样的人，是真正厌恶富贵的。所以说，大道的本真可以养身，大道的余理可以治国，提炼大道遗留的渣滓可以统治天下民众。由此观之，帝王的功业，只不过是哲人的业余之事，不是健身养心的途径。如今世俗的君子，大多危害身体放弃性命而做了名利的牺牲品，岂不悲哉！凡是哲人有所动作，必定明察轻重再决定取舍。如今却有这样的人，用珍贵的隋侯之珠去弹打飞得很高的麻雀，世上的人们一定会笑话他，这是为什么呢？乃是因为他所使用的东西实在贵重而所希望得到的东西实在轻贱。至于说到生命，难道只有隋侯之珠那么珍贵吗！

【要点三】庄子认为，认识事物要分清轻重，抓住重点。“凡圣人之动作也，必察其所以之与其所以为。”

【原文四】子列子穷，容貌有饥色。客有言之于郑子阳者曰：“列御寇，盖有道之士也，居君之国而穷，君无乃为不好士乎?”郑子阳即令官遗之粟。子列子见使者，再拜而辞。使者去，子列子入，其妻望之而拊心曰：“妾闻为有道者之妻子，皆得佚乐，今有饥色。君过而遗先生食，先生不受，岂不命邪!”子列子笑谓之曰：“君非自知我也。以人之言而遗我粟，至其罪我也又且以人之言，此吾所以不受也。”其卒，民果作难而杀子阳。

【译解四】先生列子生活贫困，面容常有饥色。有人对郑国的上卿子阳说起这件事：“列御寇，是一位有道的哲人，居住在你治理的国家却是如此贫困，恐怕是你不喜欢哲人无所作为吧?”子阳立即派官吏送给列子粮食。列子见到派来的官吏，再三辞谢不接受子阳的赐予。官吏离去后，列子进到内室，他的妻子埋怨并拍着胸脯伤心地说：“我听说作为有道者的妻儿，都能够享尽安逸生活，可是如今我们却面有饥色。子阳瞧得起先生方才把食物赠送给先生，可是先生却拒不接受，岂不是命里注定要挨饿!”先生列子笑着对她说：“子阳并不是亲自了解了我。他仅凭听到别人说的而派人赠予我米粟，等到他想加罪于我时必定仍然会仅凭别人的谈论，这就是我不愿接他赠予的原因。”后来，百姓果真发难并杀死了子阳。

【要点四】庄子认为，不亲自了解真实情况而行动必招祸患。“君非自知我也。以人之言而遗我粟，至其罪我也又且以人之言，此吾所以不受也。”

【原文五】楚昭王失国，屠羊说走而从于昭王。昭王反国，将赏从者，及屠羊说。屠羊说曰：“大王失国，说失屠羊；大王反国，说亦反屠羊。臣之爵禄已复矣，又何赏之有!”王曰：“强之!”屠羊说曰：“大王失国，非臣之罪，故不敢伏其诛；大王反国，非臣之功，故不敢当其赏。”王曰：“见之!”屠羊说曰：“楚国之法，必有重赏大功而后得见，今臣之知不足以存国而勇不足以死寇。吴军入郢，说畏难而避寇，非故随大王也。今大王欲废法毁约而见说，此非臣之所以闻于天下也。”王谓司马子綦曰：“屠羊说居处卑贱而陈义甚高，子綦为我延之以三旌之位。”屠羊说曰：“夫三旌之位，吾知其贵于屠羊之肆也；万钟之禄，吾知其富于屠羊之利也；然岂可以贪爵禄而使吾君有妄施之名乎！说不敢当，愿复反吾屠羊之肆。”遂不受也。

【译解五】楚昭王丧失了国家，屠羊说跟随他在外逃亡。昭王返回楚国，打算赏赐跟随他逃亡的人，赏赐到屠羊说。屠羊说说："当年大王丧失了国家，我也失去了宰羊作坊；大王恢复了楚国，我也就恢复了宰羊作坊。我的报酬已经恢复了，又何必赏赐什么！"昭王说："强令接受奖赏！"屠羊说说："大王失去楚国，不是臣的罪过，所以我不愿伏法受诛；大王恢复楚国，也不是臣的功劳，所以我也不该接受赏赐。"楚昭王说："我想接见他！"屠羊说又说："按照楚国的法令，必定有大功的人重赏后才能够享受接见的礼遇，现在我的才智不足以使国家得到保全而勇力又不足以歼灭敌寇。吴军攻入郢都，我畏惧危难而躲避敌寇，并不是有心追随大王在外逃亡。如今大王意欲弃置法令和制度来接见我，这不是因为我的功劳大而名闻天下。"楚昭王对司马子綦说："屠羊说身处卑贱而陈述的道理却很深刻，你还是替我用三卿之位来宴请他。"屠羊说知道后说："三卿的高位，我知道比宰羊作坊高贵得多；优厚的俸禄，我也知道比宰羊报酬丰厚得多。然而，我怎么可以贪图高官厚禄而使国君蒙受胡乱施舍的坏名声呢！我不敢接受公卿之位，一心想回到宰羊作坊。"于是拒不接受封赏。

【要点五】庄子认为，哲人无功不受禄，反对唯利是图。"岂可以贪爵禄而使吾君有妄施之名乎！"

【原文六】原宪居鲁，环堵之室，茨以生草；蓬户不完，桑以为枢；而瓮牖二室，褐以为塞；上漏下湿，匡坐而弦。子贡乘大马，中绀而表素，轩车不容巷，往见原宪。原宪华冠缒履，杖藜而应门。子贡曰："嘻！先生何病？"原宪应之曰："宪闻之，无财谓之贫，学而不能行谓之病。今宪贫也，非病也。"子贡逡巡而有愧色。原宪笑曰："夫希世而行，比周而友，学以为人，教以为己，仁义之慝，舆马之饰，宪不忍为也。"

曾子居卫，缊袍无表，颜色肿哙，手足胼胝。三日不举火，十年不制衣，正冠而缨绝，捉衿而肘见，纳屦而踵决。曳、缒而歌商颂，声满天地，若出金石。天子不得臣，诸侯不得友。故养志者忘形，养形者忘利，致道者忘心矣。

孔子谓颜回曰："回，来！家贫居卑，胡不仕乎？"颜回对曰："不愿仕。回有郭外之田五十亩，足以给飦粥；郭内之田四十亩，足以为丝麻；鼓琴足以自娱，所学夫子之道者足以自乐也。回不愿仕。”孔子愀然变容曰：“善哉，回之意！丘闻之：‘知足者不以利自累也，审自得者失之而不惧；行修于内者无位而不怍。’丘诵之久矣，今于回而后见之，是丘之得也。”

【译解六】原宪住在鲁国，家有方丈小屋，盖着新鲜的茅草；蓬草编成的门四处透亮，折断桑条作为门轴，用破瓮隔出两个居室，再将粗布衣堵在破瓮口上；屋内上漏下湿，而原宪却端端正正地坐着弹琴唱歌。子贡驾着高头大马，内穿暗红色衬衣外罩素白的大褂，小巷子容不下高大华贵的马车，步行看望原宪。原宪戴着破帽子穿着掉了后跟的鞋子，拄着藜杖应声开门。子贡说：“哎呀！先生得了什么病?”原宪回答：“我听说，无财物叫作贫，学了却不能实践叫作病。如今我是贫困，而不是生病。”子贡听了退后数步，面有羞愧之色。原宪又笑着说：“迎合世俗而行事，比附周旋而交友，勤奋学习用以求取别人的夸赞，注重教诲是为了炫耀自己，用仁义掩护奸邪勾当，讲求车马华贵，我原宪是不愿做的。”

曾子住在卫国，用乱麻作内絮的袍子面子已经破烂，满脸浮肿，手和脚都磨出了老茧。他已经三天没有生火做饭，十年没有添置新衣，正一正帽子帽带就会断掉，提一提衣襟臂肘就会外露，穿一穿鞋子鞋后跟就会裂开。他还拖着散乱的发带吟咏《商颂》，声音洪亮充满天地，就像用金属和石料做成的乐器发出的声响。天子不能把他看作是臣仆，诸侯不能跟他结交成朋友。所以，修养心志的人能够忘却形骸，调养身形的人能够忘却利禄，得道的人能够忘却心机。

孔子对颜回说：“颜回，你过来！你家境贫寒居处卑微，为什么不外出做官呢?”颜回回答说：“我无心做官。城郭之外我有五十亩地，足以供给我食粮；城郭之内我有四十亩地，足够用来种麻养蚕；拨动琴弦足以使我欢娱，学习先生所教给的道理足以使我快乐。因此我不愿做官。”孔子听了深受感动改变面容说：“实在好啊，颜回的心愿！我听说：‘知道满足的人不会因为利禄而使自己受到拘累，真正安闲自得的人明知失去了什么也不会畏缩焦虑，注意内心修养的人没有什么官职也不会因此惭愧。’我吟咏这样的话已经很久很久了，如今在你身上才算真正看到了它，这也是我的一点收获哩。”

【要点六】庄子认为，掌握了自然规律的人不会使用心机。“故养志者忘形，养形者忘利，致道者忘心矣。”

【原文七】中山公子牟谓瞻子曰：“身在江海之上，心居乎魏阙之下，奈何?”瞻子曰：“重生，重生则利轻。”中山公子牟曰：“虽知之，未能自胜也。”瞻子曰：“不能自胜则从，神无恶乎？不能自胜而强不从者，此之谓重伤。重伤之人，无寿类矣。”魏牟，万乘之公子也，其隐岩穴也，难为于布衣之士；虽未至乎道，可谓有其意矣。

【译解七】中山公子牟对瞻子说：“我虽身居江湖之上，心思却时常留在魏国宫廷里，怎么办呢?”瞻子说：“需要看重生命，只有重视生命才会看轻名利。”中山公子牟说：“虽然我也知道这个道理，可总是不能约束自己的欲望。”瞻子说：“不能约束自己的欲望则顺其自然，你精神上还有什么可厌恶的呢？不能约束自己而又勉强地约束自己，这就叫作双重损伤。精神受到双重损伤的人，就不能寿命长久。”魏牟，是大国的公子，他隐居在山岩洞穴中，比起平民百姓就难多了；虽然未能达到悟道的境界，也可说是有了悟道的心意了。

【要点七】庄子认为，不能战胜自己的欲望就顺其自然，要退而求其次，不能勉强约束欲望。“不能自胜则从，神无恶乎？不能自胜而强不从者，此之谓重伤。”

【原文八】孔子穷于陈蔡之间，七日不火食，藜羹不糁，颜色甚惫，而弦歌于室。颜回择菜。子路子贡相与言曰：“夫子再逐于鲁，削迹于卫，伐树于宋，穷于商周，围于陈蔡，杀夫子者无罪，藉夫子者无禁。弦歌鼓琴，未尝绝音，君子之无耻也若此乎?”

颜回无以应，入告孔子。孔子推琴喟然而叹曰：“由与赐，细人也。召而来，吾语之。”子路子贡入。子路曰：“如此者可谓穷矣！”孔子曰：“是何言也！君子通于道之谓通，穷于道之谓穷。今丘抱仁义之道以遭乱世之患，其何穷之为！故内省而不穷于道，临难而不失其德，天寒既至，霜雪既降，吾是以知松柏之茂也。陈蔡之隘，于丘其幸乎！”孔子削然反琴而弦歌，子路扢然执干而舞。子贡曰：“吾不知天之高也，地之下也。”

古之得道者，穷亦乐，通亦乐。所乐非穷通也，道德于此，则穷通为寒暑风雨之序矣。故许由娱于颍阳而共伯得乎共首。

【译解八】孔子在陈、蔡之间遭受困厄，七天不能生火做饭，野菜汤里没有一粒米屑，脸色疲惫，可是还在屋里不停地弹琴唱歌。颜回在室外择菜，子路和子贡相互谈论："先生两次被赶出鲁国，在卫国遭受铲削足迹的侮辱，在宋国受到砍掉大树的羞辱，在商、周后裔居住的地方弄得走投无路，如今在陈、蔡之间又陷入如此困厄的境地，图谋杀害先生的没有治罪，凌辱先生的没有禁止，可是先生还不停地弹琴吟唱，不曾中断过乐声，君子不懂得羞辱竟达到如此地步吗?"

颜回没有办法回答，进入内室告诉给孔子。孔子推开琴弦长长地叹息说："子路和子贡，真是见识浅薄的人。叫他们进来，我有话对他们说。"子路和子贡进到屋里。子路说："现在真是穷途末路了!"孔子说："这是什么话！君子通达于道叫作通，不能通达于道叫作穷。如今我信守仁义之道而遭逢乱世之患，怎么能说成是穷途末路呢！所以说善于反省就不会穷于道，面临危难就不会失于德，严寒已经到来，霜雪降临大地，我这才真正看到了松柏仍是那么郁郁葱葱。陈、蔡之间的狭隘，对于我来说恐怕还是一件幸事啊!"孔子说完一脸平静地返琴拨弦而歌，子路兴奋地拿着盾牌跳舞。子贡说："我真不知道先生是如此高洁，而我却是那么的浅薄啊!"

古时候得道的哲人，穷困的环境里也能快乐，通达的情况下也能快乐。心境快乐的原因不在于穷困与通达，道德存留于心中，那么穷困与通达都像是寒与暑、风与雨那样有规律地变化。所以，许由能够在颍水的北岸求得欢娱，而共伯则在共首山优游自得地生活。

【要点八】庄子认为，穷困与通达对于有道德的人来说，就像是自然规律支配寒暑与风雨变化一样。"所乐非穷通也，道德于此，则穷通为寒暑风雨之序矣。"

【原文九】舜以天下让其友北人无择，北人无择曰："异哉后之为人也，居于畎亩之中而游尧之门！不若是而已，又欲以其辱行漫我。吾羞见之。"因自投清泠之渊。

汤将伐桀，因卞随而谋，卞随曰：“非吾事也。”汤曰：“孰可？”曰：“吾不知也。”汤又因瞀光而谋，瞀光曰：“非吾事也。”汤曰：“孰可？”曰：“吾不知也。”汤曰：“伊尹何如？”曰：“强力忍垢，吾不知其他也。”汤遂与伊尹谋伐桀，克之，以让卞随。卞随辞曰：“后之伐桀也谋乎我，必以我为贼也；胜桀而让我，必以我为贪也。吾生乎乱世，而无道之人再来漫我以其辱行，吾不忍数闻也。”乃自投椆水而死。

汤又让瞀光曰：“知者谋之，武者遂之，仁者居之，古之道也。吾子胡不立乎？”瞀光辞曰：“废上，非义也；杀民，非仁也；人犯其难，我享其利，非廉也。吾闻之曰：非其义者，不受其禄，无道之世，不践其土。况尊我乎！吾不忍久见也。”乃负石而自沈于庐水。

【译解九】舜帝想把天下让给他的朋友北人无择，北人无择说：“舜的为人真是怪异啊，原本在历山之麓从事农耕却要结识唐尧并且接受禅让！不仅如此，又想要用同样的丑恶行径玷污我。我见到他真是感到羞辱。”于是投水而死。

商汤打算讨伐夏桀，跟卞随商量，卞随说：“这不是我该做的事。”商汤问：“谁才可以呢？”卞随回答：“我不知道。”商汤又跟瞀光商量，瞀光说：“这不是我该做的事。”商汤问：“谁才可以呢？”瞀光回答：“我不知道。”商汤说：“伊尹怎么样？”瞀光说：“伊尹这个人毅力坚强而且能够忍受耻辱，至于其他方面我便不知道了。”商汤于是跟伊尹商量讨伐夏桀的事，打败桀王之后，商汤又想把天下让给卞随。卞随推辞说：“君王讨伐夏桀曾经跟我商量，必定是把我看作凶残的人；战胜桀王之后想要禅让天下给我，必定是把我看作贪婪的人。我生活在天下大乱的年代，而且不明大道的人两次用他的丑行玷污我，我不能忍受如此频仍的言谈。”于是投椆水而死。

商汤又打算禅让给瞀光，说：“智慧的人谋划天下，勇武的人统一天下，仁义的人治理天下，这是自古以来的道理。先生怎么能不居其位呢？”瞀光推辞说：“废除了自己的国君，不合于义；征战杀伐，不合于仁；别人冒着危难，我却坐享其利，不合于廉。我听说这样的话：不合于义的人，不能接受他赐予的利禄；不合于道的国家，不能踏上那样的国土。何况是让我尊称为帝呢！我不忍长久地见到这种情况。”竟背着石块沉入庐水而死。

【要点九】庄子认为，废君和杀人都是不仁不义的，具有抽象的人性观点。“废上，非义也；杀民，非仁也。”

【原文十】昔周之兴，有士二人处于孤竹，曰伯夷叔齐。二人相谓曰：“吾闻西方有人，似有道者，试往观焉。”至于岐阳，武王闻之，使叔旦往见之，与盟曰：“加富二等，就官一列。”血牲而埋之。

二人相视而笑曰：“嘻，异哉！此非吾所谓道也。昔者神农之有天下也，时祀尽敬而不祈喜；其于人也，忠信尽治而无求焉。乐与政为政，乐与治为治，不以人之坏自成也，不以人之卑自高也，不以遭时自利也。今周见殷之乱而遽为政，上谋而行货，阻兵而保威，割牲而盟以为信，扬行以说众，杀伐以要利，是推乱以易暴也。吾闻古之士，遭治世不避其任，遇乱世不为苟存。今天下，周德衰，其并乎周以涂吾身也，不如避之以絜吾行。”二子北至于首阳之山，遂饿死焉。若伯夷叔齐者，其于富贵也，苟可得已，则必不赖。高节戾行，独乐其志，不事于世，此二士之节也。

【译解十】当年周朝兴起的时候，孤竹国有两位贤人，名叫伯夷和叔齐。两人相互商量：“听说西方有个人，好像是有道的人，我们前去看看。”他们来到岐山的南面，周武王知道了，派他的弟弟姬旦前去拜见，并且跟他们结下誓盟，说：“增加俸禄二等，授予一等官职。”然后用牲血涂抹在盟书上埋入地下。

伯夷、叔齐二人相视而笑说：“咦，真奇怪啊！这不是我们所说的道。从前神农氏治理天下，按时祭祀竭尽虔诚而不祈求好事；他对于百姓，忠实诚信尽心治理而不求索取。乐于参政就让他们参政，乐于治理就让他们治理，不为难他人成全自己，不鄙人卑下而自认高贵，不趁人遭难而图谋私利。如今周人见殷商政局动荡就用暴力夺取政权，崇尚谋略收买臣属，依靠武力保持威慑，宰牲结盟表示诚信，宣扬德行取悦众人，凭借征战求取私利，这是用推动祸乱的办法替代已有的暴政。我听说上古的贤士，遭逢治世不回避责任，遇上乱世不苟且偷生。如今天下昏暗，周人如此做法说明公德已经衰败，与其跟周人在一起而使自身受到污辱，不如逃离他们保持品行的高洁。”两人向北来到了首阳山，终于不食周粟而饿死在那里。像伯夷、叔齐这样的人，他们假如真有机会得到富贵，那也绝不会去获取。高尚的气节和不同流俗的行为，自适自乐，而不追逐于世事，这就是二位贤士的节操。

【要点十】庄子认为，生命比名利重要，士节又比生命更重要。“高节戾行，独乐其志，不事于世，此二士之节也。”

《让王》内容小结

一、有关认识论观点

1. 节操在人品中最重要。庄子认为，生命比名利重要，尊重生命不论富贵贫贱。“能尊生者，虽贵富不以养伤身，虽贫贱不以利累形。今世之人居高官尊爵者，皆重失之，见利轻亡其身，岂不惑者！”庄子认为，节操又比生命更重要。“高节戾行，独乐其志，不事于世，此二士之节也。”

2. 真实性在认识中最重要。庄子认为，不亲自了解真实情况而行动必招祸患。“君非自知我也。以人之言而遗我粟，至其罪我也又且以人之言，此吾所以不受也。”

3. 节操实质上是道德问题。庄子认为，穷困与通达对于有道德的人来说，就像是自然规律支配寒暑与风雨变化一样。“所乐非穷通也，道德于此，则穷通为寒暑风雨之序矣。”

4. 庄子认为人性只有抽象的自然性没有具体的社会性。庄子认为，废君和杀人都是不仁不义的，具有抽象的人性观点。“废上，非义也；杀民，非仁也。”

二、有关辩证法观点

1. 必须尊重辩证规律。庄子认为，只有那些遵循自然规律不乱作为的人，方可以托付天下治理之大器。“唯无以天下为者，可以托天下也。”庄子认为，掌握了自然规律的人不会使用心机。“故养志者忘形，养形者忘利，致道者忘心矣。”

2. 必须分清事物的轻重。庄子认为，认识事物要分清轻重，抓住重点。“凡圣人之动作也，必察其所以之与其所以为。”庄子认为，要抓住重点保护生命战胜欲望，不能战胜自己的欲望就顺其自然，要退而求其次，不能勉强约束欲望。“不能自胜则从，神无恶乎？不能自胜而强不从者，此之谓重伤。”庄子认为，在功名与利禄的关系中，重点是功名，哲人无功不受禄，反对唯利是图。“岂可以贪爵禄而使吾君有妄施之名乎！”

杂篇·盗跖

【原文一】孔子与柳下季为友，柳下季之弟，名曰盗跖。盗跖从卒九千人，横行天下，侵暴诸侯。穴室枢户，驱人牛马，取人妇女。贪得忘亲，不顾父母兄弟，不祭先祖。所过之邑，大国守城，小国入保，万民苦之。孔子谓柳下季曰：“夫为人父者，必能诏其子；为人兄者，必能教其弟。若父不能诏其子，兄不能教其弟，则无贵父子兄弟之亲矣。今先生，世之才士也，弟为盗跖，为天下害，而弗能教也，丘窃为先生羞之。丘请为先生往说之。”柳下季曰：“先生言为人父者必能诏其子，为人兄者必能教其弟，若子不听父之诏，弟不受兄之教，虽今先生之辩，将奈之何哉！且跖之为人也，心如涌泉，意如飘风，强足以距敌，辩足以饰非。顺其心则喜，逆其心则怒，易辱人以言。先生必无往。”

【译解一】孔子跟柳下季是朋友，柳下季的弟弟名叫盗跖。盗跖的部下有九千人，横行天下，侵扰诸侯。穿室破门，掠夺牛马，抢劫妇女。贪财忘亲，不顾及父母兄弟，也不祭祀祖先。他所经过的地方，大国避守城池，小国缴纳保费，百姓被他弄得很苦。孔子对柳下季说：“大凡做父母的，必定能告诫自己的子女，做兄长的，必定能教育自己的弟弟。假如做父亲的不能告诫自己的子女，做兄长的不能教育自己的弟弟，那么父子、兄弟之间的亲密关系也就没有什么可贵的了。如今先生你，是当世的贤士，然而兄弟却被叫作盗跖，成为天下的祸害，而且不能加以管教，我私下里替先生感到羞愧。我愿意替你前去说服他。”柳下季说：“先生谈到做父亲的必定能告诫自己的子女，做兄长的必定能教育自己的弟弟，假如子女不听从父亲的告诫，弟弟不接受兄长的教育，即使像先生今天这样能言善辩，又能拿他怎么样呢？而且盗跖的为人，思想活跃犹如涌泉，感情变化就像风暴，勇武强悍足以抗击敌人，巧言善辩足以掩盖过失，顺从他的心意就高兴，违背他的意愿就暴怒，容易用言语侮辱别人。先生千万不要去见他。”

【要点一】庄子对盗跖的记述要点：“且跖之为人也，心如涌泉，意如飘风，强足以距敌，辩足以饰非。”

【原文二】孔子不听，颜回为驭，子贡为右，往见盗跖。盗跖乃方休卒徒于太山之阳，脍人肝而哺之。孔子下车而前，见谒者曰：“鲁人孔丘，闻将军高义，敬再拜谒者。”谒者入通。盗跖闻之大怒，目如明星，发上指冠，曰：“此夫鲁国之巧伪人孔丘非邪？为我告之：‘尔作言造语，妄称文武，冠枝木之冠，带死牛之胁，多辞缪说，不耕而食，不织而衣，摇唇鼓舌，擅生是非，以迷天下之主，使天下学士不反其本，妄作孝弟而侥幸于封侯富贵者也。子之罪大极重，疾走归！不然，我将以子肝益昼哺之膳。’”孔子复通曰：“丘得幸于季，愿望履幕下。”谒者复通，盗跖曰：“使来前！”孔子趋而进，避席反走，再拜盗跖。盗跖大怒，两展其足，案剑瞋目，声如乳虎，曰：“丘来前！若所言，顺吾意则生，逆吾心则死。”

【译解二】孔子不听，让颜回驾车，子贡作骖乘，前去会见盗跖。盗跖正好在泰山的南麓休整队伍，将人肝切碎当作食材。孔子下了车走上前去，见了禀报的人员说：“鲁国人孔丘，听说将军刚毅正直，多多拜托转达我前来拜见的心意。”禀报的人入内通报，盗跖听说孔子求见勃然大怒，双目圆睁亮如明星，头发竖起直冲帽顶，说：“这不就是那个鲁国的巧伪之人孔丘吗？替我告诉他：‘你矫造语言，托伪于文王、武王的主张，头上戴着树杈般的帽子，腰上围着宽宽的牛皮带，满口的胡言乱语，你不种地却吃得不错，不织布却穿得讲究，你整天摇唇鼓舌，专门制造是非，用以迷惑天下诸侯，使天下的读书人不能恢复自然本性，你是虚妄地标榜孝亲悌友而侥幸得到封侯富贵的人。你实在是罪大恶极，快些滚回去！要不然，我将把你的心肝挖出来增加午餐的佐料！’”孔子再次请求通报接见，说：“我荣幸地跟柳下季相识，诚恳地希望能够面见将军。”禀报人员再次通报，盗跖说：“叫他进来！”孔子小心翼翼地走进帐去，又远离座席连退数步，向盗跖深深施礼。盗跖一见孔子大怒不已，伸开双腿，按着剑柄怒睁双眼，喊声犹如哺乳的母虎，说：“孔丘你上前来！如果你所说的，合我意你就活，不合我意你就死。”

【要点二】庄子描写盗跖在与孔子对话之前先声夺人："丘来前！若所言，顺吾意则生，逆吾心则死。"

【原文三】孔子曰："丘闻之，凡天下人有三德：生而长大，美好无双，少长贵贱见而皆说之，此上德也；知维天地，能辩诸物，此中德也；勇悍果敢，聚众率兵，此下德也。凡人有此一德者，足以南面称孤矣。今将军兼此三者，身长八尺二寸，面目有光，唇如激丹，齿如齐贝，音中黄钟，而名曰盗跖，丘窃为将军耻不取焉。将军有意听臣，臣请南使吴越，北使齐鲁，东使宋卫，西使晋楚，使为将军造大城数百里，立数十万户之邑，尊将军为诸侯，与天下更始，罢兵休卒，收养昆弟，共祭先祖。此圣人才士之行，而天下之愿也。"

【译解三】孔子说："我听说，大凡天下人有三种美德：生就魁梧高大，长得漂亮无双，无论少小年长高贵卑贱见到他都十分喜欢，这是上等的德望；才智能够包罗天地，能力足以分辨各种事物，这是中等的德望；勇武、剽悍、果决、勇敢，能够聚合众人统率士兵，这是下一等的德望。大凡人们有此一种美德，足以南面称王了。如今将军同时具备了上述三种美德，你高大魁梧，身长八尺二寸，面容和双眼熠熠有光，嘴唇鲜红犹如朱砂，牙齿整齐犹如编贝，声音洪亮合于黄钟，然而名字却叫盗跖，我暗暗为将军感到羞耻并且认为将军不应有此恶名。将军如果有意听从我的劝告，我将南边出使吴国越国，北边出使齐国鲁国，东边出使宋国卫国，西边出使晋国秦国，派人为将军建造数百里的大城，确立数十万户人家的封邑，尊将军为诸侯，跟天下各国更除旧怨开启新的一页，弃置武器休养士卒，收养兄弟，供祭祖先。这才是圣人贤士的作为，也是天下人的心愿。"

【要点三】庄子认为人的德望有三方面，一是美，二是智，三是勇。"生而长大，美好无双，少长贵贱见而皆说之，此上德也；知维天地，能辩诸物，此中德也；勇悍果敢，聚众率兵，此下德也。"

【原文四】盗跖大怒曰："丘来前！夫可规以利而可谏以言者，皆愚陋恒民之谓耳。今长大美好，人见而悦之者，此吾父母之遗德也。丘虽不吾誉，吾独不自知邪？且吾闻之，好面誉人者，亦好背而毁之。今丘告我以大城众民，是欲规我以利而恒民畜我也，安可久长也！城之大者，莫大乎天下矣。尧舜有天下，子孙无置锥之地；汤武立为天子，而后世绝灭；非以其利大故邪？且吾闻之，古者禽兽多而人少，于是民皆巢居以避之。昼拾橡栗，暮栖木上，故命之曰‘有巢氏之民’。古者民不知衣服，夏多积薪，冬则炀之，故命之曰‘知生之民’。神农之世，卧则居居，起则于于。民知其母，不知其父，与麋鹿共处，耕而食，织而衣，无有相害之心，此至德之隆也。然而黄帝不能致德，与蚩尤战于涿鹿之野，流血百里。尧舜作，立群臣；汤放其主，武王杀纣。自是之后，以强陵弱，以众暴寡。汤武以来，皆乱人之徒也。

今子修文武之道，掌天下之辩，以教后世。缝衣浅带，矫言伪行，以迷惑天下之主，而欲求富贵焉，盗莫大于子。天下何故不谓子为盗丘，而乃谓我为盗跖？子以甘辞说子路而使从之，使子路去其危冠，解其长剑，而受教于子，天下皆曰孔丘能止暴禁非。其卒之也，子路欲杀卫君而事不成，身菹于卫东门之上，子教子路菹此患，上无以为身，下无以为人，是子教之不至也。子自谓才士圣人邪？则再逐于鲁，削迹于卫，穷于齐，围于陈蔡，不容身于天下。子之道岂足贵邪？

世之所高，莫若黄帝，黄帝尚不能全德，而战涿鹿之野，流血百里。尧不慈，舜不孝，禹偏枯，汤放其主，武王伐纣，此六子者，世之所高也。孰论之，皆以利惑其真而强反其情性，其行乃什可羞也。世之所谓贤士，莫若伯夷、叔齐。伯夷、叔齐辞孤竹之君，而饿死于首阳之山，骨肉不葬。鲍焦饰行非世，抱木而死。申徒狄谏而不听，负石自投于河，为鱼鳖所食。介子推至忠也，自割其股以食文公，文公后背之，子推怒而去，抱木而燔死。尾生与女子期于梁下，女子不来，水至不去，抱梁柱而死。此六子者，无异于磔犬流豕操瓢而乞者，皆离名轻死，不念本养寿命者也。世之所谓忠臣者，莫若王子比干、伍子胥。子胥沉江，比干剖心，此二子者，世谓忠臣也，然卒为天下笑。自上观之，至于子胥、比干，皆不足贵也。”

【译解四】 盗跖大怒说：“孔丘上前来！凡是可以用利禄来规劝、用言语来谏正的人，都只能称作愚昧、浅陋的普通顺民。如今我身材高大魁梧面目英俊美好，人人见了都喜欢，这是我的父母给我留下的美德。你孔丘即使不当面吹捧我，我难道不知道吗？而且我听说，喜好当面夸奖别人的人，也好背地里诋毁别人。如今你把建造大城、汇聚众多百姓的意图告诉给我，这是用功利来诱惑我，而且是用对待普通顺民的态度来对待我，这怎么可以长久呢！城池最大的，莫过于整个天下。尧舜拥有天下，子孙却没有立锥之地；商汤与周武王立做天子，可是后代却遭灭绝，这不是因为他们贪求占有天下的缘故吗？况且我还听说，古时候禽兽多而人少，于是人们都在树上筑巢而居躲避野兽，白天拾取橡子，晚上住在树上，所以称他们叫作有巢氏。古时候人们不知道穿衣，夏天多多存积柴草，冬天就烧火取暖，所以称他们叫作懂得生存的人。到了神农时代，居处是多么安静闲暇，行动是多么悠游自得，人们只知道母亲，不知道父亲，跟麋鹿生活在一起，自己耕种自己吃，自己织布自己穿，没有伤害别人的心思，这就是道德鼎盛的时代。然而到了黄帝就不再具有这样的德行，跟蚩尤在涿鹿的郊野上争战，流血百里。尧舜称帝，设置百官，商汤放逐了他的君主，武王杀死了纣王。从此以后，世上总是依仗强权欺凌弱小，依仗势众侵害寡少。商汤周武以来，就都是属于篡逆叛乱的人了。

如今你研修文王、武王的治国方略，控制天下的舆论，一心想用你的主张传教后世子孙，穿着宽衣博带的儒式服装，说话与行动矫揉造作，用以迷惑天下的诸侯，而且一心想用这样的办法追求高官厚禄，要说大盗再没有比你大的了。天下为什么不叫你作盗丘，反而竟称我是盗跖呢？你用甜言蜜语说服了子路让他死心塌地地跟随你，使子路去掉了勇武的高冠，解除了长长的佩剑，受教于你的门下，天下人都说你孔子能够制止暴力禁绝不轨。可是后来，子路想要杀掉篡逆的卫君却不能成功，而且自身还在卫国东门上被剁成了肉酱，这就是你那套说教的失败。你不是自称才智的学士、圣哲的人物吗？却两次被逐出鲁国，在卫国被人铲掉所有足迹，在齐国被逼得走投无路，在陈国蔡国之间遭受围困，不能容身于天下。而你所教的子路却又遭受如此的祸患，做师长的没办法在社会上立足，做学生的也就没办法在社会上为人，你的那套主张难道还有可贵之处吗？

世上所尊崇的，莫过于黄帝，黄帝尚且不能保全德望，而征战于涿鹿的郊野，流血百里。唐尧不慈爱，虞舜不孝顺，大禹半身不遂，商汤放逐了他的君主，武王出兵征讨商纣，文王曾经被囚禁在羑里。这以上的六个人，都是世人所尊崇的，但是仔细评论起来，都因追求功利迷惑了天性，他们的做法实在是极为可耻的。世人所称道的贤士，就如伯夷、叔齐。二人辞让了孤竹国的君位，却饿死在首阳山，尸体都未能埋葬。鲍焦着意清高非议世事，竟抱着树木而死。申徒狄多次进谏不被采纳，背着石块投河而死，尸体被鱼鳖吃掉。介子推算是最忠诚的了，割下自己大腿上的肉给晋文公吃，文公返国后却背弃了他，介子推一怒之下逃出都城隐居山林，也抱着树木焚烧而死。尾生跟一女子在桥下约会，女子没有如期赴约，河水涌来尾生却不离去，竟抱着桥柱子而淹死。这以上的六个人，跟肢解了的狗、沉入河中的猪以及拿着瓢到处乞讨的乞丐相比，没有什么不同，都是重视名节轻生赴死，不顾念身体和寿命的人。世人所称道的忠臣，没有超过王子比干和伍子胥的了。伍子胥被抛尸江中，比干被剖心而死，这两个人，世人都称作忠臣，然而最终被天下人讥笑。从上述事实看来，直到伍子胥、王子比干之流，都是不值得推崇的。”

【要点四】庄子认为，自黄帝以后社会道德标准就出现分化了，不同的利益集团之间没有统一的标准。儒家没有发现这种变化，还在那里闭门造车，推行超利益的抽象的仁义学说，是不会有什么好结果的。孔子以利益规劝并以理论疏导盗跖，都是顺民的愚蠢丑陋的说辞。“夫可规以利而可谏以言者，皆愚陋恒民之谓耳。”

【原文五】“丘之所以说我者，若告我以鬼事，则我不能知也；若告我以人事者，不过此矣，皆吾所闻知也。今吾告子以人之情，目欲视色，耳欲听声，口欲察味，志气欲盈。人上寿百岁，中寿八十，下寿六十，除病瘐死丧忧患，其中开口而笑者，一月之中不过四五日而已矣。天与地无穷，人死者有时，操有时之具而托于无穷之间，忽然无异骐骥之驰过隙也。不能说其志意，养其寿命者，皆非通道者也。丘之所言，皆吾之所弃也，亟去走归，无复言之！子之道，狂狂汲汲，诈巧虚伪事也，非可以全真也，奚足论哉！”

【译解五】“你孔丘用来说服我的，假如告诉我怪诞离奇的事，那我是不可能知道的；假如告诉我人世间实实在在的事，不过如此而已，都是我所听闻的事。现在让我来告诉你人之常情，眼睛想要看到色彩，耳朵想要听到声音，嘴巴想要品尝滋味，志气想要满足、充沛。人生在世，一百岁为高寿，八十岁为中寿，六十岁为低寿，除掉疾病、死丧、忧患的岁月，其中开口欢笑的时光，一月之中不过四五天罢了。天与地是无穷尽的，人的生存却是有时限的，拿有时限的生命托付给无穷尽的天地之间，就像是良驹从缝隙间忽然闪过一样迅速。凡是不能够使自己心境获得愉快而颐养寿命的人，都不能算是通晓常理的人。你孔丘所说的，全都是我想要摒弃的，你赶快离开这里，不要再说了！你的那套主张，全是癫狂失性，奸诈虚伪的东西，不可能用来保全天性本真，有什么好谈论的呢！”

【要点五】庄子认为，凡是不能愉悦意志，养其寿命的人，都不是通达道理的人。“不能说其志意，养其寿命者，皆非通道者也。”

【原文六】孔子再拜趋走，出门上车，执辔三失，目芒然无见，色若死灰，据轼低头，不能出气。归到鲁东门外，适遇柳下季。柳下季曰：“今者阙然数日不见，车马有行色，得微往见跖邪？”孔子仰天而叹曰：“然！”柳下季曰：“跖得无逆汝意若前乎？”孔子曰：“然。丘所谓无病而自灸也。疾走料虎头，编虎须，几不免虎口哉！”

【译解六】孔子一再拜谢快步离去，走出帐门登上车子，三次失落拿在手里的缰绳，眼光失神模糊不清，脸色犹如死灰，低垂着头靠在车前的横木上，颓丧地不能大口喘气。回到鲁国东门外，正巧遇上了柳下季。柳下季说：“近来多日不见心里很不踏实，看看你的车马好像外出过的样子，恐怕是前去见到柳下跖了吧？”孔子仰天长叹道：“是的。”柳下季说：“柳下跖莫不是像先前我所说的那样违背了你的心意吧？”孔子说：“正是这样。我这样做真像是没有生病而自行扎针一样，自找苦吃，急急忙忙地跑去撩拨虎头、编理虎须，几乎不免被虎口吞掉啊！”

【要点六】庄子认为，人的精神受到打击后，意识是离散的。“孔子再拜趋走，出门上车，执辔三失，目芒然无见，色若死灰，据轼低头，不能出气。”

【原文七】子张问于满苟得曰：“盍不为行？无行则不信，不信则不任，不任则不利。故观之名，计之利，而义真是也。若弃名利，反之于心，则夫士之为行，不可一日不为乎！”满苟得曰：“无耻者富，多信者显。夫名利之大者，几在无耻而信。故观之名，计之利，而信真是也。若弃名利，反之于心，则夫士之为行，抱其天乎！”子张曰：“昔者桀、纣贵为天子，富有天下。今谓臧聚曰，汝行如桀纣，则有怍色，有不服之心者，小人所贱也。仲尼墨翟，穷为匹夫，今谓宰相曰，子行如仲尼墨翟，则变容易色称不足者，士诚贵也。故势为天子，未必贵也；穷为匹夫，未必贱也；贵贱之分，在行之美恶。”

【译解七】子张向满苟得问：“为何不采取行动呢？没有行动就不能取得别人的信赖，不取得别人的信赖就不会得到任用，不能得到任用就不会得到利益。所以从表面看来是名，实际得到的是利，而义的真正内涵就是名和利这两样东西。如若放弃名利思想，回归自然意识，那么这就是贤士应该采取的行动，不可以一天不行动呢！”满苟得说：“没有羞耻的人才会富有，多有许诺的人才会显贵。大凡获得名利最大的，几乎全都是无耻而多作许诺的人。所以从表面看来是名，实际得到的是利，而信的真正内涵也是名和利这两样东西。如若放弃名利思想，回归自然意识，那么这就是贤士应该采取的行动，也就是保持他的天性呢！”子张说：“当年桀与纣贵为天子，富有天下。如今对地位卑贱的奴仆说，你的品行如同桀纣，那么他们定会惭愧不已，产生不服气的思想，这是因为桀纣的所作所为连地位卑贱的人也瞧不起。仲尼和墨翟穷困到跟普通百姓一样，如今对官居宰相地位的人来说，你的品行如同仲尼和墨翟，那么他一定会谦恭地说自己还不足，这是因为士大夫确实有可贵的品行。所以说，势大为天子，未必就尊贵；穷困为百姓，未必就卑贱；尊贵与卑贱的区别，取决于行动的美与恶。”

【要点七】庄子认为，一、行动（实践）比言论（理论）更重要。“盍不为行？无行则不信，不信则不任，不任则不利。”二、义的本质是名和利。“故观之名，计之利，而义真是也。”三、信的本质也是名和利。“故观之名，计之利，而信真是也。”四、放弃名利，回归天性，是贤士应该采取的行动。“若弃名利，反之于心，则夫士之为行，抱其天乎！”五、无耻者富，撒谎者显。“无耻者富，多信者显。夫名利之大者，几在无耻而信。”六、人们的贵贱之分取决于行动的善恶而不是地位的高低。“势为天子，未必贵也；穷为匹夫，未必贱也；贵贱之分，在行之美恶。”

【原文八】满苟得曰："小盗者拘，大盗者为诸侯，诸侯之门，仁义存焉。昔者桓公小白杀兄入嫂，而管仲为臣；田成子常杀君窃国，而孔子受币。论则贱之，行则下之，则是言行之情悖战于胸中也，不亦拂乎！故《书》曰：'孰恶孰美？成者为首，不成者为尾。'"子张曰："子不为行，即将疏戚无伦，贵贱无义，长幼无序；五纪六位，将何以为别乎？"满苟得曰："尧杀长子，舜流母弟，疏戚有伦乎？汤放桀，武王杀纣，贵贱有义乎？王季为适，周公杀兄，长幼有序乎？儒者伪辞，墨子兼爱，五纪六位将有别乎？且子正为名，我正为利。名利之实，不顺于理，不监于道。吾日与子讼于无约曰：'小人殉财，君子殉名，其所以变其精、易其性，则异矣；乃至于弃其所为而殉其所不为，则一也。'故曰：无为小人，反殉而天；无为君子，从天之理。若枉若直，相而天极；面观四方，与时消息。若是若非，执而圆机；独成而意，与道徘徊。无转而行，无成而义，将失而所为。无赴而富，无殉而成，将弃而天。比干剖心，子胥抉眼，忠之祸也；直躬证父，尾生溺死，信之患也；鲍子立干，申子自埋，廉之害也；孔子不见母，匡子不见父，义之失也。此上世之所传、下世之所语，以为士者正其言，必其行，故服其殃，离其患也。"

【译解八】满苟得说："小盗贼被拘捕，大强盗当诸侯，在诸侯的门上，还标榜仁义。当年齐公子小白杀兄娶嫂而管仲却做了他的臣子，田成子常杀了齐简公自封国君而孔子却接受了他赠予的布帛。这些行为让他们自己说也是卑贱的，但这样低下的行为他们却都做了，这就是人们内心存在的言行不一的矛盾现象，不也拂逆吗！所以古书上说过：'谁坏谁好？成功的居于尊位，失败的沦为卑人。'"子张说："你不采取行动，就将在亲疏之间失序，在尊卑之间失范，在长幼之间失位；这样失去五序六位，又用什么方法加以区别呢？"满苟得说："尧杀了亲生的长子，舜流放了同母的兄弟，亲疏之间还有次序可言吗？商汤逐放夏桀，武王杀死商纣，贵贱之间还有规范可言吗？王季被立为长子，周公杀兄姬鲜，长幼之间还有伦理可言吗？儒家虚伪的言辞，墨家兼爱的主张，五纪六位还能有区别吗？而且你心里正想的是名，我心里正想的是利。名利的实际存在，不顺于理，也不察于道。我天天和你随机争论：'小人为财而死，君子为名献身，他们所以改变自己的思想、更改自己的本性，因为追求不同；以至于放弃他们该做的而献身于不该做的，这一点是相同的。’所以说，不要做小人，要为恢复天性献身；不要做君子，要顺从自然规律。或曲或直，顺事物自然；观察四方，随四季消长。或是或非，掌握事物矛盾法则；形成独立主见，跟随大道进退。坚持不转弯而直行，强调无名利而言义，那将丧失言行自身的本意。没有努力而富有，没有代价而成功，那将丢弃自然法则。比干被剖心，子胥被挖眼，这是讲忠的祸害；直躬证实父盗，尾生被水淹死，这是讲信的祸害；鲍焦抱树而死，中生宁死不辩，这是讲廉的祸害；孔子不愿见母，匡子不愿见父，这是讲义的过失。这些都是上世人的传闻，后世人的话题。以为这些士者的言论正确，并且必须按他们的言论行动，因此就会承受他们言论的祸殃，备罹他们行为的祸患。”

【要点八】庄子认为，一、仁义只是实力的奴隶。“小盗者拘，大盗者为诸侯，诸侯之门，仁义存焉。”二、谁善谁恶完全由成败决定。“孰恶孰美？成者为首，不成者为尾。”三、各讲名利，并无道理。“子正为名，我正为利。名利之实，不顺于理，不监于道。”四、顺其自然，掌握辩证。“若枉若直，相而天极；面观四方，与时消息。若是若非，执而圆机；独成而意，与道徘徊。”

【原文九】无足问于知和曰：“人卒未有不兴名就利者。彼富则人归之，归则下之，下则贵之。夫见下贵者，所以长生安体、乐意之道也。今子独无意焉，知不足邪，意知而力不能行邪！故推正不妄邪？”知和曰：“今夫此人以为与己同时而生，同乡而处者，以为夫绝俗过世之士焉；是专无主正，所以览古今之时，是非之分也，与俗化。世去至重，弃至尊，以为其所为也。此其所以论长生安体乐意之道，不亦远乎！惨怛之疾，恬愉之安，不监于体；怵惕之恐，欣欢之喜，不监于心；知为为而不知所以为，是以贵为天子，富有天下，而不免于患也。”

【译解九】无足向知和问道：“人们终究没有不想兴名就利的意识。因为你富有人们就归附你，归附你也就是自认卑下，自认卑下的人就会尊重富有者。见到卑下者的尊重，这是人们获得安体、乐意长寿的途径。如今唯独你没有这些想法，是才智不足呢，还是心里明白而力不能行呢，或是借故推行正道而不作虚妄之想呢？”知和说：“如今把你说的这种人作为与自己同时出生、同乡居住的榜样，并把他看作是超越世俗之士；其实这种人完全没有守住做人的正道，用这种人的观点览古今时变，辩是非曲直，只能与世俗同化。在世俗里除去最重要的生命，放弃最崇高的大道，用以追求他一心想要追求的名利。这就是他们所说的实现长寿安体的途径，这不是与事实相去太远吗！悲伤所造成的疾苦，愉快所带来的安适，自己看不清对身体的影响；惊慌所造成的恐惧，欢欣所留下的喜悦，自己不可能看清对于心灵的影响；知道自己想做的事却不知道为什么要这样去做，所以尊贵如同天子，富裕占有天下，却始终不能免于忧患。”

【要点九】庄子认为，在世俗里追求名利和富贵，用以获得人们的尊重和自身的长寿安体，这其实放弃了最贵重的生命和大道，终将事与愿违。“世去至重，弃至尊，以为其所为也。此其所以论长生安体乐意之道，不亦远乎！”

【原文十】无足曰：“夫富之于人，无所不利，穷美究势，至人之所不得逮，贤人之所不能及，侠人之勇力而以为威强，秉人之知谋以为明察，因人之德以为贤良，非享国而严若君父。且夫声色滋味权势之于人，心不待学而乐之，体不待象而安之。夫欲恶避就，固不待师，此人之性也。天下虽非我，孰能辞之！”知和曰：“知者之为，故动以百姓，不违其度，是以足而不争，无以为故不求。不足故求之，争四处而不自以为贪；有余故辞之，弃天下而不自以为廉。廉贪之实，非以迫外也，反监之度。势为天子而不以贵骄人，富有天下而不以财戏人。计其患，虑其反，以为害于性，故辞而不受也，非以要名誉也。尧舜为帝而雍，非仁天下也，不以美害生也；善卷、许由得帝而不受，非虚辞让也，不以事害己也。此皆就其利、辞其害，而天下称贤焉，则可以有之，彼非以兴名誉也。”

【译解十】无足说：“富贵对于人们来说，没有什么不利的，享尽天下的美好并拥有天下的权势，这是至人所不能得到的，也是贤人所不能赶上的；挟持他人的勇力用以显示自己的威强，掌握他人的智谋用以表露自己的明察，凭借他人的德行用以赢得贤良的声誉，虽未享有国家权力而威严如君父。声色、滋味、权势，对于每一个人来说，不必学习心里就自然喜欢，不需要模仿身体就习惯安然。那欲念、厌恶、回避、趋就，本来就不需要师传，这是人的天性。天下人都认为我不对，谁又能摆脱呢?”知和说：“睿智人的做法，总是依从百姓的心思而行动，不去违反民众的意愿，所以知足就不会争斗，无所作为也就无所要求。不能知足所以贪求不已，争夺四方财物却不自认为是贪婪；心知有余所以处处辞让，舍弃天下却不自认为清廉。廉洁与贪婪的事实，并不是因为迫于外力，应该回头察看自己把握的分寸。身处天子高位而不用显贵傲视他人，身拥天下财富而不用财力戏弄他人。估量傲视他人的后患，考虑戏弄他人的反面，认为有害于人的天性，所以拒而不受，而不是要用它来求取名誉。尧舜做帝王天下和睦，并非行仁政于天下，而是不因追求名利而损害生命；善卷许由能够得到帝位却坚辞不受，也不是假意禅让，而是不想因为治理天下而危害自己。这些人都能趋就其利，避辞其害，因而天下人称他们是贤人。可见贤名也是可以获取的，不过他们的本意并非追求个人的名誉。”

【要点十】庄子认为，一、声色滋味权势及欲望厌恶回避趋就都是人的天性，即潜意识。“且夫声色滋味权势之于人，心不待学而乐之，体不待象而安之。夫欲恶避就，固不待师，此人之性也。”二、治国之道是符合百姓意愿。“知者之为，故动以百姓，不违其度。”三、为人之道是知足不争。“是以足而不争，无以为故不求。”四、保身之道是不害于性。“计其患，虑其反，以为害于性，故辞而不受也，非以要名誉也。”

【原文十一】无足曰：“必持其名，苦体绝甘，约养以持生，则亦犹久病长厄而不死者也。”知和曰：“平为福，有余为害者，物莫不然，而财其甚者也。今富人，耳营于钟鼓管籥之声，口嗛于刍豢醪醴之味，以感其意，遗忘其业，可谓乱矣；侅溺于冯气，若负重行而上坂也，可谓苦矣；贪财而取慰，贪权而取竭，静居则溺，体泽则冯，可谓疾矣；为欲富就利，故满若堵耳而不知避，且冯而不舍，可谓辱矣；财积而无用，服膺而不舍，满心戚醮，求益而不止，可谓忧矣；内则疑劫请之贼，外则畏寇盗之害，内周楼疏，外不敢独行，可谓畏矣。此六者，天下之至害也，皆遗忘而不知察，及其患至，求尽性竭财，单以反一日之无故而不可得也。故观之名则不见，求之利则不得，缭意绝体而争此，不亦惑乎！”

【译解十一】无足说："必须保持自己的名声，即劳苦身体、谢绝美食、简约给养以维持生命，那么这也犹如一个长期患病遭困而未死的人。"知和说："均平就是幸福，有余便是祸害，事物莫不是这样，而财物更为突出。如今富有的人，耳朵谋求钟鼓箫笛的乐声，嘴巴享受肉食佳酿的美味，因而触发了他的欲念，遗忘了他的事业，真可说是迷乱极了；深陷怒气之中，像背着重物爬坡，真可说是痛苦极了；贪求财物而招惹怨恨，贪求权势而耗尽心力，安静闲居就沉溺于嗜欲，体态丰腴就盛气凌人，真可说是发病了；为了贪图富有追求私利，获取的财物堆得像齐耳的高墙也不知满足，而且越是贪婪就越发不知收敛，真可说是羞辱极了；财物囤积却没有用处，念念不忘却又不愿割舍，满腹的焦心与烦恼，企求增益永无休止，真可说是忧愁极了；在家内总担忧窃贼的伤害，在外面总害怕寇盗的残杀，在内遍设防盗的塔楼和射箭的孔道，在外不敢独自行走，真可说是畏惧极了。以上的六种情况，是天下最大的祸害，全都遗忘不求审察，等到祸患来临，想要倾家荡产保全性命，只求返归贫穷，求得一日的安宁也不能。最终看不见空虚名声，得不到利益，人们还费心伤身地争名夺利，岂不迷惑哟！"

【要点十一】庄子认为，均平是福，有余是害。"平为福，有余为害者，物莫不然，而财其甚者也。"

《盗跖》内容小结

一、有关认识论观点

1. 存在决定意识。庄子认为，自黄帝以后社会就产生了不同的利益集团，社会道德标准就出现分化了。儒家没有发现这种变化，还在那里闭门造车，推行超利益集团的抽象的仁义学说，是不会有什么好结果的。孔子以利益规劝并以理论疏导盗跖，都是顺民的愚蠢丑陋的说辞。"夫可规以利而可谏以言者，皆愚陋恒民之谓耳。"庄子认为，人受到外界打击后，意识是离散的。"孔子再拜趋走，出门上车，执辔三失，目芒然无见，色若死灰，据轼低头，不能出气。"

2. 意识对存在的反作用。庄子认为，凡是不能愉悦意志，养其寿命的人，都不是通达道理的人。“不能说其志意，养其寿命者，皆非通道者也。”庄子认为，世俗追求名利和富贵，以求获得人们的尊重和自身的长寿安体乐意，这其实放弃了最贵重的生命和大道，终将事与愿违。“世去至重，弃至尊，以为其所为也。此其所以论长生安体乐意之道，不亦远乎！”

3. 实践在认识中的决定作用。庄子认为，行动（实践）比言论（理论）更重要。“盍不为行？无行则不信，不信则不任，不任则不利。”庄子认为，贵贱之分取决于行动的善与恶。“势为天子，未必贵也；穷为匹夫，未必贱也；贵贱之分，在行之美恶。”

4. 义和信的内涵是名利，本质上都是一种社会意识。庄子认为，义的本质是名和利。“故观之名，计之利，而义真是也。”信的本质也是名和利。“故观之名，计之利，而信真是也。”庄子认为，“无耻者富，多信者显。夫名利之大者，几在无耻而信。”

5. 声色滋味权势及欲望厌恶回避趋就都是人的天性，即自然意识。庄子认为，“且夫声色滋味权势之于人，心不待学而乐之，体不待象而安之。夫欲恶避就，固不待师，此人之性也。”

二、有关辩证法观点

1. 社会意识与自然意识的辩证关系。以名利为内涵的义信观念是一种社会意识，人的天性是一种自然意识，社会意识与自然意识是对立统一的关系。庄子认为，放弃名利，回归天性，是贤士应该采取的行动。“若弃名利，反之于心，则夫士之为行，抱其天乎！”庄子认为，世俗追求名利和富贵，以求获得人们的尊重和自身的长寿安体乐意，这其实放弃了最贵重的生命和大道，终将事与愿违。“世去至重，弃至尊，以为其所为也。此其所以论长生安体乐意之道，不亦远乎！”

2. 掌握辩证，顺其自然。“若枉若直，相而天极；面观四方，与时消息。若是若非，执而圆机；独成而意，与道徘徊。”

三、政治观点

1. 仁义、善恶、名利评价和舍取都是由实力（政治力量）决定的而不是由道德（思想观念）决定的。庄子认为，“小盗者拘，大盗者为诸侯，诸侯之门，仁义存焉。”谁善谁恶完全由成败决定。“孰恶孰美？成者为首，不成者为尾。”各讲名利，并无道理。“子正为名，我正为利。名利之实，不顺于理，不监于道。”

2. 治国之道应符合百姓意愿。庄子认为，“知者之为，故动以百姓，不违其度。”

3. 平均是福，有余是害。庄子认为，“平为福，有余为害者，物莫不然，而财其甚者也。”

四、为人处世观点

1. 为人之道是知足不争。庄子认为，“是以足而不争，无以为故不求。”

2. 保身之道是不害于性。庄子认为，“计其患，虑其反，以为害于性，故辞而不受也，非以要名誉也。”

杂篇·说剑

【原文一】昔赵文王喜剑，剑士夹门而客三千余人，日夜相击于前，死伤者岁百余人，好之不厌。如是三年，国衰。诸侯谋之。太子悝患之，募左右曰：“孰能说王之意止剑士者，赐之千金。”左右曰：“庄子当能。”

【译解一】当年赵文王喜好剑术，剑术之士挤至门前而供养三千余人，在赵文王面前日夜比试，死伤的剑客每年都有百余人，而赵文王喜好剑术从不厌倦。如此过了三年，国力日益衰退。各方诸侯都在图谋赵国。太子悝十分担忧，征求左右意见说：“谁能够说服赵王停止剑士打斗，赠予他千金。”左右近侍说：“只有庄子能够担当此任。”

【要点一】庄子认为，赵王好小民剑术而误君主政道。

【原文二】太子乃使人以千金奉庄子。庄子弗受，与使者俱往，见太子曰：“太子何以教周，赐周千金？”太子曰：“闻夫子明圣，谨奉千金以币从者，夫子弗受，悝尚何敢言。”庄子曰：“闻太子所欲用周者，欲绝王之喜好也。使臣上说大王而逆王意，下不当太子，则身刑而死，周尚安所事金乎？

使臣上说大王，下当太子，赵国何求而不得也！”太子曰：“然，吾王所见，唯剑士也。”庄子曰：“诺。周善为剑。”太子曰：“然吾王所见剑士，皆蓬头突鬓，垂冠，曼胡之缨，短后之衣，瞋目而语难，王乃说之。今夫子必儒服而见王，事必大逆。”庄子曰：“请治剑服。”治剑服三日，乃见太子。太子乃与见王，王脱白刃持之。

【译解二】太子于是派人携带千金赠送给庄子。庄子不接受，跟随使者一道，前往会见太子说：“太子有什么见教，赐给我千金厚礼？”太子说：“听说先生通达贤明，谨此奉上千金用以犒赏从者，先生不愿接受，我还有什么可说的！”庄子说：“听说太子想要用我，意欲断绝赵王对剑术的爱好。假如我对上游说赵王却违拗了赵王的心意，对下也未能符合太子的意愿，那我的身体一定会遭受刑戮而死，我哪里还用得着这些礼金呢？假如我对上能说服赵王，对下能合乎太子的心愿，我在赵国希望得到什么哪有得不到的道理！”太子说：“是这样，父王的心目中，只有击剑的人。”庄子说：“是的，我也善于运用剑术。”太子说：“不过父王所见到的击剑人，全都头发蓬乱、鬓毛突出，帽子低垂，帽缨粗实，衣服紧身，瞪大眼睛而语言不畅，父王就喜欢这样的人。如今先生坚持穿儒服会见父王，事情一定会弄糟。”庄子说：“请给我准备剑士的服装。”三天以后穿着剑士服装，于是面见太子。太子就领着庄子拜见赵王，赵王抽出利剑拿着。

【要点二】庄子认为，赵王好剑已养成习惯性意识。“然吾王所见剑士，皆蓬头突鬓，垂冠，曼胡之缨，短后之衣，瞋目而语难，王乃说之。”

【原文三】庄子入殿门不趋，见王不拜。王曰：“子欲何以教寡人，使太子先？”曰：“臣闻大王喜剑，故以剑见王。”王曰：“子之剑何能禁制？”曰：“臣之剑，十步一人，千里不留行。”王大悦之，曰：“天下无敌矣。”

【译解三】庄子不急不忙地进入殿内，见到赵王也不行跪拜之礼。赵王说：“你想用什么话来开导我，并让太子先作引荐。”庄子说：“我听说大王喜好剑术，特地用剑术来参见大王。”赵王说：“你的剑术怎样能战胜对方呢？”庄子说：“我的剑术，十步之内可杀一人，行走千里也不会受人阻滞。”赵王听了大喜，说："天下无敌了！"

【要点三】庄子认为，赵王好剑已成思维定式，毫不怀疑他人所言实否。"王大悦之，曰：'天下无敌矣！'"

【原文四】庄子曰："夫为剑者，示之以虚，开之以利，后之以发，先之以至。愿得试之。"王曰："夫子休，就舍待命，令设戏请夫子。"王乃校剑士七日，死者六十余人，得五六人，使奉剑于殿下，乃召庄子。王曰："今日试使士敦剑。"庄子曰："望之久矣！"王曰："夫子所御杖，长短何如？"曰："臣之所奉皆可。然臣有三剑，唯王所用，请先言而后试。"

【译解四】庄子说："击剑的要领，先有意把弱点显示给对方，再故意放开让对方觉得有机可乘，瞅准时机后发攻击，抢先对手击中目标。希望有机会能试试我的剑法。"赵王说："请先生休息，回馆舍待命，我将安排击剑比武盛会再请先生。"赵王用七天时间选拔剑士，死亡六十多人，挑选出五六人，让他们拿着剑在殿堂下等候，这才召见庄子。赵王说："现在可请先生比试剑术了。"庄子说："我已盼望很久了。"赵王说："先生所习惯使用的宝剑，长短怎么样？"庄子说："我拿的剑长短都可以。不过我有三种剑，任凭大王选用，请让我先作说明再行比试。"

【要点四】庄子认为，赵王对剑的认知太细致太具体了，因而偏离了剑术比赛现场粗略的抽象的主题。"王曰：'今日试使士敦剑。'庄子曰：'望之久矣！'王曰：'夫子所御杖，长短何如？'"

【原文五】王曰："愿闻三剑。"曰："有天子剑，有诸侯剑，有庶人剑。"王曰："天子之剑何如？"曰："天子之剑，以燕溪石城为锋，齐岱为锷；晋卫为脊，周宋为镡，韩魏为夹；包以四夷，裹以四时，绕以渤海，带以常山；制以五行，论以刑德；开以阴阳，持以春夏，行以秋冬。此剑直之无前，举之无上，案之无下，运之无旁。上决浮云，下绝地纪。此剑一用，匡诸侯，天下服矣。此天子之剑也。"文王芒然自失，曰："诸侯之剑何如？"曰："诸侯之剑，以知勇士为锋，以清廉士为锷，以贤良士为脊，以忠圣士为镡，以豪桀士为夹。此剑直之亦无前，举之亦无上，案之亦无下，运之亦无旁。上法圆天以顺三光，下法方地以顺四时，中和民意以安四乡。此剑一用，如雷霆之震也，四封之内，无不宾服而听从君命者矣。此诸侯之剑也。”王曰：“庶人之剑何如？”曰：“庶人之剑，蓬头突鬓，垂冠，曼胡之缨，短后之衣，瞋目而语难。相击于前，上斩颈领，下决肝肺。此庶人之剑，无异于斗鸡，一旦命已绝矣，无所用于国事。今大王有天子之位而好庶人之剑，臣窃为大王薄之。”

【译解五】赵王说：“愿意听你介绍三种剑。”庄子说：“有天子之剑，有诸侯之剑，有百姓之剑。”赵王说：“天子之剑怎么样？”庄子说：“天子之剑，拿燕溪的石城山做剑尖，拿齐国的泰山做剑刃，拿晋国和卫国做剑脊，拿周王畿和宋国做剑环，拿韩国和魏国做剑柄；用中原以外的四境来包扎，用四季来围裹，用渤海来缠绕，用恒山来做系带；靠五行来统驭，靠刑律和德教来论断；遵循阴阳的变化而进退，遵循春夏的时令而持延，遵循秋冬的到来而运行。这种剑，向前直刺一无阻挡，高高举起无物在上，按剑向下所向披靡，挥动起来旁若无物，向上割裂浮云，向下斩断地纪。这种剑一旦使用，可以匡正诸侯，使天下人全都归服。这就是天子之剑。”赵文王听得晕头转向，转移话题说：“诸侯之剑怎么样？”庄子说：“诸侯之剑，拿智勇之士做剑尖，拿清廉之士做剑刃，拿贤良之士做剑脊，拿忠诚圣明之士做剑环，拿豪杰之士做剑柄。这种剑，向前直刺也一无阻挡，高高举起也无物在上，按剑向下也所向披靡，挥动起来也旁若无物；对上效法于天而顺应日月星辰，对下取法于地而顺应四时序列，居中则顺和民意而安定四方。这种剑一旦使用，就好像雷霆震撼四境之内，没有不归服而听从国君号令的。这就是诸侯之剑。”赵王说：“百姓之剑又怎么样呢？”庄子说：“百姓之剑，全都头发蓬乱、髻毛突出、帽子低垂，帽缨粗实，衣服紧身，瞪大眼睛而且气喘语塞。相互在人前争斗刺杀，上能斩断脖颈，下能剖裂肝肺，这就是百姓之剑，跟斗鸡没有什么不同，一旦命尽气绝，对于国事就什么用处也没有。如今大王拥有夺取天下的地位却喜好百姓之剑，我私下认为大王应当鄙薄这种做法。”

【要点五】庄子认为，天子是管天下诸侯的，诸侯是管治国人才的，百姓才是练习剑术的。赵王好剑是严重失职错位。

【原文六】王乃牵而上殿，宰人上食，王三环之。庄子曰："大王安坐定气，剑事已毕奏矣！"于是文王不出宫三月，剑士皆服毙其处也。

【译解六】赵文王于是牵着庄子来到殿上。厨师献上食物，赵王绕着座席惭愧地绕了三圈。庄子说："大王安坐下来平定心气，有关剑术之事我已启奏完毕。"于是赵文王三月不出宫门，剑士们都在自己的住处自刎而死。

《说剑》内容小结

一、有关认识论观点

存在决定意识。赵文王所处的复杂环境决定了意识的混乱和错位。庄子认为，"然吾王所见剑士，皆蓬头突鬓，垂冠，曼胡之缨，短后之衣，瞋目而语难，王乃说之。"庄子认为，赵王好剑已成思维定式，毫不怀疑他人所言实否。"王大悦之，曰：'天下无敌矣！'"庄子认为，赵王对剑的认知太细致太具体了，因而偏离了剑术比赛现场粗略的抽象的主题。"王曰：'今日试使士敦剑。'庄子曰：'望之久矣！'王曰：'夫子所御杖，长短何如？'"庄子认为，天子是管天下诸侯的，诸侯是管治国人才的，百姓才是练习剑术的。赵王好剑导致了认识上的严重错位。

杂篇·渔父

【原文一】孔子游于缁帷之林，休坐乎杏坛之上。弟子读书，孔子弦歌鼓琴。奏曲未半，有渔父者，下船而来，须眉交白，被发揄袂，行原以上，距陆而止，左手据膝，右手持颐以听。曲终而招子贡子路，二人俱对。

【译解一】孔子走到缁帷的树林里，坐在杏林土台上休息。弟子们读书，孔子在弹琴吟唱。曲子还未演奏到一半，有个捕鱼的老人，从船上走下来，须眉花白，披着头发提起衣襟，朝着河岸走上来，来到一处突起的地方便停下脚步，左手抱着膝盖，右手托起下巴听孔子弹琴吟唱。曲子终了渔父召唤子贡子路，两人一起走到渔父面前。

【原文二】客指孔子曰：“彼何为者也?”子路对曰：“鲁之君子也。”客问其族。子路对曰：“族孔氏。”客曰：“孔氏者何治也?”子路未应，子贡对曰：“孔氏者，性服忠信；身行仁义，饰礼乐，选人伦，上以忠于世主，下以化于齐民，将以利天下。此孔氏之所治也。”又问曰：“有土之君与?”子贡曰：“非也。”“侯王之佐与?”子贡曰：“非也。”客乃笑而还，行言曰：“仁则仁矣，恐不免其身；苦心劳形以危其真。呜呼，远哉其分于道也!”

【译解二】渔父指着孔子问这两个人说：“他是干什么的?”子路回答说：“他是鲁国的君子。”渔父问孔子的姓氏。子路回答：“姓孔”。渔父说：“姓孔的精通什么学问?”子路未答，子贡说：“孔氏这个人，思想敬服忠信，身体践行仁义，润色礼乐规范，理顺人伦关系，对上忠于国君，对下教化百姓，将用这些办法造福于天下。这就是孔氏钻研的学问。”渔父又问道：“孔氏是拥有国土的君主吗?”子贡说：“不是”。渔父接着问道：“是王侯的辅臣吗?”子贡说：“也不是。”渔父于是笑着转身上船，边走边说：“姓孔的仁义是仁义，恐怕自身终究不能免于祸患；真是煞费苦心劳累伤身而危害了自己的天性。哎呀，他离开大道是越来越远了!”

【要点二】庄子认为，儒家思想的核心是仁，虽然设想很高端但不会有好结果，又费心思又伤身体进而危害自身的天性，与自然规律背道而驰。“仁则仁矣，恐不免其身；苦心劳形以危其真。呜呼，远哉其分于道也!”

【原文三】子贡还，报孔子。孔子推琴而起曰：“其圣人与!”乃下求之，至于泽畔，方将杖拏而引其船，顾见孔子，还乡而立。孔子反走，再拜而进。客曰：“子将何求?”孔子曰：“曩者先生有绪言而去，丘不肖，未知所谓，窃待于下风，幸闻咳唾之音以卒相丘也!”客曰：“嘻!甚矣子之好学也!”孔子再拜而起曰：“丘少而修学，以至于今，六十九岁矣，无所得闻至教，敢不虚心!”

【译解三】子贡回来，把谈话报告给孔子。孔子推开琴站起身来说："这个圣人帮助我来了！"于是走下杏坛寻找渔父，来到湖水岸边，渔父正操起船桨撑船而去，扭头看见孔子，返过身体面向孔子站着。孔子连连后退，再次行礼向前。渔父说："你来找我有什么事？"孔子说："刚才先生留下话题而去，我实在不聪明，不知说的是什么意思，私下在这里等候先生，希望有幸听到你的谈吐以有助于我！"渔父说："咦，你实在好学啊！"孔子又一次行礼后站起身说："我小时就努力学习，直到今天，已经六十九岁了，没有能够听到过真理的教诲，怎么敢不虚心请教！"

【原文四】客曰："同类相从，同声相应，固天之理也。吾请释吾之所有而经子之所以。子之所以者，人事也。天子诸侯大夫庶人，此四者自正，治之美也，四者离位而乱莫大焉。官治其职，人忧其事，乃无所陵。故田荒室露，衣食不足，征赋不属，妻妾不和，长少无序，庶人之忧也；能不胜任，官事不治，行不清白，群下荒怠，功美不有，爵禄不持，大夫之忧也；廷无忠臣，国家昏乱，工技不巧，贡职不美，春秋后伦，不顺天子，诸侯之忧也；阴阳不和，寒暑不时，以伤庶物，诸侯暴乱，擅相攘伐，以残民人，礼乐不节，财用穷匮，人伦不饬，百姓淫乱，天子有司之忧也。今子既上无君侯有司之势，而下无大臣职事之官，而擅饰礼乐，选人伦，以化齐民，不泰多事乎！"

【译解四】渔父说："同类相互汇聚，同声相互应和，这本是自然的道理。请让我说明我的所有看法并分析你所从事的活动。你所从事的活动，也就是人间俗事。天子、诸侯、大夫、庶民，这四种人能够摆正自己的位置，也就是社会治理的美好境界，如若四者偏离了自己的位置就会引起社会大乱。官吏用好各自的职责，人民做好各自的事情，就不会出现侵扰。所以田地荒芜居室破漏，衣食不足，赋税不能按时缴纳，妻子侍妾不能和睦，老少失去尊卑序列，这是普通百姓的忧虑；能力不能胜任职守，本职工作做得不好，行为不清白，属下常懈怠，功名不具备，爵禄不持有，这是大夫的忧虑；朝廷没有忠臣，国家管理混乱，工艺技术不精，敬献贡品不好，朝觐没有伦次，不能顺从天子，这是诸侯的忧虑；阴阳不和谐，寒暑不合时，伤害万物生长，诸侯暴乱，随意互相攻伐，以致残害百姓，礼乐没有节制，财物穷尽匮乏，人伦未能整顿，百姓淫乱，这是天子及主管大臣的忧虑。如今你上无君侯主管的地位而下无大臣经办的官职，却擅自修治礼乐，排定人伦关系，从而教化百姓，不是太多事了吗!”

【要点四】庄子认为，孔子不在其位而谋其政是多事。“今子既上无君侯有司之势，而下无大臣职事之官，而擅饰礼乐，选人伦，以化齐民，不泰多事乎!”

【原文五】“且人有八疵，事有四患，不可不察也。非其事而事之，谓之摠；莫之顾而进之，谓之佞；希意道言，谓之谄；不择是非而言，谓之谀；好言人之恶，谓之谗；析交离亲，谓之贼；称誉诈伪以败恶人，谓之慝；不择善否，两容颊适，偷拔其所欲，谓之险。此八疵者，外以乱人，内以伤身，君子不友，明君不臣。所谓四患者，好经大事，变更易常，以挂功名，谓之叨；专知擅事，侵人自用，谓之贪；见过不更，闻谏愈甚，谓之很；人同于己则可，不同于己，虽善不善，谓之矜。此四患也。能去八疵，无行四患，而始可教已。”

【译解五】“而且人有八种毛病，事有四种祸患，不可不清醒明察。不是自己职责以内的事也兜着去做，叫作总；没人理会也说个没完，叫作佞；迎合对方顺引话意，叫作谄；不辨是非巴结奉承，叫作谀；喜欢背地说人坏话，叫作谗；离间故交挑拨亲友，叫作害；称誉伪诈败坏他人，叫作慝；不分善恶美丑，好坏兼容而脸色随应相适，暗暗攫取合于己意的东西，叫作险。有这八种毛病的人，外能迷乱他人，内则伤害自身，因而有道德修养的人不和他们交往，圣明的君主不以他们为臣。所谓四患，即喜欢管理国家大事，随意变更常规常态，用以钓取功名，称作贪得无厌；自恃聪明专行独断，侵害他人刚愎自用，称作利欲熏心；知过不改，听到劝说却越错越多，称作犟头犟脑；跟自己相同就认可，跟自己不同即使是好的也认为不好，称作自负矜夸。这就是四种祸患。能够清除八种毛病，不再推行四种祸患，方可以教育。”

【要点五】庄子认为，包括圣人在内都是有很多毛病的，不改掉这些毛病就不足以教人。“能去八疵，无行四患，而始可教已。”

【原文六】孔子愀然而叹，再拜而起曰：“丘再逐于鲁，削迹于卫，伐树于宋，围于陈蔡。丘不知所失，而离此四谤者何也?”客凄然变容曰：“甚矣子之难悟也！人有畏影恶迹而去之走者，举足愈数而迹愈多，走愈疾而影不离身，自以为尚迟。疾走不休，绝力而死。不知处阴以休影，处静以息迹。愚亦甚矣！子审仁义之间，察同异之际，观动静之变，适受与之度，理好恶之情，和喜怒之节，而几于不免矣。谨修而身，谨守其真，还以物与人，则无所累矣。今不修之身而求之人，不亦外乎!”

【译解六】孔子凄凉悲伤地长声叹息，再次行礼后站起身来，说：“我在鲁国两次受到冷遇，在卫国被铲削掉所有的足迹，在宋国遭受砍掉坐荫之树的羞辱，又被久久围困在陈国、蔡国之间。我不知道我有什么过失，遭到这样四次诋毁的原因究竟是什么呢?”渔父悲悯地改变面容说：“你实在是难于醒悟啊！有人害怕自己的身影、厌恶自己的足迹，想要避离而跑开，举步越频繁足迹就越多，跑得越来越快而影子却总不离身，自以为还跑得慢了，于是快速奔跑而不休止，终于用尽力气而死去。不懂得停留在阴暗处就会使影子自然消失，停留在静止状态就会使足迹不复存在，这也实在是太愚蠢了！你仔细推究仁义的道理，考察事物的同异区别，观察动静的变化，掌握取舍的分寸，疏通好恶的情感，调谐喜怒的节度，却几乎不能免于灾祸。认真修养你的身心，谨慎地保持你的天性，把身外之物还与他人，那么也就没有什么联系和累赘了。如今你不修养自身天性反而要求他人，这也太外行了!”

【要点六】庄子认为，人们在思考问题时要有反向思维方式。“人有畏影恶迹而去之走者，举足愈数而迹愈多，走愈疾而影不离身，自以为尚迟。疾走不休，绝力而死。不知处阴以休影，处静以息迹。愚亦甚矣!”

【原文七】孔子愀然曰：“请问何谓真?”客曰：“真者，精诚之至也。不精不诚，不能动人。故强哭者虽悲不哀，强怒者虽严不威，强亲者虽笑不和。真悲无声而哀，真怒未发而威，真亲未笑而和。真在内者，神动于外，是所以贵真也。其用于人理也，事亲则慈孝，事君则忠贞，饮酒则欢乐，处丧则悲哀。忠贞以功为主，饮酒以乐为主，处丧以哀为主，事亲以适为主。功成之美，无一其迹矣。事亲以适，不论所以矣；饮酒以乐，不选其具矣；处丧以哀，无问其礼矣。礼者，世俗之所为也；真者，所以受于天也，自然不可易也。故圣人法天贵真，不拘于俗。愚者反此。不能法天而恤于人，不知贵真，禄禄而受变于俗，故不足。惜哉，子之蚤湛于人伪而晚闻大道也!”

【译解七】孔子凄凉悲伤地说：“请问什么叫作真?”渔父回答：“所谓真，就是精诚的极点。不精不诚，不能感动人。所以，勉强啼哭的人虽然外表悲痛其实并不哀伤，勉强发怒的人虽然外表严厉其实并不威严，勉强亲热的人虽然笑容满面其实并不和善。真正的悲痛没有哭声而哀伤，真正的怒气未曾发作而威严，真正的亲热未曾含笑而和善。真实的情感在心中并不外露，而神情则流露在外，这就是看重本真的原因。将上述道理用于人伦关系，侍奉双亲就会慈善孝顺，辅助国君就会忠贞不渝，饮酒就会舒心乐意，居丧就会悲痛哀伤。忠贞以建功为主旨，饮酒以欢乐为主旨，居丧以致哀为主旨，侍奉双亲以适意为主旨。功业与成就目的在于达到圆满美好，因而不必拘于一个轨迹；侍奉双亲目的在于获得舒适，因而不必考虑使用什么方法；饮酒目的在于获得欢乐，没有必要选用就餐的器具；居丧目的在于致以哀伤，不必过问规范礼仪。礼仪，是世俗人的行为；纯真，却是禀受于自然，出自天然因而也就不可改变。所以哲人总是效法自然看重天性，不受世俗的拘系。愚昧的人则刚好与此相反。不能效法自然而忧虑世人，不知道珍惜本真天性，庸庸碌碌地在流俗中承受着变化，因此总是不知满足。可惜啊，你过早地沉溺于世俗的伪诈而很晚才听闻大道。”

【要点七】庄子认为，事物之真是指事物天性或自然本性。“真者，所以受于天也，自然不可易也。故圣人法天贵真，不拘于俗。”

【原文八】孔子又再拜而起曰：“今者丘得遇也，若天幸然。先生不羞而比之服役，而身教之。敢问舍所在，请因受业而卒学大道。”客曰：“吾闻之，可与往者与之，至于妙道；不可与往者，不知其道，慎勿与之，身乃无咎。子勉之！吾去子矣，吾去子矣!”乃刺船而去，延缘苇间。颜渊还车，子路授绥，孔子不顾，待水波定，不闻拏音而后敢乘。

【译解八】孔子再次行礼后站起身来，说："如今我孔丘有幸遇上先生，好像是苍天特别宠幸我。先生不以此为羞辱并把我当作弟子一样看待，而且还亲自教导我。我冒昧地打听先生的住处，请求借此受业于门下而最终学完大道。"渔父说："我听说，可以迷途知返的人就与之交往，直至领悟玄妙的大道；不能迷途知返的人，不会真正懂得大道，谨慎小心地不要与他们结交，自身也就不会招来祸殃。你自己勉励吧！我得离开你了！我得离开你了！"于是撑船离开孔子，缓缓地顺着芦苇丛中的水道划船而去。颜渊掉转车头，子路递过拉着上车的绳索，孔子看定渔父离去的方向头也不回，直到水波平定，听不见桨声才登上车子。

【原文九】子路旁车而问曰："由得为役久矣，未尝见夫子遇人如此其威也。万乘之主，千乘之君，见夫子未尝不分庭伉礼，夫子犹有倨敖之容。今渔父杖拏逆立，而夫子曲要磬折，言拜而应，得无太甚乎？门人皆怪夫子矣，渔人何以得此乎？"孔子伏轼而叹曰："甚矣由之难化也！湛于礼仪有间矣，而朴鄙之心至今未去。进，吾语汝！夫遇长不敬，失礼也；见贤不尊，不仁也。彼非至人，不能下人，下人不精，不得其真，故长伤身。惜哉！不仁之于人也，祸莫大焉，而由独擅之。且道者，万物之所由也，庶物失之者死，得之者生，为事逆之则败，顺之则成。故道之所在，圣人尊之。今渔父之于道，可谓有矣，吾敢不敬乎！"

【译解九】子路依傍着车子而问道："我为先生服务已经很久了，不曾看见先生对人如此谦恭尊敬。大国的诸侯，小国的国君，见到先生历来都是平等相待，先生还免不了流露出傲慢的神情。如今渔父手拿船桨对面而站，先生却像石磬一样弯腰鞠躬，听了渔父的话一再行礼后再作回答，恐怕是太过分了吧？弟子们都认为先生的态度不同于往常，一个捕鱼的人怎么能够获得如此厚爱呢？"孔子伏身在车前的横木上叹息说："你实在是难于教化啊！你沉湎于礼义已经有些时日了，可是粗野卑下的心态时至今日也未能除去。上前来，我对你说！大凡遇到长辈而不恭敬，就是失礼；见到贤人而不尊重，就是不仁。他倘若不是一个道德修养臻于完善的人，也就不能使人自感谦卑低下，对人谦恭卑下却不至精至诚，定然不能保持本真，所以久久伤害身体。真是可惜啊！不能见贤思齐对于人们来说，祸害再没有比这更大的了，而你子路却偏偏就有这一毛病。况且大道，是万物产生的根源，各种物类失去了道就会死亡，获得了道便会成功。所以大道之所在，圣人就尊崇。如今渔父对于大道，可以说是已有体悟，我怎么能不尊敬他呢?”

《渔父》内容小结

一、有关认识论观点

庄子认为，事物之真是指事物天性或自然本性。“真者，所以受于天也，自然不可易也。故圣人法天贵真，不拘于俗。”

二、其他观点

庄子认为，儒家思想的核心是仁，虽然设想很高端但不会有好结果，又费心思又伤身体进而危害自身的天性，与自然规律背道而驰。“仁则仁矣，恐不免其身；苦心劳形以危其真。呜呼，远哉其分于道也!”

杂篇·列御寇

【原文一】列御寇之齐，中道而反，遇伯昏瞀人。伯昏瞀人曰：“奚方而反?”曰：“吾惊焉。”曰：“恶乎惊?”曰：“吾尝食于十浆而五浆先馈。”伯昏瞀人曰：“若是，则汝何为惊已?”曰：“夫内诚不解，形谍成光，以外镇人心，使人轻乎贵老，而其所患。夫浆人特为食羹之货，无多余之赢，其为利也薄，其为权也轻，而犹若是，而况于万乘之主乎。身劳于国而知尽于事，彼将任我以事而效我以功。吾是以惊。”伯昏瞀人曰：“善哉观乎！女处已，人将保女矣!”无几何而往，则户外之屦满矣。伯昏瞀人北面而立，敦杖蹙之乎颐，立有间，不言而出。宾者以告列子，列子提屦，跣而走，暨乎门，曰：“先生既来，曾不发药乎?”曰：“已矣，吾固告汝曰人将保汝，果保汝矣。非汝能使人保汝，而汝不能使人无保汝也，而焉用之感豫出异也！必且有感，摇而本才，又无谓也。与汝游者，又莫汝告也。彼所小言，尽人毒也。莫觉莫悟，何相孰也！巧者劳而知者忧，无能者无所求，饱食而敖游，泛若不系之舟，虚而敖游者也。”

【译解一】列御寇去齐国，行半途而返回，遇见伯昏瞀人。伯昏瞀人问：“为什么方去即返？”列御寇说：“我感到惊惶不安。”伯昏瞀人又问：“为何惊惶不安？”列御寇说：“我曾在十家商店询购饮料而有五家先送货给我。”伯昏瞀人说：“像这样的事，你怎么会惊惶不安呢？”列御寇说：“如果这些人的内心真诚我不接受，他的不满就会写在脸上，想用脸色镇服人心，尊重自己胜过尊重老年人，必然招致忧患。那卖饮料的人只不过是为了卖掉商品，没有多少赢利，他们获利是很微薄的，他们预期也是微不足道的，可还是如此对我，何况那大国的君主呢？为国家操劳身体而才智耗尽于政事，他们将委任我的职务而检验我的功绩。我正因此惊惶不已。”伯昏瞀人说：“你观察分析得好啊！你已做到安处自身了，人们将会归附于你了！”没有多久伯昏瞀人去看望列御寇，看见门外摆满了鞋子。伯昏瞀人面朝北方站着，拄着拐杖撑住下巴。站了一会儿，一句话也没说就走出去了。接待宾客的人员告诉了列御寇，列御寇提着鞋子，光着脚就跑了出来，赶到门口，说：“先生已经来了，竟不说一句批评指教的话吗？”伯昏瞀人说：“算了，我原来告诉你人们将会归附你，现在果真都归附你了。不是你要人们归附你，而是你不能做到让人们不归附你。你何必让人预先就感觉与众不同呢！必定有所感动，才会动摇本性，又说不出道理。跟你同行的人，又没有谁告诫你。他们的闲言碎语，全是毒害人的。没有觉悟，怎么能相互审察！技巧的人多劳累而智慧的人多忧虑，没有能耐的人也就没有什么追求，填饱肚子就自在地遨游，水上飘荡如没有缆索的船只，目标虚无如自在遨游的神仙。”

【要点一】庄子认为，上位期望过高和本位身心交瘁是为官的最大惊恐。“身劳于国而知尽于事，彼将任我以事而效我以功。吾是以惊。”

【原文二】郑人缓也呻吟裘氏之地。祇三年而缓为儒，河润九里，泽及三族，使其弟墨。儒墨相与辩，其父助翟。十年而缓自杀。其父梦之曰：“使而子为墨者，予也，阖胡尝视其良，既为秋柏之实矣！”夫造物者之报人也，不报其人而报其人之天，彼故使彼。夫人以己为有以异于人以贱其亲，齐人之井饮者相捽也。故曰今之世皆缓也。自是，有德者以不知也，而况有道者乎！

古者谓之遁天之刑。圣人安其所安，不安其所不安；众人安其所不安，不安其所安。庄子曰："知道易，勿言难。知而不言，所以之天也。知而言之，所以之人也。古之人，天而不人。"

【译解二】郑国有个名叫缓的人在裘氏之地吟咏读书，只三年，缓就成了儒生，像河水一样滋润着乡村，还惠及三族，并使弟弟成为墨家学者。儒墨两家经常辩论，缓的父亲倾向墨家。十年后缓自杀，他的父亲在梦中听他说："让你的儿子成为墨家，还是我的功劳。怎么不看看我的坟墓，我已变成秋天柏树结出的果实了！"造物主所给予人们的东西，不是赋予人的社会性而是赋予人的自然性，缓的弟弟具备了造物主给予的自然性使他成为墨家学者。人们总以为是自己的行为对他人产生了异样的作用而埋怨他的亲人，这同齐人自以为挖井有功而与饮水的人扭打一样。所以说如今社会上的人都跟缓一样。事理自然是这样的，有德的缓尚以不智的方式这样理解，那就要看有道的人了！古代人们称这种做法是逃避自然性而要受到刑罚的。哲人安于自然，却不适应人的摆布；普通人习惯人的摆布，却不安于自然。庄子说："了解道容易，不评论很困难。掌握了道却不妄加评论，这是通往自然的境界；了解了道却信口评论，这是走向社会的世俗。古代的人，看重人的自然性而不追求人的社会性。"

【要点二】庄子认为，一、造物主赋予人们的不是人的社会性而是人的自然性，缓崇儒弟崇墨都是造物主决定的。"夫造物者之报人也，不报其人而报其人之天，彼故使彼。"二、古代人看重人的自然性而不看重人的社会性。"古之人，天而不人。"

【原文三】朱泙漫学屠龙于支离益，单千金之家，三年技成而无所用其巧。圣人以必不必，故无兵；众人以不必必之，故多兵。顺于兵，故行有求。兵，恃之则亡。小夫之知，不离苞苴竿牍，敝精神乎蹇浅，而欲兼济道物，太一形虚。若是者，迷惑于宇宙，形累不知太初。彼至人者，归精神乎无始而甘冥乎无何有之乡。水流乎无形，发泄乎太清。悲哉乎！汝为知在毫毛而不知大宁。

【译解三】朱泙漫向支离益学习屠龙技术，耗尽了千金家产，三年后学成技术却没有机会施展技巧。哲人把事物的必然对立不当成必然对立，所以没有兵锋之争；普通人却把非必然对立看作是必然对立，因而总是争斗不休。顺从兵锋之争，所以言行必有目的。兵器，依仗它只会自取灭亡。俗人的智慧，离不开送礼托信走后门，把精神耗费在浅薄上，而想兼得道名和物利，把有形的利和抽象的名一并收入囊中。若是这样的人，早已被宇宙万象所迷惑，身体劳累却不知晓宇宙产生之初的自然之道。那些道德极高的至人，让意识回到宇宙还未开始而甘愿休眠在没有任何有形事物的世界里。如水流随顺无形，流淌在远离凡尘的太清之中。可悲啊！你的心智用在末梢上而不知大自然的宁静才是主干。

【要点三】庄子认为，俗人智慧离不开送礼托信走后门上。“小夫之知，不离苞苴牍，敝精神乎蹇浅，而欲兼济道物，太一形虚。”

【原文四】宋人有曹商者，为宋王使秦。其往也，得车数乘。王说之，益车百乘。反于宋，见庄子，曰：“夫处穷闾厄巷，困窘织屦，槁项黄馘者，商之所短也；一悟万乘之主而从车百乘者，商之所长也。”庄子曰：“秦王有病召医。破痈溃痤者得车一乘，舐痔者得车五乘，所治愈下，得车愈多。子岂治其痔邪？何得车之多也？子行矣！”

【译解四】宋国有个叫作曹商的人，为宋王出使秦国。他前往秦国的时候，得到宋王赠予的数辆车子。秦王十分高兴，又加赐车辆一百乘。曹商回到宋国，见了庄子说，“身居偏僻狭窄的巷子，贫困到自己编织麻鞋，脖颈干瘪而面黄肌瘦，这是我不如别人的地方；一旦有机会能使大国之君省悟而随从的车辆达到百乘之多，这又是我的过人之处。”庄子说：“听说秦王有病召医，破疮散疖的医生可获得车辆一乘，舔治痔疮的人可获得车辆五乘，凡是疗治的部位越是低下，所能获得的车辆就越多。你难道给秦王治过痔疮吗？怎么获奖的车辆如此之多呢？你走吧！”

【要点四】庄子认为，以名利而炫耀是很下贱的。“所治愈下，得车愈多。”

【原文五】鲁哀公问乎颜阖曰："吾以仲尼为贞干，国其有瘳乎？"曰："殆哉圾乎！仲尼方且饰羽而画，从事华辞。以支为旨，忍性以视民而不知不信。受乎心，宰乎神，夫何足以上民！彼宜女与？予颐与？误而可矣！今使民离实学伪，非所以视民也。为后世虑，不若休之。难治也！"施于人而不忘，非天布也，商贾不齿。虽以事齿之，神者弗齿。为外刑者，金与木也；为内刑者，动与过也。宵人之离外刑者，金木讯之；离内刑者，阴阳食之。夫免乎外内之刑者，唯真人能之。

【译解五】鲁哀公向颜阖问道："我想把仲尼作为栋梁使用，国家有治了吧？"颜阖说："危险啊危险！孔子正热心粉饰装扮，追求华丽的辞章，把枝节当主干，压抑人的天性引导民众而不明智不诚信。用这样的做法占据人们的心灵，并主宰着人们的精神，怎么能够让民众提升！他果真适合为你所用吗？还是他真的能够养育民众呢？你的做法可以说是一种误导。现今使民众背离真实学习虚伪，这不是用来导引民众的好办法。为后世子孙着想，不如早点放弃上述打算。孔丘是很难治理好国家的！"施与别人恩惠而不忘别人回报，这不是自然对人们的无私布施，这是买卖人都羞于启齿的事。即使有什么事必须交往，内心也是瞧不起的。施加皮肉之刑的，不外乎是金属或木质的刑具；给内心世界带来惩罚的，则是自身的烦恼和行动的过失。小人受到皮肉之刑，是用刑具加以拷问的；小人内心受到惩罚，则是阴阳二气郁积所造成的侵害。能够免于内外刑罚的，只有真人才可做到。

【要点五】庄子认为，儒家思想的根本错误是压抑人的天性。"以支为旨，忍性以视民而不知不信。"

【原文六】孔子曰："凡人心险于山川，难于知天。天犹有春秋冬夏旦暮之期，人者厚貌深情。故有貌愿而益，有长若不肖，有顺懁而达，有坚而缦，有缓而釬。故其就义若渴者，其去义若热。故君子远使之而观其忠，近使之而观其敬，烦使之而观其能，卒然问焉而观其知，急与之期而观其信，委之以财而观其仁，告之以危而观其节，醉之以酒而观其侧，杂之以处而观其色。九征至，不肖人得矣。"

【译解六】孔子说："总之，人心比高山大川还要险恶，比了解天象还要困难。天象尚有春夏秋冬早晚的周期性变化，可人的面容复杂情感深沉捉摸不透。有的人貌似老实而心傲自满，有的人看似长者实如不肖，有的人性情直率而事理通达，有的人表面坚韧而意志涣散，有的人表面舒缓而内心强悍。所以人们在标榜仁义时犹如口渴饮泉，而在抛弃仁义时又像体热避火。因此君子要人远离自己任职而观察他们是否忠诚，要人靠近自己办事而观察他们是否恭敬，要人处理繁杂事务而观察他们的解难能力，突然提问以观察他们的应变智慧，交给紧迫任务以观察他们的信用，托付财物以观察他们的清廉，告诉危难以观察他们的节操，用醉酒的方式观察他们的仪态，故意把某个人安排在男女混杂的地方来观察他们对待女色的态度。上述九种特征得到验证，不好的人也就自然挑拣出来了。"

【要点六】庄子认为，人心是最难认识的。"凡人心险于山川，难于知天。"

【原文七】正考父一命而伛，再命而偻，三命而俯，循墙而走，孰敢不轨！如而夫者，一命而吕钜，再命而于车上儛，三命而名诸父。孰协唐许！贼莫大乎德有心而心有睫，及其有睫也而内视，内视而败矣。凶德有五，中德为首。何谓中德？中德也者，有以自好也而吡其所不为者也。穷有八极，达有三必，形有六府。美、髯、长、大、壮、丽、勇、敢，八者俱过人也，因以是穷。缘循，偃佒，困畏不若人，三者俱通达。知慧外通，勇动多怨，仁义多责，达生之情者傀，达于知者肖；达大命者随，达小命者遭。

【译解七】正考父首次被任命为士便逢人躬着背，再次任命为大夫便深深地弯着腰，第三次任命为卿更谦恭地俯下身子，总是让开大道顺着墙根快步急走，态度如此谦卑谁还敢有不轨行为！如果是凡夫俗子，首次任命为士就会骄傲自大，再次任命为大夫就会在车上手舞足蹈，第三次任命为卿就要自称老子了，谁还会成为唐尧许由那样谦让的人呢！人生最大的祸害，就是有意识地培养德行、培养心眼，等到心眼多了，就容易对事情主观臆断，而这种主观臆断必定会把事情搞砸。惹祸的功能器官有心耳眼舌鼻五种，心中的思想是祸首。什么是心中的思想？就是有了自己喜欢的观点而诋毁自己不愿采用的观点。穷困源于八个方面，通达基于三种必然条件，身体必具六腑。貌美、须长、高大、魁梧、健壮、艳丽、勇武、果敢，八个方面胜过他人，因此必然导致穷困。顺缘因循、俯仰随人、穷困怯弱而又谦卑，具备这三种必要条件就能遇事通达。自恃聪明炫耀于外，勇猛躁动必多怨恨，倡导仁义必多责难，通晓生命本质的人伟岸，通达智慧的人内心虚静；通晓长寿的人随顺自然，通晓短命的人也能随遇而安。

【要点七】庄子认为，最大的问题是德里含有私心，私心还有倒睫毛，影响人的反思和纠偏。“贼莫大乎德有心而心有睫，及其有睫也而内视，内视而败矣。”

【原文八】人有见宋王者，锡车十乘。以其十乘骄稚庄子。庄子曰：“河上有家贫恃纬萧而食者，其子没于渊，得千金之珠。其父谓其子曰：‘取石来锻之！夫千金之珠，必在九重之渊而骊龙颔下。子能得珠者，必遭其睡也。使骊龙而寤，子尚奚微之有哉！’今宋国之深，非直九重之渊也；宋王之猛，非直骊龙也；子能得车者，必遭其睡也。使宋王而寤，子为齑粉夫。”

【译解八】有个拜会过宋王的人，宋王赐给他车马十乘，依仗这些车马在庄子面前炫耀。庄子说：“河上有一个生活贫穷靠编苇席为生的人家，他的儿子潜入深渊，得到一枚价值千金的宝珠。父亲对儿子说：‘拿过石块来锤坏这颗宝珠！因为价值千金的宝珠，必定出自潭底黑龙的嘴巴下面，你能轻易地获得这样的宝珠，一定是赶上黑龙睡着了。倘若黑龙醒过来，你还想活着回来吗？’如今宋国的险恶，远不只是深深的潭底；而宋王的凶残，也远不只是黑龙那样。你能从宋王那里获得十乘车马，也一定是遇上宋王睡着了。倘若宋王一旦醒过来，你也就必将粉身碎骨了。”

【要点八】庄子认为，意外获得物喜不是好兆头。“子能得珠者，必遭其睡也。”

【原文九】或聘于庄子，庄子应其使曰：“子见夫牺牛乎？衣以文绣，食以刍叔。及其牵而入于大庙，虽欲为孤犊，其可得乎！”庄子将死，弟子欲厚葬之。庄子曰："吾以天地为棺椁，以日月为连璧，星辰为珠玑，万物为赍送。吾葬具岂不备邪？何以加此！"弟子曰："吾恐乌鸢之食夫子也。"庄子曰："在上为乌鸢食，在下为蝼蚁食，夺彼与此，何其偏也。"以不平平，其平也不平；以不征征，其征也不征。明者唯为之使，神者征之。夫明之不胜神也久矣，而愚者恃其所见入于人，其功外也，不亦悲乎！

【译解九】有人向庄子行聘。庄子答复他的使者说："你见过那些准备用作祭祀的牛吗？用织有花纹的锦绣披着，给它吃草料和豆子，等到牵进太庙，就是想成为孤独的小牛，难道还有可能吗？"庄子快要死了，弟子们打算用很多的东西作为陪葬。庄子说："我把天地当作棺椁，把日月当作璧盘，把星辰当作珠玑，万物都可以成为我的陪葬。我陪葬的东西难道还不完备吗？哪里用得着再加上这些东西！"弟子说："我们担忧乌鸦啄食先生的遗体。"庄子说："弃尸地面将会被乌鸦吃掉，深埋地下将会被蚂蚁吃掉，夺过乌鸦的食物再喂给蚂蚁，也太偏心了！"用主观不平等去追求客观平等，结果是主观上平等了但客观上不平等；用主观不公正去追求客观公正，结果是主观上公正了但客观上不公正。自以为明智的人只会被名利所驱使，而超脱名利的神人才能保持公正。自以为明智的人早就落后于超脱名利的神人了，而愚昧的人还总是自恃偏见沉溺于世俗人事，他们的功夫全部用于追求身外之物，这也是可悲的！

【要点九】庄子认为，人们主观上认为是公平的，客观上是不公平的。"以不平平，其平也不平；以不征征，其征也不征。"

《列御寇》内容小结

一、有关认识论观点

1. 人的自然意识。庄子认为，造物主赋予人们的不是人的社会性而是人的自然性，缓崇儒弟崇墨都是造物主决定的。"夫造物者之报人也，不报其人而报其人之天，彼故使彼。"古代人看重人的自然性而不看重人的社会性。"古之人，天而不人。"

2. 人心是最难认识的。庄子认为，“凡人心险于山川，难于知天。”

3. 最大的问题是德里含有私心，私心还有倒睫毛，影响人的反思和纠偏。庄子认为，“贼莫大乎德有心而心有睫，及其有睫也而内视，内视而败矣。”

二、有关辩证法观点

1. 意外获得物喜不是好兆头。庄子认为，“子能得珠者，必遭其睡也。”

2. 主观上认为是公平的，客观上是不公平的，因为人们带有立场。庄子认为，“以不平平，其平也不平；以不征征，其征也不征。”

三、其他观点

1. 权责相随和身心交瘁是为官的最大惊恐。庄子认为，“身劳于国而知尽于事，彼将任我以事而效我以功。吾是以惊。”

2. 俗人智慧离不开送礼托信走后门。庄子认为，“小夫之知，不离苞苴竿牍，敝精神乎蹇浅，而欲兼济道物，太一形虚。”

3. 唯利是图是很下贱的。庄子认为，“所治愈下，得车愈多。”

4. 儒家思想的根本错误是压抑人的天性。庄子认为，“以支为旨，忍性以视民而不知不信。”

杂篇·天下

【原文一】天下之治方术者多矣，皆以其有为不可加矣！古之所谓道术者，果恶乎在？曰：“无乎不在。”曰：“神何由降？明何由出？”“圣有所生，王有所成，皆原于一。”不离于宗，谓之天人；不离于精，谓之神人；不离于真，谓之至人。以天为宗，以德为本，以道为门，兆于变化，谓之圣人；以仁为恩，以义为理，以礼为行，以乐为和，熏然慈仁，谓之君子；以法为分，以名为表，以参为验，以稽为决，其数一二三四是也，百官以此相齿；以事为常，以衣食为主，蕃息畜藏，老弱孤寡为意，皆有以养，民之理也。古之人其备乎！配神明，醇天地，育万物，和天下，泽及百姓，明于本数，系于末度，六通四辟，小大精粗，其运无乎不在。其明而在数度者，旧法、世传之史尚多有之；其在于《诗》《书》《礼》《乐》者，邹鲁之士、缙绅先生多能明之。《诗》以道志，《书》以道事，《礼》以道行，《乐》以道和，《易》以道阴阳，《春秋》以道名分。其数散于天下而设于中国者，百家之学时或称而道之。

【译解一】天下研究方法的人很多，都认为自己的成果无以复加。古代所谓的基本方法，究竟在哪里？回答说："无所不在。"问："神人由何而降？明君从何而生？"回答说："神人自有其由来，明君自有其出处，都来源于同一自然法则。"不离开自然本宗，称为天人；不离开自然精微，称为神人；不离开自然真实，称为至人；以自然为根源，以天生之德为本质，以自然之道为途径，能够预见事物变化，称为圣人；以仁为恩爱，以义为事理，以礼为规范，以乐为和谐，气质仁慈和善，称为君子；以法律为尺度，以名号为标志，以比较为鉴别，以考核定升迁，等级像一二三四那样分得明白，百官以此排序；以职事为常务，以衣食为主旨，生产储藏，关心老弱孤寡，使其皆有所养，这是养民的常理。古代的圣人是很完备的啊！合于神明，效法自然，养育万物，泽及百姓，以天道为根本，以法度为末梢，六合通达而四时顺畅，无论小大精粗，其作用无所不在。古时候的方法和法规制度，在传世的史书中还保存比较多。这些都存在《诗》《书》《礼》《乐》中，邹鲁之士、缙绅先生多能说明。《诗》表达志向，《书》记载事物，《礼》规范行为。《乐》调和情绪，《易》说明阴阳变化，《春秋》校正历史名分。这些散布于天下而设立于中国的道术，百家教学中还时常引用它。

【要点一】庄子认为，一、不同的人有不同的生存方法（道术），"不离于宗，谓之天人；不离于精，谓之神人；不离于真，谓之至人。以天为宗，以德为本，以道为门，兆于变化，谓之圣人；以仁为恩，以义为理，以礼为行，以乐为和，熏然慈仁，谓之君子；以法为分，以名为表，以参为验，以稽为决，其数一二三四是也，百官以此相齿；以事为常，以衣食为主，蕃息畜藏，老弱孤寡为意，皆有以养，民之理也。"二、不同而正确的方法其本质是相同的，"圣有所生，王有所成，皆原于一。"

【原文二】天下大乱，贤圣不明，道德不一。天下多得一察焉以自好。譬如耳目鼻口，皆有所明，不能相通。犹百家众技也，皆有所长，时有所用。

虽然，不该不遍，一曲之士也。判天地之美，析万物之理，察古人之全。寡能备于天地之美，称神明之容。是故内圣外王之道，暗而不明，郁而不发，天下之人各为其所欲焉以自为方。悲夫！百家往而不反，必不合矣！后世之学者，不幸不见天地之纯，古人之大体。道术将为天下裂。

【译解二】天下大乱，圣贤不彰，道德不同，天下人大多得一孔之见而自我欣赏。譬如耳目鼻口，它们各有功能，但却不能互相通用。犹如百家众技，各有所长，时有所用。但是，他们都不完备不全面，全是抱残守缺之人。让这些人判断天地之美，分析万物之理，考察古人道德之全，是不能完备地发现天地之美，而配称神明之容的。所以内圣外王之道暗而不明，抑郁而不发挥，天下的人都根据自己的欲求而选择自己的方法。可悲啊！百家各行其道而不回头，必定不能相合！后世的学者，不幸不能见到天地的纯真和古人的全貌，基于自然规律的方法将被天下人破坏！

【要点二】庄子认为，一、天下的方法很多，但因为不符合同一的根本方法，所以各种方法都只是一孔之见，很难统一。“天下大乱，贤圣不明，道德不一。天下多得一察焉以自好。”这是认识片面的问题。“悲夫！百家往而不反，必不合矣！”二、不同的方法（世界观）决定于不同的欲求（价值观），“天下之人各为其所欲焉以自为方。”

【原文三】不侈于后世，不靡于万物，不晖于数度，以绳墨自矫，而备世之急。古之道术有在于是者，墨翟、禽滑厘闻其风而说之。为之大过，已之大顺。作为《非乐》，命之曰《节用》。生不歌，死无服。墨子泛爱兼利而非斗，其道不怒。又好学而博，不异，不与先王同，毁古之礼乐。黄帝有《咸池》，尧有《大章》，舜有《大韶》，禹有《大夏》，汤有《大濩》，文王有辟雍之乐，武王、周公作《武》。古之丧礼，贵贱有仪，上下有等。天子棺椁七重，诸侯五重，大夫三重，士再重。今墨子独生不歌，死不服，桐棺三寸而无椁，以为法式。以此教人，恐不爱人；以此自行，固不爱己。未败墨子道。虽然，歌而非歌，哭而非哭，乐而非乐，是果类乎？其生也勤，其死也薄，其道大觳。使人忧，使人悲，其行难为也。恐其不可以为圣人之道，反天下之心。天下不堪。墨子虽独能任，奈天下何！离于天下，其去王也远矣！墨子称道曰："昔禹之湮洪水，决江河而通四夷九州也。名山三百，支川三千，小者无数。禹亲自操橐耜而九杂天下之川。腓无胈，胫无毛，沐甚雨，栉疾风，置万国。禹大圣也，而形劳天下也如此。"使后世之墨者，多以裘褐为衣，以屐蹻为服，日夜不休，以自苦为极，曰："不能如此，非禹之道也，不足谓墨。"相里勤之弟子，五侯之徒，南方之墨者若获、已齿、邓陵子之属，俱诵《墨经》，而倍谲不同，相谓别墨。以坚白同异之辩相訾，以奇偶不仵之辞相应，以巨子为圣人。皆愿为之尸，冀得为其后世，至今不决。墨翟、禽滑厘之意则是，其行则非也。将使后世之墨者，必以自苦腓无胈、胫无毛相进而已矣。乱之上也，治之下也。虽然，墨子真天下之好也，将求之不得也，虽枯槁不舍也，才士也夫！

【译解三】不以奢侈影响后世，不以靡费戕害万物，不以炫耀亵渎礼法，用规矩自我约束，以应付社会的危机。这是古代方法中的一种，墨翟、禽滑厘了解这种作风后很喜欢。但他们做得太过分，已经超过极限。提倡非乐，主张节用，生不作乐，死不服丧。墨子倡导博爱兼利而反对战争，主张和睦相处；又好学而渊博，不排斥异己，不与先王相同，毁弃古代的礼乐。黄帝有《咸池》之乐，尧有《大章》之乐，舜有《大韶》之乐，禹有《大夏》之乐，汤有《大参》之乐，文王有《辟雍》之乐，武王、周公作《武》乐。古代的丧礼，贵贱有仪法，上下有等级，天子的棺椁七层，诸侯五层，大夫三层，士两层。现在墨子独自主张生不歌乐，死不服丧，只用3寸厚的桐木棺而没有椁，作为标准。以此来教导人，恐怕不是爱人之道；自己去实行，实在是不爱惜自己。墨子的学说尽管是成立的，然而应该歌唱而不歌唱，应该哭泣而不哭泣，应该作乐而不作乐，这合乎人情常理吗？生前辛勤劳苦，实行起来简单薄葬，这种主张太苛刻了。使人忧劳，使人悲苦，实行起来是很困难的，恐怕不能够成为圣人之道，违反了天下人的心愿，天下人是不堪忍受的。墨子虽然独自能够做到，但对天下的人却无可奈何！背离了天下的人，也就远离了王道。墨子称道说："从前禹治理洪水，疏导江河而沟通四夷九州，大川三百，支流三千，小河无数。禹亲自持筐操铲劳作，汇合天下的河川，辛苦得连腿上的汗毛都磨光了，风里来雨里去，终于安定了天下。禹是大圣人，为了天下还如此劳苦。"从而使后世的墨者，多用兽皮粗布为衣，穿着木屐草鞋，白天黑夜都不休息，以自苦为准则，并说："不能这样，就不是禹之道，不足以称为墨者。”后世墨家学人相里勤和他的弟子五侯之流，南方的墨家苦获与已齿，还有邓陵子一类的人，都口诵《墨经》，却违背了墨家的宗旨，相互指责对方不是正统的墨家。他们用“坚白”“同异”等话题彼此争辩相互诋毁，用奇数偶数不会一致的言辞相互应答，把一时推举出来的首领看作是圣人，全都乐意敬重他为领袖，希望能成为墨家学派的后继人，而且至今各派之间仍争论不休。墨翟、禽滑厘的用意是很好的，具体做法却太过分。这将使后世的墨者，以极端劳苦的方式互相竞进。这种做法乱国有余，治国不足。尽管如此，墨子还是真心爱天下的，这样的人实在是难以求得，即使辛苦得形容枯槁也不舍弃自己的主张，真是有才志士啊！

【要点三】庄子认为，墨子等人提倡以泛爱兼利、非乐节用、不歌不服等方法管理天下，违反了多数人的心愿，脱离了社会实际，本意是好的，但质疑效果，仅仅达到士的认识水平。“墨子真天下之好也，将求之不得也，虽枯槁不舍也，才士也夫！”

【原文四】不累于俗，不饰于物，不苟于人，不忮于众，愿天下之安宁以活民命，人我之养，毕足而止，以此白心。古之道术有在于是者，宋钘、尹文闻其风而悦之。作为华山之冠以自表，接万物以别宥为始。语心之容，命之曰“心之行”。以聏合欢，以调海内。请欲置之以为主。见侮不辱，救民之斗，禁攻寝兵，救世之战。以此周行天下，上说下教。虽天下不取，强聒而不舍者也。故曰：上下见厌而强见也。虽然，其为人太多，其自为太少，曰：“请欲固置五升之饭足矣。”先生恐不得饱，弟子虽饥，不忘天下，日夜不休。曰：“我必得活哉！”图傲乎救世之士哉！曰：“君子不为苛察，不以身假物。”以为无益于天下者，明之不如已也。以禁攻寝兵为外，以情欲寡浅为内。其小大精粗，其行适至是而止。

【译解四】不为世俗牵累，不用美物装扮，不向他人苛求，不与众人争执，希望天下安宁人民得以活命，彼此生计，以温饱为满足，以此表白心愿。这是古代方法中的一种，宋钘、尹文了解这种作风后很喜欢。制作华山一样的帽子以表示自重，应接万物以不带偏见为先；谈论内心的状态，称之为“心理活动”，以谦虚应合世俗喜欢，并以此调和天下，请将上述主张树立为主导思想。受到欺侮不以为耻辱，调解民众的争斗，禁止攻伐平息干戈，将天下从战火中拯救出来。用这种主张遍行天下，上说下教。虽天下人都不采取，而他们还是不厌其烦。所以说从上至下都表现出厌弃而他们仍想强势表现。尽管如此，他们还是替别人考虑得太多，为自己打算得太少，说："我们只想要五升米的饭就够了。"不仅先生吃不饱，弟子们也常常处在饥饿中，但他们仍然不忘天下，日夜不休，说："我一定要活着!"为自己是救世主感到骄傲！说："君子不严格考察他人，也不将自身价值作物质利益交换。"认为对天下人没有益处的学说，肯定是不如自己的主张的。以禁攻息兵为外在活动，以清心寡欲为内在修养。无论从宏观还是微观方面来说，他们的行为达到这样的目标就止步了。

【要点四】庄子认为，宋钘等人采用的方法仅仅追求社会安宁和温饱，这样的小康目标太低了。"其小大精粗，其行适至是而止。"

【原文五】公而不党，易而无私，决然无主，趣物而不两，不顾于虑，不谋于知，于物无择，与之俱往。古之道术有在于是者，彭蒙、田骈、慎到闻其风而悦之。齐万物以为首，曰："天能覆之而不能载之，地能载之而不能覆之，大道能包之而不能辩之。"知万物皆有所可，有所不可。故曰："选则不遍，教则不至，道则无遗者矣。"是故慎到弃知去己，而缘不得已。泠汰于物，以为道理。曰："知不知，将薄知而后邻伤之者也。"谿髁无任，而笑天下之尚贤也；纵脱无行，而非天下之大圣；椎拍輐断，与物宛转；舍是与非，苟可以免。不师知虑，不知前后，魏然而已矣。推而后行，曳而后往。若飘风之还，若羽之旋，若磨石之隧，全而无非，动静无过，未尝有罪。是何故？夫无知之物，无建己之患，无用知之累，动静不离于理，是以终身无誉。故曰："至于若无知之物而已，无用贤圣。夫块不失道。"豪桀相与笑之曰："慎到之道，非生人之行，而至死人之理。"适得怪焉。田骈亦然，学于彭蒙，得不教焉。彭蒙之师曰："古之道人，至于莫之是、莫之非而已矣。其风窢然，恶可而言。"常反人，不见观，而不免于魭断。其所谓道非道，而所言之韪不免于非。彭蒙、田骈、慎到不知道。虽然，概乎皆尝有闻者也。

【译解五】公正而不阿党，平易而无偏私，排除思想上先入为主，随物变化齐一不二，行动上不要顾虑太多，谋事时不求穷尽智慧，在事物客观性上没有选择，只能顺它一起变化。这是古代方法中的一种，彭蒙、田骈、慎到了解这种作风后很喜欢。认识必须符合事实是最根本的要求。说：“天能覆盖万物却不能承载，地能承载万物却不能覆盖，大道能包容万物却不能分辨万物。”知道万物都有所能，有所不能，所以说：“有选择就证明不是普遍，有教导就说明有所不及，大道的特征就是无所遗漏。”所以慎到抛弃智慧去除己见，不得已顺道而行，听任于客观事物，作为道理依据，他说：“强求知其所不知，就会为知所迫而受到损伤。”随便用人，而讥笑天下推崇贤人；放任不羁，而非议天下的大圣。刑罚之轻重，随着事态的发展而相应地变化；抛弃了是非，才可以免于刑罚。不依赖智巧谋虑，不瞻前顾后，巍然独立。推动而往前走，拖拉而向后退，像飘风的往返，像羽毛的飞旋，像磨石的转动，完美而无错，动静适度而无过失，未曾有罪。这是什么原因，没有知觉的东西，就不会有标榜自己的忧患，不会有运用智谋的牵累，动静合于自然之理，所以终生不会受到毁誉。所以说：“达到像没有知觉的东西就行了，不需要圣贤，哪块土都有自己的规律。”豪杰们相互嘲笑他说：“慎到的道对活人没有用而只适用于死人，实在怪异。”田骈也是这样，受学于彭蒙，得到不言之教。彭蒙的老师说：“古时候得道的人，达到了无所谓是非的境界。他们的道术像风吹过一样迅速，怎么能够用语言表达出来呢?”常常违反人意，不受人们所尊敬，仍不免于随物变化。他们所说的道并不是真正的道。然而，他们都还大概地听闻过一点道。

【要点五】庄子认为：一，慎到等人提倡丢掉认识和方法的主观性，增强其客观性，“公而不党，易而无私，决然无主，趣物而不两，不顾于虑，不谋于知，于物无择，与之俱往。”二，实事求是是最重要的认识论方法，“齐万物以为首。”三，齐物的认识和方法，常遭人误解，得不到重视。“常反人，不见观，而不免于魭断。其所谓道非道，而所言之韪不免于非。”

【原文六】以本为精，以物为粗，以有积为不足，澹然独与神明居。古之道术有在于是者，关尹、老聃闻其风而悦之。建之以常无有，主之以太一。以濡弱谦下为表，以空虚不毁万物为实。关尹曰：“在己无居，形物自著。”其动若水，其静若镜，其应若响。芴乎若亡，寂乎若清。同焉者和，得焉者失。未尝先人而常随人。老聃曰："知其雄，守其雌，为天下溪；知其白，守其辱，为天下谷。"人皆取先，己独取后。曰："受天下之垢。"人皆取实，己独取虚。曰："无藏也故有余"。岿然而有余。其行身也，徐而不费，无为也而笑巧。人皆求福，己独曲全。曰："苟免于咎"。以深为根，以约为纪。曰："坚则毁矣，锐则挫矣。"常宽容于物，不削于人。虽未至于极，关尹、老聃乎，古之博大真人哉！

【译解六】以无形的道术为精华，以有形的物利为粗俗，当手里有物利积蓄时就能够意识到道术的不足，独自淡泊地与神明共处。这是古代方法中的一种，关尹、老聃了解这种作风后很喜欢。把道术与物利建立在自然无形与自然有形的基础上，形成宇宙原始的对立统一法则。以柔弱谦虚卑下为外表，以空虚不伤万物为内质。关尹说："只要自己的认识不僵化，有形的事物就会自然显著。"他的运动如流水，静止如平镜，反应如回响。恍惚如空无，寂静如清虚。相同则和谐，有得则有失。未曾争先而常常随顺别人。老聃说："知道雄起的道理，坚守雌伏的必要，愿成为天下的沟壑；知道辩白的必要，忍受暂时的屈辱，愿成为天下的山谷。"人们都想争先，他独自甘愿居后。说："承受天下的污垢。"人人都在务实，他独自甘愿守虚，不想敛财所以处处显得有余，多如高山堆积。他立身行事，从容不迫，无为而嘲笑机巧；人们都想祈求幸福，他独自甘愿委曲求全，说："姑且免于受罪。"以深藏为根本，以简约为纲纪，说："坚硬易于毁坏，锐利的易于挫折。"常常宽容待物，从不侵削别人，可以说达到了顶点。关尹、老聃啊！真是古代的博大真人！

【要点六】庄子认为，老聃等人将无形的道术视为精华，把有形的物利视为糟粕，认为积累有形的物利必将丢失无形的道术，懂得有与无、物利与道术、精华与糟粕的辩证关系，这才是真人和高道。"以本为精，以物为粗，以有积为不足，澹然独与神明居。""虽未至于极，关尹、老聃乎，古之博大真人哉！"

【原文七】寂漠无形，变化无常，死与？生与？天地并与？神明往与？芒乎何之？忽乎何适？万物毕罗，莫足以归。古之道术有在于是者，庄周闻其风而悦之。以谬悠之说，荒唐之言，无端崖之辞，时恣纵而不傥，不奇见之也。以天下为沈浊，不可与庄语。以卮言为曼衍，以重言为真，以寓言为广。独与天地精神往来，而不敖倪于万物。不谴是非，以与世俗处。其书虽瑰玮，而连犿无伤也。其辞虽参差，而諔诡可观。彼其充实，不可以已。上与造物者游，而下与外死生、无终始者为友。其于本也，弘大而辟，深闳而肆；其于宗也，可谓稠适而上遂矣。虽然，其应于化而解于物也，其理不竭，其来不蜕，芒乎昧乎，未之尽者。

【译解七】寂寞无形，变化无常，帮助死吗？帮助生吗？帮助天地合并吗？帮助神人明君向往吗？茫然何去？忽然何从？虽包罗万物，也不足以知晓它的归属。这是古代方法中的一种，庄子了解这种作风后很喜欢。以荒谬的学说，荒唐的言论，不着边际的辞令，时常恣肆而不洒脱，没有定向思维意识。认为天下人的意识混浊，不可能与庄周对话。用随意之言中启发思考，用先哲引言论证真实，用寓言方式拓展思路。独自与天地精神往来，而不傲视天地万物。不问是非，以此与世俗相处。他的书虽然瑰丽，却宛转连缀无伤宏旨，虽然言辞变化多端，却是奇异引人入胜。他内心充实，不可以名状。上与造物者同游，下与忘却死生不分终始的人为友。他论述道的根本，弘大而精辟，深广而畅达；他论述道的宗旨，稠密妥帖且上达天意。然而，他还能够及时反映事物的变化，他对具体事理的解释不会枯竭，他将来不会死去，虽茫然昏暗，却没有穷尽。

【要点七】庄子的道术有很多特点：抽象无形，变化无常；万物毕罗，莫足以归；以谬悠之说，荒唐之言，无端崖之辞，时恣纵而不傥，不奇见之也；以卮言为曼衍，以重言为真，以寓言为广；独与天地精神往来，而不敖倪于万物；不谴是非，以与世俗处；其书虽瑰玮，而连犿无伤也；其辞虽参差，而諔诡可观；彼其充实，不可以已；上与造物者游，而下与外死生、无终始者为友；其于本也，弘大而辟，深闳而肆；其于宗也，可谓稠适而上遂矣，等等。这些特点虽然没有描述庄子认识论的唯物性、反映性、辩证性和实践性等基本特征，但也可以证明庄子的道术与墨子、老子、惠子等人的道术不同，他是研究认识规律的独特的庄子认识论。

【原文八】惠施多方，其书五车，其道舛驳，其言也不中。历物之意，曰："至大无外，谓之大一；至小无内，谓之小一。无厚，不可积也，其大千里。天与地卑，山与泽平。日方中方睨，物方生方死。大同而与小同异，此之谓'小同异'；万物毕同毕异，此之谓'大同异'。南方无穷而有穷。今日适越而昔来。连环可解也。我知天之中央，燕之北、越之南是也。泛爱万物，天地一体也。"惠施以此为大，观于天下而晓辩者，天下之辩者相与乐之。卵有毛。鸡三足。郢有天下。犬可以为羊。马有卵。丁子有尾。火不热。山出口。轮不蹍地。目不见。指不至，至不绝。龟长于蛇。矩不方，规不可以为圆。凿不围枘。飞鸟之景未尝动也。镞矢之疾，而有不行、不止之时。狗非犬。黄马骊牛三。白狗黑。孤驹未尝有母。一尺之棰，日取其半，万世不竭。辩者以此与惠施相应，终身无穷。桓团、公孙龙辩者之徒，饰人之心，易人之意，能胜人之口，不能服人之心，辩者之囿也。惠施日以其知与之辩，特与天下之辩者为怪，此其柢也。然惠施之口谈，自以为最贤，曰："天地其壮乎，施存雄而无术。"南方有倚人焉，曰黄缭，问天地所以不坠不陷，风雨雷霆之故。惠施不辞而应，不虑而对，遍为万物说。说而不休，多而无已，犹以为寡，益之以怪，以反人为实，而欲以胜人为名，是以与众不适也。弱于德，强于物，其涂隩矣。由天地之道观惠施之能，其犹一蚊一虻之劳者也。其于物也何庸！夫充一尚可，曰愈贵，道几矣！惠施不能以此自宁，散于万物而不厌，卒以善辩为名，惜乎！惠施之才，骀荡而不得，逐万物而不反，是穷响以声，形与影竞走也，悲夫！

【译解八】惠施的学问广博，他的书多达五车，他的方法却杂乱无章，他的言辞也多有不当。他分析物质世界，说："极大是没有外界的，称为'大宇宙'；极小是没有内核的，称为'小宇宙'。没有厚薄，不可累积，能扩大到千里。天和地一样低，山和海一样平。太阳刚刚正中就转向偏西，万物刚刚出生就接近死亡。大同和小同相差异，这叫'小同异'；万物完全相同也完全相异，这叫'大同异'。南方既没有穷尽也有穷尽，今天到越国去而昨天已到达。连环可以解开。我所知的天下的中央，在燕国之北越国之南。泛爱万物，天地合为一体。"惠施认为这些是大道理，炫耀于天下而引导辩士，天下的辩士也乐于和他辩论。鸡蛋有毛；鸡有三只脚；郢都包有天下；犬可以变为羊；马有卵；青蛙有尾巴；火不热；山有口；车轮不着地；眼睛看不见东西；物指的概念不相称，相称也没有止境；龟比蛇长；矩不方，规划出的不圆；凿孔不能围住榫头；飞鸟的影子未曾移动；疾飞的箭头有不走也有不停的时候；狗不是犬；黄马、骊牛是三个；白狗是黑的；孤驹不曾有母；一尺长的木棍，每天截掉一半，永远也截不完。辩士们用这些辩题与惠施辩论，终生无穷。桓团、公孙龙这些好辩之徒，迷惑人心，能够用口舌战胜人，却不能服人之心，这是辩者的局限。惠施每天靠他的智慧与人辩论，专门和天下的辩士一起制造怪异之说，这就是他们的根本。然而惠施口若悬河，自认为最能干，说："天地它壮阔无边，我有雄心而没有方法完全了解。"南方有个名叫黄缭的怪异之人，问天地为什么不坠不陷，风雨雷霆是怎么回事。惠施毫不推辞地接受提问，不假思索地应对，广泛解说天地万物。说起来没完，越多越好，还嫌说得太少，又增加了一些怪异说法，把违反常理的事说成是真实的，想通过辩赢别人而获取名声，所以与众不合。轻视天德，看重物利，他走的是歪门邪道。从天地之道来看惠施的才能，他就像一只蚊虫那样徒劳。他对于万物有何用处！作为一家之说还可以，如果能进一步提升，那就接近于道了！惠施不安于道，分散心思于万物而乐此不疲，终于以善辩出名。可惜啊！惠施的才能，放荡而不得正道，追逐万物而不知回头，这实际是毫无意义的空喊，像用身体和影子竞走一样徒劳。可悲啊！

【要点八】作者在第八节简述了惠子的很多观点。有些很独到的观点，比如关于大小宇宙的观点、天下中心在燕国北、越国南（地球是圆的）的观点、矩不方则规不为圆观点等等。有些是与庄子类似的观点，比如"一尺之棰，日取其半，万世不竭。"庄子认为，客观世界从空间上看是由无穷大和无穷小两极构成的，人们只能看到其中一小部分，极大和极小都只能从趋势上意识到。"夫自细视大者不尽，自大视细者不明。夫精，小之微也；郛，大之殷也：故异便。此势之有也。"

《天下》内容小结

一、有关认识论观点

1. 人们的生存方法是多样的。庄子认为，"不离于宗，谓之天人；不离于精，谓之神人；不离于真，谓之至人。以天为宗，以德为本，以道为门，兆于变化，谓之圣人；以仁为恩，以义为理，以礼为行，以乐为和，熏然慈仁，谓之君子；以法为分，以名为表，以参为验，以稽为决，其数一二三四是也，百官以此相齿；以事为常，以衣食为主，蕃息畜藏，老弱孤寡为意，皆有以养，民之理也。”

2. 科学方法的本质是相同的。庄子认为，“圣有所生，王有所成，皆原于一。”

3. 基于不同价值观（欲求）的世界观（方法）很难统一。庄子认为，“天下之人各为其所欲焉以自为方。”“天下大乱，贤圣不明，道德不一。天下多得一察焉以自好。”“悲夫！百家往而不反，必不合矣！”庄子认为，墨子等人提倡以泛爱兼利、非乐节用、不歌不服等方法管理天下，违反了多数人的心愿，脱离了社会实际，本意是好的，但质疑效果，仅仅达到士的认识水平。“墨子真天下之好也，将求之不得也，虽枯槁不舍也，才士也夫！”庄子认为，宋钘等人采用的方法仅仅追求社会安宁和温饱，这样的目标太低了。“其小大精粗，其行适至是而止。”庄子认为，慎到等人提倡丢掉认识和方法的主观性，增强其客观性，符合庄子齐物认识论，“公而不党，易而无私，决然无主，趣物而不两，不顾于虑，不谋于知，于物无择，与之俱往。”庄子认为，老聃等人将无形的道术视为精华，把有形的物利视为糟粕，认为积累有形的物利必将丢失无形的道术，懂得有与无、物利与道术、精华与糟粕的辩证关系，这才是真人和高道。“以本为精，以物为粗，以有积为不足，澹然独与神明居。”“虽未至于极，关尹、老聃乎，古之博大真人哉！”

4.“实事求是”是最重要的认识论方法。庄子认为，齐物的认识和方法，常遭人误解，得不到重视。“齐万物以为首。”“常反人，不见观，而不免于魭断。其所谓道非道，而所言之韪不免于非。”

二、其他观点

1. 作者认为，庄子的道术有很多特点：抽象无形，变化无常；万物毕罗，莫足以归；以谬悠之说，荒唐之言，无端崖之辞，时恣纵而不傥，不奇见之也；以卮言为曼衍，以重言为真，以寓言为广；独与天地精神往来，而不敖倪于万物；不谴是非，以与世俗处；其书虽瑰玮，而连犿无伤也；其辞虽参差，而諔诡可观；彼其充实，不可以已；上与造物者游，而下与外死生、无终始者为友；其于本也，弘大而辟，深闳而肆；其于宗也，可谓稠适而上遂矣，等等。这些特点虽然没有描述庄子认识论的唯物性、反映性、辩证性和实践性等基本特征，但也可以证明庄子的道术，与墨子、老子、惠子等人的道术不同，他主要是研究认识规律的独特的庄子认识论。

2. 作者在第八节暴露的疑点。在总体否定惠施观点时，却在论述中列举出一些庄子观点或类似于庄子的观点，令人不得其解。比如列举惠子言论："一尺之棰，日取其半，万世不竭。"这与庄子的观点一致。庄子在《秋水》提到，客观世界从空间上看是由无穷大和无穷小两极构成的，人们只能看到其中有形的一小部分，极大和极小都只能从趋势上意识到。"夫自细视大者不尽，自大视细者不明。夫精，小之微也；郛，大之殷也：故异便。此势之有也。"

《庄子》新解梳理

笔者运用马克思主义哲学，认真研读《庄子》后觉得，其中有许多关于世界观、价值观和人生观的内容。庄子的世界观即哲学思想、价值观即政治思想、人生观从狭义上讲是其养生观点，从广义上讲还应该包括其世界观和价值观内容。现在按照这个基本思路对其进行梳理。

一、哲学思想

研究结果证明，老子的哲学主要体现在辩证法上，而庄子的哲学主要体现在认识论上，二者是哲学方法的互补关系，使道家的哲学体系臻于完善。我们还知道马克思主义哲学由辩证唯物论、唯物辩证法和历史唯物论三部分构成，其中唯物论和辩证法是马克思主义哲学的一般性内容。马克思的唯物论其实是马克思主义认识论，具有唯物性、反映性、实践性和辩证性等基本特征，所以又有唯物认识论、反映认识论、实践认识论、辩证认识论等称谓，一般简称为辩证唯物论。我们事先并不知道庄子认识论和庄子辩证法有些什么特性，但可以按这个思路进行比较分析和梳理。

（一）有关认识论观点

庄子的哲学思想主要是研究人的意识（先天和后天）或认识、观念、思想、理论等精神成果产生和发展的一般规律的学说，即认识论思想，《齐物论》是其代表作。

1. 物质及其特性

（1）物质存在的根本特征是具体与抽象、有限与无限、相对与绝对、特殊与一般的对立统一。具体的、有限的、相对的、特殊的物质（物质形态）是变化不定的，而抽象的、无限的、绝对的、一般的物质（客观实在）是永恒不变的。庄子在《大宗师》第二节提到，把天下的具体物质放到天下的抽象物质之中是不会发生质量的增减变化的。“若夫藏天下于天下而不得所遁，是恒物之大情也。”

（2）物质存在的基本形式是时间和空间。庄子在《逍遥游》中提到，三维六方空间是无限的，“汤之问棘也是已：上下四方极乎？棘曰：无极之外，复无极也。”庄子在《齐物论》第十一节提到：“有始也者，有未始有始也者，有未始有夫未始有始也者；有有也者，有无也者，有未始有无也者，有未始有夫未始有无也者。”“今我则已有有谓矣。”庄子认为，天下万物是客观实在的“有”，而不是主观否定的“无”。从事物存在的时间上看，任何具体事物追根到底都有开始和结束的过程，这个过程是实有而不是虚无的。从具体事物存在的空间上看，各种事物或者能够看到实体，或者看不到实体，它们也都是实有而不是虚无的。庄子从时间和空间维度上，论证了天下万物固有的客观性和客观世界的物质性，这为《齐物论》奠定了立论的基石。庄子对天下万物的客观性定义为“有”，同列宁对物质的客观性定义为“客观实在”颇有几分神似。庄子在《知北游》第十一节提到，我能够从有形物的基础上认识到无形的道，但未能从无形物的基础上认识到无形的道。等认识到了无形的道却仍然基于有形的物，从哪儿认识以无物为基础的道啊！“予能有无矣，而未能无无也。及为无有矣，何从至此哉！”庄子还在《外物》第九节提到，有形的六合空间是事物存在的必然条件，无形的思维空间是精神活动的必然条件。“胞有重阆，心有天游。室无空虚，则妇姑勃溪；心无天游，则六凿相攘。大林丘山之善于人也，亦神者不胜。”

（3）具体时空的相对性和抽象时空的绝对性。庄子在《齐物论》第十二节说：“夫天下莫大于秋毫之末，而太山为小；莫寿乎殇子，而彭祖为夭。”庄子认为，空间和时间是把握天下万物存在形式的一对哲学范畴，并且具体的空间大小和具体的时间长短都是相对的。庄子又在《则阳》第十一节提到，客观世界从时间上说是无限始和无限终的，这与客观世界从空间上说的无穷大和无穷小是一个道理。“吾观之本，其往无穷；吾求之末，其来无止。无穷无止，言之无也，与物同理。”庄子在《秋水》第四节提到，事物外形大小是相对的、宇宙大小两极是无限的、一对事物外形相对大小与另一对事物外形相对大小的比值可能是相同的。“以差观之，因其所大而大之，则万物莫不大；因其所小而小之，则万物莫不小。知天地之为稊米也，知毫末之为丘山也，则差数睹矣。”庄子在《秋水》第三节提到，客观存在从空间上看是由无穷大和无穷小两极构成的，人们只能看到其中有形部分。“夫自细视大者不尽，自大视细者不明。夫精，小之微也；郛，大之殷也：故异便。此势之有也。夫精粗者，期于有形者也；无形者，数之所不能分也；不可围者，数之所不能穷也。”庄子在《秋水》第三节还提到，人们在为人处世上也要不去追求极端化和绝对化。是故大人之行：“世之爵禄不足以为劝，戮耻不足以为辱；知是非之不可为分，细大之不可为倪。”庄子在《天下》第八节提到：“一尺之棰，日取其半，万世不竭。”也是“此势之有也。”

（4）具体事物的特殊性、有限性、相对性和个性与抽象事物的一般性、无限性、绝对性和共性。庄子在《齐物论》第七节说，“天地一指也，万物一马也。”庄子认为，客观存在的事物既有无数的具体的特殊性和个性，又有唯一的抽象的普遍性和共性，天地万物有各自的个性，同时它们也具有统一的共性。人与人之间是非之争往往是对事物的个性、特殊性和对立性的争论，而忽略了事物不容争论的共性、普遍性和统一性。《齐物论》可以帮助人们认识事物的共性、普遍性和统一性，正确对待事物的个性、特殊性和对立性，这是从认识论上减少是非之争的一条重要途径。

（5）人的生命形体是特殊的物质现象。庄子在《大宗师》第三节提到，生命形体是在外界各种对立统一的物质因素的影响下生长的。“杀生者不死，生生者不生。其为物，无不将也，无不迎也；无不毁也，无不成也。其名为撄宁。撄宁也者，撄而后成者也。”庄子在《至乐》第三节提到，生命依存的体形是假借各种物质合成的。“生者，假借也。”庄子在《徐无鬼》第二节认为，每个人天生是平等的，不要用世俗的高低长短观念来度量。“天地之养也一，登高不可以为长，居下不可以为短。”

（6）事物之间普遍的发展联系。庄子在《大宗师》第三节提到，天下万物都是在外界条件影响下长成的。“撄宁也者，撄而后成者也。”

（7）神巫的实质也是唯物的。庄子在《应帝王》第五节提到，所谓神巫都是骗人的把戏，表面看它是唯心的，其实是唯物的，你不提供客观事物信息，这个骗人把戏就会被揭穿，这与道没有必然联系。道是客观规律，是唯物的。“吾与汝既其文，未既其实。而固得道与？众雌而无雄，而又奚卵焉！而以道与世亢，必信，夫故使人得而相汝。”

2. 人的自然意识和认识能力是天生的

（1）人的需求意识是自然生成的。庄子在《列御寇》第二节提到，造物主赋予人们的不是人的社会性而是人的自然性，缓本人崇儒其弟崇墨都是造物主决定的。“夫造物者之报人也，不报其人而报其人之天，彼故使彼。”古代人看重人的自然性而不看重人的社会性。“古之人，天而不人。”庄子在《人间世》第三节提到，“天下有大戒二：其一命也，其一义也。子之爱亲，命也，不可解于心；臣之事君，义也，无适而非君也，无所逃于天地之间。”其中子女爱父母就是天生的意识。庄子在《盗跖》第十节提到，声色滋味权势及欲望厌恶回避趋就都是人的天性，即自然意识。“且夫声色滋味权势之于人，心不待学而乐之，体不待象而安之。夫欲恶避就，固不待师，此人之性也。”庄子在《徐无鬼》第一节提到，人与人之间在潜意识中有一种亲近感情，分开愈久反应愈强烈。“不亦去人滋久，思人滋深乎？”

（2）人的思维能力是自然生成的。庄子在《大宗师》第三节提到，学道必须具备领悟能力（才）。“夫卜梁倚有圣人之才而无圣人之道，我有圣人之道而无圣人之才，吾欲以教之，庶几其果为圣人乎！”庄子在《知北游》第四节提到，道与形体、生命和本性一样，都是天地委托给人类的。“汝身非汝有也，汝何得有夫道！”“是天地之委形也；生非汝有，是天地之委和也；性命非汝有，是天地之委顺也；子孙非汝有，是天地之委蜕也。”庄子在《徐无鬼》第十节认为，人性的伟大是天生的。“知大备者，无求，无失，无弃，不以物易己也。反己而不穷，循古而不摩，大人之诚！”

（3）人的自然意识和思维能力与自然之道存在某种联系。庄子在《德充符》第六节提到，“道与之貌”。也就是说，在有意识的高级生物体上的精神面貌，是由道或客观规律转化来的。道主宰了人的精神面貌，貌决定了人的生命状态，包括性、才、德、情等。我们知晓庄子说的道是指客观规律，我们还知晓马克思说的客观规律是事物必然的内在的本质联系。人类探究事物的这种联系，能够在头脑中产生记忆，而天文记年的反复地记忆，或可进入遗传信息，形成人类的自然意识。这或许就是庄子所说的“道与之貌”。这种被称为自然的先天的潜在的意识和本能，又被庄子反复称为性、命、才或貌等。生活经验告诉我们，有些简单的潜意识和本能，比如食色等本能其主体能够自主表达，而复杂如逻辑思维等潜意识和本能，则可以在被外界激活时得以表达。所以人们的学习过程，或许就是人类遗传信息中的大量的潜意识和本能被激活的过程，而不是单纯地从外部向内部被注入的过程。深入研究这个问题，或对开发大脑潜力具有重要意义。

（4）自然意识是不会消失的。庄子在《大宗师》第六节提到，死生的实质是命（先天意识）在道的支配下由一物向他物的转化的过程。“孟孙氏不知所以生，不知所以死；不知就先，不知就后；若化为物，以待其所不知之化已乎！”也就是说，孟孙氏不知道生死的原因，也不想弄明白，但他知道人的命即自然意识在一物的死生过程中转化为另一物了，只是不知道此物具体是何物而已。

3. 认识是对存在的反映（认识论的唯物性和反映性）

（1）事物存在特点决定意识特点。庄子在《逍遥游》中认为。“小知不及大知”，鲲鹏的体形大心也大，志向高远，想从北海迁到南海；斥鷃的体形小心也小，眼光短浅，只想飞翔于草蓬之间。“小年不及大年”，朝菌不知晦朔，蟪蛄不知春秋。人们的经验、智慧、志向、意识和思想是一个不断发展的客观过程，需要时间积累。“故夫知效一官、行比一乡、德合一君、而征一国者，其自视也，亦若此矣。”庄子在《秋水》第一节提到，客观时空的局限性必然导致主观意识的局限性。“井蛙不可以语于海者，拘于虚也；夏虫不可以语于冰者，笃于时也；曲士不可以语于道者，束于教也。”庄子在《秋水》第九节认为，存在决定意识，井蛙之乐甚于海鳖之乐。“且夫擅一壑之水，而跨跱埳井之乐，此亦至矣。”庄子在《知北游》第十一节提到，无形的道都是通过有形的物认识到的。“予能有无矣，而未能无无也。及为无有矣，何从至此哉！”庄子在《知北游》第十三节认为，宇宙的始与终都是无限的，人的意识发展也是无限的。“物物者非物，物出不得先物也，犹其有物也。犹其有物也，无已！圣人之爱人也终无已者，亦乃取于是者也。”

（2）客观事物是主观认识产生的前提条件，也是人们统一认识的客观基础。庄子在《齐物论》第八节提到，“可乎可，不可乎不可。道行之而成，物谓之而然。有自也而可，有自也而不可；有自也而然，有自也而不然。恶乎然？然于然。恶乎不然？不然于不然。物固有所然，物固有所可。无物不然，无物不可。故为是举莛与楹，厉与西施，恢诡谲怪，道通为一。”也就是说，认可某一主观认识必须具有相应的事实依据，不认可某一主观认识也必须具有相应的事实依据。道路是人们践行而形成的，事物是人们认识其特性后下定义而明确的。有事实自然可以认可相应的主观认识，有事实自然也可以不认可相应的主观认识；有事实自然可以是这样，有事实自然也可以不是这样。主观认识为什么是这样？因为事实是这样。为什么不是这样？因为事实不是这样。事物客观性决定了这样，事物客观性决定了认可。没有事物的客观性不是这样，没有事物的客观性不能认可。因此可以列举草茎的纤细与庭柱的粗壮、厉的丑陋与西施的美丽，以及光怪陆离的现象，这些主观认识产生的道理是相通的，都是基于客观事实。

（3）天生的命和后天的义都是客观存在决定的，人的意识有自然意识和社会意识两种。庄子在《人间世》第三节提到，“天下有大戒二：其一命也，其一义也。子之爱亲，命也，不可解于心；臣之事君，义也，无适而非君也，无所逃于天地之间。”也就是说，天下所有人的行为都必须遵守自然之命和社会之义两条基本法则的约束。子女孝敬父母是先天生成的命或自然意识，无法从心理上解释；臣下忠诚君上，是后天教化的义和社会意识，逃离不了天地之间也就没有办法不服从君主。庄子进一步提到，“夫事其亲者，不择地而安之，孝之至也；夫事其君者，不择事而安之，忠之盛也；自事其心者，哀乐不易施乎前，知其不可奈何而安之若命，德之至也。”也就是说，对父母至孝，对君上盛忠，两者都是有德的表现。对有志之士的明知山有虎偏向虎山行的担当意识，被认为是修身以德的最高境界。由此可见，庄子已经意识到社会人具有自然意识和社会意识双重属性，这与马克思主义的人性观点相当接近。

（4）人的社会地位决定其价值观念。庄子在《德充符》第二节提到，子产和申徒嘉的社会地位不同决定了两人的价值观不同。子产说：“且子见执政而不违，子齐执政乎？”也就是说，你看到了执政大臣也不回避，难道你想与执政大臣平等吗？认为自己高于申徒嘉一等；而申徒嘉则说：“先生之门，固有执政焉如此哉？”也就是说，在师傅的门下求学，哪有你说的执政大臣？不认可执政大臣高人一等。庄子认识论的唯物性特征符合客观物质决定主观精神、社会存在决定社会意识的马克思主义认识论特征。

（5）认识是对客观事物的反映。庄子在《德充符》第一节提到，人对客观事物的认识，是这个人在心气平静的状态下对客观事物的反映。“人莫鉴于流水而鉴于止水，唯止能止众止。”庄子认识论的这一观点与辩证唯物论的反映论极为神似。庄子在《则阳》第三节提到，“旧国旧都，望之畅然。”庄子在《外物》第六节认为，“婴儿生无石师而能言，与能言者处也。”

（6）认识是对客观事物的辩证反映。庄了在《德充符》第一节谈到认识论的辩证性有三个方面。一是认为正常人都有正确反映客观事物的能力，但每个人的反映能力有所不同，这是因为主体的认识能力存在着普遍性与特殊性的矛盾关系。“受命于地，唯松柏独也在冬夏青青；受命于天，唯舜独也正，幸能正生，以正众生。”庄子认识论的这一观点与辩证唯物认识论的辩证性相一致。二是认为认识论是一把打开各种知识之门的钥匙，这把钥匙具有相对的独立性，不会因为发明者死亡而消失。“而况官天地，府万物，直寓六骸，象耳目，一知之所知，而心未尝死者乎！”三是认为事物之间的对立统一关系是客观存在的不可偏废的，但人们的主观能动作用却可以看重某一方面而忽略另一方面，如王骀看重了人体的统一性，而忽略了人体局部的差异性，达到心理上的平衡和解脱。“物视其所一而不见其所丧，视丧其足犹遗土也。”这与辩证唯物论的主观能动作用相一致。

（7）主观认识必须尊重客观事实。庄子在《大宗师》第二节提到，要尊重自然规律，顺应客观变化，不要像鱼一样搁在沙滩上了还作徒劳的挣扎，企图恢复在江湖生活中的自由。“相濡以沫，不如相忘于江湖。”庄子在《大宗师》第二节还提到，特殊的具体的物（物质形态）在自然规律的支配下是不断变化的，人们主观意识不得干预，比如生死变化和日月交替。“死生，命也，其有夜旦之常，天也。人之有所不得与，皆物之情也。”庄子在《大宗师》第四节认为，顺从自然规律可以自己解决观念倒悬问题。“且夫得者，时也，失者，顺也；安时而处顺，哀乐不能入也。此古之所谓县解也，而不能自解者，物有结之。”《大宗师》第四节还强调了庄子认识论的生死观，顺道而行，安之若命。“故善吾生者，乃所以善吾死也。”庄子在《至乐》第一节提到，尊重客观规律不持主观意志（无为）是判断是非的重要方法。“无为可以定是非。”庄子在《徐无鬼》第十四节认为，主观意识必须认识和遵循客观规律。人们主观随意改变客观存在就会产生悲哀：“鸱目有所适，鹤胫有所节，解之也悲。”

（8）不同的社会意识决定于不同的社会存在。庄子在《大宗师》第五节提到，生活在社会规范之外的人与生活在社会规范之内的人是不能互相理解的。生活社会规范之外的人，以自然之道为人处世，把死与生视为对立的统一。“彼，游方之外者也；而丘，游方之内者也。外内不相及，而丘使女往吊之，丘则陋矣。彼方且与造物者为人，而游乎天地之一气。彼以生为附赘县疣，以死为决疣溃痈，夫若然者，又恶知死生先后之所在！”庄子在《徐无鬼》第五节提到，天下没有统一的价值标准。“天下非有公是也。”庄子在《徐无鬼》第六节提到，是非辩论能做到不伤害对方是很难的。“自夫子之死也，吾无以为质矣，吾无与言之矣！”庄子在《外物》第一节提到，经济基础决定意识形态，没有超社会物质现实的观念文化，不同的社会群体没有统一的善恶是非标准。“外物不可必，故龙逢诛，比干戮，箕子狂，恶来死，桀纣亡。”使道丧失殆尽的是物质利益冲突。“利害相摩，生火甚多；众人焚火，月固不胜火，于是乎有僓然而道尽。”

（9）正确认识社会事物，必须坚持一切从实事出发，而不是从概念出发。庄子在《胠箧》第九节提到，对社会事物的正确认识不能采取人云亦云的教条主义和唯心主义态度，而应该采用尊重客观实事反复质疑论证的唯物主义态度，否则就会导致天下大乱。“故天下皆知求其所不知，而莫知求其所已知者；皆知非其所不善，而莫知非其所已善者，是以大乱。”庄子在《胠箧》第一节提到，人们防小偷的智慧正好是为大盗服务的。“然则乡之所谓知者，不乃为大盗积者也？”庄子在《胠箧》第二节提到，田成子窃齐的事实能够证明，没有智巧不是为大盗积聚财富服务的，也没有圣人不是为大盗看守财富服务的。“世俗之所谓知者，有不为大盗积者乎？所谓圣者，有不为大盗守者乎？”“则是不乃窃齐国，并与其圣知之法，以守其盗贼之身乎？”庄子在《胠箧》第三节提到，圣人与大盗二者的方法是一样的。被统治者推崇的圣人及其圣人之道，正是盗者之道，也是善人不能生存而盗跖横行天下的重要原因。“由是观之，善人不得圣人之道不立，跖不得圣人之道不行；天下之善人少而不善人多，则圣人之利天下也少，而害天下也多。”庄子在《胠箧》第四节提到，圣人与大盗二者不仅方法相同，而且二者的立场也是相同的。他们总是站在维护少数统治者利益的立场上以仁义治国，损害的是多数人的利益，所以天下总是不太平。“圣人不死，大盗不止。虽重圣人而治天下，则是重利盗跖也。”庄子在《胠箧》第五节提到，人们都把圣人智慧神化了，而对客观事实视而不见，这是唯心认识论错误。“彼窃钩者诛，窃国者为诸侯，诸侯之门而仁义存焉。则是非窃仁义圣知邪?”庄子在《胠箧》第六节提到，人们都错误地以为，必须重用圣人智慧才能够实现天下大治，其实客观事实恰恰正好相反。“削曾史之行，钳杨墨之口，攘弃仁义，而天下之德始玄同矣。”庄子在《缮性》第二节提到，哲人要实现社会理想必须因时而动，从实际出发：“当时命而大行乎天下，则反 无迹；不当时命而大穷乎天下，则深根宁极而待。”

（10）认识的对象范围是自然和社会。庄子在《大宗师》第一节提到，人们认识客观世界有两大范畴，一是正确认识自然世界，二是正确认识人类社会，这是最全面、最重要、最困难的。“知天之所为，知人之所为者，至矣。”人们认识人类社会是一个不断发展深化的过程，“知人之所为者，以其知之所知以养其知之所不知，终其天年而不中道夭者，是知之盛也。”庄子在《大宗师》第三节还提到闻道是一个循序渐进的过程。“吾犹守而告之，参日而后能外天下；已外天下矣，吾又守之，七日而后能外物；已外物矣，吾又守之，九日而后能外生；已外生矣，而后能朝彻；朝彻，而后能见独；见独，而后能无古今；无古今，而后能入于不死不生。”庄子在《列御寇》第六节认为，社会人心是最难认识的。“凡人心险于山川，难于知天。”庄子在《列御寇》第七节提到，最大的问题是德里含有私心，私心还有倒睫毛，影响人的反思和纠偏。“贼莫大乎德有心而心有睫，及其有睫也而内视，内视而败矣。”

（11）是非争论必须坚持唯物原则。庄子在《庚桑楚》第四节提到，是与非不可以作主观和形式上的改变。“是以生为本，以知为师，因以乘是非。”庄子在《庚桑楚》第五节提到，处事要尊重客观实际，这是哲人的思想方法。“有为也欲当，则缘于不得已。不得已之类，圣人之道。”

（12）自然意识和社会意识都建立在客观物质基础上。庄子在《则阳》第四节提到，圣人原本未曾有先天意识，也未曾有后天意识，但在未曾有后天意识之前就有先天意识了，在未曾有主观世界之前就存在客观世界了，这种先天意识和客观世界与后天意识和主观世界同行而不更替，在同行的过程中有足够的准备而不空虚，后天意识和先天意识合在一起支配人们的行为。“夫圣人未始有天，未始有人，未始有始，未始有物，与世偕行而不替，所行之备而不洫，其合之也，若之何!”

（13）认识和行动必须有事实依据。庄子在《让王》第四节提到，真实性在认识中最重要，不亲自了解真实情况而行动必招祸患。“君非自知我也。以人之言而遗我粟，至其罪我也又且以人之言，此吾所以不受也。”

（14）社会意识决定于社会存在，经济基础决定上层建筑。庄子在《骈拇》第六节提到，“自虞氏招仁义以挠天下也，天下莫不奔命于仁义，是非以仁义易其性与？故尝试论之。自三代以下者，天下莫不以物易其性矣。小人则以身殉利，士则以身殉名，大夫则以身殉家，圣人则以身殉天下。”也就是说，从舜帝开始推行仁义，天下人表面上无不为仁义奔忙，实际上人性是不是真的变得仁义了呢。我看实事不是这样的。自夏代以来人们的思想认识都是建立在物质利益基础上的，人们原有的自然意识被改变。人们的自然意识统统被社会意识取代后，一切行为最终都是为了追求物质利益。庄子在《在宥》第七节提到，“夫有土者（经济基础），有大物也（政治权力）。有大物者，不可以物（物质利益）；物而不物（有政治权力不谋取经济利益），故能物物（所以能够驾驭政治权力和经济利益）。”庄子在《天下》第二节认为，社会人的思想方法都是由物质利益决定的，“天下之人各为其所欲焉以自为方。”

4. 认识对存在的反映是在实践过程中产生的（认识论的实践性）

（1）不能设想没有实践而产生认识。庄子在《齐物论》第四节提到：“无有为有，虽有神禹且不能知，吾独且奈何哉！”没有经过实践就有了对事物的认识，这是神人大禹也做不到的，我个人有何办法哟。

（2）学习前人经验也是一种实践形式。庄子在《齐物论》第十七节提到：“众人役役，圣人愚芚，参万岁而一成纯。”也就是说，圣人能够掌握客观规律，不是凭空产生的，而是“参万岁”得来的，即从学习前人的实践经验中得来的。

（3）实践是掌握技术和方法的基础。庄子在《养生主》第二节中提到，庖丁认识牛体结构特征和规律，是从实践中摸索出来的，实践是掌握技能，认识客观规律的基础。“臣之所好者道也，进乎技矣。”

（4）实践是主观认识与客观世界的辩证过程。庄子在《人间世》第二节说，“若一志，无听之以耳而听之以心，无听之以心而听之以气！听止于耳，心止于符，气也者，虚而待物者也。唯道集虚。虚者，心斋也。”也就是说，听话要专心致志，不仅是用耳听而是用心对比分析，不仅是用心比照而是凝神聚气地领悟！耳朵接受信息止步于声音，心神接受信息止步于与有形的事物相符。这里说的气，是相对有形之物而言的无形之物（虚）。抽象之道集中表现了无形之虚（气）。无形之虚实为抽象之道，悟道的过程就是我说的思维过程。相对而言，心斋是对庄子认识论的程序形式的解释，《齐物论》是对庄子认识论的实质内容的解释。庄子在《人间世》第四节进一步完善了自己的辩证唯物论观点。庄子认为，人们要在实践中取得预期效果，应该注意三个方面。一要估计一下自己的能力和事物的难度是否相当，不能像螳螂奋臂挡车一样不自量力，“怒其臂以当车辙，不知其不胜任也。”二要正确认识和遵循客观规律，要像经验丰富的养虎人一样，让吃人的老虎顺从甚至讨好自己，“虎之与人异类而媚养己者，顺也；故其杀者，逆也。”三要掌握好适当的时机和分寸，不能像爱马的人一样事与愿违，“适有蚊虻仆缘，而拊之不时，则缺衔毁首碎胸。”庄子在《人间世》第八节批判了儒家“画地而趋”的唯心主义论，强调了道家“吾行郤曲，无伤吾足”的唯物主义认识论。

（5）检验真理的标准只能是实践。庄子在《大宗师》第一节中提到，能够证明认识正确性的标准只能是实践，而实践又存在不确定性，所以真理的认定是相当困难的，“夫知有所待而后当，其所待者特未定也。”

（6）认识的深入要依靠调查研究。庄子在《知北游》第八节提到，要正确认识事物性质和规律，必须深入事物细节，多作调查研究。“正获之问于监市履狶也，‘每下愈况’。”庄子在《知北游》第十二提到，对道的认识和运用都是从实践中获得的。“臣之年二十而好捶钩，于物无视也，非钩无察也。是用之者假不用者也，以长得其用，而况乎无不用者乎！物孰不资焉！”

（7）认识发展的渐进性。庄子在《知北游》第一提到，人们对道的认识和实践有三个逐步提高的层次：了解认识为知道、处世践行为合道、人道一体为得道，只有达到第三个层次主观无为状态，才是理想状态。“无思无虑始知道，无处无服始安道，无从无道始得道。”

（8）知识出于实践。庄子在《庚桑楚》第五节提到，知识出于实践，智慧出于谋划，真理渺视智巧，是看不起它。“知者，接也；知者，谟也；知者之所不知，犹睨也。”

（9）实践在认识中的决定作用。庄子在《盗跖》第七节提到，行动（实践）比言论（理论）更重要。“盍不为行？无行则不信，不信则不任，不任则不利。”庄子在《盗跖》第七节提到，贵贱之分取决于行动的善与恶。“势为天子，未必贵也；穷为匹夫，未必贱也；贵贱之分，在行之美恶。”

5. 认识的发展是一个辩证过程（认识论的辩证性）

（1）认识的相对独立性及对实践的能动作用。一是名人意识对人们的行为有引导作用。庄子在《逍遥游》中提到，为了达到平治天下的目的，需要树立理想中的完人形象，以为范式和参照系。“之人也，之德也，将旁礴万物以为一，世蕲乎乱，孰弊弊焉以天下为事。”尧帝和许由互相谦让帝位的故事，就是人们主观意识能动作用的经典反映。二是经验认识是指导人们行为的前提。庄子在《齐物论》第四节提到：“夫随其成心而师之，谁独且无师乎？奚必知代而心自取者有之？愚者与有焉！未成乎心而有是非，是今日适越而昔至也。”用今天的话说，人们都是根据自己现成的经验和心得判断是非的，哪个判断是非不是师从自己的经验和心得呢？何必是懂得自然变化逻辑的智者才有这样师从经验的行事方式？不懂得自然变化逻辑的愚者也有这样的行事方式！没有经验和心得就有了是非判断结果，这好比是今天方上路去越国而昨天就到了越国的笑话。三是功利意识是社会混乱的根本原因。庄子在《人间世》第一节提到，颜回不能去卫国说服暴君的原因有四条，其中有两条是揭示社会混乱和人性败坏之根本原因的。其一为“德荡乎名，知出乎争。名也者，相轧也；知也者，争之器也。二者凶器，非所以尽行也。”也就是说，人们对社会的担当意识往往毁于对个人名利的争夺，在争名夺利的过程中智慧派上了用场。人们争名夺利，必然互相倾轧；智慧的作用，不过是争夺的工具。名利和智慧都是不吉利的工具，不可以尽力追求，否则就是失德行为，失德也就是损害社会之义。其二为“名实者，圣人之所不能胜也，而况若乎。”也就是说，争功名夺实利，互相倾轧，这是圣人落败和社会混乱的根本原因，任何人都无法改变。四是只有充分发挥主观意识的能动作用，才能够让客观事物做到物尽其用。庄子在《逍遥游》中举例说，“能不龟手一也，或以封，或不免于洴澼绕，则所用之异也。”庄子在《天地》第九节提到，治道修德关键在发挥人的主观能动作用。“有治在人。”

（2）客观世界的复杂性决定了认识与实践辩证过程的曲折性。一是认识对象的无限性。庄子在《秋水》第二节提到，客观物质空间量无穷，时间量无止，发展变化无常，终始无因由。人们对客观物质世界的认识是非常有限的。“夫物，量无穷，时无止，分无常，终始无故。”“计人之所知，不若其所不知；其生之时，不若未生之时；以其至小，求穷其至大之域，是故迷乱而不能自得也。”庄子在《知北游》第十三节提到，宇宙的始与终都是无限的，人的意识发展也是无限的。“物物者非物，物出不得先物也，犹其有物也。犹其有物也，无已！圣人之爱人也终无已者，亦乃取于是者也。”庄子在《徐无鬼》第十四节提到，客观世界是无限的，主观认识是有限的，认识的真理性是有限与无限的对立统一。“其问之也，不可以有崖，而不可以无崖。”庄子在《则阳》第二节提到，客观世界是无限的，人的认识水平是有限的，即使是透彻了解世界的人，也有知其然不知其所以然的时候。“圣人达绸缪，周尽一体矣，而不知其然，性也。”庄子在《则阳》第十一节提到，任何常见的事物要知其所以然都是非常困难的。“鸡鸣狗吠，是人之所知。虽有大知，不能以言读其所自化，又不能以意其所将为。斯而析之，精至于无伦，大至于不可围。”二是客观条件对认识与实践的制约作用。庄子在《逍遥游》中提到，实现高远的志向需要实践，而实践的成功与否取决于主观条件和客观条件，天地越广阔，飞得越高远；思考越周到，实践越成功。“风之积也不厚，则其负大翼也无力。故九万里，则风斯在下矣，而后乃今培风；背负青天，而莫之夭阏者，而后乃今将图南。”庄子在《达生》第十节提到，人的主观意志和主体能力再好都需要客观条件才能够实现。“其马力竭矣而犹求焉，故曰败。”三是意识活动容易受到外界干扰。庄子在《盗跖》第六节提到，人受到外界打击后，意识是离散的。“孔子再拜趋走，出门上车，执辔三失，目芒然无见，色若死灰，据轼低头，不能出气。”

（3）认识主体的局限性决定了认识与实践过程的复杂性。一是认识主体的方法性局限。庄子在《齐物论》第十四节提到，人们对道的认识是一个从无到有、由浅入深的复杂的过程，如果把其中某个阶段对道的认识简单化和绝对化都是错误的。“故知止其所不知，至矣。”庄子在《庚桑楚》第三节认为，并不是外部世界变化伤害了人，而是人们的主观世界不能顺应客观变化而伤害了自己。“兵莫憯于志，镆铘为下；寇莫大于阴阳，无所逃于天地之间。非阴阳贼之，心则使之也。”二是认识主体的功利性局限。庄子在《齐物论》第五节提到，“其所言者特未定也。”儒墨之间针锋相对的是非之争，其实都是“道隐于小成，言隐于荣华。”庄子在《庚桑楚》第二节提到，人生牵挂太多，道德就会动摇。“夫外韄者不可繁而捉，将内揵；内韄者不可缪而捉，将外揵。外内韄者，道德不能持，而况放道而行者乎！”庄子在《徐无鬼》第四节认为，人的身心为物欲所累。“驰其形性，潜之万物，终身不反，悲夫！”三是认识主体的能力性局限。庄子在《齐物论》第十六节提到：“人固受其黮暗，吾谁使正之。”也就是说，人的认识都有其局限性，谁也不能保证自己一贯正确。庄子在《知北游》第十四节提到，无知和无能的情况是客观存在而人所难免的，要把人们的认识提高到相同的水平是不可能的。“无知无能者，固人之所不免也。”“齐知之所知，则浅矣。”四是认识主体的时代性局限。庄子在《天运》第六节提到，因为先王的智慧经验是有限的，后来人对他的理解运用也是有限的，而社会的发展及事物的变化是无限的，有限的主观经验不足以涵盖无限的客观变化。“彼未知夫无方之传，应物而不穷者也。”五是认识主体的趋势性局限。庄子在《秋水》第四节提到，人们有一种惯性思维趋势，因为原来认为事物是好的而后来的人们就认为是好的，所以事物没有不是好的；因为人们原来认为事物是坏的而后来的人们就认为是坏的，所以事物没有不是坏的。“以趣观之，因其所然而然之，则万物莫不然；因其所非而非之，则万物莫不非。知尧、桀之自然而相非，则趣操睹矣。”六是认识主体的寿命性局限。庄子在《则阳》第二节提到，人们认识的局限性与人们的实践活动及寿命有限性相关联。“忧乎知，而所行恒无几时，其有止也，若之何！”七是认识主体的孤立性局限。庄子在《外物》第六节提到，智慧最高的人也敌不过万人的谋算。“则知有所困，神有所不及也。虽有至知，万人谋之。”因此，庄子在《马蹄》第一节认为，违反事物的天性是人们经常犯的普遍性错误。“夫埴木之性，岂欲中规矩钩绳哉？然且世世称之曰‘伯乐善治马’而‘陶匠善治埴木’，此亦治天下者之过也。”

（4）发挥主观能动性对认识与实践发展的重要作用。庄子在《大宗师》第八节认为，学习必须放弃自己的小欲望和小聪明，顺从自然规律。颜回曰：“堕肢体，黜聪明，离形去知，同于大通，此谓坐忘。”仲尼曰：“同则无好也，化则无常也，而果其贤乎！”庄子在《大宗师》第九节认为，人们要学习和遵循客观规律和认识论方法（大宗师），才能够改善自己的客观处境，而这些基本目标能否实现，完全取决于主观能动的意识（命）。“吾思夫使我至此极者而弗得也。父母岂欲吾贫哉？天无私覆，地无私载，天地岂私贫我哉？求其为之者而不得也。然而至此极者，命也夫！”庄子在《大宗师》第三节提到，学习客观规律必须具备领悟能力。“夫卜梁倚有圣人之才而无圣人之道，我有圣人之道而无圣人之才，吾欲以教之，庶几其果为圣人乎！”庄子在《达生》第三节提到，人的精神作用非常重要，凝聚精神的途径有三：一是立志是凝神的前提条件，“用志不分，乃凝于神。”二是凝神的过程实际上是一个逐步掌握事物本性的过程，“善游者数能，忘水也；若乃夫没人之未尝见舟而便操之也，彼视渊若陵，视舟之覆，犹其车却也。覆却万方陈乎前而不得入其舍，恶往而不暇!”三是看重外物必将破坏凝神过程和结果，“其巧一也，而有所矜，则重外也。凡外重者内拙。”庄子在《知北游》第三节提到，只要集中注意力，认真思考，就可以理解并掌握道。是否得道，可以从无邪的眼睛里看出来。“若正汝形，一汝视，天和将至；摄汝知，一汝度，神将来舍。德将为汝美，道将为汝居。汝瞳焉如新生之犊而无求其故。”庄子在《知北游》第七节提到，人由精神（魂魄）世界和物质（身体）世界两部分合成，由魂魄主宰身体。魂魄与道相关联。得道只能靠自觉自悟，不可口耳相传。“纷乎宛乎，魂魄将往，乃身从之。乃大归乎!”“彼至则不论，论则不至；明见无值，辩不若默；道不可闻，闻不若塞：此之谓大得。”

（5）认识是一个逐步深入的过程。庄子在《徐无鬼》第十四节认为，在错杂的事物中有实际东西存在，自古至今没有变化，也不可能有缺失，那么能不说其中有大略的道理吗？为什么不探究其中大略之理呢？为什么这样疑惑呢？用不惑来解除迷惑，回归到不惑（如此无穷循环），这才是崇尚的大不惑。“颉滑有实，古今不代，而不可以亏，则可不谓有大扬搉乎！阖不亦问是已，奚惑然为！以不惑解惑，复于不惑，是尚大不惑。”庄子在《则阳》第五节提到，事物大小是相对的，在无穷大的空间里，人们熟悉的生活范围可以忽略不计。“知游心于无穷，而反在通达之国，若存若亡乎？”庄子在《则阳》第九节认为，人们的认识与实践往往在对与错之间来回循环，其中的原因是没有认识到事物产生的根本规律和辩证法则。“蘧伯玉行年六十而六十化，未尝不始于是之，而卒诎之以非也。未知今之所谓是之非五十九非也。万物有乎生而莫见其根，有乎出而莫见其门。”

6. 反对唯心认识论（认识论的批判性）

（1）反对主观主义。庄子在《人间世》第一、二节批评了颜回的主观主义错误，并开导颜回要一切从客观实际出发，而不是从主观愿望出发的实事求是的唯物主义认识论，再运用这个唯物论工具，认识和掌握唯物辩证法则，并根据辩证法则办事，才能够把事办好。庄子认为颜回想要说服卫君，违反了唯物主义认识论或实事求是原则。首先是客观条件不具备。一是卫君素质不行，“夫以阳为充孔扬，采色不定，常人之所不违，因案人之所感，以求容与其心，名之曰日渐之德不成，而况大德乎。”二是卫国工作基础不好，“大多政法而不谍，虽固亦无罪。虽然，止是耳矣，夫胡可以及化！”其次是主观认识不到位。一是质疑颜回自身能力不够，“所存于己者未定，何暇至于暴人之所行?”二是怀疑颜回采用方法不妥，“若殆以不信厚言，必死于暴人之前矣。”庄子继而认为，如果不顾这些实际情况，就必然犯下主观主义错误，“犹师心者也。”庄子在《应帝王》第六节提到，要坚持反映论，摈弃唯心论。“用心若镜，不将不逆，应而不藏，故能胜物而不伤。”

（2）反对教条主义。庄子在《天道》第十三节提到，知识有死活之分，书上的知识是死知识，只有实践主体头脑中存在并在手上能够表达的实践经验才是活知识。因为书上的知识是利用语言文字表达的，而语言文字表达是有局限性的，不可能完整地表达作者头脑中精妙的思想。即使比较完整地表达了作者头脑中的经验，读者因为缺少实践体验，也不一定能够读懂。即使读懂了也不一定能够在认识主体的实践中再次表达出来。所以书上的知识是死的，实践经验比书本知识更重要。“古之人与其不可传也死矣，然则君之所读者，古人之糟魄已夫!”

7. 认识论的方法论意义（认识论的工具性或功能性）

庄子在《德充符》第一节提到，其认识论是一把打开各种知识之门的钥匙，这把钥匙能够独立存在，不会因为发明者死亡而消失。“而况官天地，府万物，直寓六骸，象耳目，一知之所知，而心未尝死者乎!”庄子在《天下》第五节提到，实事求是是最重要的认识论方法。“齐万物以为首。”齐物的认识和方法，常遭人误解，得不到重视。“常反人，不见观，而不免于魭断。其所谓道非道，而所言之韪不免于非。”

根据上述梳理可知，庄子认识论几乎具有马克思主义认识论的唯物性、反映性、实践性、辩证性、批判性和功能性等所有特征，尚未发现庄子认识论的结构性缺陷，这让那些定义庄子哲学思想是朴素唯物主义的观点显得有些浅薄。庄子认识论的触角，已经深入到社会存在决定社会意识，经济基础决定上层建筑的历史唯物主义领域。另外，庄子关于道、貌、性、命的本质及其关系的认识，对于系统地揭开人类意识本质和认识能力的奥秘或有重大意义。

（二）有关辩证法观点

前面说过，庄子的主要哲学思想是认识论，并且具有唯（齐）物性、反映性、实践性和辩证性等特征，所以辩证法思想是庄子哲学思想的又一重要内容。庄子辩证法除了具有唯物性等一般特征外，还具有矛盾性这一核心特征，以及同矛盾性这一核心特征有关联的诸多辩证范畴。

1. 辩证法的一般特征

（1）辩证法的客观性。庄子在《在宥》第五节提到，至道有以下七个特点：一是至道是各种事物内在的抽象的统一的质，各种事物不过是至道或质的外在的具体的残破的形。“而所欲问者，物之质也；而所欲官者，物之残也。”二是至道的精髓内容是隐隐约约和抽象无形的，“至道之精，窈窈冥冥”。三是至道在时间上是无头无尾的，在空间上是没有界限的，“至道之极，昏昏默默”。四是至道的功能是天地阴阳运行的主宰，不需要人为干扰。“天地有官，阴阳有藏慎守女身，物将自壮。”五是至道也是人的长生之道。“我守其一以处其和，故我修身千二百岁矣，吾形未常衰。”六是客观存在之物是无穷的，所以物之质或至道也是无穷的，人们认识至道的过程也是无穷的。“彼其物无穷，而人皆以为有终；彼其物无测，而人皆以为有极。”七是至道是客观永恒的。“人其尽死，而我独存乎！”可见，庄子所谓至道，其实就是最根本的客观规律，即对立统一规律；也是最根本的哲学方法，即矛盾法则或辩证法的核心。庄子在《至乐》第六节提到，天地万物的循环变化都决定于客观规律和机制。“万物皆出于机，皆入于机。”即对立统一规律。庄子在《知北游》第二节提到，自然之道是客观存在而又抽象无形的。“惛然若亡而存；油然不形而神；万物畜而不知。”

（2）辩证法的抽象性。庄子在《知北游》第五节提到，自然之道是抽象的无形无迹的。“其来无迹，其往无崖，无门无房，四达之皇皇也。”庄子在《知北游》第九节提到，道是抽象无形的。“视之无形，听之无声，于人之论者，谓之冥冥，所以论道而非道也。”庄子在《知北游》第十节在进一步强调道是抽象的。“道不可闻，闻而非也；道不可见，见而非也；道不可言，言而非也！知形形之不形乎！道不当名。”庄子在《庚桑楚》第四节提到，道在宇宙中是客观存在而抽象无形的。“出无本，入无窍。有实而无乎处，有长而无乎本剽，有所出而无窍者有实。有实而无乎处者，宇也。有长而无本剽者，宙也。有乎生，有乎死，有乎出，有乎入，入出而无见其形，是谓天门。天门者，无有也，万物出乎无有，有不能以有为有，必出乎无有，而无有一无有。”

（3）辩证法的功能性。一是辩证法是认识客观世界的根本方法。庄子在《知北游》第二节提到，自然之道是认识客观世界的根本方法。“此之谓本根，可以观于天矣！”庄子在《知北游》第五节提到，圣人的辩证之法是根本大道，君子的治国之道是皮毛智巧。“则君子之道，彼其外与！万物皆往资焉而不匮。此其道与！”庄子在《知北游》第五节提到，自然之道的作用无所不在。“邀于此者，四肢强，思虑恂达，耳目聪明。其用心不劳，其应物无方，天不得不高，地不得不广，日月不得不行，万物不得不昌，此其道与！”“运量万物而不匮。”二是要按辩证法则办事。庄子在《齐物论》第十八节提到，“化声之相待，若其不相待，和之以天倪，因之以曼衍，所以穷年也。”也就是说，发言表达自己的思想必须有相应的事实依据，如果没有具体的事实依据，也必须符合抽象的客观规律，如此长期坚持，可以享受自然寿命。该节还说，“何谓和之以天倪？”曰：“是不是，然不然。是若果是也，则是之异乎不是也亦无辩；然若果然也，则然之异乎不然也亦无辩。”也就是说，什么叫作符合自然规律？答曰：是与不是、对与不对是不能割裂的对立统一关系，是如果为孤立的是，那么是的异端不是也就没有辩论对手了；“然”如果为孤立的“然”，那么“然”的异端不然也就没有辩论对手了。庄子提出“和之以天倪”，就是要求主观认识必须符合客观事物的对立统一规律。三是辩证法则是齐物养性的根本途径。庄子在《德充符》第四节提到，事物的发展变化，都是遵照对立统一规律进行的，人们一旦掌握了这种辩证法则，就能够排除外界对内心平和的干扰，并正确对待客观世界，这种情况称之为才全。“死生存亡，穷达贫富，贤与不肖毁誉，饥渴寒暑，是事之变，命之行也；日夜相代乎前，而知不能规乎其始者也。故不足以滑和，不可入于灵府，使之和豫，通而不失于兑，使日夜无郤而与物为春，是接而生时于心者也。是之谓才全。”由此可见庄子的所谓才全，其实是指正确的唯物辩证的哲学方法。《德充符》第三节提到，生与死、可以与不可以等等，都是表面上对立而实质上统一的，弄明白了这个道理，就可以解脱人们的名利桎梏。“胡不直使彼以死生为一条，以可不可为一贯者，解其桎梏，其可乎？”庄子看到事物的差别或对立的另一面是事物的同一或统一，这是符合辩证法则的，但庄子在强调事物的统一性时忽略了事物的对立性又是违反辩证法则的。庄子在《田子方》第四节提到，掌握了辩证法则的人不会为各种情绪所左右。“行小变而不失其大常也，喜怒哀乐不入于胸次。”四是道法自然和德崇天性是避免是非之争的唯一途径。庄子在《山木》第一节提到，“材与不材之间，似之而非也，故未免乎累。若夫乘道德而浮游则不然，无誉无訾，一龙一蛇，与时俱化，而无肯专为；一上一下，以和为量，浮游乎万物之祖，物物而不物于物，则胡可得而累邪!”五是注意细节与掌握大道是相辅相成的。庄子在《山木》第三节提到，“既彫既琢，复归于朴”。这与唯物辩证法与“具体分析具体事物”有几分神似。六是掌握辩证法则是通达天下事理的主要途径。庄子在《庚桑楚》第四节提到，抽象的道通达天下所有具体的事物，比如事物的生与死。“道通。其分也，其成也毁也。所恶乎分者，其分也以备；所以恶乎备者，其有以备。”

（4）辩证法的批判性。一是反对将事物的对立面绝对化。庄子在《齐物论》第九节提到，天下万物原本是一个对立统一的整体，人们把事物的对立性绝对化，因而破坏了事物的统一性。“凡物无成与毁，复通为一。”只有通达辩证法则的哲人，才尊重事物的自然状态和统一性，不制造事物之间的是非对立，即“圣人和之以是非而休乎天钧。”二是反对将是非观念绝对化。庄子在《齐物论》第十节提到，彰显了是与非之间对立性而忽略了其统一性，从而损害了是与非之间的辩证关系，进而丢掉了科学的辩证法则。“是非之彰也，道之所以亏也。”昭文和惠子他们鼓琴枝策，表达激情，高谈阔论，争辩是非，都是违反辩证法则的。只有圣明的君主，尊重对立统一的客观规律，辩证地看待是与非的问题。三是反对割裂主观与客观的辩证关系。《齐物论》第十三节提到，本来客观世界与主观世界是一个既对立又统一的整体，既然说它是一个整体，就不应该提出对立的观点。“既已谓之一矣，且得无言乎。”如果都提出对立的观点，那就会出现无数个不同观点及争议，天下就不会太平。四是反对片面地看待问题。庄子在《外物》第七节提到，客观世界是一个互相联系的整体，不能片面地孤立地看待问题。“天地非不广且大也，人之所用容足耳。然则厕足而垫之，致黄泉，人尚有用乎?”五是反对静止地看待问题。庄子在《外物》第八节提到，要用发展的观点看待事物。一者坚持实践第一，不可停止行动。如果人有能力行动，有何理由不行动呢?如果人没有能力行动，有何理由行动呢?“人有能游，且得不游乎?人而不能游，且得游乎?”“故曰至人不留行焉。”二者坚持现实第一，不可逃避现实。“夫流遁之志，决绝之行，噫，其非至知厚德之任与!”“唯至人乃能游于世而不僻，顺人而不失己。”三者坚持发展第一，不可尊古悲今。“夫尊古而悲今，学者之流也。”

2. 辩证法的核心特征（矛盾法则）

（1）对立统一规律或矛盾法则是辩证法的枢纽。庄子在《齐物论》第六节提到，“物无非彼，物无非是。自彼则不见，自是则知之。故曰：彼出于是，是亦因彼。彼是方生之说也。虽然，方生方死，方死方生；方可方不可，方不可方可；因是因非，因非因是。是以圣人不由而照之于天，亦因是也。是亦彼也，彼亦是也。彼亦一是非，此亦一是非，果且有彼是乎哉？果且无彼是乎哉？彼是莫得其偶，谓之道枢。枢始得其环中，以应无穷。是亦一无穷，非亦一无穷也。故曰：莫若以明。”庄子认为，任何事物无不是彼方与此方、反方与正方、对方与本方的对立统一体。彼方能否看到此方不知道，但从此方可以推导出彼方。所以说，彼方是依靠此方存在的，此方也是依靠彼方的存在而存在的。彼此相对产生并互相依存的说法是这样成立的。相对可能，又相对不可能；相对而产生，又相对而消失；是与非也是相对存在的。所以古代圣贤成为天下的参照物，也是因为这个辩证法则。彼此双方是对立的，也是可以互相转化的。彼方有自己的是非标准，此方也有自己的是非标准。果真是有彼与此双方的是非统一标准？还是没有彼与此双方的是非统一标准？能够将彼此对立的双方联系起来的统一性，可以说是辩证法则的关键和枢纽。当门板上下两头的枢纽，进入门框上下两个对立的环中时，就能够应对无穷的开关运动。是这一方面是变化无穷的，非这一方面也是变化无穷的。所以说，是非之争是永远不会有明确结果的。

（2）矛盾法则普遍存在于各种事物之中。庄子在《德充符》第一节提到，各种事物之间既有差异或对立性，也有同一或统一性。“自其异者视之，肝胆楚越也；自其同者视之，万物皆一也。”也就是说，从事物之间的差异或对立性来看，肝胆虽然共处在同一体中却像楚越两国一样相差很远；从事物之间的联系或统一性看来，千差万别的事物又都是统一的整体。庄子在《大宗师》第二节提到，不仅要看到是非的对立性，更要看到是非的统一性。“与其誉尧而非桀也，不如两忘而化其道。”庄子在《知北游》第八节提到，矛盾法则具有普遍性，“东郭子问于庄子曰：所谓道，恶乎在？庄子曰：无所不在。”并且认为“物物者与物无际，而物有际者，所谓物际者也。不际之际，际之不际者也。”也就是说，各种个别事物与同类事物之间是没有边际线的（事物之间的统一性），而事物之间存在边际线的，就是所谓的具体事物之间的差异（事物之间的对立性）。事物之间既有统一性又有对立性，或者既有对立性又有统一性。庄子在《则阳》第一节提到，天下万物是普遍存在矛盾的，哲学家应该居中守正，和谐万方。“故圣人其穷也，使家人忘其贫；其达也，使王公忘爵禄而化卑；其于物也，与之为娱矣；其于人也，乐物之通而保己焉。故或不言而饮人以和，与人并立而使人化，父子之宜。彼其乎归居，而一闲其所施。”也就是说，圣人如果家里贫穷，他能够使家人忘却贫穷；如果身世显赫，他能够使王公贵族忘却爵禄而变得谦卑；他们与环境相处，能够和谐欢娱；他们对于别人，乐于沟通又能保持自己的本性。所以有时候一句话不说也能够给人化解尴尬，和他人稍一接近就能够感化人，建立父子情谊。他安于自己的现状，而一旦虚静清闲他就能够办成想办的事。

（3）矛盾法则是客观存在的必须尊重。庄子在《知北游》第十三节提到，死与生在生命过程中是对立的统一体，不要人为地干扰这个过程。“不以生生死，不以死死生。死生有待邪？皆有所一体。”也就是说，不要为了生而使死者复生，不要为了死而使生者去死。死与生相互依存吗？死与生在生命过程中是对立的统一体。

（4）矛盾对立的双方是可以转化的。庄子在《则阳》第十一节提到，矛盾对立的双方是互相转化的，这是矛盾统一性和相对性特征。“安危相易，祸福相生，缓急相摩，聚散以成。此名实之可纪，精之可志也。随序之相理，桥运之相使，穷则反，终则始，此物之所有。”也就是说，安危双方相互易位，祸福双方相互转换，缓急双方相互转化，聚散双方相反相成。这些矛盾运动的名称与实例都能联系起来，精细微妙之处也都能记载下来。随顺事物矛盾运动的规律，又像桥梁两头的相对行驶，到了尽头就会回返，有了终结就有开始，这是万物所共有的对立统一规律。庄子在《则阳》第十一节提到，随着时间的前后变化，世上万物都在不断变化，矛盾对立面的转化和事物性质的变化，这就是在一般规律（道）支配下的各种事物的特殊规律（理）。“时有终始，世有变化，祸福淳淳，至有所拂者而有所宜，自殉殊面；有所正者有所差。”也就是说，时序有终始，人世有变化，祸福交替流转，导致有拂逆对立面也有适宜统一面；对立统一的双方互相转化让位；有所正确的同时也有所差错。

3. 辩证法的具体范畴

（1）主观与客观。庄子在《齐物论》第三节提到，“非彼无我，非我无所取。是亦近矣，而不知其所为使。若有真宰，而特不得其眹。”庄子认为，否认了客观世界就没有主观世界，否认了主观世界就不能认识客观世界，所以主观世界与客观世界是不可分割的既对立又统一的辩证关系。但庄子又说不知道这种对立统一的双方是由哪一方主导的，如果说是哪一方主宰的，可是一点儿也感觉不到其特征，这与唯物辩证法的观点有差距。辩证唯物论认为，物质决定精神，物质是第一性，精神是第二性的。《齐物论》虽然承认主观认识与客观事物是不可分割的对立统一关系，但在物质决定精神的核心问题上有些犹豫。庄子在《田子方》第六节提到，只有主观上多为社会奉献，才能够在客观上获得社会的认可。“有虞氏死生不入于心，故足以动人。”庄子在《田子方》第十一节提到，事物有客观的存在或消亡，也有主观的存在或消亡。凡国在客观上消亡了但在国君的主观上并未消亡，楚国在客观上未消亡，但在凡君的主观上已经消亡了。“凡之亡也，不足以丧吾存。夫凡之亡不足以丧吾存，则楚之存不足以存存。由是观之，则凡未始亡而楚未始存也。”庄子在《徐无鬼》第十四节提到，客观世界是无限的，主观认识是有限的，认识的真理性是有限与无限的对立统一。“其问之也，不可以有崖，而不可以无崖。”庄子在《列御寇》第九节提到，主观上认为是公平的，客观上是不公平的，因为人们带有立场。“以不平平，其平也不平；以不征征，其征也不征。”

（2）个性与共性。《齐物论》第十六节提到，“仁义之端，是非之涂，樊然淆乱，吾恶能知其辩。”庄子认为，客观事物既有共性也有个性，人们在仁义上的争端，在是非上的歧途，往往是只看到事物的个性和对立性，没有看事物的共性和统一性而导致的。庄子在《庚桑楚》第四节认为，“是三者虽异，公族也。”

（3）一般与特殊。庄子在《则阳》第十一节提到，没有特殊的局部，就没有一般的整体，局部与整体的辩证关系，正是特殊与一般的辩证范畴。“合异以为同，散同以为异。”“今指马之百体而不得马，而马系于前者，立其百体而谓之马也。”庄子在《则阳》第十一节还提到，道是宇宙的一般规律，理是万物的特殊规律，道与理的关系也是一般与特殊的辩证范畴。“万物殊理，道不私，故无名。”庄子在《则阳》第十一节还提到，宇宙的一般规律主管万物的特殊规律，它没有偏爱任何一物施以名利，所以它表面无名无为，其实是无所不为。“万物殊理，道不私，故无名。无名故无为，无为而无不为。”

（4）有限与无限。庄子在《养生主》中提到，生命是有涯与无涯的对立统一。生命对于个体来说，他总有油尽灯灭的时候，但对于群体来说，他的火种永远不会熄灭。“指穷于为薪，火传也，不知其尽也。”

（5）有用与无用。庄子在《人间世》第五节论述了事物有用与无用的辩证关系。庄子认为，栎树“是不材之木也，无所可用，故能若是之寿。”其他有用树木则是“此以其能苦其生者也，故不终其天年而中道夭，自掊击于世俗者也。物莫不若是。”也就是说，特殊的栎树因其无所可用，而能成其高寿，从而实现了从无用到有用的转化；一般的树木因其有能力而劳苦一生，自学成才反遭世俗打击，事物的规律莫不如此，从而实现了有用到无用的转化。

（6）有疾与成祥。庄子在《人间世》第六节提到，树因不材而成其大，人因有疾而成其祥，吉祥与不吉祥是对立统一关系，即对立的双方在一定条件下是可以互相转化的，这就是神人之道，即哲学家的辩证法则。“故解之以牛之白颡者，与豚之亢鼻者，与人有痔病者，不可以适河。此皆巫祝以知矣，所以为不祥也。此乃神人之所以为大祥也。”庄子在《人间世》第七节提到，从“无用到大用”的转变有两种情况，一种是因为客观上肢体变形被动实现的，一种是因为主观上信念转变主动实现的，道家倡导的就是这后一种情况。“夫支离其形者，犹足以养其身，终其天年，又况支离其德者乎。”

（7）偶然与必然。庄子在《大宗师》第四节提到，得到生命决定于偶然的时机，失去生命决定于必然的趋势，人的主观愿望改变不了客观规律，只能顺势而为。“且夫得者，时也，失者，顺也；安时而处顺，哀乐不能入也。”“且夫物不胜天久矣，吾又何恶焉。”“今一以天地为大炉，以造化为大冶，恶乎往而不可哉！”

（8）内容与形式。庄子在《大宗师》第五节提到，认识事物的形式与内容这一对辩证范畴具有重要意义。事物的内容是事物不变的本质，事物的形式是事物多变的现象。“鱼相造乎水，人相造乎道。相造乎水者，穿池而养给；相造乎道者，无事而生定。故曰，鱼相忘乎江湖，人相忘乎道术。”庄子在《田子方》第一节提到，“君子有其道者，未必为其服也；为其服者，未必知其道也。”庄子在《田子方》第七节提到，内在涵养比外在形式更重要，“公使人视之，则解衣般礴赢。君曰：‘可矣，是真画者也。’”庄子在《则阳》第四节认为，客观事物的具体形式是经常变化的，而其内部的抽象之道是恒定不变的。“日与物化者，一不化者也。”庄子在《外物》第十二节提到，内容与形式是一对辩证范畴。“荃者所以在鱼，得鱼而忘荃；蹄者所以在兔，得兔而忘蹄；言者所以在意，得意而忘言。”

（9）生与死。庄子在《大宗师》第三节提到，古今、生死、往迎、成毁都是对立统一的辩证范畴。“杀生者不死，生生者不生。其为物，无不将也，无不迎也；无不毁也，无不成也。”所以《大宗师》第四节提到，生存与死亡都是由道（无）主宰的，或者说生存与死亡本质上是抽象的对立统一规律的一种具象的表现形式。“孰能以无为首，以生为脊，以死为尻，孰知死生存亡之一体者，吾与之友矣。”“伟哉！夫造物者，将以予为此拘拘也！”庄子在《大宗师》第六节提到，生与死既是对立关系也是统一关系。死是对生的否定，生也是对死的否定，这是对立关系。没有生就没有死，没有死也就没有生，这是统一关系。“孟孙氏不知所以生，不知所以死；不知就先，不知就后；若化为物，以待其所不知之化已乎！”

（10）全局与局部。庄子在《德充符》第三节提到，有形的人体是全部，而足则是局部，全局与局部构成一对矛盾关系，全局比局部更重要。“吾唯不知务而轻用吾身，吾是以亡足。今吾来也，犹有尊足者存，吾是以务全之也。”庄子在《天道》第八节提到，君主治国必须处理好全局与局部的关系，只有抓住了全局和纲要，才能够处理好局部和具体问题。“故古之王天下者，奚为哉？天地而已矣。”庄子在《则阳》第十一节提到，事物的整体或全局是由很多局部构成的，局部与局部之间存在差异或矛盾，把很多有差异的局部合并在一起，就构成了事物的全局或整体，整体的性质和功能不是各局部的简单叠加，全局与局部的差异或矛盾更突出。“合异以为同，散同以为异。”“今指马之百体而不得马，而马系于前者，立其百体而谓之马也。”

（11）主要与次要。庄子在《天道》第三节提到，帝王治国必须处理好主要与次要的关系，只要抓住道德纲要就行了，管理具体事务是臣民的工作。“夫帝王之德，以天地为宗，以道德为主，以无为为常。”

（12）本与末。庄子在《天道》第四节提到，帝王治国必须处理好本末关系，“本在于上，末在于下，要在于主，详在于臣。”庄子在《天道》第五节提到，哲人安排的社会秩序，是顺应本末关系规律和天地之德安排的。“夫尊卑先后，天地之行也，故圣人取象焉。”庄子在《天道》第六节提到，人们要正确认识世界，也要根据本末关系，必须从认识自然、自然规律、自然道德开始，进而认识社会、社会道德、社会仁义等等。“古之明大道者，先明天而道德次之，道德已明而仁义次之，仁义已明而分守次之，分守已明而形名次之，形名已明而因任次之，因任已明而原省次之，原省已明而是非次之，是非已明而赏罚次之。”庄子在《天道》第七节提到，必须抓住根本问题才能够治国：“古之语大道者，五变而形名可举，九变而赏罚可言也。”

（13）相对与绝对。庄子在《秋水》第五节提到，事物内质的贵与贱、外形的大与小都是可以互相转化的，所以是相对的而不是绝对的。如果没有相对性概念，认识就会绝对化，就会违反辩证法则。“以道观之，何贵何贱，是谓反衍；无拘而志，与道大蹇。何少何多，是谓谢施；无一而行，与道参差。”庄子在《秋水》第一节提到，“计四海之在天地之间也，不似礨空之在大泽乎？计中国之在海内，不似稊米之在大仓乎？”

（14）大道与事理。庄子在《秋水》第六节提到，道是客观世界的抽象的一般规律，理是具体事物的具体的特殊规律，道是理的内在实质，理是道的表现形式。“知道者必达于理，达于理者必明于权，明于权者不以物害己。”庄子在《知北游》第二节提到，自然规律存在一般规律与特殊规律的对立统一关系。“天地有大美而不言，四时有明法而不议，万物有成理而不说。圣人者，原天地之美而达万物之理。”

（15）前退与后进。庄子在《徐无鬼》第七节提到，以贤人自居，不会获得人们的拥戴；不以贤人自居，不会得不到人们的拥戴。“以贤临人，未有得人者也；以贤下人，未有不得人者也。”庄子在《徐无鬼》第八节提到，以骄傲示人必然自讨没趣。“无以汝色骄人。”

（16）现象与本质。庄子在《徐无鬼》第十一节提到，事物现象是其本质的表现。“凡有怪征者必有怪行。”庄子在《外物》第十二节认为，现象与本质是一对辩证范畴。“演门有亲死者，以善毁爵为官师，其党人毁而死者半。”

（17）祸与福。庄子在《徐无鬼》第十一节提到，儿子捆与君王同食表面看是福，实际上是祸。“而捆祥邪？尽于酒肉，入于鼻口矣，而何足以知其所自来！”庄子在《列御寇》第八节提到，意外获得物喜不是好兆头。“子能得珠者，必遭其睡也。”

（18）当局与旁观。庄子在《徐无鬼》第十二节提到，当局者迷，旁观者清。“夫唯外乎贤者知之矣。”

（19）可能与现实。庄子在《外物》第二节提到，周济解决燃眉之急是现实性问题，将来周济三百金是可能性问题，“吾失我常与，我无所处。吾得斗升之水然活耳，君乃言此，曾不如早索我枯鱼之肆!”

（20）历史与现实。庄子在《外物》第五节提到，唐尧与夏桀是两个不同历史时期的人物，他们的产生都有不同的历史背景，后来的人们抛开历史背景赞誉尧非议桀，很容易被人们利用对现实中的人物进行攻击。所以与其赞誉一个非议一个，不如把这两个典型人物都忘掉。“与其誉尧而非桀，不如两忘而闭其所誉。反无非伤也，动无非邪也。”

（21）原因与结果。庄子在《外物》第十节提到，“德溢乎名，名溢乎暴，谋稽乎誸，知出乎争，柴生乎守，官事果乎众宜。”

（22）运动与静止。庄子在《外物》第十一节提到，动静结合的方法可以延年益寿。“静然可以补病，眦搣可以休老，宁可以止遽。”

（23）战略与战术。赵王好剑已养成习惯性意识。庄子在《说剑》第二节提到，“然吾王所见剑士，皆蓬头突鬓，垂冠，曼胡之缨，短后之衣，瞋目而语难，王乃说之。”庄子在《说剑》第三节提到，赵王好剑已成思维定式，毫不怀疑他人所言实否。“赵王听了大喜，说：‘天下无敌了!’”庄子在《说剑》第四节提到，赵王对剑的认知太细致太具体了，因而偏离了剑术比赛现场粗略的抽象的主题。“王曰：今日试使士敦剑。庄子曰：望之久矣！王曰：夫子所御杖，长短何如?”庄子在《说剑》第五节提到，天子是管天下诸侯的，诸侯是管治国人才的，百姓才是练习剑术的。赵王好剑是导致认识上严重失职错位。

（24）事物相辅相成属于辩证范畴。庄子在《徐无鬼》第九节提到，事物都是互相联系和相辅相成的，只要我做了，别人必知道；只要我想卖，别人才想买。“我必先之，彼故知之；我必卖之，彼故鬻之。”

（25）事物运动变化属于辩证范畴。庄子在《秋水》第五节提到，只有变化是固定不变的。“无动而不变，无时而不移。夫固将自化。”庄子在《田子方》第四节提到，对立统一规律是天地万物发展变化的根本原因。“至阴肃肃，至阳赫赫。肃肃出乎天，赫赫发乎地。两者交通成和而物生焉，或为之纪而莫见其形。消息满虚，一晦一明，日改月化，日有所为而莫见其功。生有所乎萌，死有所乎归，始终相反乎无端，而莫知乎其所穷。非是也，且孰为之宗!”庄子在《知北游》第二节提到，自然之道是事物变化的根本原因。“今彼神明至精，与彼百化。物已死生方圆，莫知其根也。”庄子在《知北游》第六节提到，自然是和谐的，人与自然顺应谐调就是德，顺德而行就是道，道德是帝王兴起的基础。“调而应之，德也；偶而应之，道也。帝之所兴，王之所起也。”庄子在《知北游》第十四节提到，只有心中坚持辩证法则的人才能够适应事物的变化。“古之人外化而内不化，今之人内化而外不化。与物化者，一不化者也。安化安不化？安与之相靡？必与之莫多。”

(26) 适度养中原则属于辩证范畴。庄子在《人间世》第三节强调了唯物论和辩证法思想，“且夫乘物以游心，托不得已以养中，至矣。”也就是说，要根据客观事物实际而发挥主观能动作用，如果在主观愿望不符合客观实际的情况下，必须坚守客观适度的唯物辩证原则，这是最重要的哲学方法。庄子在《知北游》第五节提到，自然之道与适度原则一致的。“若夫益之而不加益，损之而不加损者，圣人之所保也。”

经对庄子辩证法观点的系统梳理后可知，庄子辩证法具有马克思主义辩证法的一般特征、核心规律和具体范畴等基本内容，但对辩证法核心规律的研究上，即对各种矛盾中的主要矛盾、矛盾双方或多方的主要方面、矛盾的对抗性和非对抗性等领域的研究还有不足。

总之，庄子的哲学思想，继承了老子辩证法思想，独创了认识论思想。庄子认识论和辩证法，相当接近马克思主义认识论和辩证法。虽然发现了庄子辩证法有所不足，但尚未发现庄子认识论的重大缺陷。相对于马克思主义哲学，庄子哲学的结构性缺陷是没有对人类社会进行系统性研究，从而建立起历史唯物论。但庄子哲学里已经有了社会存在决定社会意识、物质利益决定意识形态、经济基础决定上层建筑的历史唯物论的萌芽，这在当时是非常了不起的思想成果。

二、政治思想

庄子的政治思想继承了老子的大顺政治思想，一是遵循客观规律顺道而行，二是尊重民众意志顺德而为。遵循客观规律首先是遵循认识论和辩证法办事，尊重民众意志关键是尊重民众和事物的天性而为。

（一）顺道而行

1. 顺物自然而不可妄为。庄子在《应帝王》第七节提到，帝王治国要从实际情况出发，坚持唯物认识论，反对唯心认识论，不能犯主观主义错误。

“人皆有七窍以视听食息，此独无有，尝试凿之。日凿一窍，七日而浑沌死。”庄子在《胠箧》第八节提到，不遵守自然大道，好玩弄的小聪明，这是导致天下大乱的重要原因。“上诚好知而无道，则天下大乱矣!”庄子在《在宥》第三节提到，如果君子不得已而君临天下，那就应该无所作为而顺其自然，因为只有无所作为才能够安抚自己的生命之德。“故君子不得已而临莅天下，莫若无为。无为也而后安其性命之情。”庄子在《天运》第十节提到，治国方法首先要遵循自然规律。“乌鹊孺，鱼傅沫，细要者化，有弟而兄啼。久矣，夫丘不与化为人！不与化为人，安能化人。”庄子在《应帝王》第六节提到，帝王治国要坚持顺道而行，按自然规律去做事而不图报答，“尽其所受乎天而无见得。”庄子在《让王》第一节提到，只有那些遵循自然规律不乱作为的人，方可以托付天下治理之大器。“唯无以天下为者，可以托天下也。”庄子在《让王》第六节提到，掌握了自然规律的人不会使用心机智巧。“故养志者忘形，养形者忘利，致道者忘心矣。”

2. 君王只管原则不理事务。庄子在《应帝王》第二节提到，哲学家治国首先要运用唯物认识论，掌握唯物辩证法，摆正《齐物论》和辩证法在治国方法上的大宗师地位，而具体的施政方法由能办事的官员去处理，以此减少社会不满对自己的冲击。“夫圣人之治也，治外夫？正而后行，确乎能其事者而已矣。”庄子在《天地》第一节提到，从天、道、德、义、事到技之间是互相联系的。“故通于天者，道也；顺于地者，德也；行于万物者，义也；上治人者，事也；能有所艺者，技也。技兼于事，事兼于义，义兼于德，德兼于道，道兼于天。”也就是说，顺道而治通于天，顺德而治通于地，顺义而治通于物，顺事而治通于人，顺技而治通于能。这是从正面论述顺治的主要内容。

3. 明君治国要走群众路线。庄子在《应帝王》第四节提到，明君治国必须坚持辩证法则，有大功而不争功名，帮助民众但不取代其自主努力。“明王之治，功盖天下而似不自己，化贷万物而民弗恃。”庄子在《庚桑楚》第一节提到，举贤任智不足以济世，还扩大了人与人之间的差别，这是社会矛盾产生的重要根源。“举贤则民相轧，任知则民相盗。之数物者，不足以厚民。民之于利甚勤，子有杀父，臣有杀君，正昼为盗，日中穴阫。吾语女，大乱之本，必生于尧舜之间，其末存乎千世之后。千世之后，其必有人与人相食者也!”治国之道要求符合百姓意愿。庄子在《盗跖》第十节提到，“知者之为，故动以百姓，不违其度。”

（二）顺德而为

1. 顺物天德而无容偏私。庄子在《应帝王》第三节提到，治理天下的基本原则就是让事物天性自然发挥，不要掺杂统治者的私欲。“汝游心于淡，合气于漠，顺物自然而无容私焉，而天下治矣。”庄子在《应帝王》第六节提到，帝王治国要坚持顺德而为，大公无私，为天下所有人服务而不追求名利，“无为名尸，无为谋府，无为事任，无为知主。体尽无穷，而游无朕。”庄子在《天运》第一节提到，“天有六极五常，帝王顺之则治，逆之则凶。”庄子在《天运》第七节认为，正确的治国之道在于遵循人的自然本性。“怨、恩、取、与、谏、教、生、杀八者，正之器也，唯循大变无所湮者为能用之。故曰：‘正者，正也。其心以为不然者，天门弗开矣。’”庄子在《马蹄》第二节提到，真正实现天下大治，必须尊重民众的自然本性，让他们解决衣食问题，实现权利平等是谓同德，达到人的天性自由是谓至德。“彼民有常性，织而衣，耕而食，是谓同德；一而不党，命曰天放。故至德之世，其行填填，其视颠颠。”庄子在《在宥》第七节提到，理想的君主是应该没有世俗之心的，他拥有国家政治权力和经济利益，但他并不利用这两个东西谋取私利。“夫有土者，有大物也。有大物者，不可以物；物而不物，故能物物。”庄子在《天地》第一节提到，治理天下最重要的原则是无欲、无为、渊静。这是从主观正面对顺治的必然要求。“古之畜天下者，无欲而天下足，无为而万物化，渊静而百姓定。”庄子在《天地》第五节提到，凭主观意志治理天下，必将是天下大乱的原因，是百姓的祸害，是国家的蛀虫。“治，乱之率也，北面之祸也，南面之贼也。”庄子在《天地》第七节提到，国家应该顺应人的自然之德而为，不能离开人的天德搞赏罚一类的法治，否则会越治越乱。“昔尧治天下，不赏而民劝，不罚而民畏。今子赏罚而民且不仁，德自此衰，刑自此立，后世之乱自此始矣!”庄子在《天地》第十一节提到，玩弄智巧和心机是顺治的大敌：“有机械者必有机事，有机事者必有机心。机心存于胸中则纯白不备。纯白不备则神生不定，神生不定者，道之所不载也。”这是从主观方面对顺治的必然要求。庄子在《天地》第四节提到，从黄帝开始就丢失了人的自然生成的天德。“黄帝游乎赤水之北，登乎昆仑之丘而南望。还归，遗其玄珠。”庄子在《天地》第六节利用寓言故事，说明了自然之德和社会之德的差别，同时也说明了君子与圣人的差别。帝尧担心无助于养德的三种忧患意识是社会意识，其德也是社会之德，或社会价值观念，而华国封人所说之德则是自然之德，也就自然意识，三种忧患意识对自然意识是不会产生影响的。具有社会之德只是君子，具有自然之德才是圣人。“尧曰：‘多男子则多惧，富则多事，寿则多辱。是三者非所以养德也，故辞。’封人曰：‘始也我以女为圣人邪，今然君子也。天生万民，必授之职。多男子而授之职，则何惧之有？富而使人分之，则何事之有？夫圣人，鹑居而彀食，鸟行而无彰。天下有道，则与物皆昌；天下无道，则修德就闲。千岁厌世，去而上仙，乘彼白云，至于帝乡。三患莫至，身常无殃，则何辱之有？’”庄子在《天地》第十节提到，大圣人君临天下的基本方法就是顺德而治。“大圣之治天下也，摇荡民心，使之成教易俗，举灭其贼心而皆进其独志。若性之自为，而民不知其所由然。若然者，岂兄尧、舜之教民溟涬然弟之哉？欲同乎德而心居矣！”庄子在《天地》第十四节赞扬了舜帝以德治国的高标准和严要求：“有虞氏之药疡也，秃而施髢，病而求医。孝子操药以修慈父，其色燋然，圣人羞之。至德之世，不尚贤，不使能，上如标枝，民如野鹿。端正而不知以为义，相爱而不知以为仁，实而不知以为忠，当而不知以为信，蠢动而相使不以为赐。”庄子在《徐无鬼》第十三节提到，古代真人用自然法则对待一切，不会人为干扰自然生态。“故无所甚亲，无所甚疏，抱德炀和，以顺天下，此谓真人。”

2. 逆物之情必然祸乱天下。庄子在《在宥》第六节提到，企图治理天下的人其实是扰乱天下。“乱天之经，逆物之情，玄天弗成；解兽之群，而鸟皆夜鸣；灾及草木，祸及止虫。意，治人之过也！”要改变这种情况首先要心养。“意！心养。汝徒处无为，而物自化。堕尔形体，吐尔聪明，伦与物忘；大同乎涬溟，解心释神，莫然无魂。”在心养基础上实行无为而治，让万事各复其根。“万物云云，各复其根，各复其根而不知；浑浑沌沌，终身不离；若彼知之，乃是离之。无问其名，无窥其情，物固自生。”庄子在《在宥》第七节提到，世俗之人的心理状态都是想出人头地：“以出乎众为心也。”具体表现：一是赞同自己的就高兴，反对自己的就不高兴：“同于己而欲之，异于己而不欲者。”二是想出乎众人未必出乎众人：“夫以出乎众为心者，曷常出乎众哉！”三是想出众的人意在为君之利而不见其害：“而欲为人之国者，此揽乎三王之利而不见其患者也。”

（三）道德兼顺

庄子在《天地》第二节提到，尊重自然（天道）、尊重本性（德）、善待万物（仁）、善待异见（大）、减少树敌（宽）、不受诱惑（富）、抓住纲领（执德）、争取支持（树德）、遵循规律（完备）、坚定心志（圆满），是君子君临天下的十个必备条件。“无为为之之谓天，无为言之之谓德，爱人利物之谓仁，不同同之之谓大，行不崖异之谓宽，有万不同之谓富。故执德之谓纪，德成之谓立，循于道之谓备，不以物挫志之谓完。君子明于此十者，则韬乎其事心之大也，沛乎其为万物逝也。”庄子在《天地》第三节提到，德和道是一对天然的连环马，有德之人必定循道，有道之人必定重德。“夫王德之人，素逝而耻通于事，立之本原而知通于神，故其德广。其心之出，有物采之。故形非道不生，生非德不明。”庄子在《天地》第八节提到，人类社会发展是一个顺道顺德的客观过程，在天地形成之前不存在任何具体事物，唯一客观存在的是自然之道（对立统一规律）。“泰初有无，无有无名。一之所起，有一而未形。”在道的支配下，阴阳对立的双方能够实现阴阳统一，开始产生各种具体有形的事物，各种物事互相依存的关系就是自然之德。“物得以生谓之德。”在具体有形的新生事物中，有某种新生事物成为精神寓所，精神在自然之形的保护下各具仪态，这就是自然之性（意识）。“形体保神，各有仪则谓之性。”加强思想意识的锻炼，除去社会意识部分，就会返回事物之间互相依存友好的自然之德。“性修反德，德至同于初。”自然之德回归到位就与泰初浑然一体了，这时候的意识就很单纯了，社会乱象就会随之消失，最终进入道家的大顺境界。“其合缗缗，若愚若昏，是谓玄德，同乎大顺。”庄子在《天道》第十一节提到，治国的根本方法在于贯通自然之道，符合天生之德。“通乎道，合乎德，退仁义，宾礼乐，至人之心有所定矣。”庄子在《徐无鬼》第三节提到，治国同牧马的道理是一样的，只要守住底线思维就行了。“夫为天下者，亦奚以异乎牧马者哉！亦去其害马者而已矣！”

（四）实现顺治理想的困惑

庄子在《天地》第十五节提到，世俗之人（社会人）的意识深处都拒绝对自己不利的负面评价，而不论这个负面评价是否客观真实。“谓己道人，则勃然作色；谓己谀人，则怫然作色。”所以社会人也就只能投其好，随时随地都在阿谀谄媚。“垂衣裳，设采色，动容貌，以媚一世，而不自谓道谀；与夫人之为徒，通是非，而不自谓众人也，愚之至也。”人们都是这样的虚伪，社会发展看不到希望。“而今也以天下惑，予虽有祈向，不可得也。不亦悲乎!”庄子在《天地》第十六节进一步表达了自己的理论和理想的困境。“是故高言不止于众人之心；至言不出，俗言胜也。以二缶钟惑，而所适不得矣。而今也以天下惑，予虽有祈向，其庸可得邪!”庄子在《天地》第十七节提到，世俗之人所说的美丑是非是伪命题，它们在失去人的本性上是一样的。“比牺尊于沟中之断，则美恶有间矣，其于失性一也。跖与曾、史，行义有间矣，然其失性均也。”庄子在《则阳》第八节提到，社会上的诋毁及争夺都与荣誉不当确立和财富不当聚集有关联。“荣辱立然后睹所病，货财聚然后睹所争。”所以盗窃行为，到底应该追究谁的责任？“盗窃之行，于谁责而可乎？”庄子在《盗跖》第八节提到，仁义、善恶、名利评价和舍取都是由实力（政治力量）决定的而不是由道德（思想观念）决定的。“小盗者拘，大盗者为诸侯，诸侯之门，仁义存焉。”谁善谁恶完全由成败决定。“孰恶孰美？成者为首，不成者为尾。”各讲名利，并无道理。“子正为名，我正为利。名利之实，不顺于理，不监于道。”平均是福，有余是害。庄子在《盗跖》第十一节提到，“平为福，有余为害者，物莫不然，而财其甚者也。”庄子在《列御寇》第一节提到，身心交瘁和权责相随是为官的最大惊恐。“身劳于国而知尽于事，彼将任我以事而效我以功。吾是以惊。”

（五）强调治道修德的主观能动性。

庄子在《天地》第九节提到，治道修德关键在发挥人的主观能动作用。“有治在人。”庄子在《天地》第九节还认为，圣人治道的要求：忘记自己的形体，忘记自己的欲望，与大自然融为一体。“忘乎物，忘乎天，其名为忘己。忘己之人，是之谓入于天。”庄子在《外物》第三节提到，认识狭隘的人是不足以担当大任的。“饰小说以干县令，其于大达亦远矣，是以未尝闻任氏之风俗，其不可与经于世亦远矣。”

由此可见，庄子认为天下万物的自然之德都是善良的，不然天地之间不会如此和谐繁荣。人只是天下万物中的一种，其自然之德也是善良的，这是实现道家大顺理想的前提条件。只要顺随人的自然之德而为，就能够实现人们生活美满、天性愉悦、社会和谐的大顺纲领。为了实现道家的大顺纲领，人们还应该顺道而行，按照唯物论和辩证法办事，正确处理人与人之间、人与自然之间的各种矛盾。总之，庄子的政治思想还处于哲学层面。因为庄子哲学思想缺少历史唯物论，所以庄子政治思想尚未对社会经济、政治、文化等基本存在进行深入分析，并拿出可供操作的方案，就不足为怪了。后来的人们对庄子认识论都不甚了了，就更谈不上深入探讨历史唯物论，并利用历史唯物论改造社会了。

三、其他思想

（一）养生法观点

1. 立足有物。庄子在《达生》第一节提到，养身必须有物质条件，生命离不开形体。“养形必先之以物，物有余而形不养者有之矣；有生必先无离形，形不离而生亡者有之矣。”

2. 量力而为。庄子在《养生主》中提到，以有限的生命想去穷尽无限的认知对象，逻辑上已经说明问题了。“吾生也有涯，而知也无涯。以有涯随无涯，殆已。”

3. 顺道而行。庄子在《养生主》中提到，人的养生之道，在于经过实践去认识各种与人体健康有关的客观规律，不做违反规律的事，就能够减少生命损耗，延年益寿。“善哉！吾闻庖丁之言，得养生焉。”庄子在《盗跖》第五节提到，凡是不能愉悦意志，养其寿命的人，都不是通达道理的人。“不能说其志意，养其寿命者，皆非通道者也。”

4. 安时处顺。庄子提到，养生的关键是顺其自然，让生命自由自在。“神虽王，不善也。”庄子在《养生主》中还提到，安心等待时机，处事顺其自然，是养生的核心观点。“安时而处顺，哀乐不能入也。”庄子在《大宗师》第三节提到，认识自然规律可以养生延年。“子之年长矣，而色若孺子，何也?”曰：“吾闻道矣。”至乐健身的最好方法是虚静无为。庄子在《至乐》第一节提到，“至乐活身，唯无为几存。”“吾以无为诚乐矣，又俗之所大苦也。”庄子在《达生》第七节提到，高级生物的自然意识完全凝聚是养生的关键途径。“几矣，鸡虽有鸣者，已无变矣，望之似木鸡矣，其德全矣。异鸡无敢应者，反走矣。”庄子在《达生》第八节提到，为人处世要随遇而安。“吾生于陵而安于陵，故也；长于水而安于水，性也；不知吾所以然而然，命也。”庄子在《山木》第五节提到，身体要顺从自然缘分，精神要率引自然真实；顺缘就不会离散身体，率真就不会劳累精神。“形莫若缘，情莫若率。缘则不离，率则不劳；不离不劳，则不求文以待形，不求文以待形，固不待物。”

5. 知足常乐。庄子在《养生主》中提到，养生的关键是不要管他人善恶评价，做“善”事不追求功名，做“恶”事不触及违法犯罪，要将这个当经典遵循。“为善无近名，为恶无近刑，缘督以为经。”庄子在《盗跖》第七节提到，放弃名利，回归天性，是贤士应该采取的行动。“若弃名利，反之于心，则夫士之为行，抱其天乎！”（庄子辩证法不彻底，人自然意识与社会意识是对立统一的，不能抱一弃一）庄子在《盗跖》第九节提到，世俗追求名利和富贵，以求获得人们的尊重和自身的长寿安体乐意，这其实放弃了最贵重的生命和大道，终将事与愿违。“世去至重，弃至尊，以为其所为也。此其所以论长生安体乐意之道，不亦远乎！”为人之道是知足不争。庄子在《盗跖》第十节提到，“是以足而不争，无以为故不求。”庄子在《达生》第五节提到，轻名利是养生之要，追求名利的人比猪还不如。“为彘谋则去之，自为谋则取之，所异彘者何也！”为人之道是知足不争。庄子在《盗跖》第十节提到，“是以足而不争，无以为故不求。”保身之道是不害于性。庄子在《盗跖》第十节提到，“计其患，虑其反，以为害于性，故辞而不受也，非以要名誉也。”

6. 心态阳光。庄子在《达生》第六节提到，活见鬼是一种精神疾病。“公则自伤，鬼恶能伤公！夫忿滀之气，散而不反，则为不足；上而不下，则使人善怒；下而不上，则使人善忘；不上不下，中身当心，则为病。”

7. 代谢平衡。庄子在《达生》第四节提到，养生之道在于平衡入、出、中三者关系，“无入而藏，无出而阳，柴立其中央。三者若得，其名必极。”

8. 收敛锋芒。庄子在《庚桑楚》第一节提到，凡是身心健全的人都是善于隐藏不露的人。“夫全其形生之人，藏其身也，不厌深眇而已矣。”

（二）形式逻辑观点

1. 庄子在《德充符》第二节指出了子产与申徒嘉辩论时，子产违背公理的逻辑错误。申徒嘉指斥子产说，在师傅这里，哪里会有你说的这种执政大臣呢？你总是津津乐道你的执政大臣身份是想把他人看低一等吗？我听到说过：镜子明亮是因为尘土不落在上面，如果尘土落在上面，镜子就不明亮了。与贤明的人相处久了就没有过失。你今天之所以取得很大进步，都是跟师傅分不开的，而你却说出这样的话来，难道不是你的过错吗？“闻之曰：‘鉴明则尘垢不止，止则不明也。久与贤人处则无过。’今子之所取大者，先生也，而犹出言若是，不亦过乎？”

2. 庄子在《德充符》第二节指出了子产与申徒嘉辩论时，子产偷换概念的逻辑错误。申徒嘉指责子产说，我跟师傅游学有十九年了，他从来没有感觉到我是残疾人。今天你和我原本是进行思想交锋的，然而你却扯到形体话题上，这难道不是你偷换概念、胡搅蛮缠的错误吗？“今子与我游于形骸之内，而子索我于形骸之外，不亦过乎？”

3. 庄子在《秋水》第十二节提到，人们在讨论问题时是经常偷换概念和前提以回避难以回答的问题的。庄子说鱼儿游得从容自得其乐。惠子反问道：你又不是鱼，怎么能知道（体会到）鱼的快乐？庄子在逻辑上不能反驳惠子的诘问，只能以同样的逻辑反问作答：你又不是我怎么知道我不知道鱼的快乐？庄子没想到自己的回答正好陷入了惠子设置的逻辑里。惠子说，我不是你固然不知道你，你不是鱼固然也不知道鱼的快乐，二者逻辑完全一样啊。庄子只好偷换概念狡辩说，你本来是问我如何知道鱼的快乐的，我说是从濠梁上看到后知道的。

（三）对儒家学说的批评

1. 对儒家仁义观点的批评。庄子在《骈拇》第一节提到，仁义是儒家想方设法在人的本性之外添加的无用之疣。“多方乎仁义而用之者，列于五藏哉？而非道德之正也。”对此，儒家认为天生人性里是有仁爱之心的，道家不仅没有反对这个观点，并且认为人的天性是善良的，这是儒道两家的共同观点。儒家认为有必要把天生的仁爱之心或天生明德彰显出来。道家认为，既然善良是人的天性，那就应该顺其自然，不需要人为推行，否则就可能被人利用变味，所以倡行仁义，像骈拇枝指，多此一举。这是儒道两家不同观点。儒道两家的共同不足是没有把仁义观点文化与私有制经济生活联系起来研究，虽然庄子发现“天下莫不以物易其性矣”，但对此并无深入研究。马克思主义认为，因为社会有私有制和私有观念存在，所以人们便分成了有产阶级或无产阶级，不同的阶级为了维护本阶级的利益，必然对仁义有不同甚至相反的解读，这就是不同利益人群之间的是非之争。庄子可能正是基于这样的事实而反对儒家倡导仁义观点的。儒家除了解释天性仁爱之外，对仁义观念产生的社会经济生活则无所解释。庄子在《知北游》第一节提到，儒家不讲道德而提倡仁义礼，这是舍本求末之举。“故曰：‘失道而后德，失德而后仁，失仁而后义，失义而后礼。’礼者，道之华而乱之首也。”所以道家反其道而行之：“故曰：‘为道者日损，损之又损之，以至于无为。无为而无不为也。’”

2. 儒家仁义观点是天下大乱的根源。庄子在《骈拇》第四节提到，既然有了骈趾枝指，不论如何处理都存在忧患。同样的道理，只要有了仁义概念，讲不讲仁义都是天下大乱的原因。“今世之仁人，蒿目而忧世之患；不仁之人，决性命之情而饕贵富。故意仁义其非人情乎？自三代以下者，天下何其嚣嚣也？”庄子在《骈拇》第五节提到，儒家提倡的仁义观点的社会性违反了人的自然性，这正是社会动乱的根本原因。“故天下诱然皆生而不知其所以生，同焉皆得而不知其所以得。故古今不二，不可亏也，则仁义又奚连连如胶漆纆索，而游乎道德之间为哉？使天下惑也！”这是庄子认识论对社会乱象的哲学层面的解译。庄子还在《骈拇》第六节提到，天下人有的是为名而死，有的是为利而死，虽二者死因不同但其亡命伤性的结果是一样的，没有君子之是与小人之非的区别。“伯夷死名于首阳之下，盗跖死利于东陵之上。二人者，所死不同，其于残生伤性均也，奚必伯夷之是而盗跖之非乎！”本节还存在遗憾，庄子并没有把追求名利与公私挂钩，追求名利为私均是小人，为公当为君子。庄子在《缮性》中提到，儒家宣扬的一套说教，使人的自然意识被社会意识取代是导致社会混乱的源头。《缮性》第一节：“夫德，和也；道，理也。德无不容，仁也；道无不理，义也；义明而物亲，忠也；中纯实而反乎情，乐也；信行容体而顺乎文，礼也。礼乐遍行，则天下乱矣。”《缮性》第二节：“逮德下衰，及燧人、伏羲始为天下，是故顺而不一。德又下衰，及神农、黄帝始为天下，是故安而不顺。德又下衰，及唐、虞始为天下，兴治化之流，枭淳散朴，离道以善，险德以行，然后去性而从于心。”

3. 推行社会仁义毁坏自然道德。庄子在《马蹄》第三节提到，圣人推行的具体的仁义，实质上是对人的自然道德和性情的摧毁。“夫残朴以为器，工匠之罪也；毁道德以为仁义，圣人之过也。”庄子在《在宥》第二节提到，儒家提倡的聪明仁义礼乐圣智让天下人改变自己的性命之情，是天下乱源。“天下将不安其性命之情，之八者，乃始脔卷獊囊而乱天下也。”庄子在《在宥》

第四节提到是历代圣贤倡导仁义观念扰乱了人的自在之心，“昔者黄帝始以仁义撄人之心，尧、舜于是乎股无胈，胫无毛，以养天下之形，愁其五藏以为仁义，矜其血气以规法度。然犹有不胜也，尧于是放驩兜于崇山，投三苗于三峗，流共工于幽都，此不胜天下也。”庄子的这个观点在批判儒家不分皂白倡导仁义时是有积极意义的，但并不符合历史事实。儒家说人心因受环境感染而变得复杂也不准确。马克思主义认为复杂的人性是在私有制导致的利益分配不公的基础上产生的，这才是对人心和社会意识产生原因的正确认识。庄子在《天道》第九节提到，社会人都是有私心的，儒家提出的“中心物恺，兼爱无私”这种仁义观点是虚伪的，并指出“夫兼爱，不亦迂乎！无私焉，乃私也。”所以不如弃仁义而崇道德：“夫子亦放德而行，循道而趋，已至矣；又何偈偈乎揭仁义意，夫子乱人之性也！”实际上儒道两家都认为自然人是无私心的，社会人是有私心的。儒家认为必须提倡仁义，克服私心，实现兼爱。道家认为只要发挥人的天生之德就够了，提倡仁义是虚伪的。儒道两家都没有将人的自我意识与社会存在紧密联系起来，故都有其局限性。

4. 推行仁义的目的是为统治者服务的。庄子在《马蹄》第五节提到，帝王制定礼乐，推行仁义，都是为统治者少数人服务的，民众不甘心被礼乐和仁义枷锁束缚，势必反抗，天下动乱就是这样产生的。“及至圣人，屈折礼乐以匡天下之形，县跂仁义以慰天下之心，而民乃始踶跂好知，争归于利，不可止也。此亦圣人之过也。”庄子在《天运》第十节提到，先王不足法。六经是先王治国留下的表面现象，而不是表面现象产生的内在本质。“夫六经，先王之陈迹也，岂其所以迹哉！”庄子在《天运》第七节提到，先王不可法。先王的治国之道是后人求不到用不上的。因为后人心中没有经过治国实践形成主见而对先王的方法不能正确理解和接受，外界对先王的治国方法在没有得到实证的情况下也不能施行。“中无主而不止，外无正而不行。”庄子在《天运》第七节提到，先王和至人的治国之道不可学。因为他们也只是暂时利用一下仁义名义，并没有真正实行，都有另外的目的。“古之至人，假道于仁，托宿于义，以游逍遥之虚，食于苟简之田，立于不贷之圃。”庄子在《天运》第八节认为，仁义不可取。仁义扰乱人们天生的本性，是社会的乱源：“夫仁义憯然，乃愤吾心，乱莫大焉。”庄子在《天运》第九节提到，所谓三皇五帝之治，实际上是以仁义乱天德最甚的时期。“三皇五帝之治天下，名曰治之，而乱莫甚焉。”

5. 儒家错误推行仁义的原因是思想方法僵化。庄子在《盗跖》第四节提到，自黄帝以后社会就产生了不同的利益集团，社会道德标准出现了分化，人们的自然意识被社会意识所取代，“天下莫不以物易其性矣！”儒家没有发现这种变化，还在那里闭门造车，推行超利益集团的抽象的仁义学说，是不会有什么好结果的。孔子以利益规劝并以理论疏导盗跖，都是顺民的愚蠢丑陋的说辞。“夫可规以利而可谏以言者，皆愚陋恒民之谓耳。”庄子在《盗跖》第七节提到，义的本质是名和利。“故观之名，计之利，而义真是也。”信的本质也是名和利。“故观之名，计之利，而信真是也。”庄子在《盗跖》第七节提到，“无耻（义）者富，多信（诺）者显。夫名利之大者，几在无耻而信。”

6. 儒家思想的根本错误是违反人的天性。庄子在《渔父》第二节提到，儒家思想的核心是仁，虽然设想很高端但不会有好结果，又费心思又伤身体进而危害自身的天性，与自然规律背道而驰。“仁则仁矣，恐不免其身；苦心劳形以危其真。鸣呼，远哉其分于道也！”庄子在《列御寇》第五节提到，儒家思想的根本错误是压抑人的天性。“以支为旨，忍性以视民而不知不信。”

（四）处世之道

1. 守德顺道。庄子在《缮性》第三节提到，保全自身的最好办法是端正自己的天生之德和自然之道。“小识伤德，小行伤道。故曰：正己而已矣。”庄子在《田子方》第八节提到，人们的行为习惯和常规程序是值得遵循的，即使是圣人也不能勉。“夫文王尽之也，而又何论刺焉！彼直以循斯须也。”庄子在《盗跖》第九节提到，世俗追求名利和富贵，以求获得人们的尊重和自身的长寿安体乐意，这其实放弃了最贵重的生命和大道，终将事与愿违。“世去至重，弃至尊，以为其所为也。此其所以论长生安体乐意之道，不亦远乎！”

2. 免俗正己。庄子在《缮性》第四节提到，为满足物欲而丧失自我，为迁就世俗而丧失天性，就叫作本末倒置之人。“故曰：丧己于物，失性于俗者，谓之倒置之民。”庄子在《山木》第五节提到，物质利益关系往往甘甜如酒，但容易相弃；天性相属关系往往清淡如水，但容易相守。“夫以利合者，迫穷祸患害相弃也。以天属者，迫穷祸患害相收也。夫相收之与相弃亦远矣。且君子之交淡若水，小人之交甘若醴；君子淡以亲，小人甘以绝。”庄子在

《山木》第四节提到，争名争利、自吹自擂、想当出头鸟是惹祸的根源。“子其意者饰知以惊愚，修身以明污，昭昭乎若揭日月而行，故不免也。”庄子在《山木》第八节提到，物质利益是人际关系的实质内容。“物固相累，二类相召也!”庄子在《列御寇》第三节提到，俗人智慧离不开送礼托信拉关系走后门上。“小夫之知，不离苞苴牍，敝精神乎蹇浅，而欲兼济道物，太一形虚。”庄子在《则阳》第七节提到，人们在哲学层面有四大错误行为：逃避生存的自然环境，脱离先天的自然意识，泯灭后天的善良意识，丧失求知的精神力量。“遁其天，离其性，灭其情，亡其神，以众为。”

3. 重命轻利。庄子在《让王》第二节提到，生命比名利重要，尊重生命不论富贵贫贱。“能尊生者，虽贵富不以养伤身，虽贫贱不以利累形。今世之人居高官尊爵者，皆重失之，见利轻亡其身，岂不惑者!”庄子在《列御寇》第四节提到，唯利是图是很令人不齿的。“所治愈下，得车愈多。”

4. 节重于命。庄子在《让王》第十节提到，节操又比生命更重要。“高节戾行，独乐其志，不事于世，此二士之节也。”节操实质上是道德问题。庄子在《让王》第八节提到，穷困与通达对于有道德的人来说，就像是自然规律支配寒暑与风雨变化一样。“所乐非穷通也，道德于此，则穷通为寒暑风雨之序矣。”

5. 善抓重点。庄子在《让王》第三节提到，认识事物要分清轻重，抓住重点。“凡圣人之动作也，必察其所以之与其所以为。”庄子在《让王》第七节认为，要抓住重点保护生命战胜欲望，不能战胜自己的欲望就顺其自然，要退而求其次，不能勉强约束欲望。“不能自胜则从，神无恶乎？不能自胜而强不从者，此之谓重伤。”

6. 谦虚谨慎。庄子在《达生》第十二节提到，不要显摆自己的智慧和修养，因为这会反衬他人的不足。“今汝饰知以惊愚，修身以明汙，昭昭乎若揭日月而行也。”

（五）寓言是一种形象思维方式

庄子在《寓言》第一节提到，寓言是一种利用客观形象表达主观认识的有效方式。其特点是，读者的生活经验越丰富，透过事物形象对事物性质的理解就越深刻，并且具有永久的生命力。“寓言十九，藉外论之。”庄子在《寓言》第六节提到，寓言之精神内涵是采用事物形象暗喻的，人们需要根据自己的生活经验并通过事物形象去琢磨理解寓言的精神实质。“予，蜩甲也，蛇蜕也，似之而非也。”

四、基本概念

1. 天。庄子在《天地》第一节提到，天是关于客观自然和物质世界的终极概念，一切都是由天决定的。“君原于德而成于天。”庄子在《大宗师》第二节提到，物质不灭是一条基本原理，把天下所有的具体的物质形态放到天下统一的抽象的物质之中是不会有量的增减变化的。“若夫藏天下于天下而不得所遁，是恒物之大情也。”天即自然有二指：一是指天下所有事物都是客观物质的具体表现形式，客观物质的具体表现形式是变动不居的。二是指具体事物变动的根本动力是客观规律即道，其核心是对立统一规律，即唯物辩证法则的核心。与天对应的是地。

2. 道。庄子在《天地》第一节提到，道是关于客观规律的终极概念，它与天是紧密联系在一起的。“故通于天者，道也。”天地之间所有事物的生死变化都是道主宰的，也就是客观规律支配的。道中之大道是根本客观规律，即对立统一规律，也是辩证法则的核心。道是客观存在的，也是抽象无形的。道在空间上无边无际，在时间上无始无终。庄子在《大宗师》第二节描述了道的五个特征。一是客观真实和抽象无形的，“夫道，有情有信，无为无形；可传而不可受，可得而不可见”；二是自然生成且先天地而固有的，“自本自根，未有天地，自古以固存；神鬼神帝，生天生地。”三是在空间上找不到边际，“在太极之先而不为高，在六极之下而不为深，先天地生而不为久，长于上古而不为老。”四是在时间上既无开头也无结束，“莫知其始，莫知其终。”五是保持宇宙生生不息的力量之源，“日月得之，终古不息。”庄子在《在宥》第七节认为，“何谓道？有天道，有人道。无为而尊者，天道也；有为而累者，人道也。主者，天道也；臣者，人道也。天道之与人道也，相去远矣，不可不察也。”庄子在《天道》第一节提到：天道，指自然规律，“天道运而无所积，故万物成。”帝道，指治国方法，“帝道运而无所积，故天下归。”圣道，指哲学方法，“圣道运而无所积，故海内服。”庄子在《则阳》第十一节提到，高天和大地是有形空间中最大的，太阴和太阳是无形时间中最大的，一般规律是它们的公共规律。“故天地者，形之大者也；阴阳者，气之大者也；道者为之公。”

3. 至道。庄子在《在宥》第五节提到，至道有以下七个特点：一、至道是各种事物内在的抽象的统一的质，各种事物不过是至道或质的外在的具体的残破的形。“而所欲问者，物之质也；而所欲官者，物之残也。”二、至道的精髓内容是隐隐约约和抽象无形的，“至道之精，窈窈冥冥”。三、至道在时间上是无头无尾的，在空间上是没有界限的，“至道之极，昏昏默默”。四、至道的功能是天地阴阳动行的主宰，不需要人为干扰。“天地有官，阴阳有藏慎守女身，物将自壮。”五、至道也是人的长生之道。“我守其一以处其和，故我修身千二百岁矣，吾形未常衰。”六、客观存在之物是无穷的，所以物之质或至道也是无穷的，人们认识至道的过程也是无穷的。“彼其物无穷，而人皆以为有终；彼其物无测，而人皆以为有极。”七、至道是客观永恒的。“人其尽死，而我独存乎！”可见，庄子所谓至道，其实就是最根本的客观规律，即对立统一规律；也是最根本的哲学方法，即矛盾法则或辩证法则。至道与大道义同而名不同。

4. 圣人之道。庄子在《天地》第十二节提到，“执道者德全，德全者形全，形全者神全。神全者，圣人之道也。”所以圣人之道犹言哲学家的科学的思想方法。

5. 形。形是庄子哲学里关于具体事物存在形式的基本概念，它是由客观物质具体转化来的有条件的存在形式。庄子在《德充符》第六节提到，“天与之形”。也就是说，客观物质在客观规律的支配下，变化成各种各样的具体的物质形式，这就是各种具体有形的所有事物。庄子在《德充符》第六还提到，“道与之貌”。也就是说，人的精神面貌与客观规律存在某种联系，天与道和形与貌构成对应的哲学范畴，决定人的基本性征。庄子在《德充符》第四章认为，人具有完整的形象叫形全，比形全更重要的是全德。“为天子之诸御，不爪翦，不穿耳；取妻者止于外，不得复使。形全犹足以为尔，而况全德之人乎！”庄子在《德充符》第三节提到，有形的人体是全部，而足则是局部，全局与局部构成一对矛盾关系，全局比局部更重要。“吾唯不知务而轻用吾身，吾是以亡足。今吾来也，犹有尊足者存，吾是以务全之也。”

6. 貌。貌是庄子哲学里关于抽象无形的精神或意识的基本概念，它是由道或客观规律转化来的相对存在。庄子在《德充符》第六节提到，“道与之貌”。也就是说，在有意识的高级生物体上的精神面貌，是由道或客观规律转化来的。道主宰了人的身体形态，也决定了人的生命状态，包括才、德、情等貌的范畴。庄子在《田子方》第九节提到，有意识的行为容易被干扰，只有无意识的行为才是稳定的。“是射之射，非不射之射也。尝与汝登高山，履危石，临百仞之渊，若能射乎？”

7. 才。才是庄子哲学里关于认识论工具的基本概念，它是由人们感觉到了自然辩证法则后获得的处事能力。庄子在《德充符》第四节提到：“死生存亡，穷达贫富，贤与不肖毁誉，饥渴寒暑，是事之变，命之行也；日夜相代乎前，而知不能规乎其始者也。故不足以滑和，不可入于灵府，使之和豫，通而不失于兑，使日夜无郤而与物为春，是接而生时于心者也。是之谓才全。”也就是说，生与死、存与亡、贫困与显达、贫穷与富裕、贤能与不肖、赞誉与诋毁、饥与渴、冷与热等等，这些事物的相对变化，其实都是在对立统一规律地驱使下进行的。但哀骀它对眼前昼夜交替的变化，凭自己的认知水平还不能窥见其始作俑者是谁。所以这些看起来对立的事物不足以干扰他对事物统一平和的认知，因而不可能进入他的内心世界，他能够把那些互相对立的事物看成互相应和、互相联系、互相贯通的即互相统一的事物而不失去自己的兴趣，日夜不间断地给予身边事物春天般的温暖，而他的内心也能够接连产生温暖的感觉。这就是我说的哀骀它这个人基于朴素辩证法则的处事能力。

8. 德。①自然之德。庄子在《德充符》第二节提到，尊重客观规律，不凭主观乱作为，是有德的表现。“知不可奈何而安之若命，唯有德者能之。”庄子在《骈拇》第一节提到，多生长指头或肉瘤都不是正常的自然之德或天性，“骈拇枝指，出乎性哉？而侈于德。附赘县疣，出乎形哉？而侈于性。多方乎仁义而用之者，列于五藏哉？而非道德之正也。”庄子在《骈拇》第七节提到，人们应该顺应天性才是至正之德。“夫适人之适而不自适其适，虽盗跖与伯夷，是同为淫僻也。”庄子在《在宥》第一节提到，人们自由自在的生活是恬静和愉悦的，人的自然本性感觉不到恬静和愉悦，就不符合人的天生之德。“夫不恬不愉，非德也。”庄子在《在宥》第二节提到，儒家提倡的聪明仁义礼乐圣智让天下人改变自己的性命之情，是天下乱源。“天下将不安其性命之情，之八者，乃始脔卷獊囊而乱天下也。”庄子在《天地》第八节提到，“物得以生谓之德。”庄子在《徐无鬼》第十节提到，要懂得人的天生之德只是自然之道的一部分，说话需要懂得休止于不了解的自然之道的其他部分。“故德总乎道之所一，而言休乎知之所不知，至矣。”庄子在《田子方》第四节提到，至人之德是天生的，“夫水之于汋也，无为而才自然矣；至人之于德也，不修而物不能离焉。若天之自高，地之自厚，日月之自明，夫何修焉！”②社会之德。德是庄子哲学里关于人生价值观的基本概念，它是由人们掌握了道或客观规律后确定的人生发展目标。庄子在《德充符》第四节论述说，“平者，水停之盛也。其可以为法也，内保之而外不荡也。德者，成和之脩也。德不形者，物不能离也。”也就是说，要找到标准水平线，就必须让水停止得很稳。水平线之所以可以作为水平衡量标准，是因为它内部保持统一平和而外部不施加动荡。德呀，就是人们通过实践接受了事物对立统一规律后养成的平静祥和的价值观念。因为德是抽象的相对独立的价值观念而不是具体有形的物体，所以就不存在有形物体离它而去。庄子在《德充符》第四还提到，无形之德是有形之物的本质内容，全德比形全更重要。“战而死者，其人之葬也不以翣资；刖者之屦，无为爱之；皆无其本矣。”“形全犹足以为尔，而况全德之人乎！”庄子在《德充符》第五节提到，如果一个人的价值观好，别人就不会计较他的形体残疾。“故德有所长而形有所忘，人不忘其所忘而忘其所不忘，此谓诚忘。”由此可见，庄子认为才与德的区别在于：才是人们顺应对立统一规律形成的处事能力；德是人们主动建立在对立统一规律基础上的价值观念。庄子在《天道》第一节说：帝王之德是建立在政治方法基础上的政治理想。庄子在“明于天，通于圣，六通四辟于帝王之德者，其自为也，昧然无不静者矣。”③德之兼论。庄子在《胠箧》第七节提到，人有自然之德和社会之德两种存在。一是天之所为的自然之德，即“人含其德”。二是人之所为的社会之德，即“外立其德”。“人含其德，则天下不僻矣。”“彼曾、史、杨、墨、师旷、工倕、离朱，皆外立其德而以爚乱天下者也。”庄子在《缮性》第一节提到：“夫德，和也；道，理也。德无不容，仁也；道无不理，义也；义明而物亲，忠也；中纯实而反乎情，乐也；信行容体而顺乎文，礼也。”《缮性》第二节提到，随着圣王之德的兴起，自然之德是呈下降趋势的：“德又下衰，及唐、虞始为天下，兴治化之流，枭淳散朴，离道以善，险德以行，然后去性而从于心。”《缮性》第二节还提到：“道无以兴乎世，世无以兴乎道，虽圣人不在山林之中，其德隐矣。”

9. 同德。庄子在《马蹄》第二节提到，人人经济利益平等就是同德，同德属于社会价值观范畴。“彼民有常性，织而衣，耕而食，是谓同德。”

10. 至德。庄子在《马蹄》第二节提到，完全实现人人政治权力和经济利益平等，人的天性自由得到释放，这样的时代称为至德之世，至德属于社会价值观范畴。“彼民有常性。织而衣，耕而食，是谓同德；一而不党，命曰天放。故至德之世，其行填填，其视颠颠。”

11. 情。情是庄子哲学里关于社会意识中是非观念的基本概念，它是由人们的名利观念左右的价值判断。庄子在《德充符》第六节提到，在人的自然意识里是没有是非观念的。“惠子谓庄子曰：‘人故无情乎?’庄子曰：‘然。’”并且认为，明白人就是不要让社会是非意识伤害到自己的自然意识，“吾所谓无情者，言人之不以好恶内伤其身，常因自然而不益生也。”庄子在《德充符》第五节提到，“有人之形，无人之情。有人之形，故群于人；无人之情，故是非不得于身。眇乎小哉，所以属于人也！謷乎大哉，独成其天。”也就是说，特殊的圣人有一般人的形体，无一般人的是非意识。有一般人的形体，所以圣人是人类；无一般人的是非意识，所以在圣人身上没有是非观点。渺小呀，所以圣人属于一般的人！高大啊，圣人属于特殊天成的人。可见，情是一般民众的精神风貌中的内容，在特殊圣人的精神风貌里只有才和德而没有情。庄子还在《齐物论》和《人间世》等著作中，希望人们不要追求名利，要放弃是非之争，回归自然意识和客观规律的轨道。

12. 人。人是庄子哲学里的核心概念，其他基本概念都是围绕这个核心概念服务的。庄子在《德充符》中提到，从形体上讲人是“天与之形”，是客观物质转化来的一种特殊的物质形式；从意识上讲人是“道与之貌”，是客观规律转化来的一种特殊的精神风貌，既然客观物质与客观规律构成一对哲学范畴，那么人的身体形态与人的精神风貌也构成相应的一对哲学范畴。庄子认为，人的精神风貌对客观规律具有感知能力，当感觉到对立的事物可以美好地和谐相处时，就获得了朴素的哲学方法和处世能力，这就是才和才全。才实际上是貌的一部分。庄子认为，人的精神风貌对客观规律具有的感知能力，不仅可以感觉到对立的事物可以美好地和谐相处，还能够深刻地认识和掌握对立统一规律，并且在此基础上建立自己的价值目标，这就是德和全德。德实际上也是貌的一部分。庄子在《德充符》第五节提到，人有一般的民众与特殊的圣人之分，二者形是一样的，主要是貌的组成不同，民众的貌由才德情组成，圣人的貌由才和德组成。庄子在《大宗师》第五节提到，遵循自然法则的人是自然人，遵守社会规范的人是社会人，自然人比社会人高尚。“畸人者，畸于人而侔于天，故曰，天之小人，人之君子；人之君子，天之小人也。”庄子在《大宗师》第六节提到，自然人与生俱来的潜意识是不会死亡的，它只是人类在传宗接代中更换了躯壳而已。“孟孙氏不知所以生，不知所以死；不知就先，不知就后；若化为物，以待其所不知之化已乎！”庄子在《应帝王》第一节提到，舜帝用仁爱团结人，也达到了团结人的目的，但他自己始终没有从非人范畴里走出来。“有虞氏其犹藏仁以要人，亦得人矣，而未始出于非人。”庄子同时认为，伏羲把自己当牛当马，有才有德，他却始终没有走进非人范畴。“一以己为马，一以己为牛。其知情信，其德甚真，而未始入于非人。”这里讲的“非人”当指追求名利的社会人，而与非人相对应的是人，而“人”是指遵守自然法则，不追求名利的自然人。庄子在《天道》第一节说：“圣人之静也，非曰静也善，故静也；万物无足以铙心者，故静也。”庄子在《达生》第九节提到，人的天性与物的天性合一，即人的自然意识与物的客观规律统一，才能够把事情办好。“则以天合天，器之所以疑神者，其是与！”庄子在《达生》第十一节提到，人们天生的内心世界是没有是非观念的，只要守住天生混一的内心世界，不受外物和外在是非的影响，人们的感觉就是舒适的。“知忘是非，心之适也；不内变，不外从，事会之适也。”庄子在《达生》第十三节提到，事物的本性是不可改变的。“今休，款启寡闻之民也，吾告以至人之德，譬之若载鼷以车马，乐鴳以钟鼓也，彼又恶能无惊乎哉！”庄子在《山木》第七节提到，人具有自然本性和社会属性双重性。人生于自然具有自然本性（自然意识），但是普通人的自然本性被社会属性（社会意识）取代了，只有哲人能够保住自然本性所以能够安享终年，普通人因受社会意识的主宰不能安享终年。“有人，天也；有天，亦天也。人之不能有天，性也，圣人晏然体逝而终矣！”

13. 真人。庄子在《大宗师》第一节提到，正确认识客观世界需要真人，而真人必须具备五个条件。一是要有认识真理的具体方法：“古之真人，不逆寡，不雄成，不谟士。”二是要能够正确对待自己的错误和成绩：“过而弗悔，当而不自得也。”三是要有勇往直前的献身精神：“登高不慄，入水不濡，入火不热。是知之能登假于道者也若此。”四是要调整好追求真理的心态：“其寝不梦，其觉无忧，其食不甘，其息深深。”五是要尊重自然规律：“不知说生，不知恶死；其出不䜣，其入不距；翛然而往，翛然而来而已矣。不忘其所始，不求其所终；受而喜之，忘而复之，是之谓不以心捐道，不以人助天。”庄子还在《大宗师》第一节明确了真人尊重的根本的自然规律是对立统一规律。“故其好之也一，其弗好之也一。其一也一，其不一也一。其一与天为徒，其不一与人为徒。天与人不相胜也，是之谓真人。”也就是说，真人感兴趣的是矛盾的统一性这一方面，不感兴趣的是矛盾的对立性那一方面。对感兴趣的统一性始终如一感兴趣，对不感兴趣的对立性始终如一不感兴趣。真人感兴趣的统一性与天之所为是同一类，不感兴趣的对立性与人之所为是同一类。能够正确理解天之所为的统一性与人之所为的对立性不能互相取代这个道理的人，所以说他是真人。庄子在《刻意》第三节提到，能够体会事物本原面貌和自然道德的人，就称为真人。“故素也者，谓其无所与杂也；纯也者，谓其不亏其神也。能体纯素，谓之真人。”

14. 至人。庄子在《逍遥游》第三节中说“至人无己”。庄子在《庚桑楚》第二节认为，至人的道德行为：“夫至人者，相与交食乎地而交乐乎天，不以人物利害相撄，不相与为怪，不相与为谋，不相与为事，翛然而往，侗然而来。是谓卫生之经已。”至人养性的最高境界：“儿子动不知所为，行不知所之，身若槁木之枝而心若死灰。若是者，祸亦不至，福亦不来。祸福无有，恶有人灾也！”

15. 德人（圣人）。庄子在《天地》第十三节提到，德人没有私欲，不持是非立场。“德人者，居无思，行无虑，不藏是非美恶。四海之内共利之之谓悦，共给之之谓安。怊乎若婴儿之失其母也，傥乎若行而失其道也。财用有余而不知其所自来，饮食取足而不知其所从，此谓德人之容。”庄子在《逍遥游》第三节中说“圣人无名”。庄子在《大宗师》第一节认为，圣人必备七个条件。一是用兵灭国而不失人心。二是惠民长久不偏爱少数人。三是学道修德不乐通小技。四是不分亲疏平等仁爱天下人。五是不投机取巧做真贤之人。六是通达利害之道做个明白人。七是坚持理想不做功名奴隶。

16. 全德之人。庄子在《天地》第十二节提到，不受外界干扰，坚守自身天德的人就是全德之人。“天下之非誉无益损焉，是谓全德之人哉！”

17. 神人。庄子在《逍遥游》第三节中提到“神人无功”。庄子在《天地》第十三节提到，神人就像阳光一样，无形无声，有明有温，普照天地，惠及万物，天下安宁。“上神乘光，与形灭亡，是谓照旷。致命尽情，天地乐而万事销亡，万物复情，此之谓混溟。”

18. 圣人（德人）。庄子在《逍遥游》第三节中提到“圣人无名”。庄子在《大宗师》第一节提到，圣人必备的七个条件：一是用兵灭国而不失人心；

二是惠民长久不偏爱少数人；三是学道修德不乐通小技；四是不分亲疏平等仁爱天下人；五是不投机取巧做真贤之人；六是通达利害之道做个明白人；七是坚持理想不做功名奴隶。

19. 畸人、小人、君子。庄子在《大宗师》第五节提到这三个概念。子贡曰："敢问畸人。"曰："畸人者，畸于人而侔于天，故曰：天之小人，人之君子；人之君子，天之小人也。"在庄子看来只有自然人才是人或真人，而社会人或君子其实都是小人、畸人。

20. 人性。实质上是指人的自然意识。庄子在《则阳》第二节提到，爱美貌爱美名既是潜在的自然意识。"生而美者，人与之鉴，不告则不知其美于人也。若知之，若不知之，若闻之，若不闻之，其可喜也终无已，人之好之亦无已，性也。圣人之爱人也，人与之名，不告则不知其爱人也。若知之，若不知之，若闻之，若不闻之，其爱人也终无已，人之安之亦无已，性也。"庄子在《则阳》第十节提到，卫灵公的所作所为是天性决定的，谥号为灵公正是反映了他的天性特征。"夫灵公也死，卜葬于故墓不吉；卜葬于沙丘而吉。掘之数仞，得石椁焉，洗而视之，有铭焉，曰：'不冯其子，灵公夺而里之。'夫灵公之为灵也久矣！"庄子在《让王》第九节提到，只有自然人性是仁义的而社会人性是不仁义的。废君和杀人都是不仁不义的社会意识。"废上，非义也；杀民，非仁也。"

21. 人心。庄子在《在宥》第四节提到，人心有双重意义，一是人的处世之心，二是人自在之心。庄子对人的处世之心作了细致的描述，"人心排下而进上，上下囚杀，淖约柔乎刚强，廉刿雕琢。其热焦火，其寒凝冰，其疾俯仰之间而再抚四海之外，其居也渊而静，其动也县而天。偾骄而不可系者，其唯人心乎！"也就是说，现实中的人心实质上是一种有众多利益主体，利益主张互相冲突的非常复杂的思想观念和社会意识形态。用马克思主义认识论分析，人的处世之心实质就是社会意识，人的自在之心实质就是自然意识，即"性命之情"或天生之德。俗心的要害是追求名利，心养的关键是淡泊名利。庄子在《在宥》第七节提到，世俗之人的心理状态都是想出人头地："以出乎众为心也"。具体表现：一是赞同自己的就高兴，反对自己的就不高兴："同于己而欲之，异于己而不欲者"。二是想出乎众人未必出乎众人："夫以出乎众为心者，曷常出乎众哉！"三是想出众的人意在为君之利而不见其害："而欲为人之国者，此揽乎三王之利而不见其患者也。"理想的君主是应该没有世俗之心的，他拥有国家政治权力和基济利益，但他并不利用这两个东西谋取私利。“夫有土者，有大物也。有大物者，不可以物；物而不物，故能物物。”庄子在《天道》第一节提到：“而况精神！圣人之心静乎！天地之鉴也；万物之镜也。”

22. 真知。庄子在《大宗师》第一节里提到真知，但未见其详。当指知天知人所为的正确认识。

23. 命。庄子在《大宗师》第二节提到，命是主宰有形物体生存和死亡的关键。或指高等生物体的自然意识。高等生物体有自然意识就是生存，无自然意识就是死亡，这类似于《德充符》中貌的概念。命与貌都与道有关。貌是相对于形的概念，命是相对于生与死的概念。“死生，命也，其有夜旦之常，天也。”命与性都是指自然意识，但取义有所不同，命偏重于自然意识中使命感。庄子在《大宗师》第二节提到，命决定于自然规律，人们只能尊重，不能干预。“人之有所不得与，皆物之情也。”庄子在《大宗师》第九节提到，贫穷者贫穷的原因，归根到底是主观意识问题。“然而至此极者，命也夫!”

24. 无。庄子在《大宗师》第四节提到“无”的概念，可以理解为抽象的命或道。“孰能以无为首，以生为脊，以死为尻，孰知死生存亡之一体者，吾与之友矣。”如果与后面的生、死相对应，此无当为命。如果与首、脊、尻相对应，此无当为道。道与命相通。

25. 有。庄子在《齐物论》第十一节提到，天下万物或客观世界可以统称为有。“今我则已有有谓矣。”

26. 大宗师。庄子在《大宗师》第七节提到，大宗师就是指最根本的哲学方法，即庄子的齐物认识论，用马克思的语言是唯物认识论，用毛泽东的说法是实践论或实事求是。它有三大功能性特征：“吾师乎！吾师乎！泽及万世而不为仁，长于上古而不为老，覆载天地刻雕众形而不为巧，此所游已。”

27. 至正。庄子在《骈拇》第二节对至正概念作了定义：“故此皆多骈旁枝之道，非天下之至正也。”庄子还在第三节再对至正概念作了定义：“彼正正者，不失其性命之情。”庄子提出至正（道和德）概念是针对儒家不正之道的。庄子认为仁义之道是骈趾枝指一类的不正之道，相对而言的正道就是自然之道。但骈趾枝指也是自然生成的，它算不算自然之道呢？如果算自然之道它确实无用，如果不算自然之道它又是自然生成的。于是庄子使了一个至正的概念。也就是说，符合一般性和普遍性的自然之道才是至正之道。天生的骈趾枝指是一种特殊现象，不符合一般的和普遍的规律，所以它虽然是自然之道，但不是至正的自然之道。

28. 常性。庄子在《马蹄》第二节提到，民众有自然生存的常态习性。“彼民有常性，织而衣，耕而食，是谓同德；一而不党，命曰天放。故至德之世，其行填填，其视颠颠。”

29. 天放。庄子在《马蹄》第二节提到，经济利益整齐划一没有偏私，这称为天性自由，天性自由就是天放。“一而不党，命曰天放。”

30. 义。庄子在《天地》第一节提到，义是事物的能够利他的自然功能。

31. 事。庄子在《天地》第一节提到，事是国家的治理职权。

32. 技。庄子在《天地》第一节提到，技是制作工艺。

33. 圣治。庄子在《天地》第十三节提到，圣人之治有四大要点和一个反应：施政合理、选拔贤能、化解难题、以身作则和民众当顺。“圣治乎？官施而不失其宜，拔举而不失其能，毕见其情事而行其所为，行言自为而天下化。手挠顾指，四方之民莫不俱至，此之谓圣治。”

34. 天乐。自然和谐。庄子在《天道》第一节说：“与天和者，谓之天乐。”庄子在《天道》第二节提到，天地万物的自然本性称为天然之德，人们透彻认识到万物天性并以天德为师（认识论），就能够获得忘我超物的天然之乐。“赍万物而不为义，泽及万世而不为仁，长于上古而不为寿，覆载天地刻雕众形而不为巧，此之谓天乐。”享受天乐的人是道德高尚之人，“天乐者，圣人之心，以畜天下也。”

35. 人乐。充分认识人类可以建立社会和谐。庄子在《天道》第一节提到：“与人和者，谓之人乐。”

36. 虚静、无为。庄子在《天道》第一节提到，虚静及无为是政治家和哲学家追求的最高境界。①一个明了自然规律，精通哲学思想，又完全掌握了政治方法和理想的人，他的内心非常透亮虚静。“明于天，通于圣，六通四辟于帝王之德者，其自为也，昧然无不静者矣。”②哲学家的虚静是一种天下万物都不足以让他闹心的通达。“万物无足以铙心者，故静也。”③精通天地万物本性才是进入虚静境界的根本问题。“夫明白于天地之德者，此之谓大本大宗，与天和者也；所以均调天下，与人和者也。”④哲学家心里的虚静在认识过程中具有重要意义。“圣人之心静乎！天地之鉴也；万物之镜也。”⑤虚静是无为的基础和前提，是天地道德的特征和帝王追求的终极目标。“夫虚静恬淡寂漠无为者，天地之平而道德之至，故帝王圣人休焉。”⑥虚静及无为是为人处世的根本原则。“夫虚静恬淡寂漠无为者，万物之本也。”可见，庄子的虚静无为的精神境界，是对自然和社会的认识达到极致形成的通达透亮、无所不能的至高境界。庄子在《刻意》第一节提到，圣人达到虚静无为的境界后，就与天地万物的道德本质持平了。“夫恬淡寂漠，虚无无为，此天地之平而道德之质也。”

37. 性。天性，自然本性，自然意识。庄子在《天运》第二节提到：“虎狼，仁也。”“父子相亲，何为不仁!”庄子在《天运》第十节提到，“性不可易，命不可变。”庄子在《刻意》第二节继续举例说明，人和水的自然本性是一样的，纯粹而不混杂，专一而不改变，恬淡而无为，运动而顺应自然规律，这就是培养精神的途径。“纯粹而不杂，静一而不变，淡而无为，动而以天行，此养神之道也。”庄子在《缮性》第一节“知与恬交相养，而和理出其性。”在《缮性》第二节：“然后去性而从于心。”在《缮性》第三节：“危然处其所而反其性，己又何为哉!”庄子在《山木》第七节“有人，天也；有天，亦天也。人之不能有天，性也，圣人晏然体逝而终矣!”

38. 知。智慧、心智、认知、知识等。庄子在《缮性》第一节“古之治道者，以恬养知。”《缮性》第三节“古之存身者，不以辩饰知，不以知穷天下，不以知穷德。”《缮性》第一节“生而无以知为也，谓之以知养恬。”《缮性》第二节：“然后去性而从于心。”

39. 和。儒家之德、仁、理想、价值观、社会意识等。庄子在《缮性》第一节提到，“夫德，和也。”“德无不容，仁也。”

40. 理。儒家之道、义、忠、乐、礼等。庄子在《缮性》第一节：“道，理也。”“道无不理，义也。”“义明而物亲，忠也；中纯实而反乎情，乐也；信行容体而顺乎文，礼也。”

41. 宇。庄子在《庚桑楚》第四节提到，“有实而无乎处者，宇也。”

42. 宙。庄子在《庚桑楚》第四节提到，“有长而无本剽者，宙也。”

43. 无为。庄子在《庚桑楚》第五节提到，道家无为是指不因世俗而为，在世俗之外是无所不为。“此四六者，不荡胸中则正，正则静，静则明，明则虚，虚则无为而无不为也。”

44. 道、德、生、性四者之间的关系：庄子在《庚桑楚》第五节提到，

“道者，德之钦也；生者，德之光也；性者，生之质也。”

45. 自然道德与社会道德的区别。庄子在《庚桑楚》第五节提到，“圣人工乎天而拙乎人。”

46. 德与能。庄子在《庚桑楚》第二节提到，德与能是两个概念，同类事物的品德相同而能力不一定相同。“鸡之与鸡，其德非不同也，有能与不能者，其才固有巨小也。”

47. 真。庄子在《渔父》第七节提到，事物之真是指事物天性或自然本性。“真者，所以受于天也，自然不可易也。故圣人法天贵真，不拘于俗。”

图书在版编目（CIP）数据

老庄新解 / 盛忠中著. -- 湘潭 : 湘潭大学出版社,
2024. 7. -- ISBN 978-7-5687-1458-7
Ⅰ. B223.05
中国国家版本馆 CIP 数据核字第 2024MS6872 号

老庄新解

LAO-ZHUANG XINJIE

盛忠中 著

策划编辑：王正杰
责任编辑：蔡林翰　王正杰
封面设计：李　平
出版发行：湘潭大学出版社
社　　址：湖南省湘潭大学工程训练大楼
电　　话：0731-58298960 0731-58298966（传真）
邮　　编：411105
网　　址：http://press.xtu.edu.cn/
印　　刷：长沙印通印刷有限公司
经　　销：湖南省新华书店
开　　本：710 mm×1000 mm 1/16
印　　张：29.5
字　　数：595 千字
版　　次：2024 年 7 月第 1 版
印　　次：2024 年 7 月第 1 次印刷
书　　号：ISBN 978-7-5687-1458-7
定　　价：98.00 元